ciência da COMPUTAÇÃO

J. Glenn Brookshear é Ph.D. pela New Mexico State University e Professor Emérito da Marquette University, onde lecionou Linguagem Formal, Introdução à Ciência da Computação e Teoria da Computação.

```
B873c    Brookshear, J. Glenn.
            Ciência da computação : uma visão abrangente / J. Glenn
         Brookshear ; contribuição: David T. Smith, Dennis Brylow ;
         tradução: Eduardo Kessler Piveta. – 11. ed. – Porto Alegre :
         Bookman, 2013.
            xiv, 561 p. : il. color. ; 25 cm

            ISBN 978-85-8260-030-6

            1. Ciência da computação. I. Título.

                                                             CDU 004
```

Catalogação na publicação: Ana Paula M. Magnus – CRB10/2052

J. Glenn **BROOKSHEAR**

com contribuição
de David T. Smith, Indiana University of Pennsylvania,
e Dennis Brylow, Marquette University

Ciência da COMPUTAÇÃO

UMA VISÃO ABRANGENTE

11ª edição

Tradução
Eduardo Kessler Piveta
Doutor em Ciência da Computação pela UFRGS
Professor Adjunto da Universidade Federal de Santa Maria
Coordenador do Programa de Pós-Graduação em Informática – UFSM

bookman

2013

Obra originalmente publicada sob o título
Computer Science: An Overview, 11th Edition
ISBN 9780132569033

Authorized translation from the English language edition, entitled COMPUTER SCIENCE: AN OVERVIEW, 11th Edition by J.BROOKSHEAR, published Pearson Education,Inc., publishing as Addison-Wesley, Copyright © 2012. All rights reserved. No part of this book may be reproduced or transmitted in any form or by any means, electronic or mechanical, including photocopying, recording or by any information storage retrieval system, without permission from Pearson Education,Inc.

Portuguese language edition published by Bookman Companhia Editora Ltda, a Grupo A Educação S.A. Company, Copyright © 2013
Tradução autorizada a partir do original em língua inglesa da obra intitulada COMPUTER SCIENCE: AN OVERVIEW, 11ª Edição de autoria de J.BROOKSHEAR, publicado por Pearson Education, Inc., sob o selo Addison-Wesley, Copyright © 2012. Todos os direitos reservados. Este livro não poderá ser reproduzido nem em parte nem na íntegra, nem ter partes ou sua íntegra armazenado em qualquer meio, seja mecânico ou eletrônico, inclusive fotoreprografação, sem permissão da Pearson Education,Inc.

A edição em língua portuguesa desta obra é publicada por Bookman Companhia Editora Ltda, uma empresa do Grupo A Educação S.A., Copyright © 2013

Gerente editorial: *Arysinha Jacques Affonso*

Colaboraram nesta edição:

Editora: *Maria Eduarda Fett Tabajara*

Capa: *Márcio Monticelli da Silva*

Leitura final: *Amanda Jansson Breitsameter*

Editoração: *Techbooks*

Reservados todos os direitos de publicação, em língua portuguesa, à
BOOKMAN EDITORA LTDA., uma empresa do GRUPO A EDUCAÇÃO S.A.
Av. Jerônimo de Ornelas, 670 – Santana
90040-340 – Porto Alegre – RS
Fone: (51) 3027-7000   Fax: (51) 3027-7070

É proibida a duplicação ou reprodução deste volume, no todo ou em parte, sob quaisquer formas ou por quaisquer meios (eletrônico, mecânico, gravação, fotocópia, distribuição na Web e outros), sem permissão expressa da Editora.

Unidade São Paulo
Av. Embaixador Macedo Soares, 10.735 – Pavilhão 5 – Cond. Espace Center
Vila Anastácio – 05095-035 – São Paulo – SP
Fone: (11) 3665-1100   Fax: (11) 3667-1333

SAC 0800 703-3444 – www.grupoa.com.br

IMPRESSO NO BRASIL
PRINTED IN BRAZIL

Prefácio

Este livro apresenta uma visão geral introdutória da ciência da computação, explorando a fundo o assunto para prover uma apreciação honesta dos tópicos envolvidos.

Público-alvo

Escrevi este livro para estudantes de ciência da computação e de outras áreas. Assim como ocorre com os estudantes de computação, a maioria dos estudantes da área inicia seus estudos imaginando que ciência da computação é programar, navegar na Web e compartilhar arquivos na Internet, uma vez que isso é essencialmente tudo o que viu. No entanto, a ciência da computação é muito mais. Os estudantes que estão iniciando na ciência da computação precisam ser expostos à amplitude do tema no qual estão planejando se graduar. Fornecer tal exposição é o objetivo deste livro. Ele dá aos estudantes uma visão geral da ciência da computação – uma base a partir da qual eles podem apreciar a relevância e os inter-relacionamentos das futuras disciplinas da área. Essa abordagem é, na verdade, o modelo usado para cursos introdutórios nas ciências naturais.

Essa experiência ampla também é importante para que os estudantes de outras áreas possam se relacionar com a sociedade técnica na qual vivem. Um curso de ciência da computação para esse público deve fornecer um entendimento prático e realista da área inteira, em vez de simplesmente ser uma introdução sobre o uso de Internet ou o treinamento para o uso de algum pacote de software popular. Existe, é claro, um lugar apropriado para tais treinamentos, mas o objetivo deste livro é educar.

Assim, um dos principais objetivos, enquanto escrevia este livro, foi manter o texto acessível para estudantes sem formação técnica. O resultado é que as edições anteriores têm sido usadas com sucesso em disciplinas de uma ampla gama de cursos e de níveis educacionais, variando desde cursos de ensino médio até cursos de pós-graduação. A décima primeira edição foi planejada para continuar essa tradição.

Novidades desta edição

O objetivo fundamental do desenvolvimento da décima primeira edição foi atualizar o texto para incluir dispositivos móveis portáteis, em particular os smartphones. Então, você perceberá que o texto foi modificado e, algumas vezes, expandido para apresentar a relação entre o assunto que está sendo discutido e a tecnologia de smartphones. Tópicos específicos incluem:

- Hardware para smartphones
- A distinção entre redes 3G e 4G
- Sistemas operacionais para smartphones
- Desenvolvimento de software para smartphones
- A interface entre humanos e smartphones

Esses adendos são mais perceptíveis nos Capítulos 3 (Sistemas Operacionais) e 4 (Redes de Computadores e a Internet), mas também podem ser observados nos Capítulos 6 (Linguagens de Programação) e 7 (Engenharia de Software).

Outras mudanças importantes nesta edição incluem atualizações nos seguintes tópicos:

- Propriedade e responsabilidade de software: o material no Capítulo 7 (Engenharia de Software) pertencente a esse tópico foi reescrito e atualizado.
- Treinamento de redes neurais artificiais: esse material, no Capítulo 11 (Inteligência Artificial), foi modernizado.

Por fim, você descobrirá que o conteúdo do livro foi atualizado para refletir o estágio atual da tecnologia. Isso é mais perceptível no Capítulo 0 (Introdução), no Capítulo 1 (Armazenamento de Dados) e no Capítulo 2 (Manipulação de Dados).

Organização

Este livro segue uma organização ascendente dos assuntos, que progride do concreto para o abstrato – ordem que resulta em uma apresentação pedagogicamente sólida, na qual cada tópico leva ao próximo. Ele inicia com os fundamentos da codificação da informação, do armazenamento de dados e da arquitetura de computadores (Capítulos 1 e 2); progride para o estudo dos sistemas operacionais (Capítulo 3) e das redes de computadores (Capítulo 4); investiga os tópicos de algoritmos, de linguagens e programação e do desenvolvimento de software (Capítulos 5 a 7); explora técnicas para melhorar a acessibilidade da informação (Capítulos 8 e 9); considera algumas das principais aplicações da tecnologia computacional por meio da computação gráfica (Capítulo 10) e da Inteligência Artificial (Capítulo 11); e termina com uma introdução à teoria abstrata da computação (Capítulo 12).

Embora o livro siga essa progressão natural, os capítulos individuais e suas seções são surpreendentemente independentes e podem ser lidos de forma isolada ou reorganizados para formar sequências alternativas de estudo. De fato, esta obra é frequentemente usada em cursos que cobrem o material em uma variedade de ordens. Uma dessas alternativas inicia com o material dos Capítulos 5 e 6 (Algoritmos e Linguagens de Programação) e retorna aos capítulos anteriores. Em contraste, sei de um curso que inicia com o material de computabilidade do Capítulo 12. Existem ainda casos nos quais os textos têm sido usados em cursos de projetos de final de curso, em que eles servem meramente como uma coluna vertebral a partir da qual são criados desvios para projetos em diferentes áreas. Cursos para um público menos técnico podem querer se concentrar nos Capítulos 4 (Redes de computadores e a Internet), 9 (Sistemas de Bancos de Dados), 10 (Computação Gráfica) e 11 (Inteligência Artificial).

Na página inicial de cada capítulo, seções opcionais estão marcadas com asteriscos. Elas estão citadas no livro, mas seu conteúdo em português pode ser livremente acessado no site do Grupo A (www.grupoa.com.br). Essas seções cobrem tópicos de interesse mais específico ou talvez aprofundem tópicos tradicionais. Minha intenção é fornecer sugestões para caminhos alternativos, mas, é claro, existem outros atalhos. Em particular, se você está buscando uma rápida leitura, sugiro a seguinte sequência:

Seção	Tópico
1.1-1.4	O básico sobre codificação e armazenamento de dados
2.1-2.3	Arquitetura e linguagem de máquinas
3.1-3.3	Sistemas operacionais
4.1-4.3	Redes de computadores e a Internet
5.1-5.4	Algoritmos e projeto de algoritmos
6.1-6.4	Linguagens de programação
7.1-7.2	Engenharia de software
8.1-8.3	Abstração de dados
9.1-9.2	Sistemas de bancos de dados
10.1-10.2	Computação gráfica
11.1-11.3	Inteligência artificial
12.1-12.2	Teoria da computação

Existem diversos temas mesclados ao longo do livro. Um deles é que a ciência da computação é dinâmica. O livro repetidamente apresenta tópicos em uma perspectiva histórica, discute o que há hoje e indica direções de pesquisa. Outro tema é o papel da abstração e a maneira como as ferramentas de abstração são utilizadas para controlar a complexidade. Esse tema é introduzido no Capítulo 0 e, então, permeia o contexto de arquitetura de sistemas operacionais, de redes de computadores, do desenvolvimento de algoritmos, do projeto de linguagens de programação, da engenharia de software, da organização de dados e da computação gráfica.

Para professores

Há mais material neste livro do que normalmente poderia ser abordado em um único semestre, então não hesite em pular tópicos que não se encaixem bem nos objetivos de sua disciplina ou em reorganizar a ordem de forma que a leitura torne-se adequada às suas necessidades. Você descobrirá que, apesar de o livro seguir um roteiro, os tópicos são abordados de uma maneira amplamente independente, o que permite que os selecione conforme desejar. O livro é projetado para ser usado como um recurso de uma disciplina – não como a definição de uma disciplina. Sugiro incentivar os estudantes a lerem mesmo o material que não faz parte da súmula de sua disciplina. Penso que subestimamos os estudantes se assumimos que precisamos explicar tudo em aula. Deveríamos ajudá-los a aprenderem por conta própria.

Sinto-me na obrigação de dizer algumas poucas palavras acerca da organização ascendente, do concreto ao abstrato, usada no livro. Penso que, como acadêmicos, frequentemente assumimos que os estudantes apreciarão nossa perspectiva de um assunto – frequentemente uma que desenvolvemos ao longo de muitos anos de trabalho em uma área. Como professores, acho que faríamos melhor se apresentássemos o material a partir da perspectiva do estudante. É por isso que o livro inicia com a representação e o armazenamento de dados, as arquiteturas de máquinas, os sistemas operacionais e as redes de computadores. Esses são tópicos com os quais os alunos se relacionam facilmente – eles provavelmente já ouviram falar de termos como JPEG e MP3; provavelmente já gravaram dados em CDs e DVDs; já compraram componentes de computadores; já interagiram com um sistema operacional e usaram a Internet. Ao iniciar a disciplina com esses tópicos, os estudantes descobrem respostas para muitos dos questionamentos que têm feito ao longo dos anos e aprendem a ver a disciplina como prática em vez de teórica. A partir desse início, é natural progredirmos para as questões mais abstratas de algoritmos, de estruturas algorítmicas, de linguagens de programação, de metodologias de desenvolvimento de software, de computabilidade e de complexidade que nós da área vemos como os tópicos principais na ciência. Como disse anteriormente, os tópicos são apresentados de uma maneira que não força a seguir essa sequência ascendente, mas estimula a tentar.

Estamos todos cientes de que os estudantes aprendem muito mais do que os ensinamos, e as lições que eles aprendem implicitamente são com frequência mais bem absorvidas que as estudadas explicitamente. Isso é significativo quando envolve "ensinar" a resolver problemas. Os alunos não se tornam solucionadores de problemas ao estudar metodologias de solução de problemas. Eles se tornam solucionadores de problemas resolvendo problemas – e não apenas "problemas de livro" cuidadosamente apresentados. Então, este livro contém numerosos problemas, alguns dos quais são intencionalmente vagos – o que significa que não existe necessariamente uma única abordagem correta ou uma única resposta correta. Sugiro que você os use e os expanda.

Outro tópico na categoria de "aprendizado implícito" é o que envolve profissionalismo, ética e responsabilidade social. Não acredito que este material deva ser apresentado como um assunto isolado, meramente embutido durante o curso; ele deve cobrir o que for adequado e relevante para o momento. Você descobrirá que as Seções 3.5, 4.5, 7.8, 9.7 e 11.7 apresentam tópicos dessa natureza, como segurança, privacidade, responsabilidade e ciência social no contexto de sistemas operacionais, de redes de computadores, de sistemas de bancos de dados, de engenharia de software e de inteligência artificial. Adicionalmente, a Seção 0.6 introduz esse tema ao resumir algumas das teorias mais importantes que tentam colocar a tomada de decisões éticas em uma base filosófica sólida. Você também descobrirá que cada capítulo inclui uma coleção de questões, chamadas de *Questões Sociais*, que desafiam os estudantes a pensarem acerca do relacionamento entre o material no livro e a sociedade na qual vivem.

Obrigado por considerar meu livro para sua disciplina. Quer você decida que ele é adequado, quer não, espero que o ache uma contribuição à literatura de educação em ciência da computação.

Recursos pedagógicos

Esta obra é produto de muitos anos de ensino e, portanto, é rica em auxílios pedagógicos. Há muitos problemas para melhorar a participação dos estudantes – mais de 1.000 nesta edição. Eles são classificados como *Questões e exercícios*, *Problemas de revisão do capítulo* e *Questões sociais*. *Questões e exercícios* aparecem no final de cada seção (exceto no capítulo introdutório), revisando o material recentemente discutido, estendendo a discussão prévia ou dando dicas a respeito de tópicos a serem cobertos posteriormente. Essas questões são respondidas no Apêndice F.

Os *Problemas de revisão do capítulo* aparecem no final de cada capítulo (exceto pelo capítulo introdutório). Eles são projetados para servir como "tema de casa", na medida em que cobrem o material do capítulo inteiro e não são respondidos no texto.

Também no final de cada capítulo estão as *Questões sociais*. Elas são projetadas para serem pensadas e discutidas. Muitas delas podem ser usadas para lançar atribuições de pesquisa que culminam em pequenos relatórios orais ou escritos.

Cada capítulo também termina com uma lista chamada de *Leitura adicional*, que contém referências para outros materiais relacionados com o tema do capítulo. Os sites identificados neste prefácio e ao longo do texto são também bons locais para procurar por material relacionado.

Materiais online

As seções opcionais, destacadas com um asterisco, estão disponíveis (em português) no site do Grupo A (**www.grupoa.com.br**). Acesse o site, busque pela página do livro e faça seu cadastro para acessá-las.

Além disso, os seguintes recursos estão disponíveis (somente em inglês) na exclusiva Área do Professor:

- Guia do Professor com respostas para os Problemas de Revisão do Capítulo
- Slides de aula no PowerPoint
- Banco de testes

Para estudantes

Sou um pouco inconformista (alguns de meus amigos diriam *muito* inconformista), então, enquanto escrevia este livro, nem sempre segui as recomendações que recebi. Em particular, muitos argumentaram que certos materiais eram muito avançados para alunos iniciantes. Contudo, acredito que, se um tópico é relevante, então ele é relevante mesmo se a comunidade acadêmica o considerar um "tópico avançado". Você merece um texto que apresente uma visão completa da ciência da computação – não uma versão aguada, contendo apresentações artificialmente simplificadas apenas dos tópicos ditos apropriados para estudantes iniciantes. Logo, não evitei tópicos. Procurei por melhores explicações. Tentei fornecer uma profundidade suficiente para dar a você uma visão honesta do que trata a ciência da computação. Você pode escolher pular alguns dos tópicos nas páginas a seguir, mas eles estão disponíveis para lê-los se quiser – e eu acho importante que você faça isso.

Também devo assinalar que, em qualquer disciplina que trate de tecnologia, os detalhes que você aprende hoje podem não ser os detalhes que precisará saber amanhã. A área é dinâmica – e isso é parte do entusiasmo. Este livro lhe dará uma visão atual do assunto, bem como uma perspectiva histórica. Com essa bagagem, estará preparado para evoluir junto com a tecnologia. Sugiro que você inicie o processo de crescimento agora, dando início à leitura. Aprenda a aprender.

Obrigado pela confiança depositada em mim ao escolher ler meu livro. Como autor, tenho a obrigação de produzir um manuscrito que valha seu tempo. Espero que você ache que fiz jus a essa obrigação.

Agradecimentos

Primeiro, agradeço a todos que tenham oferecido suporte a este livro lendo e usando suas edições anteriores. Estou honrado.

David T. Smith (Universidade da Pensilvânia, em Indiana) e Dennis Brylow (Universidade Marquette) desempenharam papéis significativos na produção desta décima primeira edição. David se concentrou nos Capítulos 0, 1, 2, 7 e 11; e Dennis focou nos Capítulos 3, 4, 6 e 10. Sem seu trabalho duro, esta nova edição não existiria hoje. Eu os agradeço sinceramente.

Conforme mencionado no prefácio da décima edição, estou em débito com Ed Angel, John Carpinelli, Chris Fox, Jim Kurose, Gary Nutt, Greg Riccardi e Patrick Henry Winston por sua assistência no desenvolvimento de tal edição. Os resultados de seus esforços permanecem visíveis nesta décima primeira edição.

Outros que contribuíram nesta ou em edições prévias incluem J. M. Adams, C. M. Allen, D. C. S. Allison, R. Ashmore, B. Auernheimer, P. Bankston, M. Barnard, P. Bender, K. Bowyer, P. W. Brashear, C. M. Brown, H. M Brown, B. Calloni, M. Clancy, R. T. Close, D. H. Cooley, L. D. Cornell, M. J. Crowley, F. Deek, M. Dickerson, M. J. Duncan, S. Ezekiel, S. Fox, N. E. Gibbs, J. D. Harris, D. Hascom, L. Heath, P. B. Henderson, L. Hunt, M. Hutchenreuther, L. A. Jehn, K. K. Kolberg, K. Korb, G. Krenz, J. Liu, T. J. Long, C. May, J. J. McConnell, W. McCown, S. J. Merrill, K. Messersmith, J. C. Moyer, M. Murphy, J. P. Myers, Jr., D. S. Noonan, W. W. Oblitey, S. Olariu, G. Rice, N. Rickert, C. Riedesel, J. B. Rogers, G. Saito, W. Savitch, R. Schlafly, J. C. Schlimmer, S. Sells, G. Sheppard, Z. Shen, J. C. Simms, M. C. Slattery, J. Slimick, J. A. Slomka, D. Smith, J. Solderitsch, R. Steigerwald, L. Steinberg, C. A. Struble, C. L. Struble, W. J. Taffe, J. Talburt, P. Tonellato, P. Tromovitch, E. D. Winter, E. Wright, M. Ziegler e aqueles anônimos. A esses indivíduos, meus sinceros agradecimentos.

Diane Christie e Roger Eastman escreveram alguns dos materiais complementares disponíveis online. Obrigado, Diane e Roger.

Também agradeço ao pessoal da Addison-Wesley que contribuiu para este projeto. É um ótimo grupo de pessoas com quem se trabalhar – além de bons amigos. Se você estiver pensando em escrever um livro-texto, você deve considerar publicá-lo pela Addison-Wesley.

Ainda sou grato à minha esposa Earlene e à minha filha Cheryl, que têm sido fontes tremendas de incentivo ao longo dos anos. Cheryl, é claro, cresceu e saiu de casa alguns anos atrás. Mas Earlene ainda está aqui. Sou um homem de sorte. Na manhã de 11 de dezembro de 1998, sobrevivi a um ataque cardíaco porque ela me levou ao hospital a tempo. (Para as gerações mais novas, devo explicar que sobreviver a um ataque cardíaco é como obter uma prorrogação de prazo de um tema de casa.)

Por fim, agradeço aos meus pais, aos quais este livro é dedicado. Termino com o seguinte aval, cuja fonte deve permanecer anônima: "O livro de nosso filho é realmente bom. Todo mundo deveria lê-lo".

J. G. B.

Sumário

Capítulo 0   **Introdução**   **1**

     0.1   O papel dos algoritmos   2
     0.2   A história da computação   4
     0.3   A ciência dos algoritmos   10
     0.4   Abstração   11
     0.5   Um esboço de nosso estudo   13
     0.6   Repercussões sociais   15

Capítulo 1   **Armazenamento de Dados**   **20**

     1.1   Bits e seu armazenamento   21
     1.2   Memória principal   28
     1.3   Armazenamento em massa   30
     1.4   Representação da informação como padrões de bits   38
   *1.5   O sistema binário   45
   *1.6   Armazenamento de inteiros   45
   *1.7   Armazenamento de frações   45
   *1.8   Compressão de dados   45
   *1.9   Erros de comunicação   45

Capítulo 2   **Manipulação de Dados**   **52**

     2.1   Arquitetura de computadores   53
     2.2   Linguagem de máquina   56
     2.3   Execução de programas   63
   *2.4   Instruções lógicas e aritméticas   69
   *2.5   Comunicação com outros dispositivos   69
   *2.6   Outras arquiteturas   69

Capítulo 3   **Sistemas Operacionais**   **78**

     3.1   A história dos sistemas operacionais   79
     3.2   Arquitetura de sistemas operacionais   84
     3.3   Coordenando as atividades da máquina   93
   *3.4   A competição entre processos   96
     3.5   Segurança   96

* *Asteriscos indicam seções opcionais, disponíveis para acesso livre no site www.grupoa.com.br.*

Capítulo 4 Redes de Computadores e a Internet 105

4.1 Fundamentos de redes de computadores 106
4.2 A Internet 117
4.3 A World Wide Web 127
*4.4 Protocolos da Internet 137
4.5 Segurança 137

Capítulo 5 Algoritmos 152

5.1 O conceito de algoritmo 153
5.2 Representação de algoritmos 156
5.3 Descoberta de algoritmos 164
5.4 Estruturas iterativas 170
5.5 Estruturas recursivas 181
5.6 Eficiência e correção 189

Capítulo 6 Linguagens de Programação 207

6.1 Perspectiva histórica 208
6.2 Conceitos tradicionais de programação 218
6.3 Unidades procedurais 231
6.4 Implementação de linguagens 239
6.5 Programação orientada a objetos 248
*6.6 Programando atividades concorrentes 256
*6.7 Programação declarativa 256

Capítulo 7 Engenharia de Software 262

7.1 A disciplina de engenharia de software 263
7.2 O ciclo de vida do software 266
7.3 Metodologias de engenharia de software 271
7.4 Modularidade 273
7.5 As ferramentas do negócio 282
7.6 Garantia de qualidade 290
7.7 Documentação 294
7.8 Interação humano-computador 296
7.9 Propriedade e responsabilidade de software 299

Capítulo 8 Abstrações de Dados 307

8.1 Estruturas de dados básicas 308
8.2 Conceitos relacionados 312

8.3 Implementação de estruturas de dados 314
8.4 Um breve estudo de caso 330
8.5 Tipos de dados customizados 335
*8.6 Classes e objetos 339
*8.7 Ponteiros em linguagem de máquina 339

Capítulo 9 Sistemas de Bancos de Dados 347

9.1 Fundamentos de bancos de dados 348
9.2 O modelo relacional 353
*9.3 Bancos de dados orientados a objetos 365
*9.4 Manutenção da integridade de bancos de dados 365
*9.5 Estruturas tradicionais de arquivos 365
9.6 Mineração de dados 365
9.7 Impacto social da tecnologia de bancos de dados 368

Capítulo 10 Computação Gráfica 377

10.1 O escopo da computação gráfica 378
10.2 Visão geral da computação gráfica 3D 380
10.3 Modelagem 382
10.4 Renderização 392
*10.5 Iluminação global 404
10.6 Animação 404

Capítulo 11 Inteligência Artificial 413

11.1 Inteligência e máquinas 414
11.2 Percepção 419
11.3 Raciocínio 426
11.4 Áreas adicionais de pesquisa 439
11.5 Redes neurais artificiais 444
11.6 Robótica 453
11.7 Consideração das consequências 456

Capítulo 12 Teoria da Computação 467

12.1 Funções e sua computação 468
12.2 Máquinas de Turing 470
12.3 Linguagens de programação universais 475
12.4 Uma função não computável 481
12.5 Complexidade de problemas 486
*12.6 Criptografia de chaves públicas 496

Apêndices   503

A   ASCII   505
B   Circuitos para manipular representações de complemento de dois   506
C   Uma linguagem de máquina simples   509
D   Linguagens de programação de alto nível   511
E   A equivalência das estruturas iterativas e recursivas   513
F   Respostas das questões e dos exercícios   515

Índice   553

CAPÍTULO 0

Introdução

Neste capítulo preliminar, consideramos o escopo da ciência da computação, desenvolvemos uma perspectiva histórica e estabelecemos uma base a partir da qual iniciaremos nosso estudo.

0.1 O papel dos algoritmos

0.2 A história da computação

0.3 A ciência dos algoritmos

0.4 Abstração

0.5 Um esboço de nosso estudo

0.6 Repercussões sociais

A ciência da computação é a disciplina que busca construir uma base científica para tópicos como projeto e programação de computadores, processamento de informação, soluções algorítmicas de problemas e o próprio processo algorítmico. Ela fornece a estrutura das aplicações computacionais atuais, bem como a base para a futura infraestrutura de computação.

Este livro fornece uma introdução abrangente a essa ciência. Investigaremos uma ampla faixa de tópicos, incluindo a maioria daqueles que constituem um currículo típico de ciência da computação nas universidades. Queremos analisar completamente o escopo e a dinâmica da área. Logo, além dos tópicos propriamente ditos, estaremos interessados no seu desenvolvimento histórico, no estado atual da pesquisa e nas perspectivas para o futuro. Nosso objetivo é estabelecer um entendimento funcional da ciência da computação, que tanto ofereça suporte aos que desejam buscar estudos mais especializados na área quanto possibilite a outras pessoas, de outras áreas, prosperar em uma sociedade cada vez mais técnica.

0.1 O papel dos algoritmos

Iniciamos com o conceito mais fundamental da ciência da computação – o conceito de algoritmo. Informalmente, um **algoritmo** é um conjunto de passos que define como uma tarefa é realizada. (Seremos mais precisos posteriormente, no Capítulo 5.) Por exemplo, existem algoritmos para cozinhar (chamados de receitas), para se localizar em uma cidade desconhecida (mais comumente chamados de indicações), para operar máquinas de lavar (normalmente mostrados no interior da tampa da lavadora ou talvez na parede de uma lavanderia), para tocar música (expresso na forma de uma partitura) e para realizar truques de mágica (Figura 0.1).

Antes de uma máquina, como um computador, poder realizar uma tarefa, um algoritmo para realizar essa tarefa deve ser descoberto e representado em um formato que seja compatível com a máquina. A representação de um algoritmo é chamada de **programa**. Para a conveniência humana, os programas de computadores são normalmente impressos em papel ou mostrados em telas de computadores. Para a conveniência das máquinas, os programas são codificados em uma maneira compatível com a tecnologia da máquina. O processo de desenvolver um programa, codificando-o em um formato compatível de máquina, e inseri-lo em uma máquina é chamado de **programação**. Os programas e os algoritmos que eles representam são coletivamente chamados de **software**, em contraste com o maquinário propriamente dito, que é conhecido como **hardware**.

O estudo de algoritmos iniciou como um assunto de estudos matemáticos. Na verdade, a busca por algoritmos era uma atividade significativa dos matemáticos muito antes do desenvolvimento dos computadores atuais. O objetivo era encontrar um único conjunto de instruções que descrevesse como todos os problemas de um tipo específico poderiam ser resolvidos. Um dos mais conhecidos exemplos dessa pesquisa inicial é o algoritmo da divisão longa para encontrar o quociente de dois números de múltiplos dígitos. **Outro exemplo é o algoritmo de Euclides**, descoberto pelo antigo matemático grego Euclides, para encontrar o máximo divisor comum de dois inteiros positivos (Figura 0.2).

Efeito: O artista coloca algumas cartas de um baralho normal de cartas com a face para baixo em uma mesa e as mistura completamente enquanto as espalha pela mesa. Então, à medida que o público solicita ou cartas vermelhas ou pretas, o artista vira as cartas da cor solicitada.

Segredo e execução:

Passo 1. A partir de um baralho normal de cartas, selecione dez cartas vermelhas e dez cartas pretas. Distribua essas cartas na mesa com a face para cima em duas pilhas de acordo com a cor.

Passo 2. Anuncie que você selecionou algumas cartas vermelhas e algumas cartas pretas.

Passo 3. Pegue as cartas vermelhas. Sob a pretensão de alinhá-las em uma pequena pilha, mantenha-nas com a face para baixo em sua mão esquerda e, com o polegar e o indicador de sua mão direita, pressione as bordas da pilha de forma que cada carta forme uma pequena curvatura *para trás*. Então, coloque o baralho de cartas vermelhas com as faces para baixo na mesa enquanto diz: "Aqui, nesta pilha, estão as cartas vermelhas".

Passo 4. Pegue as cartas pretas. De modo similar ao passo 3, dê a essas cartas uma curvatura *para frente*. Então, recoloque estas cartas sobre a mesa com as faces para baixo enquanto diz: "E aqui, nesta pilha, estão as cartas pretas".

Passo 5. Imediatamente após recolocar as cartas pretas sobre a mesa, use ambas as mãos para misturar as cartas vermelhas e pretas (ainda com as faces para baixo), à medida que você as espalha no topo da mesa. Explique que você está misturando completamente as cartas.

Passo 6. Enquanto houver cartas com a face para baixo na mesa, execute repetidamente os seguintes passos:

6.1. Peça ao público para solicitar uma carta vermelha ou preta.

6.2. Se a cor solicitada for vermelha e existir uma carta com a face para baixo na mesa com uma aparência côncava, vire tal carta e diga: "Aqui está uma carta vermelha".

6.3. Se a cor solicitada for preta e existir uma carta com a face para baixo na mesa com uma aparência convexa, vire tal carta e diga: "Aqui está uma carta preta".

6.4. Caso contrário, diga que não existem mais cartas da cor solicitada e vire as cartas restantes para provar sua afirmação.

Figura 0.1 Um algoritmo para um truque de mágica.

Descrição: Este algoritmo assume que sua entrada consiste em dois números inteiros positivos e realiza o cômputo do maior divisor comum desses dois valores.

Procedimento:

Passo 1. Atribua a M e N o valor do maior e do menor dos dois valores, respectivamente.

Passo 2. Divida M por N e chame o restante de R.

Passo 3. Se R não for zero, atribua a M o valor de N, atribua a N o valor de R e retorne ao passo 2; caso contrário, o máximo divisor comum é o valor atualmente atribuído a N.

Figura 0.2 O algoritmo de Euclides para encontrar o máximo divisor comum de dois inteiros positivos.

Uma vez que um algoritmo para realizar uma tarefa tenha sido encontrado, a realização de tal tarefa não mais requer um entendimento dos princípios nos quais o algoritmo é baseado. No lugar disso, a realização da tarefa é reduzida ao mero processo de seguir instruções. (Podemos usar o algoritmo de divisão longa para encontrar um quociente ou o algoritmo de Euclides para encontrar um máximo divisor comum sem entender por que o algoritmo funciona.) De certa forma, a inteligência necessária para solucionar o problema está codificada no algoritmo.

É por intermédio desta habilidade de capturar e transmitir inteligência (ou ao menos comportamento inteligente) por meio de algoritmos que somos capazes de construir máquinas que realizam tarefas úteis. Consequentemente, o nível de inteligência mostrado pelas máquinas é limitado pela inteligência que pode ser transmitida por algoritmos. Podemos construir uma máquina para realizar uma tarefa apenas se existir um algoritmo que realize tal tarefa. Por sua vez, se não existir um algoritmo para resolver o problema, então a solução para tal problema está além das capacidades das máquinas.

A identificação das limitações das capacidades algorítmicas se solidificou como um assunto da matemática nos anos 1930, com a publicação do teorema da incompletude de Kurt Gödel. Esse teorema, essencialmente, diz que, em qualquer teoria matemática que abranja nosso sistema aritmético tradicional, existem sentenças cuja veracidade ou falsidade não pode ser estabelecida por meios algorítmicos. Em resumo, qualquer estudo completo de nosso sistema aritmético está além das capacidades de atividades algorítmicas.

Essa percepção abalou as bases da matemática, e os estudos subsequentes das capacidades algorítmicas foram o início da área conhecida hoje como ciência da computação. Na verdade, é o estudo dos algoritmos que forma o núcleo da ciência da computação.

0.2 A história da computação

Os computadores atuais possuem uma vasta genealogia. Um dos primeiros dispositivos de computação foi o ábaco. É provável que ele tenha tido suas raízes na China antiga e fosse usado nas primeiras civilizações gregas e romanas. A máquina é bastante simples, consistindo em elementos de contagem (contas) fixados em hastes que, por sua vez, são montadas em uma moldura retangular (Figura 0.3). À medida que as contas são movidas para frente e para trás nas hastes, suas posições representam valores armazenados. É nas posições das contas que este "computador" representa e armazena dados. Para o controle da execução de um algoritmo, a máquina depende do operador humano. Logo, o ábaco por si só é meramente um sistema de armazenamento de dados; ele precisa ser combinado a um humano para criar uma máquina computacional completa.

No período entre a Idade Média e a Era Moderna, a busca por máquinas de computação mais sofisticadas intensificou-se. Alguns inventores começaram a realizar experimentos com a tecnologia de engrenagens. Dentre eles estavam Blaise Pascal (1623-1662), da França, Gottfried Wilhelm Leibniz (1646-1716), da Alemanha, e Charles Babbage (1792-1871), da Inglaterra. Essas máquinas representavam dados por meio do posicionamento

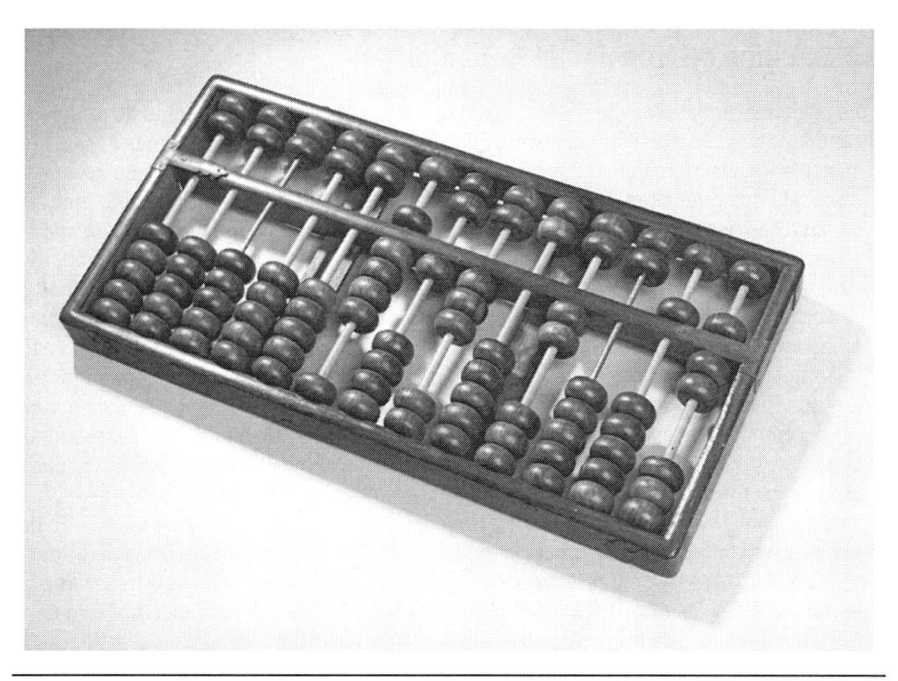

Figura 0.3 Um ábaco. (Fotografia de Wayne Chandler.)

de engrenagens, com os dados sendo informados mecanicamente pelo estabelecimento de posições iniciais das engrenagens. A saída das máquinas de Pascal e de Leibniz era obtida pela observação das posições finais das engrenagens. Babbage, por outro lado, tinha a visão de que as máquinas poderiam imprimir os resultados das computações em papel, de forma que a possibilidade de erros de transcrição seria eliminada.

No que diz respeito à habilidade de seguir um algoritmo, podemos ver uma progressão na flexibilidade destas máquinas. A máquina de Pascal foi construída para realizar apenas adições. Consequentemente, a sequência apropriada de passos estava embutida na estrutura da máquina propriamente dita. De maneira similar, a máquina de Leibniz tinha seus algoritmos firmemente embarcados em sua arquitetura, apesar de ela oferecer uma variedade de operações aritméticas que poderiam ser selecionadas pelo operador. A Máquina Diferencial de Babbage (da qual apenas um modelo de demonstração foi construído) poderia ser modificada para realizar uma variedade de cálculos, mas sua Máquina Analítica (para cuja construção ele nunca recebeu financiamento) foi projetada para ler instruções na forma de perfurações em cartões de papel. Logo, a Máquina Analítica de Babbage era programável. Na verdade, Augusta Ada Byron (Ada Lovelace), que publicou um artigo no qual demonstrava como a Máquina Analítica de Babbage poderia ser programada para realizar diversas computações, é frequentemente identificada atualmente como a primeira programadora do mundo.

A ideia de comunicar à máquina um algoritmo por meio de perfurações em papel não foi de Babbage. Ele obteve a ideia de Joseph Jacquard (1752-1834), que, em 1801, desenvolveu um tear no qual os passos a serem

A máquina diferencial de Babbage

As máquinas projetadas por Charles Babbage foram de fato as precursoras do projeto moderno de computadores. Se a tecnologia tivesse sido capaz de produzir suas máquinas de maneira economicamente viável e se as demandas de processamento de dados do comércio e do governo estivessem na escala dos requisitos de hoje, as ideias de Babbage poderiam ter levado a uma revolução da computação nos anos 1800. No entanto, apenas um modelo de demonstração de sua Máquina Diferencial foi construído durante sua vida. Essa máquina determinava valores numéricos calculando "diferenças sucessivas". Podemos obter uma noção dessa técnica ao considerarmos o problema de calcular os quadrados de inteiros. Começamos com o conhecimento de que o quadrado de 0 é 0, o quadrado de 1 é 1, o quadrado de 2 é 4 e o quadrado de 3 é 9. Com isso, podemos determinar o quadrado de 4 da seguinte maneira (veja o diagrama a seguir). Primeiro, computamos as diferenças dos quadrados que já sabemos: $1^2 - 0^2 = 1$, $2^2 - 1^2 = 3$ e $3^2 - 2^2 = 5$. Então, computamos as diferenças entre esses resultados: $3 - 1 = 2$ e $5 - 3 = 2$. Note que ambas são 2. Assumindo que essa consistência continua (a matemática pode mostrar que isso é verdade), concluímos que a diferença entre o valor $(4^2 - 3^2)$ e o valor $(3^2 - 2^2)$ também deve ser 2. Logo, $(4^2 - 3^2)$ deve ser 2 unidades maior que $(3^2 - 2^2)$, então $4^2 - 3^2 = 7$ e, logo, $4^2 = 3^2 + 7 = 16$. Agora que sabemos o quadrado de 4, podemos continuar nosso procedimento de computar o quadrado de 5 baseados nos valores de 1^2, 2^2, 3^2 e 4^2. (Apesar de uma discussão mais aprofundada de diferenças sucessivas estar além do escopo de nosso estudo atual, estudantes de cálculo podem querer observar que o exemplo anterior é baseado no fato de que a derivada de $y = x^2$ é uma linha reta com uma inclinação 2.)

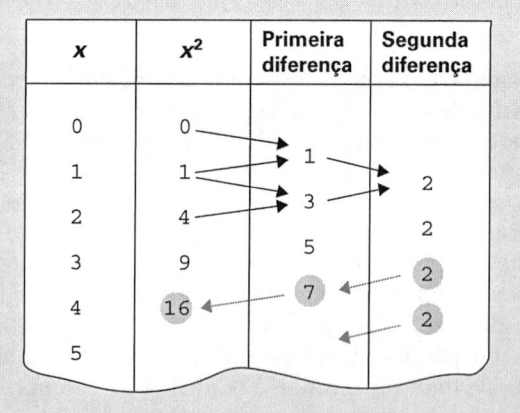

x	x^2	Primeira diferença	Segunda diferença
0	0		
1	1	1	2
2	4	3	2
3	9	5	2
4	16	7	2
5			

realizados durante o processo de tecelagem eram determinados por padrões de perfurações em grandes cartões finos feitos de madeiras (ou de papelão). Dessa maneira, o algoritmo seguido pelo tear poderia ser facilmente modificado para produzir diferentes desenhos de tecelagem. Outro beneficiário da ideia de Jacquard foi Herman Hollerith (1860-1929), que aplicou o conceito de representar informações como perfuração em cartões de papel para acelerar o processo de apuração do censo americano de 1890 (foi esse trabalho que levou à criação da IBM). Por fim, tais cartões vieram a ser conhecidos como cartões perfurados e sobreviveram como um popular meio de comunicação com computadores até os anos 1970. Na verdade, a técnica permanece viva até hoje, como pôde-se testemunhar pelas questões de votação levantadas na eleição presidencial dos EUA em 2000.

A tecnologia da época não era suficiente para produzir as complexas máquinas guiadas por engrenagens de Pascal, Leibniz e Babbage de uma maneira financeiramente viável. Contudo, com os avanços na eletrônica no início dos anos 1900, essa barreira foi superada. Exemplos desse progresso incluem a máquina eletromecânica de George Stibitz, finalizada em 1940 no Bell Labs, e o Mark I, finalizado em 1944 na Universidade de Harvard por Howard Aiken e um grupo de engenheiros da IBM (Figura 0.4). Essas máquinas faziam forte uso de relés mecânicos controlados eletronicamente. Nesse sentido, elas tornaram-se obsoletas quase tão logo foram construídas, pois outros pesquisadores estavam aplicando a tecnologia de válvulas eletrônicas para construir computadores totalmente eletrônicos. A primeira dessas máquinas foi a máquina Atanasoff-Berry, construída entre 1937 e 1941 na Faculdade Estadual de Iowa (atual Universidade Estadual de Iowa) por John Atanasoff e seu assistente, Clifford Berry. Outra era uma máquina chamada Colossus, construída sob a direção de Tommy Flowers, na Inglaterra, para decodificar mensagens alemãs durante a parte final da Segunda Guerra Mundial. (De fato, ao menos dez dessas máquinas foram construídas, mas segredos militares e questões de segurança nacional impediram que sua existência se tornasse parte da "árvore genealógica dos computadores".) Outras máquinas mais flexíveis, como o ENIAC (*Electronic Numerical Integrator And Calculator* – Calculador e Integrador Numérico Eletrônico) desenvolvido por John Mauchly e J. Presper Eckert na Escola de Engenharia Elétrica Moore, da Universidade da Pensilvânia, logo foram sendo desenvolvidas.

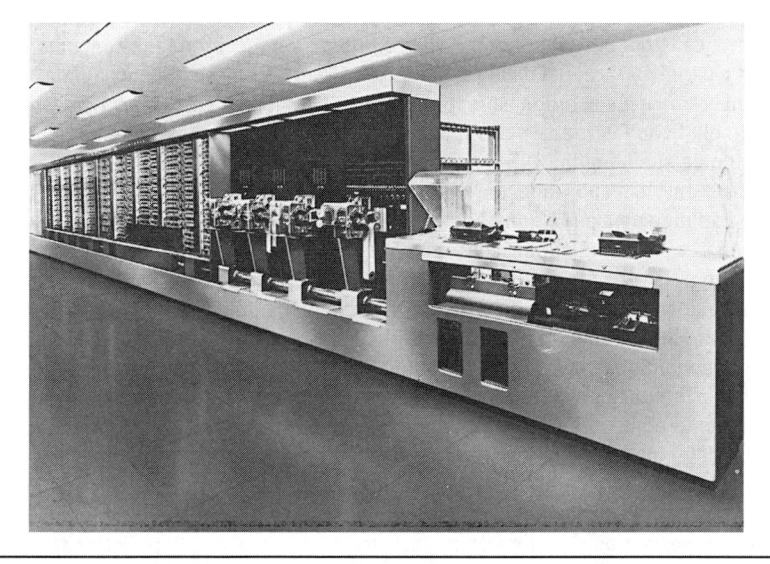

Figura 0.4 O computador Mark I. (Cortesia dos arquivos da IBM. Proibido o uso sem permissão.)

A partir deste ponto, a história das máquinas de computação tem estado fortemente ligada ao avanço tecnológico, incluindo a invenção dos transistores (pela qual os físicos William Shockley, John Bardeen e Walter Brattain receberam um Prêmio Nobel de Física) e o desenvolvimento subsequente de circuitos completos construídos como unidades únicas, chamados de circuitos integrados (pelos quais Jack Kilby também recebeu um Prêmio Nobel de Física). Com essa evolução, as máquinas, do tamanho de salas nos anos 1940, foram sendo reduzidas, nas últimas décadas, ao tamanho de pequenos gabinetes. Ao mesmo tempo, o poder de processamento das máquinas computacionais começou a dobrar a cada dois anos (uma tendência que continua até hoje). À medida que os trabalhos no desenvolvimento de circuitos integrados progrediam, muitos dos circuitos dentro de um computador tornaram-se prontamente disponíveis no mercado, como circuitos integrados encapsulados em blocos de plástico do tamanho de brinquedos, chamados de chips.

Um grande passo em direção à popularização da computação foi o desenvolvimento de computadores de mesa (*desktops*). A origem dessas máquinas pode ser remetida aos hobistas de computadores, que construíam computadores feitos em casa a partir da combinação de chips. Foi dentro desta atividade *underground* que Steve Jobs e Stephen Wozniak construíram um computador caseiro comercialmente viável, em 1976, estabelecendo a Apple Computer Inc. (atualmente Apple Inc.) para fabricar e comercializar seus produtos. Outras empresas que comercializaram produtos similares foram a Commodore, a Heathkit e a Radio Schack. Apesar de

Augusta Ada Byron

Augusta Ada Byron, a Condessa de Lovelace, tem sido tema de muitos comentários na comunidade da computação. Ela viveu uma vida um tanto trágica, de menos de 37 anos (1815-1852), que foi complicada por uma saúde frágil e pelo fato de ser inconformada com uma sociedade que limitava o papel profissional da mulher. Apesar de seu interesse por uma ampla faixa de assuntos, ela concentrou seus estudos na matemática. Seu interesse em "ciência da computação" iniciou quando ela ficou fascinada pelas máquinas de Charles Babbage em uma demonstração de um protótipo de sua Máquina Diferencial em 1833. Sua contribuição à ciência da computação está principalmente em sua tradução, do francês para o inglês, de um artigo que discutia os projetos de Babbage para a Máquina Analítica. Para essa tradução, Babbage a incentivou a adicionar um adendo descrevendo aplicações da máquina e contendo exemplos de como a máquina poderia ser programada para realizar várias tarefas. O entusiasmo de Babbage pelo trabalho de Ada Byron era aparentemente motivado por sua esperança de que, com sua publicação, ele poderia ter suporte financeiro para a construção de sua Máquina Analítica. (Como filha de Lord Byron, Ada Byron mantinha status de celebridade com potenciais conexões financeiras significativas.) Esse suporte nunca se materializou, mas o adendo de Ada Byron sobreviveu e é considerado o documento que contém os primeiros exemplos de programas de computadores. O grau com que Babbage influenciou o trabalho de Ada Byron ainda é debatido por historiadores. Alguns argumentam que Babbage fez grandes contribuições, enquanto outros afirmam que ele foi mais um obstáculo que um auxílio. Independentemente disso, Augusta Ada Byron é reconhecida hoje como a primeira programadora do mundo, um status certificado pelo Departamento de Defesa dos EUA, que nomeou uma linguagem de programação proeminente (Ada) em sua homenagem.

esses produtos serem populares entre hobistas de computadores, eles não foram amplamente aceitos pela comunidade empresarial, que continuou recorrendo à bem estabelecida IBM para a maioria de suas necessidades computacionais.

Em 1981, a IBM apresentou seu primeiro computador de mesa, chamado de computador pessoal, ou PC, cujo software subjacente havia sido desenvolvido por uma companhia recém-formada chamada Microsoft. O PC foi um sucesso instantâneo e legitimou os computadores de mesa como uma comodidade consolidada da comunidade empresarial. Atualmente, o termo PC é amplamente usado para se referir a todas as máquinas (de diversos fabricantes) cujo projeto evoluiu a partir do primeiro computador de mesa da IBM, a maioria das quais continua a ser comercializada com software da Microsoft. Às vezes, entretanto, o termo PC é usado como sinônimo com dois termos genéricos: *computador de mesa* e *laptop*.

À medida que o século XX terminava, a habilidade de conectar indivíduos em um sistema de amplitude mundial chamado de **Internet** estava revolucionando a comunicação. Nesse contexto, Tim Berners-Lee (um cientista britânico) propôs um sistema pelo qual documentos armazenados em computadores ao longo da Internet podiam ser unidos, produzindo um emaranhado de informações conectadas chamado de **World Wide Web** (frequentemente abreviado para "Web"). Para tornar a informação na Web acessível, sistemas de software, chamados de **motores de busca**, foram desenvolvidos para "peneirar" a Web, "categorizar" seus achados e, então, usar os resultados para auxiliar os usuários que estejam pesquisando por tópicos em particular. As grandes empresas nessa área são a Google, a Yahoo! e a Microsoft. Essas companhias continuam expandindo suas atividades relacionadas à Web, frequentemente em direções que desafiam nossa maneira tradicional de pensar.

Enquanto os computadores de mesa (e os novos computadores laptops móveis) vinham sendo aceitos e usados em casas, a miniaturização das má-

---

Google

Fundada em 1998, a Google Inc. tornou-se uma das companhias de tecnologias mais reconhecidas do mundo. Seu principal serviço, o motor de buscas Google, é usado por milhões de pessoas para encontrar documentos na World Wide Web. Além disso, a Google fornece serviços de correio eletrônico (Gmail), um serviço de compartilhamentos de vídeo na Internet (YouTube) e diversos outros serviços na Internet (incluindo Google Maps, Google Calendar, Google Earth, Google Books e Google Translate).

Contudo, além de ser um excelente exemplo de espírito empreendedor, a Google também fornece exemplos de como a expansão da tecnologia está desafiando a sociedade. Por exemplo, o motor de buscas da Google tem levantado questões relacionadas a até que ponto uma companhia internacional deve estar de acordo com os desejos de governos individuais; o YouTube tem levantado questões relacionadas a até que ponto uma companhia deve ser responsável por informações que outros distribuem por meio de seu serviço, bem como ao direito que a companhia teria de reivindicar a propriedade de tal informação; o Google Books tem gerado questionamentos relacionados ao escopo e às limitações dos direitos de propriedade intelectual; e o Google Maps tem sido acusado de violar direitos de privacidade.

quinas de computação continuou. Atualmente, computadores minúsculos são embarcados dentro de vários dispositivos. Por exemplo, automóveis agora contêm pequenos computadores executando Sistemas de Posicionamento Global (GPS), monitorando o funcionamento do motor e fornecendo serviços de comando de voz para controlar o áudio e os sistemas de comunicação telefônica do carro.

Talvez a aplicação potencialmente mais revolucionária da miniaturização dos computadores possa ser encontrada na contínua expansão da capacidade dos telefones celulares. De fato, o que há pouco era meramente um telefone evoluiu para um pequeno computador de propósito geral que cabe na palma da mão, conhecido como **smartphone**, no qual a telefonia é apenas uma de muitas aplicações. Esses "telefones" são equipados com um amplo conjunto de sensores e interfaces, incluindo câmeras, microfones, bússolas, telas sensíveis ao toque, acelerômetros (para detectar a orientação do telefone e seu movimento) e diversas tecnologias sem fio para se comunicarem com outros smartphones e computadores. O potencial é enorme. Na verdade, muitos argumentam que o smartphone terá um efeito maior na sociedade que o PC.

A miniaturização dos computadores e sua capacidade cada vez maior têm trazido a tecnologia computacional à frente da sociedade moderna. A tecnologia computacional é tão predominante agora que a familiaridade com ela é fundamental para ser um membro da sociedade moderna. A tecnologia computacional tem alterado a habilidade dos governos de exercer controle; tem um impacto enorme na economia global; levou a surpreendentes avanços na pesquisa científica; revolucionou o papel da coleção e do armazenamento de dados, bem como de aplicações que os tratam; forneceu novos meios para as pessoas se comunicarem e interagirem entre si; e tem repetidamente desafiado o *status quo* da sociedade. O resultado é uma proliferação de assuntos envolvendo ciência da computação, cada um dos quais uma área significativa de estudo por si só. Além disso, assim como com a engenharia mecânica e a física, é frequentemente difícil traçar uma linha que separe essas áreas e a ciência da computação propriamente dita. Logo, para obter uma perspectiva apropriada, nosso estudo não apenas cobrirá tópicos centrais ao núcleo da ciência da computação, mas também explorará uma variedade de disciplinas que tratam tanto de aplicações quanto de consequências da ciência. Na verdade, uma introdução à ciência da computação é uma tarefa interdisciplinar.

0.3 A ciência dos algoritmos

Condições como capacidade limitada de armazenamento de dados e procedimentos complexos de programação, que consumiam muito tempo, restringiam a complexidade dos algoritmos utilizados nas primeiras máquinas computacionais. Entretanto, à medida que essas limitações começaram a desaparecer, as máquinas passaram a ser utilizadas em tarefas cada vez maiores e mais complexas. À medida que tentativas de expressar a composi**ção dessas tarefas em um formato algorítmico começaram a sobrecarregar a** mente humana, mais e mais esforços de pesquisa foram direcionados para o estudo de algoritmos e o processo de programação.

Foi nesse contexto que o trabalho teórico dos matemáticos começou a dar frutos. Como consequência do teorema da incompletude de Gödel, os matemáticos já estavam investigando questões relacionadas a processos algorítmicos, que os avanços tecnológicos estavam agora evidenciando. Com isso, o palco estava montado para o surgimento de uma nova disciplina conhecida como *ciência da computação*.

Atualmente, a ciência da computação estabeleceu-se como a ciência dos algoritmos. O escopo dessa ciência é amplo, oriundo de assuntos tão diversos quanto matemática, engenharia, psicologia, biologia, administração de empresas e linguística. Na verdade, pesquisadores em diferentes ramos da ciência da computação podem ter definições muito distintas da ciência. Por exemplo, um pesquisador na área de arquitetura de computadores pode priorizar a tarefa de miniaturização de circuitos e, logo, ver a ciência da computação como avanço e aplicação da tecnologia. Contudo, um pesquisador na área de sistemas de bancos de dados pode ver a ciência da computação como a busca de maneiras para tornar os sistemas de informação mais úteis. E um pesquisador na área de inteligência artificial pode considerar a ciência da computação como o estudo da inteligência e do comportamento inteligente.

Logo, uma introdução à ciência da computação deve incluir uma variedade de tópicos, que é uma tarefa que perseguiremos nos capítulos seguintes. Em cada caso, nosso objetivo será introduzir as ideias centrais do assunto, os tópicos de pesquisa atuais e algumas das técnicas que estão sendo aplicadas para desenvolver o conhecimento na área. Com tal variedade de tópicos, é fácil perder a noção do quadro geral. Logo, vamos reunir nossas ideias identificando algumas questões que fornecem um foco para seu estudo.

- Que problemas podem ser solucionados por processos algorítmicos?
- Como tornar mais fácil a descoberta de algoritmos?
- Como as técnicas de representação e de comunicação de algoritmos podem ser melhoradas?
- Como as características de diferentes algoritmos podem ser analisadas e comparadas?
- Como algoritmos podem ser usados para manipular informações?
- Como algoritmos podem ser aplicados para produzir comportamento inteligente?
- Como a aplicação de algoritmos afeta a sociedade?

Note que o tema comum a todas essas questões é o estudo de algoritmos (Figura 0.5).

0.4 Abstração

O conceito de abstração permeia de tal maneira o estudo de ciência da computação e o projeto de sistemas computacionais que nos convêm abordá-lo neste capítulo preliminar. O termo **abstração**, como usamos aqui, refere-se à distinção entra as propriedades externas de uma entidade e os detalhes da composição interna da entidade. É a abstração que nos permite ignorar

```
                Limitações de
Aplicação de                Execução de

    Análise de   Algoritmos  Comunicação de

            Descoberta de   Representação de
```

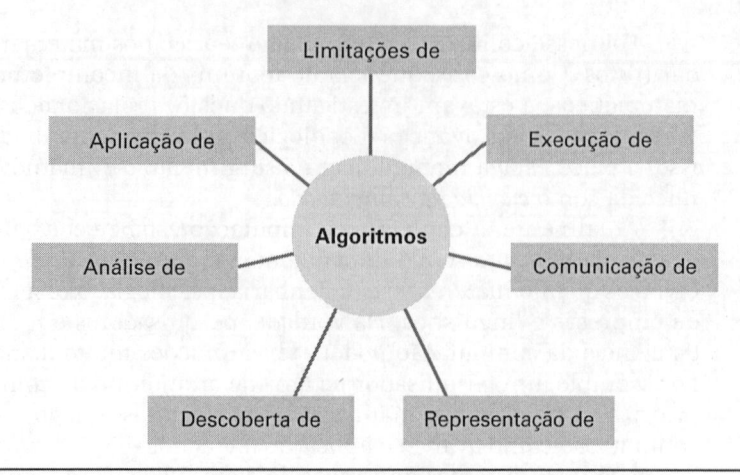

Figura 0.5 O papel central dos algoritmos em ciência da computação.

os detalhes internos de um dispositivo complexo, como um computador, um automóvel ou um forno de micro-ondas, e usá-lo como uma unidade única, compreensível. Além disso, é por meio da abstração que tais sistemas complexos são projetados e fabricados. Computadores, automóveis e fornos de micro-ondas são construídos a partir de componentes, que, por sua vez, são construídos a partir de componentes menores. Cada componente representa um nível de abstração no qual o uso do componente é isolado dos detalhes da composição interna do componente.

É aplicando abstração, então, que somos capazes de construir, de analisar e de gerenciar sistemas computacionais grandes e complexos, que nos confundiriam se fossem vistos em sua totalidade em um nível detalhado. A cada nível de abstração, vemos o sistema em termos de componentes, chamados de **ferramentas abstratas**, cuja composição interna ignoramos. Isso permite nos concentrarmos em como cada componente interage com outros em um mesmo nível e em como o conjunto, como um todo, forma um componente de nível mais alto. Logo, somos capazes de compreender a parte do sistema que é relevante para a tarefa desejada em vez de nos perdermos em um mar de detalhes.

Enfatizamos que a abstração não é limitada à ciência e à tecnologia. Ela é uma técnica de simplificação importante a partir da qual nossa sociedade criou um estilo de vida que seria, de outra forma, impossível. Poucos de nós entendem como as várias conveniências de nossa vida diária são de fato implementadas. Comemos comidas e vestimos roupas que não podemos produzir por nós mesmos. Usamos dispositivos elétricos e sistemas de comunicação sem entendermos a tecnologia subjacente. Usamos os serviços de outros sem conhecermos os detalhes de suas profissões. Com cada novo avanço, uma pequena parte da sociedade escolhe especializar-se em sua implementação, enquanto o resto de nós aprende a usar os resultados como ferramentas abstratas. Dessa maneira, o portfólio de ferramentas abstratas da sociedade se expande, e a habilidade da sociedade de progredir aumenta.

A abstração é um tema recorrente em nosso estudo. Aprenderemos que os equipamentos computacionais são construídos em níveis de ferramentas abstratas. Também veremos que o desenvolvimento de grandes sistemas de software é realizado de uma maneira modular, na qual cada módulo é usado como uma ferramenta abstrata em módulos maiores. Além disso, a abstração desempenha um papel importante no avanço da ciência da computação propriamente dita, permitindo aos pesquisadores focarem sua atenção em áreas particulares dentro de uma área complexa. Cada capítulo, que trata de uma área em particular dentro da ciência, é muitas vezes surpreendentemente independente dos outros; no entanto, juntos, os capítulos formam uma visão abrangente de um amplo campo de estudo.

0.5 Um esboço de nosso estudo

Este texto segue uma abordagem ascendente para o estudo de ciência da computação, iniciando com tópicos práticos, como hardware de computadores, e indo em direção a tópicos abstratos, como complexidade de algoritmos e computabilidade. O resultado é que nosso estudo segue um padrão de construção de ferramentas de abstração cada vez maiores, à medida que nosso entendimento do assunto se expande.

Iniciamos considerando tópicos que tratam do projeto e da construção de máquinas para executar algoritmos. No Capítulo 1 (Armazenamento de Dados), vemos como a informação é codificada e armazenada em computadores modernos e, no Capítulo 2 (Manipulação de Dados), investigamos a operação interna básica de um computador simples. Apesar de parte desse estudo envolver tecnologia, o tema geral é independente de tecnologia. Ou seja, tópicos como projeto de circuitos digitais, codificação de dados e sistemas de compressão e arquitetura de computadores são relevantes em uma ampla faixa tecnológica e prometem continuar relevantes independentemente da direção que irá seguir a tecnologia futura.

No Capítulo 3 (Sistemas Operacionais), estudamos o sistema de software que controla a operação geral de um computador. Esse sistema é chamado de sistema operacional. É o sistema operacional de um computador que controla a interface entre a máquina e seu mundo externo, protegendo a máquina e seus dados armazenados de acesso não autorizado, permitindo que um usuário de computador requeira a execução de vários programas e coordenando as atividades internas necessárias para satisfazer às requisições do usuário.

No Capítulo 4 (Redes de Computadores e a Internet), estudamos como os computadores são conectados uns aos outros para formar redes de computadores e como as redes de computadores são conectados para formar inter-redes. Este estudo leva a tópicos como protocolos de redes de computadores, a estrutura da Internet e sua operação interna, a World Wide Web e inúmeras questões de segurança.

O Capítulo 5 (Algoritmos) introduz o estudo de algoritmos a partir de uma perspectiva mais formal. Investigamos como os algoritmos são descobertos, identificamos diversas estruturas algorítmicas fundamentais, desenvolvemos técnicas elementares para representar algoritmos e introduzimos os temas eficiência e correção de algoritmos.

No Capítulo 6 (Linguagens de Programação), consideramos o assunto de representação de algoritmos e o processo de desenvolvimento de programas. Aqui, descobrimos que a busca por melhores técnicas de programação tem levado a uma variedade de metodologias ou paradigmas de programação, cada uma com seu próprio conjunto de linguagens de programação. Investigamos esses paradigmas e linguagens, bem como consideramos questões de gramáticas e de tradução de linguagens.

O Capítulo 7 (Engenharia de Software) introduz o ramo da ciência da computação conhecido como engenharia de software, que trata dos problemas encontrados quando desenvolvemos grandes sistemas de software. O tema subjacente é que o projeto de grandes sistemas de software é uma tarefa complexa que abrange problemas além daqueles da engenharia tradicional. Logo, a engenharia de software tornou-se um campo de pesquisa importante dentro da ciência da computação, extraindo conhecimento de áreas tão diversas quanto engenharia, gerência de projetos, gerenciamento de pessoal, projeto de linguagens de programação e mesmo arquitetura.

Nos dois próximos capítulos, vemos maneiras como podemos organizar dados dentro de um sistema de computação. No Capítulo 8 (Abstrações de Dados), introduzimos técnicas tradicionalmente usadas para organizar dados na memória principal de um computador e, então, acompanhamos a evolução das abstrações de dados a partir do conceito de primitivas até as técnicas orientadas a objetos de hoje. No Capítulo 9 (Sistemas de Bancos de Dados), consideramos métodos tradicionalmente usados para organizar dados no sistema de armazenamento em massa de um computador e investigamos como sistemas de bancos de dados extremamente grandes e complexos são implementados.

No Capítulo 10 (Computação Gráfica), exploramos o assunto de gráficos e animação, um campo que lida com a criação e a fotografia de mundos virtuais. Baseada nos avanços de áreas mais tradicionais da ciência da computação, como arquitetura de máquinas, projeto de algoritmos, estruturas de dados e engenharia de software, a disciplina de computação gráfica e animação tem visto significativo progresso e agora floresceu em um assunto emocionante e dinâmico. Além disso, a área exemplifica como os diversos componentes da ciência da computação são combinados com outras disciplinas como física, arte e fotografia para produzir resultados surpreendentes.

No Capítulo 11 (Inteligência Artificial), aprendemos que, para desenvolver máquinas mais úteis, a ciência da computação voltou-se ao estudo da inteligência humana para a liderança. A esperança é que por meio do entendimento de como nossas mentes raciocinam e percebem, os pesquisadores sejam capazes de projetar algoritmos que mimetizam esses processos e, logo, possam transferir essas capacidades para as máquinas. O resultado é a área da ciência da computação conhecida como inteligência artificial, que se baseia fortemente na pesquisa em áreas como psicologia, biologia e linguística.

Fechamos nosso estudo com o Capítulo 12 (Teoria da Computação), investigando as bases teóricas da ciência da computação – um assunto que nos permite entender as limitações dos algoritmos (e, logo, das máquinas). Aqui, identificamos alguns problemas que não podem ser resolvidos algoritmicamente (e, assim, estão além das capacidades das máquinas), bem como aprendemos que as soluções para muitos outros problemas requerem um tempo ou um espaço tão grandes que eles também são insolúveis do ponto de vista prático. Dessa forma, é por meio desse estudo que somos capazes de compreender o escopo e as limitações dos sistemas algorítmicos.

Em cada capítulo, nosso objetivo é explorar até uma profundidade que nos leve a um entendimento real do assunto. Queremos desenvolver um conhecimento funcional de ciência da computação; um conhecimento que permitirá entender a sociedade técnica na qual você vive e fornecerá uma base a partir da qual você possa aprender por conta própria à medida que a ciência e a tecnologia avançam.

0.6 Repercussões sociais

O avanço na ciência da computação está obscurecendo muitas das distinções nas quais nossa sociedade baseou-se para a tomada de decisões no passado e vem desafiando muitos dos princípios de longa data dessa sociedade. Na legislação, ela gera questões relacionadas ao grau pelo qual a propriedade intelectual pode ser garantida e aos direitos e às responsabilidades que acompanham essa propriedade. Na ética, ela gera numerosas opções que desafiam os princípios tradicionais nos quais o comportamento social é baseado. No governo, gera debates relacionados a quanto a tecnologia computacional e suas aplicações devem ser regulados. Na filosofia, gera controvérsias entre a presença de comportamento inteligente e a presença da inteligência propriamente dita. E, na sociedade, ela gera disputas que dizem respeito a se as novas aplicações trazem novas liberdades ou novos controles.

Apesar de não serem parte da ciência da computação propriamente dita, tais tópicos são importantes para os que contemplam uma carreira na computação ou em áreas relacionadas. Revelações dentro da ciência algumas vezes encontram aplicações controversas, causando sérios descontentamentos para os pesquisadores envolvidos. Além disso, uma carreira bem-sucedida pode rapidamente descarrilar por um descuido ético.

A habilidade de lidar com os dilemas impostos pelo avanço da tecnologia computacional também é importante para aqueles que estão fora de seu domínio direto. De fato, a tecnologia está se infiltrando tão rapidamente na sociedade que poucos são, se é que alguém o é, independentes de seus efeitos.

Este texto fornece a experiência técnica necessária para abordar o dilema gerado pela ciência da computação de uma maneira racional. Entretanto, o conhecimento técnico da ciência, por si só, não fornece soluções para todas as questões envolvidas. Com isso em mente, este texto inclui diversas seções voltadas a questões sociais, éticas e legais. Tais questões incluem preocupações de segurança, questões de propriedade e responsabilidade de software, impacto social da tecnologia de bancos de dados e consequências dos avanços em inteligência artificial.

Além disso, frequentemente não há uma resposta correta definitiva para um problema, e muitas soluções válidas são concessões entre visões opostas (e talvez igualmente válidas). Encontrar soluções nesses casos muitas vezes requer a habilidade de escutar, de reconhecer outros pontos de vista, de conduzir um debate racional e de mudar sua própria opinião à medida que novas percepções são obtidas. Logo, cada capítulo deste texto termina com um conjunto de questões sob o título "Questões Sociais", que investiga o relacionamento entre a ciência da computação e a sociedade. Essas não são questões que necessariamente devam ser respondidas. Em vez disso, são questões a serem consideradas. Em muitos casos, uma resposta que pode parecer óbvia à primeira vista deixará de satisfazê-lo à medida que você explorar alternativas. Em resumo, o propósito dessas questões não é levar você a uma resposta "correta", mas sim aumentar sua ciência em relação aos vários envolvidos em uma determinada questão, em relação a alternativas e em relação às consequências dessas alternativas, tanto a curto quanto a longo prazo.

Fechamos esta seção introduzindo algumas das abordagens à ética que têm sido propostas por filósofos em sua busca por teorias fundamentais que levem a princípios para guiar decisões e comportamento. A maioria dessas teorias pode ser classificada como ética baseada em consequências, ética baseada em deveres, ética baseada em contrato e ética baseada em caráter. Você pode querer usar essas teorias como uma forma de abordar as questões éticas apresentadas no texto. Em particular, você pode perceber que diferentes teorias levam a conclusões contrastantes e, logo, expõem alternativas ocultas.

A ética baseada em consequências tenta analisar questões baseadas nas consequências das várias opções. Um exemplo proeminente é o utilitarismo que propõe que a decisão ou ação "correta" é aquela que leva ao bem maior para a maior porção da sociedade. À primeira vista, o utilitarismo parece ser uma maneira justa de resolver dilemas éticos. No entanto, em sua forma não qualificada, o utilitarismo leva a numerosas conclusões inaceitáveis. Por exemplo, ele permitiria que a maioria da sociedade escravizasse uma pequena minoria. Além disso, muitos argumentam que as abordagens baseadas em consequências para teorias éticas, as quais inerentemente enfatizam consequências, tendem a ver o humano meramente como um meio para um fim, ao invés de como um indivíduo que vale a pena. Isso, eles continuam, constitui uma falha fundamental em todas as éticas baseadas em consequência.

Em contraste com a ética baseada em consequências, a ética baseada em deveres não considera as consequências das decisões e das ações, mas propõe que membros de uma sociedade possuem certos deveres ou obrigações intrínsecos, os quais, por sua vez, formam a base sobre as quais questões éticas devem ser resolvidas. Por exemplo, se alguém aceita a obrigação de respeitar os direitos dos outros, então deve rejeitar a escravidão independentemente de suas consequências. Por outro lado, os oponentes da ética baseada em deveres argumentam que ela falha em fornecer soluções para problemas envolvendo deveres conflitantes. Você deve dizer a verdade mesmo que isso destrua a confiança de um colega? Uma nação deve se defender em guerra mesmo que as batalhas subsequentes levem à morte de muitos de seus cidadãos?

A teoria da ética baseada em contratos inicia imaginando uma sociedade sem nenhuma base ética. Nessa configuração de "estado da natureza", vale tudo – uma situação na qual os indivíduos devem cuidar de si mesmos e constantemente estar em guarda contra a agressão de outros. Sob essas circunstâncias, a ética baseada em contratos teoricamente propõe que os membros da sociedade desenvolveriam "contratos" entre eles. Por exemplo, eu não roubarei de você se você não roubar de mim. Por sua vez, esses "contratos" se tornariam a base para determinar comportamento ético. Note que a ética baseada em contratos fornece uma motivação para o comportamento ético – devemos obedecer o "contrato de ética" porque estaríamos, de outra forma, vivendo uma vida com desprazer. Entretanto, os oponentes da ética baseada em contratos argumentam que ela não fornece uma base ampla o suficiente para resolver dilemas éticos, já que ela fornece guias apenas nos casos em que contratos tenham sido estabelecidos. (Posso me comportar da maneira que eu quiser em situações não cobertas por um contrato.) Em particular, novas tecnologias podem apresentar territórios inexplorados para os quais os contratos éticos existentes podem não se aplicar.

A ética baseada em caráter (algumas vezes chamada de ética das virtudes), promovida por Platão e Aristóteles, argumenta que o "bom comportamento" não é o resultado de aplicar regras identificáveis, mas, ao invés disso, é uma consequência natural de ter "bom caráter". Enquanto a ética baseada em consequências, a ética baseada em deveres e a ética baseada em contratos propõem que uma pessoa resolva um dilema ético perguntando: "Quais são as consequências?"; "Quais são meus deveres?"; ou "Que contratos tenho?", a ética baseada em caráter propõe que os dilemas sejam resolvidos perguntando-se: "Quem eu quero ser?". Logo, o bom comportamento é obtido por meio da construção do bom caráter, o que é tipicamente o resultado de uma boa criação e do desenvolvimento de hábitos virtuosos.

É a ética baseada em caráter que subjaz a abordagem normalmente usada quando se "ensina" ética para profissionais em diferentes áreas. Ao invés de apresentar teorias éticas específicas, a abordagem introduz estudos de caso que expõem uma variedade de questões éticas da área de atuação dos profissionais. Então, ao discutir os prós e contras nesses casos, eles tornam-se mais cientes, perspicazes e sensíveis aos perigos que espreitam suas vidas profissionais e, então, crescem em caráter. Esse é o espírito no qual as perguntas relacionadas às questões sociais no fim de cada capítulo são apresentadas.

Questões sociais

As questões a seguir pretendem servir como um guia para os dilemas éticos, sociais e legais associados à área da computação. O objetivo não é meramente responder a estas questões. Você deve também considerar por que as respondeu de uma determinada forma e se suas justificativas mantêm a consistência de uma questão para outra.

   1. Em geral, aceita-se a premissa de que nossa sociedade é *diferente* daquilo que teria sido sem a revolução computacional. Nossa sociedade é *melhor* do que ela seria se não tivesse ocorrido tal revolução? É pior? Sua resposta seria diferente se sua posição dentro da sociedade fosse diferente?

2. É aceitável participar da sociedade técnica atual sem fazer um esforço para entender o básico dessa tecnologia? Por exemplo, os membros de uma democracia, cujos votos frequentemente determinam como a tecnologia será conduzida e utilizada, têm a obrigação de tentar entender essa tecnologia? Sua resposta depende de qual tecnologia está sendo considerada? Por exemplo, sua resposta é a mesma quando consideramos a tecnologia nuclear e quando consideramos a tecnologia computacional?

3. Ao utilizar dinheiro vivo em transações financeiras, os indivíduos tradicionalmente têm a opção de gerenciar suas questões financeiras sem taxas de serviço. Contudo, à medida que nossa economia torna-se automatizada, as instituições financeiras implementam taxas de serviço para o acesso a esses sistemas automatizados. Existe um ponto no qual essas taxas restringem injustamente o acesso de um indivíduo à economia? Por exemplo, suponha que um empregador pague os empregados apenas por meio de cheques, e todas as instituições financeiras colocassem uma taxa de serviço sobre o desconto ou o depósito de cheques. Os empregados estariam sendo tratados injustamente? E se um empregado insistisse em ser pago apenas por meio de depósitos diretos?

4. No contexto da televisão interativa, até que ponto uma companhia pode obter informações sobre crianças (talvez por meio de um formato de jogo interativo)? Por exemplo, deveria ser permitido a uma companhia obter um relatório dos padrões de gastos dos pais em relação a uma criança? E informações sobre a criança?

5. Até que ponto um governo pode regular a tecnologia computacional e suas aplicações? Considere, por exemplo, os problemas levantados pelas Questões 3 e 4. O que justifica a regulamentação governamental?

6. Até que ponto nossas decisões relacionadas à tecnologia de uma forma geral e à tecnologia computacional em particular afetarão as gerações futuras?

7. À medida que a tecnologia avança, nosso sistema educacional é constantemente desafiado a reconsiderar o nível de abstração usado para apresentar diferentes tópicos. Muitas questões estão relacionadas a se uma habilidade ainda é necessária ou se deveria ser permitido aos estudantes dependerem de uma ferramenta abstrata. Não se ensina mais a estudantes de trigonometria como encontrar os valores trigonométricos usando tabelas. Ao invés disso, eles usam calculadoras como ferramentas abstratas para encontrar esses valores. Alguns argumentam que as divisões longas também deveriam dar vez para a abstração. Que outros assuntos estão envolvidos em controvérsias similares? Os processadores de texto modernos eliminam a necessidade de desenvolver habilidades de ortografia? As tecnologias de vídeo algum dia eliminarão a necessidade de ler?

8. O conceito de bibliotecas públicas é amplamente baseado na premissa de que todos os cidadãos em uma democracia devem ter acesso à informação. À medida que mais informações são armazenadas e disseminadas utilizando-se a tecnologia de computadores, o acesso a essa tecnologia torna-se também um direito de cada indivíduo? Se esse for o caso, as bibliotecas públicas deveriam ser o canal pelo qual esse acesso é fornecido?

9. Que questões éticas surgem em uma sociedade que se baseia no uso de ferramentas abstratas? Existem casos nos quais não é ético usar um produto ou um serviço sem entender como ele funciona? Sem saber como ele é produzido? Ou sem entender os subprodutos de seu uso?

10. À medida que nossa sociedade se torna mais automatizada, torna-se mais fácil para os governos monitorarem as atividades de seus cidadãos. Isso é bom ou ruim?

11. Que tecnologias imaginadas por George Orwell (Eric Blair) em seu romance *1984* tornaram-se realidade? Elas estão sendo usadas da maneira como Orwell previu?

12. Se você tivesse uma máquina do tempo, em que período da História gostaria de viver? Quais tecnologias atuais você gostaria de levar com você? Essas tecnologias poderiam ser levadas sem que outras também fossem? Até que ponto uma tecnologia pode ser separada de outra? É consistente protestar contra o aquecimento global, mas ainda assim aceitar um tratamento médico moderno?

13. Suponha que seu trabalho requeira que você se insira em outra cultura. Você deveria continuar a considerar a ética de sua cultura nativa ou adotar a ética de sua cultura hospedeira? Sua resposta depende da existência de questões de vestuário ou de direitos humanos? Que padrões éticos devem prevalecer se você continuar em sua cultura nativa, mas conduzir negócios com uma cultura estrangeira?

14. A sociedade tornou-se dependente demais de aplicações computacionais para o comércio, as comunicações ou as interações sociais? Por exemplo, quais seriam as consequências de uma interrupção de longo prazo na Internet e/ou nos serviços de telefonia celular?

15. A maioria dos smartphones é capaz de identificar a localização do telefone por meio de GPS. Isso permite que aplicações forneçam informações específicas (como notícias locais, previsões de tempo ou a presença de negócios nas imediações) baseadas na localização atual do telefone. No entanto, tais capacidades de GPS também podem permitir que outras aplicações forneçam a localização do telefone para terceiros. Isso é bom? Como se poderia abusar do conhecimento da localização do telefone (e, logo, da localização de seu usuário)?

16. Com base em suas respostas iniciais às questões anteriormente levantadas, qual teoria ética apresentada na Seção 0.6 você pretende adotar?

Leitura adicional

Goldstine, J. J. *The Computer from Pascal to von Neumann*. Princeton: Princeton University Press, 1972.
Kizza, J. M. *Ethical and Social Issues in the Information Age*, 3rd ed. London: Springer-Verlag, 2007.
Mollenhoff, C. R. *Atanasoff: Forgotten Father of the Computer*. Ames: Iowa State University Press, 1988.
Neumann, P. G. *Computer Related Risks*. Boston, MA: Addison-Wesley, 1995.
Ni, L. *Smart Phone and Next Generation Mobile Computing*. San Francisco: Morgan Kaufmann, 2006.
Quinn, M. J. *Ethics for the Information Age*, 2nd ed. Boston, MA: Addison-Wesley, 2006.
Randell, B. *The Origins of Digital Computers*, 3rd ed. New York: Springer-Verlag, 1982.
Spinello, R. A. and H. T. Tavani. *Readings in CyberEthics*, 2nd ed. Sudbury, MA: Jones and Bartlett, 2004.
Swade, D. *The Difference Engine*. New York: Viking, 2000.
Tavani, H. T. *Ethics and Technology: Ethical Issues in an Age of Information and Communication Technology*, 3rd ed. New York: Wiley, 2011.
Woolley, B. *The Bride of Science, Romance, Reason, and Byron's Daughter*. New York: McGraw-Hill, 1999.

CAPÍTULO 1

Armazenamento de Dados

Neste capítulo, consideramos tópicos associados à representação de dados e ao armazenamento de dados em um computador. Os tipos de dados que consideramos incluem texto, valores numéricos, imagens, áudio e vídeo. Muitas das informações neste capítulo também são relevantes para áreas além da computação tradicional, como fotografia digital, gravação e reprodução de áudio e vídeo e comunicação em longa distância.

1.1 Bits e seu armazenamento
Operações booleanas
Portas lógicas e flip-flops
Notação hexadecimal

1.2 Memória principal
Organização de memória
Medição da capacidade de memória

1.3 Armazenamento em massa
Sistemas magnéticos
Sistemas ópticos
Drives Flash
Armazenamento e recuperação de arquivos

1.4 Representação da informação como padrões de bits
Representação de texto
Representação de valores numéricos
Representação de imagens
Representação de sons

*1.5 O sistema binário
Notação binária
Adição binária
Frações em binário

*1.6 Armazenamento de inteiros
Notação de complemento de dois
Notação de excesso

*1.7 Armazenamento de frações
Notação de Ponto-flutuante
Erros de truncamento

*1.8 Compressão de dados
Técnicas genéricas de compressão de dados
Compressão de imagens
Compressão de áudio e vídeo

*1.9 Erros de comunicação
Bits de paridade
Códigos de correção de erros

* Asteriscos indicam seções opcionais, disponíveis em www.grupoa.com.br

Iniciamos nosso estudo sobre ciência da computação considerando como a informação é codificada e armazenada dentro dos computadores. Nosso primeiro passo é discutir o básico dos dispositivos de armazenamento de dados de um computador e, então, considerar como a informação é codificada para o armazenamento nesses sistemas. Exploraremos as ramificações dos sistemas de armazenamento de dados atuais e de que forma técnicas como a compressão de dados e o tratamento de erros são usadas para superar suas limitações.

1.1 Bits e seu armazenamento

Dentro dos computadores atuais, a informação é codificada por meio de padrões de 0s e 1s. Esses dígitos são chamados de **bits** (de *binary digits* – dígitos binários). Você pode tender a associar bits a valores numéricos, mas eles são apenas símbolos cujo significado depende da aplicação em questão. Algumas vezes, padrões de bits são usados para representar valores numéricos; outras vezes, eles representam caracteres e pontuações em um alfabeto; outras, eles representam imagens; e outras vezes, ainda, eles representam sons.

Operações booleanas

Para entender como os bits individuais são armazenados e manipulados dentro de um computador, é conveniente imaginar que o bit 0 representa o valor *falso* e o bit 1 representa o valor *verdadeiro*, pois isso nos permite pensar na manipulação de bits como a manipulação de valores verdadeiro/falso. Operações que manipulam valores verdadeiro/falso são chamadas de **operações booleanas**, em homenagem ao matemático George Boole (1815-1864), que foi um pioneiro na área da matemática chamada de lógica. Três das operações booleanas básicas são AND (e), OR (ou) e XOR (ou exclusivo), como mostra a Figura 1.1. Essas operações são similares às operações aritméticas TIMES (multiplicação) e PLUS (soma), pois combinam um par de valores (a entrada da operação) para produzir um terceiro valor (a saída). Em contraste com as operações aritméticas, no entanto, as operações booleanas combinam valores verdadeiro/falso ao invés de valores numéricos.

A operação booleana AND é projetada para refletir a verdade ou a falsidade de uma sentença formada por meio da combinação de duas sentenças menores, ou de forma mais simples, por meio da conjunção *e*. Tais sentenças possuem a forma genérica

> *P* AND *Q*

onde *P* representa uma sentença e *Q* representa outra – por exemplo,

> Caco é um sapo AND (e) Miss Piggy é uma atriz.

As entradas para a operação AND representam a verdade ou a falsidade dos componentes da sentença composta; a saída representa a verdade ou a falsidade da sentença composta propriamente dita. Dado que uma sentença na forma *P* AND *Q* é verdadeira apenas quando ambos os componentes são verdadeiros, concluímos que 1 AND 1 deve ser 1, enquanto que todos os outros casos devem produzir uma saída 0, de acordo com a Figura 1.1.

De uma maneira similar, a operação OR é baseada em uma sentença composta na forma

P OR Q

onde, mais uma vez, P representa uma sentença e Q representa outra. Tais sentenças são verdadeiras quando ao menos um de seus componentes é verdadeiro, o que está de acordo com a operação OR mostrada na Figura 1.1.

Não existe uma única conjunção na língua portuguesa que englobe o significado da operação XOR. XOR produz uma saída 1 (verdadeiro) quando uma de suas entradas for 1 (verdadeiro) e a outra for 0 (falso). Por exemplo, uma sentença na forma P XOR Q significa "ou P, ou Q, mas não ambos". (Em resumo, a operação XOR produz uma saída 1 quando suas entradas são diferentes.)

A operação NOT (não) é outra operação booleana. Ela difere de AND, OR e XOR porque possui apenas uma entrada. Sua saída é o oposto da entrada; se a entrada da operação NOT for verdadeira, então a saída é falsa e vice-versa. Logo, se a saída da operação NOT é a verdade ou a falsidade da sentença

Fozzie é um urso.

então a saída representa a verdade ou falsidade da sentença

Fozzie não é um urso.

Portas lógicas e flip-flops

Um dispositivo que produz a saída de uma operação booleana dados os valores de entrada é chamado de **porta lógica**. As portas lógicas podem ser construídas a partir de uma variedade de tecnologias, como engrenagens, relés e dispositivos ópticos. Dentro dos computadores atuais, as portas lógicas são normalmente implementadas como pequenos circuitos eletrônicos nos quais os dígitos 0 e 1 são representados como níveis de voltagem. Contu-

A operação AND

$$\begin{array}{cccc} 0 & 0 & 1 & 1 \\ \text{AND } 0 & \text{AND } 1 & \text{AND } 0 & \text{AND } 1 \\ \hline 0 & 0 & 0 & 1 \end{array}$$

A operação OR

$$\begin{array}{cccc} 0 & 0 & 1 & 1 \\ \text{OR } 0 & \text{OR } 1 & \text{OR } 0 & \text{OR } 1 \\ \hline 0 & 1 & 1 & 1 \end{array}$$

A operação XOR

$$\begin{array}{cccc} 0 & 0 & 1 & 1 \\ \text{XOR } 0 & \text{XOR } 1 & \text{XOR } 0 & \text{XOR } 1 \\ \hline 0 & 1 & 1 & 0 \end{array}$$

Figura 1.1 As operações booleanas AND, OR e XOR.

do, não precisamos nos preocupar com tais detalhes. Para nosso propósito, é suficiente representar portas lógicas em sua forma simbólica, como mostrado na Figura 1.2. Note que as portas lógicas AND, OR, XOR e NOT são representadas por formas simbólicas distintas, com os valores de entrada entrando em um lado e a saída saindo do outro.

As portas lógicas fornecem os blocos a partir dos quais os computadores são construídos. Um passo importante nessa direção é mostrado no circuito da Figura 1.3. Esse é um exemplo de um conjunto de circuitos conhecidos como **flip-flop**. Um flip-flop é um circuito que produz um valor de saída 0 ou 1, que permanece constante até que um pulso (uma mudança temporária para um 1 que retorna a 0) de outro circuito faz com que ele mude para outro valor. Em outras palavras, a saída alternará entre os dois valores sob o controle de estímulos externos. Desde que ambas as entradas no circuito na Figura 1.3 permaneçam 0, a saída (seja 0 ou 1) não mudará. No entanto, colocar temporariamente um 1 na entrada superior forçará a saída a ser 1, enquanto colocar temporariamente um 1 na entrada inferior forçará a saída a ser 0.

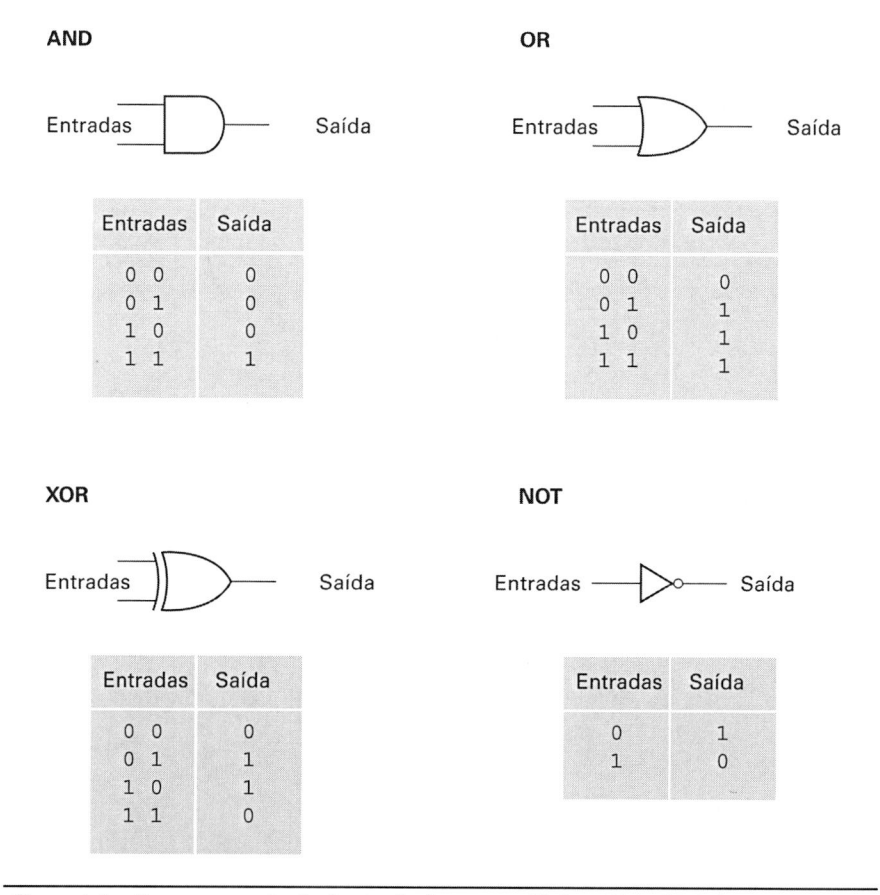

AND

Entradas	Saída
0 0	0
0 1	0
1 0	0
1 1	1

OR

Entradas	Saída
0 0	0
0 1	1
1 0	1
1 1	1

XOR

Entradas	Saída
0 0	0
0 1	1
1 0	1
1 1	0

NOT

Entradas	Saída
0	1
1	0

Figura 1.2 Uma representação ilustrada das portas lógicas AND, OR, XOR e NOT e seus valores de entrada e de saída.

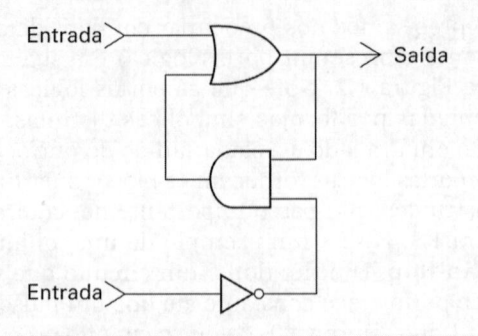

Figura 1.3 Um circuito flip-flop simples.

Vamos considerar essa afirmação mais detalhadamente. Sem conhecer a saída atual do circuito da Figura 1.3, suponha que a entrada superior seja modificada para 1, enquanto a entrada inferior permanece 0 (Figura 1.4a). Isso fará com que a saída da porta lógica OR seja 1, independentemente da outra entrada para essa porta lógica. Por sua vez, ambas as entradas para a porta lógica AND agora serão 1, dado que a outra entrada para essa porta lógica já é 1 (a saída produzida pela porta lógica NOT sempre que a entrada

a. 1 é colocado na entrada superior.

b. Isso faz com que a saída da porta lógica OR seja 1 e, por sua vez, a saída da porta lógica AND seja 1.

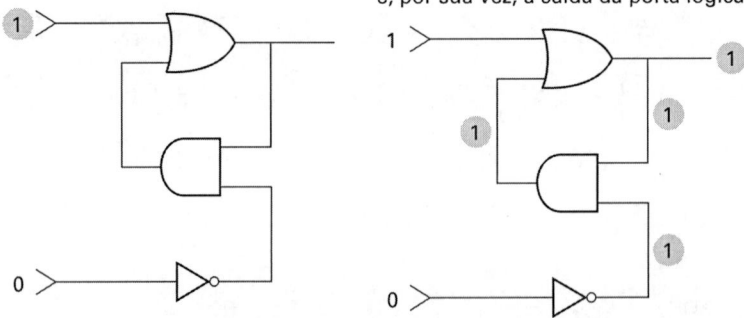

c. O 1 da porta lógica AND impede a porta lógica OR de mudar após a entrada superior retornar a 0.

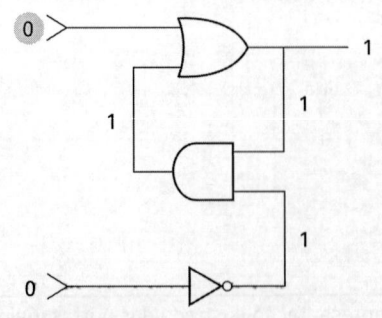

Figura 1.4 Configurando a saída de um flip-flop para 1.

inferior do flip-flop for 0). A saída da porta lógica AND se tornará então 1, o que significa que a segunda entrada para a porta lógica OR será agora 1 (Figura 1.4b). Isso garante que a saída da porta lógica OR permanecerá 1, mesmo quando a entrada superior do flip-flop for modificada de volta para 0 (Figura 1.4c). Em resumo, a saída do flip-flop tornou-se 1, e esse valor de saída permanecerá após a entrada superior retornar a 0.

De forma similar, colocar temporariamente o valor 1 na entrada inferior forçará a saída do flip-flop a ser 0, e essa saída persistirá após o valor de entrada retornar a 0.

Nosso propósito ao introduzir o circuito flip-flop nas Figuras 1.3 e 1.4 tem três objetivos distintos. Primeiro, ele demonstra como dispositivos podem ser construídos a partir de portas lógicas, processo conhecido como projeto de circuitos digitais e tópico importante na engenharia da computação. Na verdade, o flip-flop é apenas um de muitos circuitos que são as ferramentas básicas na engenharia da computação.

Segundo, o conceito de um flip-flop fornece um exemplo de abstração e de uso de ferramentas abstratas. Na realidade, existem outras maneiras de se construir um flip-flop. Uma alternativa é mostrada na Figura 1.5. Se você fizer experimentos com esse circuito, você descobrirá que, apesar de ele ter uma estrutura interna diferente, suas propriedades externas são as mesmas daquelas da Figura 1.3. Um engenheiro da computação não precisa saber qual circuito é de fato usado dentro de um flip-flop. Ao invés disso, é necessário apenas um entendimento das propriedades externas do flip-flop para usá-lo como uma ferramenta abstrata. Um flip-flop, junto a outros circuitos bem definidos, forma um conjunto de blocos de construção a partir dos quais um engenheiro pode construir circuitos mais complexos. Por sua vez, o projeto de circuitos computacionais usa uma estrutura hierárquica, na qual cada nível usa componentes de mais baixo nível como ferramentas abstratas.

O terceiro propósito de introduzir o flip-flop é que ele é uma forma de armazenar um bit dentro de um computador moderno. Mais precisamente, um flip-flop pode ser configurado para ter o valor de saída 0 ou 1. Outros circuitos podem ajustar esse valor ao enviar pulsos às entradas do flip-flop, e outros circuitos ainda podem responder ao valor armazenado usando a saída do flip-flop como suas entradas. Logo, muitos flip-flops, construídos como circuitos elétricos muito pequenos, podem ser usados

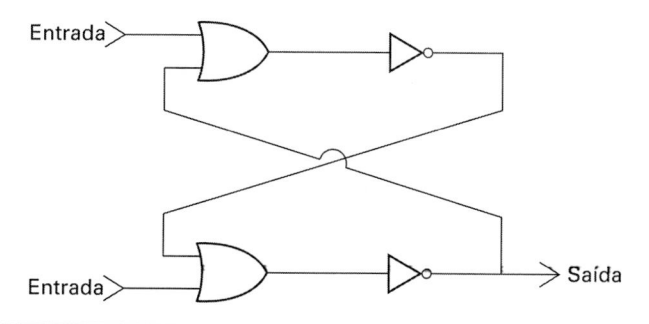

Figura 1.5 Outra maneira de construir um flip-flop.

dentro de um computador como uma forma de gravar informação codificada como padrões de 0s e de 1s. Na verdade, a tecnologia conhecida como **integração em escala muito grande (*very large-scale integration* – VLSI)**, que permite que milhões de componentes elétricos sejam construídos em um *wafer* (chamado de **chip**), é usada para criar dispositivos em miniatura contendo milhões de flip-flops juntamente com seus circuitos de controle. Por sua vez, esses chips são usados como ferramentas abstratas na construção de sistemas de computação. Na verdade, em alguns casos VLSI é usada para criar um sistema de computação inteiro em um único chip.

Notação hexadecimal

Quando consideramos as atividades internas de um computador, devemos lidar com padrões de bits, aos quais nos referiremos como uma cadeia de bits e que podem ser bastante longos. Uma longa cadeia de bits é comumente chamada de um **fluxo**. Infelizmente, os fluxos são difíceis de entender. Meramente transcrever o padrão 101101010011 é tedioso e pode levar a erros. Para simplificar a representação de tais padrões de bits, então, usamos normalmente uma notação abreviada chamada de **notação hexadecimal**, que tira proveito do fato de que padrões de bits dentro de uma máquina tendem a ter tamanhos em múltiplos de quatro. Em particular, a notação hexadecimal usa um único símbolo para representar um padrão de quatro bits. Por exemplo, uma cadeia de doze bits pode ser representada por três símbolos hexadecimais.

A Figura 1.6 apresenta o sistema de codificação hexadecimal. A coluna esquerda mostra todos os padrões de bits possíveis de tamanho quatro; a coluna direita mostra o símbolo usado em notação hexadecimal para

Padrão de bits	Representação hexadecimal
0000	0
0001	1
0010	2
0011	3
0100	4
0101	5
0110	6
0111	7
1000	8
1001	9
1010	A
1011	B
1100	C
1101	D
1110	E
1111	F

Figura 1.6 O sistema de codificação hexadecimal.

representar o padrão de bits à sua esquerda. Usando esse sistema, o padrão de bits 10110101 é representado como B5. Isso é obtido dividindo-se o padrão de bits em subcadeias de tamanho quatro e, então, representando cada subcadeia por seu equivalente hexadecimal – 1011 é representado por B, e 0101 é representado por 5. Dessa maneira, o padrão de 16-bits 1010010011001000 pode ser reduzido à forma mais palatável A4C8.

Usaremos extensivamente a notação hexadecimal no próximo capítulo. Lá você começará a apreciar sua eficiência.

Questões e exercícios

1. Que padrões de bits de entrada farão com que o seguinte circuito produza uma saída 1?

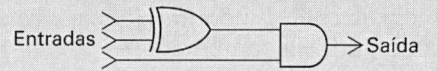

2. No texto, afirmamos que colocar um 1 na entrada inferior do flip-flop na Figura 1.3 (enquanto mantemos a entrada superior em 0) forçará a saída do flip-flop a ser 0. Descreva a sequência de eventos que ocorre dentro do flip-flop nesse caso.

3. Assumindo que ambas as entradas do flip-flop da Figura 1.5 sejam 0, descreva a sequência de eventos que ocorre quando a entrada superior é temporariamente configurada para 1.

4. **a.** Se a saída de uma porta lógica AND for passada através de uma porta lógica NOT, a combinação computa a operação NAND, que possui uma saída 0 apenas quando ambas as entradas forem 1. O símbolo para uma porta lógica NAND é o mesmo de uma porta lógica AND, exceto que ela possui um círculo em sua saída. A seguir, temos um circuito contendo uma porta lógica NAND. Que expressão booleana esse circuito computa?

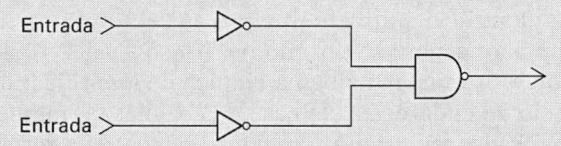

   b. Se a saída de uma porta lógica OR for passada através de uma porta lógica NOT, a combinação computa a operação NOR, que possui uma saída 1 apenas quando ambas as entradas forem 0. O símbolo para uma porta lógica NOR é o mesmo de uma porta lógica OR, exceto que ela possui um círculo em sua saída. A seguir, temos um circuito contendo uma porta lógica AND e duas portas lógicas NOR. Que expressão booleana esse circuito computa?

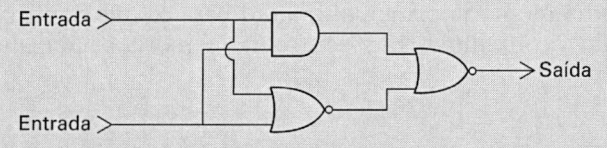

5. Use notação hexadecimal para representar os seguintes padrões de bits:
   a. 0110101011110010 **b.** 11101000010101010010111
   c. 01001000

6. Que padrões de bits são representados pelos seguintes padrões hexadecimais?
   a. 5FD97   **b.** 610A   **c.** ABCD   **d.** 0100

1.2 Memória principal

Para armazenar dados, um computador contém uma grande coleção de circuitos (como flip-flops), cada um deles capaz de armazenar um único bit. Esse reservatório de bits é conhecido como a **memória principal** da máquina.

Organização de memória

A memória principal de um computador é organizada em unidades gerenciáveis chamadas de **células**, e o tamanho típico de uma célula é de oito bits. (Uma cadeia de oito bits é chamada de **byte**. Logo, uma célula típica de memória possui uma capacidade de um byte.) Pequenos computadores usados em dispositivos domésticos, como fornos de micro-ondas, podem ter memórias principais consistindo em apenas algumas poucas centenas de células, enquanto grandes computadores podem ter bilhões de células de memória em suas memórias principais.

Apesar de não existir esquerda ou direita dentro de um computador, normalmente vemos os bits dentro de uma célula de memória como estando organizados em uma linha. A extremidade esquerda dessa linha é chamada de **extremidade de alta ordem**, e a extremidade da direita é chamada de **extremidade de baixa ordem**. O bit mais à esquerda é chamado de bit de alta ordem ou **bit mais significativo**, em referência ao fato de que caso o conteúdo da célula fosse interpretado como representando um valor numérico, esse bit seria o dígito mais significativo no número. Similarmente, o bit mais à direita é chamado de bit de baixa ordem ou **bit menos significativo**. Logo, podemos representar o conteúdo de uma célula de memória com o tamanho de um byte conforme a Figura 1.7.

Para identificar individualmente as células na memória principal de um computador atribui-se um "nome" único a cada célula, chamado de seu **endereço**. O sistema é análogo à técnica de identificar casas em uma cidade por meio de endereços. No caso das células de memória, entretanto, os endereços usados são inteiramente numéricos. Para ser mais preciso, imaginemos que todas as células são colocadas em uma única linha e numeradas nessa ordem, começando pelo valor zero. Tal sistema de endereçamento não apenas nos dá uma maneira de identificar unicamente cada célula, mas também associa uma ordem às células (Figura 1.8), o que nos possibilita usar expressões como "a próxima célula" ou "a célula anterior".

Uma consequência importante de atribuir uma ordem tanto para as células na memória principal quanto para os bits dentro de cada célula é que todo o conjunto de bits dentro da memória principal de um computa-

Extremidade de   0 1 0 1 1 0 1 0   Extremidade de
alta ordem | | baixa ordem
                  Bit mais   Bit menos
                  significativo   significativo

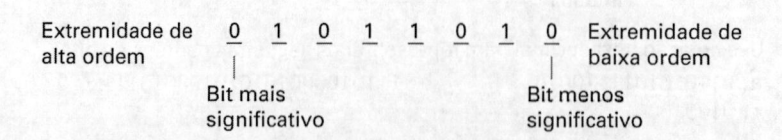

Figura 1.7 Organização de uma célula de memória com um byte.

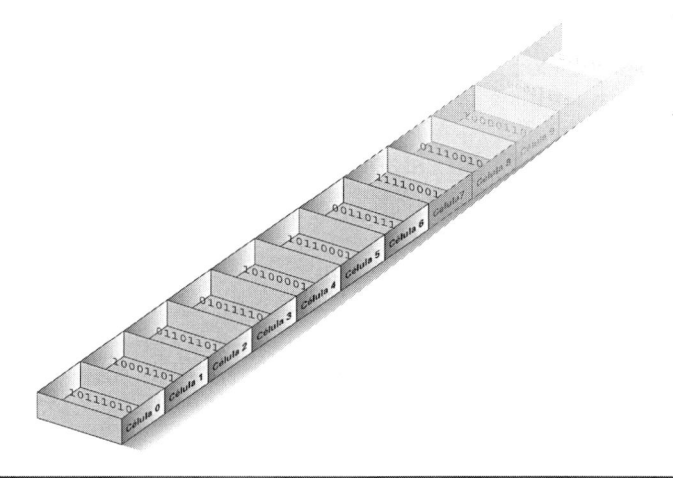

Figura 1.8 Células de memória organizadas por endereço.

dor é, essencialmente, ordenado em uma única longa linha. Logo, partes dessa longa linha podem ser usadas para armazenar padrões de bits maiores que o tamanho de uma única célula. Em particular, ainda podemos armazenar uma string de 16 bits meramente usando duas células de memória consecutivas.

Para completar a memória principal de um computador, os circuitos que de fato mantêm os bits são combinados com os circuitos necessários para permitir que outros circuitos armazenem e obtenham dados a partir de células de memória. Dessa maneira, outros circuitos podem obter dados da memória ao solicitarem eletronicamente o conteúdo de certo endereço (o que é chamado de operação de leitura) ou podem armazenar informação na memória ao solicitarem que certo padrão de bits seja colocado na célula em um endereço específico (o que é chamado de operação de escrita).

Como a memória principal de um computador é organizada em células individualmente endereçáveis, as células podem ser acessadas independentemente, conforme necessário. Para designar essa habilidade de acessar células em qualquer ordem, a memória principal de um computador é frequentemente chamada de **memória de acesso aleatório (*random access memory* – RAM)**. Esse recurso de acesso aleatório da memória principal contrasta fortemente com os sistemas de armazenamento em massa, que discutiremos na seção seguinte, nos quais longas cadeias de bits são manipuladas como blocos amalgamados.

Apesar de termos apresentado flip-flops como um meio de armazenar bits, a RAM na maioria dos computadores modernos é construída usando outras tecnologias que fornecem bits como pequenas descargas elétricas que se dissipam rapidamente. Logo, esses dispositivos requerem circuitos adicionais, conhecidos como circuitos de atualização, que repetidamente reabastecem as cargas muitas vezes por segundo. Em reconhecimento a essa volatilidade, a memórias de computadores construídas a partir de tal tecnologia são chamadas de **memória dinâmica**, levando ao termo **DRAM**, que significa RAM Dinâmica. Às vezes, o termo **SDRAM**, que significa RAM

Síncrona, é usado para fazer referência às memórias DRAM que aplicam técnicas adicionais para diminuir o tempo necessário para se obter o conteúdo de suas células de memória.

Medição da capacidade de memória

Como aprenderemos no próximo capítulo, é conveniente projetar sistemas de memória principal nos quais o número total de células é uma potência de dois. Por sua vez, o tamanho das memórias nos primeiros computadores era frequentemente medido em 1024 unidades de célula (que é 2^{10}). Como 1024 é próximo ao valor 1000, a comunidade da computação adotou o prefixo *quilo* em referência a essa unidade. Ou seja, o termo *quilobyte* (abreviado como KB) foi usado para se referir a 1024 bytes. Logo, dizia-se que uma máquina com 4096 células de memória tinha uma memória de 4KB (4096 = 4 × 1024). À medida que as memórias tornaram-se maiores, essa terminologia cresceu para incluir MB (megabyte), GB (gigabyte) e TB (terabyte). Infelizmente, essa aplicação de prefixos *quilo-*, *mega-* e assim por diante representa um abuso de terminologia, pois eles já são usados em outras áreas, em referência a unidades que são potências de mil. Por exemplo, quando medimos a distância, *quilômetro* refere-se a 1000 metros, e quando estamos medindo frequências de rádio, *megahertz* refere-se a 1.000.000 hertz. Logo, é necessário cautela quando estivermos usando essa terminologia. Como uma regra geral, termos como *quilo-*, *mega-*, etc. referem-se a potências de dois quando usados no contexto de memória de computadores e a potências de mil quando usados em outros contextos.

Questões e exercícios

1. Se a célula de memória cujo endereço é 5 contiver o valor 8, qual é a diferença entre escrever o valor 5 na célula de memória 6 e mover o conteúdo da célula número 5 para a célula número 6?
2. Suponha que você queira trocar os valores armazenados nas células de memória 2 e 3. O que está errado com a seguinte sequência de passos:
   Passo 1. Mover o conteúdo da célula número 2 para a célula número 3.
   Passo 2. Mover o conteúdo da célula número 3 para a célula número 2.
   Projete uma sequência de passos que troque corretamente o conteúdo dessas células. Se necessário, você pode usar mais células.
3. Quantos bits existem na memória de um computador com 4 KB de memória?

1.3 Armazenamento em massa

Devido à volatilidade e ao tamanho limitado da memória principal de um computador, a maioria dos computadores possui dispositivos de memória adicional chamados de sistemas de **armazenamento em massa** (ou armazenamento secundário), incluindo discos magnéticos, CDs, DVDs, fitas magnéticas e acionadores (*drives*) *flash* (discutiremos sobre eles em breve). As vantagens dos sistemas de armazenamento em massa sobre a memória principal incluem uma menor volatilidade, grandes capacidades de armazenamento, baixo custo e, em muitos casos, a habilidade de remover o meio de armazenamento da máquina para fins de arquivamento.

Os termos *on-line* e *off-line* são frequentemente usados para descrever dispositivos que podem ser ou acoplados ou desacoplados de uma máquina. **On-line** significa que o dispositivo ou informação está conectado e prontamente disponível para a máquina sem intervenção humana. Já **off-line** significa que uma intervenção humana é necessária antes que o dispositivo ou informação possa ser acessado pela máquina – talvez porque o dispositivo precise ser ligado manualmente ou porque a mídia que contém a informação precise ser inserida manualmente em algum mecanismo.

A principal desvantagem dos sistemas de armazenamento em massa é que eles geralmente requerem movimentação mecânica e, logo, levam um tempo significativamente maior para armazenar e obter dados do que a memória principal de uma máquina, na qual todas as atividades são realizadas eletronicamente.

Sistemas magnéticos

Por anos, a tecnologia magnética tem dominado as técnicas de armazenamento em massa. O exemplo mais comum em uso atualmente é o **disco magnético**, no qual um fino disco giratório com revestimento magnético é usado para armazenar dados (Figura 1.9). Cabeças de leitura/escrita são colocadas acima e/ou abaixo do disco, de forma que, à medida que o disco gira, cada cabeça percorre um círculo, chamado de **trilha**. Ao reposicionar as cabeças de leitura/escrita, diferentes trilhas concêntricas podem ser acessadas. Em muitos casos, um sistema de armazenamento em disco consiste em diversos discos montados em um eixo em comum, um em cima do outro, com espaço suficiente para a cabeça deslizar entre os discos. Em tais casos, as cabeças de leitura/escrita se movem em uníssono. Cada vez que as cabeças de leitura/escrita são reposicionadas, um novo conjunto de trilhas – chamado de **cilindro** – torna-se acessível.

Como uma trilha pode conter mais informação do que gostaríamos de manipular em um único momento, cada trilha é dividida em pequenos arcos chamados de **setores**, nos quais a informação é gravada como uma

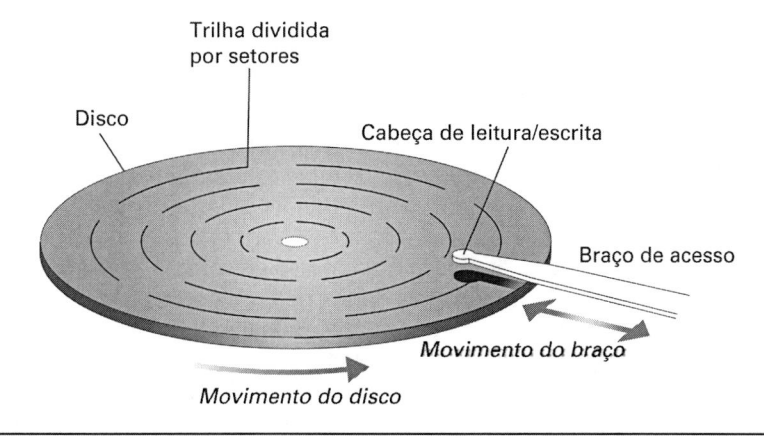

Figura 1.9 Um sistema de armazenamento em disco.

cadeia contínua de bits. Todos os setores em um disco contêm o mesmo número de bits (capacidades comuns estão na faixa de 512 bytes até alguns poucos KB) e, nos sistemas de armazenamento em disco mais simples, cada trilha contém o mesmo número de setores. Logo, os bits dentro de um setor em uma trilha próxima da borda externa do disco são armazenados de maneira menos compactada que aqueles em trilhas próximas do centro, já que as trilhas mais externas são mais longas que as internas. Na verdade, em sistemas de armazenamento em disco de alta capacidade, as trilhas próximas à borda externa são capazes de conter significativamente mais setores que as próximas ao centro, e essa capacidade é frequentemente utilizada aplicando uma técnica chamada de **gravação de bits por região** (também conhecida como ZBR). Na gravação de bits por região, diversas trilhas adjacentes são coletivamente conhecidas como regiões, com um disco típico contendo aproximadamente dez regiões. Todas as trilhas dentro de uma região possuem o mesmo número de setores, mas cada região possui mais setores por trilha que a região dentro dela. Dessa maneira, consegue-se utilizar eficientemente a superfície inteira do disco. Independentemente dos detalhes, um sistema de armazenamento em disco é composto por muitos setores individuais, e cada um dos quais pode ser acessado como uma cadeia de bits independente.

A localização das trilhas e setores não é uma parte permanente da estrutura física de um disco. Em vez disso, elas são marcadas magneticamente por um processo chamado de **formatação** (ou inicialização) de disco. Esse processo é normalmente realizado pelo fabricante do disco, resultando no que conhecemos como discos formatados. A maioria dos sistemas de computação também pode realizar essa tarefa. Logo, se a informação de formato em um disco for danificada, o disco pode ser reformatado, apesar de esse processo destruir todas as informações que foram previamente gravadas nele.

A capacidade de um sistema de armazenamento em disco depende do número de discos usados e da densidade na qual as trilhas e setores são colocados. Sistemas de capacidade mais baixa podem ser compostos de um único disco. Sistemas de discos de alta capacidade, capazes de manter muitos gigabytes, ou mesmo terabytes, são compostos por entre três a seis discos montados em um eixo em comum. Além disso, os dados podem ser armazenados em ambas as superfícies (inferior e superior) de cada disco.

Diversas medidas são usadas para avaliar o desempenho de um sistema de disco: (1) **tempo de busca**, o tempo necessário para mover as cabeças de leitura/escrita de uma trilha para outra; (2) **atraso de rotação** ou **tempo de latência**, metade do tempo necessário para realizar uma rotação completa, que é a quantidade média de tempo necessária para que os dados desejados sejam rotacionados em torno da cabeça de leitura/escrita, uma vez que a cabeça tenha sido posicionada sobre a trilha desejada; (3) **tempo de acesso**, a soma do tempo de busca e do atraso de rotação; e (4) **taxa de transferência**, velocidade com que os dados podem ser transferidos para o disco ou a partir dele. (Note que, no caso da gravação de bits por região, a quantidade de dados que passa em uma cabeça de leitura/escrita em uma única rotação de disco é maior para trilhas em uma região externa do que para uma região interna e, logo, a taxa de transferência de dados varia dependendo da porção do disco que está sendo usada.)

Um fator que limita o tempo de acesso e a taxa de transferência é a velocidade na qual o disco gira. Para permitir altas velocidades de rotação, as cabeças de leitura/escrita desses sistemas não encostam no disco, mas "flutuam" acima da superfície. Este espaço entre a cabeça e a superfície do disco é tão pequeno que até uma única partícula de pó poderia ficar emperrada, destruindo ambos (um fenômeno conhecido como quebra da cabeça de leitura – *head crash*). Assim, os sistemas de discos são geralmente alojados em compartimentos lacrados na fábrica. Com essa construção, os sistemas de discos são capazes de girar em velocidades de muitas milhares de vezes por minuto, atingindo taxas de transferência medidas em MB por minuto.

Como os sistemas de discos requerem movimentação física para sua operação, esses sistemas estão em desvantagem quando comparados a velocidades dentro de circuitos eletrônicos. Tempos de atraso dentro de um circuito eletrônico são medidos em nanossegundos (bilionésimos de um segundo) ou menos, enquanto que os tempos de busca, tempos de latência e tempos de acesso de sistemas de disco são medidos em milissegundos (milésimos de segundos). Assim, o tempo necessário para obter informação a partir de um sistema de discos pode parecer uma eternidade para um circuito eletrônico à espera de um resultado.

Os sistemas de armazenamento em disco não são os únicos dispositivos de armazenamento em massa que aplicam tecnologia magnética. Uma forma mais antiga de armazenamento em massa usando tecnologia magnética é a **fita magnética** (Figura 1.10). Nesses sistemas, a informação é gravada no revestimento magnético de uma fina fita plástica, que é enrolada em um carretel para armazenamento. Para acessar os dados, a fita é montada em um dispositivo chamado de drive de fita, que normalmente pode ler, escrever e rebobinar a fita sob o controle do computador. Drives de fita variam de tamanho, desde pequenas unidades de cartuchos, chamadas de unidades de fita *streaming*, que usam fitas similares às de sistemas estéreos, até as grandes unidades bobina-a-bobina. Apesar de a capacidade desses dispositivos depender do formato usado, a maioria pode guardar muitos GB.

A maior desvantagem da fita magnética é que a movimentação entre diferentes posições em uma fita pode despender muito tempo devido à quantidade

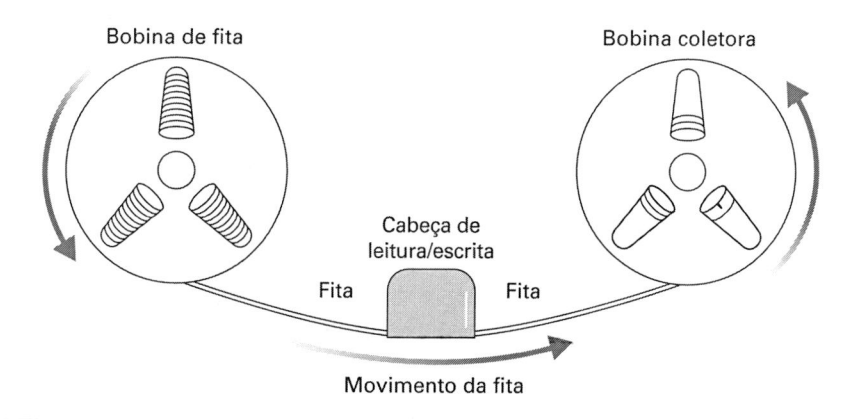

Figura 1.10 Um mecanismo de armazenamento em fita magnética.

significativa de fita que precisa ser movida entre as bobinas. Logo, os sistemas de fita possuem tempos de acesso muito maiores que os sistemas de discos magnéticos, nos quais diferentes setores podem ser acessados por curtos movimentos da cabeça de leitura/escrita. Dessa forma, os sistemas de fita não são populares para o armazenamento de dados on-line. Em vez disso, a tecnologia de fita magnética é reservada para aplicações de armazenamento de dados off-line, nas quais sua alta capacidade, confiabilidade e eficiência em termos de custo são benéficas, apesar de avanços em alternativas, como DVDs e drives flash, estarem rapidamente ameaçando o último vestígio das fitas magnéticas.

Sistemas ópticos

Outra classe de sistemas de armazenamento em massa faz uso da tecnologia óptica. Um exemplo é o **disco compacto (CD)**. Esses discos possuem 12 centímetros de diâmetro (cerca de 5 polegadas) e são compostos de material reflexivo coberto com um revestimento protetor. A informação é gravada ao criar variações em suas superfícies. Essa informação pode, então, ser recuperada utilizando-se um feixe de laser que detecta irregularidades na superfície reflexiva do CD enquanto ele gira.

A tecnologia de CDs foi originalmente aplicada a gravações de áudio usando um formato de gravação conhecido como **CD-DA (disco compacto de áudio digital)**, e os CDs usados atualmente para o armazenamento de dados computacionais usam, essencialmente, o mesmo formato. Em particular, a informação nesses CDs é armazenada em uma única trilha espiral em torno do CD, como uma trilha em um disco de vinil. Entretanto, diferentemente dos discos de vinil, a trilha em um CD vai de dentro para fora (Figura 1.11). Essa trilha é dividida em unidades chamadas setores, cada um deles com suas próprias marcações identificadoras e uma capacidade de 2KB de dados, que equivalem a aproximadamente 1/75 de um segundo de música no caso das gravações de áudio.

Note que a distância em torno da trilha em espiral é maior em direção à extremidade externa do disco do que na porção interna. Para maximizar

Figura 1.11 Formato de armazenamento de um CD.

a capacidade de um CD, a informação é armazenada em uma densidade linear uniforme sobre toda a trilha em espiral, o que significa que mais informações são armazenadas em um laço em torno da porção mais externa da espiral do que em um laço em torno da porção mais interna. Assim, mais setores serão lidos em uma única revolução do disco quando o feixe de laser estiver varrendo a porção externa da trilha em espiral do que quando o feixe estiver varrendo a porção interna da trilha. Logo, para obter uma taxa de transferência uniforme, os tocadores de CD-DA são projetados para variar a velocidade de rotação dependendo da localização do feixe de laser. Entretanto, a maioria dos sistemas de CDs usados para o armazenamento de dados computacionais gira em uma velocidade maior e constante e, então, deve acomodar variações nas taxas de transferência.

Como uma consequência de tais decisões de projeto, os sistemas de armazenamento em CD têm um melhor desempenho quando lidam com cadeias longas e contínuas de dados, como quando se está reproduzindo música. Em contraste, quando uma aplicação requer acesso a itens de dados de uma maneira aleatória, a abordagem usada no armazenamento de discos magnéticos (trilhas individuais, concêntricas, divididas em setores individualmente acessíveis) possui um desempenho melhor que a abordagem em espiral usada nos CDs.

Os CDs tradicionais possuem capacidades na faixa de 600 a 700 MB. Entretanto, **DVDs (Discos Digitais Versáteis)**, construídos a partir de múltiplas camadas semitransparentes que servem como superfícies distintas quando vistas por um laser precisamente focado, fornecem capacidades de armazenamento de vários GB. Tais discos são capazes de armazenar apresentações multimídia de longa duração, incluindo filmes completos. Por fim, a tecnologia Blu-ray, que usa um laser no espectro azul-violeta da luz (em vez do vermelho), é capaz de focar seu feixe de laser com precisão muito fina. Com isso, os **BDs (Discos Blu-ray)** têm até cinco vezes a capacidade de um DVD. Essa quantidade aparentemente vasta de armazenamento é necessária para atender às demandas de vídeos de alta definição.

Drives Flash

Uma propriedade comum dos sistemas de armazenamento em massa baseados em tecnologia magnética ou óptica é que o movimento físico, como discos que giram, cabeças de leitura/escrita que se movem e feixes de laser que apontam para determinados locais, é necessário para armazenar e obter dados. Isso significa que o armazenamento e a obtenção de dados são lentos quando comparados com a velocidade de circuitos eletrônicos. A tecnologia de **memória flash** possui o potencial de diminuir essa desvantagem. Em um sistema de memória flash, os bits são armazenados enviando sinais eletrônicos diretamente para o meio de armazenamento, no qual fazem com que os elétrons sejam capturados em pequenos compartimentos de dióxido de silício, alterando, então, as características de pequenos circuitos eletrônicos. Como esses compartimentos são capazes de manter seus elétrons presos por muitos anos, essa tecnologia é adequada para o armazenamento de dados off-line.

Apesar de os dados armazenados em sistemas de memória flash poderem ser acessados em pequenas unidades do tamanho de um byte, assim como nas aplicações que usam RAM, a tecnologia atual exige que os dados armazenados sejam apagados em blocos maiores. Além disso, apagar repetidamente estraga aos poucos os compartimentos de dióxido de silício, o que significa que as tecnologias de memória flash atuais não são adequadas para aplicações de uso geral de memória principal, na qual o conteúdo precisa ser alterado muitas vezes por segundo. Entretanto, em aplicações nas quais as alterações podem ser controladas em um nível razoável, como em câmeras digitais, telefones celulares e dispositivos móveis (PDAs), a memória flash tornou-se a tecnologia de armazenamento em massa escolhida. De fato, em razão de a memória flash não ser sensível a choques físicos (em contraste com os sistemas magnéticos e ópticos), seu potencial em aplicações portáveis é atraente.

Dispositivos de memória flash chamados de **drives flash**, com capacidades de até algumas centenas de GBs, estão disponíveis para aplicações de armazenamento em massa. Essas unidades são empacotadas em pequenos receptáculos plásticos de aproximadamente 7,5 centímetros de comprimento, com uma capa removível em uma das extremidades para proteger o conector elétrico quando o drive estiver off-line. A alta capacidade dessas unidades portáteis, bem como o fato de serem facilmente conectadas e desconectadas de um computador, tornam-nas ideais para o armazenamento de dados off-line. Entretanto, a vulnerabilidade de seus minúsculos compartimentos de armazenamento faz com que elas não sejam tão confiáveis quanto os discos ópticos para aplicações de prazo realmente longo.

Outra aplicação das tecnologias flash é encontrada em **cartões de memória SD (*Secure Digital*)** – ou simplesmente cartões SD. Eles fornecem até 2 GBs de armazenamento e são armazenados em uma pastilha de plástico apropriada do tamanho de um selo postal (cartões SD também estão disponíveis em tamanhos menores – mini e micro). Cartões **SDHC (cartões SD de alta capacidade)** podem fornecer até 32 GBs, e a próxima geração de **cartões de memória SDXC (cartões SD de capacidade estendida)** pode exceder um TB. Dado seu tamanho fisicamente compacto, esses cartões podem ser convenientemente colocados em frestas de pequenos dispositivos eletrônicos. Assim, são ideais para câmeras digitais, smartphones, tocadores de música, sistemas de navegação automotiva e diversos outros dispositivos eletrônicos.

Armazenamento e recuperação de arquivos

A informação armazenada em um sistema de armazenamento em massa é conceitualmente agrupada em unidades maiores chamadas de **arquivos**. Um arquivo típico pode consistir em um documento de texto completo, uma fotografia, um programa, uma gravação de música ou um conjunto de dados acerca dos empregados de uma empresa. Vimos que os dispositivos de armazenamento em massa ditam que esses arquivos devem ser armazenados e obtidos em unidades menores, de múltiplos bytes. Por exemplo, um arquivo armazenado em um disco magnético deve ser manipulado por setores, e cada um deles é de um tamanho fixo predeterminado. Um bloco de dados que esteja em conformidade com as características específicas de um dispositivo de armazenamento é chamado de **registro físico**. Logo, um arquivo grande armazenado por armazenamento em massa normalmente será composto de muitos registros físicos.

Em contraste com essa divisão em registros físicos, um arquivo frequentemente possui divisões naturais determinadas pela informação representada. Por exemplo, um arquivo contendo informações relacionadas aos empregados de uma empresa consistiria em múltiplas unidades, cada uma contendo informações sobre um empregado. Já um arquivo contendo um documento de texto seria composto de parágrafos ou páginas. Esses blocos de dados que naturalmente ocorrem são chamados de **registros lógicos**.

Registros lógicos frequentemente são compostos de unidades menores chamadas **campos**. Por exemplo, um registro lógico contendo informações acerca de um empregado provavelmente teria campos como nome, endereço, número de identificação do funcionário, etc. Algumas vezes, cada registro lógico dentro de um arquivo é identificado unicamente por meio de um campo específico dentro do registro (talvez um número de identificação do funcionário, um número de peça ou o número de um item em um catálogo). Tal campo identificador é chamado de **campo-chave**. O valor mantido em um campo-chave é chamado de **chave**.

Os tamanhos dos registros lógicos raramente combinam com o tamanho dos registros físicos definido por um dispositivo de armazenamento em massa. Dessa forma, você pode encontrar diversos registros lógicos dentro de um único registro físico ou talvez um registro lógico dividido entre dois ou mais registros físicos (Figura 1.12). A consequência é que é necessário um certo desembaralhamento quando dados de sistemas de armazenamento em massa são obtidos. Uma solução comum para esse problema é reservar uma área da memória principal grande suficiente para manter diversos registros físicos e usar esse espaço como uma área de reagrupamento. Isto é, blocos de dados compatíveis com registros físicos podem ser transferidos entre essa área da memória principal e o sistema de armazenamento em massa, enquanto que os dados que residem na área de memória principal podem ser referenciados em termos de registros lógicos.

Uma área de memória usada dessa maneira é chamada de ***buffer***. Em geral, um *buffer* é uma área de armazenamento usada para manter dados de

Figura 1.12 Registros lógicos versus registros físicos em um disco.

forma temporária, normalmente durante o processo de transferência de um dispositivo a outro. Por exemplo, impressoras modernas contêm circuitos próprios de memória, dos quais boa parte é usada como um *buffer* para manter porções de um documento que tenham sido recebidas pela impressora, mas que ainda não tenham sido impressas.

Questões e exercícios

1. O que se ganha ao aumentar a velocidade de rotação de um disco ou de um CD?
2. Quando estamos gravando dados em um sistema de armazenamento com múltiplos discos, devemos preencher a superfície completa do disco antes de iniciar outra superfície, ou devemos primeiro preencher um cilindro completamente antes de iniciar outro cilindro?
3. Por que os dados em um sistema de reservas que são constantemente modificados devem ser armazenados em um disco magnético em vez de em um CD ou DVD?
4. Algumas vezes, quando estamos modificando um documento em um processador de textos, a adição de textos não aumenta o tamanho aparente do arquivo no armazenamento em massa, mas em outras vezes a adição de um único símbolo pode aumentar o tamanho aparente do arquivo na ordem de centenas de bytes. Por quê?
5. Que vantagens os drives flash apresentam em relação a outros sistemas de armazenamento em massa mostrados nesta seção?
6. O que é um *buffer*?

1.4 Representação da informação como padrões de bits

Após termos considerado técnicas para o armazenamento de bits, consideraremos agora como a informação pode ser codificada como padrões de bits. Nosso estudo trata de métodos populares para codificar texto, dados numéricos, imagens e som. Cada um desses sistemas possui repercussões normalmente visíveis a um usuário típico de computador. Nosso objetivo é entender o suficiente sobre essas técnicas para que possamos reconhecer suas consequências a partir de suas causas.

Representação de texto

A informação na forma de texto é normalmente representada por meio de um código, no qual cada um dos diferentes símbolos no texto (como letras do alfabeto e sinais de pontuação) recebe um padrão de bits único. O texto é, então, representado como uma longa cadeia de bits na qual padrões sucessivos representam os símbolos sucessivos no texto original.

Nos anos 1940 e 1950, muitos desses códigos foram projetados e usados em conjunto com diferentes equipamentos, produzindo uma proliferação de problemas de comunicação. Para minimizar esse problema, o **Instituto Nacional Americano de Padrões** (**ANSI** – *American National Standards Institute*) adotou o **Código Padrão Americano para o Intercâmbio de Informações** (**ASCII** – *American Standard Code for Information Interchange*). Esse código usa padrões de bits de tamanho sete para representar letras maiúsculas e minúsculas do alfabeto inglês, sinais de pontuação, dígitos de 0 a 9 e certas informações de controle, como novas linhas, retorno de carro e tabulações. O ASCII é estendido para um formato de oito bits por símbolo ao adicionarmos 0 na extremidade mais significativa de cada um dos padrões de sete bits. Essa técnica não apenas produz um código no qual cada padrão se encaixa convenientemente em uma célula de memória típica de um byte, mas também fornece 128 padrões de bits adicionais (obtidos ao atribuirmos o valor 1 ao bit extra) que podem ser usados para representar símbolos além do alfabeto inglês e sua pontuação associada.

Uma parte do ASCII em seu formato de oito bits por símbolo é mostrada no Apêndice A. Ao nos referirmos a esse apêndice, podemos decodificar o padrão de bits

    01001000 01100101 01101100 01101100 01101111 00101110

como a mensagem "Hello.", conforme demonstrado pela Figura 1.13.

A **Organização Internacional para Padronização** (**ISO** – *International Organization for Standardization*) desenvolveu algumas extensões para o ASCII, cada uma delas projetada para acomodar um grande grupo de línguas. Por exemplo, um padrão fornece os símbolos necessários para expressar o texto da maioria das línguas do oeste europeu. Incluídos em seus 128 padrões adicionais estão símbolos para a libra inglesa e para as vogais alemãs ä, ö e ü.

Os padrões ISO estendidos foram um tremendo avanço rumo ao suporte a todas as comunicações multilíngues; entretanto, dois grandes obstáculos apareceram. Primeiro o número de padrões de bits extras disponíveis no ASCII estendido são insuficientes para acomodar o alfabeto de muitas línguas asiáticas e algumas línguas do leste europeu. Segundo, como um documento qualquer era restrito a usar símbolos de apenas um padrão, documentos contendo texto de grupos de línguas diferentes não tinham suporte. Ambos os problemas provaram ser um detrimento significativo ao uso internacional. Para tratar dessa deficiência, o padrão **Unicode** foi desenvolvido com a cooperação de diversos dos principais fabricantes de hardware e de software e rapidamente obteve o suporte da comunidade da computação. Esse código usa um padrão único de 16 bits para representar cada símbolo. Como resultado, o Unicode consiste em 65.536 padrões de bits diferentes – o suficiente para permitir que textos escritos em línguas como o chinês, o japonês e o hebraico sejam representados.

Um arquivo que consiste em uma longa sequência de símbolos codificados usando ASCII ou Unicode é frequentemente chamado de **arquivo texto**. É importante fazer a distinção entre arquivos de textos simples, manipulados por programas utilitários chamados de **editores de texto** (ou simplesmente de **editores**), e arquivos mais elaborados, produzidos por **processadores de texto** como o Word, da Microsoft. Ambos consistem em material textual. No entanto, um arquivo texto contém apenas uma codificação caractere por caractere do texto, enquanto um arquivo produzido por um processador de texto contém

01001000	01100101	01101100	01101100	01101111	00101110
H	e	l	l	o	.

Figura 1.13 A mensagem "Hello." em ASCII.

numerosos códigos proprietários que representam mudanças em fontes, informações de alinhamento, etc.

Representação de valores numéricos

Armazenar informações em termos de caracteres codificados é ineficiente quando a informação que está sendo gravada é puramente numérica. Para entender o porquê, considere o problema de armazenar o valor 25. Se insistirmos em armazená-lo como símbolos codificados em ASCII usando um byte por símbolo, precisamos de 16 bits. Além disso, o maior número que poderíamos armazenar usando 16 bits é 99. Entretanto, como veremos logo a seguir, ao usar a **notação binária** podemos armazenar qualquer inteiro na faixa de 0 a 65535 nesses 16 bits. Logo, a notação binária (ou variações dela) é usada extensivamente para dados numéricos codificados para armazenamento em computadores.

A notação binária é uma maneira de representar valores numéricos usando apenas os dígitos 0 e 1 em vez dos dígitos 0, 1, 2, 3, 4, 5, 6, 7, 8 e 9, como no tradicional sistema decimal, também chamado de base dez. Estudaremos o sistema binário de maneira mais aprofundada na Seção 1.5 disponível no site do Grupo A. Por enquanto, tudo o que precisamos ter é um entendimento básico do sistema. Para esse propósito, considere um odômetro de carro antigo cujo mostrador contém apenas os dígitos 0 e 1 no lugar dos dígitos tradicionais de 0 a 9. O odômetro inicia com uma leitura contendo somente zeros, e à medida que o carro anda os primeiros quilômetros, o marcador mais à direita roda de 0 para 1. Então, quando o 1 roda novamente para 0, ele faz com que um 1 apareça à sua esquerda, produzindo o padrão 10. O 0 na direita, então, roda para um 1, produzindo 11. Agora, o marcador mais à direita roda de 1 de volta para 0, fazendo com que o 1 à sua esquerda rode para um 0 também. Isso, por sua vez, faz com que outro 1 apareça na terceira coluna, produzindo o padrão 100. Em resumo, à medida que dirigimos o carro podemos ver a seguinte sequência de leituras do odômetro:

```
0000
0001
0010
0011
0100
0101
0110
0111
1000
```

Essa sequência consiste nas representações binárias dos inteiros de zero a oito. Apesar de tediosa, podemos estender essa técnica de contagem para descobrir que o padrão de bits consistindo de dezesseis 1s representa o valor 65535, o que confirma nossa afirmação de que qualquer inteiro na faixa de 0 a 65535 pode ser codificado usando 16 bits.

Devido a essa eficiência, é comum o armazenamento de informações na forma de uma notação binária ao invés do uso de símbolos codificados. Dizemos "uma forma de notação binária" porque o sistema binário direto

> ## O Instituto Nacional Americano de Padrões (ANSI)
>
> O Instituto Nacional Americano de Padrões (ANSI) foi fundado em 1918, por um pequeno consórcio de sociedades de engenharia e agências governamentais, como uma federação sem fins lucrativos que visa coordenar o desenvolvimento de padrões voluntários no setor privado. Atualmente, os membros da ANSI incluem mais de 1300 empresas, organizações de profissionais, associações de negócios e agências governamentais. A ANSI tem sede em Nova York e representa os Estados Unidos como um membro na ISO. O site do Instituto Nacional Americano de Padrões é http://www.ansi.org.
>
> Organizações similares em outros países incluem a Padrões da Austrália (Austrália), o Conselho de Padrões do Canadá (Canadá), o Bureau do Estado Chinês de Qualidade e Supervisão Técnica (China), o Instituto de Normas Alemão (Alemanha), O Comitê de Padrões Industriais do Japão (Japão), a Direção Geral de Normas (México), o Comitê do Estado da Federação Russa para Padronização e Metrologia (Rússia), a Associação Suíça para Padronização (Suíça) e a Instituição Britânica de Padrões (Reino Unido).

descrito acima é apenas a base para diversas técnicas de armazenamento numérico usadas nas máquinas. Algumas dessas variações do sistema binário são discutidas mais adiante neste capítulo. Por enquanto, apenas tomamos nota de que um sistema chamado de notação de **complemento de dois** (veja, na Internet, a Seção 1.6) é comum para armazenar números completos, porque essa notação fornece um método conveniente para representar tanto números negativos como números positivos. Para representar números com partes fracionárias, como 4½ ou ¾, outra técnica, chamada de notação de **ponto flutuante** (veja, na Internet, a Seção 1.7), é usada.

Representação de imagens

Uma forma de representar uma imagem é interpretá-la como uma coleção de pontos, cada um deles chamado de **pixel**, sinônimo para *picture element* (elemento de imagem). A aparência de cada pixel é, então, codificada, e a imagem completa é representada como uma coleção de tais pixels codificados. Tal coleção é chamada de **mapa de bits**. Essa abordagem é popular porque muitos dispositivos de visualização, como impressoras e monitores, operam usando o conceito de pixels. Assim, as imagens na forma de mapas de bits são facilmente formatadas para visualização.

O método de codificar os pixels em um mapa de bits varia entre diferentes aplicações. No caso de uma simples imagem em preto e branco, cada pixel pode ser representado por um único bit, cujo valor depende de o pixel correspondente ser preto ou branco. Essa é a abordagem usada pela maioria das máquinas de fax. Para fotografias em preto e branco mais elaboradas, cada pixel pode ser representado por uma coleção de bits (normalmente oito), que permite que uma variedade de graus de cinza seja representada.

No caso de imagens coloridas, cada pixel é codificado por um sistema mais complexo. Duas abordagens são as mais comuns. Em uma delas, que chamamos de codificação RGB, cada pixel é representado como três componentes de cores – um componente vermelho, um componente verde e um componente azul –, correspondendo às três cores primárias da luz. Um byte é nor-

> ### ISO – A Organização Internacional para Padronização
>
> A Organização Internacional para Padronização (mais comumente chamada de ISO) foi estabelecida em 1947 como uma federação mundial de entidades de padronização, uma de cada país. Atualmente, está sediada em Genebra, na Suíça, e possui mais de 100 entidades-membro, bem como numerosos membros correspondentes. (Um membro correspondente é normalmente uma entidade de padronização de um país que não possui uma entidade de padronização reconhecida nacionalmente. Tais membros não podem participar diretamente no desenvolvimento de padrões, mas são mantidos informados das atividades da ISO.) O site da ISO é http://www.iso.org.

malmente usado para representar a intensidade de cada componente de cor. Dessa forma, três bytes de armazenamento são necessários para representar um único pixel da imagem original.

Uma alternativa à codificação RGB simples é usar um componente de "brilho" e dois componentes de cor. Nesse caso, o componente de "brilho", que é chamado de luminância do pixel, é essencialmente a soma dos componentes vermelho, verde e azul. (Na verdade, ele é considerado como a quantidade de luz branca no pixel, mas esses detalhes não nos interessam aqui.) Os outros dois componentes, chamados de crominância azul e crominância vermelha, são determinados ao computarmos a diferença entre a luminância do pixel e a quantidade de luz azul ou vermelha, respectivamente, no pixel. Juntos, esses três componentes contêm a informação necessária para reproduzir o pixel.

A popularidade de codificar imagens usando a luminância e os componentes de crominância originou-se na área de transmissão de televisão a cores, já que essa abordagem fornecia um meio de codificar imagens coloridas que também era compatível com receptores de televisão mais antigos em preto e branco. Na verdade, uma versão em tons de cinza de uma imagem pode ser produzida apenas usando os componentes de luminância da imagem colorida codificada.

Uma desvantagem de representar imagens como mapas de bits é que uma imagem não pode ser facilmente redimensionada para qualquer tamanho. Essencialmente, a única maneira de aumentar a imagem é tornar os pixels maiores, o que leva a uma aparência granulada. (Essa é a técnica de "zoom digital" usada nas câmeras digitais, oposta ao "zoom óptico", obtido por meio do ajuste das lentes.)

Uma alternativa para representar imagens que evita esse problema de redimensionamento é descrever a imagem como uma coleção de figuras geométricas, como linhas e curvas, que podem ser codificadas usando técnicas de geometria analítica. Tal descrição permite aos dispositivos que fundamentalmente desenham a imagem decidir como as estruturas geométricas devem ser mostradas, em vez de insistir que o dispositivo reproduza um padrão de pixels em particular. Essa é a abordagem usada para produzir as fontes redimensionáveis que estão disponíveis atualmente nos sistemas de processamento de textos. Por exemplo, TrueType (desenvolvimento pela Microsoft e pela Apple) é um sistema para descrever símbolos de texto geometricamente. Da mesma forma, PostScript (desenvolvimento pela Adobe Systems) fornece uma forma de descrever caracteres e dados gráficos mais gerais. Essa forma geométrica de representar imagens é também popular nos sistemas de **projeto auxiliado por computador (CAD)**, nos quais desenhos de objetos tridimensionais são mostrados e manipulados em telas de computadores.

A distinção entre representar uma imagem na forma de estruturas geométricas e na forma de mapas de bits é evidente para usuários de muitos sistemas de software de desenho (como o utilitário Paint, da Microsoft), que permitem ao usuário desenhar figuras que consistem em formas pré-estabelecidas, como retângulos, formas ovais e curvas elementares. O usuário simplesmente seleciona a forma geométrica desejada a partir de um menu e, então, direciona o desenho com um mouse. Durante o processo de desenho, o sistema mantém uma descrição geométrica da forma sendo desenhada. Como as direções são fornecidas pelo mouse, a representação geométrica interna é modificada, reconvertida para o formato de mapa de bits e redesenhada. Isso permite fácil redimensionamento e definição da forma de uma imagem. Uma vez que o processo de desenho esteja completo, entretanto, a descrição geométrica subjacente é descartada, e apenas o mapa de bits é preservado, o que significa que quaisquer alterações adicionais requerem um tedioso processo de modificação pixel a pixel. Por outro lado, alguns sistemas de desenho preservam a descrição como formas geométricas, que podem ser modificadas posteriormente. Com esses sistemas, as formas podem ser facilmente redimensionadas, mantendo uma boa visualização em qualquer dimensão.

Representação de sons

O método mais genérico de codificar informações de áudio para armazenamento em computadores é obter uma amostra da amplitude do som em intervalos regulares e gravar a série de valores obtida. Por exemplo, a série 0; 1,5; 2,0; 1,5; 2,0; 3,0; 4,0; 3,0; 0 representaria uma onda sonora que aumenta em amplitude, cai brevemente, aumenta para um nível mais alto e então cai novamente a 0 (Figura 1.14). Essa técnica, usando uma taxa de amostragem

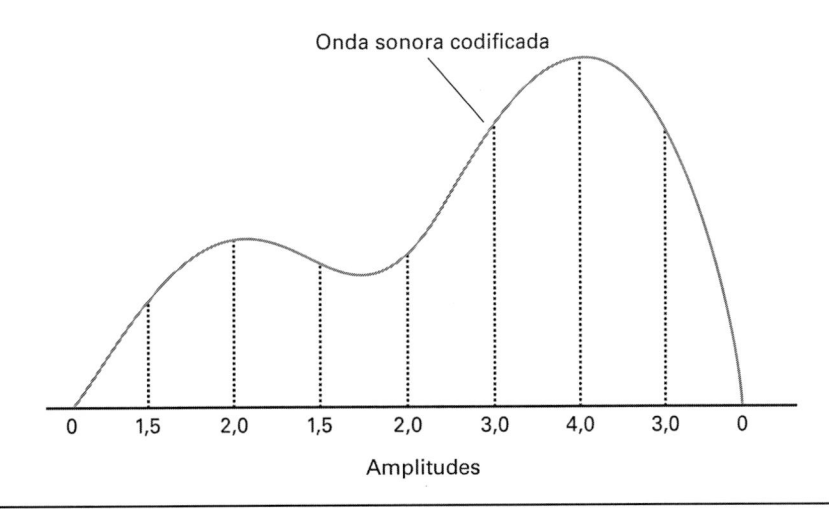

Figura 1.14 Onda sonora representada pela sequência 0; 1,5; 2,0; 1,5; 2,0; 3,0; 4,0; 3,0; 0.

de 8000 amostras por segundo, tem sido usada há anos em comunicação telefônica de voz de longa distância. A voz em uma extremidade da comunicação é codificada como valores numéricos representando a amplitude da voz a cada oito milésimos de segundo. Esses valores são, então, transmitidos pela linha de comunicação até a extremidade receptora, na qual são usados para reproduzir o som da voz.

Apesar de 8000 amostras por segundo parecer uma taxa rápida, ela não é suficiente para gravações musicais de alta fidelidade. Para obter a qualidade de som de reprodução obtida pelos CDs musicais atuais, usa-se uma taxa de amostragem de 44.100 amostras por segundo. Os dados obtidos de cada amostra são representados em 16 bits (32 bits para gravações estéreo). Consequentemente, cada segundo de música gravado em estéreo requer mais de um milhão de bits.

Um sistema alternativo de codificação, conhecido como Interface Digital de Instrumento Musical (MIDI – *Musical Instrument Digital Interface*), é amplamente usado nos sintetizadores musicais encontrados em teclados eletrônicos, para sons de video game e para efeitos sonoros que acompanham sites na Web. Ao codificar instruções para produzir música em um sintetizador ao invés de codificar o som propriamente dito, o MIDI evita os grandes requisitos de armazenamento da técnica de amostragem. Mais precisamente, o MIDI codifica qual instrumento deve tocar qual nota por quanto tempo, o que significa que uma clarineta tocando a nota D (Re) por dois segundos pode ser codificada em três bytes, em vez de mais de dois milhões de bytes quando amostrada em uma taxa de 44.100 amostras por segundo.

Em resumo, o MIDI pode ser visto como uma forma de codificar a partitura lida por um músico em vez da música propriamente dita, e uma "gravação" MIDI pode soar significativamente diferente quando executada em diferentes sintetizadores.

Questões e exercícios

1. Aqui está uma mensagem codificada em ASCII usando 8 bits por símbolo. O que ela diz (em inglês)? (*Veja o* Apêndice A.)

   ```
   01000011 01101111 01101101 01110000 01110101 01110100
   01100101 01110010 00100000 01010011 01100011 01101001
   01100101 01101110 01100011 01100101
   ```

2. No código ASCII, qual é o relacionamento entre os códigos para uma letra maiúscula e a mesma letra minúscula? (*Veja o* Apêndice A.)
3. Codifique as seguintes sentenças em ASCII (em inglês):
   a. "Stop!" Cheryl shouted.*   b.   Does 2 + 3 = 5?**

---

* N. de T.: "Pare!" Cheryl gritou.
** N. de T.: 2 + 3 é igual a 5?

4. Descreva um dispositivo do dia a dia que pode assumir um de dois estados, como uma bandeira em um mastro, hasteada ou não hasteada. Atribua o símbolo 1 para um dos estados e 0 para o outro e mostre como a representação ASCII para a letra *b* poderia aparecer quando armazenada com tais bits.
5. Converta cada uma das seguintes representações binárias para seu equivalente na base dez:

   a. 0101 b. 1001 c. 1011
   d. 0110 e. 10000 f. 10010

6. Converta cada uma das seguintes representações em base dez para sua forma binária equivalente:

   a. 6 b. 13 c. 11
   d. 18 e. 27 f. 4

7. Qual é o maior valor numérico que poderia ser representado com três bytes se cada dígito fosse codificado usando um padrão ASCII por byte? E se fosse usada a notação binária?
8. Uma alternativa à notação hexadecimal para representar padrões de bits é a **notação decimal com pontos**, na qual cada byte no padrão é representado por sua base dez equivalente. Assim, essas representações de bytes são separadas por pontos. Por exemplo, 12.5 representa o padrão 0000110000000101 (o byte 00001100 é representado por 12, e 00000101 é representado por 5), e o padrão 1000100000010000000000111 é representado por 136.16.7. Represente cada um dos seguintes padrões de bits em notação decimal com pontos.

   a. 0000111100001111 b. 0011001100000000010000000
   c. 0000101010100000

9. Qual é a vantagem em representar imagens usando estruturas geométricas em vez de mapas de bits? E em usar técnicas de mapas de bits em vez de estruturas geométricas?
10. Suponha que uma gravação estéreo de uma hora de música seja codificada usando uma taxa de amostragem de 44.100 amostras por segundo, conforme discutido no texto. Compare a versão codificada com a capacidade de armazenamento de um CD.

*1.5 O sistema binário
*1.6 Armazenamento de inteiros
*1.7 Armazenamento de frações
*1.8 Compressão de dados
*1.9 Erros de comunicação

O conteúdo dessas seções está disponível no site www.grupoa.com.br e pode ser acessado livremente.

Problemas de revisão do capítulo

(Problemas marcados com asterisco relacionam-se às seções disponíveis online, no site www.grupoa.com.br.)

1. Determine a saída de cada um dos seguintes circuitos, assumindo que a entrada superior é 1 e a entrada inferior é 0. Qual seria a saída quando a entrada superior fosse 0 e a inferior fosse 1?

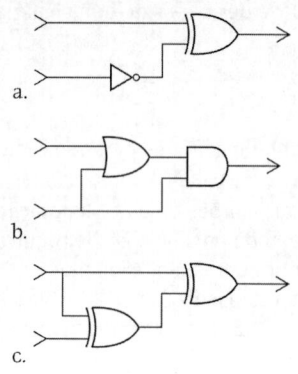

    a.

    b.

    c.

2. a. Que operação booleana o seguinte circuito computa?

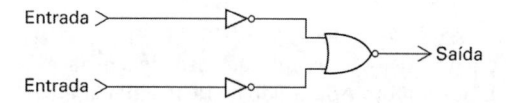

    b. Que operação booleana o seguinte circuito computa?

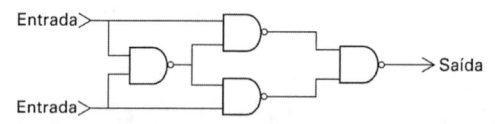

*3. a. Se fôssemos comprar um circuito flip-flop de uma loja de componentes eletrônicos, descobriríamos que ele possui uma entrada adicional chamada de flip. Quando essa entrada muda de 0 para 1, a saída troca de estado (se era 0, muda para 1 e vice-versa). Entretanto, quando a entrada flip muda de 1 para 0, nada acontece. Apesar de não conhecermos os detalhes dos circuitos necessários para possibilitar esse comportamento, poderíamos usar esse dispositivo como uma ferramenta abstrata em outros circuitos. Considere os circuitos que usam dois dos seguintes flip-flops. Se um pulso fosse enviado para a entrada do circuito, o flip-flop mais abaixo trocaria de estado. Contudo, o segundo flip-flop não seria modificado, já que sua entrada (recebida a partir da saída da porta NOT) foi de 1 para 0. Como resultado, o circuito agora produziria as saídas 0 e 1. Um segundo pulso trocaria o estado de ambos os flip-flops, produzindo uma saída 1 e 0. Qual seria a saída após um terceiro pulso? E após um quarto pulso?

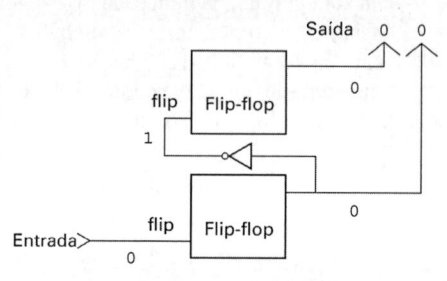

    b. Muitas vezes é necessário que as atividades de vários componentes dentro de um computador estejam coordenadas. Isso é realizado por meio da conexão de um sinal pulsante (chamado de *clock*) a um circuito similar à parte "a". Portas adicionais (como mostrado) enviarão, então, sinais de maneira coordenada para outros circuitos conectados. Ao estudar esse circuito, você será capaz de confirmar que nos 1º, 5º, 9º,... pulsos do relógio, um 1 será enviado para a saída A. Em que pulsos do relógio um 1 será enviado para a saída B? Em que pulsos do relógio um 1 será enviado para a saída C? Em qual saída um 1 é enviado no 4º pulso do relógio?

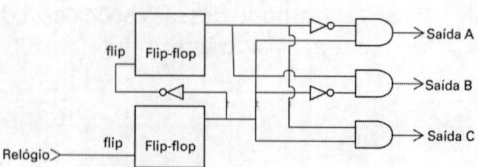

4. Assuma que ambas as entradas no seguinte circuito sejam 1. Descreva o que aconteceria se a entrada superior fosse temporariamente modificada para 0. Descreva o que aconteceria se a entrada inferior fosse temporariamente modificada para 0. Redesenhe os circuitos usando portas NAND.

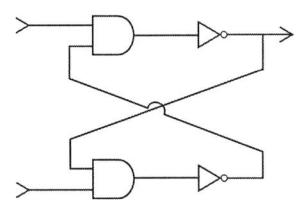

5. A seguinte tabela representa os endereços e os conteúdos (usando notação hexadecimal) de algumas células na memória principal de uma máquina.

Iniciando com essa disposição de memória, siga a sequência de instruções e grave o conteúdo final de cada uma dessas células de memória:

Endereço	Conteúdo
00	AB
01	53
02	D6
03	02

Passo 1. Mova o conteúdo da célula cujo endereço é 03 para a célula no endereço 00.

Passo 2. Mova o valor 01 para a célula no endereço 02.

Passo 3. Mova o valor armazenado no endereço 01 para a célula de endereço 03.

6. Quantas células podem existir na memória principal de um computador se cada endereço de célula pode ser representado usando dois dígitos hexadecimais? E usando quatro dígitos hexadecimais?

7. Quais padrões de bits são representados pelas seguintes notações hexadecimais?
a. CD b. 67 c. 9A
d. FF e. 10

8. Qual é o valor do bit mais significativo nos padrões de bits representados pelas seguintes notações hexadecimais?
a. 8F b. FF
c. 6F d. 1F

9. Expresse os seguintes padrões de bits em notação hexadecimal:
a. 101000001010
b. 110001111011
c. 000010111110

10. Suponha que uma câmera digital possua uma capacidade de armazenamento de 256 MB. Quantas fotografias poderiam ser armazenadas na câmera se cada uma delas consiste em 1024 pixels por linha e 1024 pixels por coluna, considerando que cada pixel requer três bytes de armazenamento?

11. Suponha que uma figura é representada em uma tela por uma matriz retangular contendo 1024 colunas e 768 linhas de pixels. Se, para cada pixel, forem necessários 8 bits para codificar a intensidade, quantas células de memória do tamanho de um byte seriam necessárias para guardar a figura inteira?

12. a. Identifique duas vantagens que a memória principal possui em relação ao armazenamento em disco magnético.
b. Identifique duas vantagens que o armazenamento em disco magnético possui em relação à memória principal.

13. Suponha que apenas 50 GB do drive de disco rígido de 120 GB do seu computador estejam livres. Seria razoável usar CDs para armazenar todo o material que você tem no drive como um backup? E usar DVDs?

14. Se cada setor em um disco magnético contém 1024 bytes, quantos setores são necessários para armazenar uma única página de texto (digamos 50 linhas de 100 caracteres) se cada caractere é representado em Unicode?

15. Quantos bytes de espaço de armazenamento seriam necessários para armazenar um romance de 400 páginas no qual cada página contém 3500 caracteres se fosse usado ASCII? Quantos bytes seriam necessários se fosse usado Unicode?

16. Qual é o tempo de latência de um drive de disco rígido típico rodando a 360 revoluções por segundo?

17. Qual é o tempo médio de acesso para um disco rígido rodando a 360 revoluções por segundo com um tempo de busca de 10 milisegundos?

18. Suponha que um digitador possa digitar 60 palavras por minuto continuamente, dia após dia. Quanto tempo levaria para que esse digitador preenchesse um CD cuja capacidade é 640 MB? Assuma que uma palavra contém cinco caracteres e que cada caractere requer um byte de armazenamento.

19. O que diz esta mensagem em ASCII?
```
01010111 01101000 01100001
01110100
00100000 01100100 01101111
01100101
01110011 00100000 01101001
01110100
00100000 01110011 01100001
01111001
00111111
```

20. A seguir, temos uma mensagem codificada em ASCII usando um byte por caractere e, então, representada em notação hexadecimal. O que diz a mensagem?
```
68657861646563696D616C
```

21. Codifique as seguintes sentenças (em inglês) em ASCII usando um byte por caractere.
  a. Does 100 / 5 = 20?*
  b. The total cost is $ 7,25**

22. Expresse suas respostas ao problema anterior em notação hexadecimal.

23. Liste as representações binárias dos inteiros de 8 a 18.

24. a. Escreva o número 23 representando o 2 e o 3 em ASCII.
  b. Escreva o número 23 em notação binária.

25. Que valores possuem representações binárias nas quais apenas um dos bits é 1? Liste as representações binárias para os seis menores valores com essa propriedade.

*26. Converta cada uma das seguintes representações binárias para sua representação equivalente em base dez:
  a. 1111   b. 0001   c. 10101
  d. 1000   e. 10011   f. 000000
  g. 1001   h. 10001   i. 100001
  j. 11001   k. 11010   l. 11011

*27. Converta cada uma das seguintes representações em base dez para sua representação binária equivalente:
  a. 7   b. 11   c. 16
  d. 17   e. 31

*28. Converta cada uma das representações em excesso de 16 a seguir para sua representação equivalente em base 10:
  a. 10001   b. 10101   c. 01101
  d. 01111   e. 11111

*29. Converta cada uma das seguintes representações em base dez para sua representação equivalente em excesso de quatro:
  a. 0   b. 3   c. −2
  d. −1   e. 2

*30. Converta cada uma seguintes representações em complemento de dois para sua representação equivalente em base 10:
  a. 01111   b. 10100   c. 01100
  d. 10000   e. 10110

*31. Converta cada uma das seguintes representações em base dez para sua representação equivalente em complemento de dois, na qual cada valor é representado em 7 bits:
  a. 13   b. −13   c. −1
  d. 0   e. 16

*32. Realize cada uma das seguintes adições considerando que as cadeias de bits representam valores em notação de complemento de dois. Identifique casos nos quais a resposta é incorreta devido a um transbordamento:
  a. 00101   b. 11111   c. 01111
     +01000   +00001   +00001

---
* N. de T.: 100/5 é igual a 20?
** N. de T.: O custo total é $7,25.

d. 10111   e. 11111   f. 00111
   +11010   +11111   +01100

*33. Resolva cada um dos seguintes problemas traduzindo os valores para a notação de complemento de dois (usando padrões de 5 bits), convertendo qualquer problema de subtração para um problema equivalente de adição e realizando essa adição. Verifique seu trabalho convertendo sua resposta para a notação de base dez. (Cuide os transbordamentos.)

    a.   5   b.   5   c.   12
        +1   −1   −5

    d.   8   e.   12   f.   5
        −7   +5   −11

*34. Converta cada uma das seguintes representações binárias em seu equivalente em representação de base dez:

    a. 11.11   b. 100.0101   c. 0.1101
    d. 1.0   e. 10.01

*35. Expresse cada um dos seguintes valores em notação binária:

    a. $5\frac{3}{4}$ b. $15\frac{15}{16}$ c. $5\frac{3}{8}$
    d. $1\frac{1}{4}$ e. $6\frac{5}{8}$

*36. Decodifique os seguintes padrões de bits usando o formato de ponto-flutuante descrito na Figura 1.26:

    a. 01011001   b. 11001000
    c. 10101100   d. 00111001

*37. Codifique os seguintes valores usando o formato de ponto-flutuante de 8-bits descrito na Figura 1.26. Indique cada caso no qual ocorre um erro de truncamento.

    a. $-7\frac{1}{2}$ b. $\frac{1}{2}$ c. $-3\frac{3}{4}$
    d. $\frac{7}{32}$ e. $\frac{31}{32}$

*38. Assumindo que você não está restrito ao uso da forma normalizada, liste todos os padrões de bits que poderiam ser usados para representar o valor $\frac{3}{8}$ usando o formato de ponto-flutuante de 8-bits descrito na Figura 1.26.

*39. Qual é a melhor aproximação para a raiz quadrada de 2 que pode ser expressa no formato de ponto-flutuante de 8-bits descrito na Figura 1.26? Qual valor é realmente obtido se essa aproximação for elevada ao quadrado por uma máquina que usasse esse formato de ponto-flutuante?

*40. Qual é a melhor aproximação para o valor um décimo que pode ser representada usando o formato de ponto-flutuante de 8-bits descrito na Figura 1.26?

*41. Explique como podem ocorrer erros quando medidas usando o sistema métrico são gravadas em notação de ponto-flutuante. Por exemplo, o que aconteceria se o valor 110 cm fosse armazenado em metros?

*42. Um dos padrões de bits 01011 e 11011 representa um valor armazenado em notação de excesso de 16 e o outro representa o mesmo valor armazenado em notação de complemento de dois.

    a. O que se pode determinar sobre esse valor comum?
    b. Qual é o relacionamento entre um padrão representando um valor armazenado em notação de complemento de dois e o padrão representando o mesmo valor armazenado em notação de excesso quando ambos os sistemas usam o mesmo tamanho de padrão de bits?

*43. Os padrões de bits 10000010, 01101000 e 00000010 são representações do mesmo valor em complemento de dois, excesso e formato de ponto-flutuante de 8-bits apresentado na Figura 1.26, mas não necessariamente nessa ordem. Qual é o valor comum, e que padrão está em qual notação?

*44. Quais dos seguintes valores não podem ser representados de maneira precisa no formato de ponto-flutuante de 8-bits apresentado na Figura 1.26?

    a. $6\frac{1}{2}$ b. $\frac{13}{16}$ c. 9
    d. $\frac{17}{32}$ e. $\frac{15}{16}$

*45. Se você modificasse o tamanho das cadeias de bits usadas para representar inteiros na forma binária de 4 para 6 bits, que mudança ocorreria no valor do maior inteiro que você poderia representar? E se você estivesse usando notação de complemento de dois?

*46. Qual seria a representação hexadecimal do maior endereço de memória em uma memória que consiste em 4 MB, se cada célula possui a capacidade de um byte?

*47. Qual seria a versão codificada da mensagem

xxy yyx xxy xxy yyx

se fosse usada a compressão LZW, iniciando com o dicionário contendo *x*, *y* e um espaço (como descrito na Seção 1.8, disponível na Internet)?

*48. A seguinte mensagem foi comprimida usando LZW com um dicionário cujas primeira, segunda e terceira entradas são, respectivamente, *x*, *y* e um espaço. Qual é a mensagem descompactada?

22123113431213536

*49. Se a mensagem

xxy yyx xxy xxyy

fosse comprimida usando LZW com um dicionário inicial cujas primeira, segunda e terceira entradas são, respectivamente, *x*, *y* e um espaço, quais seriam as entradas no dicionário final?

*50. Como veremos no próximo capítulo, um meio de transmitir bits em sistemas de telefonia tradicionais é converter o padrão de bits em som, transferir o som pelas linhas telefônicas e, então, converter o som novamente em padrões de bits. Tais técnicas são limitadas a taxas de transferência de 57.6 Kbps. Isso é suficiente para a realização de teleconferências se os vídeos fossem comprimidos usando MPEG?

*51. Codifique as seguintes sentenças (em inglês) em ASCII usando paridade par por meio da adição de um bit de paridade na extremidade de alta ordem de cada código de caractere:

a. Does 100 / 5 = 20?*
b. The total cost is $ 7.25.**

*52. A seguinte mensagem foi originalmente transmitida com paridade ímpar em cada cadeia pequena de bits. Em quais cadeias é possível dizer que ocorreram erros?

11001 11011 10110 00000 11111 10001
10101 00100 01110

*52. Suponha que um código de 24-bits seja gerado pela representação de cada símbolo por três cópias consecutivas de sua representação ASCII (por exemplo, o símbolo A seria representado pela cadeia de bits 010000010100000101000001). Que propriedades de correção de erros esse novo código teria?

*54. Usando o código de correção de erros descrito na Figura 1.30, decodifique as seguintes palavras:

a. 111010 110110
b. 101000 100110 001100
c. 011101 000110 000000 010100
d. 010010 001000 001110 101111 000000 110111 100110
e. 010011 000000 101001 100110

* N. de T.: 100/5 é igual a 20?
** N. de T.: O custo total é $7,25.

Questões sociais

As questões a seguir pretendem servir como um guia para os dilemas éticos, sociais e legais associados à área da computação. O objetivo não é meramente responder a estas questões. Você deve também considerar por que as respondeu de uma determinada forma e se suas justificativas mantêm a consistência de uma questão para outra.

1. Um erro de truncamento ocorreu em uma situação crítica, causando extensos prejuízos e a perda de vidas. Quem é o responsável (se alguém o for)? O projetista do sistema de hardware? O projetista do sistema de software? O programador que efetivamente escreveu a parte do programa na qual ocorreu o erro? A pessoa que decidiu usar o sistema de software em tal aplicação específica? E se o sistema de software tivesse sido corrigido pela empresa que originalmente o desenvolveu, mas a atualização não foi comprada e aplicada na aplicação crítica? E se o sistema de software foi pirateado?

2. É aceitável para um indivíduo ignorar as possibilidades de erros de truncamento e suas consequências quando ele está desenvolvendo as próprias aplicações?

3. Era ético desenvolver software nos anos 1970 usando apenas dois dígitos para representar o ano (como usar 76 para representar o ano de 1976), ignorando o fato de que o sistema estaria falho quando o próximo século começasse a se aproximar? É ético, hoje, usar apenas três dígitos para representar o ano (como 982 para 1982 e 015 para 2015)? E usar apenas quatro dígitos?

4. Muitos argumentam que a codificação de informações frequentemente dilui ou, algumas vezes, distorce a informação, já que essencialmente força a informação a ser quantificada. Argumenta-se que um questionário no qual os respondentes precisam gravar suas opiniões respondendo dentro de uma escala de um a cinco é inerentemente falho. Até que ponto a informação pode ser quantificada? O debate sobre energia nuclear e dejetos nucleares pode ser quantificado? É perigoso basear decisões em médias ou em outras análises estatísticas? É ético que as agências de notícias relatem resultados de pesquisas de opinião sem incluir o texto exato das questões? É possível quantificar o valor de uma vida humana? É aceitável para uma empresa parar de investir na melhoria de um produto, mesmo que o investimento adicional pudesse diminuir a possibilidade de uma fatalidade relacionada a seu uso?

5. Deveria ser feita uma distinção entre os direitos de coletar e de disseminar dados dependendo do formato dos dados? Ou seja, o direito de coletar e de disseminar fotografias, áudio ou vídeo deveria ser o mesmo que o direito de coletar e de disseminar textos?

6. Seja ou não intencional, uma reportagem feita por um jornalista geralmente reflete a visão dele em relação a um determinado assunto. Frequentemente, uma história pode receber uma conotação positiva ou negativa trocando-se apenas algumas palavras. (Compare, "a maioria das pessoas que responderam ao questionário é contra o referendo" com "uma porção significativa das pessoas que responderam ao questionário é contra o referendo".) Existe uma diferença entre alterar uma história (deixando de fora certas partes ou selecionando cuidadosamente as palavras) e alterar uma fotografia?

7. Suponha que o uso de um sistema de compressão de dados resulte na perda sutil, mas significativa, de itens de informações. Que questões de responsabilidade poderiam ser levantadas? Como elas poderiam ser resolvidas?

Leitura adicional

Drew, M. and Z. Li. *Fundamentals of Multimedia*. Upper Saddle River, NJ: Prentice-Hall, 2004.
Halsall, F. *Multimedia Communications*. Boston, MA: Addison-Wesley, 2001.
Hamacher, V. C., Z. G. Vranesic, and S. G. Zaky. *Computer Organization*, 5th ed. New York: McGraw-Hill, 2002.
Knuth, D. E. *The Art of Computer Programming*, Vol. 2, 3rd ed. Boston, MA: Addison-Wesley, 1998.
Long, B. *Complete Digital Photography*, 3rd ed. Hingham, MA: Charles River Media, 2005.
Miano, J. *Compressed Image File Formats*. New York: ACM Press, 1999.
Petzold, C. *CODE: The Hidden Language of Computer Hardware and Software*. Redman, WA: Microsoft Press, 2000.
Salomon, D. *Data Compression: The Complete Reference*, 4th ed. New York: Springer, 2007.
Sayood, K. *Introduction to Data Compression*, 3rd ed. San Francisco: Morgan Kaufmann, 2005.

CAPÍTULO 2
Manipulação de Dados

Neste capítulo, aprendemos como um computador manipula dados e se comunica com dispositivos periféricos como impressoras e teclados. Ao fazer isso, exploramos o básico da arquitetura de computadores e aprendemos como os computadores são programados em termos de instruções codificadas, chamadas de instruções em linguagem de máquina.

2.1 Arquitetura de computadores
Básico sobre CPUs
O conceito de programa armazenado

2.2 Linguagem de máquina
O repertório de instruções
Uma linguagem de máquina ilustrativa

2.3 Execução de programas
Um exemplo de execução de um programa
Programas versus dados

*2.4 Instruções lógicas e aritméticas
Operações lógicas
Operações de rotação e de deslocamento
Operações aritméticas

*2.5 Comunicação com outros dispositivos
O papel dos controladores
Acesso direto à memória
Aperto de mão
Meios populares de comunicação
Taxas de comunicação

*2.6 Outras arquiteturas
Uso de canalizações
Máquinas multiprocessadas

Asteriscos indicam seções opcionais, disponíveis em www.grupoa.com.br

No Capítulo 1, estudamos tópicos relacionados ao armazenamento de dados dentro de um computador. Neste capítulo, veremos como um computador manipula esses dados. Essa manipulação consiste em mover dados de uma posição para outra e realizar operações como cálculos aritméticos, edição de texto e manipulação de imagens. Iniciamos estendendo nossos conhecimentos sobre arquitetura de computadores para além dos sistemas de armazenamento de dados.

2.1 Arquitetura de computadores

O conjunto de circuitos de computador que controla a manipulação de dados é chamado de **unidade central de processamento** ou **CPU** (com frequência chamada simplesmente de processador). Em máquinas mais comuns na metade do século XX, as CPUs eram grandes unidades compostas de diversos racks de circuitos eletrônicos, que davam a noção da importância da unidade. No entanto, a tecnologia reduziu drasticamente o tamanho desses dispositivos. As CPUs encontradas nos computadores de mesa e nos notebooks atuais são construídas como pequenos quadrados achatados (de aproximadamente cinco por cinco centímetros), cujos pinos de conexão são plugados em um soquete sobre a placa de circuitos principal da máquina (chamada de **placa-mãe**). Nos smartphones, mininotebooks e outros **Dispositivos Móveis de Internet (MID)**, as CPUs são cerca de metade do tamanho de um selo postal. Em razão de seu tamanho reduzido, esses processadores são chamados de **microprocessadores**.

Básico sobre CPUs

Uma CPU consiste em três partes (Figura 2.1): a **unidade de lógica e aritmética**, que contém os circuitos que realizam operações sobre dados (como adição e subtração); a **unidade de controle**, que contém os circuitos para a coordenação das atividades da máquina; e a **unidade de registro**, que

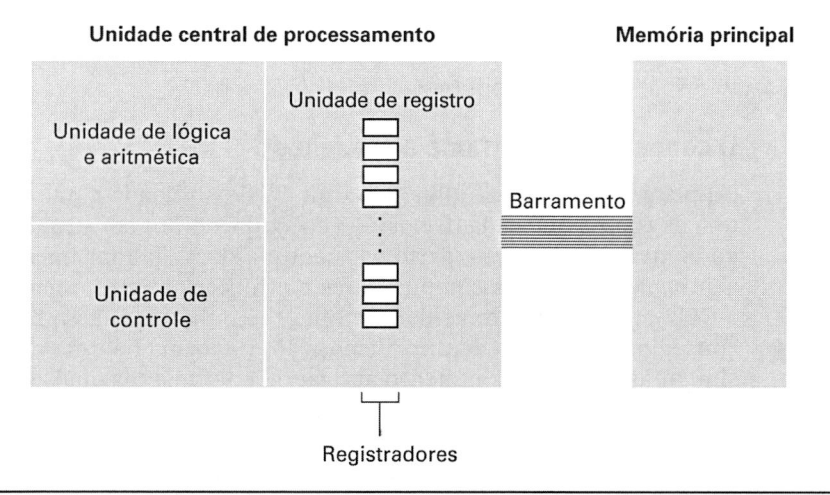

Figura 2.1 CPU e memória principal conectadas via barramento.

contém células de armazenamento de dados (similar às células da memória principal), chamadas de **registradores**, usadas para o armazenamento temporário das informações dentro da CPU.

Alguns dos registradores dentro da unidade de registro são considerados **registradores de propósito geral** enquanto outros são **registradores de propósito específico**. Discutiremos alguns dos registradores de propósito específico na Seção 2.3. Por enquanto, estamos interessados apenas nos registradores de propósito geral.

Os registradores de propósito geral servem como locais temporários de armazenamento para os dados que são manipulados pela CPU. Esses registradores mantêm as entradas para os circuitos da unidade de lógica e aritmética e fornecem espaço de armazenamento para os resultados produzidos por essa unidade. Para realizar uma operação em dados armazenados na memória principal, a unidade de controle transfere os dados da memória para registradores de propósito geral, informa a unidade de lógica e aritmética sobre quais registradores mantêm os dados, ativa os circuitos apropriados dentro da unidade de lógica e aritmética e diz à unidade de lógica e aritmética qual registrador deve receber o resultado.

Para fins de transferência de padrões de bits, a CPU de uma máquina e a memória principal estão conectadas por uma série de fios chamados de **barramento** (veja mais uma vez a Figura 2.1). Por meio desse barramento, a CPU extrai (lê) os dados da memória principal fornecendo o endereço da célula de memória pertinente juntamente com um sinal eletrônico dizendo ao circuito de memória que ele deve obter os dados na célula indicada. De forma similar, a CPU coloca (escreve) dados na memória fornecendo o endereço da célula de destino e os dados a serem armazenados juntamente com o sinal eletrônico apropriado, que diz à memória principal que ela deve armazenar os dados enviados a ela.

Baseada nesse projeto, a tarefa de adicionar dois valores armazenados na memória principal envolve mais que a simples execução da operação de adição. Os dados devem ser transferidos da memória principal para registradores dentro da CPU, os valores devem ser adicionados com o resultado sendo colocado em um registrador e o resultado deve ser, então, armazenado em uma célula de memória. O processo completo é resumido nos cinco passos listados na Figura 2.2.

O conceito de programa armazenado

Os primeiros computadores não tinham flexibilidade como seu ponto forte – os passos que cada dispositivo executava eram construídos na unidade de controle, como uma parte da máquina. Para ganhar mais flexibilidade, alguns dos primeiros computadores eletrônicos foram projetados para que a CPU pudesse ser convenientemente reconfigurada. Essa flexibilidade foi conseguida por meio de uma disposição, na forma de uma placa perfurada similar às placas de comutação antigas de telefonia, na qual as extremidades de pares de fios trançados eram plugadas em buracos.

Um avanço (creditado, aparentemente de forma incorreta, a John von Neumann) foi conquistado com a percepção de que um programa, assim como seus dados, pode ser codificado e armazenado na memória principal.

Passo 1. Obtenha da memória um dos valores a ser somado e coloque-o em um registrador.

Passo 2. Obtenha da memória o outro valor a ser somado e coloque-o em outro registrador.

Passo 3. Ative os circuitos de adição com os registradores usados nos Passos 1 e 2 como entrada e outro registrador selecionado para guardar o resultado.

Passo 4. Armazene o resultado na memória.

Passo 5. Pare.

Figura 2.2 Passos para somar valores armazenados em memória.

Se a unidade de controle for projetada para extrair o programa da memória, decodificar as instruções e executá-las, o programa que a máquina segue pode ser modificado simplesmente por meio da modificação do conteúdo da memória do computador, ao invés de precisarmos refazer a fiação da CPU.

A ideia de armazenar um programa de computador em sua memória principal é chamada de **conceito de programa armazenado** e tornou-se a abordagem padrão usada hoje – tão padrão, na verdade, que parece algo óbvio. O que a tornou difícil de ser compreendida, inicialmente, era a noção que todos tinham de que programas e dados eram entidades diferentes: os dados eram armazenados na memória; os programas eram parte da CPU. O resultado foi um excelente exemplo de como podemos perder a visão do todo quando nos atemos demais aos detalhes. É fácil se colocar em tais situações, e o desenvolvimento da ciência da computação poderia estar emperrado em uma dessas situações sem que nos déssemos conta. De fato, parte do entusiasmo que a ciência proporciona vem das novas ideias, que estão constantemente abrindo portas para novas teorias e aplicações.

Memória cache

É instrutivo comparar os recursos de memória dentro de um computador em relação à sua funcionalidade. Os registradores são usados para manter os dados imediatamente aplicáveis à operação em mãos; a memória principal é usada para manter os dados que provavelmente serão necessários num futuro próximo; e o armazenamento em massa é usado para manter os dados que provavelmente não serão necessários num futuro imediato. Muitas máquinas são projetadas com um nível de memória adicional, chamado de memória cache. A **memória cache** é uma porção (de diversas centenas de KBs) de memória de alta velocidade localizada dentro da própria CPU. Nessa área especial de memória, a máquina tenta manter uma cópia da porção da memória principal que interessa no momento. Nessa configuração, transferências que normalmente seriam feitas entre os registradores e a memória principal são feitas entre os registradores e a memória cache. Quaisquer mudanças feitas na memória cache são, então, transferidas coletivamente para a memória principal em um momento mais oportuno. O resultado é uma CPU que pode executar seu ciclo de máquina mais rapidamente, pois não fica limitada à comunicação com a memória principal.

Questões e exercícios

1. Que sequência de eventos seria necessária para mover o conteúdo de uma célula de memória de um computador para outra célula de memória?
2. Que informação a CPU deve fornecer para os circuitos da memória principal para escrever um valor em uma célula de memória?
3. O armazenamento em massa, a memória principal e os registradores de propósito geral são todos sistemas de armazenamento. Qual é a diferença em seu uso?

2.2 Linguagem de máquina

Para aplicar o conceito de programa armazenado, as CPUs são projetadas para reconhecer instruções codificadas como padrões de bits. Essa coleção de instruções, juntamente com o sistema de codificação, é chamada de **linguagem de máquina**. Uma instrução expressa nessa linguagem é chamada de uma instrução no nível de máquina ou, mais comumente, **instrução de máquina**.

O repertório de instruções

A lista de instruções de máquina que uma CPU comum deve ser capaz de decodificar e executar é bastante curta. Na verdade, uma vez que a máquina possa realizar certas tarefas básicas, mas bem selecionadas, a adição de mais recursos não aumenta as capacidades teóricas da máquina. Em outras palavras, a partir de certo ponto, recursos adicionais podem aumentar certas facilidades como a conveniência, mas não adicionam nada às funcionalidades fundamentais da máquina.

O nível com que o projeto de máquinas tira proveito desse fato levou a duas filosofias de arquitetura de CPUs. Uma diz que a CPU deve ser projetada para executar um conjunto mínimo de instruções de máquina. Essa abordagem levou ao que hoje é conhecido como **computador com conjunto reduzido de instruções (RISC)**. O argumento a favor da arquitetura RISC é que tal máquina é eficiente, rápida e menos dispendiosa para ser fabricada. Por outro lado, outros argumentam a favor de CPUs com a habilidade de executar um grande número de instruções complexas, mesmo que muitas delas sejam tecnicamente redundantes. O resultado dessa abordagem é conhecido como **computador com conjunto complexo de instruções (CISC)**. O argumento a favor da arquitetura CISC é que uma CPU mais complexa pode lidar melhor com as complexidades cada vez maiores dos sistemas de software atuais. Com CISC, os programas podem explorar um rico e poderoso conjunto de instruções, muitas das quais requereriam uma sequência de múltiplas instruções em um projeto RISC.

Nos anos 1990 e no início dos anos 2000, os processadores CISC e RISC comercialmente disponíveis competiram ativamente pelo domínio da computação de mesa. Os processadores Intel, usados em PCs, são exemplos de arquiteturas CISC; os processadores PowerPC (desenvolvidos por uma aliança entre Apple, IBM e Motorola) são exemplos de arquiteturas RISC e foram usados no Machintosh da Apple. À medida que o tempo passou, os custos de fabricação de processadores CISC foram drasticamente reduzidos; logo, os processadores Intel (ou seus equivalentes da AMD – Advanced Micro Devices, Inc.) são agora

Quem inventou o quê?

Dar a um único indivíduo o crédito por uma invenção é sempre um empreendimento duvidoso. A Thomas Edison se credita a invenção da lâmpada incandescente, mas outros pesquisadores estavam desenvolvendo lâmpadas similares e, em certo sentido, Edison teve sorte de ser quem obteve a patente. Aos irmãos Wright credita-se a invenção do avião, mas eles estavam competindo com e se beneficiado do trabalho de muitos contemporâneos, todos precedidos, em algum grau, por Leonardo da Vinci, que brincou com a ideia de máquinas voadoras ainda no século XV. Mesmo os projetos de Leonardo foram aparentemente baseados em ideias anteriores. Obviamente, nesses casos, o inventor designado ainda tem reivindicações legítimas em relação ao crédito conferido. Em outros casos, contudo, a história parece ter dado créditos inapropriadamente – um exemplo é o conceito de programa armazenado. Sem dúvida, John von Neumann foi um cientista brilhante que merece o crédito por numerosas contribuições. No entanto, uma das contribuições para as quais a história popular escolheu creditá-lo, o conceito de programa armazenado, foi aparentemente desenvolvida por pesquisadores liderados por J. P. Eckert na Escola Moore de Engenharia Elétrica da Universidade da Pensilvânia. John von Neumann foi meramente o primeiro a publicar um trabalho relatando a ideia, e logo o mundo da computação deu a ele o crédito de inventor.

encontrados em praticamente todos os computadores de mesa e notebooks (até mesmo a Apple está agora construindo computadores baseados em produtos Intel).

Embora as arquiteturas CISC tenham assegurado seu lugar nos computadores de mesa, elas consomem uma quantidade enorme de energia elétrica. Em contrapartida, a empresa Advanced RISC Machine (ARM) projetou uma arquitetura RISC específica para baixo consumo de energia. (A Advanced RISC Machine era originalmente chamada de Acorn Computers e é a atual ARM Holdings). Logo, os processadores baseados na ARM, fabricados por diversas empresas incluindo a Qualcomm e a Texas Instruments, são prontamente encontrados em controladores de jogos, TVs digitais, sistemas de navegação, módulos automotivos, telefones celulares, smartphones, dentre outros eletrônicos disponíveis aos consumidores.

Independentemente da escolha entre RISC e CISC, as instruções de uma máquina podem ser categorizadas em três grupos: (1) o grupo de transferência de dados, (2) o grupo de lógica e aritmética e (3) o grupo de controle.

Transferência de dados O grupo de transferência de dados consiste em instruções que requerem o movimento de dados de uma localidade a outra. Os Passos 1, 2 e 4 da Figura 2.2 se encaixam nessa categoria. Devemos notar que usar termos como *transferir* ou *mover* para identificar esse grupo de instruções é, na verdade, um erro. É raro que os dados sendo transferidos sejam apagados de sua localidade original. O processo envolvido em uma instrução de transferência é mais parecido com uma cópia de dados do que com uma movimentação propriamente dita. Assim, termos como *copiar* ou *clonar* descrevem melhor as ações desse grupo de instruções.

Uma vez que entramos no assunto terminologia, devemos mencionar que termos especiais são usados quando estamos nos referindo à transferência de dados entre a CPU e a memória principal. Uma requisição para preencher um registrador de propósito geral com o conteúdo de uma célula de memória é comumente chamada de uma instrução de carga (LOAD); de

> **Instruções de Tamanho Variado**
>
> Para simplificar as explicações no texto, a linguagem de máquina usada para os exemplos deste capítulo (e descrita no Apêndice C) usa um tamanho fixo (dois bytes) para todas as instruções. Para obter uma instrução, a CPU sempre obtém o conteúdo de duas células de memória consecutivas e incrementa seu contador de programa em dois. Essa consistência racionaliza a tarefa de obter instruções e é característica de máquinas RISC. Máquinas CISC, entretanto, possuem linguagens de máquina cujas instruções variam em tamanho. Os processadores atuais da Intel, por exemplo, possuem instruções que variam de instruções de um único byte até instruções com múltiplos bytes cujo tamanho depende do uso exato da instrução. CPUs com tais linguagens de máquina determinam o tamanho da instrução que chega através do código de operação da instrução. Ou seja, a CPU primeiro obtém o código de operação da instrução e então, baseada no padrão de bits recebido, sabe quantos bytes ainda precisa obter da memória para recuperar o restante da instrução.

maneira análoga, uma requisição para transferir o conteúdo de um registrador para uma célula de memória é chamada de uma instrução de armazenamento (STORE). Na Figura 2.2, os Passos 1 e 2 são instruções LOAD, e o Passo 4 é uma instrução STORE.

Um grupo importante de instruções dentro da categoria de transferência de dados consiste nos comandos para comunicação com dispositivos externos ao contexto da memória principal e da CPU (impressoras, teclados, telas, drives de disco, etc). Como essas instruções tratam de atividades de entrada e saída (E/S) da máquina, são chamadas de **instruções de E/S** e são, algumas vezes, consideradas uma categoria à parte. Por outro lado, a Seção 2.5 (parte do conteúdo opcional no site do Grupo A) descreve como essas atividades de E/S podem ser tratadas pelas mesmas instruções que requerem transferências de dados entre a CPU e a memória principal. Logo, consideraremos as instruções de E/S como parte do grupo de transferência de dados.

Lógica e aritmética O grupo de lógica e aritmética consiste em instruções que dizem à unidade de controle para requisitar uma atividade dentro da unidade de lógica e aritmética. O Passo 3 na Figura 2.2 se encaixa neste grupo. Como seu nome sugere, a unidade de lógica e aritmética é capaz de realizar operações além das operações aritméticas básicas. Algumas dessas operações adicionais são as operações booleanas AND, OR e XOR (ou exclusivo), apresentadas no Capítulo 1, que discutiremos com mais detalhes mais à frente neste capítulo.

Outra série de operações disponíveis dentro da maioria das unidades de lógica e aritmética permite que o conteúdo dos registradores seja movido para a direita ou para a esquerda dentro do registrador. Essas operações são conhecidas como deslocar (SHIFT) ou rotacionar (ROTATE), dependendo de os bits que "caem no final" do registrador serem meramente descartados (SHIFT) ou serem usados para preencher as lacunas à esquerda da outra extremidade (ROTATE).

Controle O grupo de controle consiste nas instruções que direcionam a execução do programa, em vez da manipulação de dados. O Passo 5 na Figura 2.2 cai nessa categoria, apesar de ser um exemplo extremamente básico. Este grupo contém muitas das instruções mais interessantes no repertório de uma máquina, como a família de instruções de salto JUMP (ou BRANCH) usadas para direcionar a CPU a executar uma instrução que não seja a próxima da lista. Essas instruções JUMP aparecem em duas variedades: **saltos incondicionais** e **saltos condicionais**.

Um exemplo do primeiro seria a instrução "Pular para o Passo 5"; um exemplo do segundo seria "Se o valor obtido for 0, pular para o Passo 5". A diferença é que um salto condicional resulta em uma "mudança de local" apenas se certa condição for satisfeita. Como um exemplo, a sequência de instruções na Figura 2.3 representa um algoritmo para dividir dois valores, e o Passo 3 é um passo condicional que evita a possibilidade da divisão por zero.

Uma linguagem de máquina ilustrativa

Consideremos agora como as instruções de um computador comum são codificadas. Essa máquina que usaremos para nossa discussão é descrita no Apêndice C e resumida na Figura 2.4. Ela possui 16 registradores de propósito geral e 256 células de memória principal, cada uma delas com uma capacidade de 8 bits. Para fins de referenciamento, rotulamos os registradores com os valores de 0 a 15 e endereçamos as células de memória com os valores de 0 a 255. Por conveniência, pensamos esses rótulos e endereços como valores representados na base dois e comprimimos os padrões de bits resultantes usando notação hexadecimal. Logo, os registradores são rotulados de 0 a F, e as células de memória, de 00 a FF.

A versão codificada de uma instrução de máquina consiste em duas partes: um campo **op-code** (diminutivo para o código de operação) e o campo **operando**. O padrão de bits que aparece no campo op-code indica qual das operações elementares, como STORE, SHIFT, XOR e JUMP, é solicitada pela instrução. Os padrões de bits encontrados no campo operando fornecem informações mais detalhadas sobre a operação especificada pelo op-code. Por exemplo, no caso de uma operação STORE, a informação no campo operando indica qual registrador contém os dados a serem armazenados e qual célula de memória deve receber os dados.

A linguagem de máquina completa de nossa máquina ilustrativa (Apêndice C) consiste em apenas doze instruções básicas. Cada uma delas é

Passo 1. Carregar (LOAD) um registrador com um valor da memória.

Passo 2. Carregar (LOAD) outro registrador com outro valor da memória.

Passo 3. Se esse segundo valor for zero, saltar (JUMP) para o Passo 6.

Passo 4. Dividir o conteúdo do primeiro registrador pelo segundo registrador e armazenar o resultado em um terceiro registrador.

Passo 5. Armazenar (STORE) o conteúdo do terceiro registrador na memória.

Passo 6. Parar (STOP).

Figura 2.3 Divisão de valores armazenados na memória.

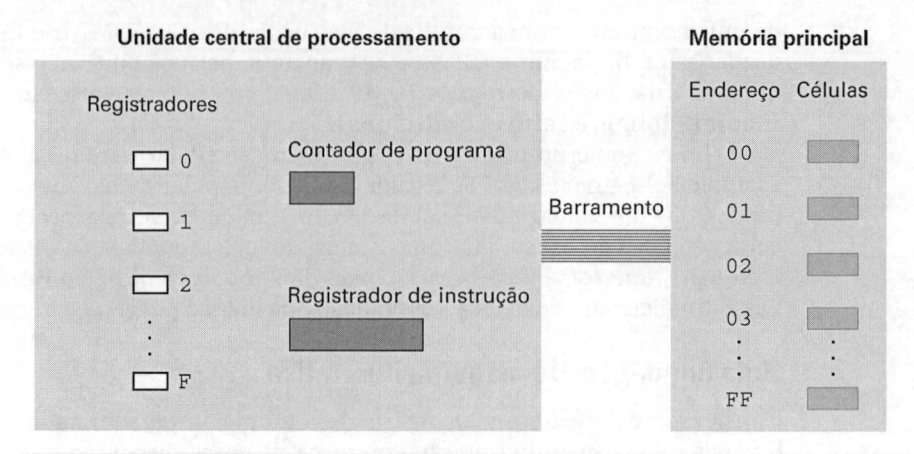

Figura 2.4 Arquitetura da máquina descrita no Apêndice C.

codificada usando um total de 16 bits, representados por quatro dígitos hexadecimais (Figura 2.5). O op-code para cada instrução consiste nos primeiros 4 bits ou, equivalentemente, no primeiro dígito hexadecimal. Note (Apêndice C) que esses op-codes são representados pelos dígitos hexadecimais de 1 até C. Em particular, a tabela no Apêndice C aponta que uma instrução iniciando com o dígito 3 refere-se a uma instrução STORE, e uma instrução iniciando com um hexadecimal A refere-se a uma instrução ROTATE.

O campo operando de cada instrução em nossa máquina ilustrativa consiste em três dígitos hexadecimais (12 bits) e, em cada caso (exceto pela instrução HALT – parar, que não precisa de nenhum refinamento adicional), torna mais clara a instrução geral dada pelo op-code. Por exemplo (Figura 2.6), se o primeiro dígito hexadecimal de uma instrução fosse 3 (o op-code para armazenar o conteúdo de um registrador), o próximo dígito hexadecimal da instrução indicaria qual registrador deve ser armazenado, e os últimos dois dígitos hexadecimais indicariam quais células de memória receberão os dados. Logo, a instrução 35A7 (hexadecimal) traduz-se para a sentença "Armazenar (STORE) o padrão de bits encontrado no registrador 5 na célula de memória cujo endereço é A7." (Note como o uso da notação hexadecimal simplifica nossa discussão. Na realidade, a instrução 35A7 é o padrão de bits 0011010110100111.)

(A instrução 35A7 também fornece um exemplo claro de por que os recursos de memória são medidos em potências de dois. Como 8 bits na instrução são reservados para especificar a célula de memória utilizada por essa instrução, é possível referenciar exatamente 2^8 diferentes células de memó-

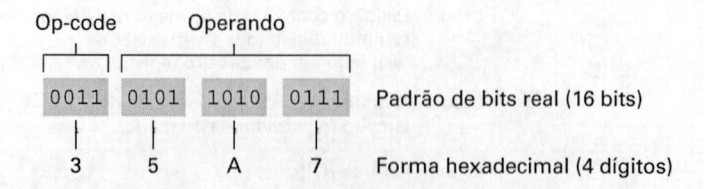

Figura 2.5 Composição de uma instrução para a máquina descrita no Apêndice C.

```
Instrução ─┤ 3   5   A 7
```

O op-code 3 significa o armazenamento do conteúdo de um registrador em uma célula de memória.

Esta parte do operando identifica o endereço da célula de memória que receberá os dados.

Esta parte do operando identifica o registrador cujo conteúdo deve ser armazenado.

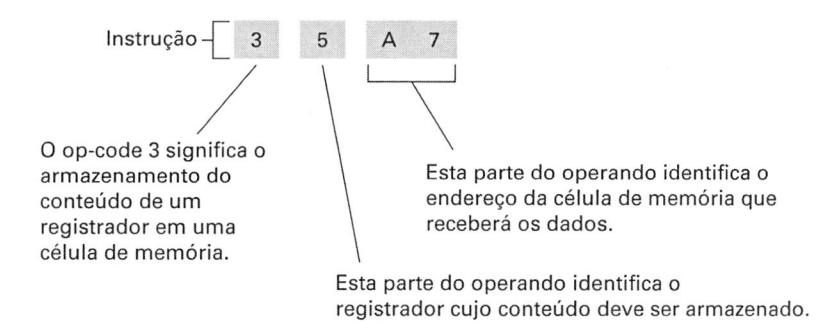

Figura 2.6 Decodificação da instrução 35A7.

ria. Cabe a nós, portanto, construir a memória principal com tal número de células – endereçadas de 0 a 255. Se a memória principal tivesse mais células, não seríamos capazes de escrever instruções que pudessem ser diferenciadas umas das outras; se a memória principal tivesse menos células, seríamos capazes de escrever instruções que referenciassem células inexistentes.)

Como outro exemplo de como o campo operando é usado para tornar mais clara a instrução geral dada pelo op-code, considere uma instrução com o op-code 7 (hexadecimal), que requer que o conteúdo de dois registradores sejam avaliados segundo o operador OR. (Veremos o que significa avaliar dois registradores usando OR na Seção 2.4, parte do conteúdo opcional disponível na Internet. Por enquanto, estamos interessados apenas em como as instruções são codificadas.) Nesse caso, o próximo dígito hexadecimal indica o registrador no qual o resultado deve ser colocado, enquanto os últimos dois dígitos hexadecimais indicam quais os dois registradores que devem ser avaliados usando OR. Logo, a instrução 70C5 traduz-se para a sentença "avalie com o operador OR o conteúdo do registrador C com o conteúdo do registrador 5 e coloque o resultado no registrador 0".

Existe uma diferença sutil entre as duas instruções LOAD de nossa linguagem. Aqui, vemos que o op-code 1 (hexadecimal) identifica uma instrução que carrega um registrador com o conteúdo de uma célula de memória, enquanto o op-code 2 (hexadecimal) identifica uma instrução que carrega um registrador com um valor específico. A diferença é que o campo operando em uma instrução do primeiro tipo contém um endereço, enquanto que, no segundo tipo, o campo operando contém o próprio padrão de bits a ser carregado.

Note que a máquina possui duas instruções ADD (adicionar): uma para adicionar representações em complemento de dois e outra para adicionar representações em ponto-flutuante. Essa distinção é uma consequência do fato de que a adição de padrões de bits que representam valores codificados em notação de complemento de dois necessita de atividades diferentes dentro da unidade de lógica e aritmética em comparação à adição de valores codificados em notação de ponto-flutuante.

Terminamos esta seção com a Figura 2.7, que mostra uma versão codificada das instruções da Figura 2.2. Assumimos que os valores a serem adicionados estão armazenados em notação de complemento de dois nos endereços de memória 6C e 6D, e a soma deve ser colocada na célula de memória no endereço 6E.

Instruções codificadas	Tradução
156C	Carrega o registrador 5 com o padrão de bits encontrado na célula de memória do endereço 6C.
166D	Carrega o registrador 6 com o padrão de bits encontrado na célula de memória do endereço 6D.
5056	Soma o conteúdo do registrador 5 e do registrador 6, considerando que ambos usam representação de complemento de dois, e armazena o resultado no registrador 0.
306E	Armazena o conteúdo do registrador 0 na célula de memória do endereço 6E.
C000	Parar.

Figura 2.7 Versão codificada das instruções da Figura 2.2.

Questões e exercícios

1. Por que o termo *mover* poderia ser considerado um nome incorreto para a operação de mover dados de uma localidade de uma máquina para outra?
2. No texto, as instruções JUMP foram expressas identificando o destino explicitamente por meio do nome (ou número do passo) do destino dentro da instrução JUMP (por exemplo "Saltar para o Passo 6"). Uma desvantagem dessa técnica é que, se o nome (ou o número) é posteriormente modificado, devemos encontrar todos os saltos para essa instrução e modificar tal nome também. Descreva outra maneira de expressar uma instrução JUMP de forma que o nome do destino não seja explicitamente informado.
3. A instrução "Se 0 for igual a 0, então salte ao Passo 7" é um salto condicional ou incondicional? Explique sua resposta.
4. Escreva o programa de exemplo da Figura 2.7 em padrões de bits reais.
5. As instruções a seguir estão escritas na linguagem de máquina descrita no Apêndice C. Reescreva-as em português.
   a. 368A b. BADE c. 803C d. 40F4
6. Qual é a diferença entre as instruções 15AB e 25AB na linguagem de máquina do Apêndice C?
7. Traduza cada uma destas instruções em português na linguagem de máquina do Apêndice C.
   a. Carregar (LOAD) o registrador número 3 com o valor hexadecimal 56.
   b. Rotacionar (ROTATE) o registrador número 5 três bits à direita.
   c. Aplicar o operador AND ao conteúdo do registrador A com o conteúdo do registrador 5 e deixar o resultado no registrador 0.

2.3 Execução de programas

Um computador executa um programa armazenado em sua memória copiando as instruções da memória para a CPU sempre que necessário. Uma vez na CPU, cada instrução é decodificada e executada. A ordem em que as instruções são obtidas da memória corresponde à ordem em que as instruções são armazenadas na memória, a menos que essa ordem tenha sido alterada por uma instrução JUMP.

Para entender como o processo de execução ocorre, é necessário considerar dois dos registradores de propósito especial dentro da CPU: o **registrador de instruções** e o **contador de programa** (veja a Figura 2.4). O registrador de instruções é usado para manter a instrução que está sendo executada. O contador de programa contém o endereço da próxima instrução a ser executada, servindo como guia para que a máquina acompanhe o ponto em que está no programa.

A CPU realiza seu trabalho ao repetir continuamente um algoritmo que a guia por meio de um processo de três passos conhecido como **ciclo de máquina**. Os passos no ciclo de máquina são: obter, decodificar e executar (Figura 2.8). Durante o passo de obtenção, a CPU requisita que a memória principal forneça a ela a instrução que está armazenada no endereço indicado pelo contador de programa. Como cada instrução em nossa máquina tem tamanho de dois bytes, esse processo de obtenção envolve recuperar o conteúdo de duas células de memória a partir da memória principal. A CPU coloca a instrução recebida da memória em seu registrador de instruções e, então, incrementa o contador de programa em duas unidades, de forma que o contador contenha o endereço da próxima instrução armazenada na memória. Assim, o contador de programa estará pronto para a próxima obtenção.

Com a instrução agora no registrador de instruções, a CPU decodifica a instrução, o que envolve quebrar o campo de operando em seus componentes apropriados, de acordo com o op-code da instrução.

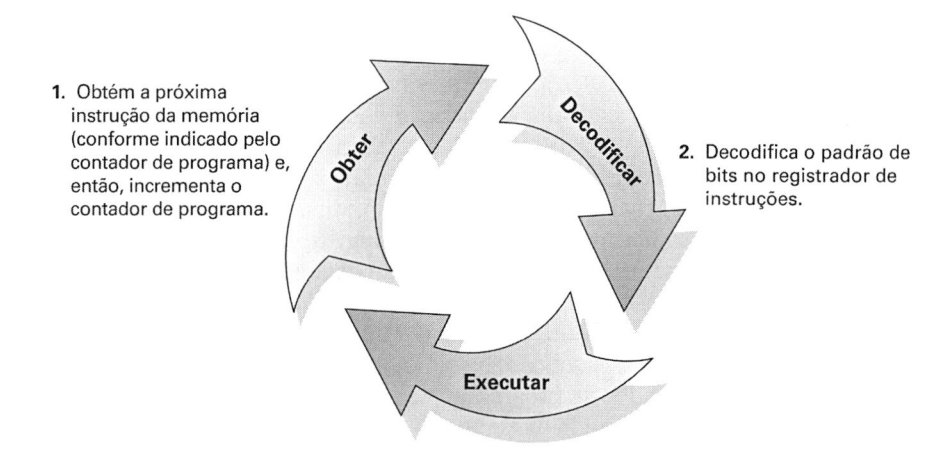

1. Obtém a próxima instrução da memória (conforme indicado pelo contador de programa) e, então, incrementa o contador de programa.

2. Decodifica o padrão de bits no registrador de instruções.

3. Executa a ação solicitada pela instrução no registrador de instruções.

Figura 2.8 O ciclo de máquina.

> **Comparando poder computacional**
>
> Quando você for comprar um computador pessoal, descobrirá que as frequências de *clock* são frequentemente usadas para fazer uma comparação entre as diferentes máquinas. O *clock* de um computador é um circuito, chamado de oscilador, que gera pulsos usados para coordenar as atividades da máquina – quanto mais rápido esse circuito oscilatório gera pulsos, mais rapidamente a máquina realiza seu ciclo de máquina. As velocidades de *clock* são medidas em hertz (abreviado como Hz), com um Hz sendo igual a um ciclo (ou pulso) por segundo. Velocidades de *clock* normais em computadores de mesa estão na faixa de algumas poucas centenas de MHz (modelos mais antigos) até diversos GHz. (MHz é uma abreviação para megahertz, que é um milhão de Hz. GHz é uma abreviação para gigahertz, que é 1000 MHz.)
>
> Infelizmente, diferentes projetos de CPU podem realizar diferentes quantidades de trabalho em um ciclo de *clock* e, logo, saber a velocidade de *clock*, por si só, não ajuda muito na comparação de máquinas com CPUs diferentes. Se você comparar uma máquina baseada em um processador Intel com uma baseada em ARM, pode ser melhor comparar os desempenhos por meio de *benchmarking*, que é o processo de comparar o desempenho de diferentes máquinas ao executarem o mesmo programa, conhecido como um *benchmark*. Ao selecionar *benchmarks* que representam diferentes tipos de aplicação, você obtém comparativos efetivos para diversos segmentos de mercado.

A CPU, então, executa a instrução ativando os circuitos apropriados para realizar a tarefa solicitada. Por exemplo, se a instrução é carregada a partir da memória, a CPU envia os sinais apropriados para a memória principal, espera que a memória principal envie os dados e, então, coloca os dados no registrador solicitado; se a instrução for uma operação aritmética, a CPU ativa os circuitos apropriados na unidade de lógica e aritmética, com os registradores corretos como entrada, e espera que a unidade de lógica e aritmética compute a resposta e a coloque no registrador apropriado.

Uma vez que a instrução no registrador de instruções tenha sido executada, a CPU inicia novamente o ciclo de máquina com o passo de obtenção. Observe que como o contador de programa foi incrementado no final da última obtenção, ele novamente fornece à CPU o endereço correto.

Um caso especial é a execução de uma instrução JUMP. Considere, por exemplo, a instrução B258 (Figura 2.9), que significa "Salte (JUMP) para a instrução no endereço 58 (hexadecimal) se o conteúdo do registrador 2 for o mesmo do registrador 0". Nesse caso, o passo de execução do ciclo de máquina inicia com a comparação dos registradores 2 e 0. Se eles contiverem diferentes padrões de bits, o passo de execução termina e próximo ciclo de máquina começa. Se, entretanto, o conteúdo desses registradores for igual, a máquina coloca o valor 58 (hexadecimal) em seu contador de programa durante o passo de execução. Nesse caso, então, a próxima obtenção encontrará 58 no contador de programa, e a instrução nesse endereço será a próxima instrução a ser obtida e executada.

Note que, se a instrução fosse B058, a decisão de modificar ou não o contador de programa dependeria do fato de o conteúdo do registrador 0 ser igual ao do registrador 0. Como eles são o mesmo registrador, devem ter o mesmo conteúdo. Dessa forma, qualquer instrução no formato B0XY causa-

```
                    Instrução ─┤ B │ 2 │ 5   8
                              ╱    ╱   └─┬─┘
                             ╱    ╱      │
    O op-code B significa  ╱    ╱        │
    modificar o valor do  ╱    ╱    Essa parte do operando é o
    contador de programa se o       endereço a ser colocado no
    conteúdo do registrador    ╲    contador de programa.
    indicado for o mesmo do     ╲
    registrador 0.               ╲
                                  ╲
                              Essa parte do operando
                              identifica o registrador a ser
                              comparado com o registrador 0.
```

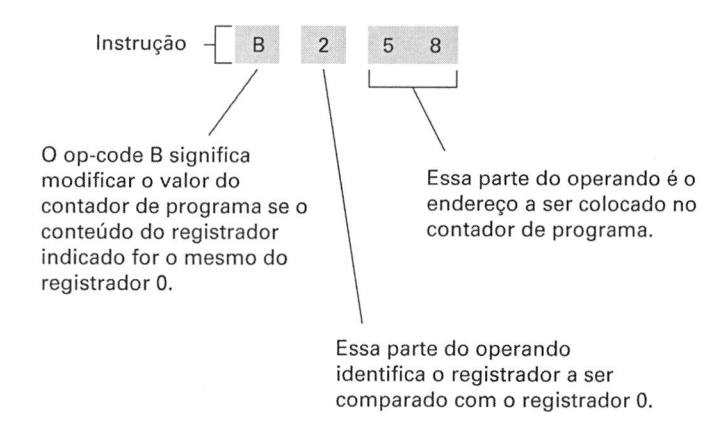

Figura 2.9   Decodificação da instrução B258.

rá um salto para a posição de memória XY, independentemente do conteúdo do registrador 0.

Um exemplo de execução de um programa

Vamos seguir o ciclo de máquina aplicado ao programa apresentado na Figura 2.7, que obtém dois valores da memória principal, computa sua adição e armazena o total em uma célula da memória principal. Primeiro, precisamos colocar o programa em algum lugar da memória. Para nosso exemplo, suponha que o programa seja armazenado em endereços consecutivos, começando no endereço A0 (hexadecimal). Com o programa armazenado desta maneira, podemos fazer com que a máquina o execute colocando o endereço (A0) da primeira instrução no contador de programa e acionando a máquina (Figura 2.10).

A CPU inicia o passo de obtenção do ciclo de máquina extraindo a instrução armazenada na memória principal na posição A0 e colocando essa instrução (156C) em seu registrador de instruções (Figura 2.11a). Note que, em nossa máquina, as instruções possuem um tamanho de 16 bits (dois bytes). Logo, a instrução completa a ser obtida ocupa as células de memória do endereço A0 e A1. A CPU é projetada para considerar isso, então obtém o conteúdo de ambas as células e coloca os padrões recebidos no registrador de instruções, que tem um tamanho de 16 bits. A CPU, então, adiciona dois ao contador de programa, de forma que esse registrador contenha o endereço da próxima instrução (Figura 2.11b). Ao final do passo de obtenção do primeiro ciclo de máquina, o contador de programa e o registrador de instruções contêm os seguintes dados:

```
Contador de Programa: A2
Registrador de Instrução: 156C
```

A seguir, a CPU analisa a instrução em seu registrador de instruções e conclui que deve carregar no registrador 5 o conteúdo da célula de memória no endereço 6C. Essa atividade de carga é realizada durante o passo de execução do ciclo de máquina, e a CPU inicia o próximo ciclo.

Esse ciclo inicia obtendo a instrução 166D das duas células de memória que iniciam no endereço A2. A CPU coloca essa instrução no registrador

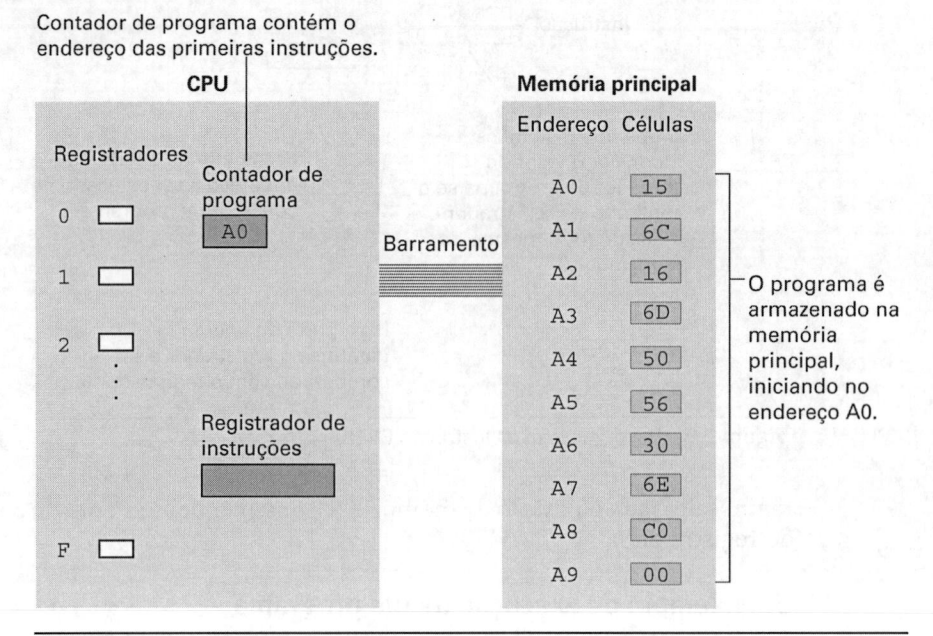

Figura 2.10 Programa da Figura 2.7 armazenado na memória principal pronto para a execução.

de instruções e incrementa o contador de programa para A4. Os valores no contador de programa e no registrador de instruções, então, tornam-se os seguintes:

```
Contador de Programa: A4
Registrador de Instrução: 166D
```

Agora, a CPU decodifica a instrução 166D e determina o carregamento, no registrador 6, do conteúdo do endereço de memória 6D. Ela, então, executa a instrução. É neste momento que o registrador 6 é efetivamente carregado.

Como o contador de programa agora contém A4, a CPU extrai a próxima instrução iniciando nesse endereço. O resultado é que 5056 é colocado no registrador de instruções, e o contador de programa é incrementado para A6. A CPU decodifica o conteúdo de seu registrador de instruções e o executa ativando os circuitos para adição de valores representados usando complemento de dois, com as entradas sendo os registradores 5 e 6.

Durante esse passo de execução, a unidade de lógica e aritmética realiza a adição solicitada, deixa o resultado no registrador 0 (como solicitado pela unidade de controle) e relata à unidade de controle que terminou seu serviço. A CPU, então, inicia outro ciclo de máquina. Mais uma vez, com a ajuda do contador de programa, ela obtém a próxima instrução (306E) das duas células de memória iniciando na posição de memória A6 e incrementa o contador de programa para A8. Essa instrução é, então, decodificada e executada. Neste ponto, a soma é colocada na posição de memória 6E.

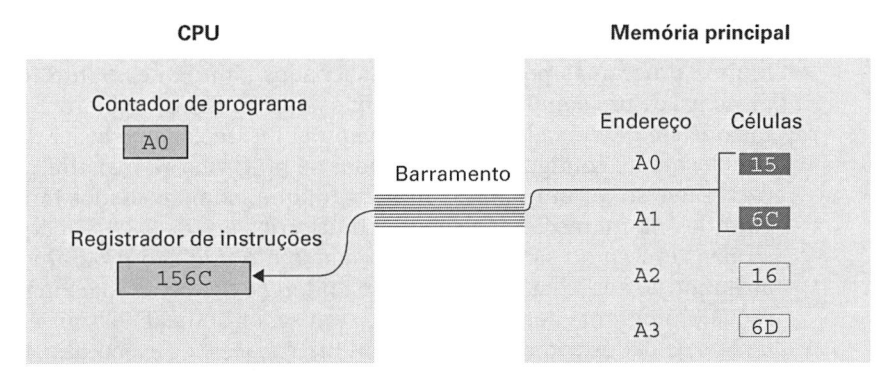

a. No início do passo de obtenção da instrução, a instrução que inicia no endereço A0 é obtida da memória e colocada no registrador de instruções.

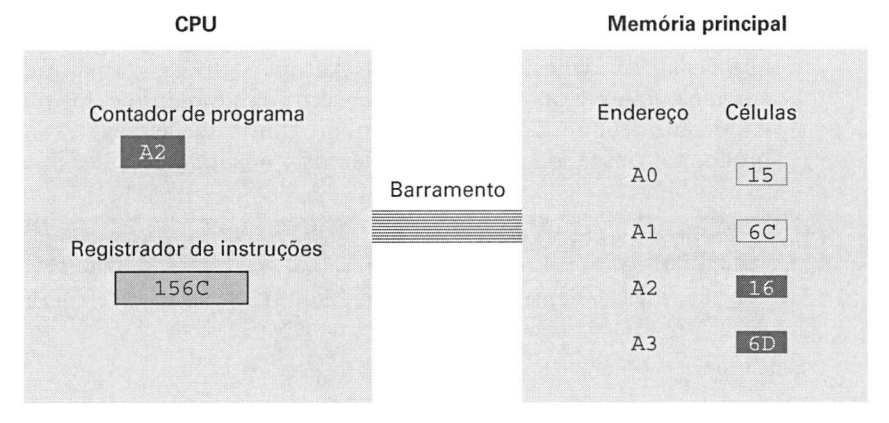

b. Então o contador de programa é incrementado de forma que aponte para a próxima instrução.

Figura 2.11 Execução do passo de obtenção do ciclo de máquina.

A próxima instrução é obtida iniciando da posição de memória A8, e o contador de programa é incrementado para AA. O conteúdo do registrador de instruções (C000) está agora codificado como a instrução de parada. Consequentemente, a máquina para durante o passo de execução do ciclo de máquina, e o programa está completo.

Em resumo, vemos que a execução de um programa armazenado em memória envolve o mesmo processo que poderíamos usar se precisássemos seguir uma lista detalhada de instruções. Enquanto acompanharíamos nossa localização, marcando as instruções à medida que as executássemos, a CPU acompanha sua localização usando o contador de programa. Após determinar qual instrução deve ser executada a seguir, leríamos a instrução e extrairíamos seu significado. Então, realizaríamos a tarefa solicitada e retornaríamos à lista para obter a próxima instrução, da mesma maneira que a CPU executa a instrução em seu registrador de instruções e segue para outra obtenção.

Programas versus dados

Muitos programas podem ser armazenados simultaneamente na memória principal de um computador, desde que ocupem posições diferentes. O programa que será executado quando a máquina for iniciada pode ser determinado simplesmente configurando o contador de programa da maneira apropriada.

Deve-se ter em mente, entretanto, que, como os dados também estão contidos na memória principal e codificados em 0s e 1s, a máquina por si só não tem como saber o que são dados e o que são programas. Se fosse atribuído ao contador de programa o endereço de um dado no lugar do endereço do programa desejado, a CPU, sem saber de nada, extrairia os padrões de bits de dados como se eles fossem instruções e os executaria. O resultado final dependeria dos dados envolvidos.

Não devemos concluir, no entanto, que fornecer programa e dados que tenham uma aparência comum à memória de uma máquina seja algo ruim. Na verdade, isso provou ser um atributo útil, pois permite que um programa manipule outros programas (ou mesmo a si próprio) da mesma maneira que faria com dados. Imagine, por exemplo, um programa que modifique a si mesmo em resposta à interação com seu ambiente e, logo, apresente a habilidade de aprender, ou talvez um programa que escreva e execute outros programas buscando resolver problemas apresentados a ele.

Questões e exercícios

1. Suponha que as células de memória dos endereços 00 a 05 na máquina descrita no Apêndice C contenham os padrões de bits (hexadecimais) fornecidos pela tabela:

Endereço	Conteúdo
00	14
01	02
02	34
03	17
04	C0
05	00

   Se acionássemos a máquina com seu contador de programa contendo 00, que padrão de bits estaria na célula de memória de endereço 17 (hexadecimal) quando a máquina parasse?

2. Suponha que as células de memória dos endereços B0 a B8 na máquina descrita no Apêndice C contenham os padrões de bits (hexadecimais) fornecidos pela tabela:

Endereço	Conteúdo
B0	13
B1	B8
B2	A3
B3	02
B4	33
B5	B8
B6	C0
B7	00
B8	0F

   a. Se o contador de programa iniciar em B0, que padrão de bits estará no registrador número 3 após a primeira instrução ter sido executada?

b. Que padrão de bits estará no registrador na célula de memória B8 quando a instrução de parada for executada?

3. Suponha que as células de memória dos endereços A4 a B1 na máquina descrita no Apêndice C contenham os padrões de bits (hexadecimais) fornecidos pela tabela:

Endereço	Conteúdo
A4	20
A5	00
A6	21
A7	03
A8	22
A9	01
AA	B1
AB	B0
AC	50
AD	02
AE	B0
AF	AA
B0	C0
B1	00

Para responder às questões a seguir, assuma que a máquina seja acionada com o contador de programa contendo A4.

a. O que estará no registrador 0 na primeira vez que a instrução do endereço AA for executada?

b. O que estará no registrador 0 na segunda vez que a instrução do endereço AA for executada?

c. Quantas vezes a instrução do endereço AA é executada antes de a máquina parar?

4. Suponha que as células de memória dos endereços F0 a F9 na máquina descrita no Apêndice C contenham os padrões de bits (hexadecimais) fornecidos pela tabela:

Endereço	Conteúdo
F0	20
F1	C0
F2	30
F3	F8
F4	20
F5	00
F6	30
F7	F9
F8	FF
F9	FF

Se acionássemos a máquina com seu contador de programa contendo F0, o que a máquina faria quando alcançasse a instrução no endereço F8?

*2.4 Instruções lógicas e aritméticas
*2.5 Comunicação com outros dispositivos
*2.6 Outras arquiteturas

O conteúdo dessas seções está disponível no site www.grupoa.com.br e pode ser acessado livremente.

Problemas de revisão do capítulo

(Problemas marcados com asterisco relacionam-se às seções disponíveis online, no site www.grupoa.com.br.)

1. a. De que maneira os registradores de propósito geral e as células de memória principal são similares?
   b. De que maneira os registradores de propósito geral e as células de memória principal diferem?

2. Responda às seguintes questões em termos da linguagem de máquina descrita no Apêndice C.
   a. Escreva a instrução 2304 (hexadecimal) como uma cadeia de 16 bits.
   b. Escreva o op-code da instrução B2A5 (hexadecimal) como uma cadeia de 4 bits.
   c. Escreva o campo operando da instrução B2A5 (hexadecimal) como uma cadeia de 12 bits.

3. Suponha que um bloco de memória seja armazenado nas células de memória da máquina descrita no Apêndice C a partir do endereço 98 a A2, inclusive. Quantas células de memória estão nesse bloco? Liste seus endereços.

4. Qual é o valor do contador de programa na máquina descrita no Apêndice C imediatamente após a execução da instrução B0CD?

5. Suponha que as células de memória nos endereços 00 até 05 na máquina descrita no Apêndice C contenham os seguintes padrões de bits:

Endereço	Conteúdo
00	22
01	11
02	32
03	02
04	C0
05	00

   Assumindo que o contador de programa inicialmente contenha 00, grave o conteúdo do contador de programa, do registrador de instruções e da célula de memória no endereço 02 ao final de cada fase de obtenção do ciclo de máquina até que a máquina pare.

6. Suponha que três valores, x, y e z, sejam armazenados na memória de uma máquina. Descreva a sequência de eventos (carregando registradores da memória, gravando valores na memória e assim por diante) que leva à computação de $x + y + z$. E se a computação fosse $(2x) + y$?

7. As instruções a seguir foram escritas na linguagem de máquina descrita no Apêndice C. Traduza-as para a língua portuguesa.
   a. 7123   b. 40E1   c. A304
   d. B100   e. 2BCD

8. Suponha que uma linguagem de máquina seja projetada com um campo op-code de 4 bits. Quantos tipos diferentes de instrução a linguagem pode conter? E se o campo op-code fosse aumentado para 6 bits?

9. Traduza as seguintes instruções da língua portuguesa para a linguagem de máquina descrita no Apêndice C.
   a. Carregar (LOAD) o registrador 6 com o valor 77 em hexadecimal
   b. Carregar (LOAD) o registrador 7 com o conteúdo da célula de memória 77.
   b. Saltar (JUMP) para a instrução na posição de memória 24 se o conteúdo do registrador 0 for igual ao valor do registrador A.
   d. Rotacionar (ROTATE) o registrador 4 três bits para a direita.
   e. Aplicar o operador AND ao conteúdo dos registradores E e 2 deixando o resultado no registrador 1.

10. Reescreva o programa da Figura 2.7, assumindo que os valores a serem adicionados sejam codificados usando notação de ponto-flutuante em vez de notação de complemento de dois.

11. Classifique cada uma das seguintes instruções (na linguagem de máquina descrita no Apêndice C) em termos de se sua execução modifica o conteúdo da célula de memória na posição 3B, obtém o conteúdo da célula de memória na posição 3C ou se é independente do con-

teúdo da célula de memória na posição 3C.
a. 353C   b. 253C   c. 153C
d. 3C3C   e. 403C

12. Suponha que as células de memória nos endereços 00 a 03 na máquina descrita no Apêndice C contenham os seguintes padrões de bits:

Endereço	Conteúdo
00	26
01	55
02	C0
03	00

a. Traduza a primeira instrução para a língua portuguesa.
b. Se a máquina fosse iniciada com seu contador de programa contendo 00, que padrão de bits estaria no registrador 6 quando a máquina parasse?

13. Suponha que as células de memória nos endereços 00 a 02 na máquina descrita no Apêndice C contenham os seguintes padrões de bits:

Endereço	Conteúdo
00	12
01	21
02	34

a. Qual seria a primeira instrução executada se iniciássemos a máquina com seu contador de programa contendo 00?
b. Qual seria a primeira instrução executada se iniciássemos a máquina com seu contador de programa contendo 01?

14. Suponha que as células de memória nos endereços 00 a 05 na máquina descrita no Apêndice C contenham os seguintes padrões de bits:

Endereço	Conteúdo
00	12
01	02
02	32
03	42
04	C0
05	00

Quando estiver respondendo às questões a seguir, assuma que a máquina inicia com seu contador de programa igual a 00.

a. Traduza as instruções que são executadas para a língua portuguesa.
b. Que padrão de bits está na célula de memória no endereço 42 quando a máquina para?
c. Que padrão de bits está no contador de programa quando a máquina para?

15. Suponha que as células de memória nos endereços 00 a 09 na máquina descrita no Apêndice C contenham os seguintes padrões de bits:

Endereço	Conteúdo
00	1C
01	03
02	2B
03	03
04	5A
05	BC
06	3A
07	00
08	C0
09	00

Assuma que a máquina inicia com seu contador de programa contendo 00.

a. O que estará na célula de memória no endereço 00 quando a máquina para?
b. Que padrão de bits está no contador de programa quando a máquina para?

16. Suponha que as células de memória nos endereços 00 a 07 na máquina descrita no Apêndice C contenham os seguintes padrões de bits:

Endereço	Conteúdo
00	2B
01	07
02	3B
03	06
04	C0
05	00
06	00
07	23

a. Liste os endereços das células de memória que contenham o programa que será executado se iniciássemos a máquina com seu contador de programa contendo 00.
b. Liste os endereços das células de memória usadas para armazenar dados.

17. Suponha que as células de memória nos endereços 00 a 0D na máquina descrita no Apêndice C contenham os seguintes padrões de bits:

Endereço	Conteúdo
00	20
01	04
02	21
03	01
04	40
05	12
06	51
07	12
08	B1
09	0C
0A	B0
0B	06
0C	C0
0D	00

Assuma que a máquina começa com seu contador de programa contendo 00.

a. Que padrão de bits está no registrador 0 quando a máquina para?
b. Que padrão de bits está no registrador 1 quando a máquina para?
c. Que padrão de bits está no contador de programa quando a máquina para?

18. Suponha que as células de memória nos endereços F0 a FD na máquina descrita no Apêndice C contenham os seguintes padrões de bits (em hexadecimal):

Endereço	Conteúdo
F0	20
F1	00
F2	22
F3	02
F4	23
F5	04
F6	B3
F7	FC
F8	50
F9	02
FA	B0
FB	F6
FC	C0
FD	00

Se iniciássemos a máquina com seu contador de programa contendo F0, qual seria o valor no registrador 0 quando a máquina, por fim, executasse a instrução de parada na posição FC?

19. Se a máquina do Apêndice C executasse uma instrução a cada microssegundo (um milionésimo de segundo), quanto tempo levaria para que ela completasse o programa do Problema 18?

20. Suponha que as células de memória nos endereços 20 a 28 na máquina descrita no Apêndice C contenham os seguintes padrões de bits:

Endereço	Conteúdo
20	12
21	20
22	32
23	30
24	B0
25	21
26	24
27	C0
28	00

Assuma que a máquina inicia com seu contador de programa contendo 20.

a. Que padrão de bits estará nos registradores 0, 1 e 2 quando a máquina para?
b. Que padrão de bits estará na célula de memória no endereço 30 quando a máquina para?
c. Que padrão de bits estará na célula de memória no endereço B0 quando a máquina para?

21. Suponha que as células de memória nos endereços AF a B1 na máquina descrita no Apêndice C contenham os seguintes padrões de bits:

Endereço	Conteúdo
AF	B0
B0	B0
B1	AF

O que aconteceria se iniciássemos a máquina com seu contador de programa contendo AF?

22. Suponha que as células de memória nos endereços 00 a 05 na máquina descrita no Apêndice C contenham os seguintes padrões de bits (em hexadecimal):

Endereço	Conteúdo
00	25
01	B0
02	35
03	04
04	C0
05	00

Se iniciássemos a máquina com seu contador de programa contendo 00, quando a máquina pararia?

23. Em cada um dos casos a seguir, escreva um pequeno programa na linguagem de máquina descrita no Apêndice C para realizar as atividades solicitadas. Assuma que cada um de seus programas seja colocado na memória que inicia no endereço 00.
  a. Mova o valor na posição de memória D8 para a posição de memória B3
  b. Troque os valores armazenados nas posições de memória D8 e B3.
  c. Se o valor armazenado na posição de memória 44 for 00, então coloque o valor 01 na posição de memória 46; caso contrário, coloque o valor FF na posição de memória 46.

24. Um jogo popular entre os aficionados em computação é o *core wars* – uma variação do jogo batalha naval. (O termo *core* se origina de uma das primeiras tecnologias de memória, na qual os 0s e 1s eram representados como campos magnéticos em pequenos anéis de material magnético. Os anéis eram chamados de *cores*.) O jogo é jogado entre dois programas opostos, cada um deles armazenado em diferentes posições da mesma memória de um computador. Presume-se que o computador alterne entre os dois programas, executando uma instrução de um deles, seguida por uma instrução do outro. O objetivo de cada programa é fazer com que o outro funcione incorretamente por meio da escrita de dados extras sobre ele; entretanto, nenhum dos programas conhece a localização do outro.
  a. Escreva um programa na linguagem de máquina descrita no Apêndice C que aborde o jogo de maneira defensiva e que seja o menor possível.
  b. Escreva um programa na linguagem de máquina descrita no Apêndice C que tente evitar qualquer ataque de programas opostos por meio de sua movimentação para diferentes posições. Mais precisamente, iniciando na posição 00, escreva um programa que se copie para a posição 70 e, então, pule para essa posição.
  c. Estenda o programa em (b) para continuar se reposicionando para novas posições de memória. Em particular, faça com que seu programa se mova para a posição 70, então para E0 (= 70 + 70), então para a posição 60 (=70 + 70 + 70) e assim sucessivamente.

25. Escreva um programa na linguagem de máquina descrita no Apêndice C para calcular a soma de valores de ponto-flutuante armazenados nas posições de memória A0, A1, A2 e A3. Seu programa deve armazenar o total na posição de memória A4.

26. Suponha que as células de memória nos endereços 00 a 05 na máquina descrita no Apêndice C contenham os seguintes padrões de bits (em hexadecimal):

Endereço	Conteúdo
00	20
01	C0
02	30
03	04
04	00
05	00

O que aconteceria se iniciássemos a máquina com seu contador de programa contendo 00?

27. O que aconteceria se as células de memória nos endereços 08 e 09 da máquina descrita no Apêndice C contivessem os padrões de bits B0 e 08, respectivamente, e a máquina fosse iniciada com seu contador de programa contendo o valor 08?

28. Suponha que o seguinte programa, escrito na máquina descrita no Apêndice C, seja armazenado na memória principal, começando no endereço 30 (hexadecimal). Que tarefa o programa realizará quando executado?

```
2003
2101
```

```
2200
2310
1400
3410
5221
5331
3239
333B
B248
B038
C000
```

29. Resuma os passos envolvidos quando a máquina descrita no Apêndice C realiza uma instrução com o op-code B. Expresse sua resposta como um conjunto de diretivas, como se você estivesse dizendo à CPU o que fazer.

*30. Resuma os passos envolvidos quando a máquina descrita no Apêndice C realiza uma instrução com o op-code 5. Expresse sua resposta como um conjunto de diretivas, como se você estivesse dizendo à CPU o que fazer.

*31. Resuma os passos envolvidos quando a máquina descrita no Apêndice C realiza uma instrução com o op-code 6. Expresse sua resposta como um conjunto de diretivas, como se você estivesse dizendo à CPU o que fazer.

*32. Suponha que os registradores 4 e 5 na máquina descrita no Apêndice C contenham os padrões de bits 3A e C8, respectivamente. Que padrão de bits é deixado no registrador 0 após executar cada uma das seguintes instruções:

    a. 5045   b. 6045   c. 7045
    d. 8045   e. 9045

*33. Usando a máquina descrita no Apêndice C, escreva programas para realizar cada uma das seguintes tarefas:

    a. Copie o padrão de bits armazenado na posição de memória 44 para a posição de memória AA.

    b. Modifique os 4 bits menos significativos na célula de memória na posição 34 para 0s, enquanto não altera os outros bits.

    c. Copie os 4 bits menos significativos da posição de memória A5 para os 4 bits menos significativos da posição de memória A6, enquanto não altera os outros bits da posição A6.

    d. Copie os 4 bits menos significativos da posição de memória A5 para os 4 bits mais significativos de A5. (Logo, os 4 primeiros bits em A5 serão os mesmos dos últimos 4 bits.)

*34. Realize as operações indicadas:

    a.   111001   b.   000101
         AND 101001   AND 101010

    c.   001110   d.   111011
         AND 010101   AND 110111

    e.   111001   f.   010100
         OR 101001   OR 101010

    g.   000100   h.   101010
         OR 010101   OR 110101

    i.   111001   j.   000111
         XOR 101001   XOR 101010

    k.   010000   l.   010000
         XOR 010101   XOR 010101

*35. Identifique tanto a máscara quanto a operação lógica necessárias para realizar cada um dos seguintes objetivos:

    a. Colocar 1s nos 4 bits superiores de um padrão de 8 bits, sem modificar os outros bits.

    b. Complementar o bit mais significativo de um padrão de 8 bits, sem modificar os outros bits.

    c. Complementar um padrão de 8 bits.

    d. Colocar um 0 no bit menos significativo de um padrão de 8 bits, sem modificar os outros bits.

    e. Colocar 1s em todos, exceto no bit mais significativo de um padrão de 8 bits, sem modificar os outros bits.

*36. Identifique uma operação lógica (juntamente à máscara correspondente) que, quando aplicada a uma cadeia de entrada de 8 bits, produza uma cadeia de saída composta de 0s se, e apenas se, a cadeia de entrada for 10000001.

*37. Descreva uma sequência de operações lógicas (juntamente a suas máscaras correspondentes) que, quando aplicadas a uma cadeia de entrada de 8 bits, produza um byte de saída composto de 0s, se a cadeia de entrada tanto iniciar quanto terminar com 1s. Caso contrário, a saída deve conter ao menos um 1.

*38. Qual seria o resultado de executar um deslocamento circular de 4 bits à esquerda no seguinte padrão de bits?

a. 10101   b. 11110000   c. 001
d. 101000   e. 00001

*39. Qual seria o resultado de realizar um deslocamento circular de 2 bits à direita nos seguintes bytes representados em notação hexadecimal (forneça suas respostas em notação hexadecimal)?

a. 3F   b. 0D
c. FF   d. 77

*40. a. Que instrução única na linguagem do Apêndice C poderia ser usada para realizar um deslocamento circular de 5 bits à direita do registrador B?

b. Que instrução única na linguagem do Apêndice C poderia ser usada para realizar um deslocamento circular à esquerda de 2 bits do registrador B?

*41. Escreva um programa na linguagem de máquina do Apêndice C que inverta o conteúdo da célula de memória no endereço 8C. (Ou seja, o padrão de bits final no endereço 8C, quando lido da esquerda para a direita, deve estar igual ao padrão original lido da direita para a esquerda.)

*42. Escreva um programa na linguagem de máquina do Apêndice C que subtraia o valor armazenado em A1 do valor armazenado no endereço A2 e coloque o resultado no endereço A0. Assuma que os valores estejam codificados na notação de complemento de dois.

*43. Vídeos de alta definição podem ser entregues a uma taxa de 30 quadros por segundo (fps – *frames per second*), nos quais cada quadro possui uma resolução de 1920 x 1080 pixels usando 24 bits por pixel. Um fluxo de vídeo neste formato, não compactado, poderia ser enviado por meio de uma porta serial USB 1.1? E de uma porta serial USB 2.0? E de uma porta serial USB 3.0? (Note: as velocidades máximas de USB 1.1, USB 2.0 e USB 3.0 são, respectivamente, 12 Mbps, 480 Mbps e 5 Gpbs.)

*44. Suponha que uma pessoa esteja digitando quarenta palavras por minuto em um teclado. (Considere que uma palavra tenha cinco caracteres.) Se uma máquina executa 500 instruções a cada microssegundo (milionésimo de segundo), quantas instruções a máquina executa durante a digitação de dois caracteres consecutivos?

*45. Quantos bits por segundo um teclado deve transmitir para acompanhar um digitador digitando quarenta palavras por minuto? (Assuma que cada caractere seja codificado em ASCII e que cada palavra seja composta de seis caracteres.)

*46. Suponha que a máquina descrita no Apêndice C se comunique com uma impressora usando a técnica de E/S mapeada em memória. Suponha também que o endereço FF seja usado para enviar caracteres para a impressora e que o endereço FE seja usado para receber informações acerca do estado da impressora. Em particular, suponha que o bit menos significativo no endereço FE indique se a impressora está pronta para receber outro caractere (com um 0 indicando "não pronta" e um 1 indicando "pronta"). Iniciando no endereço 00, escreva uma rotina em linguagem de máquina que espere até que a impressora esteja pronta para outro caractere e que envie o caractere representado pelo padrão de bits no registrador 5 para a impressora.

*47. Escreva um programa na linguagem de máquina descrita no Apêndice C que coloque 0s em todas as células de memória do endereço A0 até C0, mas que seja pequeno o suficiente para caber nas células de memória do endereço 00 até 13 (hexadecimal).

*48. Suponha que uma máquina tenha 200 GB de espaço de armazenamento disponíveis em um disco rígido e que receba dados por meio de uma conexão de banda larga a 15 Mbps. A essa taxa, quanto tempo demorará até que o espaço de armazenamento disponível seja preenchido?

*49. Suponha que um sistema de satélites esteja sendo usado para receber um fluxo serial de dados a 250 Kbps. Se uma explosão de interferência atmosférica dura 6,96 segundos, quantos bits de dados serão afetados?

*50. Suponha que sejam dados a você 32 processadores, cada um deles capaz de encontrar a soma de dois números de múltiplos dígitos em um milionésimo de segundo. Descreva como as técnicas de processamento paralelo podem ser aplicadas para encontrar a soma de 64 números em apenas seis milionésimos de segundo. Quanto tempo um único processador requereria para encontrar a mesma soma?

*51. Faça um resumo das diferenças entre uma arquitetura CISC e uma arquitetura RISC.

*52. Identifique duas abordagens para aumentar a taxa de transferência.

*53. Descreva como a média de uma série de números pode ser calculada mais rapidamente com uma máquina com múltiplos processadores ao invés de uma máquina com um único processador.

Questões sociais

As questões a seguir pretendem servir como um guia para os dilemas éticos, sociais e legais associados à área da computação. O objetivo não é meramente responder a estas questões. Você deve também considerar por que você as respondeu de uma determinada forma e se suas justificativas mantêm a consistência de uma questão para outra.

1. Suponha que um fabricante de computadores desenvolva uma nova arquitetura de máquina. Até que ponto a propriedade dessa arquitetura deveria ser da empresa? Qual política seria a melhor para a sociedade?

2. Em certo sentido, o ano de 1923 marcou o nascimento do que muitos chamam hoje de *obsolescência planejada*. Esse foi o ano em que a General Motors, liderada por Alfred Sloan, introduziu na indústria automobilística o conceito de ano do modelo. A ideia era aumentar as vendas modificando o estilo dos veículos, sem necessariamente apresentar um automóvel melhor. Atribui-se a Sloan a frase "Queremos que você fique insatisfeito com seu carro atual para que você compre um novo". Discuta o uso desse estratagema de marketing na indústria de computadores.

3. Frequentemente pensamos em como as tecnologias computacionais modificaram nossa sociedade. Muitos argumentam, no entanto, que essas tecnologias muitas vezes impediram que ocorressem mudanças, ao permitirem que sistemas antigos sobrevivessem e, em alguns casos, ficassem mais fortes. Por exemplo, o papel de um governo central na sociedade teria sobrevivido sem as tecnologias computacionais? Até que ponto você acredita que uma autoridade centralizada estaria presente hoje se as tecnologias computacionais não estivessem disponíveis? Até que ponto nós estaríamos melhor ou pior sem a tecnologia computacional?

4. É ético para um indivíduo assumir que não precisa saber nada sobre os detalhes internos de uma máquina porque outra pessoa irá construí-la, mantê-la e resolver quaisquer problemas que aparecerem? Sua resposta depende do fato de a máquina ser um computador, um automóvel, uma usina nuclear ou uma torradeira?

5. Suponha que um fabricante produza um chip de computador e, mais tarde, descubra uma falha em seu projeto. Suponha também que o fabricante corrija a falha em produções futuras, mas decida manter a falha original em segredo e não faça um recall dos chips já despachados, argumentando que nenhum dos chips já em uso está sendo usado em uma aplicação na qual a falha terá consequências. Alguém sai prejudicado pela decisão do fabricante? A decisão é justi-

ficável se ninguém ficar ferido e a decisão ainda impedir que o fabricante perca dinheiro e, possivelmente, tenha que despedir funcionários?

6. O avanço tecnológico fornece curas para doenças cardíacas ou é fonte de um estilo de vida sedentário que contribui para tais doenças?

7. É fácil imaginar desastres financeiros ou de navegação que podem ser resultado de erros aritméticos em razão de problemas de transbordamento e de truncamento. Que consequências poderiam ser resultantes de erros em sistemas de armazenamento de imagens devido à perda de detalhes das imagens (talvez em áreas como reconhecimento ou diagnóstico médico)?

8. A ARM Holdings é uma pequena empresa que projeta processadores para uma ampla variedade de dispositivos eletrônicos para consumidores. Ela não manufatura nenhum dos processadores; em vez disso, os projetos são licenciados para empresas que vendem semicondutores (como Qualcomm, Samsung e Texas Instruments), que pagam um royalty para cada unidade produzida. Esse modelo de negócios dissemina o alto custo de pesquisa e desenvolvimento de processadores de computadores ao longo de todo o mercado de eletrônicos para consumidores. Hoje, mais de 95% de todos os telefones celulares (não apenas smartphones), mais de 40% de todas as câmeras digitais e 25% das TVs digitais usam um processador ARM. Além disso, os processadores ARM são encontrados em mininotebooks, tocadores de MP3, controladores de jogos, leitores de livros eletrônicos, sistemas de navegação e assim por diante. Assim, você considera que essa companhia seja um monopólio? Por quê? À medida que os dispositivos para consumidores finais desempenham um papel cada vez maior na sociedade atual, a dependência dessa empresa pouco conhecida é algo bom, ou é algo preocupante?

Leitura adicional

Carpinelli, J. D. *Computer Systems Organization and Architecture*. Boston, MA: Addison-Wesley, 2001.

Comer, D. E. *Essentials of Computer Architecture*. Upper Saddle River, NJ: Prentice- Hall, 2005.

Dandamudi, S P. *Guide to RISC Processors for Programmers and Engineers*. New York: Springer, 2005.

Furber, S. *ARM System-on-Chip Architecture*, 2nd ed. Boston, MA: Addison-Wesley, 2000.

Hamacher, V. C., Z. G. Vranesic, and S. G. Zaky. *Computer Organization*, 5th ed. New York: McGraw-Hill, 2002.

Knuth, D. E. *The Art of Computer Programming*, Vol. 1, 3rd ed. Boston, MA: Addison-Wesley, 1998.

Murdocca, M. J. and V. P. Heuring. *Computer Architecture and Organization: An Integrated Approach*. New York: Wiley, 2007.

Stallings, W. *Computer Organization and Architecture*, 7th ed. Upper Saddle River, NJ: Prentice-Hall, 2006.

Tanenbaum, A. S. *Structured Computer Organization*, 5th ed. Upper Saddle River, NJ: Prentice-Hall, 2006.

CAPÍTULO 3
Sistemas Operacionais

Neste capítulo, estudamos os sistemas operacionais, pacotes de software que coordenam as atividades internas de um computador e acompanham sua comunicação com o mundo externo. É o sistema operacional de um computador que transforma os sistemas de hardware de um computador em uma ferramenta útil. Nosso objetivo é entender o que sistemas operacionais fazem e como eles o fazem. Tal conhecimento é fundamental para ser um usuário esclarecido de computador.

3.1 A história dos sistemas operacionais

3.2 Arquitetura de sistemas operacionais
Uma visão geral sobre software
Componentes de um sistema operacional
Iniciando

3.3 Coordenando as atividades da máquina
O conceito de processo
Administração de processos

*3.4 A competição entre processos
Semáforos
Impasses (*Deadlocks*)

3.5 Segurança
Ataques externos
Ataques internos

* Asteriscos indicam seções opcionais, disponíveis em www.grupoa.com.br

Um **sistema operacional** é o sistema de software que controla a operação geral de um computador. Ele fornece os meios pelos quais um usuário pode armazenar e obter arquivos, a interface pela qual um usuário pode requisitar a execução de programas e o ambiente necessário para executar os programas solicitados.

Talvez o exemplo mais conhecido de um sistema operacional seja o Windows, fornecido em inúmeras versões pela Microsoft e amplamente usado no âmbito dos computadores pessoais. Outro exemplo bem estabelecido é o UNIX, uma escolha comum para sistemas computacionais maiores, assim como para PCs. Na verdade, o UNIX é o núcleo de dois outros sistemas operacionais populares: o Mac OS, que é o sistema operacional fornecido pela Apple para sua gama de máquinas Mac, e o Solaris, desenvolvido pela Sun Microsystems (agora propriedade da Oracle). Outro exemplo de um sistema operacional encontrado tanto em máquinas grandes quanto pequenas é o Linux, originalmente desenvolvido sem fins comerciais por entusiastas da computação e agora disponível por meio de muitas fontes comerciais, incluindo a IBM.

Para usuários casuais de computador, as diferenças entre os sistemas operacionais são, em sua maioria, estéticas. Para profissionais da computação, sistemas operacionais diferentes podem representar grandes mudanças em termos das ferramentas com que trabalham ou da filosofia que seguem na disseminação e na manutenção de seus trabalhos. Independentemente disso, em seu núcleo, todos os sistemas operacionais mais bem-sucedidos e conhecidos lidam com os mesmos tipos de problemas que os especialistas em computação vêm encontrando há mais de meio século.

3.1 A história dos sistemas operacionais

Os sistemas operacionais atuais são pacotes de software grandes e complexos, que tiveram um início humilde. Os computadores dos anos 1940 e 1950 não eram muito adaptáveis ou eficientes. As máquinas ocupavam salas inteiras. A execução de programas exigia uma preparação significativa de equipamentos em termos de montagem de fitas magnéticas, colocação de cartões perfurados em leitores de cartões, configuração de interruptores e assim por diante. A execução de cada programa, chamado de **processo**, era tratada como uma atividade isolada – a máquina era preparada para executar o programa, o programa era executado, e todas as fitas, cartões perfurados, etc., precisavam ser retirados antes que a próxima preparação de programa pudesse começar. Quando diversos usuários precisavam compartilhar uma máquina, eram necessárias planilhas de agendamento para que os usuários pudessem reservar a máquina por certo tempo. Durante o tempo alocado para um usuário, a máquina estava totalmente sob o controle de tal usuário. A sessão normalmente iniciava com a configuração do programa, seguida por curtos períodos de execução de programas, e frequentemente terminava com um esforço apressado para fazer apenas mais alguma coisa ("Levará apenas um minuto"), enquanto o próximo usuário impacientemente começava a organizar a nova configuração.

Neste ambiente, os sistemas operacionais iniciaram como sistemas para a simplificação da configuração de programas e para criar fluxos de transição entre processos. Um dos primeiros avanços foi a separação de usuários e equipamentos, o que eliminava a constante transição de pessoas entrando e saindo da sala do computador. Para esse propósito, um operador de computador era contratado para operar a máquina. Qualquer um que quisesse que um programa fosse executado precisaria submetê-lo, juntamente a quaisquer dados necessários e diretivas especiais sobre os requisitos do programa, para o operador e retornar posteriormente para obter os resultados. O operador, por sua vez, carregava esses materiais no armazenamento em massa da máquina, no qual um programa chamado de sistema operacional poderia ler e executar todos de uma vez. Esse era o início do **processamento em lote** - a execução de processos por meio de sua coleta em um único lote e, então, sua execução sem interações adicionais com o usuário.

Nos sistemas de processamento em lote, os processos que estão residindo no armazenamento em massa esperam pela execução em uma **fila de processos** (Figura 3.1). Uma **fila** é uma organização de armazenamento na qual os objetos (neste caso, os processos) são ordenados segundo a regra: **primeiro a entrar, primeiro a sair** (abreviada como FIFO - do inglês, *first-in, first-out*). Ou seja, os objetos são removidos da fila na ordem em que chegaram. Na realidade, a maioria das filas de processos não segue rigorosamente a estrutura FIFO, já que a maioria dos sistemas operacionais fornece mecanismos para a consideração de prioridades de processos. Como resultado disso, um processo que espera em uma fila de processos pode ser ultrapassado por um processo de prioridade mais alta.

Nos primeiros sistemas de processamento em lote, cada processo era acompanhado por um conjunto de instruções explicando os passos necessários para preparar a máquina para tal processo específico. Essas instruções eram codificadas, usando um sistema conhecido como linguagem de controle de processos (JCL), e armazenadas com o processo na fila. Quando o processo era selecionado para execução, o sistema operacional imprimia essas instruções em uma impressora na qual elas pudessem ser lidas e seguidas pelo operador do computador. Essa comunicação entre o sistema operacional e o operador do computador ainda existe atualmente, como se pode ver nos sistemas operacionais de computadores pessoais, que relatam erros como "drive de disco indisponível" ou "impressora não responde".

Uma das principais desvantagens do uso de um operador de computador como intermediário entre um computador e seus usuários é que os usuários não têm interação com seus processos, uma vez que eles são sub-

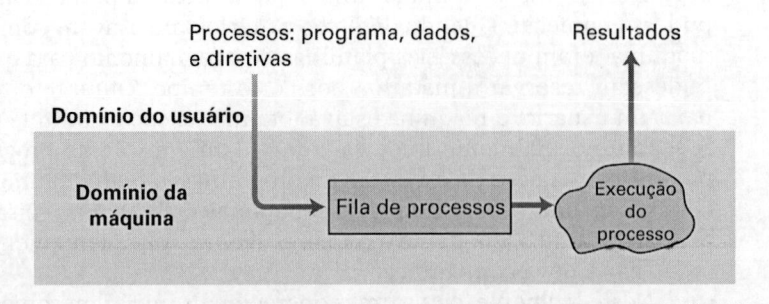

Figura 3.1 Processamento em lote.

metidos ao operador. Essa abordagem é aceitável para algumas aplicações, como folhas de pagamento, nas quais os dados e todas as decisões de processamento são estabelecidos de antemão. Entretanto, não é aceitável quando o usuário precisa interagir com um programa durante sua execução. Exemplos incluem sistemas de reservas nos quais as reservas e cancelamentos devem ser relatados quando ocorrem; sistemas de processamento de texto nos quais os documentos são desenvolvidos de maneira dinâmica, por meio de escrita e reescrita; e jogos de computadores nos quais a interação com a máquina é o recurso central.

Para acomodar essas necessidades, novos sistemas operacionais foram desenvolvidos buscando permitir que um programa fosse executado para conduzir um diálogo com o usuário por intermédio de terminais remotos – um recurso conhecido como **processamento interativo** (Figura 3.2). (Um terminal era pouco mais que uma máquina de escrever eletrônica, pela qual o usuário poderia digitar dados de entrada e ler a resposta do computador impressa no papel. Hoje, os terminais evoluíram para dispositivos mais sofisticados, chamados de estações de trabalho, e para PCs completos, que podem funcionar como computadores independentes quando for desejado.)

É imprescindível para um processamento interativo bem-sucedido que as ações do computador sejam suficientemente rápidas para estarem coordenadas com as necessidades do usuário, ao invés de forçar o usuário a contornar a tabela de tempo da máquina. (A tarefa de processar a folha de pagamento pode ser agendada para estar em conformidade com o tempo demandado pelo computador, mas usar um processador de textos seria frustrante se a máquina não respondesse prontamente à medida que os caracteres fossem digitados.) Em certo sentido, o computador é forçado a executar tarefas antes de um tempo limite, processo que se tornou conhecido como **processamento em tempo real**, no qual as ações realizadas são ditas como tendo ocorrido em tempo real. Ou seja, dizer que um computador realiza uma tarefa em tempo real significa que o computador realiza a tarefa de acordo com as restrições de tempo em seu ambiente (mundo externo).

Se os sistemas interativos tivessem sido construídos para servir a apenas um usuário por vez, o processamento em tempo real não teria sido problema. No entanto, os computadores dos anos 1960 e 1970 eram caros, então

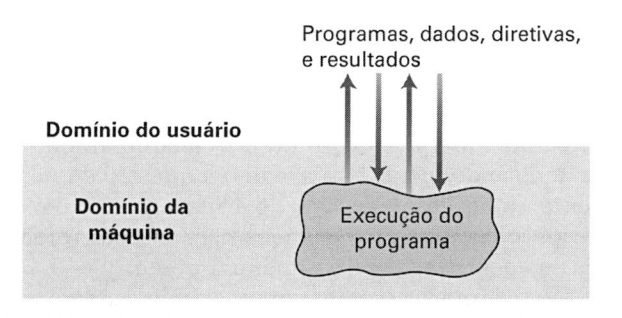

Figura 3.2 Processamento interativo.

cada máquina precisaria ser utilizada por mais de um usuário. Por sua vez, era comum que diversos usuários, trabalhando em terminais remotos, buscassem serviços interativos de uma máquina ao mesmo tempo, e as considerações de tempo real apresentavam obstáculos. Se o sistema operacional insistisse em executar apenas um processo por vez, apenas um usuário obteria um serviço em tempo real satisfatório.

A solução para esse problema era projetar sistemas operacionais que fornecessem serviços para múltiplos usuários ao mesmo tempo: recurso chamado de **compartilhamento de tempo**. Uma forma de implementar o compartilhamento de tempo é aplicar a técnica de **multiprogramação**, na qual o tempo é dividido em intervalos e, então, a execução de cada processo é restrita a apenas um intervalo por vez. Ao final de cada intervalo, o processo atual é temporariamente posto de lado e permite-se que outro processo seja executado durante o próximo intervalo. Ao embaralhar rapidamente os processos dessa forma, cria-se a ilusão de que diversos processos estão sendo executados simultaneamente. Dependendo dos tipos de processo executados, os primeiros sistemas de compartilhamento de tempo eram capazes de fornecer um processamento de tempo real aceitável para até 30 usuários simultaneamente. Atualmente, as técnicas de multiprogramação são usadas tanto em sistemas monousuário quanto multiusuário, apesar de, no primeiro caso, o resultado ser normalmente chamado de **multitarefa**. Ou seja, o compartilhamento de tempo refere-se a múltiplos usuários compartilhando o acesso a um computador comum, enquanto que multitarefa refere-se a um único usuário executando diversas tarefas simultaneamente.

Com o desenvolvimento dos sistemas operacionais multiusuários com compartilhamento de tempo, uma instalação típica de um computador era configurada como um grande computador central conectado a várias estações de trabalho. A partir destas estações de trabalho, os usuários poderiam se comunicar diretamente com o computador mesmo fora da sala do computador, em vez de por meio da submissão de requisições a um operador de computador. Programas comumente usados eram armazenados nos dispositivos de armazenamento em massa do computador, e os sistemas operacionais eram projetados para executar esses programas a partir de requisições das estações de trabalho. Dessa maneira, o papel do operador de computador como um intermediário entre os usuários e o computador começou a se extinguir.

Atualmente, não há mais operadores de computador, em especial no âmbito dos computadores pessoais, no qual o usuário assumiu todas as responsabilidades pela operação do computador. Mesmo a maioria das grandes instalações de computadores é executada, essencialmente, sem assistência. Na verdade, o trabalho de operador de computador deu lugar ao de administrador de sistemas, que gerencia o sistema de computação – obtendo e acompanhando a instalação de novos equipamentos e aplicativos de software, aplicando regras locais, como a questão de novas contas e o estabelecimento de limites de espaço de armazenamento em massa para os vários usuários, e coordenando esforços para resolver problemas do sistema – ao invés de operar as máquinas manualmente.

Em resumo, os sistemas operacionais passaram de programas simples, que obtinham e executavam programas um de cada vez, para sistemas complexos, que coordenam o compartilhamento de tempo, mantêm programas e arquivos de dados nos dispositivos de armazenamento em massa da máquina e respondem diretamente às requisições dos usuários do computador.

Ainda assim, a evolução dos sistemas operacionais continua. O desenvolvimento de máquinas multiprocessadas levou a sistemas operacionais que fornecem recursos de compartilhamento de tempo e de multitarefas atribuindo diferentes tarefas a diferentes processadores e compartilhando o tempo de cada processador individualmente. Estes sistemas operacionais devem lidar com problemas como **balanceamento de carga** (alocar dinamicamente tarefas aos vários processadores de forma que todos eles sejam usados de maneira eficaz) e **aumento de escala** (quebrar tarefas em um número de subtarefas compatíveis com o número de processadores disponíveis).

Além disso, o advento de redes de computadores nas quais várias máquinas são conectadas através de grandes distâncias levou à criação de sistemas de software para coordenar as atividades de redes. Logo, a área de redes de computadores (que estudaremos no Capítulo 4) é, de certa maneira, uma extensão do assunto de sistemas operacionais – com o objetivo de gerenciar recursos entre muitos usuários em muitas máquinas, ao invés de um único computador isolado.

Outro rumo de pesquisa em sistemas operacionais foca em dispositivos dedicados a tarefas específicas, como dispositivos médicos, veículos eletrônicos, eletrodomésticos, celulares ou outros computadores de mão. Os sistemas computacionais encontrados nesses dispositivos são conhecidos como **sistemas embarcados**. Frequentemente espera-se que os sistemas operacionais embarcados conservem energia de bateria, atendam a restrições de tempo real ou operem continuamente com pouca ou nenhuma interação humana. Sucessos em tal empreendimento são marcados por sistemas como o VxWORKS, desenvolvido pela Wind River Systems e usado nos Veículos Exploradores de Marte Spirit e Opportunity; o Windows CE (também conhecido como Pocket PC), desenvolvido pela Microsoft; e o Palm OS, desenvolvido pela PalmSource, Inc., especialmente para o uso em dispositivos de mão.

O que é um smartphone?

À medida que os telefones celulares tornam-se mais poderosos, tornou-se possível utilizá-los para oferecer serviços muito além do processamento de chamadas de voz. Um **smartphone** típico pode ser usado, agora, para enviar e receber mensagens de texto, navegar na Web, fornecer direções, visualizar conteúdo multimídia – em resumo, ele pode ser usado para fornecer muitos dos mesmos serviços que um PC tradicional oferece. Dessa forma, os smartphones requerem sistemas operacionais completos, não apenas para gerenciar os recursos limitados de hardware do smartphone, mas para fornecer recursos que ofereçam suporte para rapidamente expandir a coleção de aplicativos de software para smartphones. A batalha para dominar o mercado de sistemas operacionais para smartphones promete ser violenta e provavelmente será resolvida em termos de qual sistema pode fornecer os recursos mais imaginativos com o melhor preço. Concorrentes da área de sistemas operacionais para smartphones incluem o iPhone OS, da Apple, o BlackBerry OS, da Research in Motion, o Windows Phone, da Microsoft, o Symbian OS, da Nokia, e o Android, da Google.

Questões e exercícios

1. Identifique exemplos de filas. Em cada caso, indique situações que violam a estrutura de FIFO.
2. Quais das seguintes atividades requerem processamento em tempo real?
   a. Impressão de etiquetas de correio
   b. Jogar no computador
   c. Mostrar números na tela de um smartphone à medida que eles são digitados
   d. Executar um programa que preveja o estado da economia no próximo ano
   e. Tocar uma música em MP3
3. Qual é a diferença entre os sistemas embarcados e os PCs?
4. Qual é a diferença entre compartilhamento de tempo e multitarefas?

3.2 Arquitetura de sistemas operacionais

Para entender a composição de um sistema operacional típico, primeiro consideramos o espectro completo dos sistemas de software encontrados em um sistema computacional típico. Então nos concentraremos no sistema operacional propriamente dito.

Uma visão geral sobre software

Abordamos nossa discussão sobre sistemas de software encontrados em um sistema computacional típico apresentando um esquema para classificar software. Tais esquemas de classificação invariavelmente colocam unidades de software similares em classes diferentes, da mesma maneira que a atribuição de fusos horários dita que comunidades próximas devem configurar seus relógios com uma hora de diferença mesmo que não exista uma diferença significativa entre o nascer e o pôr do sol. Além disso, no caso da classificação de software, a dinâmica do assunto e a falta de uma autoridade definitiva levam a uma terminologia contraditória. Por exemplo, os usuários dos sistemas operacionais Windows, da Microsoft, encontrarão grupos de programas chamados de "Acessórios" e de "Ferramentas Administrativas", que incluem aplicativos de software que chamaremos de aplicação e classes utilitárias. A taxonomia a seguir deve, então, ser vista como uma forma de obtermos uma base em um assunto extenso e dinâmico, ao invés de ser considerada uma afirmação de um fato universalmente aceito.

Vamos iniciar dividindo os aplicativos de software de uma máquina em duas categorias amplas: **software de aplicação** e **software de sistema** (Figura 3.3). A categoria software de aplicação consiste nos programas para a realização de tarefas particulares à utilização da máquina. Uma máquina usada para manter o inventário de uma empresa de manufatura deverá conter aplicativos de software diferentes dos encontrados em uma máquina usada por um engenheiro eletricista. Exemplos de software de aplicação incluem planilhas, sistemas de bancos de dados, sistemas de publicação em desktop, sistemas de contabilidade, software para desenvolvimento de programas e jogos.

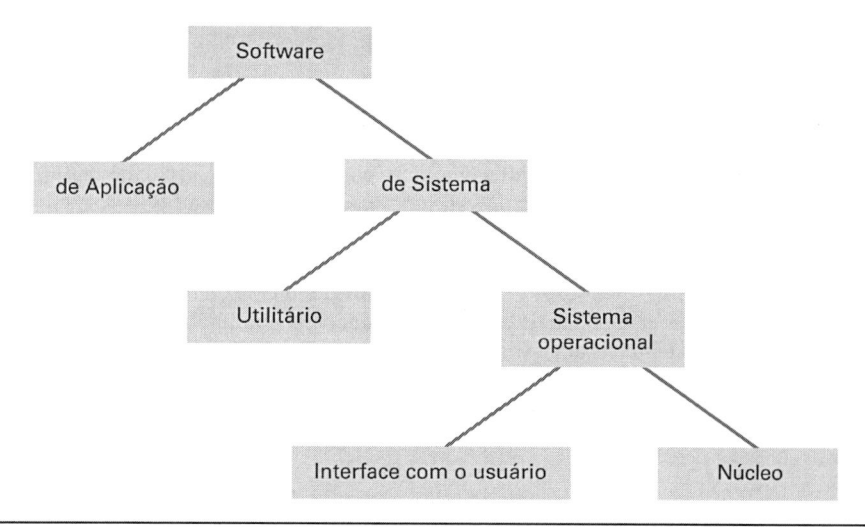

Figura 3.3 Classificação de software.

Em contraste à categoria de software de aplicação, a categoria de software de sistema trata da realização das tarefas comuns aos sistemas computacionais em geral. Em certo sentido, a categoria de software de sistema fornece a infraestrutura necessária para a execução de software de aplicação, da mesma maneira que a infraestrutura de uma nação (governo, rodovias, serviços públicos, instituições financeiras, etc.) fornece a base da qual os cidadãos dependem para seus estilos de vida.

Dentro da classe de software de sistema existem duas categorias: uma é o sistema operacional propriamente dito e a outra consiste em unidades de software coletivamente conhecidas como **software utilitário**. A maioria de uma instalação de software utilitário consiste em programas para a realização de tarefas fundamentais para as instalações de computador, mas que não são incluídas no sistema operacional. Em certo sentido, software utilitário consiste em unidades de software que estendem (ou talvez configurem) as capacidades do sistema operacional. Por exemplo, a habilidade de formatar um disco magnético ou de copiar um arquivo de um disco magnético para um CD frequentemente não é implementada dentro do sistema operacional, mas, em vez disso, é fornecida por meio de um programa utilitário. Outros exemplos de software utilitário incluem software para compactar e descompactar dados, para mostrar apresentações multimídia e para tratar de comunicações de rede.

Implementar certas atividades como software utilitário permite que unidades de software de sistema sejam customizadas para as necessidades de uma instalação específica mais facilmente do que se elas fossem incluídas no sistema operacional. Na verdade, é comum encontrar empresas ou indivíduos que tenham modificado, ou adicionado, software utilitário fornecido originalmente com o sistema operacional de sua máquina.

Infelizmente, a distinção entre software de aplicação e software utilitário pode ser vaga. Do nosso ponto de vista, a diferença é se o pacote é parte da "infraestrutura de software" do computador. Logo, uma nova

> **Linux**
>
> Para o entusiasta em computação que quer fazer experimentos com os componentes internos de um sistema operacional, existe o Linux. O Linux é um sistema operacional originalmente projetado por Linus Torvalds enquanto estudava na Universidade de Helsinque. É um produto não proprietário e disponível, juntamente com seu código-fonte (veja o Capítulo 6) e documentação, gratuitamente. Dado que ele é disponibilizado livremente na forma de código-fonte, tornou-se popular entre hobistas em computação, estudantes de sistemas operacionais e programadores em geral. Além disso, o Linux é reconhecido como sendo um dos sistemas operacionais mais confiáveis disponíveis atualmente. Por essa razão, diversas empresas agora empacotam e vendem versões do Linux em uma forma facilmente usável, e esses produtos estão desafiando os sistemas operacionais comerciais há muito tempo estabelecidos no mercado. Você pode aprender mais sobre o Linux no site http://www.linux.org.

aplicação pode evoluir para o estado de um utilitário se ela tornar-se uma ferramenta fundamental. Quando ainda era um projeto de pesquisa, os sistemas de software para a comunicação na Internet eram considerados software de aplicação; atualmente, tais ferramentas são fundamentais para a maioria das utilizações dos PCs e, logo, seria classificada como software utilitário.

A distinção entre software utilitário e sistema operacional é igualmente vaga. Em particular, processos antitruste nos Estados Unidos e na Europa vêm sendo abertos para a discussão de questões relacionadas ao fato de unidades de software, como navegadores e tocadores de mídia, serem componentes dos sistemas operacionais Windows ou utilitários que a Microsoft vem incluindo apenas para esmagar a concorrência.

Componentes de um sistema operacional

Tratamos agora de componentes dentro do domínio de um sistema operacional. Para executar as ações solicitadas pelos usuários do computador, o sistema operacional deve ser capaz de se comunicar com tais usuários. A porção de um sistema operacional que trata dessa comunicação é frequentemente chamada de **interface com o usuário**. Interfaces com o usuário mais antigas, chamadas de **shells**, comunicavam-se com o usuário por meio de mensagens textuais, usando um teclado e um monitor. Sistemas mais modernos realizam essa tarefa por meio de uma **interface gráfica com o usuário** (GUI), nas quais os objetos a serem manipulados, como arquivos e programas, são representados por imagens na forma de ícones na tela. Esses sistemas permitem que os usuários ordenem comandos por meio do uso de um dos diversos dispositivos de entrada comumente disponíveis. Por exemplo, um mouse, com um ou mais botões, pode ser usado para clicar ou arrastar ícones na tela. No lugar de um mouse, canetas de propósito especial são frequentemente usadas por artistas gráficos ou em diversos tipos de dispositivos de mão. Mais recentemente, os avanços em telas sensíveis ao toque de granularidade fina permitem que os usuários manipulem os ícones diretamente com os dedos. Enquanto as GUIs atuais usam sistemas de projeção bidimensionais, as interfaces tridimensionais – que permitem que os usuários se comuniquem com os computadores por sistemas de projeção 3D, dispositivos sensoriais táteis e sistemas de reprodução de áudio *surround* – são assunto de pesquisas atualmente em andamento.

Apesar de a interface de um sistema operacional com o usuário desempenhar um papel importante para estabelecer o funcionamento de uma máquina, esse framework funciona meramente como um intermediário entre o usuário do computador e o núcleo real do sistema operacional (Figura 3.4). Essa distinção entre a interface com o usuário e as partes internas do sistema operacional é enfatizada pelo fato de que alguns sistemas operacionais permitem que um usuário selecione entre diferentes interfaces para obter a interação mais confortável para si. Usuários do sistema operacional UNIX, por exemplo, podem selecionar dentre uma variedade de shells, incluindo o Bourne Shell, o C Shell e o Korn Shell, além de uma GUI chamada X11. As primeiras versões do Microsoft Windows eram um programa de aplicação na forma de uma GUI que poderia ser carregado a partir da linha de comando do sistema operacional MS-DOS. O shell cmd.exe, do DOS, ainda pode ser encontrado como um programa utilitário nas últimas versões do Windows, apesar de essa interface quase nunca ser necessária para usuários casuais. Similarmente, o Apple OS X retém um shell utilitário de Terminal que remonta aos primórdios do UNIX.

Um componente importante dentro dos shells com GUI atuais é o **gerenciador de janelas**, que aloca blocos de espaço na tela, chamados de janelas, e acompanha qual aplicação está associada a cada janela. Quando uma aplicação quer mostrar algo na tela, ela notifica o gerenciador de janelas, e o gerenciador de janelas coloca a imagem desejada na janela associada à aplicação. Dessa forma, quando um botão do mouse é clicado, é o gerenciador de janelas que calcula a posição do mouse na tela

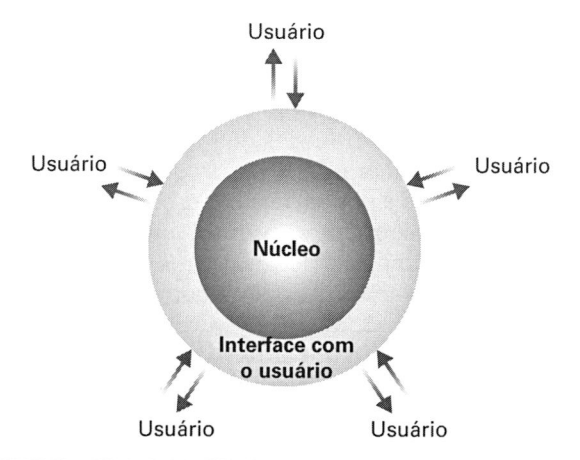

Figura 3.4 A interface com o usuário age como um intermediário entre os usuários e o núcleo do sistema operacional.

e notifica a aplicação apropriada para a ação do mouse. Os gerenciadores de janelas são responsáveis pelo que é geralmente chamado de "estilo" da GUI, e a maioria dos gerenciadores oferece uma faixa de escolhas configuráveis. Os usuários do Linux possuem até mesmo uma faixa de escolhas para o gerenciador de janelas, com escolhas populares que incluem o KDE e o Gnome.

Em contraste à interface com o usuário de um sistema operacional, a parte interna de um sistema operacional é chamada de **núcleo** (*kernel*). O núcleo de um sistema operacional contém os componentes de software que realizam as funções mais básicas necessárias para a instalação do computador. Uma dessas unidades é o **gerenciador de arquivos**, cujo trabalho é coordenar o uso dos recursos de armazenamento em massa de uma máquina. Mais precisamente, o gerenciador de arquivos mantém registro de todos os arquivos armazenados no armazenamento em massa, incluindo onde o arquivo está localizado, que usuários podem acessar os vários arquivos e quais partes do armazenamento em massa estão disponíveis para novos arquivos ou extensões de arquivos existentes. Estes registros são mantidos no meio individual de armazenamento contendo os arquivos relacionados, de forma que cada vez que a mídia fica on-line, o gerenciador de arquivos pode obtê-los e, assim, saber o que está armazenado em uma mídia específica.

Por questões de conveniência relacionadas aos usuários de uma máquina, a maioria dos gerenciadores de arquivos permite que os arquivos sejam agrupados em um conjunto chamado de **diretório** ou **pasta**. Esta abordagem permite que um usuário organize seus arquivos de acordo com seus propósitos, colocando arquivos relacionados no mesmo diretório. Além disso, ao permitir que os diretórios contenham outros diretórios, chamados de subdiretórios, pode-se construir uma organização hierárquica. Por exemplo, um usuário pode criar um diretório chamado MeusRegistros, que contenha subdiretórios chamados RegistrosFinanceiros, RegistrosMédicos e RegistrosResidenciais. Dentro de cada um desses subdiretórios, poderiam estar arquivos que se encaixam em cada uma das categorias. (Usuários de um sistema operacional Windows podem pedir que o gerenciador de arquivos mostre o conjunto atual de arquivos, executando o programa utilitário Windows Explorer.)

Uma cadeia de diretórios dentro de diretórios é chamada de **caminho de diretórios**. Os caminhos são frequentemente expressos listando-se os diretórios separados por barras. Por exemplo, animais/prehistóricos/dinossauros representaria o caminho que inicia no diretório animais, passando por seus subdiretório prehistóricos e terminando no subdiretório dinossauros. (Para usuários do Windows, as barras seriam invertidas, como animais\prehistóricos\dinossauros.)

Qualquer acesso a um arquivo por outras unidades de software é obtido por meio do gerenciador de arquivos. O procedimento inicia por uma requisição para que o gerenciador de arquivos forneça acesso ao arquivo por meio de um procedimento conhecido como abrir o arquivo. Se o gerenciador de arquivos aprovar o acesso solicitado, ele fornece a informação necessária para encontrar e manipular o arquivo.

Outro componente do núcleo consiste em uma coleção de **controladores de dispositivos**, unidades de software que se comunicam com os controladores de hardware (ou, algumas vezes, diretamente com os dispositivos periféricos) para conduzir operações nos dispositivos periféricos anexados à máquina. Cada controlador de dispositivo é unicamente projetado para um tipo particular de dispositivo (como uma impressora, um drive de disco ou um monitor) e traduz as requisições genéricas nos passos mais técnicos requisitados pelo dispositivo atribuído ao controlador. Por exemplo, um controlador de dispositivo para uma impressora contém software para ler e decodificar a palavra de estado de uma impressora específica, assim como outros detalhes do processo de aperto de mão. Logo, outros componentes de software não precisam lidar com essas tecnicalidades quando quiserem imprimir um arquivo. Em vez disso, os outros componentes podem simplesmente depender do software controlador de dispositivo para imprimir o arquivo e deixar que o controlador do dispositivo tome conta dos detalhes. Dessa maneira, o projeto das outras unidades de software pode ser independente das características únicas de dispositivos específicos. O resultado é um sistema operacional genérico que pode ser customizado para dispositivos periféricos simplesmente por meio da instalação dos controladores de dispositivos apropriados.

Outro componente do núcleo de um sistema operacional é o **gerenciador de memória**, responsável pela tarefa de coordenar o uso da memória principal da máquina. Tais deveres são mínimos em um ambiente no qual um computador é solicitado a executar apenas uma tarefa por vez. Nesses casos, o programa para realizar a tarefa atual é colocado em uma posição predeterminada na memória principal, executado e, então, substituído pelo programa para a execução da próxima tarefa. Entretanto, em ambientes multiusuários, multiprogramados, nos quais o computador é solicitado a atender muitas necessidades simultaneamente, os deveres do gerenciador de memória são amplos. Nesses casos, muitos programas e blocos de dados devem residir na memória principal simultaneamente. Logo, o gerenciador de memória deve encontrar e atribuir espaço de memória para estas necessidades e garantir que as ações de cada programa sejam restritas ao espaço alocado ao programa. Além disso, à medida que as necessidades de diferentes atividades vêm e vão, o gerenciador de memória deve acompanhar as áreas de memória que não estão mais sendo ocupadas.

A tarefa do gerenciador de memória torna-se ainda mais complexa quando o espaço total de memória principal necessário excede o espaço disponível no computador. Nesse caso, o gerenciador de memória pode criar a ilusão de memória adicional por meio da rotação de programas e dados entre a memória principal e o armazenamento em massa (uma técnica chamada de **paginação**). Suponha, por exemplo, que uma memória de 8 GB seja necessária, mas o computador tenha apenas 4 GB. Para criar a ilusão do espaço de memória maior, o gerenciador de memória reserva 4 GB de espaço de armazenamento em um disco magnético. Lá, ele grava os padrões de bits que seriam armazenados na memória principal se ela tivesse uma capacidade real de 8 GB. Esses dados são divididos em unidades de tamanho uniforme chamadas de **páginas**, que possuem normalmente alguns poucos KB de tamanho. Então, o gerenciador de memória envia e recebe essas páginas entre a memória principal e o armazenamento em massa, de forma que as páginas necessárias a qualquer dado momento estejam, na realidade, presentes nos 4 GB de memória principal. O resultado é que o computador é capaz de funcionar como se tivesse 8 GB de memória principal. Esse espaço de memória "fictício" criado com o uso da paginação é chamado de **memória virtual**.

Dois componentes adicionais dentro do núcleo de um sistema operacional são o **escalonador** e o **despachante** (*dispatcher*), e os estudaremos na próxima seção. Por enquanto, devemos simplesmente saber que, em um sistema multiprogramado, o escalonador determina quais atividades devem ser consideradas para execução, e o despachante controla a alocação de tempo dessas atividades.

Iniciando

Vimos que um sistema operacional fornece a infraestrutura de software necessária por outras unidades de software, mas não consideramos como o sistema operacional inicia. Isso é realizado por um procedimento chamado de **inicialização** (*boot strapping*, comumente abreviado para *booting*), que é realizado por um computador a cada vez que ele for ligado. É esse o procedimento que transfere o sistema operacional de um armazenamento em massa (no qual ele é armazenado permanentemente) para a memória principal (que está essencialmente vazia quando a máquina é ligada). Para entender o processo de inicialização e a razão pela qual ele é necessário, consideremos a CPU da máquina.

Uma CPU é projetada de forma que seu contador de programa inicie com um endereço predeterminado específico cada vez que ela for ligada. É nessa posição que a CPU espera encontrar o início do programa

---

Firmware

Além do carregador de inicialização, a ROM de um PC contém uma coleção de rotinas de software para realizar atividades fundamentais de entrada e saída, como receber informações do teclado, mostrar mensagens na tela do computador e ler dados de armazenamento em massa. Armazenada em memória não volátil, como FlashROM, essa coleção de rotinas de software não é imutavelmente definida no silício da máquina – hardware –, mas também não é facilmente modificável como o resto dos programas no armazenamento em massa – software. O termo **firmware** foi cunhado para descrever esse meio-termo. Rotinas de firmware podem ser usadas pelo carregador de inicialização para realizar atividades de E/S antes de o sistema operacional tornar-se funcional. Por exemplo, elas são usadas para comunicar-se com o usuário do computador antes que o processo de inicialização inicie de fato e para relatar erros durante a inicialização. Sistemas de firmware amplamente usados incluem a BIOS (Sistema de Entrada/Saída Básicas), muito usada em PCs, e os novos EFI (Interface de Firmware Extensível), Open Firmware da Sun (agora um produto da Oracle) e CFE (Ambiente de Firmware Comum) – usado em muitos dispositivos embarcados.

a ser executado. Conceitualmente, então, tudo o que é necessário é que o sistema operacional esteja armazenado nessa posição. Entretanto, por razões técnicas, a memória principal de um computador é tipicamente construída a partir de tecnologias voláteis – o que significa que a memória perde os dados armazenados nela quando o computador é desligado. Assim, o conteúdo da memória principal deve ser refeito toda a vez que o computador for reiniciado.

Em resumo, precisamos que um programa (preferivelmente o sistema operacional) esteja presente na memória principal quando o computador é ligado pela primeira vez, mas a memória volátil do computador é apagada a cada vez que a máquina é desligada. Para solucionar esse dilema, uma pequena parte da memória principal de um computador na qual a CPU espera encontrar seu programa inicial é construída de células especiais, de memória não volátil. Tal memória é conhecida como **memória apenas de leitura** (**ROM** – do inglês, *Read-Only Memory*), pois seu conteúdo pode ser lido, mas não alterado. Você pode comparar o armazenamento de padrões de bits em ROM com a queima de pequenos fusíveis (alguns permanecem abertos – uns – e outros fechados – zeros), apesar de a tecnologia usada ser mais avançada. Mais precisamente, a maioria da ROM, nos PCs atuais, é construída com tecnologia de memória flash (o que significa que ela não é estritamente ROM, pois pode ser alterada sob circunstâncias especiais).

Em um computador de propósito geral, um programa chamado de **sistema de inicialização** (*boot loader*) é permanentemente armazenado na ROM da máquina. Ele, então, é o programa inicialmente executado quando a máquina é ligada. As instruções no sistema de inicialização guiam a CPU para que ela transfira o sistema operacional de uma posição predeterminada para a área volátil da memória principal (Figura 3.5). Sistemas de inicialização modernos podem copiar um sistema operacional para a memória principal a partir de uma variedade de posições. Por exemplo, em sistemas embarcados, tais como os smartphones, o sistema operacional é copiado de

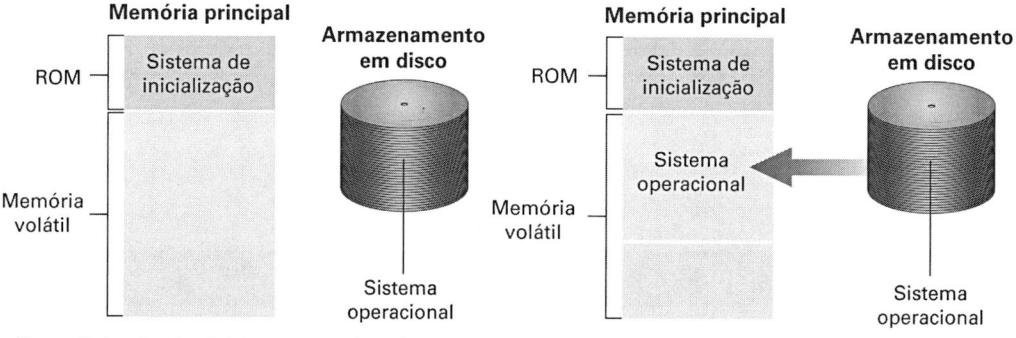

Passo 1: A máquina inicia executando o sistema de inicialização que já está em memória. O sistema operacional é armazenado no armazenamento em massa.

Passo 2: O sistema de inicialização faz a transferência do sistema operacional para a memória principal e então transfere para ele o controle.

Figura 3.5 Processo de inicialização.

uma memória flash especial (não volátil); no caso de pequenas estações de trabalho em grandes empresas ou universidades, o sistema operacional pode ser copiado de uma máquina distante conectada em rede. Uma vez que o sistema operacional tenha sido colocado na memória principal, o sistema de inicialização guia a CPU para a execução de uma instrução de salto para tal área de memória. Nesse ponto, o sistema operacional assume e passa a controlar as atividades da máquina. O processo geral de executar o sistema de inicialização e, logo, iniciar o sistema operacional é chamado de **inicializar** o computador.

Você pode estar se perguntando por que os computadores de mesa não possuem memória ROM suficiente para manter o sistema operacional inteiro, de forma que a inicialização a partir do armazenamento em massa não seja necessária. Embora isso seja factível para sistemas embarcados com sistemas operacionais pequenos, utilizar grandes blocos da memória principal de computadores de propósito geral para armazenamento não volátil não é eficiente com as tecnologias atuais. Além disso, os sistemas operacionais computacionais são frequentemente atualizados de forma a manter a segurança e ter disponíveis controladores de dispositivos novos ou aprimorados para as últimas versões de hardware. Embora seja possível atualizar os sistemas operacionais e os sistemas de inicialização armazenados em ROM, (o que é frequentemente chamado de **atualização de firmware**), os limites tecnológicos tornam o armazenamento em massa a escolha mais comum para sistemas computacionais tradicionais.

Ao terminarmos esta discussão, devemos notar que o entendimento do processo de inicialização, assim como as distinções entre sistema operacional, software utilitário e software de aplicação, permite compreendermos a metodologia geral sob a qual a maioria dos sistemas de computação de propósito geral opera. Quando a máquina é ligada pela primeira vez, o sistema de inicialização carrega e ativa o sistema operacional. O usuário, então, faz requisições ao sistema operacional de acordo com os programas utilitários ou de aplicação a serem executados. À medida que cada utilitário ou aplicação é terminado, o usuário é colocado novamente em contato com o sistema operacional, quando pode fazer novas requisições. Aprender a usar este sistema é um processo de duas etapas. Além de aprender os detalhes da aplicação ou do utilitário desejado, deve-se aprender o suficiente sobre o sistema operacional da máquina para navegar entre as aplicações.

Questões e exercícios

1. Liste os componentes de um sistema operacional típico e resuma, em uma frase, o papel de cada um deles.
2. Qual é a diferença entre software de aplicação e software utilitário?
3. O que é memória virtual?
4. Relate brevemente o procedimento de inicialização.

3.3 Coordenando as atividades da máquina

Nesta seção, consideramos como um sistema operacional coordena a execução de software de aplicação, software utilitário e unidades dentro do sistema operacional propriamente dito. Iniciamos com o conceito de processo.

O conceito de processo

Um dos conceitos mais fundamentais dos sistemas operacionais modernos é a distinção entre um programa e a atividade de executar um programa. O primeiro é um conjunto estático de instruções, enquanto que o segundo é uma atividade dinâmica cujas propriedades mudam à medida que o tempo passa. (Esta distinção é análoga a uma partitura musical, que repousa, inerte, em um livro em uma prateleira, versus um músico tocando essa peça por meio da execução das ações que a partitura musical descreve.) A atividade de executar um programa sob o controle do sistema operacional é conhecida como **processo**. Associado a um processo está o estado atual da atividade, chamado de **estado do processo**. Esse estado inclui a posição atual no programa sendo executado (o valor do contador de programa), assim como os valores nos outros registradores da CPU e das células de memória associadas. Grosseiramente falando, o estado do processo é uma fotografia da máquina em um determinado momento. Em momentos diferentes durante a execução de um programa (em diferentes momentos em um processo), veremos diferentes fotografias (diferentes estados de processo).

Diferentemente de um músico, que normalmente tenta tocar apenas uma peça musical por vez, os computadores típicos com compartilhamento de tempo e multitarefas executam muitos processos, todos eles competindo pelos recursos do computador. É tarefa do sistema operacional gerenciar estes processos, de forma que cada um possua os recursos (dispositivos periféricos, espaço na memória principal, acesso a arquivos e acesso à CPU) de que precisa, que processos independentes não interfiram uns nos outros e que processos que precisam trocar informações sejam capazes de fazê-lo.

Administração de processos

As tarefas associadas à coordenação da execução de processos são tratadas pelo escalonador e pelo despachante dentro do núcleo do sistema operacional. O escalonador mantém um registro dos processos presentes no sistema de computação, introduz novos processos a esse conjunto e remove processos finalizados do conjunto. Logo, quando um usuário solicita a execução de uma aplicação, é o escalonador que adiciona a execução dessa aplicação ao conjunto dos processos atuais.

Para acompanhar todos os processos, o escalonador mantém um bloco de informação na memória principal chamado de **tabela de processos**. Toda vez que a execução de um programa é solicitada, o escalonador cria uma nova entrada para esse processo na tabela de processos. Esta entrada contém informações como a área de memória atribuída ao processo (obtida a partir do gerenciador de memória), a prioridade do processo e se o processo está apto ou esperando. Um processo está **apto** se estiver em um estado no qual seu progresso pode continuar; e está **esperando** se seu progresso está atualmente postergado até que algum evento externo ocorra, como o término de uma operação de armazenamento em massa, uma tecla pressionada no teclado ou a chegada de uma mensagem de outro processo.

O despachante é o componente do núcleo que supervisiona a execução dos processos escalonados. Em um sistema de compartilhamento de tempo e de multitarefas, essa tarefa é realizada por meio de **multiprogramação**: ou seja, divide-se o tempo em pequenos segmentos, em que cada um deles chamado de **fatia de tempo** (geralmente medida em milissegundos ou em microssegundos), e troca-se a atenção da CPU entre os processos cada vez que se permite que um deles seja executado por uma fatia de tempo (Figura 3.6). O procedimento de trocar de um processo para o outro é chamado de **troca de processo** (ou **troca de contexto**).

Cada vez que o despachante dá uma fatia de tempo para um processo, ele inicia um circuito temporizador, que indicará o fim da fatia gerando um sinal chamado de **interrupção**. A CPU reage a esse sinal de interrupção praticamente da mesma maneira que você reage quando é interrompido enquanto realiza uma tarefa. Você para o que está fazendo, grava em que ponto você estava na tarefa (de forma que possa continuar posteriormente) e volta-se para a entidade que está interrompendo. Quando a CPU recebe um sinal de interrupção, ela completa seu ciclo de máquina atual, grava sua posição no processo atual e começa a executar um programa, chamado de **tratador de interrupções**, que é armazenado em uma posição predeterminada da memória principal. Esse tratador de interrupções é uma parte do despachante e descreve como o despachante deve responder ao sinal de interrupção.

Logo, o efeito do sinal de interrupção é parar o processo atual e transferir o controle de volta para o despachante. Neste momento, o despachante seleciona o processo da tabela de processos que possui a prioridade mais alta dentre os processos aptos (conforme determinado pelo escalonador), reinicia o circuito temporizador e permite que o processo selecionado inicie sua fatia de tempo.

É imprescindível para o sucesso de um sistema de multiprogramação a habilidade de parar e posteriormente reiniciar um processo. Se você é interrompido enquanto lê um livro, sua habilidade de continuar lendo mais tarde depende da sua habilidade de lembrar a página em que estava, bem como a informação que tinha acumulado até aquele momento. Em resumo, você

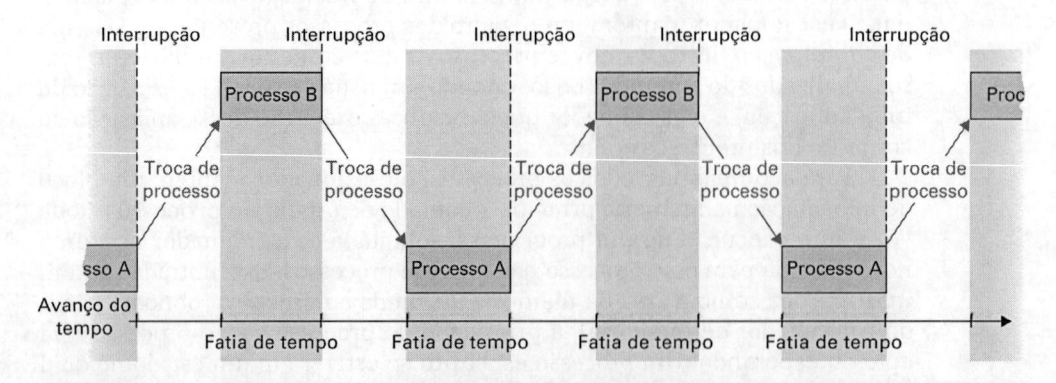

Figura 3.6 Multiprogramação entre o processo A e o processo B.

> **Interrupções**
>
> O uso de interrupções por fatias de tempo, conforme descrito no texto, é apenas uma das muitas aplicações de um sistema de interrupção em computadores. Existem muitas situações nas quais um sinal de interrupção é gerado, cada uma delas com sua própria rotina de interrupção. Na verdade, as interrupções fornecem uma ferramenta importante para coordenar as ações de um computador com seu ambiente. Por exemplo, tanto clicar em um mouse quanto pressionar uma tecla no teclado geram sinais de interrupção que fazem a CPU deixar de lado sua atividade atual e tratar a causa da interrupção.
>
> Para gerenciar a tarefa de reconhecer e responder às interrupções, os vários sinais de interrupção recebem prioridades, de forma que as tarefas mais importantes possam ser tratadas em primeiro lugar. A interrupção de mais alta prioridade é normalmente associada a uma falha de energia. Tal sinal de interrupção é gerado se a energia do computador for inesperadamente interrompida. A rotina de interrupção associada guia a CPU por uma série de tarefas "domésticas" durante os milissegundos anteriores a uma queda no nível de voltagem.

deve ser capaz de recriar o ambiente em que estava presente imediatamente antes da interrupção.

No caso de um processo, o ambiente que precisa ser recriado é o estado do processo, que, conforme já mencionado, inclui o valor do contador de programa e o conteúdo dos registradores e as células de memória pertinentes. As CPUs projetadas para sistemas de multiprogramação incorporam a tarefa de gravar essa informação como parte da reação da CPU para o sinal de interrupção. Estas CPUs também tendem a ter instruções de linguagem de máquina para recarregar um estado previamente gravado. Tais recursos simplificam a tarefa do despachante na realização de uma troca de processos e exemplifica como o projeto das CPUs modernas é influenciado pelas necessidades dos sistemas operacionais atuais.

Ao terminarmos, devemos notar que se descobriu que o uso de multiprogramação aumenta a eficiência de uma máquina como um todo. Isso é de certa forma contraintuitivo, dado que a troca de processos requerida pela multiprogramação introduz uma sobrecarga. Entretanto, sem multiprogramação cada processo é executado até estar completo antes que o próximo processo inicie, o que significa que o tempo que um processo fica esperando que os dispositivos periféricos completem suas tarefas ou que um usuário faça a próxima escolha é perdido. A multiprogramação permite que este tempo perdido seja dado a outro processo. Por exemplo, se um processo executa uma requisição de E/S, como uma requisição para obter dados de um disco magnético, o escalonador atualizará a tabela de processos para refletir que o processo está esperando por um evento externo. Por sua vez, o despachante parará de dar fatias de tempo para esse processo. Posteriormente (talvez centenas de milissegundos depois), quando a requisição de E/S tiver sido completada, o escalonador atualizará a tabela de processos para mostrar que o processo está apto e, logo, que o processo competirá novamente por fatias de tempo. Em resumo, o progresso de outras tarefas será feito enquanto a requisição de E/S está sendo realizada e, assim, o conjunto inteiro de tarefas será completado em menos tempo do que se fosse executado de maneira sequencial.

Questões e exercícios

1. Resuma as diferenças entre um programa e um processo.
2. Resuma os passos realizados pela CPU quando ocorre uma interrupção.
3. Em um sistema de multiprogramação, como os processos de alta prioridade podem ser executados mais rapidamente que outros?
4. Se cada fatia de tempo em um sistema de multiprogramação for de 50 milissegundos e cada troca de contexto requerer ao menos um microssegundo, quantos processos a máquina pode tratar em um único segundo?
5. Se cada processo usar toda sua fatia de tempo na máquina da Questão 4, que fração do tempo da máquina é gasto realmente executando os processos? Qual seria essa fração se cada processo executasse uma requisição de E/S um microssegundo após sua fatia de tempo?

*3.4 A competição entre processos

O conteúdo desta seção está disponível no site www.grupoa.com.br e pode ser acessado livremente.

3.5 Segurança

Como o sistema operacional supervisiona as atividades em um computador, é natural que ele desempenhe também um papel vital na manutenção da segurança. Em um sentido amplo, essa responsabilidade se manifesta de múltiplas formas, e uma delas é a confiabilidade. Se uma falha no gerenciador de arquivos ocasiona a perda de parte de um arquivo, isso é um indício de que o arquivo não estava seguro. Se um defeito no despachante leva a uma falha do trabalho do sistema (frequentemente chamada de quebra do sistema), causando a perda de uma hora de digitação, diríamos que nosso trabalho não estava seguro. Logo, a segurança de um sistema operacional requer um sistema operacional bem projetado, confiável.

O desenvolvimento de software confiável não é um assunto restrito aos sistemas operacionais. Ele permeia todo o espectro do desenvolvimento de software e constitui o campo da ciência da computação conhecido como engenharia de software, o qual estudaremos no Capítulo 7. Nesta seção, então, focamos em problemas de segurança mais fortemente relacionados às especificidades dos sistemas operacionais.

Ataques externos

Uma importante tarefa dos sistemas operacionais é proteger os recursos do computador do acesso de pessoas não autorizadas. No caso de computadores usados por mais de uma pessoa, isso normalmente é tratado com o estabelecimento de "contas" para os diversos usuários autorizados – uma conta é, essencialmente, um registro dentro do sistema operacional contendo entradas como o nome do usuário, sua senha e os privilégios concedidos a ele. O sistema operacional pode, então, usar essa informação durante cada procedimento de **login** (sequência de transações na qual o usuário estabelece contato inicial com um sistema operacional de um computador) para controlar o acesso ao sistema.

As contas são estabelecidas por uma pessoa conhecida como o **superusuário** ou **administrador**. Essa pessoa ganha um acesso altamente privilegiado ao sistema operacional, identificando-se como o administrador (normalmente por meio do nome e da senha) durante o procedimento de login. Uma vez que esse contato é estabelecido, o administrador pode alterar configurações dentro do sistema operacional, modificar pacotes de software críticos, ajustar os privilégios concedidos a outros usuários e realizar uma variedade de outras atividades de manutenção que normalmente não são concedidas aos usuários finais.

Desta "posição superior", o administrador é capaz de monitorar a atividade dentro do sistema computacional, em um esforço para detectar comportamentos destrutivos, sejam eles mal-intencionados ou acidentais. Para auxiliar, diversos utilitários de software, chamados de **software de auditoria**, têm sido desenvolvidos para gravar e analisar as atividades que ocorrem dentro do sistema computacional. Em particular, auditar software pode expor uma enxurrada de tentativas de login com senhas incorretas, indicando que um usuário não autorizado pode estar tentando ganhar acesso ao computador. Auditar software pode também identificar atividades dentro de uma conta de usuário que não estejam em conformidade com seu comportamento usual, o que pode indicar que um usuário não autorizado teve acesso a essa conta. (É improvável que um usuário que tradicionalmente usa apenas software de processamento de texto e de planilhas subitamente comece a acessar aplicações de software altamente técnicas ou tente executar pacotes utilitários que estão além de seus privilégios.)

Outra ameaça que os sistemas de auditoria são projetados para detectar é a presença de **software de escuta** (*sniffing software*), aplicativos que, quando deixados executando em um computador, gravam as atividades e posteriormente as relatam para um intruso em potencial. Um exemplo antigo e bem conhecido é um programa que simula o procedimento de um sistema operacional. Tal programa pode ser usado para enganar usuários autorizados a pensarem que estão se comunicando com o sistema operacional quando, na verdade, estão fornecendo seus nomes e senhas para um impostor.

Com todas as complexidades técnicas associadas à segurança computacional, pode ser surpreendente que um dos maiores problemas para a segurança de sistemas computacionais seja o descuido dos próprios usuários. Eles escolhem senhas relativamente fáceis de serem adivinhadas (como nomes e datas), compartilham suas senhas com amigos, não modificam suas senhas periodicamente, sujeitam dispositivos de armazenamento em massa à degradação em potencial quando os transferem de uma máquina para a outra, indiscriminadamente, e importam aplicativos de software não aprovados para o sistema, que podem subverter a segurança do sistema. Para problemas como esses, a maioria das instituições com grandes instalações de computadores adota e aplica políticas que catalogam os requisitos e as responsabilidades dos usuários.

Ataques internos

Uma vez que um intruso (ou até mesmo um usuário autorizado com más intenções) ganhe acesso a um sistema computacional, seu próximo passo é, normalmente, explorar, buscando informações de seu interesse ou locais nos quais inserir aplicativos destrutivos. Este é um processo bastante simples se o intruso tiver obtido acesso à conta do administrador, motivo pelo qual a senha do administrador ser fortemente guardada. Se, entretanto, o acesso for feito com uma conta de usuário geral, torna-se necessário enganar o sistema operacional para que ele permita que o usuário extrapole as fronteiras dos privilégios que lhe foram concedidos. Por exemplo, o intruso pode tentar enganar o gerenciador de memória de forma que ele permita que um processo acesse células de memória principal que estejam fora de sua área permitida, ou pode tentar enganar o gerenciador de arquivos para que ele obtenha arquivos cujo acesso deveria ser negado.

As CPUs atuais são aprimoradas com recursos projetados para frustrar essas tentativas. Como exemplo, considere a necessidade de restringir um processo à área de memória principal atribuída a ele pelo gerenciador de memória. Sem tais restrições, um processo poderia apagar o sistema operacional da memória principal e tomar o controle do computador. Para lidar com tais tentativas, as CPUs projetadas para sistemas de multiprogramação normalmente contêm registradores de propósito especial, nos quais o sistema operacional pode armazenar o limite inferior e superior da área de memória alocada a um processo. Então, quando estiver executando o processo, a CPU compara cada referência de memória a esses registradores para garantir que a referência esteja dentro dos limites estabelecidos. Se for descoberto que a referência está fora da área designada pelo processo, a CPU automaticamente transfere o controle de volta para o sistema operacional (por meio de uma sequência de interrupção) para que o sistema operacional possa tomar as ações apropriadas.

Presente nesse exemplo está um problema sutil, mas importante. Sem recursos de segurança adicionais, um processo ainda pode obter acesso a células de memória fora de sua área designada simplesmente trocando o conteúdo dos registradores de propósito especial que contêm os limites de memória. Ou seja, um processo que queira acesso a memória adicional poderia apenas incrementar o valor no registrador que contém o limite superior de memória e, então, continuar a usar o espaço de memória adicional sem a aprovação do sistema operacional.

Para se proteger de tais ações, as CPUs para sistemas de multiprogramação são projetadas para operarem em um de dois **níveis de privilégios**; chamamos um deles de "modo privilegiado" e o outro de "modo não privilegiado". Quando a CPU está em modo privilegiado, é capaz de executar todas as instruções em sua linguagem de máquina. No entanto, as instruções disponíveis apenas no modo privilegiado são chamadas de **instruções privilegiadas**. (Exemplos de instruções privilegiadas incluem instruções para modificar o conteúdo dos registradores de limite de memória e instruções que modificam o modo de privilégio atual da CPU.) Uma tentativa de executar uma instrução privilegiada quando em modo não privilegiado causa uma interrupção. Essa interrupção converte a CPU para o modo privilegiado e transfere o controle para um tratador de interrupções dentro do sistema operacional.

Quando ligada pela primeira vez, a CPU está em modo privilegiado. Logo, quando o sistema operacional chega ao final do processo de inicialização, todas as instruções são executáveis. Entretanto, cada vez que o sistema operacional permite que um processo inicie uma fatia de tempo, ele troca a CPU para o modo não privilegiado executando uma instrução de "troca de modo de privilégio". Por sua vez, o sistema operacional será notificado se o processo tentar executar uma instrução privilegiada, e, logo, o sistema operacional estará em posição de manter a integridade do sistema computacional.

Instruções privilegiadas e controle de níveis de privilégio são as principais ferramentas para que os sistemas operacionais mantenham a segurança. Contudo, o uso dessas ferramentas é um componente complexo do projeto de um sistema operacional, e ainda se encontram erros nos sistemas atuais. Uma única falha no controle dos níveis de privilégios pode dar margem a desastres, ocasionados pela ação de programadores mal-intencionados ou de erros de programação inadvertidamente cometidos. Se for permitido a um processo alterar o temporizador que controla o sistema de multiprogramação, tal processo pode estender sua fatia de tempo e dominar a máquina. Se for permitido a um processo acessar os dispositivos periféricos diretamente, ele pode ler arquivos sem a supervisão do gerenciador de arquivos do sistema. Se for permitido a um processo acessar células de memória fora de sua área designada, ele pode ler e até mesmo alterar dados usados por outros processos. Logo, manter a segurança continua sendo uma tarefa importante de um administrador e um objetivo do projeto de sistemas operacionais.

Questões e exercícios

1. Dê alguns exemplos de escolhas ruins para senhas e explique por que elas seriam ruins.
2. Os processadores Intel Pentium fornecem até quatro níveis de privilégios. Por que os projetistas da CPU decidiram fornecer quatro níveis em vez de três ou de cinco?
3. Se um processo em um sistema de multiprogramação pudesse acessar células de memória fora de sua área delimitada, como ele poderia ganhar controle da máquina?

Problemas de revisão do capítulo

(Problemas marcados com asterisco relacionam-se às seções disponíveis online, no site www.grupoa.com.br.)

1. Liste quatro atividades de um sistema operacional típico.
2. Resuma a distinção entre o processamento em lote e o processamento interativo.
3. Suponha que três itens, R, S e T, sejam colocados em uma fila nessa ordem. Então, um item é removido da fila antes que um quarto item, X, seja colocado na fila. A seguir, um item é removido da fila, os itens Y e Z são colocados na fila e a fila é esvaziada por meio da remoção de um item por vez. Liste todos os itens na ordem pela qual eles foram removidos.
4. Qual é a diferença entre os sistemas embarcados e os PCs?
5. O que é um sistema operacional multitarefas?

6. Se você possui um PC, identifique algumas situações nas quais você pode tirar proveito de suas capacidades de realizar multitarefas.

7. Com base nos sistemas computacionais com os quais você está familiarizado, identifique duas unidades de software aplicativo e duas unidades de software utilitário. Então, explique por que você os classificou dessa forma.

8. a. Qual é o papel da interface com o usuário de um sistema operacional?
   b. Qual é o papel do núcleo de um sistema operacional?

9. Que estrutura de diretórios é descrita pelo padrão X/Y/Z?

10. Defina o termo "processo" conforme ele é usado no contexto de sistemas operacionais.

11. Que informação está contida em uma tabela de processos dentro de um sistema operacional?

12. Qual é a diferença entre um processo que está apto e um processo que está esperando?

13. Qual é a diferença entre a memória virtual e a memória principal?

14. Suponha que um computador contenha 512 MB (MiB) de memória principal, e um sistema operacional precisasse criar uma memória virtual de duas vezes esse tamanho usando páginas de 2 KB (KiB). Quantas páginas seriam necessárias?

15. Que complicações poderiam surgir em um sistema de compartilhamento de tempo/multiprogramação se dois processos requisitassem acesso ao mesmo arquivo ao mesmo tempo? Existem casos nos quais o gerenciador de arquivos deva atender a tais requisições? Existem casos nos quais o gerenciador de arquivos deva negar tais requisições?

16. Qual é a diferença entre software de aplicação e software de sistema? Dê um exemplo de cada.

17. Defina balanceamento de carga e aumento de escala no contexto de arquiteturas multiprocessadas.

18. Faça um resumo do processo de inicialização.

19. Por que o processo de inicialização é necessário?

20. Se você possui um PC, grave a sequência de atividades que você observa quando você o liga. Então, determine que mensagens aparecem na tela do computador antes que o processo de inicialização comece de verdade. Que aplicativo de software escreve essas mensagens?

21. Suponha que um sistema operacional de multiprogramação tenha alocado fatias de tempo de 10 milissegundos e que a máquina tenha executado uma média de cinco instruções por nanossegundo. Quantas instruções poderiam ser executadas em uma única fatia de tempo?

22. Se um digitador digitasse sessenta palavras por minuto (considerando que uma palavra tenha cinco caracteres), quanto tempo há entre a digitação de cada caractere? Se um sistema operacional de multiprogramação tivesse alocado fatias de tempo de 10 milissegundos e se ignorássemos o tempo necessário para as trocas de processos, quantas fatias de tempo poderiam ser alocadas entre os caracteres sendo digitados?

23. Suponha que um sistema operacional de multiprogramação esteja alocando fatias de tempo de 50 milissegundos. Se ele normalmente leva 8 milissegundos para posicionar a cabeça de leitura/escrita do disco sobre a trilha desejada e outros 17 milissegundos para que os dados desejados passem pela cabeça de leitura/escrita, quanto de uma fatia de tempo do programa poderia ser gasto esperando para que uma operação de leitura de um disco ocorra? Se a máquina fosse capaz de executar dez instruções a cada nanossegundo, quan-

tas instruções poderiam ser executadas durante esse período de espera? (É por isso que quando um processo realiza uma operação com um dispositivo periférico, um sistema de multiprogramação termina a fatia de tempo do processo e permite que outro processo seja executado enquanto o primeiro está esperando pelos serviços do dispositivo periférico.)

24. Liste cinco recursos para os quais um sistema operacional de multiprogramação pode ter de coordenar acessos.

25. Um processo é dito como limitado à E/S se ele requerer diversas operações de E/S, enquanto um processo que consiste, em sua maioria, de computações dentro do sistema CPU/memória é dito como limitado à computação. Se tanto um processo limitado à E/S quanto um limitado à computação estivessem esperando por uma fatia de tempo, para qual deles deveria ser dada prioridade? Por quê?

26. Um desempenho maior seria atingido por um sistema rodando dois processos em um ambiente de multiprogramação se dois processos forem limitados à E/S (refira-se ao Problema 25) ou se um fosse limitado à E/S e o outro fosse limitado à computação? Por quê?

27. Escreva um conjunto de guias que descreva para o despachante de um sistema operacional o que fazer quando uma fatia de tempo de um processo terminar.

28. Que informação está contida no estado de um processo?

29. Identifique uma situação em um sistema de multiprogramação na qual um processo não consuma a fatia de tempo completa alocada para ele.

30. Liste, em ordem cronológica, os principais eventos que ocorrem quando um processo sofre uma interrupção.

31. Responda a cada uma das seguintes perguntas em termos de um sistema operacional que você use:

a. Como você pede ao sistema operacional para copiar um arquivo de um lugar para outro?
b. Como você pede ao sistema operacional para mostrar o diretório em um disco?
c. Como você pede ao sistema operacional para executar um programa?

32. Responda a cada uma das seguintes perguntas em termos de um sistema operacional que você use:

a. Como o sistema operacional restringe o acesso a apenas os usuários aprovados?
b. Como você pede ao sistema operacional para mostrar os processos atualmente na tabela de processos?
c. Como você diz para o sistema operacional que você não quer que outros usuários da máquina tenham acesso a seus arquivos?

*33. Explique um uso importante para a instrução testar-e-configurar encontrada em muitas linguagens de máquina. Por que é importante que o processo testar-e-configurar seja implementado como uma única instrução?

*34. Um banqueiro com apenas $100.000 empresta $50.000 para cada um de dois clientes. Posteriormente, ambos retornam dizendo que antes que possam devolver os empréstimos, cada um deve pegar emprestado mais $10.000, de forma a finalizar os negócios nos quais os empréstimos anteriores estavam envolvidos. O banqueiro resolve esse impasse pegando emprestado de outra fonte os fundos adicionais e repassando-os nesse empréstimo (com um aumento na taxa de juros) para os dois clientes. Qual das três condições para impasses o banqueiro removeu?

*35. Estudantes que querem se matricular em Modelagem de Ferrovias II na universidade local devem obter permissão do instrutor e pagar uma taxa de laboratório. Os dois requisitos são atendidos independentemente, em qualquer ordem e em diferentes locais do campus. A matrícula é limitada a vinte alunos; este limite é mantido tanto pelo instrutor, que dará a permissão para apenas vinte estudantes, quanto pela secretaria financeira, que permitirá que apenas vinte estudantes paguem a taxa de laboratório. Suponha que este sistema de registros tenha resultado em dezenove estudantes que se registraram com sucesso para o curso, mas a vaga final está sendo solicitada por dois estudantes – um que apenas obteve a permissão do instrutor e o outro que apenas pagou a taxa. Que requisito de impasse é removido por cada uma das seguintes soluções?

a. Permite-se que ambos os estudantes cursem a disciplina.
b. O tamanho da turma é reduzido para dezenove, de forma que nenhum dos dois estudantes possa se registrar no curso.
c. Ambos os estudantes têm suas entradas na turma negadas e um terceiro estudante recebe a vigésima vaga.
d. Decide-se que o único requisito para entrar no curso é a taxa de pagamento. Logo, o estudante que pagou a taxa entra no curso, e a entrada é negada para o outro estudante.

*36. Como cada área na tela de um computador pode ser usada por apenas um processo de cada vez (caso contrário a imagem na tela seria ilegível), essas áreas são recursos não compartilháveis alocados pelo gerenciador de janelas. Quais das três condições necessárias para impasse é removida pelo gerenciador de janelas de forma a evitar impasses?

*37. Suponha que cada recurso não compartilhável em um sistema computacional seja classificado como recurso de nível 1, de nível 2 ou de nível 3. Além disso, suponha que cada processo no sistema tenha de solicitar os recursos de que precisa de acordo com essa classificação. Ou seja, ele deve solicitar todos os recursos necessários de nível 1 de uma só vez antes de requisitar quaisquer recursos de nível 2. Uma vez que ele tenha recebido os recursos de nível 1, pode requisitar todos os recursos de nível 2 e assim por diante. Podem ocorrer impasses neste sistema? Por quê?

*38. Cada um dos braços de um robô é programado para erguer componentes de montagem de uma correia transportadora, testá-los em relação a critérios de tolerância e colocá-los em um de dois compartimentos, dependendo dos resultados do teste. Os componentes chegam um de cada vez com um intervalo suficiente entre eles. Para evitar que ambos os braços tentem pegar o mesmo componente, os computadores que controlam os braços compartilham uma célula de memória em comum. Se um braço estiver disponível quando chega um componente, seu computador controlador lê o valor da célula em comum. Se o valor for diferente de zero, o braço passava direto pelo componente. Caso contrário, o computador no controle coloca um valor diferente de zero na célula de memória, dirige o braço para pegar o componente e coloca o valor 0 novamente na célula de memória após a ação estar concluída. Que sequência de eventos poderia levar a uma competição entre os dois braços?

*39. Identifique o uso de uma fila no processo de usar *spooling* para enviar dados de saída para uma impressora.

*40. Diz-se que um processo esperando por uma fatia de tempo está em **inanição** se a ele nunca é dada uma fatia de tempo.

a. A pista no meio de uma interseção pode ser considerada um recurso não compartilhável pelo qual os carros que chegam na interseção competem. Um semáforo, em vez de um sistema operacional, é usado para controlar a alocação do recurso. Se o semáforo for capaz de saber o tráfego que chega de cada direção e for programado para dar o sinal verde para o tráfego mais pesado, o tráfego mais leve pode sofrer de inanição. Como a inanição pode ser evitada?

b. Em que sentido um processo pode entrar em inanição se o despachante sempre atribuir fatias de tempo de acordo com um sistema de prioridades no qual a prioridade de cada processo permanece fixa? (*Dica*: Qual é a prioridade do processo que recém completou sua fatia de tempo em comparação com os processos que estão esperando, e, consequentemente, que rotina obtém a próxima fatia de tempo?) Como você acha que a maioria dos sistemas operacionais evita esse problema?

*41. Qual é a semelhança entre impasse e inanição? (Veja o Problema 40.) Qual é a diferença entre impasse e inanição?

*42. A seguir está a descrição do problema do "jantar dos filósofos", originalmente proposto por E. W. Dijkstra e parte do folclore de ciência da computação.

Cinco filósofos estão sentados em uma mesa redonda. Na frente de cada um, está um prato de espaguete. Existem cinco garfos na mesa, um entre cada prato. Cada filósofo quer alternar entre pensar e comer. Para comer, um filósofo precisa ter ambos os garfos adjacentes a seu prato.

Identifique as possibilidades de impasse e de inanição (veja o Problema 40) presentes no problema do jantar dos filósofos.

*43. Que problemas surgem à medida que os tempos destinados às fatias de tempo em um sistema de multiprogramação ficam cada vez menores? E se eles ficam cada vez maiores?

*44. À medida que a ciência da computação se desenvolve, as linguagens de máquina têm sido melhoradas para fornecer instruções especializadas. Três dessas instruções foram introduzidas na Seção 3.4, disponível no site do Grupo A, e são amplamente utilizadas pelos sistemas operacionais. Que instruções são essas?

45. Identifique duas atividades que possam ser realizadas pelo administrador de um sistema operacional, mas não por um usuário típico.

46. Como um sistema operacional impede um processo de acessar o espaço de memória de outro processo?

47. Suponha que uma senha consista em uma string de nove caracteres do alfabeto inglês (que tem vinte e seis caracteres). Se cada senha possível pudesse ser testada em um milissegundo, quanto tempo levaria para testar todas as senhas possíveis?

48. Por que as CPUs projetadas para sistemas operacionais de multiprogramação são capazes de operar em diferentes níveis de privilégios?

49. Identifique duas atividades tipicamente solicitadas por instruções privilegiadas.

50. Identifique três maneiras pelas quais um processo poderia desafiar a segurança de um sistema computacional se não fosse impedido pelo sistema operacional.

51. O que é um sistema operacional de múltiplos núcleos?

52. Qual é a diferença entre uma atualização de firmware e uma atualização de sistema operacional?

53. Como o gerenciador de janelas está relacionado ao sistema operacional?

54. O Internet Explorer é uma parte do sistema operacional Microsoft Windows?

55. Com que problemas específicos um sistema operacional embarcado pode precisar lidar?

Questões sociais

As questões a seguir pretendem servir como um guia para os dilemas éticos, sociais e legais associados à área da computação. O objetivo não é meramente responder a estas questões. Você deve também considerar por que as respondeu de uma determinada forma e se suas justificativas mantêm a consistência de uma questão para outra.

1. Suponha que você esteja usando um sistema operacional multiusuário que permita ver os nomes dos arquivos de outros usuários e o conteúdo dos arquivos que não são protegidos. Ver tais informações sem permissão seria similar a vagar pela casa de alguém sem sua permissão, ou seria mais como ler materiais colocados em um lugar comum, como a sala de espera de um consultório médico?
2. Quando você tem acesso a um sistema computacional multiusuário, que responsabilidades tem ao escolher sua senha?
3. Se uma falha em um sistema operacional permite que um programador mal-intencionado ganhe acesso não autorizado a dados importantes, em que extensão o desenvolvedor do sistema operacional deveria ser responsabilizado?
4. É sua responsabilidade trancar sua casa para que intrusos não possam entrar ou é responsabilidade dos outros não entrarem em sua casa sem convite? É responsabilidade de um sistema operacional resguardar o acesso ao conteúdo de um computador ou é responsabilidade dos hackers deixarem a máquina em paz?
5. Em *Walden*, Henry David Thoreau argumenta que nos tornamos ferramentas de nossas ferramentas; ou seja, ao invés de nos beneficiarmos das ferramentas que temos, gastamos nosso tempo obtendo-as e mantendo-as. Em que extensão isso se aplica em relação à computação? Por exemplo, se você tem um computador pessoal, quanto tempo leva pagando-o, aprendendo como usar seu sistema operacional, aprendendo como usar seus programas utilitários e aplicativos, mantendo-o e baixando atualizações para seus sistemas de software, em comparação ao tempo que você gasta se beneficiando dele? Quando você o utiliza, seu tempo é bem gasto? Você é mais socialmente ativo com ou sem um computador?

Leitura adicional

Bishop, M. *Introduction to Computer Security*. Boston, MA: Addison-Wesley, 2005.
Davis, W. S. and T. M. Rajkumar. *Operating Systems: A Systematic View*, 6th ed. Boston, MA: Addison-Wesley, 2005.
Deitel, H. M., P. J. Deitel, and D. R. Choffnes. *Operating Systems*, 3rd ed. Upper Saddle River, NJ: Prentice-Hall, 2005.
Nutt, G. *Operating Systems: A Modern Approach*, 3rd ed. Boston, MA: Addison-Wesley, 2004.
Rosenoer, J. *CyberLaw, The Law of the Internet*. New York: Springer, 1997.
Silberschatz, A., P. B. Galvin, and G. Gagne. *Operating System Concepts*, 8th ed., New York: Wiley, 2008.
Stallings, W. *Operating Systems*, 5th ed. Upper Saddle River, NJ: Prentice-Hall, 2006.
Tanenbaum, A. S. *Modern Operating Systems*, 3rd ed. Upper Saddle River, NJ: Prentice-Hall, 2008.

Redes de Computadores e a Internet

CAPÍTULO 4

Neste capítulo, discutimos a área da ciência da computação conhecida como redes de computadores, que envolve o estudo de como os computadores podem ser ligados uns aos outros para compartilhar informação e recursos. Nosso estudo inclui a construção e a operação de redes de computadores, aplicações de redes e questões de segurança. Um tópico proeminente trata de uma rede de redes de computadores de escala global, conhecida como Internet.

4.1 Fundamentos de redes de computadores
Classificações de redes de computadores
Protocolos
Combinação de redes de computadores
Métodos de comunicação entre processos
Sistemas distribuídos

4.2 A Internet
Arquitetura da Internet
Endereçamento da Internet
Aplicações da Internet

4.3 A World Wide Web
Implementação da Web
HTML
XML
Atividades no lado cliente e no lado servidor

*4.4 Protocolos da Internet
A abordagem em camadas de software na Internet
A suíte de protocolos TCP/IP

4.5 Segurança
Formas de ataque
Proteção e curas
Criptografia
Abordagens legais à segurança de redes de computadores

* Asteriscos indicam seções opcionais, disponíveis em www.grupoa.com.br

A necessidade de compartilhamento de informação e de recursos entre diferentes computadores levou aos sistemas de computadores ligados, chamados de **redes de computadores**, nos quais os computadores são conectados de forma que os dados possam ser transferidos de uma máquina para outra. Nestas redes de computadores, os usuários podem trocar mensagens e compartilhar recursos – como a capacidade de imprimir e de usar pacotes de software e recursos de armazenamento de dados – distribuídos pelo sistema. Os sistemas de software subjacentes necessários para oferecer suporte a estas aplicações têm evoluído de simples pacotes utilitários para um sistema cada vez maior de software de rede, que fornece uma infraestrutura sofisticada ao longo de toda a rede. Neste capítulo, exploraremos esse campo em expansão da ciência da computação.

4.1 Fundamentos de redes de computadores

Iniciamos nosso estudo sobre as redes de computadores apresentando uma variedade de conceitos básicos de redes de computadores.

Classificações de redes de computadores

Uma rede de computadores é frequentemente classificada entre **rede local (LAN)**, **rede metropolitana (MAN)** e **rede de longa distância (WAN)**. Uma LAN normalmente consiste em uma coleção de computadores em um único prédio ou em um único complexo de prédios. Por exemplo, os computadores no campus de uma universidade ou em uma fábrica de manufatura podem ser considerados como conectados em uma LAN. Uma MAN é uma rede de tamanho intermediário, como uma rede que engloba uma comunidade local. Uma WAN liga máquinas separadas por uma longa distância – talvez em cidades vizinhas ou em lados opostos do mundo.

Outra forma de classificar as redes é baseada no fato de a operação interna da rede ser baseada em projetos de domínio público ou em inovações de propriedade e de controle de uma entidade específica, como um indivíduo ou uma corporação. Uma rede do primeiro tipo é chamada de rede **aberta**; uma do segundo tipo é chamada de **fechada** ou de rede **proprietária**. Projetos abertos de rede podem circular livremente e, frequentemente, crescem em popularidade ao ponto de ultrapassar abordagens proprietárias, cujas aplicações são restritas por taxas de licença e condições contratuais.

A Internet (uma popular rede de redes de amplitude global, que estudaremos neste capítulo) é um sistema aberto. Em particular, a comunicação por meio da Internet é controlada por uma coleção aberta de padrões conhecida como a suíte de protocolos TCP/IP, assunto da Seção 4.4, parte do conteúdo extra disponível no site do Grupo A. Qualquer um é livre para usar esses padrões sem pagar taxas ou aceitar licenças e termos de uso. Em contrapartida, uma empresa como a Novell Inc. pode desenvolver sistemas proprietários sobre os quais ela escolha manter direitos de propriedade, permitindo que a empresa obtenha renda a partir da venda ou de licenças de uso desses produtos.

Outra maneira de classificar redes é baseada na topologia da rede, que se refere ao padrão pelo qual as máquinas estão conectadas. Duas das topologias mais populares são a topologia barramento, na qual as máquinas são conectadas por um canal de comunicação comum chamado de barramento (Figura 4.1a), e a topologia estrela, na qual uma máquina serve como o ponto focal central com o qual todas as outras são conectadas (Figura 4.1b). A topologia em barramento tornou-se mais comum nos anos 1990, quando era implementada com um conjunto de padrões conhecido como Ethernet, e as redes Ethernet continuam sendo um dos sistemas de rede mais populares em uso atualmente.

A topologia estrela tem sua origem nos anos 1970. Ela desenvolveu-se a partir do paradigma de um grande computador central servindo a muitos usuários. À medida que os terminais simples empregados por esses usuários transformaram-se em pequenos computadores, as redes em topologia estrela emergiram. Atualmente, a configuração em estrela é popular em redes sem fio, nas quais a comunicação é conduzida por radiodifusão, e a máquina central, chamada de **ponto de acesso (AP)**, serve como um ponto focal em torno do qual toda a comunicação é coordenada.

A diferença entre uma rede em barramento e uma rede em estrela nem sempre é perceptível pelo arranjo físico dos equipamentos. Devemos considerar se as máquinas da rede estão se comunicando diretamente umas com as outras, por meio de um barramento comum, ou indiretamente, por meio de uma máquina central intermediária. Por exemplo, uma rede em barramento pode não se parecer com um grande barramento no qual os computadores são conectados a partir de pequenas ligações, conforme mostrado na Figura 4.1. Ao invés disso, ela pode ter um barramento muito pequeno, com longas ligações para as máquinas individuais, o que deixaria a rede parecida com uma estrela. Na verdade, algumas vezes uma rede em barramento é criada por meio de ligações de cada computador para um local central, no qual elas são conectadas a um dispositivo chamado de **concentrador** (*hub*). Esse concentrador é um pouco maior que um barramento muito pequeno. Tudo o que ele faz é transmitir quaisquer sinais que ele receba (talvez com alguma amplificação) para todas as máquinas conectadas nele. O resultado é uma rede parecida com uma rede estrela, mas que opera como uma rede em barramento.

a. Barramento

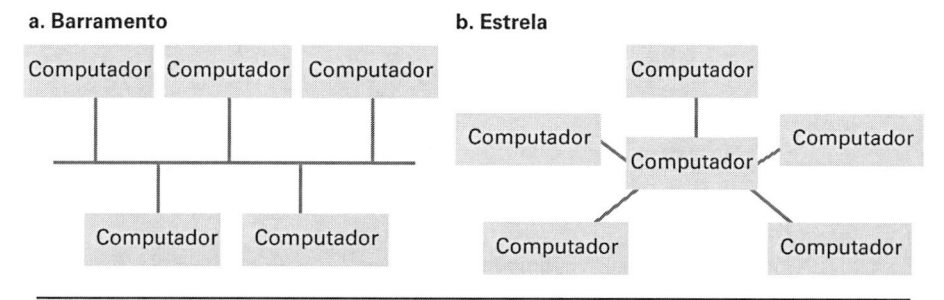

b. Estrela

Figura 4.1 Duas topologias comuns de rede.

Protocolos

Para que uma rede funcione de maneira confiável, é importante estabelecer regras que conduzirão as atividades. Tais regras são chamadas de **protocolos**. Ao desenvolver e adotar padrões de protocolos, os fabricantes são capazes de construir produtos para aplicações de rede compatíveis com produtos de outros fabricantes. Logo, o desenvolvimento de padrões de protocolos é um processo indispensável no desenvolvimento de tecnologias de rede.

Como uma introdução do conceito de protocolo, vamos considerar o problema de coordenar a transmissão de mensagens entre computadores em uma rede. Sem regras que controlem esta comunicação, todos os computadores podem insistir em transmitir mensagens ao mesmo tempo ou deixar de auxiliar outras máquinas quando tal auxílio é necessário.

Em uma rede em barramento baseada nos padrões Ethernet, o direito de transmitir mensagens é controlado pelo protocolo chamado de **CSMA/CD** (*Carrier Sense, Multiple Access with Collision Detection* – Acesso Múltiplo com Verificação de Portador e Detecção de Colisão). Esse protocolo dita que cada mensagem deve ser difundida para todas as máquinas no barramento (Figura 4.2). Cada máquina monitora todas as mensagens, mas mantém apenas as endereçadas a ela. Para transmitir uma mensagem, uma máquina espera até que o barramento esteja silencioso e, neste momento, inicia a transmissão enquanto continua a monitorar o barramento. Se outra máquina também começar a transmitir, ambas as máquinas detectam a colisão e param por um instante breve e aleatório antes de tentar transmitir novamente. O resultado é um sistema similar ao usado por um pequeno grupo de pessoas em uma conversa. Se duas pessoas começam a falar de uma vez só, ambas param. A diferença é que as pessoas podem resolver isso dizendo "Desculpe, o que você estava dizendo?", "Não, não. Você primeiro.", enquanto no protocolo CSMA/CD as máquinas simplesmente tentam novamente mais tarde.

Note que CSMA/CD não é compatível com as redes estrela sem fio, nas quais todas as máquinas se comunicam por meio de um AP central. Isso porque uma máquina pode ser incapaz de detectar que sua transmissão está colidindo com a de outra. Por exemplo, a máquina pode não escutar a outro porque seu próprio sinal abafa o de outras máquinas. Outra causa pode ser que os sinais de duas máquinas diferentes sejam bloqueados um do

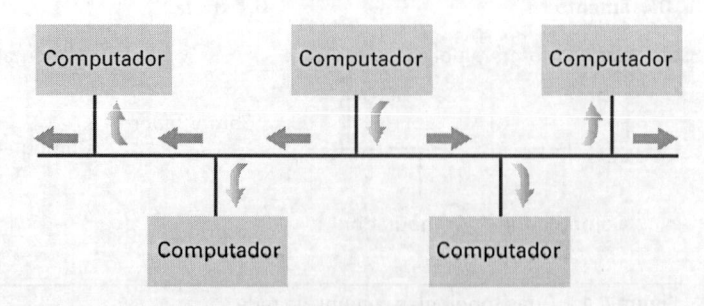

Figura 4.2 Comunicação por uma rede em barramento.

outro por objetos ou pela distância, mesmo que ambas possam se comunicar com um AP central (uma condição conhecida como **problema do terminal oculto,** Figura 4.3). O resultado é que as redes sem fio adotam a política de tentar *evitar* colisões ao invés de tentar *detectá-las*. Tais políticas são classificadas como **CSMA/CA** (*Carrier Sense, Multiple Access with Collision Avoidance* – Acesso Múltiplo com Verificação de Portador e Prevenção de Colisão), muitas das quais são padronizadas pela IEEE (veja o quadro "Instituto de Engenheiros Eletricistas e Eletrônicos", no Capítulo 7) dentro dos protocolos definidos na IEEE 802.11 e comumente referidos como **WiFi**. Enfatizamos que esses protocolos de prevenção de colisões são projetados para evitar colisões, mas podem não eliminá-las completamente. Quando as colisões ocorrem, as mensagens precisam ser retransmitidas.

A abordagem mais comum para evitar colisões é baseada no ato de dar vantagem às máquinas que já estejam esperando por uma oportunidade para transmitirem. O protocolo usado é similar ao CSMA/CD da Ethernet. A diferença básica é que quando uma máquina precisa transmitir pela primeira vez uma mensagem e encontra o canal de comunicação silencioso, ela não começa a transmitir imediatamente. Ao invés disso, ela espera por um curto período de tempo e, então, inicia a transmissão apenas se o canal tiver permanecido em silêncio ao longo desse período. Se constatar um canal ocupado durante o processo, a máquina espera por um período aleatoria-

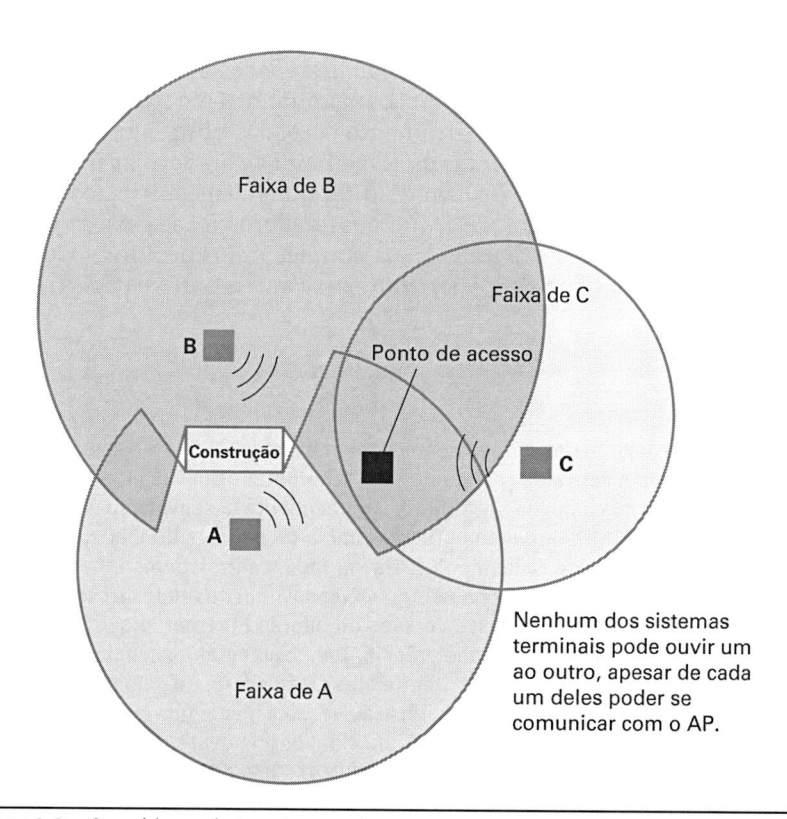

Figura 4.3 O problema do terminal oculto.

mente determinado antes de tentar novamente. Uma vez que esse período tenha terminado, a máquina pode assumir um canal silencioso sem hesitação. Isso significa que colisões entre "novatos" e os que já estejam esperando são evitadas, pois não é permitido aos "novatos" assumir um canal como silencioso enquanto a oportunidade de iniciar não for dada a alguma máquina que já estiver esperando.

Esse protocolo, entretanto, não resolve o problema do terminal oculto. Afinal, qualquer protocolo baseado na distinção entre um canal silencioso e um ocupado requer que cada estação individual seja capaz de ouvir todas as outras. Para resolver esse problema, algumas redes WiFi requerem que cada máquina envie uma pequena mensagem de "requisição" para o AP e espere até que o AP acuse o recebimento da requisição antes de transmitir uma mensagem inteira. Se o AP estiver ocupado por estar lidando com um "terminal oculto", ele ignorará a mensagem, e a máquina requisitante saberá que deve esperar. Caso contrário, o AP reconhecerá a requisição, e a máquina saberá que é seguro transmitir. Note que todas as máquinas na rede ouvirão todos os reconhecimentos enviados a partir do AP e, logo, possuirão uma boa ideia sobre o AP estar ocupado ou não em um dado momento, mesmo que elas não possam ser capazes de escutar as transmissões que estão ocorrendo.

Combinação de redes de computadores

Algumas vezes, é necessário conectar redes existentes para formar um sistema de comunicação estendido. Isso pode ser feito por meio da conexão de redes para formar uma versão maior do mesmo "tipo" de rede. Por exemplo, no caso de redes em barramento baseadas nos protocolos Ethernet, é geralmente possível conectar os barramentos para formar um longo barramento único. Isso é feito utilizando diferentes dispositivos, conhecidos como repetidores, pontes (*bridges*) e comutadores (*switches*), cujas diferenças são sutis, mas instrutivas. O mais simples é o **repetidor**, pouco mais que um dispositivo, que simplesmente passa sinais entre os dois barramentos origi-

---

Ethernet

Ethernet é um conjunto de padrões para a implantação de uma LAN com uma topologia em barramento. Seu nome deriva do projeto original Ethernet, no qual as máquinas eram conectadas por um cabo coaxial chamado de "ether". Originalmente desenvolvido nos anos 1970 e agora padronizado pela IEEE como uma parte da família de padrões IEEE 802, o Ethernet é um dos métodos mais comuns de redes de PCs. Na verdade, controladores Ethernet tornaram-se um componente padrão nos PCs disponíveis no mercado atual de venda de computadores.

Atualmente, existem diversas versões do padrão Ethernet, o que reflete os avanços na tecnologia e nas altas taxas de transferência. Todas, no entanto, compartilham traços comuns que caracterizam a família Ethernet. Dentre eles estão o formato pelo qual os dados são empacotados para transmissão, o uso da codificação de Manchester (um método de representação de 0s e 1s, no qual um 0 é representado por um sinal descendente e um 1 é representado por um sinal ascendente) para a transmissão real de bits e o uso de CSMA/CD para controlar o direito de transmissão.

nais (normalmente com alguma forma de amplificação) sem considerar o significado dos sinais (Figura 4.4a).

Uma **ponte** é similar a um repetidor, mas é mais complexa. Assim como um repetidor, ela conecta dois barramentos, mas não passa necessariamente todas as mensagens entre a conexão. Em vez disso, ela examina o endereço de destino que acompanha cada mensagem e encaminha a mensagem por meio da conexão apenas quando essa mensagem for destinada para um computador do outro lado. Logo, duas máquinas que residem no mesmo lado de uma ponte podem trocar mensagens sem interferir na comunicação que ocorre do outro lado. Uma ponte produz um sistema mais eficiente que o produzido por um repetidor.

Um **comutador** é, essencialmente, uma ponte com múltiplas conexões, o que permite a ele conectar diversos barramentos, no lugar de apenas dois. Logo, um comutador produz uma rede que consiste em diversos barramentos estendendo-se a partir do comutador, como aros em uma roda (Figura 4.4b). Como no caso de uma ponte, um comutador considera os endereços de destino de todas as mensagens e encaminha apenas as mensagens destinadas para outros aros. Além disso, cada mensagem encaminhada é entregue apenas a seu aro apropriado, minimizando o tráfego em cada aro.

É importante notar que, quando as redes são conectadas por meio de repetidores, pontes e comutadores, o resultado é uma única grande rede. O sistema inteiro opera da mesma maneira (usando os mesmos protocolos) que suas redes menores originais.

Algumas vezes, no entanto, as redes a serem conectadas possuem características incompatíveis. Por exemplo, as características de uma rede WiFi não são prontamente compatíveis com uma rede Ethernet. Nesses casos, as redes devem ser conectadas de uma forma que construa uma rede de redes, conhecida como uma **internet**, na qual as redes originais mantêm sua individualidade e continuam a funcionar como redes autônomas. (Note

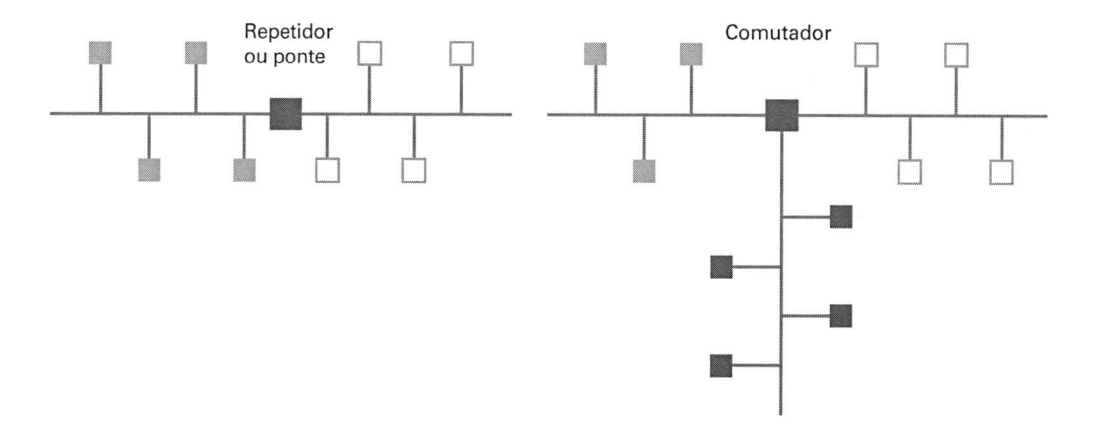

a. Um repetidor ou uma ponte conectando dois barramentos

b. Um comutador conectando múltiplos barramentos

Figura 4.4 Construção de uma grande rede em barramento a partir de redes pequenas.

que o termo genérico *internet* é diferente de *Internet*. A Internet, escrita com um *I* maiúsculo, refere-se, em particular, a uma internet de escala mundial, que estudaremos nas seções posteriores deste capítulo. Existem muitos outros exemplos de internets. Na verdade, a comunicação telefônica tradicional já tratava de sistemas de internet de escala global antes da Internet se popularizar.)

A conexão entre redes para formar uma internet é tratada por dispositivos conhecidos como **roteadores**, computadores de propósito especial usados para encaminhar mensagens. Note que a tarefa de um roteador é diferente da de um repetidor, de uma ponte ou de um comutador, já que os roteadores fazem ligações entre redes enquanto permitem que cada rede mantenha suas características internas únicas. Como exemplo, a Figura 4.5 mostra duas redes WiFi estrela e uma rede com barramento Ethernet conectadas por roteadores. Quando uma máquina em uma das redes WiFi quer enviar uma mensagem para uma máquina na rede Ethernet, ela primeiro envia a mensagem para o AP em sua rede. A partir disso, o AP envia a mensagem para seu roteador associado, e este roteador encaminha a mensagem para o roteador na Ethernet. Lá, a mensagem é entregue a uma máquina no barramento, e esta máquina, então, encaminha a mensagem para seu destino final na Ethernet.

A razão pela qual os roteadores têm esse nome é que seu propósito é encaminhar mensagens para suas direções apropriadas. Esse processo de encaminhamento é baseado em um sistema de endereçamento de toda a internet, no qual todos os dispositivos em uma internet (incluindo as máquinas nas redes originais e os roteadores) recebem endereços únicos. (Logo, cada máquina em uma das redes originais possui dois endereços: seu endereço "local" original, dentro de sua própria rede, e seu endereço de inter-

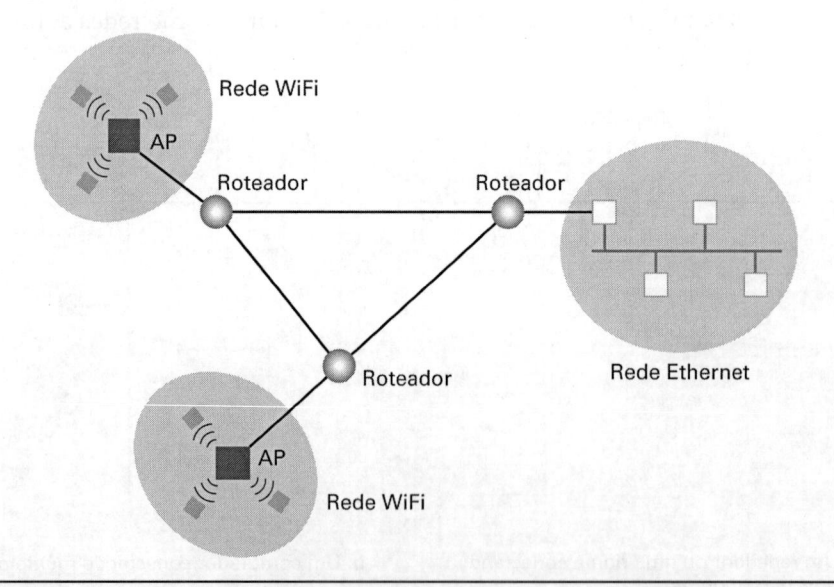

Figura 4.5 Roteadores conectando duas redes WiFi e uma rede Ethernet, formando uma internet.

net.) Uma máquina que queira enviar uma mensagem a uma máquina de uma rede distante anexa o endereço de internet do destino à mensagem e direciona a mensagem para seu roteador local. A partir disso, ela é encaminhada na direção apropriada. Para fins de encaminhamento, cada roteador mantém uma **tabela de encaminhamentos**, que contém o conhecimento do roteador acerca das direções pelas quais as mensagens devem ser enviadas dependendo de seus endereços de destino.

O "ponto" no qual uma rede é ligada a uma internet é frequentemente chamado de **porta de ligação** (*gateway*), pois serve como passagem entre a rede e o mundo exterior. Portas de ligação podem ser encontradas sob uma variedade de formas, assim o termo é livremente usado. Em muitos casos, a porta de ligação de uma rede é meramente o roteador por meio do qual ela se comunica com o resto da internet. Em outros casos, o termo *porta de ligação* pode ser usado para se referir a mais do que apenas um roteador. Por exemplo, na maioria das redes WiFi residenciais que são conectadas à Internet, o termo refere-se coletivamente tanto ao AP da rede quanto ao roteador conectado ao AP, pois os dois dispositivos são normalmente empacotados em uma unidade única.

Métodos de comunicação entre processos

As várias atividades (ou processos) executadas em diferentes computadores dentro de uma rede (ou mesmo executadas na mesma máquina por meio de compartilhamento de tempo/multitarefas) devem frequentemente se comunicar umas com as outras, de forma a coordenar suas ações e realizar as tarefas designadas. Tal comunicação entre processos é chamada de **comunicação interprocessos**.

Uma convenção popular usada para a comunicação interprocessos é o modelo **cliente/servidor**. Este modelo define os papéis básicos desempenhados pelos processos seja como um **cliente**, que faz requisições para outros processos, ou como um **servidor**, que satisfaz às requisições feitas pelos clientes.

Uma das primeiras aplicações do modelo cliente/servidor surgiu em redes que conectavam todos os computadores em um conjunto de escritórios. Nesta situação, uma única impressora de alta qualidade era anexada à rede, de forma a estar disponível a todas as máquinas na rede. No caso, a impressora desempenhava o papel de um servidor (frequentemente chamado de **servidor de impressão**), e as outras máquinas eram programadas para desempenhar o papel de clientes que enviam requisições de impressão para o servidor de impressão.

Outra das primeiras aplicações do modelo cliente/servidor foi na redução do custo de armazenamento em disco magnético junto à eliminação da necessidade de cópias em duplicata de registros. Uma máquina em uma rede era equipada com um sistema de armazenamento em massa de alta capacidade (normalmente um disco magnético) que continha todos os registros de uma organização. Outras máquinas na rede, então, solicitavam o acesso aos registros à medida que necessitavam deles. Logo, a máquina que de fato continha os registros desempenhava o papel de um servidor (chamado de **servidor de arquivos**), e as outras máquinas desempenhavam o papel de clientes que solicitavam acesso aos arquivos armazenados no servidor de arquivos.

Atualmente, o modelo cliente/servidor é usado extensivamente em aplicações de rede, como veremos posteriormente neste capítulo. Entretanto, o modelo cliente/servidor não é a única maneira de comunicação inter-processos. Outro modelo é o **peer-to-peer** (frequentemente abreviado como **P2P**). Enquanto o modelo cliente/servidor envolve apenas um processo (o servidor) fornecendo um serviço para vários outros (os clientes), o modelo peer-to-peer envolve processos que fornecem e recebem serviços uns dos outros (Figura 4.6). Além disso, enquanto um servidor deve executar continuamente, de forma que esteja preparado para servir seus clientes a qualquer momento, o modelo peer-to-peer normalmente envolve processos que executam de maneira temporária. Por exemplo, aplicações do modelo peer-to-peer incluem mensagens instantâneas, nas quais as pessoas realizam uma conversação escrita na Internet, bem como situações nas quais as pessoas jogam jogos competitivos interativos.

O modelo peer-to-peer também é um meio popular de distribuição de arquivos, como gravações musicais e filmes pela Internet. Nesse caso, um peer pode receber um arquivo de outro e fornecer esse arquivo a outros peers. A coleção de peers participantes nesta distribuição é algumas vezes chamada de enxame (*swarm*). A abordagem de enxame para a distribuição de arquivos contrasta com as abordagens anteriores, que aplicavam o modelo cliente/servidor ao estabelecerem um centro de distribuição central (o servidor) a partir do qual os clientes baixavam arquivos (ou ao menos encontravam fontes para eles).

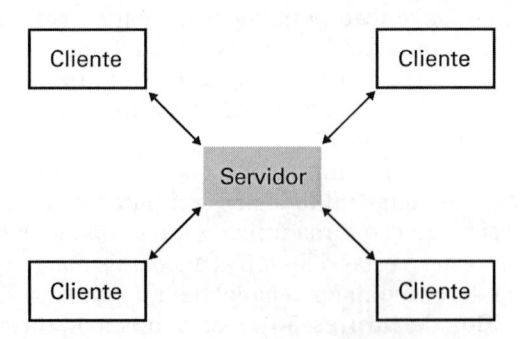

a. O servidor deve estar preparado para servir a múltiplos clientes a qualquer momento.

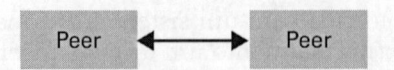

b. Os peers comunicam-se como iguais, de forma um-para-um.

Figura 4.6 O modelo cliente/servidor comparado ao modelo peer-to-peer.

Uma razão pela qual o modelo P2P está substituindo o modelo cliente/servidor para o compartilhamento de arquivos é que ele distribui a tarefa do serviço por muitos peers no lugar de concentrá-la em um servidor. A falta de uma base centralizada de operações torna o sistema mais eficiente. Infelizmente, outra razão para a popularidade dos sistemas de distribuição de arquivos baseados no modelo P2P é que, em casos de legalidade questionável, a falta de um servidor central torna os esforços para garantir as leis de copyright mais difíceis. Existem inúmeros casos, no entanto, nos quais os indivíduos descobriram que "difícil" não significa "impossível" e tiveram de enfrentar acusações graves de violações de copyright.

Você deve frequentemente ler ou ouvir o termo *rede peer-to-peer*, um exemplo de como o uso errôneo da terminologia pode evoluir quando termos técnicos são adotados pela comunidade leiga. O termo peer-to-peer refere-se a um sistema pelo qual dois processos se comunicam sobre uma rede (ou internet). Não é uma propriedade da rede (ou internet). Um processo pode usar o modelo peer-to-peer para comunicar-se com outro processo e, posteriormente, usar o modelo cliente/servidor para comunicar-se com outro processo por meio da mesma rede. Logo, seria mais preciso falar de comunicação por meio do modelo peer-to-peer em vez de comunicação por meio de uma rede peer-to-peer.

Sistemas distribuídos

Com o sucesso das tecnologias de rede, a interação entre computadores via redes tornou-se bastante comum e variada. Muitos sistemas de software modernos, como sistemas de recuperação de informação globais, sistemas de inventário e de contabilidade empresariais, jogos de computadores e mesmo os sistemas de software que controlam uma infraestrutura de redes propriamente dita são projetados como **sistemas distribuídos**, o que significa que eles consistem em unidades de software que funcionam como processos em diferentes computadores.

Os primeiros sistemas distribuídos foram desenvolvidos independentemente, do zero. No entanto, atualmente, pesquisas têm revelado uma infraestrutura comum executada ao longo desses sistemas, incluindo sistemas de comunicação e de segurança. Por sua vez, têm-se trabalhado para produzir sistemas pré-fabricados que forneçam essa infraestrutura básica e, logo, permitam que aplicações distribuídas sejam construídas simplesmente pelo desenvolvimento da parte do sistema que é única à aplicação.

Diversos tipos de sistemas de computação distribuída são agora comuns. A **computação em cluster** descreve um sistema distribuído no qual muitos computadores independentes trabalham fortemente juntos para fornecer computação ou serviços comparáveis a máquinas muito maiores. O custo dessas máquinas individuais, mais a rede de alta velocidade para conectá-las, pode ser menor que o de um supercomputador com um alto preço, mas com maior confiabilidade e custos menores de manutenção. Tais sistemas distribuídos são usados para fornecer **alta-disponibilidade** – pois é mais provável que ao menos um membro do cluster seja capaz de responder a uma solicitação, mesmo se outros membros do cluster quebrarem ou estiverem indisponíveis – e **balanceamento de carga** – pois a carga de trabalho pode ser deslocada, automaticamente, de membros do cluster que possuem muito a fazer para os que estão fazendo pouco. A **computação em grade** refere-se a sistemas distribuídos que são mais fracamente acoplados que clusters, mas que ainda assim trabalham juntos para realizar tarefas maiores. A computação em grade pode envolver software especializado para facilitar a distribuição de dados e os algoritmos para as máquinas que compõem uma grade. Exemplos incluem o sistema Condor, da Universidade de Wisconsin, ou a Infraestrutura Aberta para Computação em Rede, de Berkeley (BOINC). Ambos os sistemas são frequentemente instalados em computadores usados para outros propósitos, como PCs em casa ou no trabalho, que podem voluntariamente ceder poder computacional à grade quando a máquina não estiver sendo usada de outra forma. Possibilitada pela conectividade cada vez maior da Internet, este tipo de computação em grade distribuída, voluntária, tem possibilitado que milhões de PCs caseiros trabalhem em problemas científicos e matemáticos enormemente complexos. A **computação em nuvem**, na qual grandes repositórios de computadores compartilhados na rede podem ser alocados para o uso de clientes conforme necessário, é a última tendência em sistemas distribuídos. Assim como a disseminação das redes elétricas metropolitanas, no início do século XX, eliminou a necessidade de fábricas e empresas individuais de manterem seus próprios geradores, a Internet está possibilitando que as entidades confiem seus dados e suas computações para "a Nuvem", que nesse caso refere-se aos enormes recursos computacionais já disponíveis na rede. Serviços como o *Elastic Compute Cloud,* da Amazon, permitem que clientes aluguem computadores virtuais por hora, sem se preocupar com o local onde o hardware computacional está de fato localizado. O Google Docs e o Google Apps permitem que os usuários colaborem com informações ou construam serviços Web sem precisar saber quantos computadores estão trabalhando nisso ou onde os dados relevantes estão sendo armazenados. Os serviços computacionais em nuvem fornecem garantias razoáveis, em termos de confiabilidade e de escalabilidade, mas também despertam preocupações relacionadas à privacidade e à segurança em um mundo no qual podemos não saber mais quem detém e opera os computadores que usamos.

Questões e exercícios

1. O que é uma rede aberta?
2. Resuma as diferenças entre uma ponte e um comutador.
3. O que é um roteador?
4. Identifique alguns relacionamentos na sociedade que estejam em conformidade com o modelo cliente/servidor.
5. Identifique alguns protocolos usados na sociedade.
6. Resuma as diferenças entre a computação em cluster e a computação em grade.

4.2 A Internet

O exemplo mais notável de uma internet é a **Internet** (note o *I* maiúsculo), que teve origem em projetos de pesquisa do início dos anos 1960. O objetivo era desenvolver a habilidade de ligar uma variedade de redes de computadores de forma que ela funcionasse como um sistema conectado sem ser interrompida por desastres locais. Muito desse trabalho foi patrocinado pelo governo dos Estados Unidos, por meio da Agência de Projetos de Pesquisa Avançados de Defesa (DARPA – *Defense Advanced Research Projects Agency*). Ao longo dos anos, o desenvolvimento da Internet deslocou-se de um projeto patrocinado pelo governo para um projeto de pesquisa acadêmico, e atualmente é, em grande parte, um empreendimento comercial que liga uma combinação de escala global de LANs, MANs e WANs, envolvendo milhões de computadores.

Arquitetura da Internet

Como já mencionamos, a Internet é uma coleção de redes conectadas. Em geral, essas redes são construídas e mantidas por organizações chamadas de **Provedores de Serviços de Internet** (ISPs – *Internet Service Providers*). É também comum usar o termo ISP em referência às redes propriamente ditas. Logo, falaremos em conexão a uma ISP, quando o que realmente queremos dizer é conexão à rede fornecida por um ISP.

O sistema de redes operadas pelo ISP pode ser hierarquizado de acordo com o papel que desempenha na estrutura da Internet (Figura 4.7). No topo desta hierarquia estão alguns poucos **ISPs da camada 1**, que consistem em WANs internacionais de alta velocidade e alta capacidade. Estas redes são vistas como a espinha dorsal da Internet e são geralmente operadas por grandes companhias da área de comunicação. Um exemplo seria uma companhia originada como uma empresa de telefonia tradicional que expandiu seu escopo para fornecer outros serviços de comunicação.

Conectadas aos ISPs da camada 1 estão os **ISPs da camada 2**, que tendem a ser mais regionais em escopo e menos potentes em suas capacidades. (A distinção entre ISPs da camada 1 e da camada 2 é frequentemente uma questão de ponto de vista.) Mais uma vez, estas redes tendem a ser operadas por empresas da área de comunicação.

Os ISPs das camadas 1 e 2 são, essencialmente, redes de roteadores que fornecem, coletivamente, a infraestrutura de comunicação da Internet. Dessa forma, eles podem ser vistos como o núcleo da Internet. O acesso a esse núcleo normalmente é fornecido por um intermediário chamado de ISP de acesso. Um **ISP de acesso** é essencialmente uma internet independente, algumas vezes chamada de **intranet**, operada por uma autoridade única, que fornece acesso à Internet para usuários individuais. Exemplos incluem empresas como a AOL, a Microsoft e empresas locais de TV a cabo e de telefonia que cobram por seus serviços, bem como organizações como universidades ou corporações que fornecem, elas mesmas, o acesso à Internet para indivíduos dentro de suas organizações.

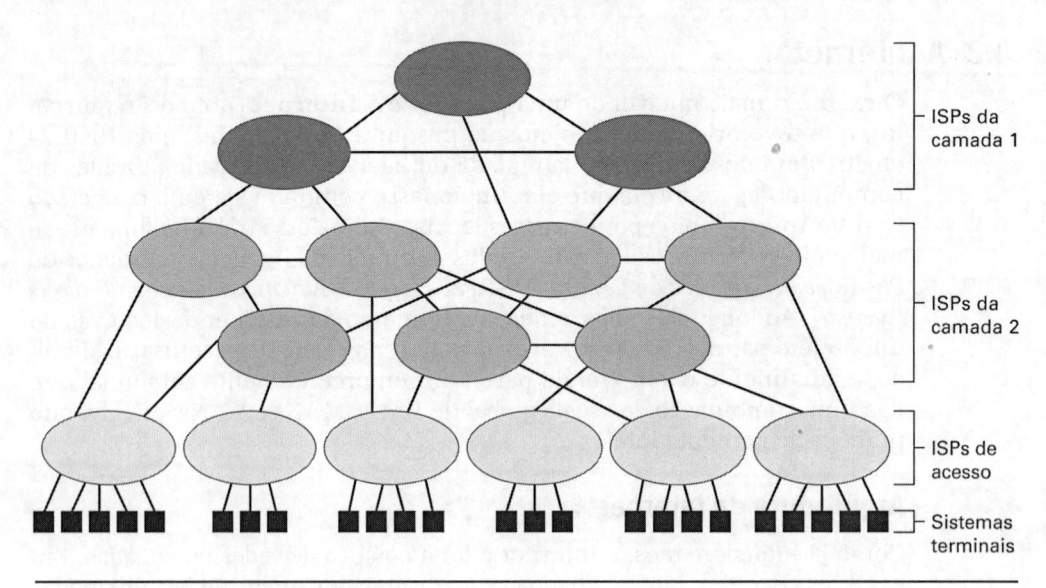

Figura 4.7 Composição da Internet.

Os dispositivos que os usuários individuais conectam ao ISP de acesso são conhecidos como **sistemas terminais** ou *hosts*. Esses sistemas terminais não são necessariamente computadores no sentido tradicional. Eles incluem diversos tipos de dispositivos, incluindo telefones, câmeras de vídeo, automóveis e eletrodomésticos. Afinal, a Internet é essencialmente um sistema de comunicação e, logo, cada dispositivo que poderia se beneficiar com a comunicação com outros dispositivos é um sistema terminal em potencial.

A tecnologia pela qual os sistemas terminais conectam-se aos ISPs de acesso também é variada. Talvez as que crescem mais rapidamente sejam as conexões baseadas na tecnologia WiFi. A estratégia consiste em conectar o AP a um ISP de acesso e, assim, fornecer acesso à Internet por meio desse ISP aos sistemas terminais dentro da faixa de difusão do AP. A área dentro da faixa do AP é chamada frequentemente de **hot spot**. Hot spots e grupos de hot spots estão se tornando dominantes, presentes desde em residências individuais até em hotéis e prédios, pequenas empresas, parques e, em alguns casos, em cidades inteiras. Uma tecnologia similar é usada pela indústria de telefonia celular, na qual os hot spots são conhecidos como células, e os "roteadores" que geram as células são coordenados para fornecer serviço contínuo à medida que um sistema terminal se move de uma célula para outra.

Outras técnicas populares para se conectar as ISPs de acesso usam linhas de telefonia ou sistemas de cabo ou satélite. Essas tecnologias podem ser usadas para fornecer conexão direta a um sistema terminal ou para o roteador de um cliente, com o qual múltiplos sistemas terminais são conectados. Essa última tática está se tornando cada vez mais popular em residências individuais, nas quais um hot spot é criado por um roteador/AP conectado a um ISP de acesso por meio de cabos ou de linhas de telefonia.

Cabos e ligações de satélite são inerentemente mais compatíveis com transferências de dados de alta velocidade que linhas telefônicas tradicionais, que foram instaladas originalmente pensando na comunicação por voz. Entretanto, diversos esquemas bastante inteligentes têm sido desenvolvidos para estender essas ligações de voz e acomodar a transmissão de dados digitais. Esses esquemas usam dispositivos chamados de **modems** (acrônimo para modulador/demodulador), que convertem os dados digitais a serem transferidos para um formato compatível com o meio de transmissão que está sendo usado. Um exemplo é o esquema **DSL** (do inglês *digital subscriber line*), no qual a faixa de frequência abaixo de 4KHz (4.000 kilociclos por segundo) é reservada para comunicação de voz tradicional enquanto as frequências mais altas são usadas para a transferência de dados digitais. Outra abordagem, mais antiga, é converter os dados em sons e transmiti-los da mesma maneira que a voz. Essa prática é chamada de acesso **dial-up**, em referência ao fato de ser usada para conexões temporárias, nas quais o usuário faz uma chamada telefônica tradicional para um roteador de um ISP de acesso e, então, conecta seu telefone ao sistema terminal a ser usado. Apesar de barata e amplamente disponível, a taxa de transferência relativamente lenta do esquema dial-up é cada vez menos capaz de tratar as aplicações atuais de Internet, que tendem a se basear na comunicação de vídeo em tempo real e na transmissão de grandes blocos de dados. Assim, um número crescente de casas e pequenos negócios fazem a conexão a seu ISP de acesso, por meio de tecnologias de banda larga, incluindo conexões de TV a cabo, linhas telefônicas de dados dedicadas, conexões por satélite e mesmo cabos de fibra óptica.

Endereçamento da Internet

Como aprendemos na Seção 4.1, uma internet precisa de um sistema de endereçamento com a amplitude dessa internet, que atribua um endereço identificador único para cada computador no sistema. Na Internet, esses endereços são conhecidos como **endereços IP**. (O termo *IP* se refere ao *Internet Protocol* – Protocolo da Internet – termo sobre o qual veremos mais na Seção 4.4, incluída no material extra, no site do Grupo A.) Originalmente, cada endereço IP era um padrão de 32 bits, mas para fornecer um conjunto maior de endereços, o processo de conversão para endereços de 128 bits está

Internet2

Agora que a Internet deixou de ser um projeto de pesquisa para ser uma comodidade em nossas casas, a comunidade científica moveu-se para um projeto chamado de Internet2. A Internet2 propõe-se a ser um sistema apenas acadêmico e envolve diversas universidades trabalhando em parceria com a indústria e com os governos. O objetivo é conduzir pesquisas em aplicações de Internet que requeiram comunicação de grande largura de banda, como acesso remoto e controle de equipamentos caros de última geração, como telescópios e dispositivos de diagnóstico médico. Um exemplo atual de pesquisa envolve cirurgias remotas realizadas por mãos robóticas, que mimetizam as mãos de um cirurgião à distância, que vê o paciente por vídeo. Você pode aprender mais sobre a Internet2 em http://www.internet2.org.

atualmente em andamento (veja a discussão sobre o IPv6 na Seção 4.4). Blocos de endereços IP numerados consecutivamente são atribuídos aos ISPs pela **ICANN** (*Internet Corporation for Assigned Names and Numbers* – Corporação para Atribuição de Nomes e Números na Internet), corporação sem fins lucrativos estabelecida para coordenar a operação da Internet. Permite-se, então, que os ISPs aloquem os endereços dentro de seus respectivos blocos para máquinas dentro de sua região de autoridade. Logo, as máquinas ao longo de toda a Internet recebem endereços IP únicos.

Os endereços IP são tradicionalmente escritos em **notação decimal com pontos**, na qual os bytes dos endereços são separados por pontos e cada byte é expresso como um inteiro representado na notação tradicional de base dez. Por exemplo, usando a notação decimal com pontos, o padrão 5.2 representaria o padrão de bits de dois bytes 0000010100000010, que consiste no byte 00000101 (representado por 5), seguido do byte 00000010 (representado por 2), e o padrão 17.12.25 representaria o padrão de bits de três bytes consistindo no byte 00010001 (que é 17 escrito em notação binária), seguido pelo byte 00001100 (12 escrito em binário), seguido pelo byte 00011001 (25 escrito em binário). Em resumo, um endereço IP de 32 bits poderia aparecer como 192.207.177.133 quando expresso em notação decimal com pontos.

Endereços no formato de padrões de bits (mesmo quando comprimidos usando notação decimal com pontos) são raramente acessíveis para o uso humano. Por essa razão, a Internet possui um sistema de endereçamento alternativo, no qual as máquinas são identificadas por nomes mnemônicos. Esse sistema de endereçamento alternativo é baseado no conceito de um **domínio**, que pode ser pensado como uma "região" da Internet operada por uma única autoridade, como uma universidade, um clube, uma empresa ou uma agência governamental. (A palavra região está entre aspas aqui porque, como veremos, tal região pode não corresponder a uma área física da Internet.) Cada domínio deve ser registrado na ICANN – um processo feito por um tipo de empresa, chamado de **registrador de domínio**, que recebe esse papel da ICANN. Como parte desse processo de registro, é atribuído ao domínio um **nome de domínio** mnemônico, que é único entre todos os nomes de domínio ao longo da Internet. Nomes de domínio são frequentemente descritivos da organização que está registrando o domínio, o que aumenta sua utilidade para as pessoas.

Como um exemplo, o nome de domínio da editora Addison-Wesley é aw.com. Note o sufixo que aparece após o ponto. Ele é usado para refletir a classificação do domínio, que no caso é um domínio "comercial", indicado pelo sufixo com. Esses sufixos são chamados de **domínios de mais alto nível (TLDs)**. Outros TLDs incluem edu para instituições educacionais, gov para instituições governamentais, org para organizações sem fins lucrativos, museum para museus, info para uso sem restrições e net, que foi originalmente cunhado para ISPs, mas agora é usado em uma escala muito mais ampla. Além dos TLDs gerais, existem TLDs de duas letras para países específicos (chamados de **TLDs de código de países**), como au para Austrália, ca para Canadá e br para Brasil.

Uma vez que um nome mnemônico tenha sido registrado, a organização que o registrou é livre para estender o nome de forma a obter identificadores mnemônicos para itens individuais dentro do domínio. Por exemplo, uma máquina individual dentro de Addison-Wesley pode ser identificada como ssenterprise.aw.com. Note que os nomes de domínios são estendidos para a esquerda e separados por um ponto. Em alguns casos, múltiplas extensões, chamadas de **subdomínios**, são usadas como um meio de organizar os nomes dentro da jurisdição de um domínio. Por exemplo, se fosse atribuído à Universidade de Lugar Algum o nome de domínio ulugaragum.edu, um computador individual da Universidade de Lugar Algum poderia ter um nome como r2d2.compsc.ulugaragum.edu, o que significa que o computador r2d2 está no subdomínio compsc dentro do domínio ulugaralgum dentro do TLD edu. (Devemos enfatizar que a notação com pontos usada nos endereços mnemônicos não está relacionada à notação decimal com pontos, usada para representar endereços no formato de padrões de bits.)

Apesar de os endereços mnemônicos serem convenientes para os humanos, as mensagens são sempre transferidas na Internet por meio de endereços IP. Logo, se um humano quer enviar uma mensagem para uma máquina distante e identifica o destino por meio de um endereço mnemônico, o sistema de software que está sendo usado deve ser capaz de converter tal endereço para um endereço IP antes de transmitir a mensagem. Essa conversão é realizada com o auxílio de diversos servidores, chamados de **servidores de nomes**, que são essencialmente diretórios que fornecem serviços de tradução de endereços aos clientes. Coletivamente, esses servidores de nomes são usados como um sistema de diretórios que cobre a Internet, conhecido como **sistema de nomes de domínios (DNS)**. O processo de usar o DNS para realizar uma tradução é chamado de **busca de DNS**.

Logo, para que uma máquina esteja acessível por meio de um nome de domínio mnemônico, esse nome deve ser representado em um servidor de nomes dentro do DNS. Nos casos nos quais a entidade que estabelece o domínio possui os recursos, ele pode estabelecer e manter seu próprio servidor de nomes contendo todos os nomes dentro de tal domínio. Na verdade, esse é o modelo no qual o sistema de domínios foi originalmente baseado. Cada domínio registrado representava uma região física da Internet, operada por uma autoridade local como uma empresa, uma universidade ou uma agência governamental. Essa autoridade era essencialmente um ISP de acesso que fornecia acesso à Internet para seus membros por meio de sua própria intranet ligada à Internet. Como parte deste sistema, a organização mantinha seu próprio servidor de nomes, que fornecia serviços de tradução para todos os nomes usados dentro de seu domínio.

Esse modelo ainda é comum atualmente. Entretanto, muitos indivíduos ou pequenas organizações querem estabelecer sua presença na forma de um domínio na Internet sem comprometer os recursos necessários para tal suporte. Por exemplo, pode ser benéfico para um clube local de xadrez estar presente na Internet como ReiseRainhas.org, mas o clube provavelmente não teria os recursos para estabelecer sua própria rede, manter uma ligação dessa rede para a Internet e implementar seu próprio servidor de nomes. Nesse caso, o clube poderia contratar um ISP de acesso para criar a aparência de um domínio registrado usando os recursos já estabelecidos pelo ISP. Normalmente, o clube, talvez com a assistência do ISP, registra o nome escolhido e faz um contrato com o ISP para ter o nome incluído no servidor de nomes do ISP. Isso significa que todas as buscas de DNS relacionadas ao novo nome de domínio serão direcionadas para o servidor de nomes do ISP, a partir do qual a tradução apropriada será obtida. Dessa maneira, muitos domínios registrados podem estar dentro de um único ISP, cada um deles frequentemente ocupando apenas uma pequena porção de um único computador.

Aplicações da Internet

Nesta subseção, discutimos algumas aplicações da Internet, iniciando com três aplicações *tradicionais*. Entretanto, essas aplicações "convencionais" falham em capturar a efervescência da Internet atual. Na verdade, a distinção entre um computador e outros dispositivos eletrônicos vem tornando-se imprecisa. Telefones, televisores, sistemas de som, alarmes antifurto, fornos de micro-ondas e câmeras de vídeo são todos "dispositivos de Internet" em potencial. Por sua vez, as aplicações tradicionais da Internet estão sendo inibidas por uma inundação de novos usos, incluindo mensagens instantâneas, videoconferências e telefonia e rádio na Internet. Afinal, a Internet é meramente um sistema de comunicação sobre o qual os dados podem ser transferidos. À medida que a tecnologia continua a aumentar as taxas de transferência desse sistema, o conteúdo dos dados sendo transferido é limitado cada vez mais apenas pela imaginação. Assim, demonstraremos duas novas aplicações na Internet, telefonia e radiodifusão, para exemplificar algumas das questões associadas à Internet emergente de hoje, incluindo a necessidade de padrões de protocolos adicionais, a necessidade de ligar a Internet a outros sistemas de comunicação e a necessidade de expandir a funcionalidade dos roteadores da Internet.

Correio eletrônico   Um dos usos mais populares da Internet é o **email** (diminutivo de correio eletrônico – *electronic mail*), um sistema pelo qual são transmitidas mensagens entre os usuários da Internet. Para fornecer serviços de email, a autoridade local do domínio pode designar uma máquina específica dentro de seu domínio para que ela desempenhe o papel de um **servidor de correio**. Normalmente, servidores de correio são estabelecidos dentro dos domínios operados pelos ISPs de acesso com o propósito de fornecer serviços de correio para os usuários dentro de seu ambiente. Quando um usuário envia um email a partir de sua máquina local, ele é primeiro transferido para o servidor de correio do usuário. De lá, ele é encaminhado para o servidor de correio do destino, onde ele é armazenado até que o destinatário contate o servidor de correio e peça para ver os emails acumulados.

O protocolo usado para transferir emails entre servidores de correio e para enviar uma nova mensagem a partir de sua máquina local do autor para o servidor de email do autor é o **SMTP** (*Simple Mail Transfer Protocol*). Como o SMTP foi inicialmente projetado para transferir mensagens de texto codificadas com ASCII, protocolos adicionais como o **MIME** (*Multipurpose Internet Mail Extensions*) têm sido desenvolvidos para converter dados não ASCII para um formato compatível com SMTP.

Existem dois protocolos populares que podem ser usados para acessar emails que chegaram e estão acumulados no servidor de email de um usuário. São eles: **POP3** (*Post Office Protocol version 3*) e **IMAP** (*Internet Mail Access Protocol*). O POP3 é o mais simples dos dois. Usando POP3, um usuário transfere (baixa) as mensagens para seu computador local, no qual elas podem ser lidas, armazenadas em diversos diretórios, editadas e manipuladas de qualquer forma que o usuário desejar. Isso é feito na máquina local do usuário usando o armazenamento em massa. O IMAP permite a um usuário armazenar e manipular mensagens e materiais relacionados na mesma máquina do servidor de correio. Dessa maneira, um usuário que precisa acessar seus emails de diferentes computadores pode manter registros no servidor de correio que estarão acessíveis de qualquer computador remoto ao qual o usuário possa ter acesso.

Pensando-se no papel de um servidor de correio, é fácil entender a estrutura de um endereço de email individual. Ele consiste em uma cadeia simbólica (algumas vezes chamada de nome da conta) identificando o indivíduo, seguida pelo símbolo @, seguido pela cadeia mnemônica que identifica, por fim, o servidor de correio que deve receber o correio. (Na realidade, essa cadeia frequentemente identifica meramente o domínio de destino, e o servidor de correio do destino é identificado por meio de uma busca de DNS.) Logo, o endereço de email de um indivíduo na Addison-Wesley Inc. poderia aparecer como shakespeare@aw.com. Em outras palavras, uma mensagem enviada para esse endereço irá para o servidor de correio no domínio aw.com, no qual será mantida para a pessoa identificada pela cadeia simbólica shakespeare.

O Protocolo de Transferência de Arquivos Uma forma de transferir arquivos (como documentos, fotografias ou outras informações codificadas) é anexá-los a mensagens de email. Entretanto, uma forma mais eficiente é tirar proveito do **Protocolo de Transferência de Arquivos (FTP –** *File Transfer Protocol*), que é um protocolo cliente/servidor para a transferência de arquivos na Internet. Para transferir um arquivo usando FTP, um usuário em um computador na Internet usa um pacote de software que implementa FTP para estabelecer contato com outro computador. (O computador original desempenha o papel de um cliente. O computador que ele contata desempenha o papel de um servidor, normalmente chamado de servidor de FTP.) Uma vez que essa conexão tenha sido estabelecida, os arquivos podem ser transferidos entre os dois computadores, em ambas as direções.

O FTP tornou-se uma maneira popular de fornecer acesso limitado aos dados via Internet. Suponha, por exemplo, que você queira permitir que apenas algumas pessoas obtenham acesso a um arquivo. Você simplesmente precisa colocar o arquivo em uma máquina com recursos de servidor de FTP e proteger o acesso ao arquivo com uma senha. Então, as pessoas que conhecem a senha serão capazes de obter acesso ao arquivo via FTP, enquanto outras serão bloqueadas. Uma máquina na Internet usada dessa maneira é por vezes chamada de um site FTP, pois constitui um local na Internet no qual são disponibilizados arquivos via FTP.

Sites FTP também são usados para fornecer acesso irrestrito a arquivos. **Para fazer isso, os servidores FTP usam o termo** *anonymous* **como um nome universal de login.** Tais sites são frequentemente chamados de sites de **FTP anônimos** e fornecem acesso irrestrito aos arquivos sob seus auspícios.

Embora os clientes e servidores FTP permaneçam amplamente disponíveis, a maioria dos usuários agora tem suas necessidades de transferência de arquivos atendidas por meio dos navegadores Web usando HTTP (discutido na próxima seção).

Telnet e Shell seguro Um dos primeiros usos da Internet foi permitir que os usuários de computadores acessassem computadores a partir de grandes distâncias. **Telnet** é um sistema de protocolos estabelecido para esse propósito. Usando telnet, um usuário (executando um software cliente de telnet) pode contatar um servidor de telnet em um computador distante e, então, seguir o procedimento de login do sistema para obter acesso à máquina distante. Logo, por meio de telnet, um usuário distante possui o mesmo acesso às aplicações e aos utilitários do computador que um usuário local.

Como foi projetado no início do desenvolvimento da Internet, o telnet possui diversas limitações. Uma das mais críticas é o fato de a comunicação telnet não ser criptografada. Isso é importante mesmo que o assunto da comunicação não seja importante, pois a senha do usuário é parte da comunicação durante o processo de login. Logo, o uso de telnet abre a possibilidade para que um usuário que esteja escutando o canal possa interceptar uma senha e, posteriormente, utilizá-la de maneira mal-intencionada. O **Shell Seguro (SSH – Secure Shell)** é uma alternativa ao telnet que oferece uma solução para esse problema e que está rapidamente substituindo-o. Dentre os recursos de SSH está o fato de ele fornecer criptografia dos dados sendo transferidos, assim como uma autenticação (Seção 4.5), que é o processo de se certificar que as duas entidades que estão se comunicando são, na verdade, quem elas dizem que são.

VoIP Como exemplo de uma aplicação mais recente de Internet, consideremos o **VoIP** (*Voice over Internet Protocol*), no qual a infraestrutura da Internet é usada para fornecer comunicação de voz similar à dos sistemas tradicionais de telefonia. Em sua forma mais simples, o VoIP consiste em dois processos em máquinas diferentes transferindo dados de áudio via modelo P2P – um processo que, por si só, não apresenta problemas significativos. Entretanto, tarefas como iniciar e receber chamadas, ligar VoIP com sistemas tradicionais de telefonia e fornecer serviços como comunicação de emergência (911 nos EUA) são questões além das aplicações tradicionais de Internet. Além disso, os governos proprietários das empresas tradicionais de telefonia de seu país vêem o VoIP como uma ameaça, lançando altas taxas de impostos sobre ele ou classificando-o como ilegal.

Sistemas VoIP vêm em quatro formatos diferentes, que competem em termos de popularidade. Os *softphones* VoIP consistem em software P2P que permite que dois ou mais PCs compartilhem uma chamada sem equipamentos especiais de hardware além de entradas e saídas de áudio (microfone, fone de ouvido/caixas de som). Um exemplo de um sistema VoIP do tipo *softphone* é o Skype, que também fornece a seus clientes ligações com o sistema tradicional de comunicação telefônica. Uma desvantagem do Skype é que ele é um sistema proprietário e, dessa forma, muito de sua estrutura operacional não é publicamente conhecida. Isso significa que usuários do Skype devem confiar na integridade dos sistemas de software do Skype sem uma verificação por parte de terceiros. Por exemplo, para receber chamadas, um usuário do Skype precisa deixar seu PC conectado à Internet e disponível para o sistema Skype, o que significa que alguns dos recursos do PC podem ser usados para oferecer suporte a outras comunicações do Skype sem o dono do PC estar ciente – um recurso que tem gerado alguma resistência ao serviço.

Uma segunda forma de VoIP consiste em **adaptadores de telefones analógicos**, dispositivos que permitem a um usuário conectar seu telefone tradicional ao serviço telefônico fornecido por um ISP de acesso. Essa escolha é frequentemente embutida em serviços tradicionais de Internet e/ou serviços de televisão digital.

O terceiro tipo de VoIP vem na forma de telefones com VoIP embarcado, dispositivos que substituem um telefone tradicional por um equipamento equivalente conectado diretamente a uma rede TCP/IP. Telefones com VoIP embarcado estão se tornando cada vez mais comuns em grandes organizações, que vêm substituindo seus sistemas internos de telefonia baseados em fios de cobre por VoIP sobre Ethernet, buscando reduzir custos e aumentar as funcionalidades.

Por fim, a próxima geração de smartphones está fadada a usar tecnologia VoIP. Ou seja, as primeiras gerações de telefones sem fio se comunicavam apenas com a rede da companhia telefônica usando o protocolo da companhia. O acesso à Internet era obtido por meio de portas de ligação entre a rede da companhia e a Internet; neste ponto, os sinais eram convertidos para o sistema TCP/IP. Entretanto, a nova rede de telefonia **4G** é projetada para ser uma rede baseada em IP desde o princípio, o que significa que um telefone 4G é essencialmente apenas outro computador *host* na Internet global.

Rádio na Internet   Outra aplicação recente na Internet é a transmissão da programação de estações de rádio – um processo chamado *webcasting*, em contraponto à radiodifusão (*broadcasting*), pois os sinais são transmitidos via Internet ao invés de "pelo ar". Mais precisamente, rádio na Internet é um exemplo específico de um **fluxo de áudio**, o que se refere à transferência de dados de sons em tempo real.

À primeira vista, a rádio na Internet pode não parecer necessitar de considerações especiais. Alguém poderia supor que uma estação poderia

As gerações de telefones sem fio

Na última década, a tecnologia de telefones móveis avançou de dispositivos portáteis simples e de propósito singular para computadores de mão complexos e de múltiplas funções. A primeira geração de redes de telefonia sem fio transmitia sinais de voz analógicos através do ar, de maneira parecida com os telefones tradicionais, mas sem os fios de cobre passando através das paredes. Em retrospecto, chamamos esses primeiros sistemas de redes de telefonia de "1G", ou primeira geração. A segunda geração usava sinais digitais para codificar voz, fornecendo um uso mais eficaz das ondas emitidas pelo ar e transmitindo outros tipos de dados digitais como mensagens de texto. A terceira geração ("3G") de redes de telefonia fornece taxas de transferência de dados mais altas, permitindo chamadas móveis de vídeo e outras atividades que consomem bastante largura de banda. Os objetivos das redes 4G incluem taxas de transferência de dados ainda mais altas e uma rede de troca de pacotes completa usando o protocolo IP, que fonecerá às novas gerações de smartphones capacidades atualmente disponíveis apenas para PCs com acesso à banda larga.

meramente estabelecer um servidor que enviaria mensagens de programa para cada um dos clientes que requisitassem tais mensagens. Essa técnica é conhecida como **N-unicast**. (Mais precisamente, *unicast* refere-se a um emissor enviando mensagens a um receptor, enquanto N-*unicast* refere-se a um único emissor envolvido com múltiplos unicasts.) A abordagem N-*unicast* tem sido aplicada, mas possui a desvantagem de colocar uma sobrecarga significativa no servidor da estação, assim como nos servidores vizinhos imediatos na Internet. Na verdade, N-unicast força o servidor a enviar mensagens individuais para cada um de seus clientes em tempo real, e todas essas mensagens devem ser encaminhadas pelos vizinhos do servidor.

A maioria das alternativas ao N-unicast representa tentativas de atenuar esse problema. Uma aplica o modelo P2P de maneira similar aos sistemas de compartilhamento de arquivos. Ou seja, uma vez que um peer tenha recebido dados, ele começa a distribuir esses dados para os peers que ainda estão esperando, o que significa que o problema de distribuição é transferido da fonte de dados para os peers.

Outra alternativa, chamada de **multicast**, transfere o problema de distribuição para os roteadores da Internet. Usando *multicast*, um servidor transmite uma mensagem para múltiplos clientes por meio de um único endereço e dá aos roteadores na Internet a tarefa de reconhecerem o significado desse endereço e produzirem e encaminharem cópias da mensagem para os destinos apropriados. O endereço único usado em multicast é chamado de endereço de grupo e é identificado por um padrão de bits inicial específico. Os bits restantes são usados para identificar a seção de difusão que, na tecnologia multicast, é chamada de grupo. Quando um cliente quer receber as mensagens de uma estação específica (quer se inscrever a um grupo específico), ele notifica o roteador mais próximo de seu desejo. Esse roteador, essencialmente, encaminha esse desejo pela Internet de forma que outros roteadores saibam que devem começar a encaminhar todas as futuras mensagens com tal endereço de grupo na direção do cliente. Em resumo, ao usar multicast, o servidor transmite apenas uma cópia do programa, independentemente de quantos clientes estiverem escutando, e é responsabilidade dos roteadores fazerem cópias dessas mensagens conforme necessário e roteá-las para seus destinos apropriados. Note, então, que aplicações que dependem de multicast necessitam que a funcionalidade dos roteadores da Internet seja expandida para além de seus deveres originais. Esse processo está acontecendo atualmente.

Vemos, então, que a rádio na Internet, assim como o VoIP, está crescendo em popularidade enquanto busca por suas bases. Contudo, o que o futuro nos reserva ainda é incerto. Entretanto, à medida que as capacidades da infraestrutura da Internet continuam a se expandir, as aplicações de webcasting certamente se desenvolverão com ela.

Dispositivos embarcados e computadores pessoais são agora capazes de enviar e receber fluxos de vídeo de alta definição por demanda via Internet. Uma ampla classe de televisores, tocadores de DVD/Blu-ray e consoles de video game podem agora conectar-se diretamente à rede TCP/IP para selecionar conteúdo visível a partir de uma ampla gama de servidores, gratuitos ou pagos.

Questões e exercícios

1. Qual é o propósito dos ISPs da camada 1 e da camada 2?
2. O que é DNS?
3. Que padrão de bits é representado por 3.6.9 na notação decimal com pontos? Expresse o padrão de bits 0001010100011100 usando notação decimal com pontos.
4. De que maneira a estrutura de um endereço mnemônico de um computador na Internet (como `r2d2.compsc.ulugaralgum.edu`) é similar ao endereço postal tradicional? Essa mesma estrutura ocorre em endereços IP?
5. Nomeie três tipos de servidores encontrados na Internet e diga o que cada um deles faz.
6. Por que o SSH é considerado superior ao telnet?
7. De que maneira as abordagens P2P e multicast para a difusão de rádio na Internet diferem da abordagem N-unicast?
8. Que critérios devem ser considerados na escolha entre um dos quatro tipos de VoIP?

4.3 A World Wide Web

Nesta seção, trataremos de uma aplicação de Internet pela qual informações multimídia são disseminadas pela Internet. Ela é baseada no conceito de **hipertexto**, termo que originalmente se referia a documentos de texto que continham ligações, chamadas de **hyperlinks**, com outros documentos. Atualmente, o hipertexto tem sido expandido para englobar imagens, áudio e vídeo, e por causa desse escopo expandido ele é algumas vezes chamado de **hipermídia**.

Quando está usando uma interface gráfica com o usuário (GUI), o leitor de um documento de hipertexto pode seguir os hyperlinks associados a ele apontando e clicando com o mouse. Por exemplo, suponha que a sentença "O desempenho da orquestra ao tocar 'Bolero', de Maurice Ravel, foi excelente" aparecesse em um documento de hipertexto e o nome *Maurice Ravel* fosse ligado a outro documento – talvez dando informações sobre o compositor. Um leitor pode escolher ver esse material associado apontando para o nome *Maurice Ravel* com o mouse e clicando o botão do mouse. Além disso, se os hyperlinks apropriados estiverem corretos, o leitor poderia ouvir uma gravação de áudio do concerto clicando no nome *Bolero*.

Dessa maneira, um leitor de documentos de hipertexto pode explorar documentos relacionados ou seguir uma corrente de pensamentos de documento a documento. À medida que porções de vários documentos são ligadas a outros documentos, forma-se uma teia conectada e inter-relacionada de informações. Quando implementada em uma rede de computadores, os documentos dentro de tal teia podem residir em diferentes máquinas, formando uma teia do tamanho da rede. A teia que se transformou na Internet e abrange o mundo todo é conhecida como **World Wide Web** (Teia de Escala Global – também chamada de **WWW**, de **W3** ou de **Web**). Um documento de hipertexto na World Wide Web é frequentemente chamado de **página Web**. Uma coleção de páginas Web fortemente relacionadas é chamada de **site**.

A World Wide Web tem suas origens no trabalho de Tim Berners-Lee, que percebeu o potencial do conceito de documentos ligados com a tecnologia de internets e produziu o primeiro aplicativo de software para implementar a WWW em Dezembro de 1990.

Implementação da Web

Pacotes de software que permitem que os usuários acessem hipertexto na Internet caem em uma de duas categorias: pacotes que desempenham o papel de clientes e pacotes que desempenham o papel de servidores. Um pacote que opera como cliente reside no computador do usuário e tem a tarefa de obter materiais solicitados pelo usuário e de apresentar esses materiais para o usuário de forma organizada. É o cliente que fornece a interface com o usuário que permite que esse usuário navegue dentro da Web. Logo, o cliente é frequentemente chamado de **navegador** ou de **navegador Web**. O pacote que opera como servidor (frequentemente chamado de **servidor Web**) reside em um computador contendo documentos de hipertexto a serem acessados. Sua tarefa é fornecer acesso aos documentos sob seu controle conforme solicitado pelos clientes. Em resumo, um usuário ganha acesso a documentos de hipertexto por meio de um navegador que reside no computador do usuário. Esse navegador, desempenhando o papel de um cliente, obtém os documentos solicitando os serviços de servidores Web espalhados pela Internet. Os documentos de hipertexto são normalmente transferidos entre navegadores e servidores Web usando um protocolo conhecido como **Protocolo de Transferência de Hipertextos (HTTP – *Hipertext Transfer Protocol*)**.

Para localizar e obter documentos na World Wide Web, cada documento recebe um endereço único, chamado de **Localizador de Recursos Uniforme (URL – *Uniform Resource Locator*)**. Cada URL contém a informação necessária para que um navegador contate o servidor apropriado e solicite o documento desejado. Logo, para visualizar uma página Web, primeiro uma pessoa fornece ao seu navegador a URL do documento desejado e depois instrui o navegador para que ele obtenha e mostre o documento.

Uma URL típica é apresentada na Figura 4.8. Ela consiste em quatro segmentos: o protocolo a ser usado para se comunicar com o servidor que controla o acesso ao documento, o endereço mnemônico da máquina que contém o servidor, o caminho de diretórios necessário para que o servidor encontre o diretório contendo o documento e o nome do documento propriamente dito. Em resumo, a URL da Figura 4.8 diz ao navegador para que contate o servidor Web em um computador conhecido como `ssenterprise.aw.com` usando o protocolo HTTP e obtenha o documento `Julius_Caesar.html` encontrado dentro do diretório `Shakespeare` dentro do diretório `authors`.

Algumas vezes, uma URL pode não conter explicitamente todos os segmentos mostrados na Figura 4.8. Por exemplo, se o servidor não precisa seguir um caminho de diretórios para chegar no documento, nenhum caminho de diretórios aparecerá na URL. Além disso, algumas vezes uma URL consistirá apenas em um protocolo e um endereço mnemônico de um computador. Nesses casos, o servidor Web no computador retornará um do-

```
http://ssenterprise.aw.com/authors/Shakespeare/Julius_Caesar.html
```

- Protocolo necessário para acessar o documento. Neste caso, é o protocolo de transferência de hipertextos (http).
- Nome mnemônico do *host* que detém o documento.
- Caminho de diretórios indicando a localização do documento dentro do sistema de arquivos do *host*.
- Nome do documento

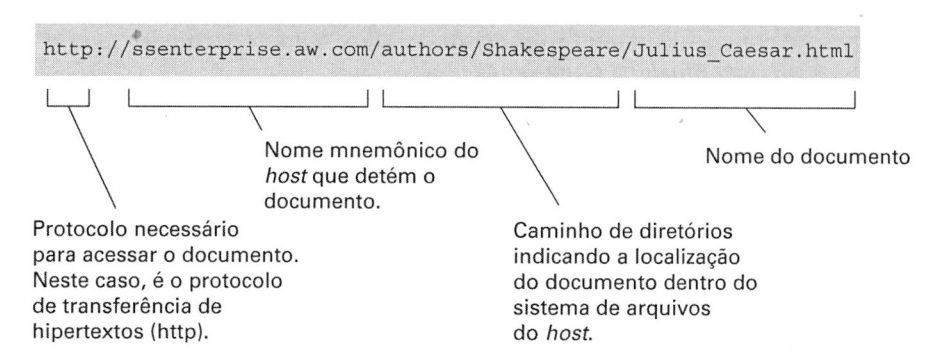

Figura 4.8 Uma URL típica.

cumento predeterminado, tipicamente chamado de página principal, que normalmente descreve a informação disponível no site. Tais URLs resumidas fornecem um meio simples de contatar organizações. Por exemplo, a URL http://www.google.com levará à página principal da Google, que contém hyperlinks para os serviços, produtos e documentos relacionados à companhia.

Para simplificar ainda mais a localização de sites Web, muitos navegadores assumem que o protocolo HTTP deve ser usado se nenhum protocolo for identificado. Esses navegadores obtêm corretamente a página principal da Google quando a "URL" informada consistir meramente em www.google.com.

HTML

Um documento de hipertexto tradicional é similar a um arquivo de texto porque seu texto é codificado caractere a caractere usando um sistema como ASCII ou Unicode. A diferença é que um documento de hipertexto pode também conter símbolos especiais, chamados de **tags**, que descrevem como os documentos devem aparecer em uma tela de visualização, que recursos multimídia (como imagens) devem acompanhar o documento e quais itens dentro do documento são ligados a outros documentos. Esse sistema de tags

O World Wide Web Consortium

O World Wide Web Consortium (W3C – Consórcio da WWW) foi formado em 1994 para promover a World Wide Web por meio do desenvolvimento de padrões de protocolos (conhecidos como padrões W3C). A W3C é sediada no CERN, laboratório de física de partículas de alta energia em Genebra, Suíça. O CERN é onde a linguagem de marcação HTML foi originalmente desenvolvida, assim como o protocolo HTTP para a transferência de documentos HTML pela Internet. Atualmente, a W3C é a fonte de muitos padrões (incluindo padrões para XML e várias aplicações multimídia) que levaram à compatibilidade entre uma ampla faixa de produtos para a Internet. Você pode aprender mais sobre a W3C pelo seu site em http://www.w3c.org.

é conhecido como **Linguagem de Marcação de Hipertextos (HTML –** *Hipertext Markup Language*).

Logo, é em termos de HTML que um autor de uma página Web descreve a informação que um navegador precisa para apresentar a página na tela do usuário e para encontrar quaisquer documentos relacionados referenciados pela página atual. O processo é análogo a adicionar marcas tipográficas a um texto plano digitado (talvez com uma caneta vermelha), para que um tipógrafo saiba como o material deve aparecer em sua forma final. No caso do hipertexto, as marcações vermelhas são substituídas por tags HTML e o navegador desempenha o papel do tipógrafo, lendo as marcações HTML para entender como o texto deve ser apresentado na tela do computador.

A versão codificada de HTML (chamada de versão **fonte**) de uma página extremamente simples é mostrada na Figura 4.9a. Note que as tags são delineadas pelos símbolos < e >. O documento fonte HTML consiste em

a. A página codificada usando HTML.

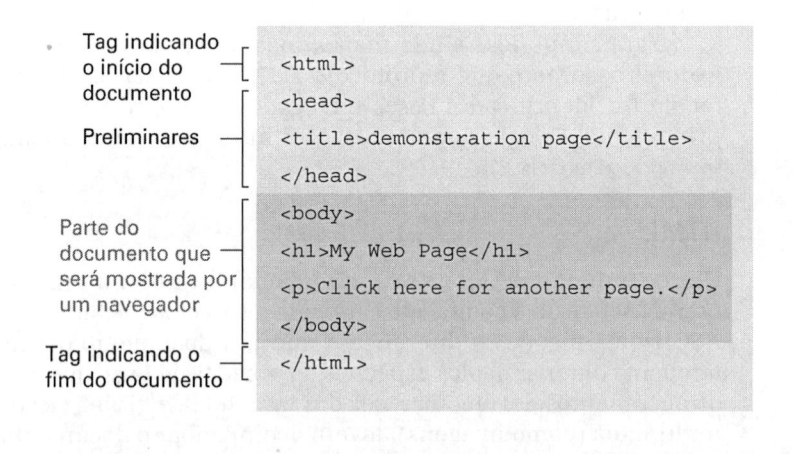

```
<html>
<head>
<title>demonstration page</title>
</head>
<body>
<h1>My Web Page</h1>
<p>Click here for another page.</p>
</body>
</html>
```

Tag indicando o início do documento — `<html>`
Preliminares — `<head>` ... `</head>`
Parte do documento que será mostrada por um navegador — `<body>` ... `</body>`
Tag indicando o fim do documento — `</html>`

b. A página como ela apareceria em uma tela de computador.

My Web Page

Click here for another page.

Figura 4.9 Página Web simples.

duas seções – um cabeçalho (envolto pelas tags <head> e </head>) e um corpo (envolto pelas tags <body> e </body>). A distinção entre o cabeçalho e o corpo de uma página Web é similar àquela entre o cabeçalho e o corpo de um memorando de escritórios. Em ambos os casos, o cabeçalho contém informações preliminares sobre o documento (data, assunto, etc., no caso de um memorando). O corpo contém o cerne do documento, que no caso de uma página Web é o material a ser apresentado na tela do computador quando a página for mostrada.

O cabeçalho da página Web mostrada na Figura 4.9a contém apenas o título do documento (envolto nas tags "title"). Esse título é usado apenas para propósitos de documentação, não é parte da página que será mostrada na tela do computador.* O material mostrado na tela está contido no corpo do documento.

A primeira entrada no corpo do documento na Figura 4.9a é um título de nível um (envolto pelas tags <h1> e </h1>) contendo o texto "My Web Page" (Minha Página Web). Ser um título de nível um diz que o navegador deve mostrá-lo de maneira proeminente na tela. A próxima entrada no corpo é um parágrafo de texto (envolto pelas tags <p> e </p>), contendo o texto "Click here for another page." (Clique aqui para outra página.). A Figura 4.9b mostra a página como ela seria apresentada por um navegador na tela de um computador.

Em sua forma atual, a página na Figura 4.9 não é completamente funcional: nada acontecerá quando o usuário clicar na palavra *here* (aqui), mesmo que a página diga que fazer isso fará com que o navegador mostre outra página. Para gerar a ação apropriada, devemos ligar a palavra *here* a outro documento.

Vamos supor que, quando clicássemos na palavra *here*, quiséssemos que o navegador obtivesse e mostrasse a página da URL http://crafty.com/demo.html. Para fazer isso, primeiro envolveríamos a palavra *here* no código-fonte da página com as tags <a> e </a>, que são chamadas tags de âncora. Dentro da tag de âncora de abertura inserimos o parâmetro

    href = http://crafty.com/demo.html

(conforme mostrado na Figura 4.10a), indicando que a referência de hipertexto (href) associada à tag é a URL após o sinal de igualdade (http://crafty.com/demo.html). Tendo adicionado as tags de âncora, a página Web agora aparecerá conforme mostrado na Figura 4.10b. Note que é idêntica à Figura 4.9b, exceto que agora a palavra *here* está em destaque, indicando que ela é uma ligação para outro documento Web. Clicar em termos em destaque fará com que o navegador obtenha e mostre o documento Web associado. Assim, é por meio de tags de âncora que os documentos Web são ligados uns aos outros.

Por fim, devemos indicar como uma imagem poderia ser incluída em nossa página Web simples. Para isso, vamos supor que uma codificação JPEG da imagem que queremos incluir seja armazenada como o arquivo OurPic.jpg no diretório Images em Images.com e está disponível por meio do servidor Web nessa localização. Nessas condições, podemos ordenar a

---

* N. de R.T.: Embora comumente seja mostrado no topo da janela do navegador.

a. A página codificada usando HTML.

```
<html>
<head>
<title>demonstration page</title>
</head>
<body>
<h1>My Web Page</h1>
<p>Click
    <a href="http://crafty.com/demo.html">
    here
    </a>
    for another page.</p>
</body>
</html>
```

Tag de âncora contendo parâmetro → `<a href="http://crafty.com/demo.html">`

Tag de âncora de fechamento → `</a>`

b. A página como ela apareceria em uma tela de computador.

My Web Page

Click here for another page.

Figura 4.10 Página Web simples aprimorada.

um navegador que mostre a imagem no topo da página Web inserindo a tag de imagem `<img src = "http://Images.com/Images/OurPic.jpg">` imediatamente após a *tag* `<body>` no documento fonte HTML. Isso diz ao navegador que a imagem chamada `OurPic.jpg` deve ser mostrada no início do documento. (O termo `src` é um diminutivo de *source* – fonte –, o que significa que a informação após o sinal de igualdade indica a fonte da imagem a ser mostrada.) Quando o navegador encontrar essa tag, ele enviará uma mensagem ao servidor HTTP em `Images.com` solicitando a imagem `OurPic.jpg` e mostrará a imagem apropriadamente.

Se movermos a *tag* de imagem para o final do documento, logo antes da tag `</body>`, o navegador mostraria a imagem no final da página Web.

Existem, é claro, técnicas mais sofisticadas para posicionar uma imagem em uma página Web, mas elas não nos interessam neste momento.

XML

HTML é essencialmente um sistema notacional pelo qual um documento de texto, juntamente à sua aparência, pode ser codificado como um simples arquivo de texto. De maneira similar, também podemos codificar material não textual na forma de arquivos de texto – um exemplo são as partituras musicais. À primeira vista, o padrão de pauta, os compassos e as notas nas quais as músicas são tradicionalmente representadas não estão em conformidade com o formato caractere a caractere ditado pelos arquivos de texto. Entretanto, podemos resolver esse problema desenvolvendo um sistema alternativo de notação. Mais precisamente, poderíamos entrar em um consenso e representar o início de uma pauta como <staff clef = "treble">; o final da pauta como </staff>; uma assinatura de tempo com a forma <time> 2/4 </time>; o início e o fim de um compasso como <measure> e </measure>, respectivamente; uma nota como uma oitava nota em C como <notes> oitava em C </notes> e assim por diante. Então, o texto

```
<staff clef = "treble"> <key>C menor</key>
<time> 2/4 </time>
<measure> <rest> oitava </rest> <notes> oitava em G,
oitava em G, oitava em G </notes></measure>
<measure> <notes> mínima em E </notes></measure>
</staff>
```

poderia ser usado para codificar a música mostrada na Figura 4.11. Usando tal notação, partituras musicais poderiam ser codificadas, modificadas, armazenadas e transferidas pela Internet como arquivos de texto. Além disso, aplicativos de software poderiam ser escritos para apresentar o conteúdo de tais arquivos na forma de partituras musicais tradicionais ou mesmo tocar a música em um sintetizador.

Note que nosso sistema de codificação de partituras musicais envolve o mesmo estilo usado por HTML. Escolhemos delinear as tags que identificam componentes pelos símbolos < e >. Escolhemos indicar o início e o fim de estruturas (como pauta, cadeia de notas ou compasso) por tags com esses mesmos nomes (em inglês) – a tag final sendo designada por uma barra (uma tag <measure> foi terminada com uma tag </measure>). E escolhemos indicar atributos especiais dentro de tags com expressões como clef = "treble". Esse mesmo estilo poderia também ser usado

Figura 4.11 Primeiros dois compassos da Quinta Sinfonia, de Beethoven.

para representar outros formatos, como expressões matemáticas e imagens gráficas.

A **Linguagem de Marcação Extensível (XML – *eXtensible Markup Language*)** é um estilo padronizado (similar ao de nosso exemplo musical) para projetar sistemas notacionais para a representação de dados como arquivos de texto. (Na verdade, XML é um derivativo simplificado de um conjunto mais antigo de padrões chamado de Linguagem de Marcação Generalizada Padrão, mais conhecida como SGML – *Standard Generalized Markup Language*.) Seguindo o padrão XML, sistemas notacionais chamados de **linguagens de marcação** têm sido desenvolvidos para representar expressões matemáticas, apresentações multimídia e músicas. Na verdade, HTML é a linguagem de marcação baseada no padrão XML desenvolvido para representar páginas Web. (A versão original de HTML foi desenvolvida antes de o padrão XML ter se solidificado e, logo, alguns recursos de HTML não estão estritamente em conformidade com XML. Por isso, você poderá ver referências a XHTML, que é a versão de HTML que adere corretamente ao padrão XML.)

XML fornece um bom exemplo de como os padrões são projetados para terem aplicações de amplo espectro. Em vez de projetar linguagens de marcação individuais, não relacionadas, para codificar vários tipos de documentos, a abordagem representada por XML é desenvolver um padrão para linguagens de marcação em geral. Com esse padrão, as linguagens de marcação podem ser desenvolvidas para diversas aplicações. As linguagens de marcação desenvolvidas dessa maneira possuem uma uniformidade que permite que elas sejam combinadas de forma a obter linguagens de marcação para aplicações complexas, como documentos de texto que contêm segmentos de partituras musicais e expressões matemáticas.

Por fim, devemos notar que XML permite o desenvolvimento de novas linguagens de marcação que diferem de HTML, pois enfatizam a semântica ao invés da aparência. Por exemplo, com HTML, os ingredientes em uma receita podem ser marcados de forma que apareçam em uma lista na qual cada ingrediente esteja posicionado em uma linha separada. No entanto, se usássemos *tags* orientadas à semântica, os ingredientes em uma receita poderiam ser marcados como ingredientes (talvez usando as *tags* `<ingrediente>` e `</ingrediente>`) em vez de meros itens em uma lista. A diferença é sutil, mas importante. A abordagem semântica permitiria que **motores de busca** (sites que auxiliam os usuários a localizarem na Web material sobre um assunto de interesse) identificassem receitas que contivessem ou não certos ingredientes, o que seria uma melhoria substancial, já que apenas receitas que contenham ou não certas palavras poderiam ser isoladas. Mais precisamente, se tags semânticas forem usadas, um motor de busca poderia identificar receitas de lasanha que não contenham espinafre, enquanto uma busca similar baseada meramente em conteúdos de palavras pularia uma receita que iniciasse com "Esta lasanha não contém espinafre". Por sua vez, ao usar um padrão que englobe toda a Internet para a marcação de documentos de acordo com a semântica em vez de com a aparência, uma Web *semântica*, em vez da Web *sintática* que temos hoje, seria criada.

Atividades no lado cliente e no lado servidor

Considere agora os passos que seriam necessários para que um navegador obtivesse a página Web simples mostrada na Figura 4.10 e mostrasse-a na tela do navegador do computador. Primeiro, para desempenhar o papel de um cliente, o navegador usaria a informação em uma URL (talvez obtida da pessoa que está usando o navegador) para contatar o servidor Web que controla o acesso à página e pedir que uma cópia da página seja transferida a ele. O servidor responderia enviando o documento de texto mostrado na Figura 4.10a ao navegador. O navegador, então, interpretaria as tags HTML no documento para determinar como a página deveria ser mostrada e apresentaria o documento na tela do computador de acordo com as tags fornecidas. O usuário do navegador veria uma imagem como a mostrada na Figura 4.10b. Se o usuário, então, clicasse o mouse sobre a palavra *here*, o navegador usaria a URL na tag de âncora associada para contatar o servidor apropriado para obter e mostrar outra página Web. Em resumo, o processo consiste em o navegador simplesmente obter e mostrar páginas Web conforme as solicitações do usuário.

E se quiséssemos que uma página Web envolvesse animação ou que uma página permitisse a um cliente preencher um formulário de pedido e submeter tal pedido? Essas necessidades demandariam atividades adicionais por parte ou do navegador ou do servidor Web. Tais atividades são chamadas de atividades do **lado cliente**, se forem realizadas por um cliente (como um navegador), ou de atividades do **lado servidor**, se forem realizadas por um servidor (como um servidor Web).

Como um exemplo, suponha que um agente de viagens quisesse que os clientes fossem capazes de identificar destinos desejados e datas de viagem; o agente, por sua vez, apresentaria ao cliente uma página Web customizada contendo apenas a informação pertinente às necessidades de tal cliente. Neste caso, o site da agência de viagens forneceria primeiro uma página Web que apresentasse ao cliente os destinos disponíveis. Com base nessa informação, o cliente especificaria os destinos de interesse e as datas desejadas de viagem (uma atividade no lado cliente). Essa informação seria, então, transferida de volta para o servidor da agência, no qual seria usada para construir a página Web customizada (uma atividade no lado servidor) que seria, então, enviada para o navegador do cliente.

Outro exemplo ocorre quando os serviços de uma máquina de buscas são usados. Neste caso, um usuário no cliente especifica um tópico de interesse (uma atividade no lado cliente) que, então, é transferido para a máquina de buscas, na qual uma página Web customizada é construída, identificando documentos de possível interesse (uma atividade no lado servidor), e enviada de volta ao cliente. Um outro exemplo ocorre no caso de **correio na Web** – uma forma cada vez mais popular pela qual os usuários de computadores são capazes de acessar seus emails por meio de navegadores Web. Neste caso, o servidor Web é um intermediário entre o cliente e o servidor de correio do cliente. Essencialmente, o servidor Web constrói páginas Web que contêm informações do servidor de correio (uma atividade do lado servidor) e envia essas páginas para o cliente, e o navegador do cliente as mostra (uma atividade do lado cliente). Reciprocamente, o navegador permite que o usuário crie mensagens (uma atividade do lado cliente) e envie essa informação para o servidor Web, que encaminha as mensagens ao servidor de correio (uma atividade do lado servidor) para despacho.

Existem diversos sistemas para realizar atividades no lado cliente e no lado servidor, todos competindo entre si por proeminência. Um meio novo e já popular de controlar atividades no lado cliente é a inclusão de programas escritos na linguagem JavaScript (desenvolvida pela Netscape Communications, Inc.) dentro do documento fonte HTML da página Web. A partir dele, um navegador pode extrair os programas e executá-los conforme seja necessário. Outra abordagem (desenvolvida pela Sun Microsystems) é primeiramente transferir uma página Web para um navegador, depois, transferir unidades de programa adicionais chamadas de *applets* (escritos na linguagem Java) para o navegador conforme requisitado dentro do documento fonte HTML. Outra abordagem é o sistema Flash (desenvolvido pela Macromedia), pelo qual apresentações multimídia amplas no lado cliente podem ser implementadas.

Uma das primeiras maneiras de controlar atividades no lado servidor utilizava um conjunto de padrões chamado CGI (*Common Gateway Interface*), pelo qual os clientes poderiam requisitar a execução de programas armazenados em um servidor. Uma variação dessa abordagem (desenvolvida pela Sun Microsystems) é permitir que os clientes façam com que unidades de programa chamadas de *servlets* sejam executadas no lado servidor. Uma versão simplificada da abordagem de *servlets* é aplicável quando a atividade do lado servidor solicitada é a construção de uma página Web customizável, como no nosso exemplo da agência de viagens. Neste caso, modelos de páginas web chamados de *JavaServer Pages* (JSP) são armazenados no servidor Web e completados com informações recebidas de um cliente. Uma abordagem similar é usada pela Microsoft, na qual os modelos a partir dos quais páginas Web customizadas são construídas são chamados de *Active Server Pages* (ASP). Em contraste com esses sistemas proprietários, PHP (inicialmente um acrônimo para *Personal Home Page*, mas agora considerado como *PHP Hypertext Preprocessor*) é um sistema de código aberto para implementação de funcionalidades no lado servidor.

Por fim, seríamos omissos se não reconhecêssemos os problemas de segurança e os problemas éticos que surgem ao permitirmos que clientes e servidores executem programas nas máquinas dos outros. O fato de os servidores Web rotineiramente transferirem programas para os clientes, onde eles são executados, levam a questões éticas acerca do lado servidor e questões de segurança no lado cliente. Se o cliente executar cegamente quaisquer programas enviados a ele por um servidor Web, ele dá margem a atividades mal-intencionadas por parte do servidor. Da mesma maneira, o fato de os clientes poderem fazer com que programas sejam executados no servidor leva a questões éticas no lado cliente e de segurança no lado do servidor. Se o servidor executar cegamente quaisquer programas enviados a ele por um cliente, podem ocorrer brechas de segurança e estragos no servidor.

> **Questões e exercícios**
>
> 1. O que é uma URL? O que é um navegador?
> 2. O que é uma linguagem de marcação?
> 3. Qual é a diferença entre HTML e XML?
> 4. Qual é o propósito de cada uma das seguintes tags HTML?
>   a. `<html>`
>   b. `<head>`
>   c. `</p>`
>   d. `</a>`
> 5. A que os termos *lado cliente* e *lado servidor* se referem?

*4.4 Protocolos da Internet

O conteúdo desta seção está disponível no site www.grupoa.com.br e pode ser acessado livremente.

4.5 Segurança

Quando um computador está conectado a uma rede, ele se torna passível de acessos não autorizados e vandalismo. Nesta seção, tratamos dos tópicos associados a esses problemas.

Formas de ataque

Existem diversas maneiras pelas quais um sistema computacional e seus conteúdos podem ser atacados via conexões de rede. Muitas delas incorporam o uso de software mal-intencionado (coletivamente conhecido como *malware*). Tais aplicativos de software podem ser transferidos para o computador e executados nele, ou podem atacar o computador à distância. Exemplos de aplicativos de software transferidos para um computador sob ataque e executados nele incluem vírus, worms, cavalos de Troia e spyware, cujos nomes refletem as características primárias.

A equipe de resposta a emergências computacionais

Em novembro de 1988, um worm lançado na Internet causou uma interrupção significativa do serviço. Consequentemente, a Agência de Projetos de Pesquisa Avançada em Defesa (DARPA – *Defense Advanced Research Projects Agency*) formou a Equipe de Resposta a Emergências Computacionais (CERT – *Computer Emergency Response Team*), localizada no Centro de Coordenação da CERT, na Universidade de Carnegie-Mellon. A CERT é o "guardião" da segurança na Internet. Dentre seus deveres estão a investigação de problemas de segurança, a emissão de alertas de segurança e a implementação de campanhas de conscientização pública para melhorar a segurança na Internet. O Centro de Coordenação da CERT mantém um site em http://www.cert.org, no qual publica notícias acerca de suas atividades.

Um **vírus** é um aplicativo de software que infecta um computador inserindo-se em programas que já residem na máquina. Então, quando o programa "hospedeiro" é executado, o vírus também é. Quando executados, muitos vírus fazem pouco além de tentar se transferir para outros programas dentro do computador. Alguns vírus, entretanto, realizam ações devastadoras, como degradar porções do sistema operacional, apagando grandes blocos de armazenamento de dados, ou corromper dados e outros programas.

Um **worm** é um programa autônomo que se transfere por meio de uma rede, fixando residência nos computadores e encaminhando cópias de si mesmo para outros computadores. Como no caso de um vírus, um worm pode ser projetado simplesmente para se replicar ou para realizar ações prejudiciais mais extremas. Uma consequência característica de um worm é uma explosão de cópias replicadas do worm que degradam o desempenho de aplicações legítimas e podem, em última análise, sobrecarregar uma rede ou uma internet inteira.

Um **cavalo de Troia** é um programa que entra em um sistema computacional disfarçado de programa desejável, como um jogo ou um pacote utilitário voluntariamente importado pela vítima. Uma vez no computador, entretanto, o cavalo de Troia realiza atividades adicionais que podem ter efeitos prejudiciais. Algumas vezes, essas atividades iniciam imediatamente. Em outros casos, o cavalo de Troia pode permanecer adormecido até que seja acionado por um evento específico, como uma data pré-selecionada para o início das atividades. Cavalos de Troia frequentemente chegam na forma de anexos de mensagens de email. Quando o anexo é aberto (ou seja, quando o recebedor do email pede para ver o anexo), as atividades destrutivas do cavalo de Troia são ativadas. Logo, anexos de email de fontes desconhecidas nunca devem ser abertos.

Outra forma de aplicativos de software mal-intencionados é chamada de **spyware** (algumas vezes chamada de software de *sniffing*), um aplicativo que coleta informações acerca de atividades no computador em que reside e relata essa informação de volta para o instigador do ataque. Algumas empresas usam spyware como uma forma de construir perfis de usuários e, neste contexto, essa prática possui méritos éticos questionáveis. Em outros casos, aplicativos de spyware podem ser usados para propósitos obviamente mal-intencionados, como gravar as sequências de símbolos digitadas no teclado de um computador em busca de senhas ou de números de cartões de crédito.

De maneira oposta à obtenção de informações secretamente por meio de *sniffing* via spyware, **phishing** é uma técnica para obter informações explicitamente, simplesmente pedindo-as. O termo *phishing* é um trocadilho com a palavra *fishing* (pescaria), pois o processo envolvido é lançar algumas "linhas" na esperança que alguém "morda a isca". Phishing é frequentemente conduzido por email e, nessa forma, é parecido com o antigo trote telefônico. O perpetrador envia mensagens de email fingindo ser uma instituição financeira, uma agência governamental ou uma agência policial. O email pede que a vítima em potencial forneça informações que supostamente seriam necessárias para propósitos legítimos. Entretanto, a informação obtida é usada pelo perpetrador com propósitos hostis.

Em contraste a sofrer infecções internas como vírus e *spyware*, um computador em uma rede pode também ser atacado por aplicativos de software executados em outros computadores no sistema. Um exemplo é um ataque de **negação de serviço (DoS – *Denial of Service*)**, que é o processo de sobrecarregar um computador com mensagens. Ataques de negação de serviço têm sido lançados contra grandes servidores Web comerciais na Internet, de forma a interromper os negócios da empresa, e, em alguns casos, têm realmente feito as atividades comerciais das empresas pararem.

Um ataque de negação de serviço requer a geração de um grande número de mensagens em um curto período de tempo. Para realizar isso, um atacante normalmente planta aplicativos de software em diversos computadores livres de suspeitas que gerarão mensagens quando um sinal for dado. Então, quando o sinal é dado, todos esses computadores inundam o alvo com mensagens. Inerentemente, então, nos ataques de negação de serviço está a disponibilidade de computadores livres de suspeitas para serem usados como cúmplices. É por isso que todos os usuários de PCs são desencorajados a deixarem seus computadores conectados à Internet quando ele não estão sendo usados. Estima-se que uma vez que um PC esteja conectado à Internet, ao menos um intruso tentará explorar sua existência dentro de 20 minutos. Assim, um PC desprotegido representa uma ameaça significativa à integridade da Internet.

Outro problema associado à abundância de mensagens indesejadas é a proliferação de emails indesejados, chamados de **spam**. Entretanto, diferentemente de um ataque de negação de serviço, o volume de spam raramente é suficiente para sobrecarregar o sistema computacional. No entanto, o efeito do spam é sobrecarregar a pessoa que o recebe. Esse problema é amplificado pelo fato de, como já vimos, o spam ser um meio amplamente adotado para phishing e para instigar cavalos de Troia que podem espalhar vírus ou outros aplicativos de software destrutivos.

Proteção e curas

O antigo provérbio "é melhor prevenir do que remediar" é certamente verdadeiro no contexto do controle de vandalismo sobre conexões de rede. Uma técnica primária de prevenção é filtrar o tráfego que passa por um ponto da rede, normalmente com um programa chamado de **firewall**. Por exemplo, um firewall poderia ser instalado em uma porta de ligação da intranet de uma organização para filtrar mensagens que passam pela região (tanto de entrada quanto de saída). Tais firewalls podem ser projetados para bloquear mensagens de saída com certos endereços de destino ou para bloquear mensagens de entrada de origens que são conhecidamente fontes de problemas. Essa última função é uma ferramenta para barrar um ataque de negação de serviço, pois fornece um meio de bloquear o tráfego que vem dos computadores atacantes. Outra regra comum de um firewall em uma porta de ligação é bloquear todas as mensagens que chegam que possuem endereços de origem dentro da região acessada por meio da porta de ligação, pois tais mensagens indicariam que um intruso está tentando se passar por um membro da região interna. A técnica de disfarçar-se como outra entidade é conhecida como *spoofing*.

Os firewalls também são usados para proteger computadores individuais ao invés de redes ou de domínios inteiros. Por exemplo, se um computador não está sendo usado como um servidor Web, um servidor de nomes ou um servidor de emails, então um firewall deveria ser instalado no computador para bloquear todo o tráfego de chegada endereçado a tais aplicações. De fato, uma maneira pela qual um intruso poderia obter acesso a um computador é estabelecendo contato por meio de um "furo" deixado por um servidor inexistente. Em particular, um método para obter informações coletadas por spyware é estabelecer um servidor clandestino no computador infectado, por meio do qual alguns clientes mal-intencionados poderiam obter os achados do aplicativo de spyware. Um firewall instalado de maneira apropriada poderia bloquear as mensagens desses clientes mal-intencionados.

Algumas variações de firewalls são projetadas para propósitos específicos – um exemplo são os **filtros de spam**, firewalls projetados para bloquear emails indesejados. Muitos filtros de spam usam técnicas sofisticadas para distinguir entre emails desejados e spam. Alguns aprendem a fazer esta distinção por um processo de treinamento no qual o usuário identifica itens de spam até que o filtro adquira exemplos suficientes para tomar suas próprias decisões. Esses filtros são exemplos de como uma variedade de áreas do conhecimento (teoria da probabilidade, inteligência artificial, etc.) podem contribuir juntas para o avanço em outras áreas.

Outra ferramenta de prevenção que possui características de filtro é o servidor proxy. Um **servidor proxy** é uma unidade de software que age como um intermediário entre um cliente e um servidor, com o objetivo de proteger o cliente de ações adversas do servidor. Sem um servidor proxy, um cliente se comunica diretamente com um servidor, o que significa que o servidor tem a oportunidade de conhecer certa quantidade de informação dos clientes. Ao longo do tempo, à medida que muitos clientes dentro da intranet de uma organização lidam com um servidor distante, tal servidor pode coletar uma ampla quantidade de informação sobre a estrutura interna da intranet – informação que pode ser posteriormente usada para atividades mal-intencionadas. Para lidar com isso, uma organização pode estabelecer um servidor proxy para um tipo de serviço específico (FTP, HTTP, telnet, etc.). Então, cada vez que um cliente dentro da intranet tentar contatar um servidor desse tipo, o cliente é, na verdade, colocado em contato com o servidor proxy. Por sua vez, o servidor proxy, desempenhando o papel de um cliente, contata o servidor propriamente dito. A partir disso, o servidor proxy desempenha o papel de um intermediário entre o cliente real e o servidor real, repassando mensagens de um para outro. A primeira vantagem dessa disposição é que o servidor real não tem como saber que o servidor proxy não é o cliente real; na verdade, ele nem fica ciente da existência do cliente real. Por sua vez, o servidor real não tem como conhecer os recursos internos da intranet. A segunda vantagem é que o servidor proxy está em posição de filtrar todas as mensagens enviadas do servidor para o cliente. Por exemplo, um servidor proxy FTP poderia verificar todos os arquivos que chegam em relação à presença de vírus conhecidos e bloquear todos os arquivos infectados.

Outra ferramenta para prevenir problemas em um ambiente de rede são os aplicativos de software de auditoria, similares aos aplicativos de auditoria dos quais falamos em nossa discussão sobre segurança de sistemas operacionais (Seção 3.5). Usando software de auditoria de rede, um administrador de sistemas pode detectar um aumento súbito de tráfego de mensagens em vários locais dentro do ambiente do administrador, monitorar as atividades dos firewalls do sistema e analisar o padrão de requisições feitas pelos computadores individuais para detectar irregularidades. Na realidade, software de auditoria é uma ferramenta primária do administrador para identificar problemas antes que eles saiam do controle.

Outra forma de defesa contra invasões via conexões de rede são os aplicativos de software chamados de **antivírus**, usados para detectar a presença de viroses conhecidas e outras infecções e removê-las. (Na verdade, os antivírus representam uma ampla classe de produtos de software, cada um projetado para detectar e remover um tipo específico de infecção. Por exemplo, enquanto muitos produtos se especializam em controle de vírus, outros se especializam em proteção contra spyware.) É importante para os usuários desses pacotes entenderem que, assim como no caso dos sistemas biológicos, novas infecções para computadores estão constantemente surgindo, o que requer vacinas atualizadas. Logo, a manutenção dos antivírus deve ser feita rotineiramente por meio do download de atualizações fornecidas pela empresa que provê o aplicativo. Mesmo assim, isso não garante a segurança de um computador. Afinal, um novo vírus pode infectar vários computadores antes de ele ser descoberto e de uma vacina ser produzida. Logo, um usuário de computador sensato nunca abre anexos de emails de fontes desconhecidas, não faz download de software sem primeiro confirmar sua confiabilidade, não responde a anúncios *pop-up* e não deixa um PC conectado à Internet quando a conexão não é necessária.

Criptografia

Em alguns casos, o propósito do vandalismo de rede é interromper o sistema (como no caso dos ataques de negação de serviço); em outros casos, o objetivo final é obter acesso a informação. As formas tradicionais de proteger informação são pelo controle de seu acesso por uso de senhas. Entretanto, senhas podem ser comprometidas e possuem pouco valor quando os dados são transferidos por redes e internets, nas quais as mensagens são manipuladas por entidades desconhecidas. Nestes casos, a criptografia pode ser usada para que, mesmo que os dados caiam em mãos inescrupulosas, a informação codificada permaneça confidencial. Atualmente, muitas aplicações tradicionais de Internet têm sido alteradas para incorporar técnicas de criptografia, produzindo as chamadas "versões seguras" das aplicações. Exemplos incluem **FTPS**, uma versão segura do FTP, e SSH, que apresentamos na Seção 4.2 como um substituto seguro para o telnet.

Um outro exemplo é a versão segura do HTTP, conhecida como **HTTPS**, usada pela maioria das instituições financeiras para fornecer aos consumidores acesso seguro às suas contas. A espinha dorsal do HTTPS é o sistema de protocolos conhecido como **Camada de Sockets Seguros (SSL – *Secure Sockets Layer*)**, originalmente desenvolvido pela Netscape para fornecer ligações seguras de comunicação entre clientes e servidores Web. A maioria dos navegadores indica o uso de SSL mostrando um pequeno ícone de um cadeado na tela do computador. (Alguns usam a presença ou a ausência do ícone para indicar se o SSL está sendo usado; outros mostram o cadeado em posição fechada ou aberta.)

Um dos tópicos mais fascinantes da área da criptografia é a **criptografia de chave pública**, que envolve técnicas pelas quais sistemas de criptografia são projetados de forma que mesmo tendo o conhecimento sobre como as mensagens foram criptografadas, não se pode decriptá-las. Essa característica é, de certa forma, não intuitiva. Afinal, a intuição sugeriria que se uma pessoa sabe como as mensagens foram criptografas, esta pessoa seria capaz de reverter o processo de criptografia e, logo, decriptar as mensagens. No entanto, os sistemas de criptografia de chave pública desafiam essa lógica.

Um sistema de criptografia de chave pública envolve o uso de dois valores chamados de **chaves**. Uma delas, conhecida como **chave pública**, é usada para criptografar mensagens; a outra chave, conhecida como **chave privada**, é necessária para decriptar mensagens. Para usar o sistema, a chave pública primeiro é distribuída para quem precisa enviar mensagens a um destino específico. A chave privada é mantida sob a guarda desse destino. Então, a origem de uma mensagem pode criptografar a mensagens usando a chave pública e enviar a mensagem ao seu destino com a garantia de que seu conteúdo é seguro, mesmo que ele seja manipulado por intermediários que também conhecem a chave pública. De fato, o único envolvido capaz de decriptar a mensagem é a entidade no destino da mensagem, que detém a chave privada. Logo, se Bob cria um sistema de criptografia de chave pública e dá a Alice e a Carol a chave pública, tanto Alice quanto Carol podem criptografar mensagens para Bob, mas não podem espionar as mensagens uma da outra. De fato, se Carol interceptar uma mensagem de Alice, ela não pode decriptá-la, mesmo sabendo como Alice a encriptou (Figura 4.16).

Existem, é claro, problemas sutis que aparecem em sistemas de chave pública. Um deles é garantir que a chave pública usada é, na verdade,

---

Pretty Good Privacy

Talvez os sistemas de criptografia de chave pública mais populares usados na Internet sejam baseados no algoritmo RSA, um acrônimo dos sobrenomes de seus inventores, Ron Rivest, Adi Shamir e Len Adleman, que serão discutidos em detalhes no final do Capítulo 12. As técnicas do RSA (dentre outras) são usadas em um conjunto de pacotes de software produzidos pela PGP Corporation. PGP é um acrônimo para *Pretty Good Privacy* (Privacidade Muito Boa). Esses pacotes são compatíveis com a maioria dos aplicativos de email usados nos PCs e estão disponíveis, sem custos, para uso pessoal e não comercial em http://www.pgp.com. Usando software PGP, um indivíduo pode gerar chaves públicas e privadas, criptografar com chaves públicas e decriptar mensagens com chaves privadas.

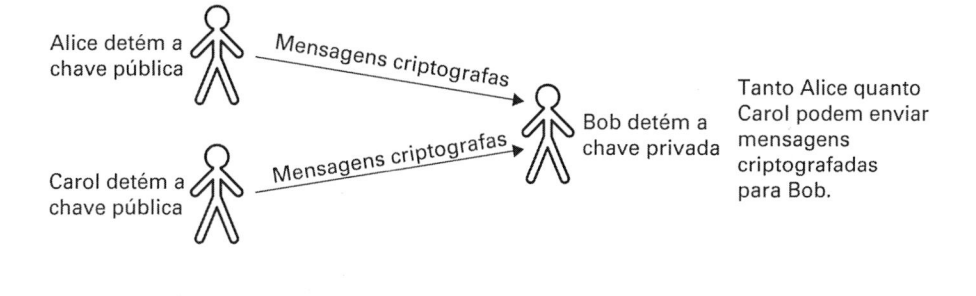

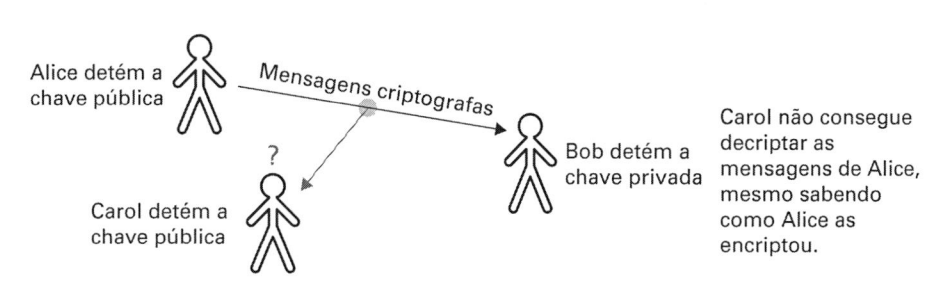

Figura 4.16 Criptografia de chave pública.

a chave apropriada para a entidade de destino. Por exemplo, se você está se comunicando com o seu banco, você quer ter certeza de que a chave pública que você está usando para criptografar é a do banco e não a de um impostor. Se um impostor se apresenta como o banco (um exemplo de *spoofing*) e dá a você sua chave pública, as mensagens que você encriptar e enviar para o "banco" terão significado para o impostor, mas não para o seu banco. Logo, a tarefa de associar chaves públicas com as entidades corretas é importante.

Uma abordagem para resolver esse problema é estabelecer sites de Internet confiáveis, chamados de **autoridades certificadoras**, cuja tarefa é manter listas precisas de entidades e de suas chaves públicas. Essas autoridades, agindo como servidores, fornecem informações confiáveis de chaves públicas para seus clientes em pacotes conhecidos como certificados. Um **certificado** é um pacote que contém o nome e a chave pública de uma entidade. Muitas autoridades certificadoras comerciais estão agora disponíveis na Internet, apesar de ser também comum que organizações mantenham suas próprias autoridades certificadoras para ter um controle mais rígido sobre a segurança da comunicação da organização.

Por fim, devemos comentar sobre o papel que os sistemas de criptografia de chave pública desempenham na resolução de problemas de **autenticação** – certificar-se de que o autor de uma mensagem é, na verdade, a entidade que afirma ser. O ponto crítico aqui é que, em alguns sistemas de criptografia de chave pública, os papéis das chaves para encriptar e decriptar podem ser invertidos. Ou seja, o texto pode ser criptografado com a chave privada, e como apenas uma entidade possui acesso a essa chave, qualquer texto encriptado deve ser originado dessa entidade. Dessa maneira, o detentor da chave primária pode produzir um padrão de bits, chamado de **assinatura digital**, que apenas a entidade sabe como produzir. Ao anexar essa assinatura a uma mensagem, o remetente pode marcar a mensagem como autêntica. Uma assinatura digital pode ser tão simples quanto a versão criptografada da mensagem propriamente dita. Tudo o que o remetente deve fazer é encriptar a mensagem que está sendo transmitida usando sua chave privada (a chave normalmente usada para decriptar mensagens). Quando a mensagem é recebida, o receptor usa a chave pública do remetente para decriptar a assinatura. A mensagem revelada é garantidamente autêntica, pois apenas o detentor da chave privada poderia ter produzido a versão criptografada.

Abordagens legais à segurança de redes de computadores

Outra maneira de melhorar a segurança de sistemas computacionais de rede é aplicando medidas legais. Existem, no entanto, dois obstáculos a essa abordagem. O primeiro é que tornar uma ação ilegal não impede que ela ocorra. Tudo o que isso faz é fornecer um recurso legal. O segundo é que a natureza internacional das redes faz com que obter um recurso seja frequentemente muito difícil. O que é ilegal em um país pode ser legal em outro. Por fim, melhorar a segurança de redes por meios legais é um projeto internacional e, assim, deve ser tratado por corpos legais internacionais – um potencial candidato seria a Corte Internacional de Justiça em Haia.

Dito isso, devemos admitir que, apesar de longe de serem perfeitas, as forças legais ainda têm uma influência tremenda, e cabe a nós explorarmos alguns dos passos legais que estão sendo dados para resolver conflitos na área de redes. Para isso, usamos exemplos de leis federais dos EUA. Exemplos similares poderiam ser analisados a partir de outros órgãos governamentais, tais como da União Europeia.

Iniciamos com a proliferação dos aplicativos de malware. Nos Estados Unidos, esse problema é tratado pelo Ato contra Fraudes e Abusos Computacionais, aprovado originalmente em 1984, apesar de ter recebido diversas emendas ao longo do tempo. É sob esse ato que a maioria dos casos envolvendo a introdução de worms e de viroses tem sido processada. Em resumo, o ato requer provas de que o acusado conduziu conscientemente a transmissão de um programa ou de dados que causaram danos intencionalmente.

O Ato contra Fraudes e Abusos Computacionais também cobre casos envolvendo o furto de informações. Em particular, o ato torna ilegal obter algo de valor via acesso não autorizado a um computador. Os tribunais tendem a atribuir uma interpretação ampla à expressão "algo de valor" e, logo, o Ato contra Fraudes e Abusos Computacionais tem sido aplicado para mais do que furto de informação. Por exemplo, tribunais têm julgado que o mero uso de um computador poderia constituir em "algo de valor".

O direito à privacidade é outra, talvez mais controversa, questão que a comunidade legal precisa enfrentar. Questões envolvendo os direitos de um empregador de monitorar as comunicações de empregados e até que ponto um provedor de serviços de Internet estaria autorizado a acessar a informação transmitida por seus clientes têm tido uma reflexão considerável. Nos Estados Unidos, muitas dessas questões são tratadas pelo Ato de Privacidade nas Comunicações Eletrônicas (ECPA – *Electronic Communication Privacy Act*), de 1986, que tem suas origens na legislação de controle de escutas telefônicas. Apesar de o ato ser extenso, sua intenção é resumida em alguns pequenos trechos. Em particular, ele afirma que

> Exceto quando especificamente estabelecido neste capítulo, qualquer pessoa que intencionalmente interceptar, tentar interceptar ou delegar a qualquer outra pessoa a interceptação ou a tentativa de interceptação, de qualquer comunicação por fio, oral, ou eletrônica... deve ser punida conforme estabelecido na subseção (4) ou deve ser alvo de processo conforme descrito na subseção (5).

e

> ... qualquer pessoa ou entidade que forneça um serviço de comunicação eletrônica para o público não deve divulgar intencionalmente os conteúdos de quaisquer comunicações... desse serviço para quaisquer pessoas ou entidades além do endereçado ou destinatário pretendido de tal comunicação ou um agente de tal endereçado ou destinatário pretendido.

Em resumo, o ECPA confirma os direitos do indivíduo à privacidade em comunicações – é ilegal que um provedor de serviços de Internet divulgue informações sobre a comunicação de seus clientes, e é ilegal que pessoas não autorizadas escutem as comunicações de outros. Ainda assim, o ECPA deixa margem para o debate. Por exemplo, a questão relativa aos direitos de um empregador de monitorar a comunicação de seus empregados torna-se uma questão de autorização, e neste caso, os tribunais vêm tendendo a dar ganho de causa aos empregadores quando a comunicação é conduzida usando o equipamento do empregador.

Além disso, o ato vai além, ao dar a algumas agências governamentais a autoridade de monitorar comunicações eletrônicas sob certas circunstâncias. Essas provisões têm sido fonte de muito debate. Por exemplo, em 2000 o FBI revelou a existência de seu sistema, chamado *Carnivore* (Carnívoro), que relata a comunicação de todos os inscritos em um provedor de serviços de Internet ao invés de apenas um alvo designado por um tribunal, e em 2001, em resposta ao ataque terrorista ao World Trade Center, o congresso aprovou o controverso Ato *USA PATRIOT Act* (*Uniting and Strengthening America by Providing Appropriate Tools Required to Intercept and Obstruct Terrorism* – Ato Unindo e Fortalecendo a América por meio do Fornecimento de Ferramentas Apropriadas Necessárias para Interceptar e Obstruir o Terrorismo), que modificou as restrições pelas quais as agências governamentais deviam atuar.

Além das controvérsias legais e éticas levantadas por esses desenvolvimentos, fornecer direitos de monitoramento também levanta alguns problemas técnicos mais pertinentes ao nosso estudo. Um deles é que, para fornecer tais capacidades, um sistema de comunicação deve ser construído e programado de forma que as comunicações possam ser monitoradas. Estabelecer tais capacidades foi objetivo do Ato de Assistência a Comunicações para a Aplicação da Lei (CALEA – *Communications Assistance for Law Enfor-*

cement Act). Ele requer que as operadoras de telecomunicação modifiquem seus equipamentos para acomodar grampos com fins legais – um requisito bastante complexo e caro de ser satisfeito.

Outra questão controversa envolve o embate entre o direito do governo de monitorar as comunicações e o direito do público de usar criptografia. Se as mensagens que estão sendo monitoradas são bem criptografadas, grampear a comunicação possui valor limitado para as agências de aplicação da lei. Governos nos Estados Unidos, Canadá e Europa estão considerando sistemas que requisitariam o registro de chaves criptográficas, mas essas demandas estão sendo combatidas pelas corporações. Afinal, devido à espionagem corporativa, é compreensível que requerer o registro das chaves criptográficas fizesse muitas corporações que obedecem às leis, assim como cidadãos, ficarem desconfortáveis. O quão seguro seria o sistema de registro?

Por fim, como um meio de reconhecer o escopo das questões legais que envolvem a Internet, citamos o Ato de Proteção ao Consumidor contra a Ciberocupação (*Anticybersquatting Consumer Protection Act*), de 1999, projetado para proteger organizações de impostores que podem, de outra forma, estabelecer nomes de domínios similares (uma prática conhecida como *cybersquatting* – ciberocupação). O ato proíbe o uso de nomes de domínios idênticos a outra marca registrada ou que possuam similaridade que provoque confusão em relação a outra marca registrada ou "marcas registradas *de fato*". Um efeito disso é que apesar de o ato não tornar ilegal a especulação com o nome de domínios (o processo de registrar nomes de domínios potencialmente desejáveis e posteriormente vender os direitos a esse nome), ele limita a prática de nomes de domínios genéricos. Logo, um especulador de nomes de domínios poderia registrar legalmente um nome genérico como OtimosCarrosUsados.com, mas não poderia ser capaz de afirmar ter direitos ao nome BigAlCarrosUsados.com se Big Al já estivesse no negócio de carros usados. Tais distinções são frequentemente assunto de debate em processos baseados no Ato de Proteção ao Consumidor contra a Ciberocupação.

Questões e exercícios

1. O que é *phishing*? Como os computadores podem ser proteger de seus efeitos?
2. Que diferenças há entre os tipos de firewall que podem ser colocados na porta de ligação de um domínio em comparação com um *host* individual dentro de um domínio?
3. Tecnicamente, o termo *dados* refere-se à representação da informação, enquanto *informação* refere-se ao significado subjacente. O uso de senhas protege os dados ou a informação? O uso de criptografia protege os dados ou a informação?
4. Que vantagem a criptografia de chave pública possui sobre técnicas mais tradicionais de criptografia?
5. Que questões são associadas às tentativas legais de proteger-se contra problemas de segurança de redes?

Problemas de revisão do capítulo

(Problemas marcados com asterisco relacionam-se às seções disponíveis online, no site www.grupoa.com.br.)

1. O que é um protocolo? Identifique três protocolos apresentados neste capítulo e descreva o propósito de cada um deles.
2. Descreva o modelo cliente/servidor.
3. Descreva o modelo peer-to-peer.
4. Descreva os três tipos de sistemas de computação distribuída.
5. Qual é a diferença entre uma rede aberta e uma fechada?
6. Por que o protocolo CSMA/CD não é aplicável em uma rede sem fio?
7. Descreva os passos seguidos por uma máquina que quer transmitir uma mensagem em uma rede usando o protocolo CSMA/CD.
8. O que é o problema do terminal oculto? Descreva uma técnica para solucioná-lo.
9. Como um concentrador difere-se de um repetidor?
10. Como um roteador difere-se de dispositivos como repetidores, pontes e comutadores?
11. Qual é a distinção entre uma rede e uma internet?
12. Identifique dois protocolos para controlar o direito de transmitir uma mensagem em uma rede.
13. O uso de endereços de 32 bits foi originalmente pensado como capaz de fornecer um amplo espaço para expansão, mas tal conjectura tem provado não ser correta. O IPv6 usa endereçamento de 128 bits. Esse tamanho se provará adequado? Justifique sua resposta. (Por exemplo, você pode comparar o número de endereços possíveis com a população do planeta.)
14. Codifique os seguintes padrões de bits usando notação decimal por pontos.
    a. 0000010100100100010011
    b. 1000000000100000
    c. 0011000000011000
15. Que padrão de bits é representado por cada um dos padrões seguindo a notação decimal por pontos?
    a. 0.0
    b. 26.19.1
    c. 8.12.20.13
16. Suponha que o endereço de um sistema terminal na Internet seja 134.48.4.122. Qual é o endereço de 32 bits em notação hexadecimal?
17. O que é uma busca de DNS?
18. Se o endereço mnemônico de um computador na Internet é
    batman.batcave.metropolis.gov
    o que você poderia conjecturar acerca da estrutura do domínio contendo a máquina?
19. Explique os componentes do endereço de email
    kermit@animals.com
20. No contexto de VoIP, qual é a diferença entre um adaptador de telefone analógico e um telefone embarcado?
21. Qual é o papel de um servidor de correio?
22. Qual a distinção entre N-unicast e multicast?
23. Defina:
    a. Servidor de nomes
    b. ISP de acesso
    c. Porta de ligação
    d. Sistema terminal
24. Defina:
    a. Hipertexto
    b. HTML
    c. Navegador
25. Muitos "usuários leigos" da Internet trocam os termos *Internet* e World Wide Web. A que esses termos corretamente se referem?
26. Quando estiver visualizando um documento Web simples, peça ao seu navegador para que mostre o código-fonte do

documento. Então, identifique a estrutura básica do documento. Em particular, identifique o cabeçalho e o corpo do documento e liste algumas das sentenças que você achar em cada um deles.

27. Liste cinco tags HTML e descreva seu significado.

28. Modifique o documento HTML abaixo, de forma que a palavra "Rover" seja ligada ao documento cuja URL é http://animals.org/pets/dogs.html.

```
<html>
<head>
<title>Example</title>
</head>
<body>
<h1>My Pet Dog</h1>
<p>My dog's name is Rover.</p>
</body>
</html>
```

29. Faça um esboço mostrando como o seguinte documento HTML seria mostrado em uma tela de computador.

```
<html>
<head>
<title>Example</title>
</head>
<body>
<h1>My Pet Dog</h1>
<img src = "Rover.jpg">
</body>
</html>
```

30. Usando o estilo XML informal apresentado no texto, projete uma linguagem de marcação para representar expressões algébricas simples como arquivos de texto.

31. Usando o estilo XML informal apresentado no texto, projete um conjunto de tags que um processador de textos poderia usar para marcar o texto subjacente. Por exemplo, como um processador de textos indicaria que o texto deve ser negrito, itálico, sublinhado e assim por diante?

32. Usando o estilo XML informal apresentado no texto, projete um conjunto de tags que poderia ser usado para marcar revisões de filmes de acordo com a maneira pela qual os itens de texto deveriam aparecer em uma página impressa. Então, projete um conjunto de tags que poderia ser usado para marcar as revisões de acordo com o significado dos itens no texto.

33. Usando o estilo XML informal apresentado no texto, projete um conjunto de tags que poderia ser usado para marcar artigos sobre eventos esportivos de acordo com a maneira como os itens de texto deveriam aparecer em uma página impressa. Então, projete um conjunto de tags que poderia ser usado para marcar os artigos de acordo com o significado dos itens no texto.

34. Identifique os componentes da seguinte URL e descreva o significado de cada um deles.

http://lifeforms.com/animals/moviestars/kermit.html

35. Identifique os componentes de cada uma das seguintes URLs abreviadas:
    a. http://www.farmtools.org/windmills.html
    b. http://castles.org/
    c. www.coolstuff.com

36. Como a ação do navegador seria diferente se você pedisse que ele "encontrasse o documento" na URL

http://stargazer.universe.org

no lugar de

https://stargazer.universe.org?

37. Dê dois exemplos de atividades do lado cliente na Web. Dê dois exemplos de atividades do lado servidor na Web.

*38. O que é o modelo de referência OSI?

*39. Em uma rede baseada na topologia em barramento, o barramento é um recurso não compartilhável pelo qual as máquinas devem competir de forma a transmitir mensagens. Como os impasses (veja a Seção 3.4, disponível no site do Grupo A) são controlados neste contexto?

*40. Liste as quatro camadas na hierarquia de software da Internet e identifique uma tarefa realizada por cada camada.

*41. Por que a camada de transporte fatia mensagens grandes em pequenos pacotes?

*42. Quando uma aplicação pede à camada de transporte para usar TCP para transmitir uma mensagem, que mensagens adicionais serão enviadas pela camada de transporte de forma a satisfazer a requisição da camada de aplicação?

*43. De que maneira o TCP pode ser considerado um protocolo melhor que UDP para implementar a camada de transporte? De que maneira UDP pode ser considerado melhor que TCP?

*44. O que significa dizer que UDP é um protocolo sem conexão?

*45. Em que camada da hierarquia de protocolos TCP/IP um firewall poderia ser colocado para filtrar tráfego de entrada por meio de
   a. Conteúdo da mensagem
   b. Endereço de origem
   c. Tipo de aplicação

*46. Suponha que você queira estabelecer um firewall para filtrar mensagens de email contendo certos termos e frases. Esse firewall seria colocado na porta de ligação de seu domínio ou no servidor de correio do domínio? Explique sua resposta.

47. O que é um servidor proxy e quais são seus benefícios?

48. Resuma os princípios da criptografia de chave pública.

49. De que maneira um PC ocioso desprotegido representa um perigo à Internet?

50. Em que sentido a natureza global da Internet limita as soluções legais para os problemas da Internet?

Questões sociais

As questões a seguir pretendem servir como um guia para os dilemas éticos, sociais e legais associados à área da computação. O objetivo não é meramente responder a estas questões. Você deve também considerar por que as respondeu de uma determinada forma e se suas justificativas mantêm a consistência de uma questão para outra.

1. A habilidade de conectar computadores via redes tem popularizado o conceito de trabalhar em casa. Quais são os benefícios e malefícios disso? Isso afetará o consumo de recursos naturais? Isso fortalecerá as famílias? Isso reduzirá as "políticas de escritório"? As pessoas que trabalham em casa terão as mesmas oportunidades de avanço na carreira que as que trabalham no escritório? Os laços da comunidade se enfraquecerão? O contato reduzido entre as pessoas terá um efeito positivo ou negativo?

2. Oferecer mercadorias pela Internet está se tornando uma alternativa às compras "presenciais". Que efeitos uma mudança nos hábitos de compra teria nas comunidades? E nos centros de compra? E nas pequenas lojas, como livrarias e lojas de vestuário, nas quais você gosta de passear sem comprar? Quais são as vantagens e as desvantagens da compra pelo menor preço possível? Existe alguma obrigação moral em pagar mais por um item de forma a oferecer suporte a um negócio local? É ético comparar produtos em uma loja local e, então, pedir os produtos selecionados com um preço menor via Internet? Quais são as consequências, a longo prazo, desse comportamento?

3. Até que ponto um governo deveria controlar o acesso de seus cidadãos à Internet (ou a qualquer rede internacional)? E em relação a questões que envolvem segurança nacional? Quais são os problemas de segurança que poderiam ocorrer?

4. Fóruns eletrônicos permitem que usuários de redes publiquem mensagens (frequentemente de maneira anônima) e leiam mensagens publicadas por outros

usuários. O gerente de tal fórum deveria ser responsabilizado por seu conteúdo? Uma companhia telefônica deveria ser responsável pelo conteúdo de conversas telefônicas? O gerente de uma mercearia deveria ser responsável pelo conteúdo de um boletim comunitário localizado na loja?

5. O uso da Internet deveria ser monitorado? Deveria ser regulado? Em caso positivo, por quem e até que ponto?

6. Quanto tempo você gasta usando a Internet? Esse tempo é bem gasto? O acesso à Internet alterou suas atividades sociais? Você acha mais fácil falar com as pessoas via Internet que pessoalmente?

7. Quando você compra um pacote de software para um computador pessoal, o desenvolvedor normalmente lhe pede que faça um registro com o desenvolvedor para que você possa ser notificado de futuras atualizações. O processo de registro está cada vez mais sendo tratado via Internet. Normalmente, lhe são solicitadas informações como nome, endereço e talvez o que você tenha aprendido do projeto; e então o aplicativo de software do desenvolvedor transfere esses dados para o próprio desenvolvedor. Que questões éticas seriam levantadas se o desenvolvedor projetasse o software de registro de forma que ele enviasse informações adicionais ao desenvolvedor durante o processo de registro? Por exemplo, o aplicativo poderia varrer o conteúdo de seu sistema e relatar outros pacotes de software encontrados.

8. Quando você visita um site, ele tem a capacidade de gravar dados, os chamados cookies, no seu computador, indicando que você visitou o site. Esses cookies podem ser usados para identificar visitantes que estejam retornando e gravar suas atividades prévias, de forma que visitas futuras ao site possam ser tratadas mais eficientemente. Os cookies em seu computador também fornecem um registro dos sites que você visitou. Um site deveria ser capaz de gravar cookies em seu computador? E sem o seu conhecimento? Quais são os possíveis benefícios dos cookies? Que problemas seu uso poderia causar?

9. Se as corporações fossem obrigadas a registrar suas chaves criptográficas em uma agência governamental, elas estariam seguras?

10. Em geral, as boas maneiras nos dizem para evitar ligar para um amigo em seu local de trabalho para tratar de assuntos pessoais ou sociais, como planejar um programa de fim de semana. De modo similar, a maioria de nós hesitaria em ligar para um cliente em sua casa para descrever um novo produto. Da mesma forma, enviamos convites de casamentos para a residência dos convidados, enquanto enviamos anúncios de conferências de negócios para os endereços de trabalho dos possíveis participantes. É apropriado enviar emails pessoais a um amigo via servidor de correio do local de trabalho dele?

11. Suponha que o dono de um PC deixe-o conectado à Internet, na qual ele é usado por outra entidade para perpetrar um ataque de negação de serviço. Até que ponto o dono do PC deveria ser responsabilizado? Sua resposta depende de o dono ter ou não instalado firewalls apropriados?

12. É ético que companhias que fabricam doces ou brinquedos forneçam jogos em seus sites de forma a entreterem as crianças enquanto promovem os produtos da empresa? Quais são as fronteiras entre entretenimento, propaganda e exploração?

Leitura adicional

Antoniou, G. and F. van Harmelem. *A Semantic Web Primer*. Cambridge, MA: MIT Press, 2004.

Bishop, M. *Introduction to Computer Security*. Boston, MA: Addison-Wesley, 2005.

Comer, D. E. *Computer Networks and Internets,* 5th ed. Upper Saddle River, NJ: Prentice-Hall, 2009.

Comer, D. E. *Internetworking with TCP/IP,* Vol. 1, 5th ed. Upper Saddle River, NJ: Prentice-Hall, 2006.

Goldfarb, C. F. and P. Prescod. *The XML Handbook,* 5th ed. Upper Saddle River, NJ: Prentice-Hall, 2004.

Halsal, F. *Computer Networking and the Internet*. Boston, MA: Addison-Wesley, 2005.

Harrington, J. L. *Network Security: A Practical Approach*. San Francisco: Morgan Kaufmann, 2005.

Kurose, J. F. and K. W. Ross. *Computer Networking: A Top Down Approach Featuring the Internet,* 4th ed. Boston, MA: Addison-Wesley, 2008.

Peterson, L. L. and B. S. Davie. *Computer Networks: A Systems Approach,* 3rd ed. San Francisco: Morgan Kaufmann, 2003.

Rosenoer, J. *CyberLaw, The Law of the Internet*. New York: Springer, 1997.

Spinello, R. A. and H. T. Tavani. *Readings in CyberEthics*. Sudbury, MA: Jones and Bartlett, 2001.

Stallings, W. *Cryptography and Network Security,* 4th ed. Upper Saddle River, NJ: Prentice-Hall, 2006.

Stevens, W. R. *TCP/IP Illustrated,* Vol. 1. Boston, MA: Addison-Wesley, 1994.

CAPÍTULO 5
Algoritmos

No capítulo introdutório, aprendemos que o tema central da ciência da computação é o estudo de algoritmos. Agora, trataremos desse importante tópico. Nosso objetivo é explorar esse conteúdo o suficiente para podermos realmente entender a ciência da computação.

5.1 O conceito de algoritmo
Uma revisão informal
A definição formal de algoritmo
A natureza abstrata dos algoritmos

5.2 Representação de algoritmos
Primitivas
Pseudocódigo

5.3 Descoberta de algoritmos
A arte da resolução de problemas
Dando o primeiro passo

5.4 Estruturas iterativas
O algoritmo de busca sequencial
Controle de laços
O algoritmo de ordenação por inserção

5.5 Estruturas recursivas
O algoritmo de busca binária
Controle recursivo

5.6 Eficiência e correção
Eficiência de algoritmos
Verificação de software

Vimos que antes que um computador possa realizar uma tarefa, deve ser fornecido a ele um algoritmo dizendo precisamente o que fazer; consequentemente, o estudo de algoritmos é a pedra angular da ciência da computação. Neste capítulo, introduzimos muitos dos conceitos fundamentais desse estudo, incluindo as questões de descoberta de algoritmos e representação, bem como os principais conceitos de controle de iteração e recursão. Também apresentamos alguns algoritmos bem conhecidos para busca e ordenação. Iniciamos revisando o conceito de algoritmo.

5.1 O conceito de algoritmo

Na Introdução, definimos informalmente um algoritmo como um conjunto de passos que definem como uma tarefa é realizada. Nesta seção, vemos mais de perto esse conceito fundamental.

Uma revisão informal

Encontramos uma infinidade de algoritmos em nosso estudo. Descobrimos algoritmos para converter representações numéricas de uma forma para outra, para detectar e corrigir erros em dados, para comprimir e descomprimir arquivos de dados, para controlar a multiprogramação em um ambiente multitarefas e muitos mais. Além disso, vimos que o ciclo de máquina seguido por uma CPU nada mais é que o algoritmo simples

```
Enquanto a instrução parar não for executada
continue a executar os seguintes passos:
    a. Obtenha uma instrução.
    b. Decodifique a instrução.
    c. Execute a instrução.
```

Como demonstrado pelo algoritmo que descreve um truque de mágica na Figura 0.1, os algoritmos não se restringem a atividades técnicas. Na verdade, eles permeiam até mesmo atividades banais, como descascar vagens de ervilhas:

```
Obtenha uma cesta de vagens não descascadas e uma tigela vazia.
Enquanto existirem vagens não descascadas na cesta continue a
executar os seguintes passos:
    a. Pegue uma vagem da cesta.
    b. Quebre e abra a vagem de ervilha.
    c. Despeje as ervilhas da vagem na tigela.
    d. Descarte a vagem.
```

Na verdade, muitos pesquisadores acreditam que toda atividade da mente humana, incluindo a imaginação, a criatividade e a tomada de decisões, é resultado da execução de um algoritmo – uma conjectura que revisaremos em nosso estudo de inteligência artificial (Capítulo 11).

No entanto, antes que possamos continuar, vamos considerar a definição formal de algoritmo.

A definição formal de algoritmo

Conceitos informais e fracamente definidos são aceitáveis e comuns no dia a dia, mas uma ciência deve ser baseada em uma terminologia bem definida. Considere, então, a definição formal de um algoritmo mostrada na Figura 5.1.

Note que a definição requer que o conjunto de passos em um algoritmo seja ordenado. Isso significa que os passos em um algoritmo devem ter uma estrutura bem estabelecida em termos da ordem de sua execução. Isso não significa, no entanto, que os passos devam ser executados em uma sequência formada por um primeiro passo, seguido de um segundo e assim por diante. Alguns algoritmos, conhecidos como algoritmos paralelos, contêm mais de uma sequência de passos, cada uma delas projetada para ser executada por diferentes processadores em uma máquina multiprocessada. Em tais casos, o algoritmo, de um modo geral, não possui uma única linha de execução semelhante ao cenário de primeiro passo, segundo passo. No lugar disso, a estrutura do algoritmo está na forma de múltiplas linhas de execução, que criam desvios e se reconectam à medida que diferentes processadores realizam diferentes partes da tarefa. (Revisaremos esse conceito no Capítulo 6.) Outros exemplos incluem algoritmos executados por circuitos, como o flip-flop visto no Capítulo 1, no qual cada porta realiza um único passo do algoritmo. Nesse caso, os passos são ordenados por causa e efeito, à medida que a ação de cada porta é propagada através do circuito.

A seguir, considere o requisito de que um algoritmo deve consistir em passos executáveis. Para analisar esta condição, considere a instrução

```
Crie uma lista de todos os inteiros positivos
```

que seria impossível de ser executada, pois existem infinitos inteiros positivos. Logo, qualquer conjunto de instruções envolvendo essa instrução não seria um algoritmo. Os cientistas da computação usam o termo *efetivo* para apreender o conceito de ser executável. Ou seja, dizer que um passo é efetivo significa que ele pode ser feito.

Outro requisito imposto pela definição na Figura 5.1 é que os passos em um algoritmo não sejam ambíguos. Isso significa que, durante a execução de um algoritmo, a informação no estado do processo deve ser suficiente para determinar única e completamente as ações necessárias para cada passo. Em outras palavras, a execução de cada passo em um algoritmo não requer habilidades criativas; requer apenas a habilidade de seguir instruções. (No Capítulo 12, aprenderemos que "algoritmos", os chamados algoritmos não determinísticos, que não estão em conformidade com essa restrição, são um importante tópico de pesquisa.)

> Um algoritmo é um conjunto ordenado de passos executáveis, não ambíguos, que define um processo finalizável.

Figura 5.1 Definição de um algoritmo.

A definição da Figura 5.1 também requer que um algoritmo defina um processo finalizável, o que significa que a execução de um algoritmo deve levar a um fim. A origem desse requisito está na ciência da computação teórica, na qual o objetivo é responder a questões como "Quais são as limitações irrevogáveis dos algoritmos e das máquinas?". Aqui, a ciência da computação busca distinguir entre problemas cujas respostas possam ser obtidas algoritmicamente e problemas cujas respostas estão além das capacidades dos sistemas algorítmicos. Neste contexto, uma linha é traçada, separando processos que culminam com uma resposta e os que meramente continuam a execução eternamente, sem produzir um resultado.

Existem, no entanto, aplicações importantes para processos que não terminam, como o monitoramento dos sinais vitais de um paciente em um hospital e a manutenção da altitude de uma aeronave em um voo. Alguns argumentariam que essas aplicações envolvem meramente a repetição de algoritmos, nas quais cada um deles alcança um fim e, então, repete-se automaticamente. Outros rebateriam, dizendo que tais argumentos são simples tentativas de agarrar-se a uma definição formal demasiadamente restritiva. Em qualquer caso, o resultado é que o termo *algoritmo* é frequentemente usado, em contextos aplicados ou informais, para fazer referência a conjuntos de passos que não necessariamente definem processos finalizáveis. Um exemplo é o "algoritmo" de divisão euclidiana, que não define um processo finalizável para dividir 1 por 3. Tecnicamente, tais instâncias representam usos incorretos do termo.

A natureza abstrata dos algoritmos

É importante enfatizar a diferença entre um algoritmo e sua representação – uma distinção análoga àquela entre uma história e um livro. Uma história é abstrata, conceitual, em sua natureza; um livro é uma representação física de uma história. Se um livro é traduzido para outra língua ou republicado em um formato diferente, é simplesmente a representação da história que muda – a história propriamente dita permanece a mesma.

Da mesma maneira, um algoritmo é abstrato e distinto de sua representação. Um único algoritmo pode ser representado de muitas maneiras. Por exemplo, o algoritmo para converter valores de temperatura de Celsius para Fahrenheit é tradicionalmente representado como a fórmula algébrica

$$F = (9/5)C + 32$$

Contudo, ele poderia ser representado pela instrução

> Multiplique o valor de temperatura em Celsius por $9/5$
> e adicione 32 ao produto

ou mesmo na forma de um circuito eletrônico. Em cada caso, o algoritmo subjacente é o mesmo; apenas a representação é diferente.

A distinção entre um algoritmo e sua representação apresenta um problema quando tentamos comunicar algoritmos. Um exemplo comum envolve o nível de detalhe no qual um algoritmo deve ser descrito. Entre meteorologistas, a instrução "Converta a leitura em Celsius para seu equivalente em Fahrenheit" é suficiente, mas, para um leigo, que requer uma descrição mais detalhada, pode-se argumentar que a instrução é ambígua. O problema, entretanto, não é com o algoritmo subjacente, mas com o fato de o algoritmo não estar representado em detalhes suficientes para leigos. Na próxima seção, vemos como o conceito de primitivas pode ser usado para eliminar os problemas de ambiguidade na representação de um algoritmo.

Por fim, enquanto estamos no assunto de algoritmos e suas representações, devemos esclarecer a distinção entre dois outros conceitos relacionados – programas e processos. Um programa é uma representação de um algoritmo. (Aqui, estamos usando o termo *algoritmo* em seu sentido menos formal, no sentido de que muitos programas são representações de "algoritmos" não finalizáveis.) Na verdade, dentro da comunidade da computação, o termo *programa* normalmente se refere a uma representação formal de um algoritmo projetada para aplicação computacional. Definimos um *processo* no Capítulo 3 como a atividade de executar um programa. Note, no entanto, que executar um programa é executar o algoritmo representado pelo programa, então um processo poderia equivalentemente ser definido como a atividade de executar um algoritmo. Concluímos que programas, algoritmos e processos são entidades distintas, porém relacionadas. Um programa é a representação de um algoritmo, enquanto um processo é a atividade de executar um algoritmo.

Questões e exercícios

1. Resuma as diferenças entre um processo, um algoritmo e um programa.
2. Dê alguns exemplos de algoritmos com os quais você esteja familiarizado. Eles são realmente algoritmos no sentido preciso do termo?
3. Identifique alguns pontos de imprecisão em nossa definição informal de algoritmo apresentada na Seção 0.1 da Introdução.
4. Em que sentido os passos descritos pela seguinte lista de instruções falham em constituir um algoritmo?
   Passo 1. Pegue uma moeda de seu bolso e coloque sobre a mesa.
   Passo 2. Retorne ao Passo 1.

5.2 Representação de algoritmos

Nesta seção, consideramos questões relacionadas à representação de um algoritmo. Nosso objetivo é introduzir os conceitos básicos de primitivas e de pseudocódigo, além de estabelecer um sistema de representação para nosso próprio uso.

Primitivas

A representação de um algoritmo requer alguma forma de linguagem. No caso dos humanos, ela poderia ser uma linguagem natural tradicional (inglês, espanhol, russo, japonês) ou uma linguagem de figuras, conforme demonstrado na Figura 5.2, que descreve um algoritmo para formar um pássaro a partir da dobradura de um quadrado de papel. Frequentemente, no entanto, tais canais naturais de comunicação levam a mal entendidos, algumas ve-

Figura 5.2 Formação de um pássaro a partir da dobradura de um quadrado de papel.

zes porque a terminologia usada possui mais de um significado. (A sentença "Visitar os netos pode ser irritante" poderia significar ou que os netos causam problemas quando você os visita ou que ir visitá-los é problemático.) Os problemas também podem ser criados por mal-entendidos em relação ao nível de detalhamento necessário. Poucos leitores poderiam dobrar um pássaro de maneira bem-sucedida a partir das instruções dadas na Figura 5.2; no entanto, um estudante de origami provavelmente teria pouca dificuldade. Em resumo, problemas de comunicação surgem quando a linguagem usada para a representação de um algoritmo não é precisamente definida ou quando a informação não é dada com o detalhamento adequado.

A ciência da computação enfrenta esses problemas ao estabelecer conjuntos bem definidos de blocos de construção a partir dos quais representações de algoritmos podem ser construídas. Tal bloco de construção é chamado de **primitiva**. Atribuir definições precisas a essas primitivas remove boa parte dos problemas de ambiguidade; requerer que os algoritmos sejam descritos em termos dessas primitivas estabelece um nível uniforme de detalhamento. Uma coleção de primitivas junto a uma coleção de regras que dizem como as primitivas podem ser combinadas para representar ideias mais complexas constituem uma **linguagem de programação**.

Cada primitiva possui sua própria sintaxe e semântica. A sintaxe refere-se à representação simbólica da primitiva; a semântica refere-se ao significado da primitiva. A sintaxe de *ar* consiste em dois símbolos, enquanto que a semântica é uma substância gasosa que envolve o mundo. Como um exemplo, a Figura 5.3 apresenta algumas das primitivas usadas em origamis.

Para obter uma coleção de primitivas a ser usada na representação de algoritmos para a execução em computadores, podemos nos ater às instruções individuais que a máquina é projetada para executar. Se um algoritmo for expresso nesse nível de detalhamento, certamente teremos um programa adequado para a execução em uma máquina. Entretanto, expressar algoritmos nesse nível é tedioso, então as pessoas normalmente usam uma coleção de primitivas de "mais alto nível", cada uma delas sendo uma ferramenta abstrata construída a partir das primitivas de mais baixo nível fornecidas na linguagem de máquina. Discutiremos tais linguagens de programação no próximo capítulo.

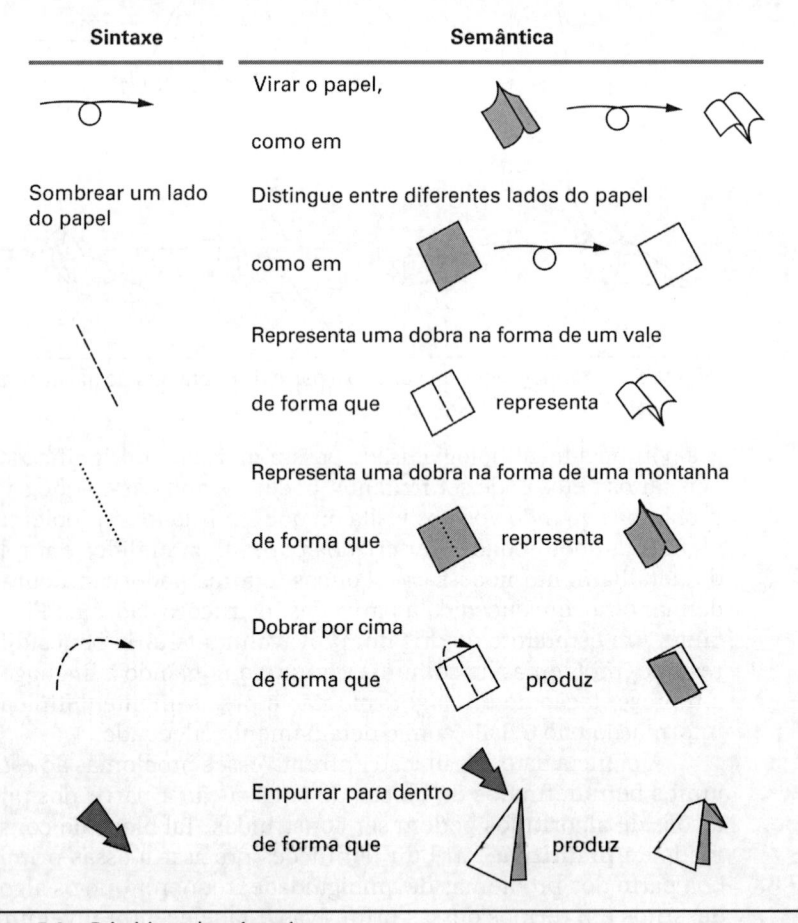

Sintaxe	Semântica
	Virar o papel, como em
Sombrear um lado do papel	Distingue entre diferentes lados do papel como em
	Representa uma dobra na forma de um vale de forma que representa
	Representa uma dobra na forma de uma montanha de forma que representa
	Dobrar por cima de forma que produz
	Empurrar para dentro de forma que produz

Figura 5.3 Primitivas de origamis.

Pseudocódigo

Por enquanto, deixamos de lado a introdução de uma linguagem de programação formal em favor de um sistema notacional mais intuitivo, menos formal, conhecido como pseudocódigo. Em geral, um **pseudocódigo** é um sistema notacional no qual ideias podem ser expressas informalmente durante o processo de desenvolvimento do algoritmo.

Uma maneira de obter um pseudocódigo é simplesmente afrouxar as regras da linguagem formal na qual a versão final do algoritmo será expressa. Essa abordagem é comumente usada quando a linguagem de programação a ser usada para codificação é conhecida de antemão. Então, o pseudocódigo utilizado durante os estágios iniciais do desenvolvimento de um programa consiste em estruturas sintático-semânticas similares às utilizadas na linguagem de programação adotada, embora menos formais.

Nosso objetivo, entretanto, é considerar as questões de desenvolvimento de algoritmos e sua representação sem confinar nossa discussão a uma linguagem de programação específica. Logo, nossa abordagem para pseudocódigo é desenvolver uma notação concisa, consistente, para representar as estruturas semânticas mais recorrentes. Por sua vez, essas estruturas se tornarão primitivas, que usaremos em nossa tentativa de expressar ideias futuras.

Uma destas estruturas semânticas recorrentes é o armazenamento de um valor computado. Por exemplo, se tivermos computado a soma de nosso saldo da conta corrente e da conta poupança, poderíamos querer guardar o resultado para que pudéssemos utilizá-lo mais tarde. Em tais casos, usaremos o formato

> nome ← expressão

onde nome é o nome pelo qual nos referiremos ao resultado e *expressão* descreve a computação cujo resultado deve ser guardado. Lemos essa sentença da seguinte maneira: "atribua a *nome* o valor de *expressão*", e nos referimos a tais sentenças como **sentenças de atribuição**. Por exemplo, a sentença

> SaldoRestante ← SaldoContaCorrente + SaldoPoupanca

é uma sentença de atribuição que atribui o valor do SaldoContaCorrente somado ao de SaldoPoupanca ao nome SaldoRestante. Logo, o termo SaldoRestante pode ser usado em sentenças futuras para se referir a essa soma.

Outra estrutura semântica recorrente é a seleção dentre uma de duas atividades possíveis, dependendo da veracidade ou da falsidade de alguma condição. Por exemplo:

> Se o produto interno bruto aumentou, compre ações com direito a voto; caso contrário, venda-as.
> Compre ações com direito a voto se o produto interno bruto aumentou e venda--as caso contrário.
> Compre ou venda ações com direito a voto dependendo de o produto interno **bruto aumentar ou diminuir, respectivamente.**

Cada uma dessas sentenças poderia ser reescrita para estar em conformidade com a estrutura

> **Representação de algoritmos durante o projeto de algoritmos**
>
> A tarefa de projetar um algoritmo complexo requer que o projetista acompanhe numerosos conceitos inter-relacionados –algo que pode exceder as capacidades da mente humana. Logo, o projetista de algoritmos complexos precisa de uma maneira de gravar e de lembrar porções de um algoritmo em desenvolvimento à medida que sua concentração precisar.
>
> Durante os anos 1950 e 1960, os fluxogramas (pelos quais os algoritmos são representados por figuras geométricas conectadas por setas) eram a ferramenta de projeto mais avançada. Entretanto, os fluxogramas frequentemente tornam-se emaranhados de setas entrecruzadas que dificultam o entendimento da estrutura do algoritmo subjacente. Logo, o uso de fluxogramas como ferramentas de projeto deu lugar a outras técnicas de representação. Um exemplo é o pseudocódigo usado neste texto, por meio do qual os algoritmos são representados por estruturas textuais bem definidas. Os fluxogramas ainda são benéficos quando o objetivo é a apresentação, em vez de o projeto. Por exemplo, as Figuras 5.8 e 5.9 aplicam a notação de fluxograma para demonstrar a estrutura algorítmica representada por sentenças de controle populares.
>
> A busca por notações de projeto melhores é um processo contínuo. No Capítulo 7, veremos que a tendência é usar técnicas gráficas para auxiliar no projeto geral de grandes sistemas de software, enquanto o pseudocódigo permanece popular para projetar componentes procedurais menores dentro de um sistema.

```
se (condição)   então (atividade)
                senão (atividade)
```

onde usamos as palavras-chave se, então e senão para anunciar as diferentes subestruturas dentro da estrutura principal e usamos parênteses para delinear as fronteiras dessas subestruturas. Ao adotar essa estrutura sintática para nosso pseudocódigo, conseguimos uma maneira uniforme pela qual expressamos essa estrutura semântica comum. Logo, enquanto a sentença

> Dependendo de o ano ser ou não bissexto, divida o total por 366 ou por 365, respectivamente.

poderia possuir um estilo literário mais criativo, nós consistentemente optaríamos pelo seguinte pseudocódigo direto

```
se (ano é bissexto)
    então (total diário ← total dividido por 366)
    senão (total diário ← total dividido por 365)
```

Também adotamos a sintaxe reduzida

```
se (condição) então (atividade)
```

para os casos que não envolvem uma atividade senão. Usando esta notação, a sentença

> Se for o caso de as vendas terem diminuído, reduza o preço em 5%.

seria reduzida a

```
se (vendas diminuíram) então (reduza o preço em 5%)
```

Outra estrutura semântica comumente usada é a execução repetida de uma sentença ou uma sequência de sentenças desde que alguma condição permaneça verdadeira. Exemplos:

Desde que existam ingressos a serem vendidos, continue vendendo-os.

Ou

Enquanto existirem ingressos a venda, não pare de vendê-los.

Para tais casos, adotamos o padrão uniforme

enquanto (*condição*) **faça** (*atividade*)

para nosso pseudocódigo. Em resumo, tal sentença significa verificar a *condição* e, se ela for verdadeira, realizar a *atividade* e voltar a verificar a *condição*. Se, entretanto, a *condição* for falsa, mover-se para a próxima instrução após a estrutura *enquanto*. Logo, ambas as sentenças anteriores poderiam ser reduzidas para

enquanto (existem ingressos a serem vendidos) **faça** (venda um ingresso)

A identação frequentemente melhora a legibilidade de um programa. Por exemplo, a sentença

se (não estiver chovendo)
   então (**se** (temperatura = quente)
         então (vá nadar)
         senão (jogue golfe)
)
   senão (veja televisão)

é mais fácil de compreender do que o equivalente sem identação

se (não estiver chovendo) **então** (**se** (temperatura = quente) **então** (vá nadar) **senão** (jogue golfe)) **senão** (veja televisão)

Logo, adotaremos o uso de identação em nosso pseudocódigo. (Note que podemos até mesmo usar identação para alinhar um parêntese que está sendo fechado diretamente abaixo de seu parceiro para simplificar o processo de identificar o escopo de sentenças ou frases.)

Queremos usar nosso pseudocódigo para descrever atividades que podem ser usadas como ferramentas abstratas em outras aplicações. A ciência da computação possui uma variedade de termos para tais unidades de programas, incluindo subprogramas, sub-rotinas, procedimentos, módulos e funções, cada um deles com sua variação de significado. Adotaremos o termo **procedimento** para nosso pseudocódigo e usaremos esse termo para anunciar o título pelo qual a unidade de pseudocódigo será conhecida. Mais precisamente, iniciaremos uma unidade de pseudocódigo com uma sentença no formato

procedimento *nome*

onde *nome* é o nome específico da unidade. Seguiremos, então, esta sentença introdutória com as sentenças que definem a ação da unidade. Por exemplo, a Figura 5.4 é uma representação em pseudocódigo do procedimento chamado *Saudações* que imprime a mensagem "Olá" três vezes.

Quando a tarefa executada por um procedimento é necessária em outro lugar de nosso pseudocódigo, a requisitaremos simplesmente pelo nome.

procedimento Saudações
Contador ← 3;
enquanto (Contador > 0) **faça**
(imprima a mensagem "Olá" e
Contador ← Contador –1)

Figura 5.4 Procedimento Saudações em pseudocódigo.

Por exemplo, se dois procedimentos fossem nomeados `ProcessarEmprestimo` e `RejeitarPedido`, poderíamos requisitar seus serviços dentro de uma estrutura se-então-senão escrevendo

se (...) **então** (Executar o procedimento ProcessarEmprestimo)
    senão (Executar o procedimento RejeitarPedido)

o que resultaria na execução do procedimento `ProcessarEmprestimo` se a condição testada fosse verdadeira ou na execução de `RejeitarPedido` se a condição fosse falsa.

Se os procedimentos forem usados em diferentes situações, eles devem ser projetados para serem tão genéricos quanto possível. Um procedimento para ordenar listas de nomes deve ser projetado para ordenar qualquer lista – não uma lista em particular –, então deve ser escrito de forma que a lista a ser ordenada não seja especificada no procedimento propriamente dito. Ao invés disso, a lista deve ser referenciada por um nome genérico dentro da representação do procedimento.

Em nosso pseudocódigo, adotaremos a convenção de listar esses nomes genéricos (chamados de **parâmetros**), entre parênteses, na mesma linha na qual identificamos o nome do procedimento. Em particular, iniciaríamos

---

Nomenclatura de itens em programas

Em uma linguagem natural, os itens frequentemente possuem nomes com múltiplas palavras, como "custo de produzir um dispositivo" ou "tempo estimado de chegada". A experiência tem mostrado que o uso de tais nomes com múltiplas palavras na representação de um algoritmo pode complicar a descrição do algoritmo. É melhor ter cada item identificado por um único bloco contínuo de texto. Ao longo dos anos, muitas técnicas vêm sendo usadas para comprimir múltiplas palavras em uma única unidade léxica, de forma a obter nomes descritivos para itens em programas. Uma delas é usar o caractere de sublinhado para conectar as palavras, produzindo nomes como `tempo_estimado_de_chegada`. Outra é usar letras maiúsculas para auxiliar o leitor a compreender um nome de múltiplas palavras comprimido. Por exemplo, pode-se iniciar cada palavra com uma letra maiúscula para obter nomes como `TempoEstimadoDeChegada`. Essa técnica é chamada de **capitalização do Pascal**, pois foi popularizada por usuários da linguagem de programação Pascal. Uma variação da capitalização do Pascal é chamada de **capitalização de camelo**, que é idêntica à capitalização do Pascal, exceto que a primeira letra permanece em minúscula, como em `tempoEstimadoDeChegada`. Neste texto, usamos a capitalização do Pascal, mas essa escolha é apenas uma questão de gosto.

um procedimento chamado Ordenar, que é projetado para ordenar qualquer lista de nomes, com a sentença

procedimento Ordenar (Lista)

Posteriormente, na representação em que uma referência à lista a ser ordenada é necessária, o nome genérico Lista será usado. Por sua vez, quando os serviços de Ordenar são requeridos, identificaremos qual lista será a substituída de Lista no procedimento Ordenar. Então, escreveremos algo como

Aplique o procedimento Ordenar à lista de membros da organização

e

Aplique o procedimento Ordenar à lista de convidados do casamento

dependendo da nossa necessidade.

Tenha em mente que o propósito de nosso pseudocódigo é fornecer uma maneira de representar algoritmos de uma maneira informal, legível. Queremos um sistema de notação que nos auxilie na expressão de nossas ideias – e não nos escravize com regras formais rigorosas. Assim, estamos livres para expandir ou modificar nosso pseudocódigo quando necessário. Em particular, se sentenças dentro de um conjunto de parênteses envolvem elas próprias outras sentenças com parênteses, pode ficar difícil, visualmente, combinar o parêntese de abertura com o de fechamento. Nesses casos, muitas pessoas acham útil seguir um parêntese de fechamento com um pequeno comentário explicando que sentença ou frase está sendo terminada. Pode-se colocar após o parêntese final, em um **enquanto**, as palavras **fim enquanto**, produzindo uma sentença como

enquanto (...) **faça**
(.
.
.
) **fim enquanto**

ou talvez

enquanto (...) **faça**
(**se** (...)
    então (.
        .
        .
) **fim se**
)**fim enquanto**

onde indicamos tanto o fim da sentença **se** quanto da sentença **enquanto**.

A questão é que estamos tentando expressar um algoritmo de uma forma legível, então introduzimos auxílios visuais (identação, comentários, etc.) para atingir esse objetivo. Além disso, se encontrarmos um tema recorrente que ainda não está incorporado em nosso pseudocódigo, é possível escolher estender nosso pseudocódigo, adotando uma sintaxe consistente para representar o novo conceito.

Questões e exercícios

1. Uma primitiva em um contexto pode se tornar uma composição de primitivas em outro. Por exemplo, nossa sentença enquanto é uma primitiva em nosso pseudocódigo, mas é implementada como uma composição de instruções de linguagem de máquina. Dê dois exemplos desse fenômeno em uma configuração não computacional.
2. Em que sentido a construção de procedimentos é uma construção de primitivas?
3. O algoritmo euclidiano encontra o máximo divisor comum de dois inteiros positivos X e Y por meio do seguinte processo:

    Enquanto os valores de X e Y não forem zero, continue dividindo o maior dos valores pelo menor e atribuindo a X e a Y os valores do divisor e do resto, respectivamente. (O valor final de X é o máximo divisor comum.)

    Expresse esse algoritmo no nosso pseudocódigo.
4. Descreva uma coleção de primitivas usadas em uma área que não seja a programação de computadores.

5.3 Descoberta de algoritmos

O desenvolvimento de um programa consiste em duas atividades – descobrir o algoritmo subjacente e representar o algoritmo como um programa. Até agora, temos tratado das questões de representação de algoritmos sem considerarmos a questão de como os algoritmos são descobertos. Ainda assim, a descoberta de algoritmos é normalmente o passo mais desafiador no processo de desenvolvimento de software. Afinal, descobrir um algoritmo para resolver um problema é encontrar um método para solucionar esse problema. Logo, entender como os algoritmos são descobertos é entender o processo de solução de problemas.

A arte da resolução de problemas

As técnicas de resolução de problemas e a necessidade de aprender mais sobre elas não são limitadas à ciência da computação; constituem tópicos pertinentes a quase todas as áreas. A forte associação entre o processo de descoberta de algoritmos e o da solução de problemas tem unido os cientistas da computação a profissionais de outras disciplinas na busca por técnicas melhores de solução de problemas. Por fim, as pessoas gostariam de reduzir o processo de solucionar problemas em um algoritmo por si só, mas isso tem se mostrado impossível. (Esse é um resultado do conteúdo do Capítulo 12, no qual mostraremos que existem problemas que não possuem solução algorítmica.) Logo, a habilidade de solucionar problemas permanece sendo mais uma capacidade artística a ser desenvolvida que uma ciência precisa a ser aprendida.

Como uma evidência dessa natureza artística, elusiva da solução de problemas, as seguintes fases, fracamente definidas, da resolução de problemas apresentadas pelo matemático G. Polya em 1945 permanecem como os princípios básicos a partir dos quais muitas tentativas de ensinar a capacidade de solucionar problemas são baseadas atualmente.

Fase 1. Entender o problema.

Fase 2. Bolar um plano para resolver o problema.

Fase 3. Executar o plano.

Fase 4. Avaliar a solução em termos de precisão e de seu potencial como uma ferramenta para solucionar outros problemas.

Traduzindo para o contexto do desenvolvimento de programas, essas fases tornam-se

Fase 1. Entender o problema.

Fase 2. Ter uma ideia de como um procedimento algorítmico poderia solucionar o problema.

Fase 3. Formular o algoritmo e representá-lo como um programa.

Fase 4. Avaliar o programa em termos de precisão e de seu potencial como uma ferramenta para solucionar outros problemas.

Apresentada a lista de Polya, devemos enfatizar que essas fases não são passos a serem seguidos quando se tenta solucionar um problema, mas fases que serão completadas em algum momento durante o processo de solução. A palavra chave aqui é *seguidos*. Você não resolve problemas *seguindo*. Para resolver um problema, você precisa tomar a iniciativa e liderar. Se você abordar a tarefa de resolver um problema com a mente programada como "Agora que terminei a Fase 1, é hora de ir para a Fase 2", você provavelmente não terá sucesso. Entretanto, se você se envolver com o problema e, no final, solucioná-lo, você provavelmente irá olhar para trás, ver o que fez e se dar conta de que realizou as fases de Polya.

Outra observação importante é que as fases de Polya não são necessariamente completadas em sequência. Solucionadores de problemas bem sucedidos frequentemente começam formulando estratégias para solucionar um problema (Fase 2), antes de o problema propriamente dito estar inteiramente entendido (Fase 1). Então, se essas estratégias falharem (durante as Fases 3 ou 4), o solucionador de problemas em potencial consegue um entendimento mais profundo dos detalhes intrínsecos do problema e, com esse entendimento, pode voltar aos passos anteriores na esperança de formar outras estratégias mais bem-sucedidas.

Tenha em mente que estamos discutindo como os problemas são solucionados – não como gostaríamos que eles fossem solucionados. Idealmente, gostaríamos de eliminar o tempo perdido inerente ao processo de tentativa e erro que acabamos de descrever. No caso do desenvolvimento de grandes sistemas de software, descobrir um mal entendido tardiamente na Fase 4 pode representar uma tremenda perda em termos de recursos. Evitar tais catástrofes é um dos objetivos principais dos engenheiros de software (Capítulo 7), que vêm tradicionalmente insistindo na necessidade de entender cuidadosamente o problema antes de projetar uma solução. Pode-se argumentar, no entanto, que um entendimento real de um problema não é obtido até que uma solução tenha sido encontrada. Insistir em um entendimento completo de um problema antes de propor quaisquer soluções é, assim, um tanto idealista.

Como um exemplo, considere o problema:

> A pessoa A recebeu a tarefa de determinar a idade dos três filhos da pessoa B. B diz a A que o produto das idades das crianças é 36. Após considerar essa pista, A responde que outra pista é necessária, então B diz a A a soma das idades das crianças. Mais uma vez, A responde que outra pista é necessária, então B diz a A que a criança mais velha toca piano. Após ouvir essa pista, A diz a B as idades das três crianças.
>
> Quantos anos têm as crianças?

À primeira vista, a última pista parece ser totalmente não relacionada ao problema; no entanto, aparentemente essa pista é o que permite que A descubra, por fim, as idades das crianças. Como pode? Vamos continuar a partir da formulação de um plano de abordagem e prosseguiremos com a execução desse plano, mesmo que ainda tenhamos muitas questões acerca do problema. Nosso plano será traçar os passos descritos pela sentença do problema, enquanto acompanhamos as informações disponíveis para a pessoa A à medida que a história progride.

A primeira pista dada a A é que o produto das idades das crianças é 36. Isso significa que a tripla representando as três idades é uma das listadas na Figura 5.5(a). A próxima pista é a soma da tripla desejada. Não nos é dito qual é o valor dessa soma, mas nos foi dito que essa informação não era suficiente para A isolar a tripla correta; logo, a tripla desejada deve ser uma cuja soma apareça ao menos duas vezes na tabela da Figura 5.5(b). As únicas triplas que aparecem na Figura 5.5(b) com somas idênticas são (1, 6, 6) e (2, 2, 9), ambas produzindo a soma 13. Essa é a informação disponível para A no momento em que a última pista é dada. É nesse ponto que finalmente entendemos a importância da última pista. Não é nada relacionado a tocar o piano; o que importa é o fato de que existe uma criança mais velha. Essa pista descarta a tripla (1, 6, 6) e, logo, nos permite concluir que as idades das crianças são 2, 2 e 9.

Neste caso, então, é só após termos tentado implementar nosso plano para solucionar o problema (Fase 3) que temos um entendimento completo do problema (Fase 1). Se tivéssemos insistido na Fase 1 antes de continuarmos, provavelmente nunca teríamos descoberto a idade das crianças. Tais irregularidades no processo de solução de problemas são fundamentais às dificuldades no desenvolvimento de abordagens sistemáticas para a solução de problemas.

Outra irregularidade é a inspiração misteriosa que pode ocorrer a um solucionador de problemas em potencial que, depois de trabalhar em um pro-

a. Triplas cujo produto é 36		b. Somas das triplas da parte (a)	
(1,1,36)	(1,6,6)	1 + 1 + 36 = 38	1 + 6 + 6 = 13
(1,2,18)	(2,2,9)	1 + 2 + 18 = 21	2 + 2 + 9 = 13
(1,3,12)	(2,3,6)	1 + 3 + 12 = 16	2 + 3 + 6 = 11
(1,4,9)	(3,3,4)	1 + 4 + 9 = 14	3 + 3 + 4 = 10

Figura 5.5

blema sem sucesso aparente, em um momento posterior subitamente vê a solução quando está realizando outra tarefa. Esse fenômeno foi identificado por H. von Helmholtz em 1986 e foi discutido pelo matemático Henry Poincaré em uma palestra na Sociedade de Psicologia de Paris. Poincaré descreveu suas experiências em encontrar soluções para problemas com os quais ele havia trabalhado depois de os haver colocado de lado e iniciado outros projetos. O fenômeno reflete um processo no qual uma parte subconsciente de nossa mente, aparentemente, continua a trabalhar e, se bem sucedida, força a solução na mente consciente. Atualmente, o período entre o trabalho consciente em um problema e a inspiração súbita é conhecido como período de incubação, conceito que ainda vem sendo estudado pela pesquisa atual.

Dando o primeiro passo

Até agora, discutimos a solução de problemas de um ponto de vista um tanto filosófico, enquanto evitamos um confronto direto com a questão de como podemos tentar solucionar um problema. Existem, é claro, diversas abordagens de solução de problemas e cada uma delas pode ser bem-sucedida em certas configurações. Identificaremos algumas em breve. Por enquanto, notemos que parece existir uma linha de execução comum entre essas técnicas, que dita simplesmente: "dê o primeiro passo". Como um exemplo, vamos considerar o seguinte problema simples:

> Antes de A, B, C e D correrem uma corrida, eles fizeram as seguintes previsões:
>
> A previu que B ganharia.
> B previu que D seria o último.
> C previu que A seria o terceiro.
> D previu que a previsão de A estaria correta.
>
> Apenas uma dessas previsões era correta, e foi a feita pelo vencedor. Em que ordem A, B, C e D terminaram a corrida?

Após ler o problema e analisar os dados, não demoramos muito para ver que, como as previsões de A e D eram equivalentes e apenas uma previsão era a correta, as previsões tanto de A quanto D devem ser falsas. Logo, nem A ou D foram os vencedores. Neste momento, demos o primeiro passo, e obter a solução completa para nosso problema é simplesmente uma questão de estender nosso conhecimento a partir disso. Se a previsão de A era falsa, então B também não ganhou. A única escolha restante para o vencedor é C. Logo, C ganhou a corrida, e a previsão de C era verdadeira. Consequentemente, sabemos que A ficou em terceiro. Isso significa que a ordem de chegada foi ou CBAD ou CDAB. E a primeira ordem é descartada, pois a previsão de B deve ser falsa. Logo, a ordem de chegada foi CDAB.

É claro, dizer que devemos dar o primeiro passo não é o mesmo que dizer como fazê-lo. Obter esse início e entender como expandir esse passo inicial em uma solução completa para o problema requer a criatividade do aprendiz de solucionador de problemas. Existem, no entanto, diversas abordagens gerais propostas por Polya e por outros sobre como alguém pode tentar dar o primeiro passo. Uma delas é tentar trabalhar no problema de trás para frente. Por exemplo, se o problema for encontrar uma maneira de produzir uma saída específica a partir de uma dada entrada, alguém poderia iniciar com a saída e tentar voltar até a entrada dada. Essa abordagem é típica de pessoas tentando descobrir o algoritmo para formar um pássaro com dobraduras num papel, mostrado na seção anterior. Elas tendem a desdobrar um pássaro todo, em uma tentativa de ver como ele é construído.

Outra abordagem geral de resolução de problemas é buscar por um problema relacionado mais fácil de resolver ou que tenha sido resolvido antes e, então, tentar aplicar sua solução ao problema atual. Essa técnica tem grande valor no contexto de desenvolvimento de programas. Geralmente, o desenvolvimento de programas não é o processo de resolver um tipo específico de problema, mas buscar um algoritmo geral que possa ser usado para resolver todas as formas do problema. Mais precisamente, se nos deparamos com a tarefa de desenvolver um problema para organizar listas de nomes em ordem alfabética, nossa tarefa não é ordenar uma lista específica, mas encontrar um algoritmo geral que possa ser usado para ordenar qualquer lista de nomes. Logo, apesar de as instruções

```
Troque os nomes David e Alice.
Mova o nome Carol para a posição entre Alice e David.
Mova o nome Bob para a posição entre Alice e Carol.
```

ordenarem corretamente a lista David, Alice, Carol e Bob, elas não constituem o algoritmo de propósito geral que desejamos. O que precisamos é de um algoritmo que possa ordenar essa lista e quaisquer outras listas que possamos encontrar. Isso não é o mesmo que dizer que nossa solução para ordenar uma lista específica seja totalmente desprovida de valor em nossa busca por um algoritmo de propósito geral. Podemos, por exemplo, dar o primeiro passo considerando tais casos especiais em uma tentativa de encontrar princípios gerais que possam, por sua vez, ser usados para desenvolver o algoritmo de propósito geral desejado. Neste caso, então, nossa solução é obtida pela técnica de resolução de um conjunto de problemas relacionados.

Outra abordagem para dar o primeiro passo é aplicar o **refinamento passo a passo**, que é essencialmente a técnica de não tentar realizar uma tarefa inteira (em todos os seus detalhes) de uma vez só. Ao invés disso, o refinamento passo a passo propõe uma primeira visão do problema em nível de um conjunto de subproblemas. A ideia é que, ao quebrar o problema original em subproblemas, você possa chegar à solução geral em termos de passos, que são mais fáceis de solucionar que o problema original inteiro. Por sua vez, o refinamento passo a passo propõe que esses passos sejam decompostos em passos menores, e esses passos menores sejam quebrados em passos ainda menores, até que o problema inteiro tenha sido reduzido a uma coleção de subproblemas facilmente solucionáveis.

Sob essa óptica, o refinamento passo a passo é uma **metodologia descendente**, que progride do geral para o específico. Em contrapartida, uma **metodologia ascendente** progride do específico para o geral. Apesar de contrastantes em teoria, as duas abordagens frequentemente complementam-se na solução criativa de problemas. A decomposição de um problema, proposta pela metodologia descendente de refinamento passo a passo, é frequentemente guiada pela intuição do solucionador de problemas, a qual pode estar trabalhando de maneira ascendente.

A metodologia descendente de refinamento passo a passo é essencialmente uma ferramenta organizacional, cujos atributos de resolução de problemas são consequências dessa organização. Ela é, há bastante tempo, uma metodologia de projeto importante na comunidade de processamento de dados, na qual o desenvolvimento de grandes sistemas de software engloba um componente organizacional significativo. Contudo, como aprenderemos no Capítulo 7, grandes sistemas de software estão sendo construídos cada vez mais por meio da combinação de componentes pré-fabricados – uma abordagem inerentemente ascendente. Logo, ambas as metodologias (ascendente e descendente) permanecem sendo ferramentas importantes na ciência da computação.

A importância de manter tal perspectiva ampla é exemplificada pelo fato de que trazer noções pré-concebidas e ferramentas pré-selecionadas para a tarefa de resolução de problemas pode, algumas vezes, mascarar a simplicidade de um problema. O problema das idades das crianças discutido anteriormente nessa seção é um excelente exemplo deste fenômeno. Estudantes de álgebra invariavelmente abordam o problema como um sistema de equações simultâneas, uma abordagem que leva a um beco sem saída e, frequentemente, faz o aprendiz de solucionador de problemas acreditar que a informação dada não é suficiente para solucionar o problema.

Outro exemplo:

> Enquanto você entra em um barco por um píer, seu chapéu cai na água, sem que você perceba. O rio está fluindo a 2,5 milhas por hora, então seu chapéu começa a flutuar, descendo o rio. Nesse meio tempo, você começa a viagem de barco, subindo o rio a uma velocidade de 4,75 milhas por hora em relação à água. Após 10 minutos, se dá conta de que está sem seu chapéu, vira o barco para o lado contrário e começa a perseguir seu chapéu rio abaixo. Quanto tempo levará até que você alcance seu chapéu?

A maioria dos estudantes de álgebra, bem como os entusiastas da calculadora, aborda esse problema, primeiro, determinando o quão acima do rio o barco estará após ter viajado 10 minutos, bem como o quão longe, na direção oposta, o chapéu terá viajado durante o mesmo tempo. Então, eles determinam quanto tempo levará para que o barco viaje descendo o rio para essa posição. No entanto, quando o barco alcança essa posição, o chapéu já terá flutuado mais para baixo no rio. Logo, o solucionador de problemas começa a aplicar técnicas de cálculo ou fica preso em um ciclo de descobrir onde o chapéu estará quando o barco chegar onde o chapéu estava.

O problema é muito mais simples que isso. O truque é resistir ao desejo de começar a escrever fórmulas e fazer cálculos. Ao invés disso, precisamos colocar essas técnicas de lado e ajustar nossa perspectiva. O problema inteiro acontece no rio. O fato de o rio estar se movendo em relação à margem é irrelevante. Pense no mesmo problema posto em uma grande esteira rolante no lugar de um rio. Primeiro, solucione o problema com a esteira parada. Se você colocar seu chapéu a seus pés enquanto está parado na esteira e, então, caminhar para longe de seu chapéu por 10 minutos, levará 10 minutos para retornar ao seu chapéu. Agora, ligue a esteira. Isso significa que o cenário se moverá em relação à esteira, mas, como você está em cima dela, isso não muda seu relacionamento com a esteira ou com seu chapéu. Ainda assim levará 10 minutos para retornar ao seu chapéu.

Concluímos que a descoberta de algoritmos permanece uma arte desafiadora que deve ser desenvolvida ao longo de um período de tempo, ao invés de ensinada como um assunto formado por metodologias bem definidas. De fato, treinar um solucionador de problemas para que ele siga certas metodologias é anular as características criativas que deveriam, ao invés disso, ser estimuladas.

Questões e exercícios

1. **a.** Encontre um algoritmo para solucionar o seguinte problema: dado um inteiro positivo n, encontre a lista de inteiros positivos cujo produto seja o maior entre todas as listas de inteiros positivos cuja soma é n. Por exemplo, se n for 4, a lista desejada é 2, 2 porque 2×2 é maior que $1 \times 1 \times 1 \times 1$, $2 \times 1 \times 1$ e 3×1. Se n for 5, a lista desejada é 2 e 3.
   b. Qual é a lista desejada se $n = 2001$?
   c. Explique como você deu o primeiro passo.
2. **a.** Suponha que nos seja dado um tabuleiro de damas consistindo em 2^n linhas e 2^n colunas de quadrados, para algum inteiro positivo n, e uma caixa de ladrilhos em forma de L, cada um dos quais pode cobrir exatamente três quadrados do tabuleiro. Se qualquer quadrado for cortado do tabuleiro, podemos cobrir o tabuleiro restante com ladrilhos de forma que eles não se sobreponham ou caiam fora da borda do tabuleiro?
   b. Explique como sua solução para o item (a) pode ser usada para mostrar que $2^{2n} - 1$ é divisível por 3 para todos os inteiros positivos n.
   c. Como os itens (a) e (b) são relacionados às fases de Polya da resolução de problemas?
3. Decodifique a mensagem a seguir, escrita em inglês, e então explique como você deu o primeiro passo. *Pdeo eo pda yknnayp wjosan.*
4. Você estaria seguindo uma metodologia descendente se tentasse resolver um quebra-cabeça simplesmente colocando as peças sobre a mesa e tentando agrupá-las? Sua resposta mudaria se você olhasse na caixa do quebra-cabeça para ver como é a imagem montada?

5.4 Estruturas iterativas

Nosso objetivo, agora, é estudar algumas das estruturas de repetição usadas para descrever processos algorítmicos. Nesta seção, discutiremos as **estruturas iterativas**, nas quais uma coleção de instruções é repetida na forma de um laço. Na seção seguinte, introduziremos a técnica de recursão. Como consequência, introduziremos alguns algoritmos populares – a busca sequencial, a busca binária e a ordenação por inserção. Iniciamos introduzindo o algoritmo de busca sequencial.

O algoritmo de busca sequencial

Considere o problema de buscar, dentro de uma lista de ocorrências, um valor específico. Queremos desenvolver um algoritmo que determine se o valor está na lista. Se o valor estiver na lista, consideramos a busca um sucesso; caso contrário, a consideramos uma falha. Assumimos que a lista esteja ordenada de acordo com alguma regra de ordenação de suas entradas. Por exemplo, se for uma lista de nomes, assumimos que os nomes aparecem em ordem alfabética; se a lista for formada por valores numéricos, assumimos que suas entradas aparecem em ordem crescente de magnitude.

Para dar o primeiro passo, imaginamos como poderíamos buscar, em uma lista de convidados com, digamos, 20 entradas, um nome em particular. Nesta configuração, poderíamos varrer a lista desde o início, comparando cada entrada com o nome buscado. Se achássemos o nome, a busca terminaria como um sucesso. Entretanto, se chegássemos ao final da lista sem encontrar o valor visado, nossa busca terminaria como uma falha. Na verdade, se alcançarmos um nome maior que (alfabeticamente) o nome alvo sem encontrar o alvo, nossa busca já termina como uma falha. (Lembre-se, a lista está organizada em ordem alfabética, então chegar a um nome maior que o nome alvo indica que o alvo não está na lista.) Em resumo, nossa ideia rudimentar é continuar buscando na lista enquanto existirem mais nomes a serem investigados e o nome do alvo ser maior que o nome atualmente sendo considerado.

Em nosso pseudocódigo, esse processo poderia ser representado como

```
Selecione a primeira entrada na lista como EntradaDeTeste.
enquanto (ValorAlvo > EntradaDeTeste e
          existirem entradas remanescentes a serem consideradas)
    faça (Selecione a próxima entrada da lista como EntradaDeTeste)
```

Ao terminar essa estrutura **enquanto**, uma de duas condições será verdadeira; ou o valor buscado foi encontrado ou não está na lista. Em cada um dos casos, podemos detectar uma busca bem-sucedida comparando a entrada de teste com o valor visado. Se eles forem iguais, a busca foi bem sucedida. Logo, adicionamos a seguinte sentença

```
se (ValorAlvo = EntradaDeTeste)
    então (Declare a busca um sucesso.)
    senão (Declare a busca uma falha.)
```

para terminar nossa rotina em pseudocódigo.

Por fim, observamos que a primeira sentença em nossa rotina, a qual seleciona a primeira entrada na lista como a entrada de testes, é baseada na premissa de que a lista em questão contém ao menos uma entrada. Podemos argumentar que essa é uma suposição segura, mas apenas para termos certeza, podemos posicionar nossa rotina como a opção senão da sentença

```
se (Lista vazia)
    então (Declare a busca uma falha.)
    senão (...)
```

Isso produz o procedimento mostrado na Figura 5.6. Note que esse procedimento pode ser usado de dentro de outros procedimentos por meio de sentenças como

```
Aplique o procedimento Buscar à lista de passageiros
usando Darrel Baker como o valor a ser localizado.
```

para verificar se Darrel Baker é um passageiro e

```
Aplique o procedimento Buscar à lista de ingredientes
usando noz-moscada como o valor a ser localizado.
```

```
procedimento Buscar(Lista, ValorAlvo)
se (Lista vazia)
    então
        (Declare a busca uma falha.)
    senão
        (Selecione a primeira entrada na lista como sendo EntradaDeTeste;
            enquanto (ValorAlvo > EntradaDeTeste e
                  existirem entradas remanescentes a serem consideradas)
                faça (Selecione a próxima entrada da lista como EntradaDeTeste.);
            se (ValorAlvo = EntradaDeTeste)
                então (Declare a busca um sucesso.)
                senão (Declare a busca uma falha.)
        ) fim se
```

Figura 5.6 Algoritmo de busca sequencial em pseudocódigo.

para encontrar se noz-moscada aparece na lista de ingredientes.

Em resumo, o algoritmo apresentado pela Figura 5.6 considera as entradas na ordem sequencial pela qual elas ocorrem na lista. Por essa razão, o algoritmo é chamado de algoritmo de **busca sequencial**. Por sua simplicidade, ele é frequentemente usado para pequenas listas ou quando outras preocupações ditam seu uso. Entretanto, no caso de listas longas, as buscas sequenciais não são tão eficientes quanto outras técnicas (que veremos em breve).

Controle de laços

O uso repetitivo de uma instrução ou de uma sequência de instruções é um conceito algorítmico importante. Um método de implementar tal repetição é a estrutura iterativa conhecida como **laço**, na qual uma coleção de instruções, chamada de corpo do laço, é executada de maneira repetida sob a direção de algum processo de controle. Um exemplo típico é encontrado no algoritmo de busca sequencial representado na Figura 5.6. Neste caso, usamos uma sentença `enquanto` para controlar a repetição da sentença única `Selecione a próxima entrada da lista como EntradaDeTeste`. Na verdade, a sentença `enquanto`

    enquanto (condição) faça (corpo)

exemplifica o conceito de uma estrutura de laço, já que sua execução mostra o padrão cíclico

    verificar a condição.
    executar o corpo.
    verificar a condição.
    executar o corpo.
        .
        .
        .
    verificar a condição.

até que a condição falhe.

Como regra geral, o uso de uma estrutura de laço produz um grau de flexibilidade maior que o que seria obtido ao simplesmente escrevermos explicitamente o corpo diversas vezes. Por exemplo, para executar a sentença

Adicione uma gota de ácido sulfúrico.

três vezes, poderíamos escrever

Adicione uma gota de ácido sulfúrico.
Adicione uma gota de ácido sulfúrico.
Adicione uma gota de ácido sulfúrico.

Mas não poderíamos produzir uma sequência similar equivalente à seguinte estrutura de laço

enquanto (o nível de pH for maior que quatro) **faça**
(adicione uma gota de ácido sulfúrico)

porque não sabemos de antemão quantas gotas de ácido serão necessárias.

Vamos dar uma olhada mais detalhada na composição do controle de laço. Você poderia ficar tentado a ver esta parte de uma estrutura de laço como menos importante. Afinal, é normalmente o corpo do laço que de fato realiza a tarefa (por exemplo, adicionar gotas de ácido) – as atividades de controle aparecem meramente como uma sobrecarga envolvida, pois escolhemos executar o corpo de maneira repetida. Entretanto, a experiência tem mostrado que o controle de um laço é a parte mais propensa a erros da estrutura e, logo, merece nossa atenção.

O controle de um laço consiste em três atividades: inicializar, testar e modificar (Figura 5.7), e a presença de cada uma delas é necessária para o controle bem-sucedido de laços. A atividade de teste possui a obrigação de causar o término do processo de laço ao esperar pelo valor de uma condição que indica que o término deve ocorrer. Essa condição é conhecida como a **condição de término**. É para essa atividade de teste que fornecemos uma condição dentro de cada sentença **enquanto** de nosso pseudocódigo. No caso da sentença **enquanto**, entretanto, a condição informada é a condição sob a qual o corpo do laço deve ser executado – a condição de término é a negação da condição que aparece na estrutura **enquanto**. Logo, na sentença

enquanto (o nível de pH for maior do que quatro) **faça**
(adicione uma gota de ácido sulfúrico)

Inicializar: Estabelecer um estado inicial que será modificado em direção à condição de término.

Testar: Comparar o estado atual com a condição de término e terminar a repetição se eles forem iguais.

Modificar: Modificar o estado de maneira que ele se mova em direção à condição de término.

Figura 5.7 Componentes de controle repetitivo.

A condição de término é "o nível de pH *não* é maior do que quatro", e na sentença **enquanto** da Figura 5.6, a condição de término poderia ser expressa como

(ValorAlvo ≤ EntradaDeTeste) ou (não existem mais entradas a serem consideradas)

As outras duas atividades no controle de laço garantem que a condição de término, por fim, ocorrerá. O passo de inicialização estabelece uma condição de início, e o passo de modificação move essa condição em direção à condição de término. Por exemplo, na Figura 5.6, a inicialização ocorre na sentença que precede a sentença **enquanto**, na qual a entrada de teste atual é estabelecida como sendo a primeira entrada da lista. O passo de modificação, nesse caso, é na verdade realizado dentro do corpo do laço, em que nossa posição de interesse (identificada com o a entrada de teste) é movida em direção ao final da lista. Logo, uma vez executado o passo de inicialização, a ação repetida do passo de modificação resulta no alcance da condição de término. (Ou alcançamos uma entrada de teste maior que ou igual ao valor a ser buscado ou, por fim, alcançamos o final da lista.)

Devemos enfatizar que os passos de inicialização e de modificação devem levar à condição de término apropriada. Essa característica é crítica para o controle apropriado de laços, e sempre se deve checar sua presença quando uma estrutura de laço estiver sendo projetada. Falhar nessa avaliação pode levar a erros mesmo nos casos mais simples. Um exemplo típico é encontrado nas sentenças

```
Número ← 1;
enquanto (Número ≠ 6) faça
    (Número ← Número + 2)
```

Aqui, a condição de término é "`Número` = 6". Contudo, o valor de `Número` é inicializado em 1 e, então, incrementado em duas unidades no passo de modificação. Logo, à medida que o laço faz seu ciclo, os valores atribuídos para `Número` serão 1, 3, 5, 7, 9 e assim por diante, mas nunca o valor 6. Assim, o laço nunca terminará.

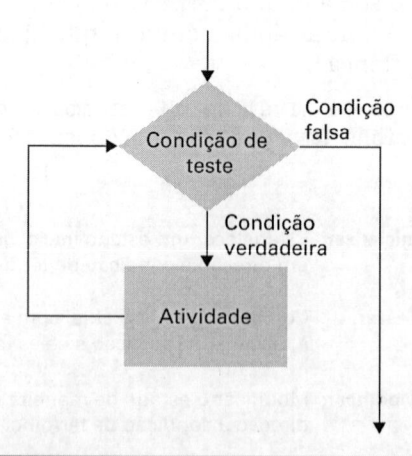

Figura 5.8 Estrutura de laço `enquanto`.

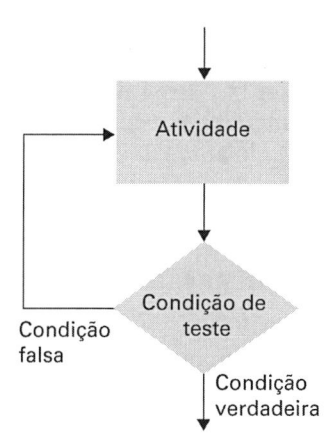

Figura 5.9 Estrutura de laço `repita`.

A ordem na qual os componentes do controle de laço são executados pode ter consequências sutis. Na verdade, existem duas estruturas de laço comuns que diferem apenas nesse sentido. A primeira é exemplificada pela nossa sentença em pseudocódigo

enquanto (*condição*) **faça** (*atividade*)

cuja semântica é representada na Figura 5.8 na forma de um **fluxograma**. (Tais fluxogramas usam várias formas geométricas para representar passos individuais e usam setas para indicar a ordem dos passos. A distinção entre as formas geométricas indica o tipo de ação envolvida no passo associado. Um diamante indica uma decisão, um retângulo indica uma sentença arbitrária ou uma coleção de sentenças.) Note que o teste de término na estrutura **enquanto** ocorre antes de o corpo do laço ser executado.

Em contrapartida, a estrutura na Figura 5.9 requer que o corpo do laço seja executado antes do teste para término ser realizado. Nesse caso, o corpo do laço sempre é executado ao menos usa vez, enquanto que, na estrutura **enquanto**, o corpo nunca é executado caso a condição de término seja satisfeita na primeira vez em que ela for testada.

Usaremos a forma sintática

repita (atividade) **até** (condição)

em nosso pseudocódigo para representar a estrutura mostrada na Figura 5.9. Logo, a sentença

repita (pegue uma moeda de seu bolso)
até (que não existam moedas em seu bolso)

assume que existe uma moeda em seu bolso no início, mas

enquanto (não existam moedas em seu bolso)**faça**
   (pegue uma moeda de seu bolso)

não.

Seguindo a terminologia de nosso pseudocódigo, normalmente nos referenciaremos a essas estruturas como a estrutura de laço enquanto ou a estrutura de laço repita. Em um contexto mais genérico, você pode ouvir a estrutura de laço enquanto sendo chamada de **laço pré-teste** (já que o teste de término é realizado antes de o corpo ser executado), e a estrutura de laço repita sendo chamada de **laço pós-teste** (já que o teste para término é realizado após o corpo ter sido executado).

O algoritmo de ordenação por inserção

Como um exemplo adicional do uso de estruturas iterativas, vamos considerar o problema de ordenar uma lista de nomes em ordem alfabética. Antes de continuarmos, devemos identificar as restrições com as quais trabalharemos. Dito de maneira simples, nosso objetivo é ordenar a lista "dentro dela mesma". Em outras palavras, queremos ordenar a lista pela modificação de suas entradas, ao invés de mover a lista para outro lugar. Nossa situação é análoga ao problema de ordenar uma lista cujas entradas são gravadas em cartões de índices separados espalhados em uma área de trabalho lotada. Abrimos um espaço suficiente para os cartões, mas não nos é permitido empurrar materiais adicionais para abrir mais espaço. Essa restrição é comum em aplicações computacionais, não porque o espaço de trabalho dentro de máquina seja necessariamente lotado como nossa área de trabalho, mas simplesmente porque queremos usar o espaço de armazenamento de uma maneira eficiente.

Vamos dar o primeiro passo, considerando como poderíamos ordenar os nomes na área de trabalho. Consideremos a lista de nomes.

Fred

Alex

Diana

Byron

Carol

Uma abordagem para ordenar essa lista é notar que a sublista formada apenas pelo primeiro nome, Fred, está ordenada, mas a sublista formada pelos dois primeiros nomes, Fred e Alex, não. Logo, poderíamos pegar a carta contendo o nome Alex, deslocar o nome Fred para o espaço onde Alex estava e, então, colocar o nome Alex no local vago no topo da lista, representado pela primeira linha da Figura 5.10. Neste ponto, nossa lista seria

Alex

Fred

Diana

Byron

Carol

Agora, os dois nomes do topo formam uma sublista ordenada, mas os três nomes do topo, não. Logo, devemos pegar o terceiro nome, Diana, deslocar o nome Fred para baixo no espaço onde Diana estava e, então, inserir

Diana no local vago deixado por Fred, como resumido na segunda linha da Figura 5.10. As três entradas do topo da lista agora estão ordenadas. Continuando dessa maneira, podemos obter uma lista na qual as quatro entradas iniciais estão ordenadas pegando o quarto nome, Byron, deslocando os nomes Fred e Diana para baixo e inserindo Byron no local vago (veja a terceira linha da Figura 5.10). Por fim, podemos completar o processo de ordenação pegando Carol, deslocando Fred e Diana para baixo e inserindo Carol no local vago restante (veja a quarta linha da Figura 5.10).

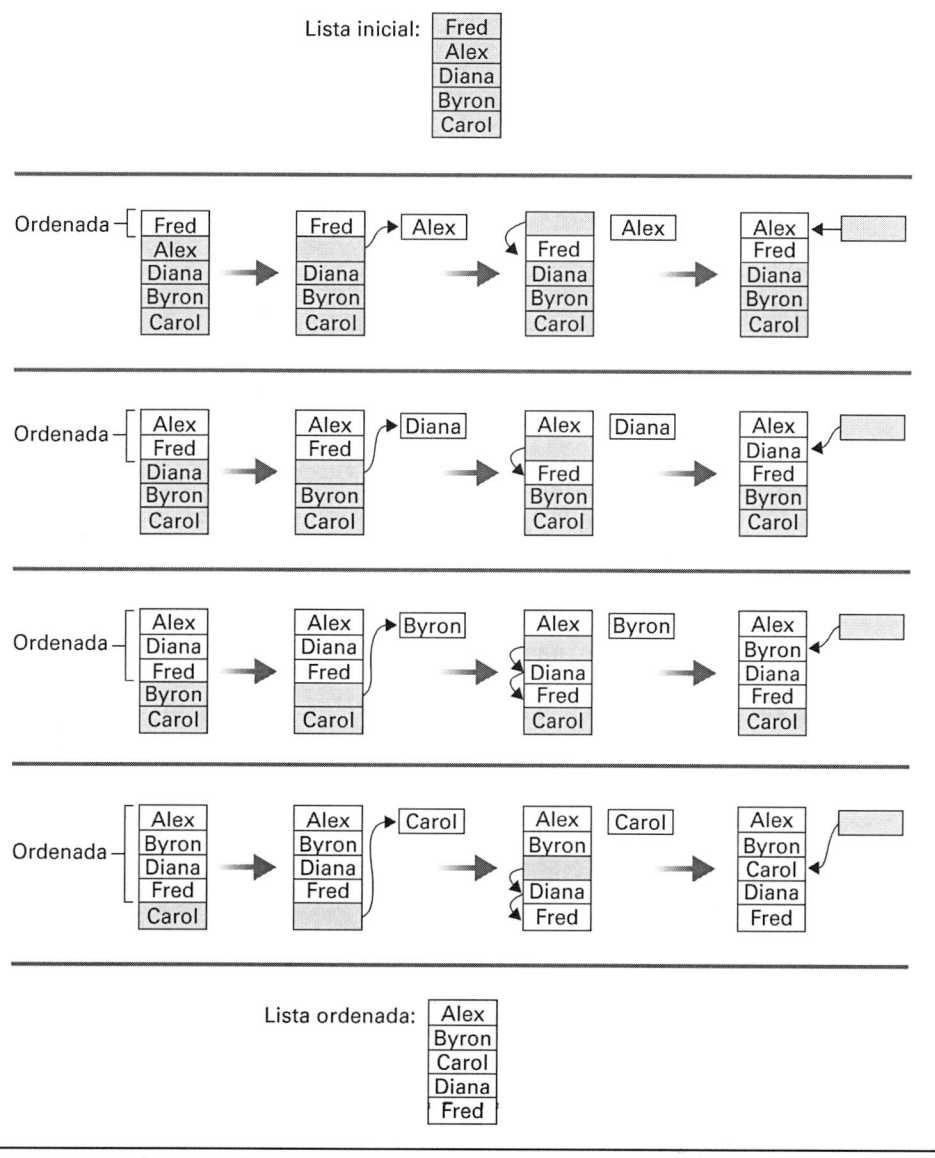

Figura 5.10 Ordenação alfabética da lista Fred, Alex, Diana, Byron e Carol.

> **Estruturas iterativas na música**
>
> Os músicos têm usado estruturas iterativas de programação muito antes dos cientistas da computação. Na verdade, a estrutura de uma música (sendo composta de múltiplos versos, cada um deles seguido pelo refrão) é exemplificada pela sentença enquanto
>
> ```
> enquanto (existir um verso restante) faça
>    (cante o próximo verso;
>     cante o refrão)
> ```
>
> Além disso, a notação
>
> [notação musical com marcações 1 e 2 sobre uma Passagem]
>
> é meramente uma maneira de o compositor expressar a estrutura
>
> ```
> N ← 1;
> enquanto (N < 3) faça
>  (toque a passagem;
>   toque o enésimo fim;
>   N ← N + 1)
> ```

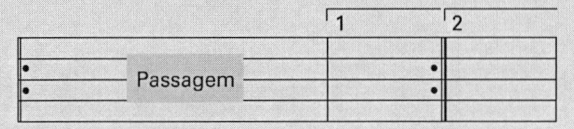

Analisado o processo de ordenar uma lista específica, nossa tarefa agora é generalizar esse processo para obter um algoritmo para ordenar listas em geral. Para esse fim, observemos que cada linha da Figura 5.10 representa o mesmo processo geral: pegue o primeiro nome na porção não ordenada da lista, desloque os nomes maiores que o nome extraído para baixo e insira o nome extraído de volta na lista onde o espaço vago aparecer. Se identificarmos o nome extraído como a entrada pivô, esse processo pode ser expresso em nosso pseudocódigo como

```
Mova a entrada pivô para uma localização temporária deixando
um espaço vago na Lista;
enquanto (existir um nome acima do espaço vago e
          esse nome for maior que o pivô) faça
 (mova o nome acima do espaço vago para o espaço vago,
    deixando um espaço vago acima do nome)
Mova a entrada pivô para o espaço vago na Lista.
```

Agora, observemos que esse processo deve ser executado repetidamente. Para iniciar o processo de ordenação, o pivô deve ser a segunda entrada na lista e, então, antes de cada execução adicional, a seleção do pivô deve ser outra entrada para baixo na lista até que a última entrada tenha sido posicionada. Ou seja, à medida que a rotina anterior é repetida, a posição inicial da entrada pivô deve avançar da segunda entrada para a terceira, então para a quarta, etc., até que a rotina tenha posicionado a última entrada na lista. Seguindo essa linha, podemos controlar a repetição necessária com as sentenças

```
N ← 2;
   enquanto (o valor de N não exceder o tamanho da Lista) faça
```

(Selecione a enésima entrada na Lista como a entrada pivô;
.
.
.
N ← N + 1)

onde N representa a posição para uso da entrada pivô, o tamanho da Lista refere-se ao número de entradas na lista e os pontos indicam a localização onde a rotina anterior deve ser colocada.

Nosso programa completo em pseudocódigo é mostrado na Figura 5.11. Em resumo, o programa ordena uma lista ao repetidamente remover uma entrada e inseri-la no local apropriado. É por esse processo de inserção repetida que o algoritmo subjacente é chamado de **ordenação por inserção**.

Note que a estrutura da Figura 5.11 é a de um laço dentro de outro; o laço mais externo está expresso pela primeira sentença enquanto e o laço mais interno está representado pela segunda sentença enquanto. Cada execução do corpo do laço mais externo resulta em o laço interno ser inicializado e executado até sua condição de término ser obtida. Logo, uma única execução do corpo do laço mais externo resultará em diversas execuções do corpo do laço mais interno.

O componente de inicialização do controle do laço mais externo consiste em estabelecer o valor inicial de N com a sentença

N ← 2;

O componente de modificação é tradado ao incrementarmos o valor de N no final do corpo do laço com a sentença

N ← N + 1

A condição de término ocorre quando o valor de N exceder o tamanho da lista.

O controle do laço mais interno é inicializado pela remoção da entrada pivô da lista, criando um espaço vago. O passo de modificação do laço é realizado pela movimentação das entradas abaixo para o espaço vago, fazendo com que ele suba. A condição de término consiste no espaço vago estar imediatamente abaixo de um nome que não é maior que o pivô ou de o espaço vago chegar ao topo da lista.

procedimento Ordenar (Lista)
N ← 2;
enquanto (o valor de N não exceder o tamanho da Lista) **faça**
   (Selecione a enésima entrada na Lista como a entrada pivô;
   Mova a entrada pivô para uma localização temporária deixando um espaço vago na Lista;
   enquanto (existir um nome acima do espaço vago e esse nome for maior que o pivô)
     faça (mova o nome acima do espaço vago para o espaço vago,
        deixando um espaço vago acima do nome)
   Mova a entrada pivô para o espaço vago na Lista.
   N ← N + 1
)

Figura 5.11 Algoritmo de ordenação por inserção expresso em pseudocódigo.

Questões e exercícios

1. Modifique o procedimento de busca sequencial na Figura 5.6 para permitir listas que não sejam ordenadas.
2. Converta a rotina em pseudocódigo

    ```
    Z ← 0;
    X ← 1;
    enquanto (X < 6) faça
     (Z ← Z + X;
      X ← X + 1)
    ```

    para uma rotina equivalente usando uma sentença `repita`.
3. Algumas das linguagens de programação populares atuais usam a sintaxe

    ```
    enquanto (. . .) faça (. . .)
    ```

    para representar laços pré-teste e a sintaxe

    ```
    faça (. . .) enquanto (. . .)
    ```

    para representar um laço pós-teste. Apesar de elegante em termos de projeto, que problemas poderiam resultar de tais similaridades?
4. Suponha que a ordenação por inserção apresentada na Figura 5.11 tenha sido aplicada à lista Gene, Cheryl, Alice e Brenda. Descreva a organização da lista no final de cada execução do corpo da estrutura `enquanto` mais externa.
5. Por que não queremos modificar a frase "maior que" na sentença `enquanto` na Figura 5.11 para "maior ou igual que"?
6. Uma variação do algoritmo de ordenação por inserção é a **ordenação por seleção**. Ela inicia selecionando a menor entrada na lista e movendo-a para frente. Ela, então, seleciona a menor entrada das entradas remanescentes na lista e move-a para a segunda posição da lista. Ao repetidamente selecionar a menor entrada da porção remanescente da lista e mover essa entrada para frente, a versão ordenada da lista cresce a partir do início da lista, enquanto a porção posterior da lista formada pelas entradas ainda desordenadas diminui. Use nosso pseudocódigo para expressar um procedimento similar ao da Figura 5.11 para ordenar uma lista usando o algoritmo de ordenação por seleção.
7. Outro algoritmo bem conhecido é a **ordenação por bolha**. Ela é baseada no processo de comparar repetidamente dois nomes adjacentes e trocá-los se eles não estiverem na ordem relativa correta entre os dois. Vamos supor que a lista em questão tenha n entradas. A ordenação por bolha iniciaria comparando (e possivelmente trocando) as entradas nas posições n e $n-1$. Então, ela consideraria as entradas nas posições $n-1$ e $n-2$, e continuaria movendo-se para o início da lista até que a primeira e a segunda entradas na lista tenham sido comparadas (e possivelmente trocadas). Observe que essa passagem através da lista empurrará a menor entrada para a frente da lista. De maneira similar, outra passagem dessas assegurará que a segunda menor entrada seja empurrada para a segunda posição da lista. Assim, fazendo um total de $n - 1$ passagens através da lista, a lista inteira será ordenada. (Se alguém olhar o algoritmo em funcionamento, verá que as pequenas entradas flutuam para o topo da lista – observação a partir da qual o algoritmo obteve seu nome.) Use nosso pseudocódigo para expressar um procedimento similar ao da Figura 5.11 para ordenar uma lista usando o algoritmo de ordenação por bolha.

5.5 Estruturas recursivas

Estruturas recursivas fornecem ao paradigma de laços uma alternativa para implementar a repetição de atividades. Enquanto um laço implica repetir um conjunto de instruções de maneira que o conjunto seja completado e então repetido, a recursão envolve repetir o conjunto de instruções como uma tarefa em si mesma. Como uma analogia, considere o processo de conduzir conversas telefônicas com o recurso de espera de chamada. Uma conversa telefônica incompleta é posta de lado enquanto outra chamada é processada. O resultado é que duas conversas estarão ocorrendo. Entretanto, elas não são realizadas uma após a outra, como em uma estrutura de laço, mas, em vez disso, uma é realizada dentro da outra.

O algoritmo de busca binária

Como uma maneira de introduzir recursão, vamos mais uma vez tratar do problema da busca por uma entrada específica em uma lista ordenada, mas, desta vez, damos o primeiro passo considerando o procedimento que seguimos quando buscamos em um dicionário. Neste caso, não realizamos um procedimento entrada por entrada ou página por página. Ao invés disso, começamos abrindo o dicionário em uma página que esteja em uma área na qual acreditamos que a entrada buscada esteja localizada. Se tivermos sorte, encontraremos o valor visado lá; caso contrário, devemos continuar a busca. Ainda assim, neste ponto, já reduzimos nossa busca consideravelmente.

Obviamente, quando fazemos uma busca em um dicionário, temos um conhecimento prévio de palavras que provavelmente serão encontradas. Se você estiver procurando pela palavra *sonambulismo*, iniciaria abrindo a porção mais ao fim do dicionário. No caso de listas genéricas, entretanto, não temos essa vantagem, então vamos estabelecer um consenso de sempre

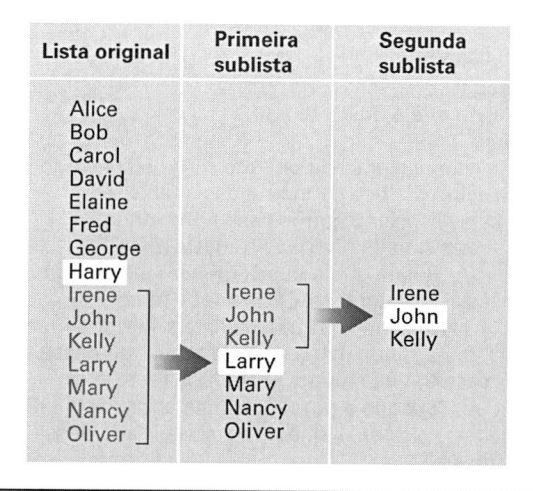

Lista original	Primeira sublista	Segunda sublista
Alice Bob Carol David Elaine Fred George Harry Irene John Kelly Larry Mary Nancy Oliver	Irene John Kelly Larry Mary Nancy Oliver	Irene John Kelly

Figura 5.12 Aplicação da nossa estratégia para buscar a entrada John em uma lista.

iniciar nossa busca pela entrada localizada no "meio" da lista. Aqui, escrevemos a palavra *meio* entre aspas porque a lista pode ter um número par de entradas e, logo, nenhuma entrada do meio existirá de fato. Neste caso, vamos convencionar que a entrada do "meio" se refere à primeira entrada da segunda metade da lista.

Se a entrada no meio da lista for o valor buscado, podemos declarar a busca um sucesso. Caso contrário, podemos ao menos restringir o processo de busca para a primeira ou para a segunda metade da lista, dependendo de o valor buscado ser menor ou maior que a entrada que estamos considerando. (Lembre-se de que a lista é ordenada.)

Para buscar na porção remanescente da lista, poderíamos aplicar a busca sequencial, mas ao invés disso vamos aplicar a mesma abordagem para essa porção da lista que usamos para a lista inteira. Ou seja, selecionamos a entrada do meio na porção remanescente da lista como a próxima entrada a ser considerada. Como antes, se esta entrada for o valor visado, terminamos. Caso contrário, podemos restringir nossa busca para uma porção ainda menor da lista.

Essa abordagem para o processo de busca é resumida na Figura 5.12, na qual consideramos a tarefa de fazer uma busca na lista mais à esquerda na figura, pela entrada John. Primeiro, consideramos a entrada do meio, Harry. Como nosso alvo está após esta entrada, a busca continua, considerando a metade inferior da lista original. O meio da sublista agora é calculado como Larry. Como nosso alvo deve preceder Larry, movemos nossa atenção para a primeira metade da sublista atual. Quando interrogamos o meio desta sublista secundária, encontramos nosso alvo, John, e declaramos a busca um sucesso. Em resumo, nossa estratégia é dividir sucessivamente a lista em segmentos menores, até que o alvo seja encontrado ou a busca esteja restrita a um segmento vazio.

Precisamos enfatizar esse último ponto. Se o valor buscado não estiver na lista original, nossa abordagem para a busca na lista será conduzida ao di-

```
se (Lista vazia)
então
 (Relate que a busca falhou.)
senão
 [Selecione a entrada do "meio" da Lista como sendo a EntradaDeTeste;
  Execute o bloco de instruções abaixo que
   está associado com o caso apropriado.
    caso 1: ValorAlvo = EntradaDeTeste
      (Relate que a busca foi bem-sucedida.)
    caso 2: ValorAlvo < EntradaDeTeste
      (Busque a porção da lista anterior a EntradaDeteste pelo
        ValorAlvo e relate o resultado dessa busca.)
    caso 3: ValorAlvo > EntradaDeTeste
      (Busque a porção da lista após EntradaDeTeste pelo
        ValorAlvo, e relate o resultado dessa busca.)
 ] fim se
```

Figura 5.13 Primeiro rascunho da técnica de busca binária.

Busca e ordenação

Os algoritmos de busca sequencial e de busca binária são apenas dois dos muitos algoritmos para realizar o processo de busca. De maneira similar, a ordenação por inserção é apenas um de muitos algoritmos de ordenação. Outros algoritmos clássicos para ordenação incluem a ordenação por mesclagem (*merge sort*), discutida no Capítulo 12, a ordenação por seleção (Questão/Exercício 6 da Seção 5.4), a ordenação por bolha (Questão/Exercício 7 da Seção 5.4), a ordenação rápida (*quick sort*), que aplica uma abordagem dividir para conquistar sobre o processo de ordenação) e a ordenação por monte (*heap sort*), que usa uma técnica bastante inteligente para encontrar as entradas que devem ser movidas para frente na lista. Você encontrará discussões sobre esses algoritmos nos livros listados na Leitura Adicional, ao final deste capítulo.

---

vidirmos a lista em segmentos menores até que o segmento que está sendo considerado esteja vazio. Nesse momento, nosso algoritmo deve reconhecer que a busca falhou.

A Figura 5.13 é um primeiro rascunho de nossos pensamentos usando nosso pseudocódigo. Ele nos conduz a começar uma busca tentando ver se a lista está vazia. Se estiver, ele nos diz para relatar que a busca é uma falha. Caso contrário, o rascunho nos diz para considerar a entrada do meio da lista. Se a entrada não for o valor buscado, ele nos diz para buscar na primeira metade ou na segunda metade da lista. Ambas as possibilidades requerem uma busca secundária. Seria bom realizar essas buscas por meio de chamadas aos serviços de uma ferramenta abstrata. Em particular, nossa abordagem é aplicar um procedimento chamado **Buscar** para conduzir essas buscas secundárias. Para completar nosso programa, logo, devemos fornecer tal procedimento.

No entanto, esse procedimento deve realizar a mesma tarefa expressa pelo pseudocódigo que já escrevemos. Ele primeiro deve verificar se a lista

```
procedimento Buscar (Lista, ValorAlvo)
se (Lista vazia)
   então
       (Relate que a busca falhou.)
   senão
       [Selecione a entrada do "meio" da Lista como sendo a EntradaDeTeste;
       Execute o bloco de instruções abaixo que
         está associado com o caso apropriado.
           caso 1: ValorAlvo = EntradaDeTeste
               (Relate que a busca foi bem sucedida.)
           caso 2: ValorAlvo < EntradaDeTeste
               (Aplique o procedimento Buscar para ver se ValorAlvo
                 está na porção da lista anterior a EntradaDeTeste,
                 e relate o resultado dessa busca.)
           caso 3: ValorAlvo > EntradaDeTeste
               (Aplique o procedimento Buscar para ver se ValorAlvo
                 está na porção da lista posterior a EntradaDeTeste,
                 e relate o resultado dessa busca.)
    ] fim se
```

Figura 5.14 Algoritmo de busca binária em pseudocódigo.

que ele recebeu está vazia e, se não estiver, ele deve continuar considerando a entrada do meio dessa lista. Logo, podemos fornecer o procedimento que precisamos simplesmente identificando a rotina atual como o procedimento chamado Buscar e inserindo referências para esse procedimento, no qual as buscas secundárias são requeridas. O resultado é mostrado na Figura 5.14.

Note que esse procedimento contém uma referência para si mesmo. Se o estivéssemos seguindo e chegássemos na instrução

```
Aplique o procedimento Buscar...
```

aplicaríamos na lista menor o mesmo procedimento que estávamos aplicando na lista original. Se essa busca fosse bem sucedida, retornaríamos para declarar que nossa busca original havia sido bem sucedida; se essa busca secundária falhasse, declararíamos que nossa busca original falhou.

Para ver como o procedimento na Figura 5.14 realiza sua tarefa, vamos segui-lo enquanto ele faz uma busca na lista Alice, Bill, Carol, David, Evelyn, Fred e George, pelo valor Bill. Nossa busca começa selecionando David (a entrada do meio) como a entrada de teste a ser considerada. Como o valor buscado (Bill) é menor que essa entrada de teste, o algoritmo nos instrui para aplicar o procedimento Buscar na lista de entradas que precede David – ou seja, a lista Alice, Bill e Carol. Ao fazer isso, criamos uma segunda cópia do procedimento de busca e atribuímos a ela essa tarefa secundária.

Agora, temos duas cópias de nosso procedimento de busca sendo executadas, como resumido na Figura 5.15. O progresso na cópia original é temporariamente suspenso na instrução

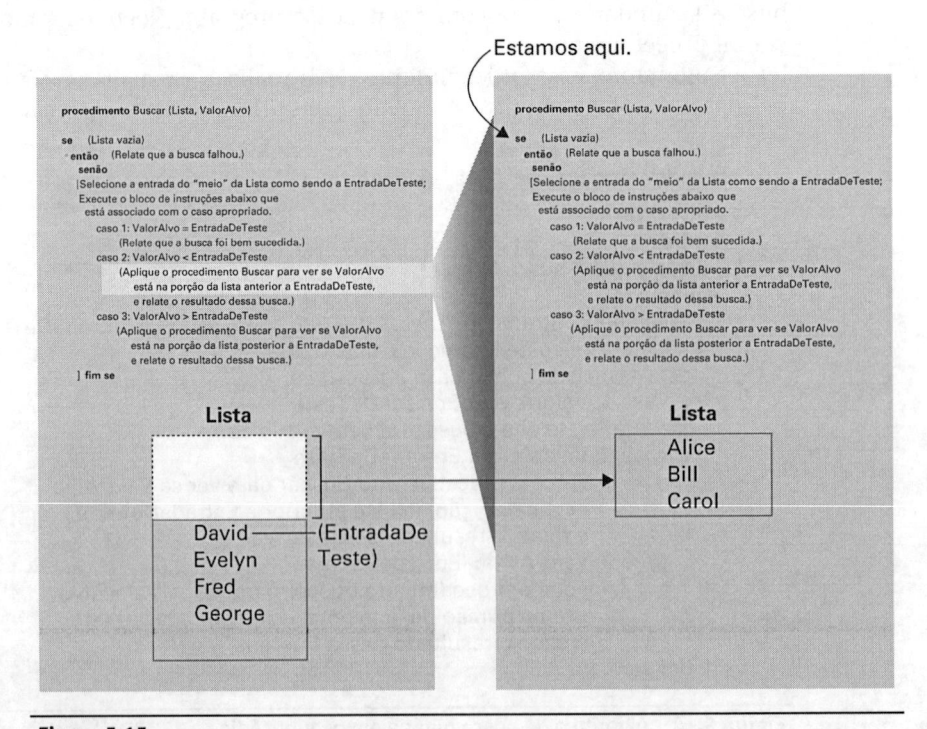

Figura 5.15

> Aplique o procedimento Buscar para ver se ValorAlvo
> está na porção da lista anterior a EntradaDeTeste,

enquanto aplicamos a segunda cópia à tarefa de buscar na lista Alice, Bill e Carol. Quando completarmos essa busca secundária, descartaremos a segunda cópia do procedimento, relataremos suas descobertas para a cópia original e continuamos o progresso na original. Dessa maneira, a segunda cópia do procedimento funciona como uma sub-rotina da original, realizando a tarefa solicitada pelo módulo original e, então, desaparecendo.

A busca secundária seleciona Bill como sua entrada de teste, pois ela é a entrada do meio na lista Alice, Bill e Carol. Como ela é igual ao valor buscado, ela declara sua busca um sucesso e termina.

Neste ponto, completamos a busca secundária, como solicitado pela cópia original do procedimento, e somos capazes de continuar a execução dessa cópia original. Aqui, o algoritmo nos diz que o resultado da busca secundária deve ser relatado como sendo o resultado da busca original. Logo, relatamos que a busca original foi bem-sucedida. Nosso processo determinou corretamente que Bill é um membro da lista Alice, Bill, Carol, David, Evelyn, Fred e George.

Vamos agora considerar o que acontece se pedirmos ao procedimento na Figura 5.14 para buscar, na lista Alice, Carol, Evelyn, Fred e George, pela entrada David. Desta vez, a cópia original do procedimento seleciona Evelyn como sua entrada de teste e conclui que o valor buscado deve residir na seção anterior da lista. Ele, então, requer outra cópia do procedimento para buscar a lista de entradas que aparecem na frente de Evelyn – ou seja, a lista de duas entradas que consiste em Alice e Carol. Neste estágio, nossa situação está conforme representado na Figura 5.16.

A segunda cópia do procedimento seleciona Carol como sua entrada atual e conclui que o valor buscado deve residir na porção posterior de sua lista. Ela, então, requer uma terceira cópia do procedimento para buscar a lista de nomes que seguem Carol na lista Alice e Carol. Essa sub-lista é vazia, então a terceira cópia do procedimento tem a tarefa de buscar na lista vazia pelo valor David. Nossa situação neste ponto é representada pela Figura 5.17. A cópia original do procedimento recebe a tarefa de buscar na lista Alice, Carol, Evelyn, Fred e George, com a entrada de teste sendo Evelyn; a segunda cópia recebe a tarefa de buscar na lista Alice e Carol, com sua entrada de teste sendo Carol; e a terceira cópia trata de começar a buscar em uma lista vazia.

Obviamente, a terceira cópia do procedimento rapidamente declara que sua busca foi uma falha e termina. O término da tarefa da terceira cópia permite que a segunda cópia continue sua tarefa. Ela nota que a busca que ela requisitou não foi bem sucedida, declara que sua própria tarefa foi uma falha e termina. Esse relato é o que a cópia original do procedimento estava esperando, então ela pode prosseguir. Como a busca que ela requisitou falhou, ela declara que sua própria busca falhou e termina. Nossa rotina concluiu corretamente que David não está na lista Alice, Carol, Evelyn, Fred e George.

Em resumo, se voltássemos a olhar os exemplos anteriores, poderíamos ver que o processo empregado pelo algoritmo representado na Figura 5.14 é dividir a lista em questão repetidamente em duas porções menores, de maneira que a busca remanescente pudesse estar restrita a apenas uma

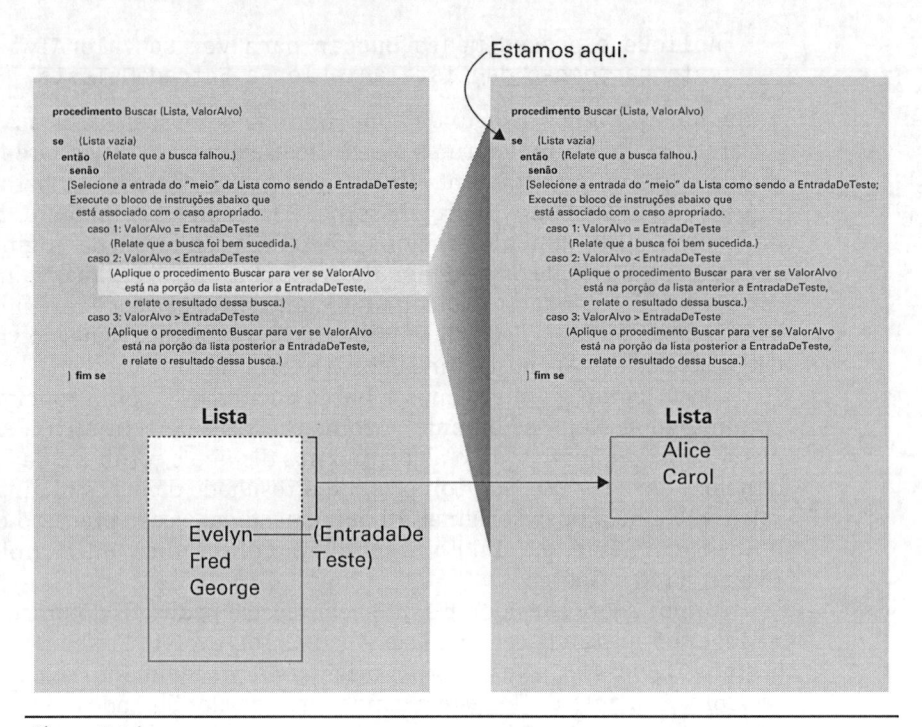

```
                                                    Estamos aqui.

procedimento Buscar (Lista, ValorAlvo)              procedimento Buscar (Lista, ValorAlvo)
se    (Lista vazia)                                 se    (Lista vazia)
então   (Relate que a busca falhou.)                então   (Relate que a busca falhou.)
senão                                               senão
[Selecione a entrada do "meio" da Lista como sendo a EntradaDeTeste;  [Selecione a entrada do "meio" da Lista como sendo a EntradaDeTeste;
Execute o bloco de instruções abaixo que            Execute o bloco de instruções abaixo que
está associado com o caso apropriado.               está associado com o caso apropriado.
   caso 1: ValorAlvo = EntradaDeTeste                  caso 1: ValorAlvo = EntradaDeTeste
      (Relate que a busca foi bem sucedida.)              (Relate que a busca foi bem sucedida.)
   caso 2: ValorAlvo < EntradaDeTeste                  caso 2: ValorAlvo < EntradaDeTeste
      (Aplique o procedimento Buscar para ver se ValorAlvo    (Aplique o procedimento Buscar para ver se ValorAlvo
       está na porção da lista anterior a EntradaDeTeste,      está na porção da lista anterior a EntradaDeTeste,
       e relate o resultado dessa busca.)                      e relate o resultado dessa busca.)
   caso 3: ValorAlvo > EntradaDeTeste                  caso 3: ValorAlvo > EntradaDeTeste
      (Aplique o procedimento Buscar para ver se ValorAlvo    (Aplique o procedimento Buscar para ver se ValorAlvo
       está na porção da lista posterior a EntradaDeTeste,     está na porção da lista posterior a EntradaDeTeste,
       e relate o resultado dessa busca.)                      e relate o resultado dessa busca.)
] fim se                                            ] fim se

            Lista                                               Lista
                                                              Alice
                                                              Carol

         Evelyn   (EntradaDe
         Fred      Teste)
         George
```

Figura 5.16

dessas duas peças. Essa abordagem de divisão por dois é a razão pela qual o algoritmo é conhecido como a **busca binária**.

Controle recursivo

O algoritmo de busca binária é similar à busca sequencial no sentido de que cada algoritmo requer a execução de um processo repetitivo. Entretanto, a implementação dessa repetição é significativamente diferente. Enquanto a busca sequencial envolve uma forma circular de repetição, a busca binária executa cada estágio da repetição como uma subtarefa do estágio anterior. Essa técnica é conhecida como **recursão**.

Como vimos, a ilusão criada pela execução de um procedimento recursivo é a da existência de múltiplas cópias do procedimento, cada uma das quais é chamada de uma ativação do procedimento. Essas ativações são criadas dinamicamente em uma maneira telescópica e, por fim, desaparecem à medida que o algoritmo avança. Das ativações existentes em dado momento, apenas uma está ativamente progredindo. As outras estão efetivamente no limbo, cada uma delas esperando pelo término de outra ativação antes de poder continuar.

Sendo um processo repetitivo, os sistemas recursivos são tão dependentes de controles apropriados quanto são as estruturas de laço. Assim como no controle de laço, os sistemas recursivos são dependentes de testes em relação a uma condição de término e de um projeto que garanta que essa condição seja alcançada. Na verdade, um controle recursivo apropriado

Figura 5.17

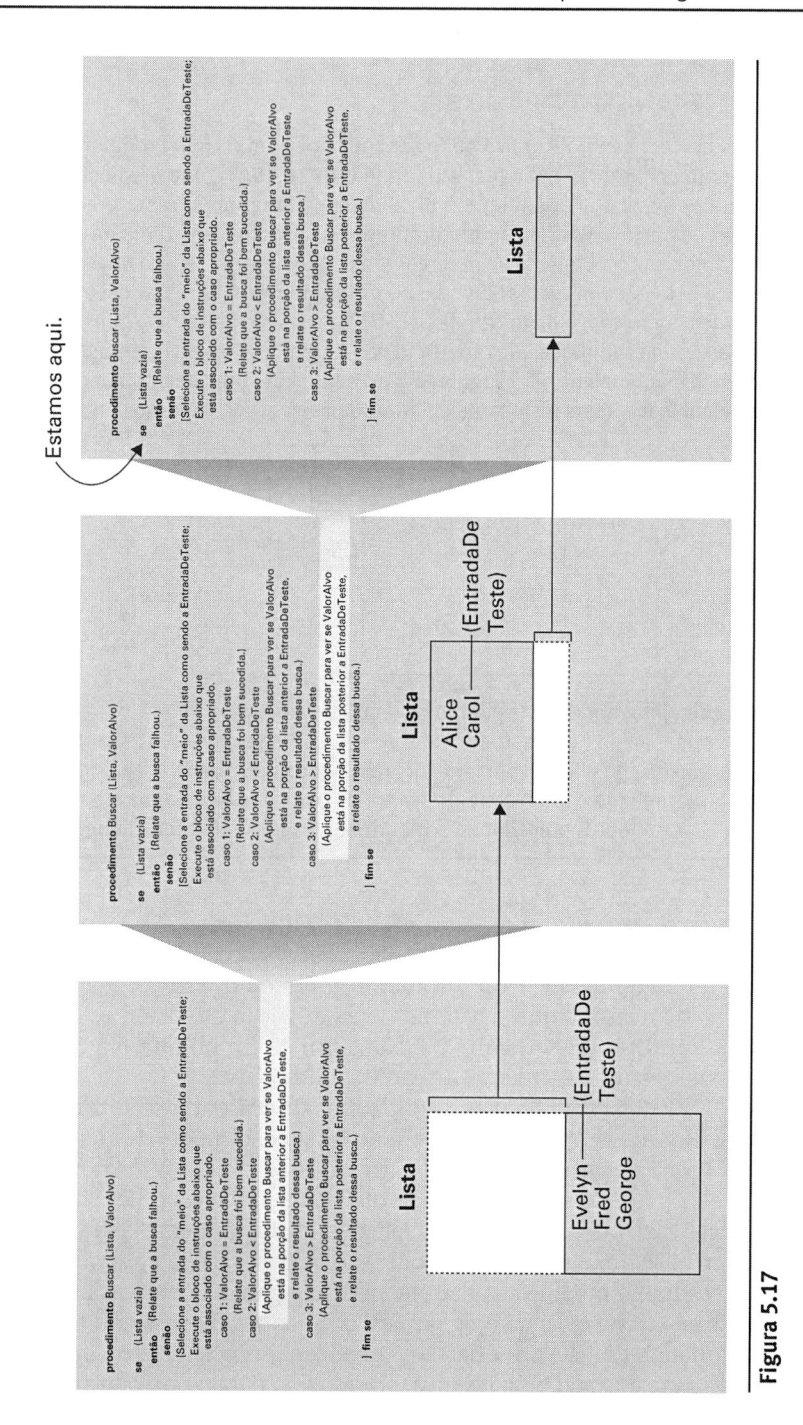

envolve os mesmos três ingredientes – inicialização, modificação e teste de término – necessários para o controle de laço.

Em geral, um procedimento recursivo é projetado para testar pela condição de término (frequentemente chamada de **caso base** ou **caso degene-**

Estruturas recursivas na arte

O seguinte procedimento recursivo pode ser aplicado a uma tela retangular para produzir desenhos no estilo do pintor alemão Piet Mondrian (1872 – 1944), que produziu pinturas nas quais a superfície de desenho retangular era dividida em retângulos sucessivamente menores. Tente seguir o procedimento você mesmo para produzir desenhos similares ao mostrado na figura. Inicie aplicando o procedimento a um retângulo do tamanho da tela na qual você está trabalhando. (Se você estiver se perguntando se o algoritmo representado por esse procedimento é um algoritmo de acordo com a definição da Seção 5.1, suas suspeitas são bem fundamentadas. Ele é, na verdade, um exemplo de um algoritmo não determinístico, já que existem locais nos quais a pessoa ou a máquina que está seguindo o procedimento precisam tomar decisões "criativas". Talvez seja por isso que os resultados de Mondrian sejam considerados arte, e não os nossos.)

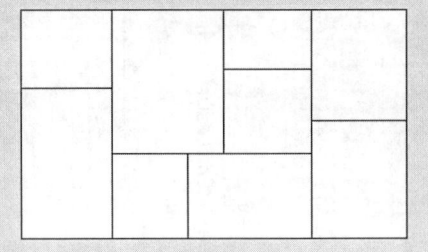

procedimento Mondrian (Retângulo)
  se (o tamanho do Retângulo for muito grande para seu gosto artístico)
    então (divida o Retângulo em dois retângulos menores;
        aplique o procedimento Mondrian a um dos retângulos menores;
        aplique o procedimento Mondrian ao outro retângulo menor)

rativo) antes de requisitar ativações adicionais. Se a condição de término não for satisfeita, a rotina cria outra ativação do procedimento e atribui a ela a tarefa de resolver um problema revisado que seja mais próximo da condição de término que a recebida pela ativação atual. Entretanto, se a condição de término for satisfeita, toma-se um caminho que faz com que a ativação atual termine sem criar ativações adicionais.

Vamos ver como as fases de inicialização e de modificação do controle repetitivo são implementadas em nosso procedimento de busca binária da Figura 5.14. Neste caso, a criação de ativações adicionais é terminada uma vez que o valor buscado seja encontrado ou caso a tarefa seja reduzida à busca em uma lista vazia. O processo é inicializado implicitamente quando se fornece a ele uma lista inicial e um valor buscado. A partir dessa configuração inicial, o procedimento modifica sua tarefa atribuída para a de buscar em uma lista menor. Como a lista original é de tamanho finito e cada passo de modificação reduz o tamanho da lista em questão, certificamo-nos de que o valor buscado por fim será encontrado ou a tarefa será reduzida para a busca em uma lista vazia. Podemos, então, concluir que o processo repetitivo garantidamente cessará.

Por fim, já que tanto as estruturas de controle de laço quanto de recursão são maneiras de causar a repetição de um conjunto de instruções, podemos nos perguntar se elas são equivalentes em termos de poder. Ou seja, se um algoritmo foi projetado usando uma estrutura de laço, outro algoritmo poderia ser projetado usando apenas técnicas recursivas, de forma que ele resolveria o mesmo problema e vice-versa? Tais questões são importantes em ciência da computação, pois suas respostas nos dizem que recursos devem ser fornecidos em uma linguagem de programação para obter o sistema de programação mais poderoso possível. Retornaremos a essas questões no Capítulo 12, no qual consideraremos alguns dos aspectos mais teóricos da ciência da computação e seus fundamentos matemáticos. Com esse embasamento, seremos capazes de provar a equivalência das estruturas iterativas e recursivas no Apêndice E.

Questões e exercícios

1. Que nomes são consultados pela busca binária (Figura 5.14) quando buscamos pelo nome Joe na lista Alice, Brenda, Carol, Duane, Evelyn, Fred, George, Henry, Irene, Joe, Karl, Larry, Mary, Nancy e Oliver?
2. Qual é o número máximo de entradas que devem ser consultadas quando a busca binária é aplicada a uma lista de 200 entradas? E a uma lista de 100.000 entradas?
3. Que sequência de números deve ser impressa pelo seguinte procedimento recursivo se iniciarmos com N valendo 1?

    procedimento Exercício (N)
    imprima o valor de N;
    se (N < 3) **então** (aplique o procedimento Exercício para o
                    valor N + 1;)
    imprima o valor de N;
4. Qual é a condição de término no procedimento recursivo da Questão/Exercício 3?

5.6 Eficiência e correção

Nesta seção, introduzimos dois tópicos que constituem áreas de pesquisa importantes dentro da ciência da computação. O primeiro deles é a eficiência de algoritmo e o segundo é a correção de algoritmos.

Eficiência de algoritmos

Apesar de as máquinas atuais serem capazes de executar milhões de instruções a cada segundo, sua eficiência permanece sendo uma das principais preocupações no projeto de algoritmos. Frequentemente, a escolha entre algoritmos eficientes e ineficientes pode fazer a diferença entre uma solução prática para um problema e uma solução impraticável.

Consideremos o problema que um órgão de registro de uma universidade encontra com a tarefa de obter e atualizar registros de estudantes. Apesar de a universidade registrar a matrícula real de aproximadamente 10.000 estudantes durante qualquer semestre, seu arquivo de "estudantes atuais" contém os registros de mais de 30.000 estudantes considerados atuais, no sentido de que eles se registraram em ao menos um curso nos últimos anos, mas não colaram grau. Por enquanto, vamos assumir que esses registros sejam armazenados no computador do órgão de registro como uma lista ordenada pelo número de identificação dos estudantes. Para encontrar qualquer estudante, o funcionário faria uma busca nessa lista por um número de identificação específico.

Apresentamos dois algoritmos para buscar em tal lista: a busca sequencial e a busca binária. Nossa questão, agora, é se a escolha entre esses dois algoritmos faz alguma diferença no caso do órgão de registro. Consideremos primeiro a busca sequencial.

Dado o número de identificação de um estudante, o algoritmo de busca sequencial inicia no começo da lista e compara as entradas encontradas com o número de identificação desejado. Sem saber nada sobre a fonte do valor buscado, não podemos concluir o quão longe na lista essa busca deve ir. Podemos dizer, no entanto, que após muitas buscas, esperamos que a profundidade medida das buscas seja no meio da lista; algumas serão mais curtas, mas outras serão mais longas. Logo, estimamos que em certo período de tempo, a busca sequencial investigará aproximadamente 15.000 registros por busca. Se obter e verificar cada registro por seu número de identificação requer 10 milissegundos (10 centésimos de segundo), tal busca requereria uma média de 150 segundos ou 2,5 minutos – um tempo demasiadamente longo para que o funcionário espere para que um registro de um estudante apareça na tela do computador. Mesmo se o tempo necessário para obter e verificar cada registro fosse reduzido para apenas 1 milissegundo, a busca ainda assim levaria uma média de 15 segundos, que ainda é muito tempo para esperar.

Em contrapartida, a busca binária faz seu trabalho comparando o valor buscado com a entrada do meio da lista. Se ela não for a entrada desejada, ao menos a busca restante pode ser restrita a apenas metade da lista original. Logo, após consultar a entrada do meio da lista de 30.000 estudantes, a busca binária tem no máximo 15.000 registros ainda a considerar. Após a segunda averiguação, no máximo 7.500 permanecem, e após a terceira obtenção, a lista em questão cai para não mais que 3.750 entradas. Continuando dessa maneira, vemos que o registro alvo será encontrado após obter no máximo 15 entradas da lista de 30.000 registros. Logo, se cada uma dessas obtenções puder ser realizada em 10 milissegundos, o processo de buscar por um registro específico requer apenas 0,15 parte de um segundo – o que significa que o acesso a um registro de qualquer estudante parecerá instantâneo, do ponto de vista do funcionário. Concluímos que a escolha entre o algoritmo de busca sequencial e o algoritmo de busca binária teria um impacto significativo nesta aplicação.

Esse exemplo indica a importância da área de ciência da computação conhecida como análise de algoritmos, que envolve o estudo de recursos, como tempo ou espaço de armazenamento, que os algoritmos requerem. Uma das principais aplicações de tais estudos é a avaliação dos méritos relativos de algoritmos alternativos.

A análise de algoritmos frequentemente envolve cenários de melhor caso, de pior caso e de caso médio. Em nosso exemplo, realizamos uma análise de caso médio do algoritmo de busca sequencial e uma análise de pior caso do algoritmo de busca binária, de forma a estimar o tempo necessário para buscar em uma lista de 30.000 entradas. Em geral, tais análises são realizadas em um contexto mais genérico. Ou seja, quando estamos considerando algoritmos para buscar em listas, não focamos em uma lista de um tamanho específico, mas tentamos identificar uma fórmula que nos indicaria o desempenho de um algoritmo para listas de tamanhos arbitrários. Em particular, quando aplicado a uma lista com n entradas, o algoritmo de busca sequencial consultará uma média de $n/2$ entradas, enquanto que o algoritmo de busca binária consultará no máximo $\lg n$ entradas em seu cenário de pior caso ($\lg n$ representa o logaritmo de n na base 2.)

Vamos analisar o algoritmo de ordenação por inserção (resumido na Figura 5.11) de uma maneira similar. Lembre que esse algoritmo envolve selecionar uma entrada de uma lista, chamada de entrada pivô, comparar essa entrada com as entradas anteriores até encontrar um lugar apropriado para o pivô e, então, inserir a entrada pivô nesse lugar. Como a atividade de comparar duas entradas domina o algoritmo, nossa abordagem será contar o número de comparações realizadas quando estamos ordenando uma lista cujo tamanho é n.

O algoritmo inicia selecionando a segunda entrada da lista como sendo o pivô. Ele então progride, pegando sucessivas entradas como pivô até alcançar o final da lista. No melhor caso possível, cada pivô já está em seu lugar apropriado e precisa ser comparado com apenas uma única entrada antes de isso ser descoberto. Logo, no melhor caso, aplicar a ordenação por inserção a uma lista com n entradas requer $n - 1$ comparações. (A segunda entrada é comparada com uma entrada, a terceira entrada com uma entrada e assim por diante.)

Em contrapartida, o cenário de pior caso é aquele no qual cada pivô deve ser comparado com todas as entradas anteriores antes de sua localização apropriada ser descoberta. Isso ocorre se a lista original estiver na ordem inversa. Neste caso, o primeiro pivô (a segunda entrada da lista) é comparado com uma entrada, o segundo pivô (a terceira entrada da lista) é comparado com duas entradas e assim sucessivamente (Figura 5.18). Logo, o número total de comparações quando estivermos ordenando uma lista de n entradas é $1 + 2 + 3 + \ldots + (n - 1)$, que é equivalente a $(1/2)(n^2 - n)$. Em particular, se a lista contivesse 10 entradas, o cenário de pior caso do algoritmo de ordenação por inserção requereria 45 comparações.

No caso médio da ordenação por inserção, esperaríamos que cada pivô fosse comparado com metade das entradas que o precedem. Isso resulta na metade das comparações que seriam feitas no pior caso, ou um total de $(1/4)(n^2 - n)$ comparações para ordenar uma lista de n entradas. Se, por exemplo, usássemos a ordenação por inserção para ordenar uma variedade

Comparações feitas para cada pivô

Lista inicial	1º pivô	2º pivô	3º pivô	4º pivô	Lista ordenada
Elaine	1 ⟋ Elaine	3 ⟋ David	6 ⟋ Carol	10 ⟋ Barbara	Alfred
David	⟍ David	2 ⟨ Elaine	5 ⟨ David	9 ⟨ Carol	Barbara
Carol	Carol	⟍ Carol	⟨ Elaine	⟨ David	Carol
Barbara	Barbara	Barbara	4 ⟍ Barbara	8 ⟨ Elaine	David
Alfred	Alfred	Alfred	Alfred	7 ⟍ Alfred	Elaine

Figura 5.18 Aplicação da ordenação por inserção em uma situação de pior caso.

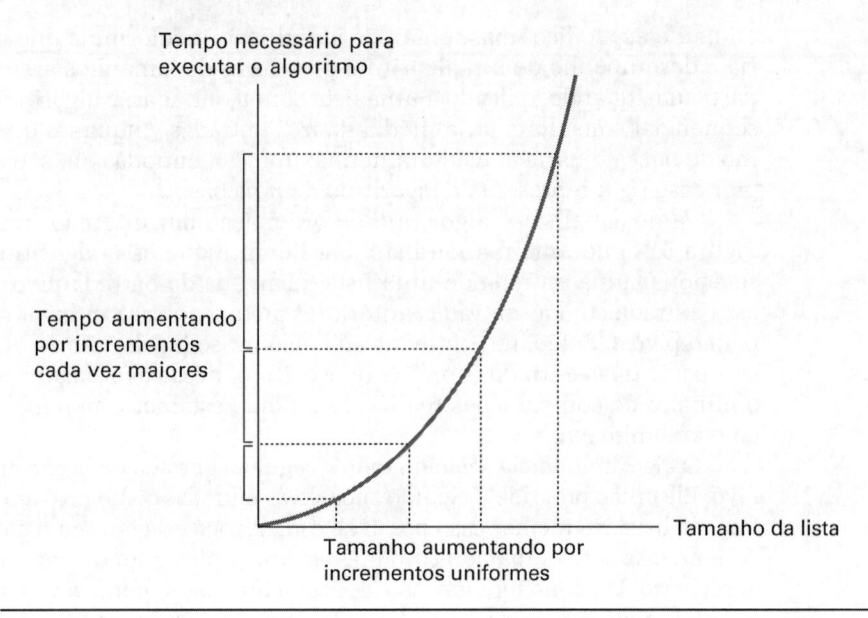

Figura 5.19 Gráfico da análise de pior caso do algoritmo de ordenação por inserção.

de listas de tamanho 10, esperaríamos um número médio de comparações por ordenação de 22,5.

O significado desses resultados é que o número de comparações feitas durante a execução do algoritmo de ordenação por inserção dá uma aproximação da quantidade de tempo necessária para executar o algoritmo. Usando essa aproximação, a Figura 5.19 mostra um gráfico indicando como o tempo necessário para executar o algoritmo de ordenação por inserção cresce à medida que o tamanho da lista aumenta. Esse gráfico é baseado em nossa análise de pior caso do algoritmo, na qual concluímos que ordenar uma lista de tamanho n requereria, no máximo, $(1/2)(n^2 - n)$ comparações entre as entradas da lista. No gráfico, marcamos diversos tamanhos de listas e indicamos o tempo necessário em cada caso. Note que, à medida que os tamanhos das listas aumentam uniformemente, o tempo necessário para ordenar as listas aumenta exponencialmente. Logo, o algoritmo se torna menos eficiente à medida que o tamanho da lista aumenta.

Vamos aplicar uma análise similar ao algoritmo da busca binária. Lembre-se de que concluímos que buscar em uma lista de n entradas usando esse algoritmo requereria consultar, no máximo, $\lg n$ entradas, o que mais uma vez nos dá uma aproximação da quantidade de tempo necessária para executar o algoritmo para vários tamanhos de listas. A Figura 5.20 mostra um gráfico baseado nessa análise, no qual novamente marcamos diversos tamanhos de lista de tamanho uniformemente crescente e identificamos o tempo necessário para executar o algoritmo em cada caso. Note que o tempo necessário para executar o algoritmo aumenta em intervalos decrescentes. Ou seja, o algoritmo de busca binária torna-se mais eficiente à medida que o tamanho da lista aumenta.

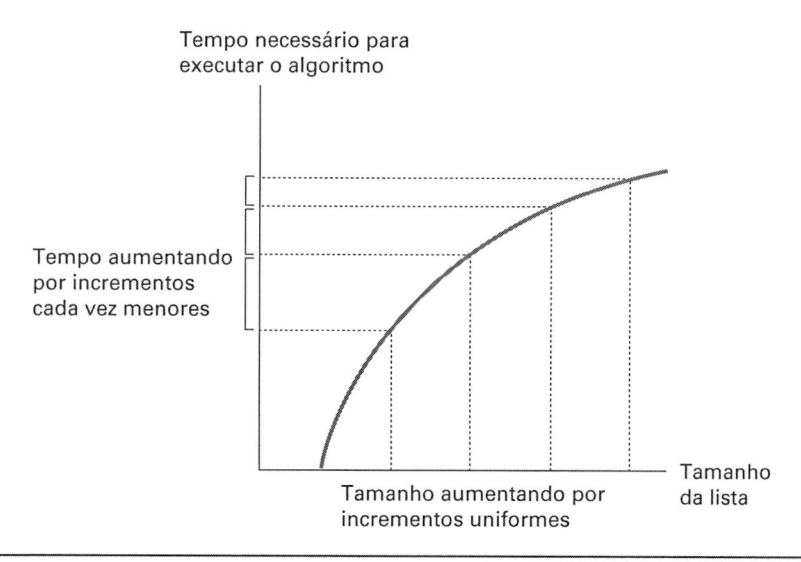

Figura 5.20 Grafico da análise de pior caso do algoritmo de busca binária.

O fator que diferencia as Figuras 5.19 e 5.20 é a forma geral dos gráficos envolvidos. Essa forma geral revela o quão bem se espera que um algoritmo se comporte em termos de desempenho para entradas cada vez maiores. Além disso, a forma geral de um gráfico é determinada pelo tipo de expressão que está sendo representada, em vez de pelas especificidades da expressão – todas as expressões lineares produzem uma linha reta; todas as expressões quadráticas produzem uma parábola; todas as expressões logarítmicas produzem a forma logarítmica mostrada na Figura 5.20. É comum identificar uma forma pela expressão mais simples que produz essa forma. Em particular, identificamos a forma de parábola com a expressão n^2 e a forma logarítmica com a expressão $lg\ n$.

Como a forma do gráfico obtida ao comparar o tempo necessário para que um algoritmo realize sua tarefa com o tamanho dos dados de entrada reflete as características em termos de eficiência de um algoritmo, é comum classificar algoritmos de acordo com as formas desses gráficos – normalmente essa classificação é baseada na análise do pior caso do algoritmo. A notação usada para identificar essas classes é chamada de **notação de grande *theta***. Todos os algoritmos cujos gráficos possuem a fórmula de uma parábola, como a ordenação por inserção, são colocados na classe representada por $\Theta(n^2)$ (lê-se "grande *theta* de *n* ao quadrado"); todos os algoritmos cujos gráficos possuem a fórmula de uma expressão logarítmica, como a busca binária, caem na classe representada por $\Theta(lg\ n)$ (lê-se "grande *theta* de $log\ n$"). Conhecer a classe na qual um algoritmo específico é classificado nos permite prever seu desempenho e compará-lo em relação a outros algoritmos que solucionam o mesmo problema. Dois algoritmos em $\Theta(n^2)$ exibirão variações similares em requisitos de tempo à medida que as entradas aumentam. Além disso, os requisitos de tempo de um algoritmo em $\Theta(lg\ n)$ não se expandirão tão rapidamente quanto os de um algoritmo em $\Theta(n^2)$.

Verificação de software

Lembre que a quarta fase na análise de Polya sobre a solução de problemas (Seção 5.3) é avaliar a solução em relação à sua precisão e ao seu potencial como ferramenta para solucionar outros problemas. A importância da primeira parte dessa frase é exemplificada pelo exemplo:

> Um viajante com uma corrente dourada formada por sete anéis deve permanecer em um hotel isolado por sete noites. O aluguel de cada noite consiste em um anel da corrente. Qual é o menor número de anéis que devem ser cortados para que o viajante possa pagar o hotel com um anel da corrente por vez, sem pagar pela estada de antemão?

Para solucionar esse problema, primeiro nos damos conta de que nem todas as ligações da corrente precisam ser cortadas. Se cortarmos apenas o segundo anel, poderíamos liberar tanto o primeiro quanto o segundo anéis dos outros cinco. Seguindo essa ideia, somos levados à solução de cortar apenas o segundo, o quarto e o sexto anéis da corrente, um processo que libera todos os anéis enquanto corta apenas três (Figura 5.21). Além disso, qualquer corte a menos deixa dois anéis ligados, então podemos concluir que a resposta correta ao nosso problema é três.

Após reconsiderar o problema, no entanto, poderíamos observar que quando apenas o terceiro anel da corrente é cortado, obtemos três peças da corrente de tamanhos um, dois e quatro (Figura 5.22). Com essas peças, podemos proceder como a seguir:

> Primeira manhã: Dê ao hotel o anel isolado.
> Segunda manhã: Obtenha o anel isolado de volta e dê ao hotel a peça com dois anéis.
> Terceira manhã: Dê ao hotel o anel isolado.
> Quarta manhã: Obtenha os três anéis mantidos pelo hotel e dê ao hotel a peça com quatro anéis.
> Quinta manhã: Dê ao hotel o anel isolado.
> Sexta manhã: Obtenha o anel isolado de volta e dê ao hotel a peça com dois anéis.
> Sétima manhã: Dê ao hotel o anel isolado.

Consequentemente, nossa primeira resposta, que achávamos ser a correta, é incorreta. Como, então, podemos nos certificar de que nossa nova solução

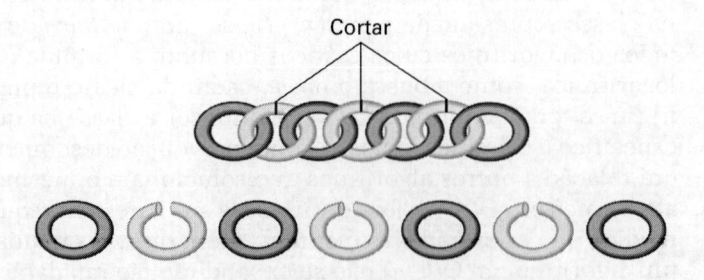

Figura 5.21 Separação da corrente usando apenas três cortes.

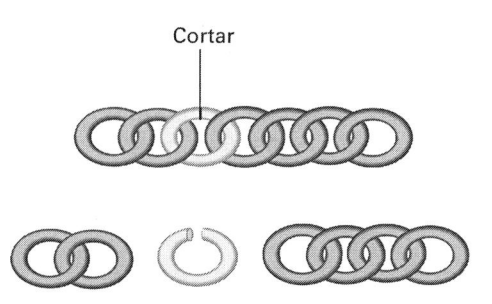

Figura 5.22 Solucionando o problema com apenas um corte.

é correta? Alguém poderia argumentar: já que um único anel deve ser dado ao hotel na primeira manhã, ao menos um anel da cadeia deve ser cortado, e como nossa nova solução requer apenas um corte, ele deve ser ótimo.

Traduzido para o ambiente de programação, esse exemplo enfatiza a distinção entre um programa que se acredita estar certo e um programa que está certo. As duas situações não são exatamente iguais. A comunidade de processamento de dados é repleta de histórias de horror envolvendo aplicativos de software que apesar de "serem sabidamente" corretos, mesmo assim falharam em um momento crítico por causa de alguma situação imprevista. A verificação de software é, logo, um empreendimento importante, e a busca por técnicas eficientes de verificação constitui um campo ativo de pesquisa em ciência da computação.

Uma das principais linhas de pesquisa nesta área tenta aplicar as técnicas de lógica formal para provar a correção de um programa. Ou seja, o objetivo é aplicar lógica formal para provar que o algoritmo representado por um programa faz aquilo que se pretende que ele faça. A tese subjacente é que, ao reduzir o processo de verificação a um procedimento formal, é possível se proteger das conclusões imprecisas que podem estar associadas a argumentos intuitivos, como foi o caso do problema da corrente de ouro. Vamos considerar essa abordagem para a verificação de programas de forma mais detalhada.

Assim como a prova matemática formal é baseada em axiomas (provas geométricas são frequentemente fundamentadas nos axiomas da geometria euclidiana, enquanto outras provas são baseadas nos axiomas da teoria dos conjuntos), uma prova formal da correção de um programa é baseada na espe-

Além da verificação de software

Problemas de verificação, como discutido no texto, não são únicos dos sistemas de software. Igualmente importante é o problema de confirmar que os sistemas de hardware que executam um programa sejam livres de falhas. Isso envolve a verificação de projetos de circuitos e de construção de máquinas. Mais uma vez, o que é de ponta depende fortemente de testes, o que, como no caso de sistemas de software, significa que erros sutis podem aparecer eventualmente em produtos já finalizados. Registros indicam que o Mark I, construído na Universidade de Harvard nos anos 1940, continha erros de escrita que não foram detectados por muitos anos. Um exemplo mais recente é uma falha na porção de ponto flutuante dos primeiros microprocessadores Pentium. Nos dois casos, o erro foi detectado antes que ocorressem consequências graves.

cificação sobre a qual o programa foi projetado. Para provar que um programa ordena corretamente listas de nomes, podemos iniciar com a premissa de que a entrada do programa é uma lista de nomes; ou, se o programa for projetado para calcular a média de um ou mais números positivos, assumimos que a entrada, de fato, seja formada por um ou mais números positivos. Em resumo, uma prova de correção inicia com a premissa de que certas condições, chamadas de **pré-condições**, são satisfeitas no início da execução do programa.

O próximo passo em uma prova de correção é considerar como as consequências dessas pré-condições se propagam através do programa. Para esse propósito, pesquisadores têm analisado várias estruturas de programas para determinar como uma sentença, conhecidamente verdadeira antes de a estrutura ser executada, é afetada pela execução da estrutura. Como um exemplo simples, caso se saiba que certa afirmação acerca do valor de Y mantém-se antes de executar a instrução

    X ← Y

então a mesma afirmação pode ser feita sobre X após a instrução ter sido executada. Mais precisamente, se o valor de Y não é 0 antes de a instrução ser executada, podemos concluir que X não será 0 após a instrução ser executada.

Um exemplo um pouco mais elaborado ocorre no caso de uma estrutura se-então-senão, como

    se (condição) **então** (instrução A)
             senão (instrução B)

Aqui, caso se saiba que alguma afirmação se mantém antes da execução da estrutura, então imediatamente antes de executar a *instrução A*, sabemos que tanto a afirmação quanto a condição testada são verdadeiras, enquanto

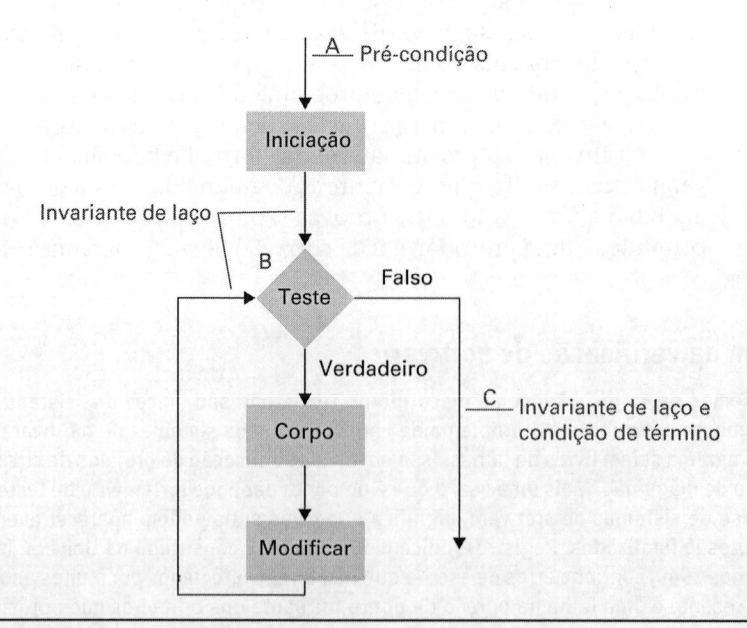

Figura 5.23 Asserções associadas a uma típica estrutura enquanto.

que se a `instrução B` for executada, sabemos que a afirmação e a negação da condição testada devem manter-se.

Seguindo regras como essas, uma prova de correção é feita por meio da identificação de sentenças, chamadas de **asserções**, que podem ser estabelecidas em vários pontos do programa. O resultado é um conjunto de asserções, cada uma delas consequência das pré-condições do programa e da sequência de instruções que levam ao ponto no programa no qual a asserção é estabelecida. Se a asserção estabelecida ao final do programa corresponder às especificações de saída desejadas (chamadas de **pós-condições**), concluímos que o programa está correto.

Como um exemplo, considere a estrutura típica de laço `enquanto` representada na Figura 5.23. Suponha que, como uma consequência das pré-condições dadas no ponto A, possamos estabelecer que uma asserção em particular seja verdadeira a cada vez que o teste para término for realizado (ponto B) durante o processo repetitivo. (Uma asserção em um ponto de um laço que é verdadeira todas as vezes que esse ponto no laço é alcançado é conhecida como **invariante de laço**.) Então, se a repetição em algum momento terminar, a execução move-se para o ponto C, no qual podemos concluir que tanto a invariante de laço quanto a condição de término se mantêm. (A invariante de laço ainda se mantém porque o teste para término não altera quaisquer valores no programa, e a condição de término se mantém porque, de outra forma, o laço não terminaria.) Se essas sentenças combinadas implicam as pós-condições desejadas, nossa prova de correção pode ser completada simplesmente mostrando que os componentes de inicialização e de modificação do laço, por fim, levam à condição de término.

Você deve comparar essa análise ao nosso exemplo da ordenação por inserção mostrado na Figura 5.11. O laço mais externo de tal programa é baseado na invariante de laço

> Cada vez que o teste para término é realizado, as entradas na lista da posição 1 até a posição $N - 1$ são ordenadas

e a condição de término é

> O valor de N é maior que o tamanho da lista.

Logo, se o laço em algum momento terminar, sabemos que ambas as condições devem ter sido satisfeitas, o que implica que a lista inteira deve estar ordenada.

Progressos no desenvolvimento de técnicas de verificação de programas continuam a ser desafiadores. Entretanto, avanços têm sido feitos. Um dos mais significativos é encontrado na linguagem de programação SPARK, fortemente relacionada à linguagem mais popular Ada. (Ada é uma das linguagens que aparecerá em exemplos do próximo capítulo.) Além de permitir que os programas sejam expressos em uma forma de alto nível, como nosso pseudocódigo, SPARK dá aos programadores um meio de incluir asserções como pré-condições, pós-condições e invariantes de laço dentro do programa. Logo, um programa escrito em SPARK contém não só o algoritmo a ser aplicado, **mas também a informação necessária para a aplicação de técnicas formais de** prova de correção. Até hoje, SPARK tem sido usada com sucesso em diversos projetos de desenvolvimento de software envolvendo aplicações críticas de software, incluindo software seguro para a Agência de Segurança Nacional dos EUA (NSA – *U. S. National Security Agency*), para software de controle interno usado pela aeronave C130J Hercules, da Lockheed Martin, e em sistemas críticos de controle de transporte ferroviário.

Apesar de sucessos como a SPARK, as técnicas de verificação formal de programas ainda não conquistaram amplo uso e, logo, a maioria dos sistemas de software atuais é "verificada" por meio de testes – um processo, no mínimo, fraco. Afinal, a verificação por meio de testes não prova nada além de que o programa desempenha seu papel corretamente nos casos para os quais ele foi testado. Quaisquer conclusões adicionais são meramente conjecturas. Os erros contidos em um programa são frequentemente consequências de descuidos sutis facilmente negligenciados durante os testes, assim como durante o desenvolvimento. Consequentemente, os erros em um programa, assim como nosso erro no problema da corrente de ouro, podem passar despercebidos e frequentemente o fazem, mesmo que esforços significativos tenham sido feitos para evitá-los. Um exemplo dramático ocorreu na AT&T: um erro no sistema de software que controlava 114 estações de comutação passou despercebido desde sua instalação, em dezembro de 1989, até 15 de janeiro de 1990, quando um conjunto único de circunstâncias fez com que aproximadamente cinco milhões de chamadas fossem bloqueadas desnecessariamente em um período de nove horas.

Questões e exercícios

1. Suponha que descobríssemos que uma máquina programada com nosso algoritmo de ordenação por inserção necessitasse de uma média de um segundo para ordenar uma lista de 100 nomes. Quanto tempo você estima que ela levaria para ordenar uma lista de 1.000 nomes? E 10.000 nomes?
2. Dê um exemplo de um algoritmo em cada uma das seguintes classes: $\Theta(\lg n)$, $\Theta(n)$, $\Theta(n^2)$.
3. Liste as classes $\Theta(n^2)$, $\Theta(\lg n)$, $\Theta(n)$, $\Theta(n^3)$ em ordem decrescente de eficiência.
4. Considere o seguinte problema e uma resposta proposta. A resposta é correta? Por quê?
   Problema: Suponha que uma caixa contenha três cartas. Uma delas é pintada de preto em ambos os lados, uma é pintada de vermelho em ambos os lados e a terceira é pintada de vermelho em um lado e de preto em outro. Uma das cartas é retirada da caixa e você pode ver um lado dela. Qual é a probabilidade de o outro lado da carta ser da mesma cor que o lado que você viu?
   Resposta proposta: 50%. Suponha que o lado da carta que você pode ver é vermelho. (O argumento seria semelhante a esse se o lado fosse preto.) Apenas duas cartas dentre as três possui um lado vermelho. Logo, a carta que você vê pode ser uma dessas duas. Uma dessas duas cartas é vermelha do outro lado, enquanto a outra é preta. Logo, a carta que você pode ver tem a mesma probabilidade de ser vermelha do outro lado do que ser preta.
5. O seguinte segmento de programa é uma tentativa de computar o quociente (esquecendo qualquer resto) de dois inteiros positivos (um dividendo e um divisor) por meio da contagem do número de vezes que o divisor pode ser subtraído do dividendo antes de a diferença tornar-se menor que o divisor. Por exemplo, 7/3 deve produzir 2, pois 3 pode ser subtraído de 7 duas vezes. O programa é correto? Justifique sua resposta.

```
Cont ← 0;
Resto ← Dividendo;
repita (Resto ← Resto - Divisor;
        Cont ← Cont + 1)
até (Resto < Divisor)
Quociente ← Cont.
```

6. O segmento de programa a seguir é projetado para computar o produto de dois inteiros não negativos X e Y por meio do acúmulo da soma de X cópias de Y – ou seja, 3 vezes 4 é computado pelo acúmulo da soma de três 4s. O programa é correto? Justifique sua resposta.

```
Produto ← Y;
Cont ← 1;
enquanto (Cont < X) faça
(Produto ← Produto + Y;
  Cont ← Cont + 1)
```

7. Assumindo a pré-condição de que o valor associado a *N* é um inteiro positivo, estabeleça um invariante de laço que leve à conclusão de que se a rotina a seguir terminar, então Soma recebe, via atribuição, o valor $0 + 1 + \ldots + N$.

```
Soma ← 0;
K ← 0;
enquanto (K < N) faça
 (K ← K + 1;
   Soma ← Soma + K)
```

Forneça um argumento que prove que a rotina de fato termina.

8. Suponha que tanto um programa quanto o sistema de hardware que o executa tenham sido formalmente verificados como precisos. Isso assegura a precisão?

Problemas de revisão do capítulo

(Problemas marcados com asterisco relacionam-se às seções disponíveis online, no site www.grupoa.com.br.)

1. Dê um exemplo de um conjunto de passos que esteja em conformidade com a definição informal de um algoritmo dada no parágrafo inicial da Seção 5.1, mas que não esteja em conformidade com a definição formal dada na Figura 5.1.

2. Explique a diferença entre uma ambiguidade em um algoritmo proposto e uma ambiguidade na representação de um algoritmo.

3. Descreva como o uso de primitivas ajuda a remover ambiguidades na representação de um algoritmo.

4. Selecione um assunto com o qual você esteja familiarizado e projete um pseudocódigo para dar instruções sobre esse assunto. Em particular, descreva as primitivas e a sintaxe que você usaria para representá-las. (Se você estiver tendo problemas em pensar em um assunto, tente esportes, artes ou profissões.)

5. O seguinte programa representa um algoritmo no senso estrito? Por quê?

```
Cont ← 0;
enquanto (Cont não for 5) faça
  (Cont ← Cont + 2)
```

6. Em que sentido os três passos a seguir não constituem um algoritmo?

    Passo 1: Desenhe um segmento de linha reta entre os pontos com coordenadas retangulares (2,5) e (6,11).

    Passo 2: Desenhe um segmento de linha reta entre os pontos com coordenadas retangulares (1,3) e (3,6).

    Passo 3: Desenhe um círculo cujo centro esteja na interseção dos segmentos de linha anteriores com raio igual a dois.

7. Reescreva o programa a seguir usando uma estrutura repita no lugar de uma estrutura enquanto. Certifique-se de que a nova versão imprima os mesmos valores que a original.

    ```
    Cont ← 2;
    enquanto (Cont < 7) faça
      (imprima o valor atribuído a Cont e
       Cont ← Cont + 1)
    ```

8. Reescreva o programa a seguir usando uma estrutura enquanto no lugar de uma estrutura repita. Certifique-se de que a nova versão imprima os mesmos valores que a original.

    ```
    Cont ← 1;
    repita
      (imprima o valor atribuído a Cont e
       Cont ← Cont + 1)
    até (Cont = 5)
    ```

9. O que deve ser feito para traduzir um laço pós-teste expresso no formato

    repita (. . .) **até** (. . .)

    em um laço pós-teste equivalente expresso no formato

    faça (. . .) **enquanto** (. . .)

10. Projete um algoritmo que, quando dado um arranjo dos dígitos 0, 1, 2, 3, 4, 5, 6, 7, 8, 9, reorganize os dígitos de forma que o novo arranjo represente o próximo maior valor que pode ser representado por esses dígitos (ou relate que tal arranjo não existe, se nenhum rearranjo produzir um valor maior). Logo, 5647382901 produziria 5647382910.

11. Projete um algoritmo para encontrar todos os fatores de um inteiro positivo. Por exemplo, no caso do inteiro 12, seu algoritmo deve relatar os valores 1, 2, 3, 4, 6 e 12.

12. Projete um algoritmo para determinar o dia da semana de qualquer data desde 1º de janeiro de 1700. Por exemplo, 17 de agosto de 2001 foi uma sexta-feira.

13. Qual é a diferença entra uma linguagem de programação formal e um pseudocódigo?

14. Qual é a diferença entre sintaxe e semântica?

15. A seguir, temos um problema de adição na notação tradicional de base dez. Cada letra representa um dígito diferente. Que dígito cada letra representa? Como você deu o primeiro passo?

    $$\begin{array}{r} XYZ \\ + YWY \\ \hline ZYZW \end{array}$$

16. A seguir, temos um problema de multiplicação na notação tradicional de base dez. Cada letra representa um dígito diferente. Que dígito cada letra representa? Como você deu o primeiro passo?

    $$\begin{array}{r} XY \\ \times YX \\ \hline XY \\ YZ \\ \hline WVY \end{array}$$

17. A seguir, temos um problema de adição em notação binária. Cada letra representa um único dígito binário. Que letra representa 1 e que letra representa 0? Projete um algoritmo para solucionar problemas como esse.

    $$\begin{array}{r} YXX \\ + XYX \\ \hline XYYY \end{array}$$

18. Quatro mineradores com apenas uma lanterna devem caminhar através de uma mina. No máximo dois mineradores podem viajar juntos e qualquer minerador na mina pode estar com a lanterna. Os mineradores, chamados **Andrews**, **Blake**, **Johnson** e **Kelly**, po-

dem cruzar a mina em um minuto, dois minutos, quatro minutos e oito minutos, respectivamente. Quando dois caminham juntos, eles viajam na velocidade do minerador mais lento. Como os quatro mineradores podem cruzar a mina em apenas 15 minutos? Após solucionar este problema, explique como você deu o primeiro passo.

19. Iniciando com uma taça grande de vinho e uma taça pequena de vinho, encha a taça pequena com vinho e, então, despeje este vinho na taça grande. A seguir, encha a taça pequena com água e despeje parte da água na taça grande. Misture o conteúdo da taça grande e despeje a mistura de volta na taça pequena até que ela esteja cheia. Haverá mais água na taça grande do que vinho na taça pequena? Após solucionar este problema, explique como você deu o primeiro passo.

20. Duas abelhas, chamadas Romeu e Julieta, vivem em colmeias diferentes, mas se encontraram e se apaixonaram. Em uma manhã de primavera sem vento, elas deixam simultaneamente suas colmeias para irem se visitar. Suas rotas se encontram a um ponto 50 metros em relação à colmeia mais próxima, mas elas não se enxergam e continuam rumando para seu destino. Em seu destino, elas gastam a mesma quantidade de tempo para descobrir que a outra não está em casa e começam suas viagens de retorno. Em suas viagens de retorno, elas se encontram em um ponto a 20 metros da colmeia mais próxima. Desta vez, elas se veem e fazem um piquenique antes de retornarem para casa. Quão distantes as duas abelhas moram uma da outra? Após solucionar este problema, explique como você deu o primeiro passo.

21. Projete um algoritmo que, dadas duas cadeias de caracteres, teste se a primeira aparece como uma subcadeia em algum local da segunda.

22. O seguinte algoritmo é projetado para imprimir o início do que é conhecido como a sequência de Fibonacci. Identifique o corpo do laço. Onde está o passo de inicialização para o controle do laço? O passo de modificação? O passo de teste? Que lista de números é produzida?

```
Último ← 0;
Atual ← 1;
enquanto (Atual < 100) faça
  (imprima o valor atribuído à Atual;
  Temp ← Último;
  Último ← Atual;
  Atual ← Último + Temp)
```

23. Que sequência de números é impressa pelo seguinte algoritmo se ele iniciasse com os valores de entrada 0 e 1?

```
procedimento EscritaMisteriosa (Último,
                                Atual)
se (Atual < 100) então
(imprima o valor atribuído a Atual;
Temp <- Atual + Último;
aplique EscritaMisteriosa para os valores
  Atual e Temp)
```

24. Modifique o procedimento EscritaMisteriosa do problema anterior de forma que os valores sejam impressos na ordem inversa.

25. Que letras são consultadas pela busca binária (Figura 5.14) se ela fosse aplicada à lista A, B, C, D, E, F, G, H, I, J, K, L, M, N, O quando se estiver buscando o valor J? E quando se estiver buscando o valor Z?

26. Após realizar muitas buscas sequenciais em uma lista de 6.000 entradas, qual você esperaria ser a média do número de vezes que o valor buscado teria de ser comparado a uma entrada de lista? E se o algoritmo de busca fosse o da busca binária?

27. Identifique a condição de término de cada uma das seguintes sentenças iterativas.
    a. **enquanto** (Cont < 5) **faça** (   )
    b. **repita** (   )
       até (Cont = 1)
    c. **enquanto** ((Cont < 5) e (Total < 56)) **faça** (   )

28. Identifique o corpo da seguinte estrutura de laço e conte o número de vezes que ele será executado. O que aconteceria se o teste fosse trocado para "(Cont diferente de 6)"?

Cont ← 1;
enquanto (Cont diferente de 7) **faça**
  (imprima o valor atribuído a Cont e
   Cont ← Cont + 3)

29. Que problemas você espera que ocorram se o seguinte programa fosse implementado em um computador? (*Dica*: lembre-se do problema de erros de arredondamento associados à aritmética de ponto flutuante.)
    Cont ← um-décimo;
    repita
      (imprima o valor atribuído a Cont e
       Cont ← Cont + um-décimo)
    até (Cont igual a 1)

30. Projete uma versão recursiva do algoritmo euclidiano (Questão 3 da Seção 5.2).

31. Suponha que aplicássemos tanto Teste1 quanto Teste2 (definidas abaixo) ao valor de entrada 1. Qual seria a diferença na saída mostrada pelas duas rotinas?
procedimento Teste1 (Cont)
se (Cont diferente de 5)
  então (imprima o valor atribuído a Cont;
       aplique Teste1 ao valor
         Cont + 1)
procedimento Teste2 (Cont)
se (Cont diferente de 5)
  então (aplique Teste2 ao valor
         Cont + 1;
       imprima o valor atribuído a
         Cont)

32. Identifique os constituintes importantes do mecanismo de controle nas rotinas do problema anterior. Em particular, que condições fazem com que o processo termine? Onde o estado do processo é modificado em direção a essa condição de término? Onde o estado do processo de controle é inicializado?

33. Identifique a condição de término no seguinte procedimento recursivo.
procedimento XXX (N)
se (N = 5)**então** (aplique o procedimento
             XXX ao valor N + 1)

34. Aplique o procedimento ImpressãoMisteriosa (definido abaixo) ao valor 3 e grave os valores impressos.
procedimento ImpressãoMisteriosa (N)
se (N ≥ 0) **então** (imprima o valor de N e
             aplique o procedimento
             ImpressãoMisteriosa ao
             valor N − 2)

Imprima o valor de N + 1.

35. Aplique o procedimento ImpressãoMisteriosa (definido abaixo) ao valor 2 e grave os valores impressos.
procedimento ImpressãoMisteriosa (N)
se (N > 0)
  então (imprima o valor de N e
       aplique o procedimento
       ImpressãoMisteriosa ao
       valor N − 2)
  senão (imprima o valor de N e
       se (N > −1)
         então (aplique o
              procedimento
              ImpressãoMisteriosa
              ao valor N + 1))

36. Projete um algoritmo para gerar a sequência de inteiros positivos (em ordem crescente) cujos únicos divisores primos sejam 2 e 3; ou seja, seu programa deve produzir a sequência 2, 3, 4, 6, 8, 9, 12, 16, 18, 24, 27, ... Seu programa representa um algoritmo no sentido estrito?

37. Responda às seguintes questões considerando a lista: Alice, Byron, Carol, Duane, Elaine, Floyd, Gene, Henry, Iris.

    a. Que algoritmo de busca (sequencial ou binário) encontrará o nome Gene mais rapidamente?
    b. Que algoritmo de busca (sequencial ou binário) encontrará o nome Alice mais rapidamente?
    c. Que algoritmo de busca (sequencial ou binário) detectará a ausência do nome Bruce mais rapidamente?
    d. Que algoritmo de busca (sequencial ou binário) detectará a ausência do nome Sue mais rapidamente?
    e. Quantas entradas serão consultadas quando estivermos buscando pelo nome Elaine usando a busca sequencial? Quantas serão consultadas quando estivermos usando a busca binária?

38. O fatorial de 0 é definido como sendo 1. O fatorial de um inteiro positivo é definido como sendo o produto desse inteiro pelo fatorial do próximo inteiro não negativo inferior a ele. Usamos a notação n! para expressar o fatorial do inteiro n. Logo, o fatorial de 3 (escreve-se 3!) é 3 × (2!) = 3 × (2 × (1!)) = 3 × (2 × (1 × (0!))) = 3 × (2 × (1 × (1))) = 6. Projete

um algoritmo recursivo que compute o fatorial de um dado valor.

39. a. Suponha que você deva ordenar uma lista de cinco nomes e que você já tenha projetado um algoritmo que ordene uma lista de quatro nomes. Projete um algoritmo que ordene uma lista de cinco nomes tirando partido do algoritmo previamente projetado.

b. Projete um algoritmo recursivo para ordenar listas arbitrárias de nomes baseado na técnica usada em (a).

40. O quebra-cabeça chamado de Torres de Hanói consiste em três hastes, uma das quais contém diversos anéis empilhados em ordem decrescente de diâmetro, de baixo para cima. O problema consiste em mover a pilha de anéis para outra haste. É permitido a você mover apenas um anel por vez, e em nenhum momento é permitido que um anel seja colocado em cima de outro menor que ele. Observe que se o quebra-cabeça envolvesse apenas um anel, ele seria extremamente fácil. Além disso, quando confrontado com o problema de mover diversos anéis, se você pudesse mover todos, exceto o maior anel, para outra haste, o maior anel poderia ser, então, colocado na terceira haste, e o problema seria mover os anéis remanescentes sobre ele. Usando essa observação, desenvolva um algoritmo recursivo para solucionar o problema das Torres de Hanói para um número arbitrário de anéis.

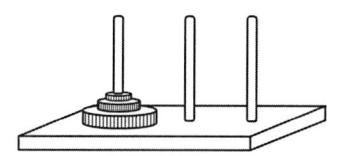

41. Outra abordagem para solucionar o quebra-cabeça das Torres de Hanói (Problema 40) é imaginar as hastes organizadas em uma base circular com uma haste montada em cada uma das posições de 4, 8 e 12 horas do relógio. Os anéis, que iniciam em uma das hastes, são numerados como 1, 2, 3 e assim por diante, começando com o menor dos anéis sendo o 1. Anéis ímpares, quando estão no topo da pilha, podem ser movidos no sentido horário para a próxima haste; de maneira similar, anéis pares podem ser movidos no sentido anti-horário (desde que esse movimento não coloque um anel sobre outro menor). Sob essa restrição, sempre mova o anel de maior número que possa ser movido. Baseado nessa observação, desenvolva um algoritmo não recursivo para solucionar o problema das Torres de Hanói.

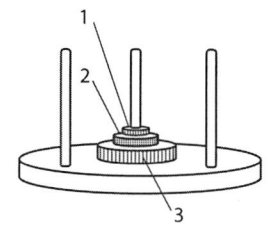

42. Desenvolva dois algoritmos, um baseado em uma estrutura de laço e outro em uma estrutura recursiva, para imprimir o salário diário de um trabalhador cujo pagamento de cada dia é correspondente a duas vezes o pagamento do dia anterior de salário (iniciando com um centavo para o primeiro dia de trabalho) por um período de trinta dias. Que problemas relacionados ao armazenamento de números você provavelmente encontrará se implementar suas soluções em uma máquina real?

43. Projete um algoritmo para encontrar a raiz quadrada de um número positivo, iniciando com o número propriamente dito como a primeira adivinhação e repetidamente produzindo uma nova adivinhação a partir da anterior, fazendo uma média da adivinhação prévia com o resultado da divisão do número original pela adivinhação prévia. Analise o controle desse processo repetitivo. Em particular, que condição deve interromper a repetição?

44. Projete um algoritmo que liste todos os possíveis rearranjos de símbolos em uma cadeia de cinco caracteres distintos.

45. Projete um algoritmo que, dada uma lista de nomes, encontre o nome mais longo da lista. Determine o que sua solução faz se existem diversos nomes "mais longos" na lista. Em particular, o que seu algoritmo faria se todos os nomes tivessem o mesmo tamanho?

46. Projete um algoritmo que, dada uma lista de cinco ou mais números, encontre os cinco menores e os cinco maiores números na lista sem ordená-la.

47. Organize os nomes Brenda, Doris, Raymond, Steve, Timothy e William em uma ordem que requeira o menor número de comparações quando ordenada pelo algoritmo de ordenação por inserção (Figura 5.11).

48. Qual é o maior número de entradas consultadas se o algoritmo de busca binária (Figura 5.14) fosse aplicado a uma lista de 4.000 nomes? Como isso pode ser comparado à busca sequencial (Figura 5.6)?

49. Use a notação grande *theta* para classificar os algoritmos tradicionais escolares usados para adição e para multiplicação. Ou seja, se fosse solicitada a adição de dois números, em que cada um deles possui n dígitos, quantas adições individuais devem ser realizadas? Se fosse solicitada a multiplicação de dois números de n dígitos, quantas multiplicações individuais devem ser realizadas?

50. Algumas vezes, uma leve mudança em um problema pode alterar significativamente o formato de sua solução. Por exemplo, encontre um algoritmo simples para solucionar o problema a seguir e classifique-o usando a notação grande *theta*:

    Divida um grupo de pessoas em dois subgrupos disjuntos (de tamanho arbitrário) tais que a diferença no total de idade dos membros dos dois subgrupos seja a maior possível.

    Agora, modifique o problema de forma que a diferença desejada seja a menor possível e classifique sua abordagem para o problema.

51. A partir da lista a seguir, extraia uma coleção de números cuja soma seja 3165. Quão eficiente é sua abordagem para o problema?

    26, 39, 104, 195, 403, 504, 793, 995, 1156, 1677

52. O laço da rotina seguinte termina? Explique sua resposta. Explique o que poderia acontecer se essa rotina fosse realmente executada por um computador (consulte a Seção 1.7, disponível no site do Grupo A).

    ```
    X ← 1;
    Y ← 1/2;
    enquanto (X não for igual a 0) faça
        (X ← X − Y,
        Y ← Y/2)
    ```

53. O seguinte segmento de programa é projetado para computar o produto de dois inteiros não negativos X e Y por meio da acumulação da soma de X cópias de Y; ou seja, 3 vezes 4 é computado por meio da acumulação da soma de três 4s. O segmento de programa está correto? Explique sua resposta.

    ```
    Produto ← 0;
    Cont ← 0;
    repita (Produto ← Produto + Y,
            Cont ← Cont + 1
    até (Cont = X)
    ```

54. O segmento de programa a seguir é projetado para relatar qual dos inteiros positivos X e Y é maior. O segmento de programa está correto? Explique sua resposta.

    ```
    Diferença ← X − Y;
    se (Diferença é positiva)
        então (imprima "X é maior que Y")
        senão (imprima "Y é maior que X")
    ```

55. O seguinte segmento de programa é projetado para encontrar a maior entrada em uma lista não vazia de inteiros. Ele está correto? Explique sua resposta.

    ```
    ValorDeTeste ← primeira entrada da lista;
    EntradaAtual ← primeira entrada da lista;
    enquanto (EntradaAtual não for a última
              entrada) faça
        (se (EntradaAtual > ValorDeTeste)
            então (ValorDeTeste ← EntradaAtual)
        EntradaAtual ← a próxima entrada da lista)
    ```

56. a. Identifique as pré-condições para a busca sequencial conforme representada na Figura 5.6. Estabeleça um invariante de laço para a estrutura enquanto em tal programa que, quando combinada com a condição de término, implique que no término do laço, o algoritmo relatará sucesso ou falha **corretamente**.

b. Dê um argumento mostrando que o laço enquanto na Figura 5.6 não termina de fato.

57. Baseado nas pré-condições de que X e Y recebem inteiros não negativos, identifique uma invariante de laço para a seguinte estrutura enquanto que, quando combinada com a condição de término, implique que o valor associado a Z no término do laço deve ser X − Y.

$Z \leftarrow X;$
$J \leftarrow 0;$
enquanto (J < Y) **faça**
  $(Z \leftarrow Z - 1;$
  $J \leftarrow J + 1)$

Questões sociais

As questões a seguir pretendem servir como um guia para os dilemas éticos, sociais e legais associados à área da computação. O objetivo não é meramente responder a estas questões. Você deve também considerar por que as respondeu de uma determinada forma e se suas justificativas mantêm a consistência de uma questão para outra.

1. Como hoje é impossível verificar completamente a precisão de programas complexos, sob quais circunstâncias, caso existam, o criador de um programa deveria ser responsabilizado por erros?

2. Suponha que você tivesse uma ideia e a transformasse em um produto que muitas pessoas pudessem usar. Além disso, seria necessário um ano de trabalho e um investimento de $50.000 para desenvolver sua ideia em um formato útil para o grande público. Em sua forma final, entretanto, o produto poderia ser usado pela maioria das pessoas sem que elas precisassem comprar nada de você. Que direitos você teria, em termos de compensação? É ético piratear software? E em relação a música e a filmes?

3. Suponha que um pacote de software seja tão caro que esteja totalmente fora de sua faixa de preço. É ético copiá-lo para uso próprio? (Afinal, você não está trapaceando o fornecedor em termos de uma venda, pois você não teria comprado o pacote de qualquer maneira.)

4. A propriedade de rios, florestas, oceanos e assim por diante tem sido, há muito tempo, uma questão de debate. Em que sentido uma pessoa ou uma instituição deveria ter o direito de propriedade sobre um algoritmo?

5. Algumas pessoas acham que novos algoritmos são descobertos, enquanto outras acham que novos algoritmos são criados. Com qual filosofia você simpatiza mais? Esses diferentes pontos de vista levariam a conclusões diferentes em relação à propriedade de algoritmos e aos direitos de propriedade?

6. É ético projetar um algoritmo para realizar um ato ilegal? Faz diferença o fato de o algoritmo alguma vez ser de fato executado? A pessoa que cria tal algoritmo deveria ter direitos de propriedade em relação a ele? Em caso positivo, quais deveriam ser esses direitos? Os direitos de propriedade de tal algoritmo deveriam ser dependentes do propósito do algoritmo? É ético propagandear e fazer circular técnicas para quebra de mecanismos de segurança? Faz diferença o que está sendo invadido?

7. Um autor é pago pelos direitos de filmagem de um romance mesmo que a história tenha sido frequentemente alterada na versão cinematográfica. Até que ponto uma história precisa mudar para tornar-se uma história diferente? Que alterações devem ser feitas a um algoritmo para que ele se torne um algoritmo diferente?
8. Aplicativos de software educacional agora estão sendo anunciados para crianças na faixa etária de 18 meses ou menos. Os proponentes argumentam que tais aplicativos fornecem visões e sons que, de outra maneira, não estariam disponíveis para muitas crianças. Os contrários argumentam que ele é um substituto pobre para interações mais reais, de pais e criança. Qual é sua opinião? Você tomaria qualquer ação baseado apenas em sua opinião, sem saber mais acerca do aplicativo? Em caso positivo, que ação seria essa?

Leitura adicional

Aho, A. V., J. E. Hopcroft, and J. D. Ullman. *The Design and Analysis of Computer Algorithms*. Boston, MA: Addison-Wesley, 1974.

Baase, S. *Computer Algorithms: Introduction to Design and Analysis*, 3rd ed. Boston, MA: Addison-Wesley, 2000.

Barnes, J. *High Integrity Software: The SPARK Approach to Safety and Security*. Boston, MA: Addison-Wesley, 2003.

Gries, D. *The Science of Programming*. New York: Springer-Verlag, 1998.

Harbin, R. *Origami—the Art of Paper Folding*. London: Hodder Paperbacks, 1973.

Johnsonbaugh, R. and M. Schaefer. *Algorithms*. Upper Saddle River, NJ: Prentice-Hall, 2004.

Kleinberg, J. and E. Tardos. *Algorithm Design*. Boston, MA: Addision-Wesley, 2006.

Knuth, D. E. *The Art of Computer Programming*, Vol. 3, 3rd ed. Boston, MA: Addison-Wesley, 1998.

Levitin, A. V. *Introduction to the Design and Analysis of Algorithms*, 2nd ed. Boston, MA: Addison-Wesley, 2007.

Polya, G. *How to Solve It*. Princeton, NJ: Princeton University Press, 1973.

Roberts, E. S. *Thinking Recursively*. New York: Wiley, 1986.

CAPÍTULO 6
Linguagens de Programação

Neste capítulo, estudamos as linguagens de programação. Nosso propósito não é aprender uma linguagem específica, mas aprender *sobre* linguagens de programação. Abordaremos as características comuns, bem como a diversidade entre as linguagens de programação e suas metodologias associadas.

6.1 Perspectiva histórica
Primeiras gerações
Independência de máquina e além
Paradigmas de programação

6.2 Conceitos tradicionais de programação
Variáveis e tipos de dados
Estruturas de dados
Constantes e literais
Sentenças de atribuição
Sentenças de controle
Comentários

6.3 Unidades procedurais
Procedimentos
Parâmetros
Funções

6.4 Implementação de linguagens
O processo de tradução
Pacotes de desenvolvimento de software

6.5 Programação orientada a objetos
Classes e objetos
Construtores
Recursos adicionais

*6.6 Programando atividades concorrentes

*6.7 Programação declarativa
Dedução lógica
Prolog

*Asteriscos indicam seções opcionais, disponíveis em www.grupoa.com.br

O desenvolvimento de sistemas complexos de software, como sistemas operacionais, software de rede e a vasta quantidade de aplicativos de software disponível hoje, provavelmente seria impossível se os humanos fossem forçados a escrever programas em linguagem de máquina. Lidar com os intricados detalhes associados a tais linguagens enquanto se tenta organizar sistemas complexos seria uma experiência cansativa, para dizer o mínimo. Consequentemente, linguagens de programação similares ao nosso pseudocódigo têm sido desenvolvidas buscando permitir que algoritmos sejam expressos em um formato palatável aos humanos e facilmente convertidos em instruções de linguagem de máquina. Nosso objetivo, neste capítulo, é explorar a área da ciência da computação que trata do projeto e da implementação dessas linguagens.

6.1 Perspectiva histórica

Iniciamos nosso estudo acompanhando o desenvolvimento histórico das linguagens de programação.

Primeiras gerações

Como vimos no Capítulo 2, programas para computadores modernos consistem em sequências de instruções codificadas como dígitos numéricos. Tal sistema de codificação é conhecido como uma linguagem de máquina. Infelizmente, escrever programas em uma linguagem de máquina é uma tarefa tediosa que, frequentemente, leva a erros que devem ser localizados e corrigidos (um processo conhecido como **depuração**) antes que o trabalho possa ser terminado.

Nos anos 1940, os pesquisadores simplificaram o processo de programação por meio do desenvolvimento de sistemas notacionais com os quais as instruções poderiam ser representadas por mnemônicos, ao invés de por um formato numérico. Por exemplo, a instrução

Mova o conteúdo do registrador 5 para o registrador 6

seria expressa como

```
4056
```

usando a linguagem de máquina apresentada no Capítulo 2, enquanto que em um sistema mnemônico, ela apareceria como

```
MOV R5, R6
```

Como um exemplo mais extenso, a rotina em linguagem de máquina

```
156C
166D
5056
306E
C000
```

que adiciona os conteúdos das células de memória 6C e 6D e armazena o resultado na posição 6E (Figura 2.7 do Capítulo 2) poderia ser expressa como

```
LD   R5,Price
LD   R6,ShippingCharge
ADDI R0,R5 R6
ST   R0,TotalCost
HLT
```

usando mnemônicos. (Aqui, usamos LD, ADDI, ST e HTL para representar *load*, *add*, *store* e *halt* – carregar, adicionar, armazenar e parar, respectivamente. Além disso, usamos os nomes descritivos Price (Preço), ShippingCharge (Despesa de Envio) e TotalCost (Custo Total) para nos referirmos às células de memória nas posições 6C, 6D e 6E, respectivamente. Tais nomes descritivos são frequentemente chamados de **identificadores**.) Note que a forma mnemônica, apesar de ainda ser ruim, realiza um trabalho melhor ao representar o significado da rotina do que a forma numérica.

Uma vez que tal sistema mnemônico tenha sido estabelecido, programas chamados **montadores** foram desenvolvidos para converter expressões mnemônicas em instruções de linguagem de máquina. Logo, ao invés de ser forçado a desenvolver um programa diretamente em linguagem de máquina, um humano poderia desenvolver um programa em forma mnemônica e, então, convertê-lo em linguagem de máquina por meio de um montador.

Um sistema mnemônico para representar programas é chamado de uma **linguagem de montagem**. Na época em que as linguagens de montagem foram desenvolvidas pela primeira vez, elas representaram um passo gigante em direção à busca por melhores técnicas de programação. Na verdade, as linguagens de montagem foram tão revolucionárias que se tornaram conhecidas como linguagens de segunda geração; a primeira geração seriam as linguagens de máquina propriamente ditas.

Apesar de as linguagens de montagem terem muitas vantagens sobre suas linguagens de máquina correspondentes, elas ainda estão muito aquém de fornecer um ambiente de programação ideal. Afinal, as primitivas usadas em uma linguagem de montagem são essencialmente as mesmas que as encontradas na linguagem de máquina correspondente. A diferença é simplesmente a sintaxe usada para representá-las. Logo, um programa escrito em uma linguagem de montagem é inerentemente dependente da máquina – ou seja, as instruções dentro do programa são expressas em termos dos atributos de uma máquina específica. Por sua vez, um programa escrito em linguagem de montagem não pode ser facilmente transportado para outro projeto de computador, pois teria de ser reescrito para estar em conformidade com a configuração e com o conjunto de instruções do novo computador.

Outra desvantagem de uma linguagem de montagem é que um programador, apesar de não ser forçado a escrever instruções de código em formato numérico, ainda é forçado a pensar em termos de passos pequenos e incrementais da linguagem de máquina. A situação é análoga a projetar uma casa em termos de tábuas, pregos, tijolos e assim por diante. É verdade que a construção propriamente dita da casa, em última instância, requer uma descrição baseada nessas peças elementares, mas o processo de projeto é facilitado se pensarmos em termos de unidades maiores, como quartos e janelas e portas.

Em resumo, as primitivas elementares nas quais um produto deve ser construído não são, necessariamente, as primitivas que devem ser usadas durante o projeto do produto. O processo de projeto é mais bem adequado ao uso de primitivas de alto nível, cada uma delas representando um conceito associado a uma característica principal do produto. Uma vez que o projeto tenha sido feito, essas primitivas podem ser traduzidas para conceitos de nível mais baixo, relacionados aos detalhes de implementação.

Seguindo essa filosofia, os cientistas da computação começaram a desenvolver linguagens de programação mais úteis para o desenvolvimento de software que as linguagens de montagem de baixo nível. O resultado foi o aparecimento de uma terceira geração de linguagens de programação que diferia das gerações anteriores no sentido de que suas primitivas eram tanto de alto nível (no sentido de que expressavam instruções em incrementos maiores), quanto **independentes de máquina** (no sentido de que não dependiam das características de uma máquina específica). Os primeiros exemplos mais bem conhecidos eram as linguagens FORTRAN (*FORmula TRANslator* – Tradutor de Fórmulas), desenvolvida para aplicações científicas e de engenharia, e COBOL (*COmmon Business-Oriented Language* – Linguagem Universal Orientada a Negócios), desenvolvida pela Marinha norte-americana (*U.S. Navy*) para aplicações de negócios.

Em geral, a abordagem das linguagens de programação de terceira geração era identificar uma coleção de primitivas de alto nível (essencialmente no mesmo espírito com o qual desenvolvemos nosso pseudocódigo no Capítulo 5) por meio das quais poderiam ser desenvolvidos sistemas de software. Cada uma dessas primitivas era projetada de forma que pudesse ser implementada como uma sequência de primitivas de baixo nível disponíveis em linguagens de máquina. Por exemplo, a sentença

assign TotalCost **the value** Price + ShippingCharge

expressa uma atividade de alto nível sem referenciar como uma máquina específica deve realizar a tarefa, mas mesmo assim pode ser implementada pela sequência de instruções de máquina discutida anteriormente. Logo, nossa estrutura de pseudocódigo

identificador ← *expressão*

é uma primitiva de alto nível em potencial.

Uma vez que essa série de primitivas de alto nível tenha sido identificada, um programa, chamado de **tradutor**, era escrito para traduzir programas expressos nessas primitivas de alto nível em programas em linguagem de máquina. Tal tradutor era similar aos montadores de segunda geração, exceto por frequentemente ter de compilar diversas instruções de máquina em pequenas sequências para estimular a atividade solicitada por uma única primitiva de alto nível. Logo, esses programas de tradução eram frequentemente chamados de **compiladores**.

Uma alternativa aos tradutores, os chamados **interpretadores**, emergiu como outro meio de implementar linguagens de terceira geração. Esses programas eram similares aos tradutores, exceto que executavam as instruções à medida que elas eram traduzidas, ao invés de gravar a versão traduzida para uso futuro. Ou seja, ao invés de produzir uma cópia em linguagem de máquina de um programa que poderia ser executada posteriormente, um interpretador executava de fato um programa a partir de seu formato em alto nível.

Como uma questão secundária, devemos notar que a tarefa de promover linguagens de programação de terceira geração não era tão fácil quanto se pode imaginar. A ideia de escrever programas em um formato similar a uma linguagem natural era tão revolucionária que muitos gerentes lutaram contra ela. Grace Hopper, reconhecida como a desenvolvedora do primeiro compilador, frequentemente contava a história da demonstração de um tradutor para uma linguagem de terceira geração na qual termos em alemão, em vez de em inglês, eram usados. A questão era que a linguagem de programação era construída em torno de um pequeno conjunto de primitivas que poderiam ser expressas em uma variedade de linguagens naturais, com apenas algumas modificações simples ao tradutor. No entanto, ela surpreendeu-se ao descobrir que muitos na plateia estavam chocados que, nos anos próximos à Segunda Guerra Mundial, ela estaria ensinando um computador a "entender" alemão. Atualmente, sabemos que entender uma linguagem natural envolve muito mais que responder a algumas poucas primitivas rigorosamente definidas. Na verdade, as **linguagens naturais** (como o inglês, o alemão e o latim) distinguem-se das **linguagens formais** (como linguagens de programação) pelo fato de as linguagens formais serem definidas precisamente em termos de gramáticas (Seção 6.4), enquanto as linguagens naturais evoluíram ao longo do tempo sem uma análise gramatical formal.

Independência de máquina e além

Com o desenvolvimento das linguagens de terceira geração, alcançou-se o objetivo da independência da máquina. Como as sentenças em uma linguagem de terceira geração não se referem a atributos de qualquer máquina em particular, elas podem ser compiladas tão facilmente para uma máquina quanto para outra. Um programa escrito em uma linguagem de terceira geração poderia, em teoria, ser usado em qualquer máquina simplesmente aplicando o compilador apropriado.

A realidade, no entanto, tem provado não ser tão simples assim. Quando um compilador é projetado, características particulares da máquina subjacente são, algumas vezes, refletidas como condições na linguagem sendo traduzida. Por exemplo, as diferentes maneiras pelas quais as máquinas tratam operações de E/S têm historicamente feito com que a "mesma" linguagem tenha diferentes características, ou dialetos, em diferentes máquinas. Consequentemente, é muitas vezes necessário fazer ao menos algumas pequenas modificações em um programa para movê-lo de uma máquina para outra.

Além desse problema de portabilidade, existe também uma falta de consenso sobre o que constitui a definição correta de uma linguagem espe-

Software Multiplataforma

Um programa de aplicação típico deve depender do sistema operacional para realizar muitas de suas tarefas. Ele pode precisar de serviços do gerenciador de janelas para se comunicar com o usuário, ou pode usar o gerenciador de arquivos para obter dados do armazenamento em massa. Infelizmente, diferentes sistemas operacionais ditam que requisições para esses serviços devem ser feitas de maneiras diferentes. Então, para que os programas sejam transferidos e executados através de redes e de internets que envolvem diferentes projetos de máquina e diferentes sistemas operacionais, os programas devem ser independentes de sistema operacional, bem como independentes de máquinas. O termo multiplataforma é usado para refletir esse nível adicional de independência. Ou seja, um sistema de software multiplataforma é um sistema independente do projeto de um sistema operacional, bem como do projeto de hardware da máquina, logo, sendo executável através de uma rede.

cífica. Para ajudar, o Instituto Nacional de Padrões dos EUA e a Organização Internacional para Padronização têm adotado e publicado padrões para muitas das linguagens populares. Em outros casos, padrões informais evoluíram por causa da popularidade de certo dialeto de uma linguagem e do desejo de outros escritores de compiladores de produzirem produtos compatíveis. Entretanto, mesmo no caso de linguagens altamente padronizadas, os projetistas de compiladores frequentemente fornecem recursos, algumas vezes chamados de extensões de linguagens, que não são parte da versão padrão da linguagem. Se um programador tirar proveito desses recursos, o programa produzido não será compatível com ambientes que usam um compilador de diferentes fornecedores.

Na história geral das linguagens de programação, o fato de as linguagens de terceira geração não terem sido capazes de obter uma independência verdadeira da máquina possui, na verdade, um fraco significado, por duas razões. Primeiro, elas eram próximas o suficiente de serem independentes da máquina para que os aplicativos de software pudessem ser transportados de uma máquina para outra com relativa facilidade. Segundo, o objetivo de independência da máquina acabou sendo apenas uma porta para objetivos mais ambiciosos. Na verdade, o entendimento de que máquinas poderiam responder a sentenças de alto nível como

assign TotalCost **the value** Price + ShippingCharge

levou os cientistas da computação a sonharem com ambientes de programação que permitiriam que humanos se comunicassem com máquinas em termos de conceitos abstratos, ao invés de forçá-los a traduzir esses conceitos em um formato compatível com a máquina.

Além disso, os cientistas da computação queriam máquinas que pudessem realizar boa parte do processo de descoberta de algoritmos em vez de apenas sua execução. O resultado tem sido uma evolução constante no campo de linguagens de programação, que desafia uma classificação clara em termos de gerações.

Paradigmas de programação

A abordagem de gerações para classificar linguagens de programação é baseada em uma escala linear (Figura 6.1), na qual a posição de uma linguagem é determinada pelo grau de liberdade que o usuário da linguagem tem em relação às particularidades dos computadores e até que ponto lhe é permitido pensar em termos associados ao problema que está sendo trabalhado. Na realidade, o desenvolvimento de linguagens de programação não progrediu dessa maneira, mas através de diferentes caminhos, à medida que abordagens alternativas ao processo de programação (chamados de **paradigmas de programação**) emergiram e foram buscadas. Consequentemente, o desenvolvimento histórico das linguagens de programação é mais bem representado por um diagrama de múltiplas linhas, conforme mostrado na Figura 6.2, no qual diferentes caminhos resultantes de diferentes paradigmas são mostrados à medida que emergem e progridem independentemente. Em particular, a figura apresenta quatro caminhos representando os paradigmas funcional, orientado a objetos, imperativo e declarativo, com várias linguagens associadas a cada paradigma, em uma maneira que indica seu nascimento em relação a outras linguagens. (Não implica que uma linguagem necessariamente evoluiu de uma anterior.)

Devemos também notar que, apesar de os paradigmas identificados na Figura 6.2 serem chamados de paradigmas de *programação*, essas alternativas possuem ramificações além do processo de programação. Elas representam abordagens fundamentalmente diferentes para construir soluções para problemas e, logo, afetam o processo inteiro de desenvolvimento de software. Nesse sentido, o termo *paradigma de programação* é impróprio. Um termo mais realístico seria *paradigma de desenvolvimento de software*.

O **paradigma imperativo**, também conhecido como **paradigma procedural**, representa a abordagem tradicional para o processo de programação. É o paradigma no qual nosso pseudocódigo do Capítulo 5 é baseado, bem como a linguagem de máquina discutida no Capítulo 2. Como o nome sugere, o paradigma imperativo define o processo de programação como o desenvolvimento de uma sequência de comandos que, quando seguidos, manipulam dados para produzir o resultado desejado. Logo, o paradigma imperativo nos diz para abordar o processo de programação por meio da descoberta de um algoritmo para resolver o problema em questão e, então, expressar esse algoritmo como uma sequência de comandos.

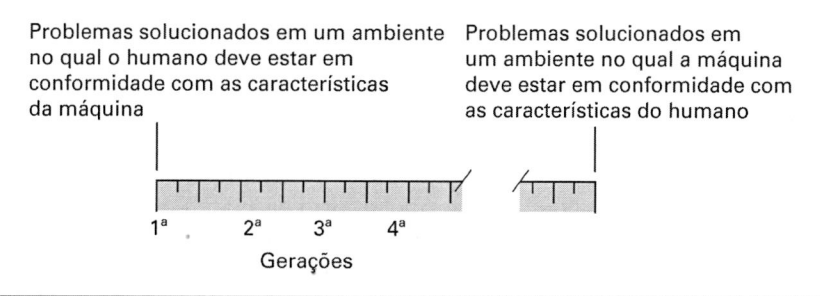

Figura 6.1 Gerações de linguagens de programação.

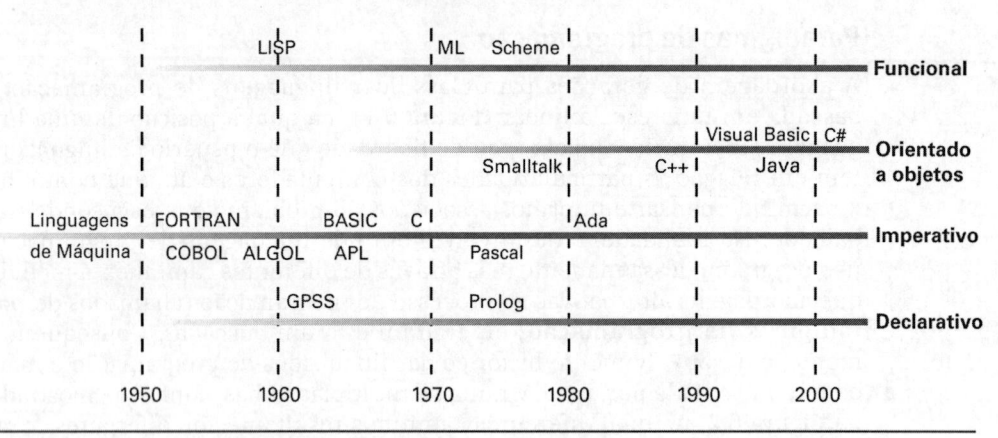

Figura 6.2 Evolução dos paradigmas de programação.

Em contraste ao paradigma imperativo está o **paradigma declarativo**, que pede ao programador que descreva o problema a ser solucionado ao invés de o algoritmo a ser seguido. Mais precisamente, um sistema de programação declarativa aplica um algoritmo de solução de problemas de propósito geral pré-estabelecido para solucionar problemas apresentados a ele. Em tal ambiente, a tarefa de um programador torna-se o desenvolvimento de uma sentença precisa do problema, ao invés de descrever um algoritmo para solucionar o problema.

Um grande obstáculo no desenvolvimento de sistemas de programação baseados no paradigma declarativo é a necessidade de um algoritmo subjacente de resolução de problemas. Por essa razão, as primeiras linguagens de programação declarativas tendiam a ser de propósito especial em sua natureza, projetadas para uso em aplicações específicas. Por exemplo, a abordagem declarativa tem sido usada por muitos anos para simular um sistema (político, econômico, ambiental e assim por diante) de forma a testar hipóteses ou obter previsões. Nessas configurações, o algoritmo subjacente é essencialmente o processo de simular a passagem do tempo ao repetidamente recalcular valores de parâmetros (produto interno bruto, déficit da balança comercial, etc.) baseados nos valores previamente calculados. Assim, implementar uma linguagem declarativa para tais simulações requer que primeiro seja implementado um algoritmo que realize esse procedimento repetitivo. Então, a única tarefa requerida de um programador usando o sistema é a descrição da situação a ser simulada. Dessa maneira, uma pessoa fazendo previsão de tempo não precisa desenvolver um algoritmo para prever o tempo, mas simplesmente descrever o estado atual do tempo, permitindo que o algoritmo de simulação subjacente produza previsões do tempo para o futuro próximo.

Um forte impulso foi dado ao paradigma declarativo com a descoberta de que o tema da lógica formal dentro da matemática fornece um algoritmo simples de solução de problemas adequado para o uso em um sistema de programação declarativa de propósito geral. O resultado tem sido uma maior atenção ao paradigma declarativo e a ascensão da **programação lógica**, assunto discutido na Seção 6.7 disponível no site do Grupo A.

Outro paradigma de programação é o **paradigma funcional**. Sob esse paradigma, um programa é visto como uma entidade que aceita entradas e que produz saídas. Os matemáticos chamam tais entidades de funções, motivo pelo qual essa abordagem é chamada de paradigma funcional. Sob esse paradigma, um programa é construído por meio da conexão de unidades de programas pré-definidas e menores (funções pré-definidas) para que as saídas de cada unidade sejam usadas como entrada para outra subunidade, de tal maneira que o relacionamento desejado de entrada-saída é obtido. Em resumo, o processo de programação sob a óptica do paradigma funcional trata de construir funções como complexos aninhados de funções mais simples.

Como um exemplo, a Figura 6.3 mostra como uma função para calcular o saldo de seu talão de cheques pode ser construída a partir de duas funções mais simples. Uma delas, chamada de Find_sum (encontrar soma), aceita valores como sua entrada e produz a soma desses valores como sua saída. A outra, chamada Find_diff (encontrar diferença) aceita dois valores de entrada e calcula as diferença. A estrutura mostrada na Figura 6.3 pode ser representada na linguagem de programação LISP (uma proeminente linguagem de programação funcional) pela expressão

```
(Find_diff (Find_sum Old_balance Credits) (Find_sum Debits))
```

A estrutura aninhada dessa expressão (indicada por parênteses) reflete o fato de que as entradas para a função Find_diff são produzidas por duas aplicações de Find_sum. A primeira aplicação de Find_sum produz o resultado da adição de todos os créditos (Credits) ao saldo antigo (Old_balance). A segunda aplicação de Find_sum calcula o total de todos

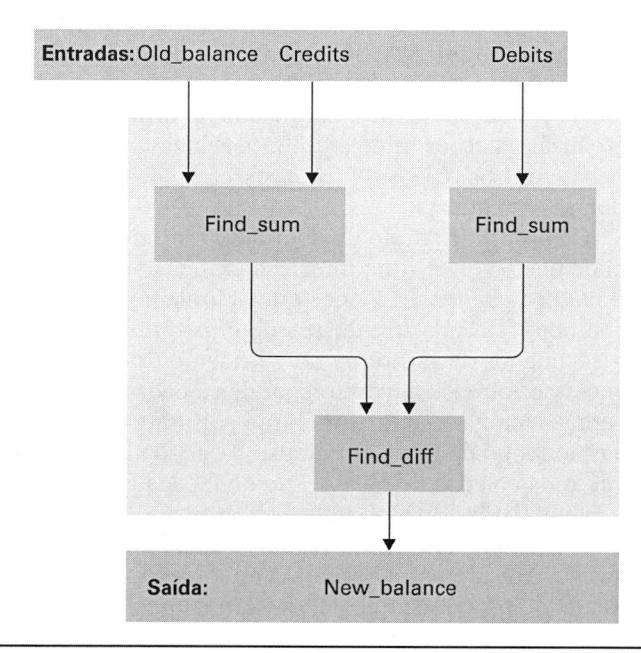

Figura 6.3 Função para calcular o saldo de um talão de cheques construída a partir de funções mais simples.

os débitos (Debits). Então, a função Find_diff usa esses resultados para obter o novo saldo do talão de cheques.

Para entender melhor a distinção entre os paradigmas funcional e imperativo, vamos comparar o programa funcional para calcular o saldo do talão de cheques com o seguinte programa em pseudocódigo obtido pelo paradigma imperativo:

```
Total_credits ← soma de todos os Créditos
Temp_balance ← Old_balance + Total_credits
Total_debits ← soma de todos os Débitos
Balance ← Temp_balance - Total_debits
```

Note que esse programa imperativo consiste em múltiplas sentenças, e cada uma delas requer que uma computação seja realizada e que o resultado seja armazenado para uso posterior. Em contrapartida, o programa funcional consiste em uma única sentença, na qual o resultado de cada computação é imediatamente canalizado para o próximo. Em certo sentido, o programa imperativo é análogo a uma coleção de fábricas, em que cada uma converte seus materiais brutos em produtos que são armazenados em depósitos. A partir desses depósitos, os produtos são posteriormente enviados para outras fábricas à medida que são necessários. No entanto, o programa funcional é análogo a uma coleção de fábricas coordenadas de forma que cada uma produz apenas os produtos que são pedidos pelas outras fábricas e, então, envia imediatamente esses produtos para seu destino, sem armazenamento intermediário. Essa eficiência é um dos benefícios exaltados pelos proponentes do paradigma funcional.

Outro paradigma de programação (e o mais proeminente no desenvolvimento de software atual) é o **paradigma orientado a objetos**, associado ao processo de programação chamado de **programação orientada a objetos (POO)**. Com esse paradigma, um sistema de software é visto como uma coleção de unidades, chamadas de **objetos**, e cada uma delas é capaz de realizar as ações imediatamente relacionadas a si próprias e de solicitar ações de outros objetos. Juntos, esses objetos interagem para solucionar o problema em questão.

Como um exemplo da abordagem orientada a objetos, considere a tarefa de desenvolver uma interface gráfica com o usuário. Em um ambiente orientado a objetos, os ícones que aparecem na tela seriam implementados como objetos. Cada um desses objetos teria uma coleção de procedimentos (chamados de **métodos** no vernáculo orientado a objetos) descrevendo como esses objetos devem responder à ocorrência de vários eventos, como serem selecionados por um clique com o botão do mouse ou serem arrastados ao longo da tela pelo mouse. Logo, o sistema inteiro seria construído como uma coleção de objetos, no qual cada um deles sabe como responder aos eventos relacionados a ele.

Para comparar o paradigma orientado a objetos com o paradigma imperativo, considere um programa envolvendo uma lista de nomes. Qualquer unidade de programa que acesse a lista precisará conter os algoritmos para realizar as manipulações necessárias. Na abordagem orientada a objetos, entretanto, a lista seria construída como um objeto formado pela lista e por uma coleção de métodos para manipulá-la. (Isso poderia incluir procedimentos para inserir uma nova entrada na lista, excluir uma entrada da lista, detectar se a lista está vazia e ordenar a lista.) Assim, outra unidade de programa que precisasse manipular a lista não conteria algoritmos para realizar as tarefas pertinentes, mas usaria os procedimentos fornecidos no objeto. Em certo sentido, em vez de ordenar a lista como no paradigma imperativo, a unidade de programa pediria que a lista se ordenasse.

Apesar de discutirmos o paradigma orientado a objetos com mais detalhes na Seção 6.5, sua importância no campo de desenvolvimento de software atual dita que devemos incluir o conceito de uma classe nesta introdução. Para esse fim, lembre-se de que um objeto pode ser composto de dados (como uma lista de nomes) juntamente com uma coleção de métodos para realizar atividades (como inserir novos nomes na lista). Essas características devem ser descritas por sentenças no programa escrito. Essa descrição das propriedades do objeto é chamada de **classe**. Uma vez que uma classe tenha sido construída, ela pode ser aplicada a qualquer momento em que um objeto com essas características seja necessário. Logo, diversos objetos podem ser baseados na (ou seja, construídos a partir da) mesma classe. Assim como gêmeos idênticos, esses objetos seriam entidades distintas, mas teriam as mesmas características, pois são construídos a partir do mesmo modelo (a mesma classe). (Um objeto baseado em uma classe específica é classificado como uma **instância** dessa classe.)

É em razão de os objetos serem unidades bem definidas, cujas descrições são isoladas em classes reutilizáveis, que o paradigma orientado a objetos tem conquistado espaço. Na verdade, os proponentes da programação orientada a objetos argumentam que ele fornece um ambiente natural para a abordagem de "construção de blocos" para o desenvolvimento de software. Eles vislumbram bibliotecas de software compostas de classes pré-definidas a partir das quais novos sistemas de software podem ser construídos usando componentes de prateleira. Construir e expandir tais bibliotecas faz parte de um processo em andamento, como veremos no Capítulo 7.

Para finalizar, devemos notar que os métodos dentro de um objeto são essencialmente pequenas unidades de programas imperativos. Isso significa que a maioria das linguagens de programação baseadas no paradigma orientado a objetos contém muitos dos recursos encontrados nas linguagens imperativas. Por exemplo, a popular linguagem orientada a objetos C++ foi desenvolvida por meio da adição de recursos de orientação a objetos à linguagem imperativa conhecida como C. Além disso, como Java e C# são derivativos de C++, elas também herdaram esse núcleo imperativo. Nas Seções 6.2 e 6.3, exploraremos muitos desses recursos imperativos, e ao fazer isso, estaremos discutindo conceitos que permeiam a vasta maioria dos aplicativos atuais de software orientados a objetos. Então, na Seção 6.5, consideraremos recursos que são únicos ao paradigma orientado a objetos.

Questões e exercícios

1. Em que sentido um programa em uma linguagem de terceira geração é independente da máquina? Em que sentido ele ainda é dependente?
2. Qual é a diferença entre um montador e um compilador?
3. Podemos resumir o paradigma imperativo afirmando que ele dá ênfase a descrever um processo que leva à solução de um problema em questão. Faça um resumo similar dos paradigmas declarativo, funcional e orientado a objetos.
4. Em que sentido as linguagens de terceira geração são de mais alto nível que as das gerações anteriores?

6.2 Conceitos tradicionais de programação

Nesta seção, consideramos alguns dos conceitos encontrados em linguagens imperativas, bem como em linguagens orientadas a objetos. Para isso, mostraremos exemplos das linguagens Ada, C, C++, C#, FORTRAN e Java. Nosso objetivo não é mostrar em detalhes de qualquer linguagem em particular, mas simplesmente demonstrar como recursos comuns de linguagem aparecem em linguagens reais. Nossa coleção de linguagens foi selecionada por ser representativa dentre as linguagens existentes. C é uma linguagem imperativa de terceira geração. C++ é uma linguagem orientada a objetos, desenvolvida como uma extensão da linguagem C. Java e C# são linguagens orientadas a objetos derivadas de C++. (Java foi desenvolvida na Sun Microsystems, posteriormente comprada pela Oracle, enquanto C# é um produto da Microsoft.) FORTRAN e Ada foram originalmente projetadas como linguagens imperativas de terceira geração, apesar de, em suas versões mais recentes, terem sido expandidas para englobar a maior parte do paradigma orientado a objetos. O Apêndice D contém um breve relato sobre cada uma dessas linguagens.

Apesar de estarmos incluindo linguagens orientadas a objetos, como C++, Java e C#, entre nossas linguagens de exemplo, abordaremos esta seção com a ideia de que estamos escrevendo um programa no paradigma imperativo, pois muitas unidades dentro de um programa orientado a objetos (como os procedimentos que descrevem como um objeto deve reagir a um estímulo externo) são, essencialmente, pequenos programas imperativos. Posteriormente, na Seção 6.5, focaremos em recursos únicos ao paradigma orientado a objetos.

Geralmente, um programa consiste em uma coleção de sentenças que tendem a se encaixar em uma de três categorias: sentenças declarativas, sentenças imperativas e comentários. **Sentenças declarativas** definem tecnologia customizada utilizada posteriormente no programa, como os nomes usados para nos referirmos a itens de dados; **sentenças imperativas** descrevem passos no algoritmo subjacente; e **comentários** aprimoram a legibilidade de um programa ao explicar seus recursos exotéricos em uma forma mais compatível com humanos. Normalmente, um programa imperativo (ou uma

Programa

A primeira parte consiste em sentenças de declaração que descrevem os dados manipulados pelo programa.

A segunda parte consiste em sentenças imperativas descrevendo a ação a ser realizada.

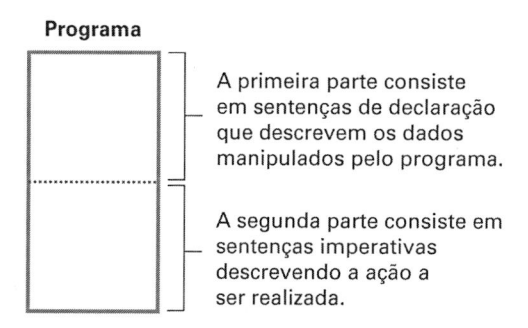

Figura 6.4 Composição de um programa imperativo (ou de uma unidade de programa) típico.

unidade de programa imperativo dentro de um programa orientado a objetos) pode ser pensado como tendo a estrutura mostrada na Figura 6.4. Ele inicia com uma coleção de sentenças declarativas descrevendo os dados a serem manipulados pelo programa. Esse material preliminar é seguido por sentenças imperativas, que descrevem o algoritmo a ser executado. Muitas linguagens agora permitem que as sentenças declarativas e imperativas sejam livremente misturadas, mas a distinção conceitual permanece. Sentenças de comentários são dispersas, conforme o necessário, para clarear o significado do programa.

Seguindo esse raciocínio, abordamos nosso estudo de conceitos de programação ao considerarmos as categorias de sentenças na ordem na qual poderemos encontrá-las em um programa, iniciando com conceitos associados a sentenças de declaração.

Variáveis e tipos de dados

Conforme dito na Seção 6.1, as linguagens de programação de alto nível permitem que posições da memória principal sejam referenciadas por nomes descritivos ao invés de por seus endereços numéricos. Tal nome é conhecido como **variável**, em reconhecimento ao fato de que, ao modificar o valor armazenado nessa posição, o valor associado ao nome muda à medida que o programa é executado. Nossas linguagens de exemplo requerem que as variáveis sejam identificadas por meio de sentenças declarativas antes de serem usadas em outras partes do programa. Essas sentenças declarativas também requerem que o programador descreva o tipo de dados que serão armazenados na posição de memória associada à variável.

Tal tipo é conhecido como **tipo de dados** e engloba tanto a maneira como o item de dados é codificado quanto as operações que podem ser realizadas nesses dados. Por exemplo, o tipo **inteiro** refere-se a dados numéricos formados por números inteiros, provavelmente armazenados usando notação de complemento de dois. Operações que podem ser realizadas em dados inteiros incluem as operações aritméticas tradicionais e as comparações de tamanho relativo, como determinar se um valor é maior que outro. O tipo **ponto flutuante** (também chamado de **real**) refere-se a dados nu-

Linguagens de scripting

Um subconjunto das linguagens imperativas é a coleção de linguagens conhecida como **linguagens de scripting**. Essas linguagens são normalmente usadas para realizar tarefas administrativas, em vez de desenvolver programas complexos. A expressão de tal tarefa é conhecida como **script**, o que explica o termo "linguagem de scripting". Por exemplo, o administrador de um sistema de computação poderia escrever um script para descrever uma sequência de atividades de manutenção de registros que deve ser realizada a cada noite, ou o usuário de um PC poderia escrever um script para controlar a execução de uma sequência de programas necessários para ler fotos a partir de uma câmera digital, indexar as fotos por data e armazenar cópias das fotos em um sistema de armazenamento de arquivos. A origem das linguagens de scripting pode ser remetida às linguagens de controle de processos dos anos 1960, usadas para guiar um sistema operacional no escalonamento de tarefas de processamento em lote (veja a Seção 3.1). Mesmo atualmente, muitos consideram as linguagens de scripting como linguagens para guiar a execução de outros programas, o que é uma visão um tanto restrita das linguagens de scripting atuais. Exemplos de linguagens de scripting incluem Perl e PHP, ambas populares no controle de aplicações Web no lado servidor (veja a Seção 4.3), bem como VBScript, dialeto do Visual Basic, que foi desenvolvida pela Microsoft e é usada em situações específicas do Windows.

méricos que podem conter valores não inteiros, provavelmente armazenados em notação de ponto flutuante. Operações realizadas em dados do tipo ponto flutuante são similares às realizadas em dados do tipo inteiro. Lembre-se, no entanto, de que a atividade necessária para adicionar dois itens do tipo ponto flutuante é diferente da para adicionar dois itens do tipo inteiro.

Suponha, então, que quiséssemos usar a variável WeightLimit (limite de peso) em um programa para nos referenciarmos a uma área da memória principal que contenha um valor numérico codificado em notação de complemento de dois. Nas linguagens C, C++, Java e C#, declararíamos nossa intenção com a inserção da sentença

```
int WeightLimit;
```

em direção ao início do programa. Essa sentença significa "O nome WeightLimit será usado posteriormente no programa para se referir a uma área de memória que contém um valor armazenado em notação de complemento de dois." Múltiplas variáveis do mesmo tipo podem ser declaradas na mesma sentença de declaração. Por exemplo, a sentença

```
int Height, Width;
```

declararia tanto Height (altura) quanto Width (largura) como variáveis do tipo inteiro. Além disso, a maioria das linguagens permite que uma variável receba um valor inicial quando é declarada. Logo,

```
int WeightLimit = 100;
```

não apenas declararia WeightLimit como sendo uma variável do tipo inteiro, mas também atribuiria a ela o valor 100.

Outros tipos de dados comuns incluem caracteres e tipos booleanos. O tipo **caractere** refere-se a dados que consistem em símbolos, provavelmente armazenados usando ASCII ou Unicode. Operações realizadas em tais dados incluem comparações como determinar se um símbolo ocorre antes de outros em ordem alfabética, testar para ver se uma cadeia de símbolos aparece dentro de outra e concatenar uma cadeia de símbolos no final de outra para formar uma grande cadeia. A sentença

```
char Letter, Digit;
```

poderia ser usada nas linguagens C, C++, C# e Java para declarar as variáveis `Letter` (letra) e `Digit` (dígito) como do tipo caractere.

O tipo **booleano** refere-se a itens de dados que podem receber um dos valores: verdadeiro ou falso. Operações sobre dados do tipo booleano incluem perguntas em relação a se o valor atual é verdadeiro ou falso. Por exemplo, se a variável `LimitExceeded` foi declarada como do tipo booleano, então, uma sentença no formato

```
if (LimitExceeded) then (...) else (...)
```

seria razoável.

Os tipos de dados incluídos como tipos primitivos em uma linguagem de programação, como `int` para inteiros e `char` para caracteres, são chamados de **tipos primitivos de dados**. Como aprendemos, os tipos inteiro, ponto flutuante, caractere e booleano são tipos primitivos comuns. Outros tipos de dados que ainda não se tornaram tipos primitivos amplamente disponíveis incluem imagens, áudio, vídeo e hipertexto. Entretanto, tipos como GIF, JPEG e HTML podem, em breve, tornar-se tão comuns quanto inteiros e pontos flutuantes. Posteriormente (Seções 6.5 e 8.4), aprenderemos como o paradigma orientado a objetos permite que um programador estenda o repertório dos tipos de dados disponíveis além dos tipos primitivos fornecidos em uma linguagem. Na verdade, essa habilidade é uma celebrada característica do paradigma orientado a objetos.

Em resumo, o segmento de programa a seguir, expresso na linguagem C e em suas derivadas C++, C# e Java, declara as variáveis `Length` (altura) e `Width` (largura) como do tipo ponto flutuante, as variáveis `Price` (preço), `Tax` (taxa) e `Total` como do tipo inteiro, e a variável `Symbol` (símbolo) como do tipo caractere.

```
float   Length, Width;
int     Price, Tax, Total;
char    Symbol;
```

Na Seção 6.4, veremos como um tradutor usa o conhecimento que obtém de tais sentenças de declaração para ajudá-lo a traduzir um programa de uma linguagem de alto nível para linguagem de máquina. Por enquanto, notamos que tais informações podem ser usadas para identificar erros. Por exemplo, se um tradutor encontrar uma sentença que requer a adição de duas variáveis que foram declaradas anteriormente como o do tipo booleano, ele deve considerar a sentença como errada e relatar esse erro ao usuário.

Estruturas de dados

Além dos tipos de dados, as variáveis em um programa são frequentemente associadas a **estruturas de dados**, que são a forma conceitual ou a organização dos dados. Por exemplo, o texto é normalmente visto como uma grande cadeia de caracteres, enquanto registros de venda poderiam ser visualizados como uma tabela retangular de valores numéricos, na qual cada linha representa as vendas feitas por um empregado específico e cada coluna representa as vendas feitas em um dia específico.

Uma estrutura de dados comumente usada é a **matriz**, um bloco de elementos do mesmo tipo, como uma lista de uma dimensão, uma tabela bidimensional com linhas e colunas ou tabelas com dimensões maiores. Para estabelecer tal matriz em um programa, muitas linguagens de programação requerem que a sentença de declaração que declara o nome da matriz também especifique o tamanho de suas dimensões. Por exemplo, a Figura 6.5 mostra a estrutura conceitual declarada pela sentença

```
int Scores[2][9];
```

na linguagem C, que significa "A variável Scores (pontuações) será usada na seguinte unidade de programa para se referir a uma matriz de inteiros de duas dimensões que possui duas linhas e nove colunas". A mesma sentença em FORTRAN seria escrita como

```
INTEGER Scores(2,9)
```

Uma vez que uma matriz tenha sido declarada, ela pode ser referenciada em outros locais do programa por seu nome, ou um elemento individual pode ser identificado por meio de valores inteiros chamados **índices**, que especificam a linha desejada, a coluna desejada e assim por diante. Entretanto, a faixa desses índices varia de linguagem para linguagem. Por exemplo, em C (e em suas derivadas C++, Java e C#) os índices começam em 0, o que significa que a entrada na segunda linha e quarta coluna da matriz chamada Scores (como declarada acima) seria referenciada como Scores[1][3], e a entrada na primeira linha e primeira coluna seria Scores[0][0]. Em contrapartida, os índices iniciam em 1 em um programa FORTRAN, então a entrada na segunda linha e quarta coluna seria referenciada por Scores(2,4) (veja novamente a Figura 6.5).

Em contraste a uma matriz na qual todos os itens de dados são do mesmo tipo, um **tipo agregado** (também chamado de **estrutura**, **registro** ou

Pontuações

Scores (2,4) em FORTRAN, em que os índices começam em 1.

Scores [1] [3] em C e suas derivadas, em que os índices começam em zero.

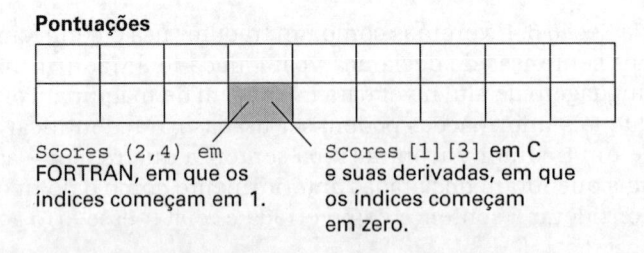

Figura 6.5 Matriz bidimensional com duas linhas e nove colunas.

matriz heterogênea) é um bloco de dados no qual diferentes elementos podem ter diferentes tipos. Por exemplo, um bloco de dados referindo-se a um empregado poderia consistir em uma entrada chamada `Name` (nome) do tipo caractere, uma entidade chamada `Age` (idade) e uma entrada chamada `SkillRating` (classificação de habilidade) do tipo ponto flutuante. Tal tipo agregado seria declarado em C pela sentença

```
struct {char   Name[25];
        int    Age;
        float  SkillRating;}
       Employee;
```

que diz que a variável `Employee` (empregado) faz referência a uma estrutura (abreviada como `struct`) que consiste em três componentes, chamados `Name` (nome – uma cadeia de 25 caracteres), `Age` (idade) e `SkillRating` (classificação de habilidade – Figura 6.6). Uma vez que tal agregado tenha sido declarado, um programador pode usar o nome da estrutura (`Employee`) para se referir ao agregado inteiro, ou pode referenciar **campos** individuais dentro do agregado por meio do nome da estrutura seguido por um ponto e o nome do campo (como `Employee.Age`).

No Capítulo 8, veremos como construções conceituais como matrizes são de fato implementadas dentro de um computador. Em particular, aprenderemos que os dados contidos em uma matriz podem estar espalhados sobre uma ampla área da memória principal ou do armazenamento em massa. É por isso que nos referiremos às estruturas de dados como sendo a forma *conceitual* ou a organização dos dados. Na verdade, a organização real dentro do sistema de armazenamento do computador pode ser bastante diferente de sua organização conceitual.

Constantes e literais

Algumas vezes, um valor fixo, predeterminado, é usado em um programa. Por exemplo, um programa para controlar o tráfego aéreo nas imediações de um aeroporto específico poderia conter numerosas referências à altitude do aeroporto em relação ao nível do mar. Quando estamos escrevendo tal programa, alguém pode incluir esse valor, digamos 645 pés, literalmen-

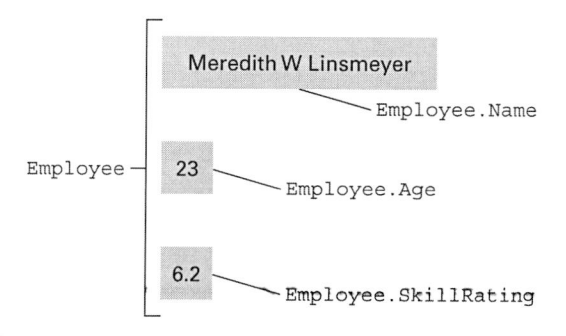

Figura 6.6 Leiaute conceitual da estrutura Employee.

te toda vez que ele for necessário. Tal aparição explícita de um valor é chamada de um **literal**. O uso de literais leva a sentenças de programa como

```
EffectiveAlt ← Altimeter + 645
```

onde assume-se que `EffectiveAlt` (altura efetiva) e `Altimeter` (altímetro) sejam variáveis e 645 seja um literal. Logo, essa sentença pede que a variável `EffectiveAlt` receba o resultado da adição de 645 ao valor atribuído à variável `Altimeter`.

Na maioria das linguagens de programação, os literais formados por texto são delineados com aspas para distingui-los de outros componentes de programa. Por exemplo, a sentença

```
LastName ← "Smith"
```

poderia ser usada para atribuir "Smith" para a variável `LastName` (último sobrenome), enquanto a sentença

```
LastName ← Smith
```

seria usada para atribuir o valor da variável `Smith` para a variável `LastName`.

Frequentemente, o uso de literais não é uma boa prática de programação, pois os literais podem mascarar o significado das sentenças nas quais eles aparecem. Como, por exemplo, um leitor da sentença

```
EffectiveAlt ← Altimeter + 645
```

poderia saber o que o valor 645 representa? Além disso, os literais podem complicar a tarefa de modificar o programa quando isso for necessário. Se nosso programa de controle de tráfego aéreo fosse movido para outro aeroporto, todas as referências à altitude do aeroporto precisariam ser mudadas. Se o literal 645 fosse usado em cada referência a essa altitude, cada uma dessas referências ao logo do programa precisaria ser localizada e modificada. O problema ficaria mais complexo se o literal 645 também ocorresse em referência a uma quantidade além da altitude do aeroporto. Como saberíamos que ocorrência de 645 modificar e quais devem permanecer?

Para solucionar esses problemas, as linguagens de programação permitem que nomes descritivos sejam atribuídos a valores específicos, imutáveis. Tal nome é chamado de **constante**. Como um exemplo, em C++ e C#, a sentença declarativa

```
const int AirportAlt = 645;
```

associa o identificador `AirportAlt` (altitude do aeroporto) ao valor fixo 645 (que é considerado como do tipo inteiro). O conceito similar em Java é expresso por

```
final int AirportAlt = 645;
```

Seguindo tais declarações, o nome descritivo `AirportAlt` pode ser usado no lugar do literal 645. Usando tal constante em nosso pseudocódigo, a sentença

```
EffectiveAlt ← Altimeter + 645
```

seria reescrita como

```
EffectiveAlt ← Altimeter + AirportAlt
```

que representa melhor o significado da sentença. Além disso, se tal constante fosse usada no lugar de literais, e o programa fosse movido para outro aeroporto cuja altitude fosse de 267 pés, a modificação de uma única sentença declarativa na qual a constante é definida é tudo o que é necessário para converter todas as referências à altitude do aeroporto para o novo valor.

Sentenças de atribuição

Uma vez que a terminologia especial a ser usada em um programa (como as variáveis e as constantes) tenha sido declarada, um programador pode começar a descrever o algoritmo envolvido. Isso é feito por meio de sentenças imperativas. A sentença imperativa mais básica é a **sentença de atribuição**, que solicita que um valor seja atribuído a uma variável (ou mais precisamente, armazenado na área de memória identificada pela variável). Tal sentença normalmente tem a forma sintática de uma variável, seguida por um símbolo que representa a operação de atribuição e, então, por uma expressão que indica o valor a ser atribuído. A semântica de tal sentença é que a expressão será avaliada e o resultado será armazenado como o valor da variável. Por exemplo, a sentença

```
Z = X + Y;
```

em C, C++, C# e Java solicita que a soma de X e Y seja atribuída à variável Z. Em algumas outras linguagens (como Ada), a sentença equivalente apareceria como

```
Z := X + Y;
```

Note que essas sentenças diferem apenas na sintaxe do operador de atribuição, o qual em C, C++, C# e Java é meramente um sinal de igualdade, mas que em Ada é um sinal de dois pontos seguido de um sinal de igualdade. Talvez uma notação melhor para o operador de atribuição seja a encontrada em APL, linguagem projetada por Kenneth E. Iverson em 1962 (APL é um acrônimo para *A Programming Language* – Linguagem de Programação A). Ela usa uma seta para representar a atribuição. Logo, a atribuição anteriormente mostrada seria expressa como

```
Z ← X + Y
```

em APL (bem como em nosso pseudocódigo no Capítulo 5).

Muito do poder das sentenças de atribuição vem do escopo de expressões que podem aparecer do lado direito da sentença. Em geral, qualquer expressão algébrica pode ser usada, com as operações aritméticas de adição, subtração, multiplicação e divisão normalmente representadas pelos símbolos +, −, * e /, respectivamente. Em algumas linguagens, a combinação ** é usada para representar exponenciação. Por exemplo, em Ada, a expressão

```
x ** 2
```

representa x^2. As linguagens diferem, no entanto, na maneira como as expressões algébricas são interpretadas. Por exemplo, a expressão 2 * 4 + 6 / 2 poderia produzir o valor 14 se fosse avaliada da direita para a esquerda, ou 7 se avaliada da esquerda para a direita. Essas ambiguidades são normalmente resolvidas por meio de regras de **precedência de operadores**, o que significa que certas operações recebem uma precedência sobre as outras. As regras tradicionais da álgebra ditam que a multiplicação e a divisão possuem precedência sobre a adição e a subtração. Ou seja, as multiplicações e as divisões são realizadas antes das adições e das subtrações. Seguindo essa convenção, a expressão mostrada produziria o valor 11. Na maioria das linguagens, podem ser usados parênteses para sobrescrever a precedência de operadores da linguagem. Logo, 2 * (4 + 6) / 2 produziria o valor 10.

Muitas linguagens de programação permitem o uso de um símbolo para representar mais de uma operação. Nestes casos, o significado do símbolo é determinado pelo tipo de dados dos operandos. Por exemplo, o símbolo + tradicionalmente indica adição quando seus operandos são numéricos, mas em algumas linguagens, como Java, o símbolo indica concatenação quando seus operandos são cadeias de caracteres. Ou seja, o resultado da expressão

```
"abra" + "cadabra"
```

é *abracadabra*. Tal uso múltiplo de um símbolo de operação é chamado de **sobrecarga**. Embora muitas linguagens forneçam sobrecarga pré-definida de alguns poucos operadores comumente usados, outras como Ada, C++ e C# podem permitir que os programadores definam significados adicionais de sobrecarga ou mesmo adicionem operadores adicionais.

Sentenças de controle

Uma **sentença de controle** altera a sequência de execução de um programa. Dentre todas as construções de programação, as construções desse grupo são as que provavelmente receberam a maior atenção e geraram a maior controvérsia. O maior vilão é a sentença de controle mais simples de todas, a sentença goto (ir para). Ela fornece um meio de direcionar a sequência de execução para outra posição que tenha sido rotulada com esse propósito por um nome ou por um número. Logo, ela nada mais é que uma aplicação direta da instrução JUMP (saltar) em linguagem de máquina. O problema com este recurso em uma linguagem de programação de alto nível é que ela permite que programadores escrevam um ninho de ratos como

```
        goto 40
20      Apply procedure Evade
        goto 70
40      if (KryptoniteLevel < LethalDose) then goto 60
        goto 20
60      Apply procedure RescueDamsel
70      ...
```

em que uma única sentença como

```
if (KryptoniteLevel < LethalDose)
    then (apply procedure RescueDamsel)
    else (apply procedure Evade)
```

faria o trabalho.

Para evitar tais complexidades, as linguagens modernas são projetadas com sentenças de controle que permitem que um padrão completo de desvios seja expresso dentro de uma única estrutura léxica. A escolha de quais sentenças de controle devem ser incorporadas em uma linguagem é uma decisão de projeto. O objetivo é fornecer uma linguagem que não apenas permita que os algoritmos sejam expressos em uma forma legível, mas também auxilie o programador a obter tal legibilidade. Isso é feito por meio da restrição do uso de recursos que, historicamente, levaram à programação pobre, e do encorajamento do uso de recursos mais bem projetados. O resultado é uma prática conhecida como **programação estruturada**, que envolve uma metodologia organizada de projeto combinada com o uso apropriado das sentenças de controle da linguagem. A ideia é produzir um programa que possa ser prontamente compreendido e que mostre o atendimento às suas especificações.

Já encontramos duas estruturas populares de desvios em nosso pseudocódigo do Capítulo 5, representado pelas sentenças se-então-senão e enquanto. Elas estão presentes em praticamente todas as linguagens imperativas, funcionais ou orientadas a objetos. Mais precisamente, as sentenças em pseudocódigo

```
se (condição)
   então (sentençaA)
   senão (sentençaB)
```

e

```
enquanto (condição) faça
   (corpo do laço)
```

seriam escritas como

```
if (condição) sentençaA
   else sentençaB;
```

e

```
while (condição)
   {corpo do laço}
```

em C, C++, C# e Java. Note que o fato de essas sentenças serem idênticas em todas as quatro linguagens é uma consequência de C++, C# e Java serem extensões orientadas a objetos da linguagem imperativa C. Em contrapartida, as sentenças correspondentes seriam escritas como

```
IF condição THEN
   sentençaA;
ELSE
   sentençaB;
END IF
```

e

```
WHILE condição LOOP
   corpo do laço
END LOOP;
```

na linguagem Ada.

> **Culturas de linguagens de programação**
>
> Assim como ocorre com as linguagens naturais, usuários de diferentes linguagens de programação tendem a desenvolver diferenças culturais e, frequentemente, debatem os méritos de suas perspectivas. Algumas vezes, essas diferenças são significativas como, por exemplo, quando diferentes linguagens de programação estão envolvidas. Em outros casos, as distinções são sutis. Por exemplo, enquanto o texto distingue entre procedimentos e funções (Seção 6.3), programadores C referem-se a ambas como funções. Isso porque um procedimento em um programa em C é visto como uma função que não retorna um valor. Um exemplo similar é que programadores C++ referem-se a um procedimento dentro de um objeto como uma função membro, enquanto o termo genérico para tal situação é o termo método. Essa discrepância remete ao fato de que C++ foi desenvolvida como uma extensão de C. Outra diferença cultural é que programas em Ada são normalmente digitados com palavras reservadas em letras maiúsculas ou em negrito – uma tradição que não é amplamente praticada por usuários de C, C++, C#, FORTRAN ou Java.
>
> Embora este livro seja neutro em relação à linguagem e use uma terminologia genérica, cada exemplo específico é apresentado em uma forma compatível com o estilo da linguagem envolvida. À medida que você encontrar esses exemplos, tem de manter em mente que eles são apresentados como exemplos de como as ideias genéricas aparecem em linguagens reais – e não como uma forma de ensinar os detalhes de uma linguagem em particular.

Outra estrutura comum de desvio é frequentemente representada por uma sentença `switch` ou `case`. Ela fornece um meio de selecionar uma sequência de sentenças dentre diversas opções, dependendo do valor atribuído a uma variável designada. Por exemplo, a sentença

```
switch (variável) {
  case 'A': sentençaA; break;
  case 'B': sentençaB; break;
  case 'C': sentençaC; break;
  default: sentençaD}
```

em C, C++, C# e Java requer a execução da *sentençaA*, *sentençaB*, ou *sentençaC* dependendo de o valor atual de variável for A, B, ou C, respectivamente ou a execução da *sentençaD* se o valor de *variável* for alguma outra coisa. A mesma estrutura poderia ser expressa como

```
CASE variável IS
  WHEN 'A'=> sentençaA;
  WHEN 'B'=> sentençaB;
  WHEN 'C'=> sentençaC;
  WHEN OTHERS=> sentençaD;
END CASE
```

em Ada.

Outra estrutura de controle comum, frequentemente chamada de estrutura `for` (para), é mostrada na Figura 6.7, juntamente a sua representação em C++, C# e Java. Essa é uma estrutura de laço similar à da sentença enquanto de nosso pseudocódigo. A diferença é que toda a inicialização, a modificação e o término do laço são incorporados em uma única senten-

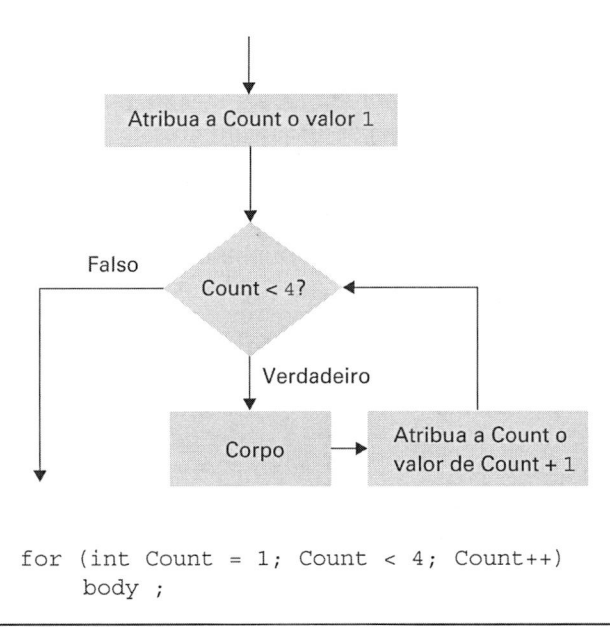

```
                    Atribua a Count o valor 1

          Falso
       ┌─────── Count < 4? ◄──────┐
       │              │           │
       │         Verdadeiro       │
       │              ▼           │
       │                    Atribua a Count o
       │         Corpo  →   valor de Count + 1
       ▼
```

```
for (int Count = 1; Count < 4; Count++)
    body ;
```

Figura 6.7 Estrutura de laço `for` e sua representação em C++, C# e Java.

ça. Tal sentença é conveniente quando o corpo do laço deve ser realizado uma vez para cada valor dentro de uma faixa específica. Em particular, as sentenças na Figura 6.7 dizem que o corpo do laço deve ser realizado repetidamente – primeiro com o valor de Count sendo 1, depois com o valor de Count sendo 2 e mais uma vez com o valor de Count sendo 3.

A questão levantada a partir dos exemplos que citamos é que estruturas comuns de desvios aparecem, com leves variações, ao longo da gama de linguagens de programação imperativas e orientadas a objetos. Um resultado um tanto surpreendente da ciência da computação teórica é que poucas dessas estruturas são necessárias para garantir que uma linguagem de programação forneça um meio de expressar uma solução para qualquer problema que tenha uma solução algorítmica. Investigaremos essa afirmação no Capítulo 12. Por enquanto, simplesmente apontamos que aprender uma linguagem de programação não é uma tarefa inesgotável de aprender diferentes sentenças de controle. A maioria das estruturas de controle encontradas nas linguagens de programação atuais é, essencialmente, uma variação dessas que identificamos aqui.

Comentários

Não importa o quão bem uma linguagem de programação seja projetada e o quão bem os recursos da linguagem sejam aplicados em um programa, informações adicionais são normalmente úteis ou obrigatórias quando um humano tenta ler e entender o programa. Por essa razão, as linguagens de programação fornecem maneiras de inserir sentenças explicativas, chamadas de **comentários**, dentro de um programa. Essas sentenças são ignoradas por um tradutor, assim sua presença ou ausência não afeta o programa do ponto de vista da máquina. A versão em linguagem de máquina do programa produzida por um tradutor será a mesma com ou sem comentários, mas a informação fornecida por essas sentenças constitui uma parte importante do programa se vista a partir da perspectiva humana. Sem tal documentação, programas grandes e complexos poderiam facilmente não ser compreendidos por um programador humano.

Existem duas maneiras comuns de inserir comentários dentro de um programa. Uma é envolver o comentário inteiro por marcadores especiais, um no início do comentário e outro no final. A outra é marcar apenas o início do comentário e permitir que ele ocupe o restante da linha à direita do marcador. Encontramos exemplos de ambas as técnicas em C++, C# e Java. Elas permitem que comentários sejam envoltos entre /* e */, mas também permitem que um comentário inicie com // e se estenda através do restante da linha.
Logo, tanto

```
/* Este é um comentário. */
```

quanto

```
// Este é um comentário.
```

são sentenças de comentário válidas.

Algumas palavras devem ser ditas sobre o que constitui um comentário com significado. Programadores iniciantes, quando recebem instruções para usar comentários para propósitos de documentação interna, tendem a seguir uma sentença de programa como

```
ApproachAngle = SlipAngle + HyperSpaceIncline;
```

com um comentário como "Calcule ApproachAngle por meio da adição de HyperSpaceIncline e SlipAngle." Tal redundância apenas aumenta um programa, no lugar de esclarecê-lo. O propósito de um comentário é explicar o programa, não repeti-lo. Um comentário mais apropriado, nesse caso, poderia ser explicar por que ApproachAngle está sendo calculado (se isso não for óbvio). Por exemplo, o comentário "ApproachAngle é usado posteriormente para computar ForceFieldJettisonVelocity e não é necessário depois disso" é mais útil que o anterior.

Adicionalmente, comentários espalhados ao longo das sentenças de um programa podem, algumas vezes, dificultar a habilidade de seguir o fluxo do programa e, logo, tornam mais difícil compreender o programa do que se nenhum comentário tivesse sido incluído. Uma boa abordagem é coletar comentários que se relacionem a uma única unidade de programa em um local, talvez no início da unidade. Isso fornece um local central no qual o leitor da unidade de programa possa buscar por explicações. Isso também fornece um local no qual o propósito e as características gerais da unidade de programa podem ser descritos. Se esse formato for adotado por todas as unidades de programa, o programa todo torna-se uniforme, com cada unidade consistindo em um bloco de sentenças explicativas seguido pela apresentação formal da unidade de programa. Tal uniformidade em um programa melhora sua legibilidade.

Questões e exercícios

1. Por que o uso de uma constante é considerado um estilo de programação melhor que o uso de um literal?
2. Qual é a diferença entre uma sentença declarativa e uma sentença imperativa?
3. Liste alguns tipos de dados comuns.
4. Identifique algumas estruturas de controle comuns encontradas em linguagens de programação imperativas e orientadas a objetos.
5. Qual é a diferença entre uma matriz e um tipo agregado?

6.3 Unidades procedurais

Nos capítulos anteriores, vimos as vantagens de dividir grandes programas em unidades gerenciáveis. Nesta seção, trataremos do conceito de procedimento, a principal técnica para obter uma representação modular de um programa em uma linguagem imperativa. Além disso, nas linguagens orientadas a objetos, é por meio de procedimentos que os programadores especificam como os objetos devem responder aos vários estímulos.

Procedimentos

Um **procedimento**, em seu sentido genérico, é um conjunto de instruções para realizar uma tarefa que pode ser usado como uma ferramenta abstrata por outras unidades de programa. O controle é transferido para o procedimento no momento em que seus serviços são requisitados e, então, ele retorna para a unidade de programa original após o procedimento ter terminado (Figura 6.8). O processo de transferir o controle para um procedimento é conhecido como *chamar* ou *invocar* o procedimento. Referenciaremo-nos a uma unidade de programa que requer a execução de um procedimento como sendo a unidade *chamadora*.

Como em nosso pseudocódigo do Capítulo 5, os procedimentos são normalmente escritos em unidades de programa individuais. A unidade inicia com uma sentença, conhecida como **cabeçalho do procedimento**, que identifica, dentre outras coisas, o nome do procedimento. Após esse cabeçalho, estão as sentenças que definem os detalhes do procedimento. Essas sentenças tendem a serem organizadas da mesma maneira que as de um programa imperativo tradicional, iniciando com sentenças de declaração que descrevem as variáveis usadas no procedimento, seguidas de sentenças imperativas que descrevem os passos a serem realizados quando o procedimento for executado.

Como regra geral, uma variável declarada dentro de um procedimento é uma **variável local**, o que significa que ela pode ser referenciada apenas dentro do procedimento. Isso elimina quaisquer confusões que possam ocorrer se dois procedimentos, escritos independentemente, usam variáveis do mesmo nome. (A porção de um programa na qual uma variável pode ser referenciada é chamada de **escopo** da variável. Logo, o escopo de uma variável local é o procedimento no qual ela é declarada. Variáveis cujo escopo

Unidade de programa chamadora

A unidade de programa chamadora solicita o procedimento.

O controle é transferido para o procedimento

Procedimento

O procedimento é executado.

A unidade de programa chamadora continua.

O controle retorna para o ambiente de chamada quando o procedimento tiver terminado.

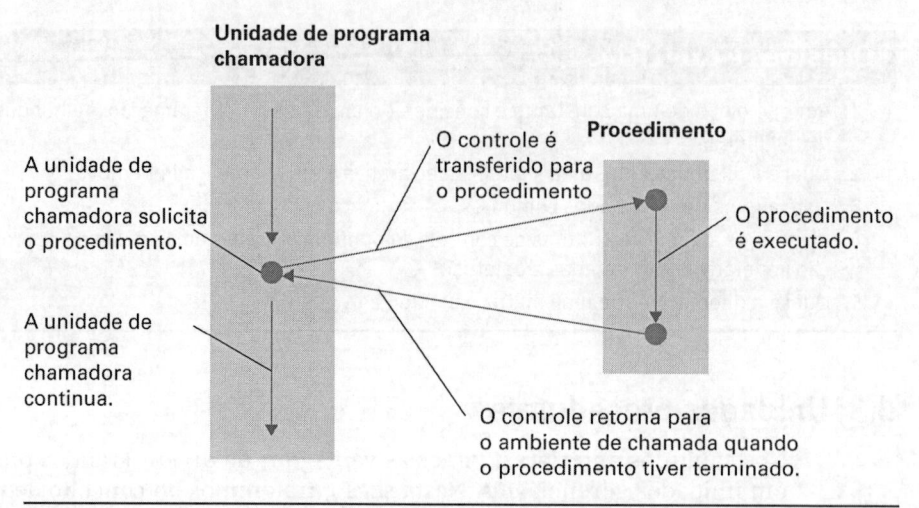

Figura 6.8 Fluxo de controle envolvendo um procedimento.

não é restrito a uma parte específica de um programa são chamadas de **variáveis globais**. A maioria das linguagens de programação fornece um meio de especificar se uma variável é local ou global.)

Em contraste com nosso pseudocódigo do Capítulo 5, no qual solicitamos a execução de um procedimento por meio de uma sentença como "Aplique o procedimento DeactivateKrypton", como especificado, a maioria das linguagens de programação modernas permite que os procedimentos sejam chamados pela mera chamada ao nome do procedimento. Por exemplo, se GetNames, SortNames e WriteNames fossem os nomes de procedimentos para obter, ordenar e escrever uma lista de nomes, então um programa para obter, ordenar e escrever a lista seria escrito como

```
GetNames;
SortNames;
WriteNames;
```

Em vez de

```
Aplicar o procedimento GetNames.
Aplicar o procedimento SortNames.
Aplicar o procedimento WriteNames.
```

Note que, ao atribuir a cada procedimento um nome que indica a ação realizada pelo procedimento, essa forma condensada se parece com uma sequência de comandos que refletem o significado do programa.

Parâmetros

Os procedimentos são frequentemente escritos usando termos genéricos, que são tornados específicos quando o procedimento é aplicado. Por exemplo, a Figura 5.11 do capítulo anterior é expressa em termos de uma lista genérica no lugar de por uma lista específica. Em nosso pseudocódigo, concordamos em identificar tais termos genéricos entre parênteses no cabeçalho do procedimento. Logo, o procedimento na Figura 5.11 inicia com o cabeçalho

procedimento Ordenar (Lista)

e continua a descrever o processo de ordenação usando o termo Lista para se referenciar à lista que está sendo ordenada. Se quiséssemos aplicar o procedimento para ordenar uma lista de convidados de um casamento, simplesmente seguiríamos as instruções dadas no procedimento, assumindo que o termo genérico Lista se refere à lista de convidados do casamento. Se, entretanto, quiséssemos ordenar uma lista de membros, nós simplesmente interpretaríamos o termo genérico Lista como se ele se referisse à lista de membros.

Tais termos genéricos dentro dos procedimentos são chamados de **parâmetros**. Mais precisamente, os termos usados dentro do procedimento são chamados de **parâmetros formais**, e os significados precisos atribuídos a esses parâmetros formais quando o procedimento é aplicado são chamados de **parâmetros reais**. Em certo sentido, os parâmetros formais representam os locais nos quais os parâmetros reais serão plugados quando o procedimento for solicitado.

Como no caso de nosso pseudocódigo, a maioria das linguagens de programação requer que, quando um procedimento for definido, os parâmetros formais sejam listados entre parênteses no cabeçalho do procedimento. Como um exemplo, a Figura 6.9 apresenta a definição de um procedimento chamado ProjectPopulation (projetar população) na forma como ele poderia ter sido escrito na linguagem C. O procedimento espera receber uma taxa anual de crescimento específica quando ela for chama-

Iniciar o cabeçalho com o termo "void" é a maneira como um programador C especifica que a unidade de programa é um procedimento em vez de uma função. Aprenderemos sobre funções em breve.

A lista de parâmetros formais. Note que C, como muitas linguagens de programação, requer que o tipo de dados de cada parâmetro seja especificado.

```
void ProjectPopulation (float GrowthRate)

{ int Year;      Isto declara uma variável
                 local chamada Year.

Population[0] = 100.0;
for (Year = 0; Year =< 10; Year++)
Population[Year+1] = Population[Year] + (Population[Year] * GrowthRate);
}
```

Estas sentenças descrevem como as populações serão computadas e armazenadas no vetor global chamado Population.

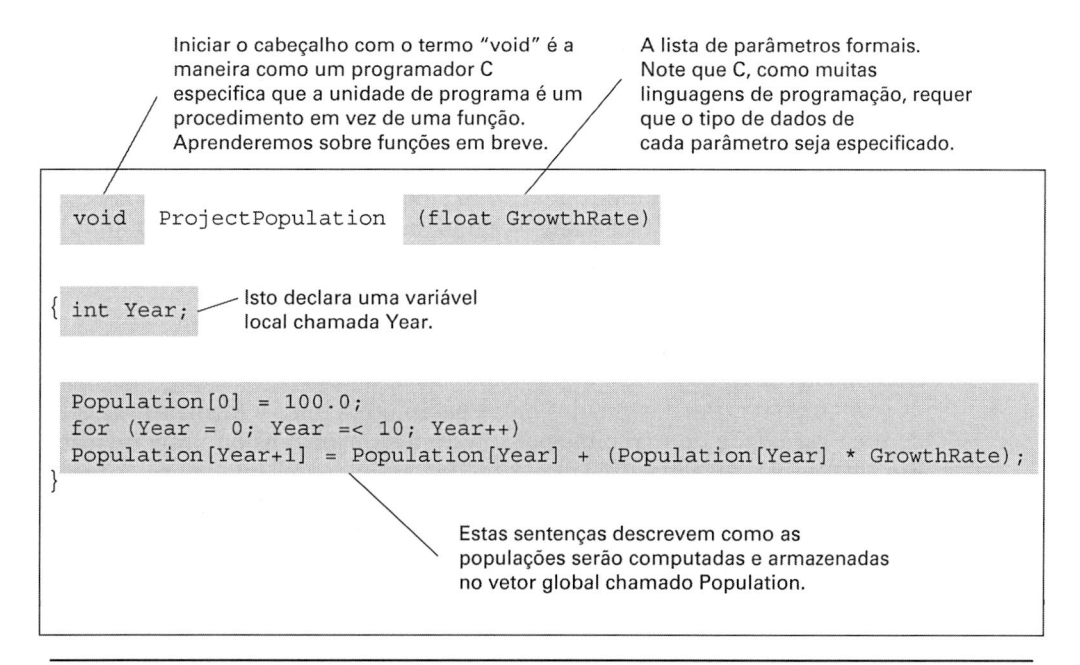

Figura 6.9 Procedimento ProjectPopulation escrito na linguagem de programação C.

da. Baseado nessa taxa, o procedimento computa a população estimada de uma espécie, assumindo uma população inicial de 100, para os próximos 10 anos, e armazena esses valores em um vetor global chamado `Population` (população).

A maioria das linguagens de programação também usa notação com parênteses para identificar os parâmetros reais quando um procedimento é chamado. Ou seja, a sentença que requisita a execução de um procedimento consiste no nome do procedimento seguido por uma lista dos parâmetros reais envoltos em parênteses. Logo, ao invés de uma sentença como

```
Aplicar ProjectPopulation usando uma taxa de crescimento de 0.03
```

que usamos em nosso pseudocódigo, a sentença

```
ProjectPopulation(0.03);
```

seria usada em um programa C para chamar o procedimento `ProjectPopulation` da Figura 6.9 usando uma taxa de crescimento de 0,03.

Quando mais de um parâmetro estiver envolvido, os parâmetros reais são associados, entrada por entrada, aos parâmetros formais listados no cabeçalho do procedimento – o primeiro parâmetro real é associado ao primeiro parâmetro formal e assim por diante. Então, os valores dos parâmetros reais são efetivamente transferidos para seus parâmetros formais correspondentes, e o procedimento é executado.

Para enfatizar isso, suponha que o procedimento `PrintCheck` (imprimir cheque) tenha sido definido com um cabeçalho como

```
procedure PrintCheck(Payee, Amount)
```

Onde `Payee` (beneficiário) e `Amount` (quantidade) são parâmetros formais usados dentro do procedimento para se referir à pessoa à qual o cheque deve ser pago e o valor do cheque, respectivamente. Então, chamar o procedimento com a sentença

```
PrintCheck("John Doe", 150)
```

faria com que o procedimento fosse executado com o parâmetro formal `Payee` associado ao parâmetro real John Doe, e o parâmetro formal `Amount` associado ao valor 150. Entretanto, chamar o procedimento com a sentença

```
PrintCheck(150, "John Doe")
```

faria com que o valor 150 fosse atribuído ao parâmetro formal `Payee` e o nome John Doe fosse atribuído ao parâmetro formal `Amount`, o que levaria a resultados errôneos.

A tarefa de transferir dados entre parâmetros reais e formais é tratada de uma variedade de maneiras por diferentes linguagens de programação. Em algumas linguagens, uma duplicata dos dados representados pelos parâmetros reais é produzida e repassada ao procedimento. Usando essa abordagem, quaisquer alterações nos dados feitas pelo procedimento são refletidas apenas na duplicata – os dados na unidade de programa chamadora nunca são trocados. Frequentemente, dizemos que tais parâmetros são **passados por valor**. Note que passar parâmetros por valor protege os dados na unidade chamadora de serem alterados erroneamente por um procedimento pobremente projetado. Por exemplo, se a unidade chamadora passou um nome de empregado a um procedimento, ela não quer que o procedimento modifique esse nome.

Infelizmente, passar parâmetros por valor é ineficiente quando o parâmetro representa grandes blocos de dados. Uma técnica mais eficiente é dar ao procedimento acesso direto aos parâmetros reais, passando a ele os endereços dos parâmetros reais na unidade de programa chamadora. Neste caso, dizemos que os parâmetros são **passados por referência**. Note que passar parâmetros por referência permite que um procedimento modifique os dados residentes no ambiente de chamadas. Tal abordagem seria desejável no caso de um procedimento para ordenar uma lista, já que o objetivo de uma chamada a tal procedimento seria causar mudanças na lista.

Como exemplo, vamos supor que o procedimento Demo fosse definido como

```
procedimento Demo (Formal)
Formal ← Formal + 1;
```

Além disso, suponha que a variável Actual (real) tenha o valor 5 atribuído a ela e que chamássemos o procedimento Demo com a sentença

```
Demo(Actual)
```

Então, se os parâmetros fossem passados por valor, a modificação em Formal no procedimento não se refletiria na variável Actual (Figura 6.10). Contudo, se os parâmetros fossem passados por referência, o valor de Actual seria incrementado em um (Figura 6.11).

Diferentes linguagens de programação fornecem diferentes técnicas de passagem de parâmetros, mas em todos os casos o uso de parâmetros permite que um procedimento seja escrito de forma genérica e aplicado a dados específicos nos momentos apropriados.

Funções

Vamos fazer uma pausa para considerar uma leve variação do conceito de procedimento que é encontrada em muitas linguagens de programação. Algumas vezes, o propósito de um procedimento é produzir um valor, em vez de realizar uma ação. (Considere a diferença sutil entre um procedimento cujo propósito é estimar o número de dispositivos que serão vendidos, em oposição a um procedimento para brincar com um jogo simples – a ênfase do primeiro é produzir um valor, enquanto a ênfase do último é realizar uma ação.) Se o propósito for produzir um valor, o "procedimento" poderia ser implementado como uma função. Aqui, o termo **função** refere-se a uma unidade de programa similar a um procedimento, exceto pelo fato de que um valor é transferido de volta para a unidade de programa chamadora como "o valor da função". Ou seja, como uma consequência da execução da função, um valor será computado e enviado de volta à unidade de programa chamadora. Esse valor pode ser armazenado em uma variável para referências posteriores ou usado imediatamente em uma computação. Por exemplo, um programador C, C++, Java ou C# poderia escrever

```
ProjectedJanSales = EstimatedSales(January);
```

a. Quando o procedimento é chamado, uma cópia dos dados é dada ao procedimento

Ambiente de chamada   Ambiente do procedimento

5 → 5

b. e o procedimento manipula sua cópia.

Ambiente de chamada   Ambiente do procedimento

5   6

c. Logo, quando o procedimento terminar, o ambiente de chamada não foi modificado.

Ambiente de chamada

5

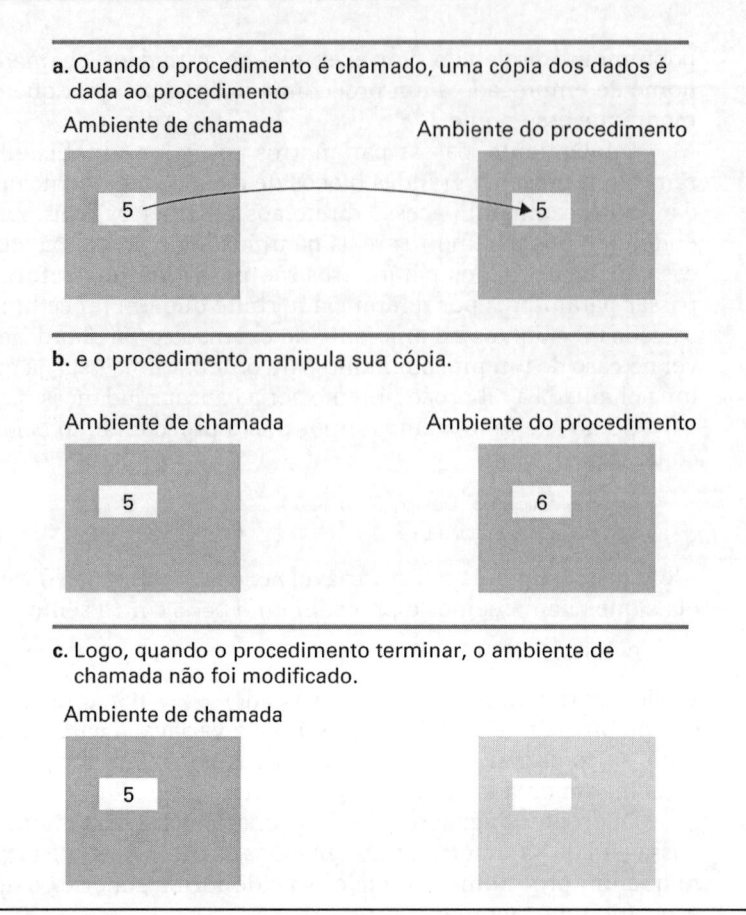

Figura 6.10 Execução do procedimento Demo e passagem dos parâmetros por valor.

Visual Basic

Visual Basic é uma linguagem de programação orientada a objetos desenvolvida pela Microsoft como uma ferramenta pela qual os usuários do sistema operacional Microsoft Windows poderiam desenvolver suas próprias aplicações com interfaces gráficas com o usuário (GUI). Na verdade, o Visual Basic é mais que apenas uma linguagem – é um pacote de desenvolvimento de software completo que permite que um programador construa aplicações a partir de componentes predefinidos (como botões, caixas de verificação, caixas de texto, barras de rolagem, etc.) e que customize esses componentes descrevendo como eles devem reagir a vários eventos. No caso de um botão, por exemplo, o programador poderia descrever o que poderia acontecer quando tal botão fosse clicado. No Capítulo 7, aprenderemos que essa estratégia de construir software a partir de componentes predefinidos é a tendência atual no campo de técnicas de desenvolvimento de software.

A popularidade do sistema operacional Windows combinada com a conveniência do pacote de desenvolvimento do Visual Basic promoveu o Visual Basic a uma linguagem de programação amplamente usada. Ainda não se sabe se essa proeminência continuará, agora que a Microsoft introduziu o C#.

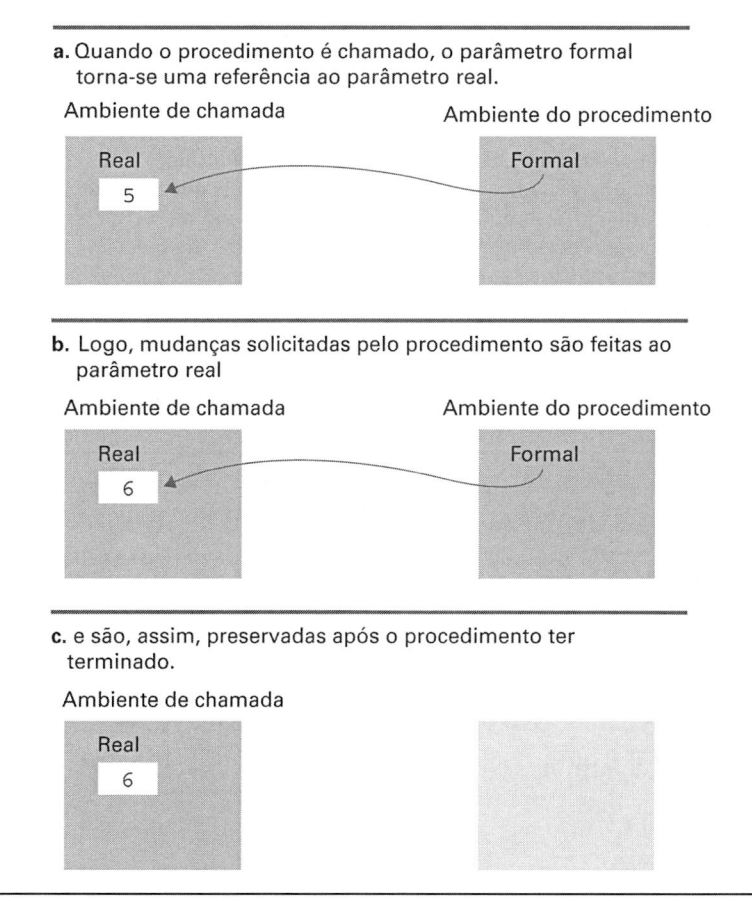

a. Quando o procedimento é chamado, o parâmetro formal torna-se uma referência ao parâmetro real.

Ambiente de chamada — Real [5]
Ambiente do procedimento — Formal

b. Logo, mudanças solicitadas pelo procedimento são feitas ao parâmetro real

Ambiente de chamada — Real [6]
Ambiente do procedimento — Formal

c. e são, assim, preservadas após o procedimento ter terminado.

Ambiente de chamada — Real [6]

Figura 6.11 Execução do procedimento Demo e passagem dos parâmetros por referência.

para solicitar que a variável ProjectedJanSales (vendas projetadas de janeiro) receba o resultado da aplicação da função EstimatedSales (vendas estimadas) para determinar quantos dispositivos espera-se vender em janeiro. Ou, o programador poderia escrever

```
if (LastJanSales < EstimatedSales(January)) ...
    else ...
```

para fazer com que diferentes ações sejam realizadas dependendo de as vendas de janeiro terem uma expectativa de venda melhor que a do último janeiro. Note que, no segundo caso, o valor computado pela função é usado para determinar qual ramo deve ser tomado, mas o valor nunca é armazenado.

As funções são definidas dentro de um programa praticamente da mesma maneira que os procedimentos. A diferença é que um cabeçalho de função normalmente inicia por meio da especificação do tipo de dados do valor que deve ser retornado, e a definição da função normalmente termina com uma sentença de retorno na qual o valor a ser retornado é especificado. A Figura 6.12 apresenta uma definição de uma função chamada CylinderVolume (volume do cilindro) no modo como ela poderia ter sido escrita na linguagem C.

Sistemas de Software guiados por eventos

No texto, consideramos casos nos quais os procedimentos são ativados como o resultado de sentenças em outros locais do programa que chamam explicitamente o procedimento. Existem casos, no entanto, nos quais os procedimentos são ativados implicitamente pela ocorrência de um evento. Exemplos são encontrados em GUIs, nas quais o procedimento que descreve o que deve acontecer quando um botão for clicado não é ativado por uma chamada de outra unidade de programa, mas como o resultado do clique do botão. Sistemas de software nos quais os procedimentos são ativados por eventos em vez de por solicitações explícitas são chamados de sistemas **guiados por eventos**. Em resumo, um sistema de software guiado por eventos consiste em procedimentos que descrevem o que deve acontecer como resultado de vários eventos. Quando o sistema é executado, esses procedimentos permanecem adormecidos até que seus eventos correspondentes ocorram – então, eles tornam-se ativos, realizam suas tarefas e voltam a adormecer.

(Na verdade, um programador C usaria uma forma mais sucinta, mas usaremos uma versão mais extensa por questões pedagógicas.) Quando chamada, a função recebe valores específicos a partir dos parâmetros formais Radius (raio) e Height (altura) e retorna o resultado do cálculo do volume de um cilindro com essas dimensões. Então, a função poderia ser usada em outras partes do programa, em uma sentença como

```
Cost = CostPerVolUnit * CylinderVolume(3.45, 12.7);
```

para determinar o custo do conteúdo de um cilindro com raio 3,45 e altura 12,7.

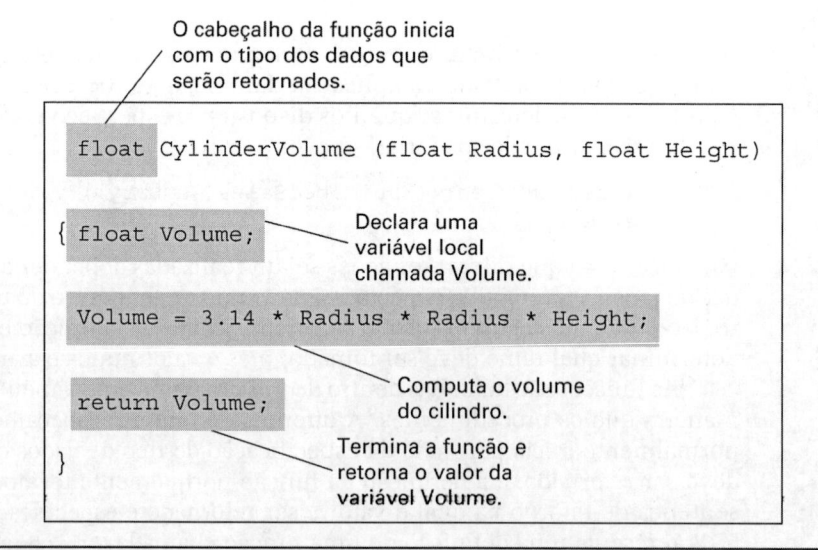

O cabeçalho da função inicia com o tipo dos dados que serão retornados.

```
float CylinderVolume (float Radius, float Height)
{ float Volume;           Declara uma
                          variável local
                          chamada Volume.
  Volume = 3.14 * Radius * Radius * Height;
  return Volume;
                          Computa o volume
                          do cilindro.
}
                          Termina a função e
                          retorna o valor da
                          variável Volume.
```

Figura 6.12 Função CylinderVolume escrita na linguagem de programação C.

Questões e exercícios

1. O que significa o "escopo" de uma variável?
2. Qual é a diferença entre um procedimento e uma função?
3. Por que muitas linguagens de programação implementam operações de E/S como se elas fossem chamadas a procedimentos?
4. Qual é a diferença entre um parâmetro formal e um parâmetro real?
5. Quando escrevem em linguagens de programação modernas, os programadores tendem a usar verbos para nomes de procedimentos e substantivos para nomes de funções. Por quê?

6.4 Implementação de linguagens

Nesta seção, investigamos o processo de converter um programa escrito em uma linguagem de alto nível para um formato de máquina executável.

O processo de tradução

O processo de converter um programa de uma linguagem para outra é chamado de **tradução**. O programa em sua forma original é o **programa fonte**; a versão traduzida é o **programa objeto**. O processo de tradução consiste em três atividades – **análise léxica**, **análise sintática** e **geração de código** –, realizadas por unidades do tradutor conhecidas como analisador léxico, analisador sintático (ou *parser*) e gerador de código (Figura 6.13).

A análise léxica é o processo de reconhecer quais cadeias de símbolos do programa fonte representam uma única entidade ou *token*. Por exemplo, os três símbolos 153 não devem ser interpretados como um 1, um 5 e um 3, mas devem ser reconhecidos como representando um único valor numérico. De maneira similar, uma palavra que aparece em um programa, apesar de ser compostas de símbolos individuais, deve ser interpretada como uma única unidade. A maioria dos humanos realiza uma análise léxica com pouco esforço de consciência. Quando solicitados para que leiamos, pronunciamos palavras ao invés de caracteres individuais.

Então, o analisador léxico lê o programa fonte símbolo a símbolo, identifica quais grupos de símbolos representam *tokens* e os classifica de acordo com sua categoria, ou seja, se são valores numéricos, palavras, operadores aritméticos e assim por diante. O analisador léxico codifica cada *token* em sua classificação e os repassa para o analisador sintático. Durante esse processo, o analisador léxico ignora todas as sentenças de comentário.

Programa fonte → Analisador léxico → *tokens* → Analisador sintático → árvores de análise sintática → Gerador de código → Programa objeto

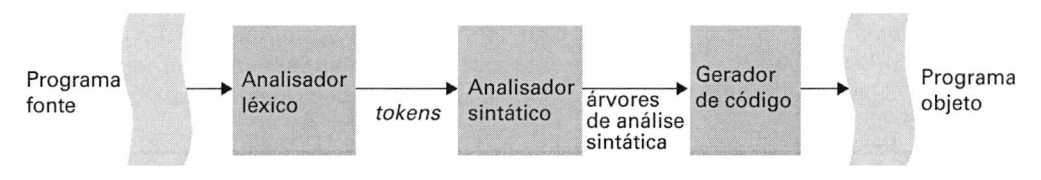

Figura 6.13 Processo de tradução.

Então, o analisador sintático vê o programa em termos de suas unidades léxicas (*tokens*) em vez de em termos de símbolos individuais. É trabalho do analisador sintático agrupar essas unidades em sentenças. Na verdade, analisar sintaticamente é o processo de identificar a estrutura sintática do programa e reconhecer o papel de cada componente. São as tecnicalidades da análise sintática que fazem com que alguém hesite ao ler a sentença em inglês

*The man the horse that won the race threw was not hurt.**

(Tente esta outra: *"That that is is. That that is not is not. That that is not is not that that is!"***).

Para simplificar o processo de análise sintática, as primeiras linguagens de programação insistiam que cada sentença de programa estivesse posicionada de uma maneira específica na página impressa. Tais linguagens eram conhecidas como **linguagens de formato fixo**. Atualmente, a maioria das linguagens de programação é formada por **linguagens de formato livre**, o que significa que o posicionamento das sentenças não é decisivo. A vantagem das linguagens de formato livre está na habilidade de organizar o programa escrito de uma maneira que melhore a legibilidade do ponto de vista humano. Nestes casos, é comum usar identação para auxiliar a ajudar o leitor a capturar a estrutura de uma sentença. Ao invés de escrever

```
if Cost < CashOnHand then pagar com dinheiro else usar
cartão de crédito
```

um programador poderia escrever

```
if Cost < CashOnHand
   then pagar com dinheiro
   else usar cartão de crédito
```

Para que uma máquina analise sintaticamente um programa escrito em uma linguagem de formato livre, a sintaxe da linguagem deve ser projetada de forma que a estrutura de um programa possa ser identificada independentemente da pontuação usada no programa fonte. Para esse fim, a maioria das linguagens de formato livre usa sinais de pontuação, como ponto e vírgula, para marcar o final de sentenças, assim como **palavras-chave** como if, then e else (se, então, senão, respectivamente) para marcar o início de frases individuais. Essas palavras chave são frequentemente **palavras reservadas**, o que faz com que elas não possam ser usadas pelo programador para outros propósitos dentro do programa.

O processo de análise sintática é baseado em um conjunto de regras que definem a sintaxe da linguagem de programação. Coletivamente, essas regras são chamadas de **gramática**. Uma maneira de expressar tais regras é por meio de **diagramas de sintaxe**, representações por meio de figuras da estrutura gramática de uma gramática. A Figura 6.14 mostra um diagrama de sintaxe da sentença se-então-senão de nosso pseudocódigo do Capítulo 5. Esse diagrama indica que uma estrutura se-então-senão inicia com a palavra se, seguida por uma *Expressão booleana*, seguida pela palavra então,

---

* N. de T.: O homem o cavalo que ganhou a corrida lançou não se feriu.
** N. de T.: Isso é o que é. Isso não é o que não é. Isso o que não é não é o que é!

Python

Python é uma linguagem de programação criada por Guido van Rossum no final dos anos 1980. Atualmente, ela é popular no desenvolvimento de aplicações Web, na computação científica e como uma linguagem introdutória para estudantes. Python enfatiza a legibilidade e inclui elementos dos paradigmas de programação imperativo, orientado a objetos e funcional. Python também é um exemplo de uma linguagem moderna, que usa uma forma de formatação fixa. Ela usa identação para denotar blocos de programas, no lugar de sinais de pontuação ou palavras reservadas.

seguida por uma *Sentença*. Essa combinação pode ou não ser seguida pela palavra **senão** e uma *Sentença*. Note que os termos que de fato aparecem em uma sentença se-então-senão são envoltos em elipses, enquanto que os termos que requerem descrições adicionais, como *Expressão booleana* e *Sentença*, estão envoltos em retângulos. Termos que requerem descrições adicionais (aqueles nos retângulos) são chamados de **não terminais**; termos que aparecem em elipses são chamados de **terminais**. Em uma descrição completa da sintaxe de uma linguagem, os não terminais são descritos por diagramas adicionais.

Como um exemplo mais completo, a Figura 6.15 apresenta um conjunto de diagramas de sintaxe que descreve a sintaxe de uma estrutura chamada *Expressão*, que pretende ser a estrutura de expressões aritméticas simples. O primeiro diagrama descreve uma *Expressão* formada por um *Termo* que pode ou não ser seguido de um símbolo + ou −, seguido por outra *Expressão*. O segundo diagrama descreve um *Termo* como sendo formado por um único *Fator* ou por um *Fator* seguido de um símbolo × ou ÷, seguido por outro *Termo*. Por fim, o último diagrama descreve um *Fator* como um dos símbolos x, y ou z.

A maneira como uma cadeia específica está em conformidade com um conjunto de diagramas de sintaxe pode ser representada na forma de uma figura por uma **árvore de análise sintática**, como demonstrado na Figura 6.16, que representa uma árvore de análise sintática para a cadeia

x + y × z

baseada no conjunto de diagramas da Figura 6.15. Note que a árvore inicia no topo com o não terminal *Expressão* e, a cada nível, mostra como os não terminais nesse nível são decompostos até que os símbolos na cadeia propriamente dita sejam obtidos. Em particular, a figura mostra que (de acordo com o primeiro diagrama na Figura 6.15) uma *Expressão* pode ser decom-

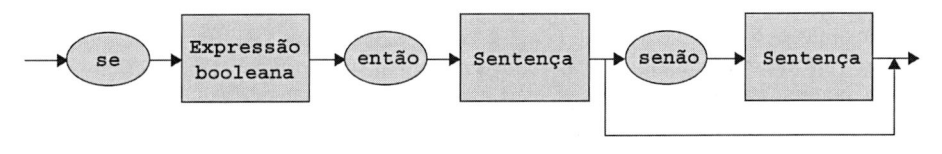

Figura 6.14 Diagrama de sintaxe de nossa sentença de pseudocódigo se-então--senão.

Expressão

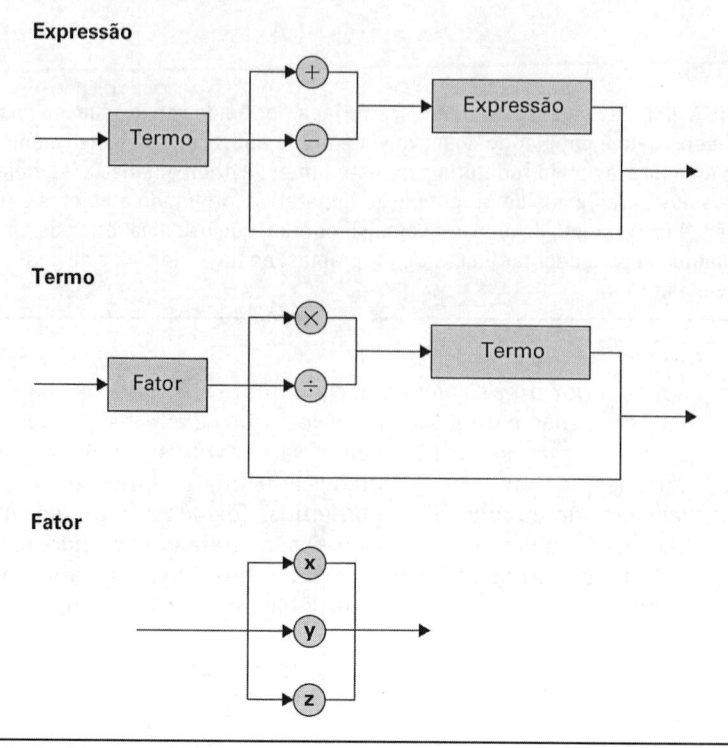

Termo

Fator

Figura 6.15 Diagramas de sintaxe descrevendo a estrutura de uma expressão algébrica simples.

Implementação de Java e C#

Em alguns casos, como no controle de uma página Web animada, um aplicativo de software precisa ser transferido pela Internet e executado em uma máquina distante. Se esse aplicativo for fornecido na forma de programa fonte, ocorrerão demoras adicionais no destino, pois o aplicativo precisará ser traduzido para a linguagem de máquina apropriada para ser executado. No entanto, fornecer o aplicativo em linguagem de máquina significaria que uma versão diferente do aplicativo teria de ser fornecida, dependendo da linguagem de máquina usada pelo computador distante.

A Sun Microsystems e a Microsoft resolveram esse problema com o projeto de "linguagens de máquina universais" (chamada de bytecode, no caso de Java, e de .NET Common Intermediate Language – Linguagem de Máquina Intermediária Comum do .NET) para as quais os programas fonte podem ser traduzidos. Apesar de essas linguagens não serem realmente linguagens de máquina, elas são projetadas para serem rapidamente traduzíveis. Então, se um aplicativo escrito em Java ou em C# for traduzido para a "linguagem de máquina universal", ele pode ser transferido para outras máquinas na Internet nas quais pode ser executado eficientemente. Em alguns casos, essa execução é realizada por um interpretador. Em outros casos, esse código na linguagem de máquina universal é rapidamente traduzido antes da execução, processo conhecido como *compilação just-in-time*.

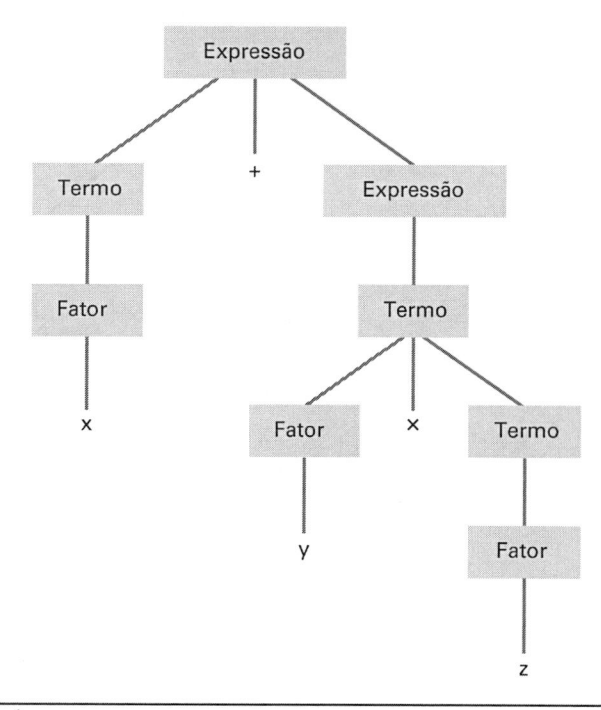

[Árvore de análise sintática: Expressão → Termo + Expressão; Termo → Fator → x; Expressão → Termo → Fator × Termo; Fator → y; Termo → Fator → z]

Figura 6.16 Árvore de análise sintática para a cadeia x + y x z baseada nos diagramas de sintaxe da Figura 6.15.

posta como um *Termo*, seguido do símbolo +, seguido de uma *Expressão*. Por sua vez, o *Termo* pode ser decomposto (usando o segundo diagrama na Figura 6.15) como um *Fator* (que, por sua vez, acaba sendo o símbolo x), e a *Expressão* final pode ser decomposta (usando o terceiro diagrama na Figura 6.15) como um *Termo* (que acaba sendo y × z).

O processo de analisar sintaticamente um programa é, essencialmente, o processo de construir uma árvore de análise sintática para o programa fonte. Na verdade, uma árvore de análise sintática representa a interpretação do analisador sintático da composição gramatical do programa. Por essa razão, as regras de sintaxe que descrevem a estrutura gramatical de um programa não podem permitir duas árvores de análise sintática distintas para uma mesma cadeia, pois isso levaria ambiguidades para dentro do analisador sintático. Uma gramática que permita duas árvores de análise sintática distintas para uma cadeia é chamada de **gramática ambígua**.

Ambiguidades em gramáticas podem ser bastante sutis. Na verdade, a regra na Figura 6.1 contém tal falha. Ela permite ambas as árvores de análise sintática da Figura 6.17 para a sentença única

se *B1* **então se** *B2* **então** *S1* **senão** *S2*

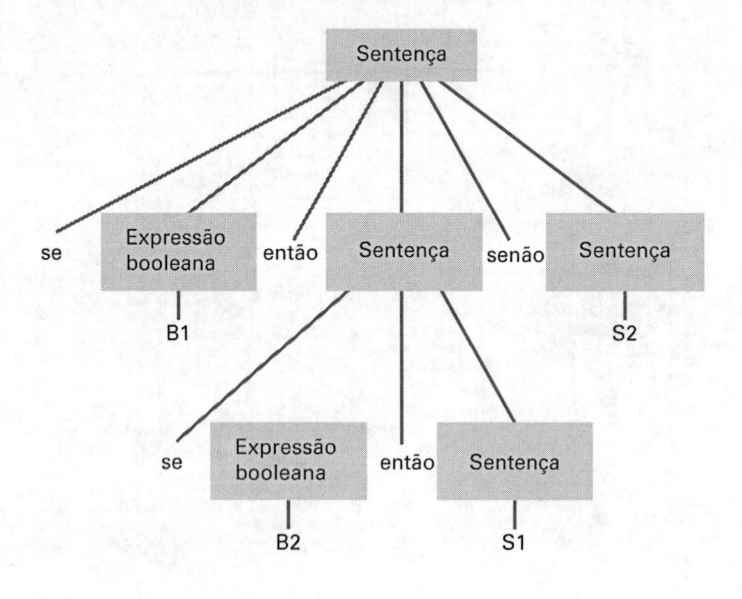

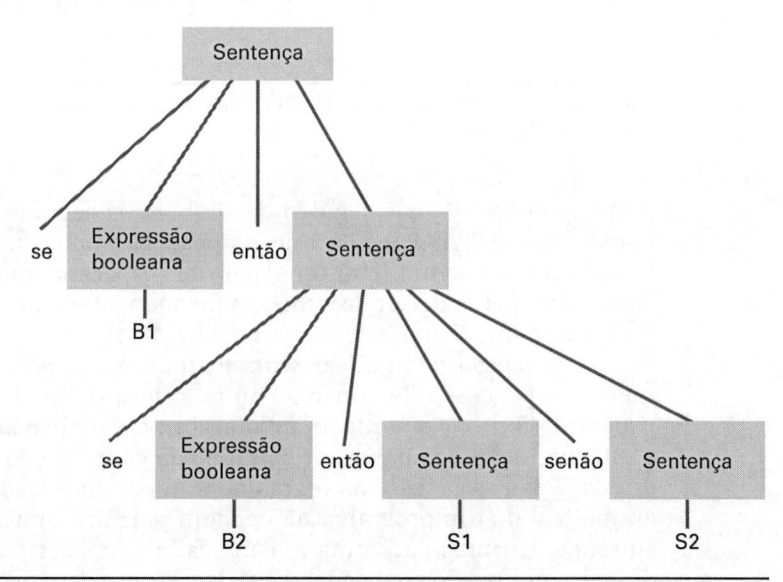

Figura 6.17 Duas árvores de análise sintática distintas para a sentença se B1 então se B2 então S1 senão S2.

Note que essas interpretações são significativamente diferentes. A primeira implica que a sentença *S2* deve ser executada se *B1* for falsa; a segunda implica que *S2* deve ser executada se *B1* for verdadeira e *B2* for falsa.

As definições de sintaxe de linguagens de programação formais são projetadas para evitar tais ambiguidades. Em nosso pseudocódigo, evitamos tais problemas usando parênteses. Em particular, poderíamos escrever

se *B1*
    então (**se** *B2* **então** *S1*)
    senão *S2*

e

se *B1*
    então (**se** *B2* **então** *S1*
             senão *S2*)

para distinguir entre as duas interpretações possíveis.

À medida que um analisador sintático analisa a estrutura gramatical de um programa, ele é capaz de identificar sentenças individuais e distinguir entre sentenças declarativas e sentenças imperativas. À medida que ele reconhece as sentenças declarativas, ele grava a informação sendo declarada em uma tabela chamada **tabela de símbolos**. Então, a tabela de símbolos contém informações como os nomes das variáveis que aparecem no programa e tipos de dados e estruturas de dados associados a essas variáveis. O analisador sintático, então, usa essa informação quando está analisando sentenças imperativas tais como

$z \leftarrow x + y;$

Em particular, para determinar o significado do símbolo +, o analisador sintático deve saber o tipo de dados associado a x e y. Se x for do tipo ponto flutuante e y for do tipo caractere, então adicionar x a y faz pouco sentido e deve ser relatado como erro. Se tanto x quanto y forem do tipo inteiro, então o analisador sintático requereria que o gerador de código construísse uma instrução em linguagem de máquina usando o op-code de adição de inteiros da máquina; se ambos forem do tipo de ponto flutuante, o analisador sintático requereria que o op-code de adição de ponto flutuante fosse usado; ou se ambos forem do tipo caractere, o analisador sintático poderia solicitar que o gerador de código construísse a sequência de instruções de máquina necessárias para realizar a operação de concatenação.

Um caso especial ocorre se x for do tipo inteiro e y for do tipo ponto flutuante. Então, o conceito de adição é aplicável, mas os valores não estão codificados de maneira compatível. Neste caso, o analisador sintático poderia escolher pedir ao gerador de código que construa instruções para converter um valor para o outro tipo e, então, realizar a adição. Tal conversão implícita entre tipos é chamada de **coerção**.

A coerção é vista com maus olhos por muitos projetistas de linguagem, pois a conversão de tipos implícita nela pode alterar o valor de um item de dados, resultando em erros sutis em programas. Eles argumentam que a necessidade de coerção normalmente indica uma falha no projeto do programa e, logo, não deve ser acomodada pelo analisador sintático. O resultado é que a maioria das linguagens modernas é **fortemente tipada**, o que significa que todas as atividades solicitadas por um programa devem envolver tipos compatíveis. Algumas linguagens, como Java, permitirão a coerção, desde que ela seja uma **promoção de tipo**, isto é, que ela envolva converter um valor de menor precisão para um valor de maior precisão. Coerções implícitas que podem alterar um valor são relatadas como erros. Na maioria dos casos, um programador ainda pode solicitar que essas conversões de tipo ocorram por meio de uma **conversão de tipos explícita**, que notifica o compilador de que o programador está ciente que uma conversão de tipos será aplicada.

A atividade final no processo de tradução é a geração de código, que é o processo de construir as instruções de linguagem de máquina para implementar as sentenças reconhecidas pelo analisador sintático. Esse processo envolve diversas questões, e uma delas é a produção de versões eficientes dos programas em linguagem de máquina. Por exemplo, considere a tarefa de traduzir a sequência de duas sentenças

```
x ← y + z;
w ← x + z;
```

Se essas sentenças forem traduzidas como sentenças individuais, cada uma delas requereria que os dados fossem transferidos da memória principal para a CPU antes de a adição indicada ocorrer. Entretanto, pode-se ganhar eficiência reconhecendo que, uma vez que a primeira sentença tenha sido executada, os valores de x e de z já estarão nos registradores de propósito geral da CPU e, logo, não precisam ser carregados da memória antes de realizar a segunda adição. Implementar ideias como essas compõe a chamada **otimização de código**, tarefa importante do gerador de código.

Por fim, devemos notar que os passos de análise léxica, análise sintática e geração de código não são conduzidos em uma ordem estritamente sequencial. Ao invés disso, essas atividades são entrelaçadas. O analisador léxico inicia lendo caracteres do programa fonte e identificando o primeiro *token*. Ele passa esse *token* para o analisador sintático. Cada vez que o analisador sintático recebe um *token* do analisador léxico, ele analisa a estrutura gramatical que está sendo lida. Neste ponto, ele pode requisitar outro *token* do analisador léxico ou, se o analisador sintático reconhecer que uma frase ou sentença completa foi lida, ele chama o gerador de código para produzir as instruções de máquina apropriadas. Cada uma destas requisições faz com

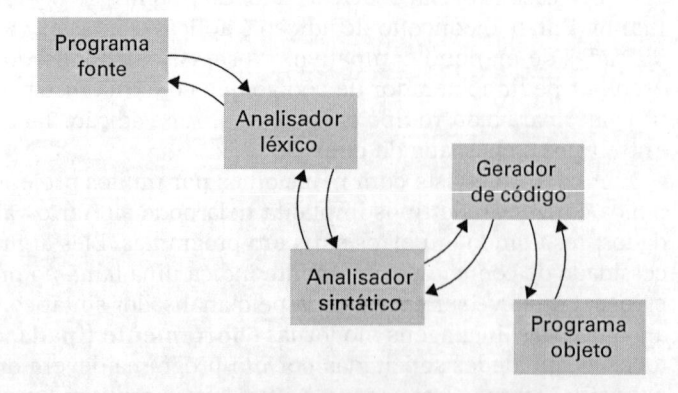

Figura 6.18 Abordagem orientada a objetos para o processo de tradução.

que o gerador de código construa instruções de máquina que são adicionadas ao programa objeto. Por sua vez, a tarefa de traduzir um programa de uma linguagem para outra está naturalmente em conformidade com o paradigma orientado a objetos. O programa fonte, o analisador léxico, o analisador sintático, o gerador de código e o programa objeto são objetos que interagem por meio do envio de mensagem entre os objetos à medida que cada objeto executa suas tarefas (Figura 6.18).

Pacotes de desenvolvimento de software

As ferramentas de software, como editores e tradutores, usadas no processo de desenvolvimento de software são frequentemente agrupadas em um pacote que funciona como um sistema integrado de desenvolvimento de software. Tal sistema seria classificado como um aplicativo de software no esquema de classificação da Seção 3.2. Ao usar esse pacote aplicativo, um programador ganha pronto acesso a um editor para escrever programas, a um tradutor para converter os programas em linguagem de máquina e a uma variedade de ferramentas de depuração que permitem que o programador acompanhe a execução de um programa que não está funcionando corretamente para localizar onde ocorreu a perda do controle.

As vantagens de usar tal sistema integrado são várias. Talvez a mais óbvia delas seja que um programador pode mover-se do editor para as ferramentas de depuração com facilidade, à medida que mudanças no programa são feitas e testadas. Além disso, muitos pacotes de desenvolvimento de software permitem que unidades de programa relacionadas que estejam em desenvolvimento sejam lidadas de maneira tal que o acesso a unidades relacionadas seja simplificado. Tais pacotes mantêm registros relacionados a quais unidades de programa dentro de um grupo de unidades relacionadas foram alteradas desde que a última *benchmark* foi criada. Tais capacidades são bastante vantajosas no desenvolvimento de grandes sistemas de software nos quais muitas unidades inter-relacionadas são desenvolvidas por diferentes programadores.

Em uma escala menor, os editores em pacotes de desenvolvimento de software são frequentemente customizados para a linguagem de programação que está sendo usada. Um editor normalmente fará a identação automática de linhas, que é o padrão com que trabalha a linguagem alvo e, em alguns casos, poderá reconhecer e automaticamente completar palavras-chave após o programador ter digitado apenas alguns caracteres. Além disso, o editor pode realçar palavras-chave dentro dos programas fonte (talvez com cores), de forma que elas se destaquem, tornando os programas mais fáceis de serem lidos.

No próximo capítulo, aprenderemos que os desenvolvedores de software estão, cada vez mais, buscando maneiras como novos sistemas de software possam ser construídos a partir de blocos pré-fabricados, chamados de componentes – levando a um novo modelo de desenvolvimento de software chamado de arquitetura de componentes. Pacotes de desenvolvimento de software baseados no modelo arquitetural de componentes frequentemente usam interfaces gráficas por meio das quais os componentes possam ser representados como ícones na tela. Nesta configuração, um programador (ou um montador de componentes) seleciona os componentes desejados com um mouse. Um componente selecionado pode ser, então, customizado utilizando-se um editor do pacote e anexado a outros componentes apontando e clicando com o mouse. Tais pacotes representam um grande passo em direção à busca por melhores ferramentas de desenvolvimento de software.

Questões e exercícios

1. Descreva os três principais passos no processo de tradução.
2. O que é uma tabela de símbolos?
3. Qual é a diferença entre um terminal e um não terminal?
4. Desenhe a árvore de análise sintática para a expressão

    x × y + x + z

    baseado nos diagramas de sintaxe na Figura 6.15.
5. Descreva as cadeias de caracteres que estão em conformidade com a estrutura Chacha de acordo com os seguintes diagramas de sintaxe.

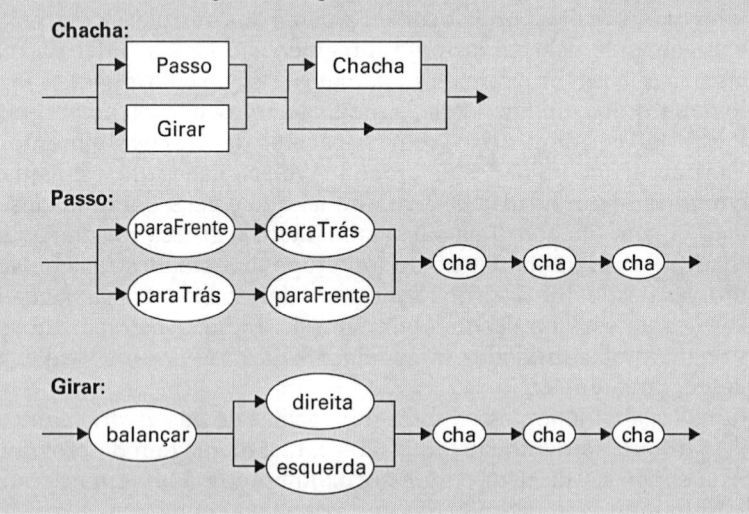

6.5 Programação orientada a objetos

Na Seção 6.1, aprendemos que o paradigma orientado a objetos envolve o desenvolvimento de unidades de programa ativas chamadas de **objetos**, e que cada um deles contém procedimentos que descrevem como esses objetos devem responder a estímulos variados. A abordagem orientada a objetos a um problema é identificar os objetos envolvidos e descrevê-los como unidades autocontidas. Por sua vez, as linguagens de programação orientadas a objetos fornecem sentenças para descrever objetos e seus comportamentos. Nesta seção, apresentaremos algumas dessas sentenças conforme elas aparecem nas linguagens C++, Java e C#, três das linguagens orientadas a objetos mais proeminentes em uso atualmente.

Classes e objetos

Considere a tarefa de desenvolver um jogo de computador simples no qual o jogador deve proteger a Terra de meteoros que estão caindo atirando neles com lasers de alta energia. Cada laser contém uma fonte de energia finita, que é parcialmente consumida a cada vez que o laser é disparado. Uma vez que essa fonte tenha se esgotado, o laser torna-se inútil. Cada laser deve ser capaz de responder aos comandos de mirar mais para a direita, mais para a esquerda e de atirar seu feixe de laser.

No paradigma orientado a objetos, cada laser no jogo de computador seria implementado como um objeto que contém um registro de sua energia remanescente e procedimentos para modificar sua mira e disparar seu feixe de laser. Já que todos os objetos de laser possuem as mesmas propriedades, eles podem ser descritos por meio de um modelo comum. No paradigma orientado a objetos, um modelo para uma coleção de objetos é chamado de **classe**.

No Capítulo 8, exploraremos as similaridades entre classes e tipos de dados. Por enquanto, simplesmente tomamos nota de que uma classe descreve as características comuns de uma coleção de objetos, praticamente da mesma maneira que o conceito do tipo de dados dos números inteiros envolve as características comuns de números como 1, 5 e 82. Uma vez que um programador tenha incluído a descrição de uma classe em um programa, esse modelo pode ser usado para construir e para manipular objetos de determinado "tipo" praticamente da mesma maneira como o tipo primitivo inteiro permite a manipulação de "objetos" do tipo inteiro.

Nas linguagens C++, Java e C#, uma classe é descrita por uma sentença no formato

```
class Nome
{
    .
    .
    .
}
```

onde Nome é o nome pelo qual a classe pode ser referenciada em outras partes do programa. É dentro das chaves que as propriedades da classe são descritas. Em particular, uma classe chamada LaserClass descrevendo a estrutura de um laser em nosso jogo de computador é mostrada na Figura 6.19. A classe consiste na declaração de uma variável chamada RemainingPower (energia restante, do tipo inteiro) e em três procedimentos chamados turnRight, turnLeft e fire (virar à direita, virar à esquerda e disparar, respectivamente). Esses procedimentos descrevem as rotinas a serem realizadas para cumprir a ação correspondente. Então, qualquer objeto que seja construído a partir desse modelo terá esses recursos: uma variável chamada RemainingPower e três procedimentos chamados turnRight, turnLeft e fire.

Uma variável que reside dentro de um objeto, como RemainingPower é chamada de uma **variável de instância**, e os procedimentos dentro de um objeto são chamados de **métodos** (ou funções-membro, no vernáculo de C++). Note que, na Figura 6.19, a variável de instância RemainingPower é descrita

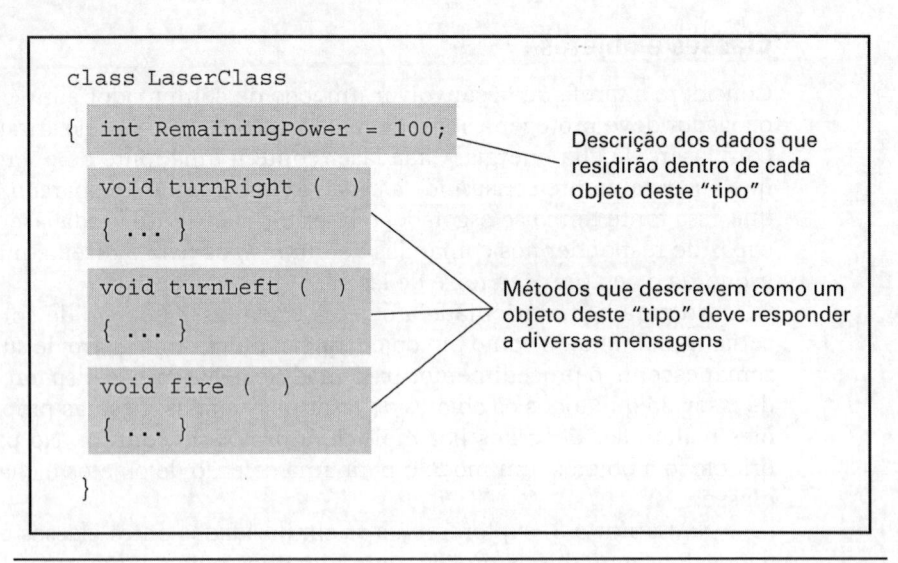

```
class LaserClass
{   int RemainingPower = 100;

    void turnRight ( )
    { ... }

    void turnLeft ( )
    { ... }

    void fire ( )
    { ... }
}
```

Descrição dos dados que residirão dentro de cada objeto deste "tipo"

Métodos que descrevem como um objeto deste "tipo" deve responder a diversas mensagens

Figura 6.19 Estrutura de uma classe que descreve uma arma de laser em um jogo de computador.

usando uma sentença de declaração similar às discutidas na Seção 6.2, e os métodos são descritos em um formato que lembra os procedimentos e funções discutidos na Seção 6.3. Afinal, declarações de variáveis de instância e descrições de métodos são basicamente conceitos de programação imperativa.

Uma vez que tenhamos descrito a classe LaserClass em nosso programa de jogo, podemos declarar três variáveis Laser1, Laser2 e Laser3, como sendo do "tipo" LaserClass com uma sentença na seguinte forma

```
LaserClass Laser1, Laser2, Laser3;
```

Note que esse é o mesmo formato da sentença

```
int x, y, z;
```

que teria sido usada para declarar três variáveis chamadas de x, y e z do tipo inteiro, como aprendemos anteriormente na Seção 6.2. Ambas consistem no nome de um "tipo" seguido por uma lista de variáveis sendo declaradas. A diferença é que a última sentença diz que as variáveis x, y e z serão usadas no programa para se referir a itens do tipo inteiro (que é um tipo primitivo), enquanto que a sentença anterior se referia a itens do "tipo" LaserClass (que é um "tipo" definido dentro do programa).

Uma vez que tenhamos declarado as variáveis Laser1, Laser2 e Laser3 como sendo do "tipo" LaserClass, podemos atribuir valores a elas. Neste caso, os valores devem ser objetos que estejam em conformidade com o "tipo" LaserClass. Essas atribuições podem ser feitas por meio de sentenças de atribuição, mas muitas vezes é conveniente atribuir valores iniciais às variáveis dentro das mesmas sentenças de declaração usadas para declarar as variáveis. Tais atribuições iniciais são feitas automaticamente, no caso de declarações na linguagem C++. Ou seja, a sentença

```
LaserClass Laser1, Laser2, Laser3;
```

não apenas estabelece as variáveis `Laser1`, `Laser2` e `Laser3`, mas também cria três objetos do "tipo" `LaserClass`, um como o valor de cada variável. Nas linguagens Java e C#, tais atribuições iniciais são instigadas praticamente da mesma maneira pela qual as atribuições iniciais são feitas às variáveis de tipos primitivos. Em particular, enquanto a sentença

```
int x = 3;
```

não apenas declara x como sendo uma variável do tipo inteiro, mas também atribui o valor três para a variável, a sentença

```
LaserClass Laser1 = new LaserClass();
```

declara a variável `Laser1` como sendo do "tipo" `LaserClass` e também cria um novo objeto usando o modelo `LaserClass` e atribui esse objeto como o valor inicial de `Laser1`.

Neste ponto, devemos fazer uma pausa para enfatizar a distinção entre uma classe e um objeto. Uma classe é um modelo a partir do qual objetos são construídos. Uma classe pode ser usada para criar diversos objetos. Frequentemente, referimo-nos a um objeto como uma **instância** da classe a partir da qual ele foi construído. Então, em nosso jogo de computador, `Laser1`, `Laser2` e `Laser3` são variáveis cujos valores são instâncias da classe `LaserClass`.

Após usar sentenças declarativas para criar as variáveis `Laser1`, `Laser2` e `Laser3` e atribuir objetos a elas, podemos continuar nosso programa de jogo escrevendo sentenças imperativas que ativem os métodos apropriados dentro desses objetos (no vernáculo da orientação a objetos, isso é chamado de enviar mensagens aos objetos). Em particular, podemos fazer com que o objeto atribuído à variável `Laser1` execute seu método `fire` (disparar) usando a sentença

```
Laser1.fire();
```

Ou poderíamos fazer com que o objeto atribuído a `Laser2` executasse seu método `turnLeft` (virar à esquerda) por meio da sentença

```
Laser2.turnLeft();
```

Elas são, na verdade, pouco mais que chamadas a procedimentos. De fato, a primeira sentença é uma chamada ao procedimento (o método) `fire` dentro do objeto atribuído à variável `Laser1`, e a segunda sentença é uma chamada ao procedimento `turnLeft` dentro do objeto atribuído à variável `Laser2`.

Neste estágio, nosso exemplo do jogo de meteoros nos deu a bagagem para entender a estrutura geral de um programa orientado a objetos típico (Figura 6.20). Ele conterá uma variedade de descrições de classes similares à da Figura 6.19, cada uma delas descrevendo a estrutura de um ou mais objetos usados no programa. Além disso, o programa conterá um segmento de programa imperativo (normalmente associado ao nome "main") contendo a sequência de passos a ser realizada inicialmente, quando o programa for executado. Esse segmento conterá sentenças de declarações similares às nossas declarações de lasers para estabelecer os objetos usados no programa, assim como sentenças imperativas que pedem a execução de métodos dentro desses objetos.

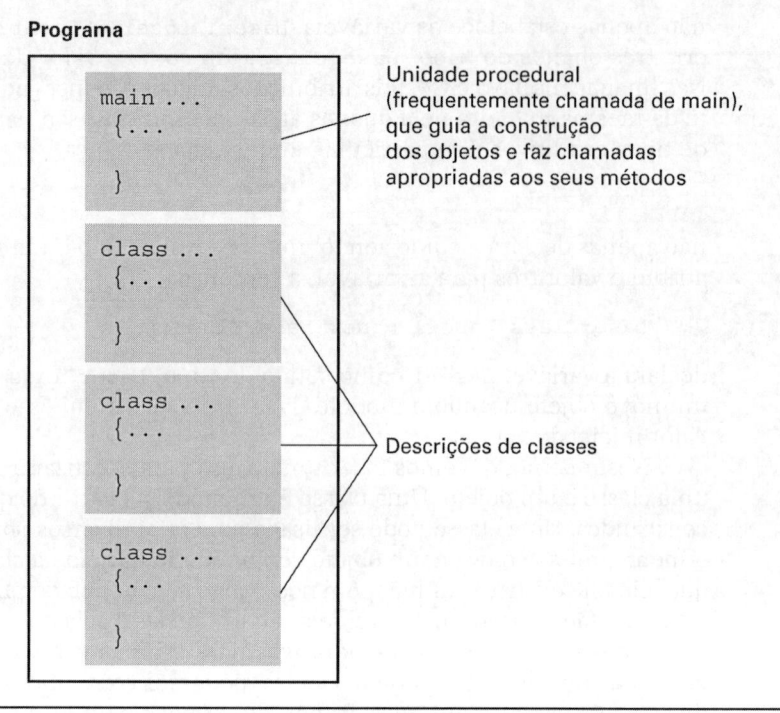

```
Programa
┌─────────────────────┐
│  ┌───────────────┐  │     Unidade procedural
│  │ main ...      │──┼──── (frequentemente chamada de main),
│  │ {...          │  │     que guia a construção
│  │               │  │     dos objetos e faz chamadas
│  │ }             │  │     apropriadas aos seus métodos
│  └───────────────┘  │
│  ┌───────────────┐  │
│  │ class ...     │  │
│  │ {...          │  │
│  │               │  │
│  │ }             │  │
│  └───────────────┘  │
│  ┌───────────────┐  │
│  │ class ...     │  │
│  │ {...          │──┼──── Descrições de classes
│  │               │  │
│  │ }             │  │
│  └───────────────┘  │
│  ┌───────────────┐  │
│  │ class ...     │  │
│  │ {...          │  │
│  │               │  │
│  │ }             │  │
│  └───────────────┘  │
└─────────────────────┘
```

Figura 6.20 Estrutura de um programa orientado a objetos típico.

Construtores

Quando um objeto é construído, frequentemente precisamos realizar algumas atividades de customização. Por exemplo, em nosso jogo de computador de meteoros, poderíamos querer que diferentes lasers tivessem diferentes configurações de energia, o que poderia significar que as variáveis de instância chamadas RemainingPower dentro dos vários objetos deveriam receber diferentes valores iniciais. Tais necessidades de inicialização são tratadas pelos métodos especiais de definição, chamados de **construtores**, dentro da classe apropriada. Os construtores são executados automaticamente quando um objeto é construído a partir de uma classe. Um construtor é identificado dentro de uma definição de classe pelo fato de ser um método com o mesmo nome da classe.

A Figura 6.21 apresenta uma extensão da definição de LaserClass originalmente mostrada na Figura 6.19. Note que ela contém um construtor na forma de um método chamado LaserClass. Esse método atribui à variável RemainingPower o valor que ele recebe como seu parâmetro. Então, quando um objeto é construído a partir dessa classe, esse método será executado, fazendo com que RemainingPower seja inicializada com a configuração apropriada.

Os parâmetros reais a serem usados por um construtor são identificados em uma lista de parâmetros na sentença que causa a criação do objeto. Então, baseado na definição de classe na Figura 6.21, um programador C++ escreveria

```
LaserClass Laser1(50), Laser2(100);
```

```
class LaserClass
{ int RemainingPower;

  LaserClass (InitialPower)
  { RemainingPower = InitialPower;
  }

  void turnRight ( )
  { ... }

  void turnLeft ( )
  { ... }

  void fire ( )
  { ... }
}
```

O construtor atribui um valor a RemainingPower quando um objeto é criado.

Figura 6.21 Classe com um construtor.

para criar dois objetos do tipo `LaserClass` – um conhecido como `Laser1`, com uma reserva inicial de energia de 50, e o outro conhecido como `Laser2`, com uma reserva inicial de energia de 100. Programadores Java e C# realizariam a mesma tarefa com as sentenças

```
LaserClass Laser1 = new LaserClass(50);
LaserClass Laser2 = new LaserClass(100);
```

Recursos adicionais

Vamos supor agora que queremos aprimorar nosso jogo de computador dos meteoros de forma que um jogador que alcance certa pontuação seja recompensado com a recarga de alguns de seus lasers de volta à sua configuração de energia original.

Para simplificar a descrição de objetos com características similares, embora diferentes, as linguagens orientadas a objetos permitem que uma classe englobe as propriedades de outra por meio de uma técnica conhecida como **herança**. Como exemplo, suponha que estivéssemos usando Java para desenvolver o programa do nosso jogo. Poderíamos, primeiro, usar a sentença de classe descrita previamente para definir uma classe chamada de `LaserClass`, que descreveria essas propriedades comuns a todos os lasers no programa. Então, poderíamos usar a sentença

```
class RechargeableLaser extends LaserClass
{
    .
    .
    .
}
```

para descrever outra classe chamada de `RechargeableLaser`. (Programadores C++ e C# simplesmente substituiriam a palavra `extends` – estende – por dois pontos.) Aqui, a cláusula de extensão indica que essa classe herda os recursos da classe `LaserClass`, assim como contém os recursos que aparecem entre chaves. Em nosso caso, essas chaves conteriam um novo método (talvez chamado de `recharge` – recarregar), que descreveria os passos necessários para reinicializar a variável de instância `RemainingPower` ao seu valor original. Uma vez que essas classes tenham sido definidas, poderíamos usar a sentença

```
LaserClass Laser1, Laser2;
```

para declarar `Laser1` e `Laser2` como variáveis que se referem aos lasers tradicionais, e usar a sentença

```
RechargeableLaser Laser3, Laser4;
```

para declarar `Laser3` e `Laser4` como variáveis que se referem a lasers que possuem as propriedades adicionais descritas na classe `RechargeableLaser`.

O uso de herança leva à existência de uma variedade de objetos com características similares, mas diferentes, o que, por sua vez, leva a um fenômeno remanescente da sobrecarga, que vimos na Seção 6.2 (Lembre-se de que a sobrecarga refere-se ao uso de um único símbolo, como +, para representar diferentes operações, dependendo do tipo de seus operandos.) Suponha que um pacote gráfico orientado a objetos consista em uma variedade de objetos, cada um deles representando uma forma (círculo, retângulo, triângulo e assim por diante). Uma imagem específica poderia consistir em uma coleção de tais objetos. Cada objeto "sabe" seu tamanho, posição e cor, assim como sabe responder a mensagens que digam a ele, por exemplo, para que se mova para uma nova posição ou que se desenhe na tela. Para desenhar uma imagem, simplesmente enviamos uma mensagem "desenhe-se" para cada objeto na imagem. Entretanto, a rotina usada para desenhar um objeto varia de acordo com a forma do objeto – desenhar um quadrado não implica no mesmo processo que desenhar um círculo. Essa interpretação customizada de uma mensagem é conhecida como **polimorfismo**; e a mensagem é considerada polimórfica.

Outra característica associada à programação orientada a objetos é o **encapsulamento**, que se refere à restrição de acesso às propriedades internas de um objeto. Dizer que certos recursos de um objeto são *encapsulados* significa que apenas o próprio objeto é capaz de acessá-los. Recursos que são encapsulados são ditos privados. Recursos que são acessíveis por objetos externos são ditos públicos.

Como exemplo, vamos voltar à classe `LaserClass` originalmente mostrada na Figura 6.19. Lembre que ela descrevia uma variável de instância chamada `RemainingPower` e três métodos: `turnRight`, `turnLeft` e `fire`. Esses métodos serão acessados por outras unidades de programa, de forma a fazer com que uma instância de `LaserClass` execute a ação apropriada. Contudo, o valor de `RemainingPower` deve ser alterado apenas pelos métodos internos da instância. Nenhuma outra unidade de programa deve ser capaz de acessar esse valor diretamente. Para garantir que essas regras se-

```
class LaserClass
{private int RemainingPower;

 public LaserClass (InitialPower)
 {RemainingPower = InitialPower;
 }

 public void turnRight ( )
 { ... }

 public void turnLeft ( )
 { ... }

 public void fire ( )
 { ... }
}
```

Componentes na classe são designados como públicos ou privados, dependendo de se devem ser acessíveis a partir de outras unidades de programas.

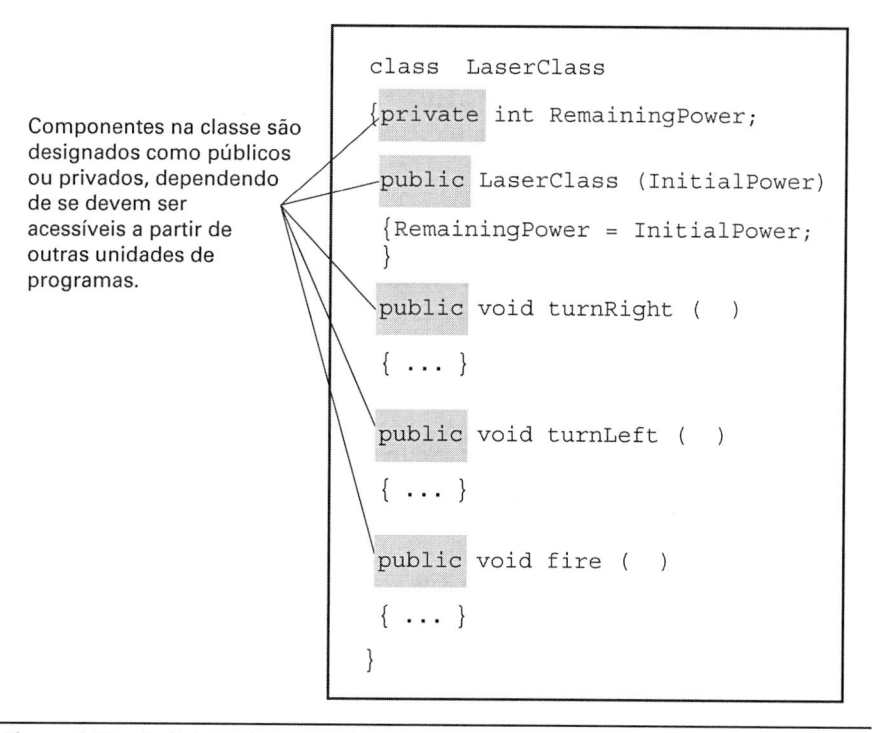

Figura 6.22 Definição da nossa classe `LaserClass` usando encapsulamento como apareceria em um programa Java ou C#.

jam cumpridas, precisamos apenas designar RemainingPower como uma variável de instância privada, e turnRight, turnLeft e fire como métodos públicos, conforme mostrado na Figura 6.22. Com esses designadores inseridos, quaisquer tentativas de acessar o valor de RemainingPower de fora do objeto no qual ele reside serão identificadas como um erro quando o programa for traduzido – forçando o programador a corrigir o problema antes de continuar.

Questões e exercícios

1. Qual é a diferença entre um objeto e uma classe?
2. Que classes de objetos além de `LaserClass` poderiam ser encontradas no exemplo do jogo de computador usado nesta seção? Que variáveis de instância além de `RemainingPower` poderiam ser encontradas na classe `LaserClass`?
3. Suponha que as classes `PartTimeEmployee` (empregado em tempo parcial) e `FullTimeEmployee` (empregado em tempo integral) herdassem as propriedades da classe `Employee` (empregado). Que recursos você poderia esperar encontrar em cada classe?
4. O que é um construtor?
5. Por que alguns itens dentro de uma classe são designados como privados?

*6.6 Programando atividades concorrentes
*6.7 Programação declarativa

O conteúdo destas seções está disponível no site www.grupoa.com.br e pode ser acessado livremente.

Problemas de revisão do capítulo

(Problemas marcados com asterisco relacionam-se às seções disponíveis online, no site www.grupoa.com.br.)

1. O que significa dizer que uma linguagem de programação é independente de máquina?

2. Traduza o seguinte programa em pseudocódigo na linguagem de máquina descrita no Apêndice C.
   ```
   x           ←            0 ;
   enquanto   (x   <   3)   faça
      (x ← x + 1)
   ```

3. Traduza a sentença
   ```
   Halfway ← Length + Width
   ```
   na linguagem de máquina do Apêndice C, assumindo que Length, Width e Halfway sejam todas representadas em notação de ponto flutuante.

4. Traduza a sentença de alto nível
   ```
   se     (X    igual    a    0)
       então   Z  ←  Y  +  W
       else Z ← Y + X
   ```
   na linguagem de máquina do Apêndice C, assumindo que W, X, Y e Z sejam todos valores representados em notação de complemento de dois, cada um usando um byte de memória.

5. Por que foi necessário identificar o tipo de dados associado às variáveis no Problema 4 de forma a traduzir as sentenças? Por que muitas linguagens de programação de alto nível requerem que o programador identifique o tipo de cada variável no início de um programa?

6. Nomeie e descreva quatro diferentes paradigmas de programação.

7. Suponha que a função f espere dois valores numéricos como entrada e retorne o menor dos dois valores como seu valor de saída. Se w, x, y e z representam valores numéricos, qual é o resultado retornado por $f(f(w,x), f(y,z))$?

8. Suponha que f seja uma função que retorne o resultado da inversão de uma cadeia de símbolos dados fornecidos como entrada, e g seja uma função que retorne a concatenação de duas cadeias fornecidas como entrada. Se x é a cadeia *abcd*, o que é retornado por $g(f(x),x)$?

9. Suponha que você vá escrever um programa orientado a objetos para manter seus registros financeiros. Que dados devem ser armazenados dentro do objeto que representa sua conta corrente? A que mensagens esse objeto deve ser capaz de responder? Que outros objetos poderiam ser usados no programa?

10. Resuma a distinção entre uma linguagem de máquina e uma linguagem de montagem.

11. Projete uma linguagem de montagem para a máquina descrita no Apêndice C.

12. O programador John argumenta que a habilidade de declarar constantes dentro de um programa não é necessária, pois variáveis podem ser usadas em seu lugar. Por exemplo, nosso exemplo de AirportAlt na Seção 6.2 poderia ser tratado por meio da declaração de AirportAlt como uma variável e, então, atribuindo-a o valor requerido no início do programa. Por que isso não é tão bom quanto usar uma constante?

13. Resuma a distinção entre sentenças de declaração e sentenças imperativas.

14. Explique as diferenças entre um literal, uma constante e uma variável.

15. a. O que é precedência de operadores?
    b. Dependendo da precedência de operadores, que valores poderiam ser associados à expressão $6 + 2 \times 3$?

16. O que é programação estruturada?

17. Qual é a diferença entre o significado do sinal de "igualdade" na sentença
```
if (X = 5) then ( . . . )
```
em oposição à sentença de atribuição
```
X = 2 + Y
```

18. Desenhe um fluxograma representando a estrutura expressa pela seguinte estrutura para.
```
for (int x = 2; x < 8; ++x)
{ . . . }
```

19. Traduza a seguinte sentença para em um segmento de programa equivalente usando a sentença enquanto em nosso pseudocódigo do Capítulo 5.
```
for (int x = 2; x < 8; ++x)
{ . . . }
```

20. Se você estiver familiarizado com música escrita, analise a notação musical como uma linguagem de programação. Quais são as estruturas de controle? Qual é a sintaxe para inserir comentários nos programas? Que notação musical possui uma semântica similar à sentença para na Figura 6.7?

21. Desenhe um fluxograma representando a estrutura expressa pela seguinte sentença
```
switch           (suit)
  {case  "clubs":    bid(1);
   case  "diamonds": bid(2);
   case  "hearts":   bid(3);
   case  "spades":   bid(4);
  }
```

22. Reescreva o seguinte segmento de programa usando uma única sentença case em vez de sentenças se-então-senão aninhadas.
```
se (W = 5)
  então (Z ← 7)
  senão (se (W = 6)
           então (Y ← 7)
           senão (se (W = 7)
                    então (X ← 7)
                 )
        )
```

23. Resuma a seguinte rotina bagunçada com uma única sentença se-então-senão:
```
se X > 5 então goto 80
X = X + 1
goto 90
80 X = X + 2
90 stop
```

24. Resuma as estruturas de controle básicas encontradas em linguagens imperativas e orientadas a objetos para realizar cada uma das seguintes atividades:

a. Determinar quais comandos devem ser executados a seguir
b. Repetir uma coleção de comandos
c. Modificar um valor de uma variável

25. Resuma a distinção entre um tradutor e um interpretador.

26. Suponha que a variável X em um programa tenha sido declarada como do tipo inteiro. Que erro poderia ocorrer quando executássemos a sentença de programa
```
X ← 2.5
```

27. O que significa dizer que uma linguagem de programação é fortemente tipada?

28. Por que uma grande matriz provavelmente não seria passada para um procedimento por valor?

29. Suponha que o procedimento Modify (modificar) tenha sido definido em nosso pseudocódigo do Capítulo 5 por
```
procedimento Modify (Y)
Y          ←          7;
imprimir o valor de Y.
```
Se os parâmetros são passados por valor, o que será impresso se o seguinte segmento de programa for executado? E se os parâmetros fossem passados por referência?
```
X          ←          5;
aplique o procedimento Modify a X;
imprima o valor de X;
```

30. Suponha que o procedimento Modify (modificar) tenha sido definido em nosso pseudocódigo do Capítulo 5 por
```
procedimento Modify (Y)
Y          ←          9;
imprimir o valor de X;
imprimir o valor de Y.
```
Suponha também que X seja uma variável global. Se os parâmetros são passados por valor, o que será impresso se o seguinte segmento de programa for executado? E se os parâmetros fossem passados por referência?

X ← 5 ;
aplique o procedimento Modify a X;
imprima o valor de X;

31. Algumas vezes, um parâmetro real é passado para um procedimento por meio da produção de uma duplicata a ser usada pelo procedimento (como quando o parâmetro é passado por valor), mas quando o procedimento é completado, o valor na cópia do procedimento é transferido para o parâmetro real antes de o procedimento chamador continuar. Em tais casos, o parâmetro é dito como sendo passado por valor-resultado. O que seria impresso pelo segmento de programa no Problema 30 se os parâmetros fossem passados por valor-resultado?

32. a. Cite uma vantagem da passagem de parâmetros por valor em oposição à passagem deles por referência.
    b. Cite uma vantagem da passagem de parâmetros por referência em oposição à passagem deles por valor.

33. Que ambiguidade existe na sentença

    X ← 3 + 2 × 5

34. Suponha que uma pequena empresa tenha cinco empregados e esteja planejando aumentar o número para seis. Além disso, suponha que um dos programas da empresa contenha as seguintes sentenças de atribuição

    ```
    DailySalary = TotalSal/5;
    AvgSalary = TotalSal/5;
    DailySales = TotalSales/5;
    AvgSales = TotalSales/5;
    ```

    Como a tarefa de atualizar o programa seria simplificada se o programa tivesse originalmente sido escrito usando constantes chamadas NumberOfEmp (número de empregados) e WorkWeek (semana de trabalho) – ambas configuradas com o valor 5 – de forma que as sentenças de atribuição poderiam ser expressas como

    ```
    DailySalary = TotalSal/DaysWk;
    AvgSalary = TotalSal/NumEmpl;
    DailySales = TotalSales/DaysWk;
    AvgSales = TotalSales/NumEmpl;
    ```

35. a. Qual é a distinção entre uma linguagem formal e uma linguagem natural?
    b. Dê um exemplo de cada uma.

36. Desenhe um diagrama de sintaxe representando a estrutura da sentença enquanto no pseudocódigo do Capítulo 5.

37. Projete um conjunto de diagramas de sintaxe para descrever a sintaxe de números de telefone em sua localidade. Por exemplo, nos Estados Unidos, os números de telefone consistem em um código de área, seguido por um código regional, seguido por um número de quatro dígitos, como (444) 555-1234.

38. Projete um conjunto de diagramas de sintaxe para descrever sentenças simples em sua língua nativa.

39. Projete um conjunto de diagramas de sintaxe para descrever diferentes maneiras de representar datas como *mês/dia/ano* ou *mês dia, ano*.

40. Projete um conjunto de diagramas de sintaxe que descreva a estrutura gramática de "sentenças" que sejam formadas por ocorrências da palavra *yes* (sim) seguida pelo mesmo número de palavras *no* (não). Por exemplo, "yes yes no no" seria uma destas sentenças, enquanto "no yes", "yes no no" e "yes no yes" não seriam.

41. Dê um argumento que explique por que um conjunto de diagramas de sintaxe não pode ser projetado de forma a descrever a estrutura gramatical de "sentenças" que consistam em ocorrências da palavra *yes* (sim), seguida pelo mesmo número de ocorrências da palavra *no* (não), seguida pelo mesmo número de ocorrências da palavra *maybe* (talvez). Por exemplo, "yes no maybe" e "yes yes no no maybe maybe" seriam estas sentenças, enquanto "yes maybe", "yes no no maybe maybe" e "maybe no" não seriam.

42. Escreva uma sentença descrevendo a estrutura de uma cadeia como a definida pelo seguinte diagrama de sintaxe. Então, desenhe a árvore de análise sintática para a cadeia xxyxx.

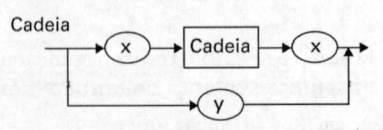

    Cadeia → x → Cadeia → x →
              ↓_____ y _____↑

43. Adicione diagramas de sintaxe aos da Questão 5 da Seção 6.4 para obter um

conjunto de diagrama que definam a estrutura Dança como sendo ou um Chacha ou uma Valsa, no qual uma Valsa consiste em uma ou mais cópias do padrão

para frente diagonal fechar

ou

para trás diagonal fechar

44. Desenhe a árvore de análise sintática para a expressão

x × y + y ÷ x

baseado nos diagramas de sintaxe na Figura 6.15.

45. Que otimização de código seria realizada por um gerador de código quando estivesse construindo o código de máquina representando a sentença

```
se (X = 5) então (Z ← X + 2)
          senão (Z ← X + 4)
```

46. Simplifique o seguinte segmento de programa

```
Y ← 5;
se (Y = 7)
   então (Z ← 8)
   senão (Z ← 9)
```

47. Simplifique o seguinte segmento de programa

```
enquanto (X não é igual a 5) faça
   (X ← 5)
```

48. Em um ambiente de programação orientada a objetos, quais são as semelhanças entre os tipos e as classes? E quais são as diferenças?

49. Descreva como a herança poderia ser usada para desenvolver classes que descrevam vários tipos de construções.

50. Qual a diferença entre as partes públicas e privadas de uma classe?

51. a. Dê um exemplo de uma situação na qual uma variável de instância deva ser privada.

   b. Dê um exemplo de uma situação na qual uma variável de instância deva ser pública.

   c. Dê um exemplo de uma situação na qual um método deva ser privado.

   d. Dê um exemplo de uma situação na qual um método deva ser público.

52. Descreva alguns objetos que poderiam ser encontrados em um programa para simular o tráfego de pedestres na recepção de um hotel. Inclua explicações das ações que alguns dos objetos seriam capazes de realizar.

*53. O que o termo "monitor" significa no contexto de uma linguagem de programação?

*54. Que propriedades do processamento concorrente o torna desejável para o uso de uma linguagem de programação com suporte à concorrência?

*55. Desenhe um diagrama (similar ao da Figura 6.25) representando as resoluções necessárias para mostrar que a coleção de sentenças $(Q \text{ OU } \neg R)$, $(T \text{ OU } R)$, $\neg P$, $(P \text{ OU } \neg T)$ e $(P \text{ OU } \neg Q)$ são inconsistentes.

*56. A coleção de sentenças $\neg R$, $(T \text{ OU } R)$, $(P \text{ OU } \neg Q)$, $(Q \text{ OU } \neg T)$ e $(R \text{ OU } \neg P)$ são consistentes? Explique sua resposta.

*57. Estenda o programa Prolog das Questões 3 e 4 da Seção 6.7, disponível na Internet, para incluir os relacionamentos adicionais de tio, tia, avô/avó e primo. Adicione também uma regra que defina que parents(X, Y, Z) signifique que X e Y sejam os pais de Z.

*58. Assumindo que a primeira sentença no programa Prolog a seguir pretenda significar que "Alice gosta de esportes", traduza as últimas duas sentenças do programa. Então, liste todas as coisas que, baseadas nesse programa, o Prolog seria capaz de concluir que Alice gosta. Explique sua lista.

```
likes(alice, sports).
likes(alice, music).
likes(carol, music).
likes(david, X) :- likes(X, sports).
likes(alice, X) :- likes(david, X).
```

*59. Que problema seria encontrado se o segmento de programa a seguir fosse executado em um computador no qual os valores fossem representados no formato de ponto flutuantes de oito bits descrito na Seção 1.7 (disponível no site do Grupo A)?

```
X ← 0.01;
enquanto (X não for igual a 1.00) faça
   (imprima o valor de X;
    X ← X + 0.01)
```

Questões sociais

As questões a seguir pretendem servir como um guia para os dilemas éticos, sociais e legais associados à área da computação. O objetivo não é meramente responder a estas questões. Você deve também considerar por que as respondeu de uma determinada forma e se suas justificativas mantêm a consistência de uma questão para outra.

1. Em geral, as leis de copyright oferecem suporte aos direitos de propriedade associados à expressão de uma ideia, mas não à ideia propriamente dita. Como resultado disso, um parágrafo em um livro é passível de copyright, mas as ideias expressas em um parágrafo, não. Como esse direito se estenderia aos programas fonte e aos algoritmos que eles expressam? Até que ponto uma pessoa que conhece os algoritmos usados em um pacote de software comercial poderia escrever seus próprios programas expressando esses mesmos algoritmos e vendendo sua versão do pacote?

2. Ao usar uma linguagem de programação de alto nível, um programador é capaz de expressar algoritmos usando palavras como *se*, *então* e *enquanto*. Em que extensão o computador entende o significado dessas palavras? A habilidade de responder corretamente ao uso das palavras implica em um entendimento das palavras? Como você sabe quando outra pessoa entendeu o que você disse?

3. Uma pessoa que desenvolveu uma nova e útil linguagem de programação deveria ter direito de lucrar a partir do uso dessa linguagem? Se esse for o caso, como esse direito poderia ser protegido? Até que ponto uma linguagem poderia ser propriedade de alguém? Até que ponto uma companhia deveria ter o direito de propriedade sobre feitos criativos e intelectuais de seus empregados?

4. Com um prazo final chegando, é aceitável que um programador negligencie a documentação, via sentenças de comentários, para concluir um programa em tempo? (Estudantes iniciantes ficam frequentemente surpresos em aprender o quanto a documentação é considerada importante entre desenvolvedores de software profissionais.)

5. Muito da pesquisa em linguagens de programação tem focado no desenvolvimento de linguagens que permitam que programadores escrevam programas que possam ser facilmente lidos e entendidos por humanos. Até que ponto um programador deveria ser solicitado a usar tais capacidades? Ou seja, até que ponto importa que o programador faça o programa executar corretamente, mesmo que ele não esteja bem escrito da perspectiva humana.

6. Suponha que um programador amador escreva um programa para seu próprio uso e, ao fazer isso, o faz de maneira preguiçosa e desleixada no que diz respeito à construção do programa. O programa não usa recursos da linguagem de programação que o tornariam mais legível, não é eficiente e contém atalhos que tiram proveito de situações em particular em que o programador pretende usar o programa. Ao longo do tempo, o programador dá cópias do programa aos seus amigos que querem usá-lo, e esses amigos repassam a amigos. Até que ponto o programador é responsável por problemas que possam ocorrer?

7. Até que ponto um profissional de computação deveria conhecer os vários paradigmas de programação? Algumas empresas insistem que todos os aplicativos de software da empresa sejam escritos na mesma linguagem de programação **predeterminada. Sua resposta à questão original seria diferente para um profis**sional que trabalhe para uma dessas empresas?

Leitura adicional

Aho, A. V., M. S. Lam, R. Sethi, and J. D. Ullman. *Compilers: Principles, Techniques, and Tools*, 2nd ed. Boston, MA: Addison-Wesley, 2007.

Barnes, J. *Programming in Ada 2005*. Boston, MA: Addison-Wesley, 2006.

Clocksin, W. F. and C. S. Mellish. *Programming in Prolog*, 5th ed. New York: Springer-Verlag, 2003.

Friedman, D. P., and M. Felleisen. *The Little Schemer*, 4th ed. Cambridge, MA: MIT Press, 1995.

Hamburger, H. and D. Richards. *Logic and Language Models for Computer Science*. Upper Saddle River, NJ: Prentice-Hall, 2002.

Kernighan, B.W., and D.M. Ritchie. *The C Programming Language*, 2nd ed. Englewood Cliffs, NJ: Prentice Hall, 1988.

Metcalf, M., and J. Reid. *Fortran 90/95 Explained*, 2nd ed. Oxford, England: Oxford University Press, 1999.

Pratt, T. W. and M. V. Zelkowitz. *Programming Languages, Design and Implementation*, 4th ed. Upper Saddle River, NJ: Prentice-Hall, 2001.

Savitch, W. *Absolute C++*, 3rd ed. Boston, MA: Addison-Wesley, 2008.

Savitch, W. *Absolute Java*, 3rd ed. Boston, MA: Addison-Wesley, 2008.

Savitch, W. *Problem Solving with C++*, 6th ed. Boston, MA: Addison-Wesley, 2008.

Scott, M. L. *Programming Language Pragmatics*, 3rd ed. New York: Morgan Kaufmann, 2009.

Sebesta, R. W. *Concepts of Programming Languages*, 9th ed. Boston, MA: Addison-Wesley, 2009.

Wu, C. T. *An Introduction to Object-Oriented Programming with Java*, 3rd ed. Burr Ridge, IL: McGraw-Hill, 2008.

CAPÍTULO 7
Engenharia de Software

Neste capítulo, exploramos os problemas encontrados durante o desenvolvimento de sistemas de software grandes e complexos. O assunto é chamado de *engenharia de software* porque o desenvolvimento de software é um processo de engenharia. O objetivo dos pesquisadores em engenharia de software é encontrar princípios que guiem o processo de desenvolvimento de software e que levem a produtos de software eficientes e confiáveis.

7.1 A disciplina de engenharia de software

7.2 O ciclo de vida do software
O ciclo como um todo
As fases tradicionais do desenvolvimento

7.3 Metodologias de engenharia de software

7.4 Modularidade
Implementação modular
Acoplamento
Coesão
Ocultação de informação
Componentes

7.5 As ferramentas do negócio
Alguns velhos amigos
Linguagem de modelagem unificada
Padrões de projeto

7.6 Garantia de qualidade
O escopo da garantia de qualidade
Testes de software

7.7 Documentação

7.8 Interação humano-computador

7.9 Propriedade e responsabilidade de software

A engenharia de software é o ramo da ciência da computação que busca princípios para guiar o desenvolvimento de sistemas de software grandes e complexos. Os problemas encontrados quando tais sistemas são desenvolvidos são mais do que apenas versões aumentadas dos problemas encontrados ao escrever pequenos programas. Por exemplo, o desenvolvimento de tais sistemas requer o trabalho de mais de uma pessoa em um período estendido de tempo durante o qual os requisitos do sistema proposto podem ser alterados e as pessoas envolvidas com o projeto podem mudar. Consequentemente, a engenharia de software inclui tópicos, como gerência de projeto e de pessoas, mais prontamente associados com gerência de negócios que com ciência da computação. Nós, entretanto, focaremos tópicos mais diretamente ligados à ciência da computação.

7.1 A disciplina de engenharia de software

Para avaliar os problemas envolvidos na engenharia de software, é útil selecionar um dispositivo grande e complexo (um automóvel, uma construção de escritórios de múltiplos andares ou uma catedral) e imaginar que se foi contratado para projetá-lo e supervisionar sua construção. Como você pode estimar o custo, em tempo, dinheiro e em outros recursos, para completar o projeto? Como você pode dividir o projeto em peças gerenciáveis? Como você garante que as peças produzidas são compatíveis? Como as pessoas que trabalharão nessas várias peças se comunicarão? Como você pode medir o progresso? Como você pode lidar com a ampla faixa de detalhes (a seleção de maçanetas, o projeto de gárgulas, a disponibilidade de vidro azul para as janelas dos vitrais, a força dos pilares, o projeto do duto de trabalho para o sistema de aquecimento)? Questões do mesmo escopo devem ser respondidas durante o desenvolvimento de um grande sistema de software.

Como a engenharia é uma área bem estabelecida, você pode pensar que existe uma riqueza de técnicas de engenharia previamente desenvolvidas que podem ser usadas para responder tais questões. O raciocínio é parcialmente verdadeiro, mas ele negligencia diferenças fundamentais entre as propriedades dos sistemas de software e das outras áreas de engenharia. Essas distinções têm desafiado projetos de engenharia de software, levando a custos excedentes, entregas tardias de produtos e clientes insatisfeitos. Assim, identificar estas diferenças provou-se ser o primeiro passo no avanço da disciplina de engenharia de software.

Uma de tais distinções envolve a habilidade de construir sistemas a partir de componentes pré-fabricados. Áreas tradicionais de engenharia vêm há muito tempo se beneficiando da habilidade de usar componentes "de prateleira" como blocos de construção na construção de dispositivos complexos. O projetista de um automóvel não precisa projetar um novo motor ou uma nova transmissão, mas ao invés disso usa versões previamente projetadas desses componentes. A engenharia de software, no entanto, está atrasada em relação a isso. No passado, componentes de software previamente projetados eram específicos de domínio – ou seja, seu projeto interno era baseado em uma aplicação específica –, então seu uso como componente genérico era limitado. O resultado é que sistemas de software complexos historicamente têm sido construídos do zero. Como veremos neste capítulo, tem-se feito progresso significativo em relação a isso, apesar de ainda ter-se muito a fazer.

Outra distinção entre a engenharia de software e outras disciplinas de engenharia é a falta de técnicas quantitativas, chamadas de **métricas**, para medir as propriedades dos sistemas de software. Por exemplo, para projetar o custo de desenvolver um sistema, seria interessante que alguém estimasse a complexidade do produto proposto, mas métodos para medir a "complexidade" de software são evasivos. Similarmente, avaliar a qualidade de um produto de software é desafiador. No caso de dispositivos mecânicos, uma medida importante de qualidade é o tempo médio entre falhas, que é, essencialmente, uma medida de quão bem um dispositivo aguenta o desgaste. Software, em contraste, não desgasta, então esse método de medir qualidade não é aplicável à engenharia de software.

A dificuldade em medir propriedades de software de maneira quantitativa é uma das principais razões pelas quais a engenharia de software ainda não encontrou uma base rigorosa de sustentação, como a que existe em engenharia mecânica e engenharia elétrica. Enquanto essas áreas são baseadas na ciência estabelecida da física, a engenharia de software continua a procurar as próprias raízes.

Com isso, a pesquisa em engenharia de software está atualmente progredindo em dois níveis: alguns pesquisadores, chamados de praticantes, trabalham buscando desenvolver técnicas para aplicação imediata, enquanto outros, os teóricos, buscam princípios e teorias subjacentes nas quais técnicas mais estáveis possam algum dia ser construídas. Baseadas em uma fundação subjetiva, muitas metodologias desenvolvidas e promovidas pelos praticantes vêm sendo substituídas por outras abordagens que podem, elas próprias, tornarem-se obsoletas com o tempo. Enquanto isso, o progresso dos teóricos continua lento.

A necessidade de progresso, tanto da prática quanto da teoria, é imensa. Nossa sociedade tornou-se viciada em sistemas computacionais e seus sistemas de software associados. Nossa economia, saúde, governo, polícias, transportes e defesa dependem de grandes sistemas de software. Mesmo assim, grandes problemas em relação à confiabilidade destes sistemas continuam existindo. Erros de software têm causado incontáveis problemas: o nascer da lua interpretado como um ataque nuclear, perdas de $5 milhões pelo Banco de Nova York em um só dia, a perda de sondas espaciais, sobrecargas de radiação e a interrupção simultânea de comunicações telefônicas em grandes regiões.

Isso não quer dizer que a situação é de desolação total. Muito progresso está sendo feito para superar problemas como a falta de componentes pré-fabricados e de métricas. Além disso, a aplicação de tecnologias computacionais ao processo de desenvolvimento de software, resultando na chamada **engenharia de software auxiliada por computador (CASE)**, continua a agilizar e a simplificar o processo de desenvolvimento de software. As tecnologias CASE levaram ao desenvolvimento de uma variedade de sistemas computadorizados, conhecidos como **ferramentas CASE**, que incluem sistemas de planejamento de projeto (para auxiliar em estimativas de custo, escalonamento de projetos e alocação de pessoal), sistemas de gerenciamento de projetos (para auxiliar no monitoramento do progresso do projeto de

Association for Computing Machinery

A *Association for Computing Machinery* (ACM) foi fundada em 1947 como uma organização científica e educacional internacional dedicada ao avanço das artes, ciências e aplicações em tecnologia da informação. Ela está sediada em Nova York e inclui diversos grupos de interesse especial (os chamados SIGs – *Special Interest Groups*), que tratam de tópicos como arquitetura de computadores, inteligência artificial, computação biomédica, computadores e sociedades, educação em ciência da computação, computação gráfica, hipertexto/hipermídia, sistemas operacionais, linguagens de programação, modelagem e simulação e engenharia de software. O site da ACM é http://www.acm.org. Seu Código de Ética e Conduta Profissional pode ser encontrado em http://www.acm.org/constitution/code.html.

desenvolvimento), ferramentas de documentação (para auxiliar na escrita e na organização da documentação), sistemas de simulação e de prototipação (para auxiliar no desenvolvimento de protótipos), sistemas de projeto de interface (para auxiliar no desenvolvimento de GUIs) e sistemas de programação (para auxiliar na escrita e na depuração de programas). Algumas dessas ferramentas são pouco mais que processadores de texto, software de planilha e sistemas de comunicação por email, que foram originalmente desenvolvidos para uso genérico e acabaram adotados pelos engenheiros de software. Outras são pacotes bastante sofisticados, projetados primariamente para o ambiente de desenvolvimento de software. Na verdade, sistemas conhecidos como **ambientes integrados de desenvolvimento (IDEs)** combinam ferramentas para desenvolver software (editores, compiladores, ferramentas de depuração e assim por diante) em um único pacote integrado. Um excelente exemplo de tais sistemas são os usados para o desenvolvimento para aplicações para smartphones. Eles não apenas fornecem as ferramentas de programação necessárias para escrever e para depurar os aplicativos de software, mas também fornecem simuladores que, por meio de visualizações gráficas, permitem que um programador veja como o aplicativo de software que está sendo desenvolvido executará de fato em um telefone.

Além do esforços dos pesquisadores, organizações profissionais e de padronização, incluindo a ISO, a *Association for Computing Machinery* (ACM) e o *Institute of Electrical and Electronics Engineers* (IEEE), uniram-se à batalha para aprimorar o estado da engenharia de software. Esses esforços vão desde a adoção de códigos de postura e ética profissional, que melhoram o profissionalismo dos desenvolvedores de software e atacam atitudes indiferentes em relação às responsabilidades de cada indivíduo, até o estabelecimento de padrões para medir a qualidade de organizações de desenvolvimento de software e o fornecimento de recomendações para auxiliar essas organizações a melhorarem sua situação atual.

No restante deste capítulo, discutiremos alguns dos princípios fundamentais da engenharia de software (como ciclo de vida de software e modularidade), veremos algumas das direções nas quais a engenharia de software está se movendo (como a identificação e a aplicação de padrões de projeto e a emergência de componentes de software reusáveis) e testemunharemos os efeitos que o paradigma orientado a objetos tem tido na área.

Questões e exercícios

1. Por que o número de linhas em um programa não seria uma boa medida para determinar sua complexidade?
2. Sugira uma métrica para medir qualidade de software. Que fraquezas sua métrica possui?
3. Que técnica pode ser usada para determinar quantos erros existem em uma unidade de software?
4. Identifique dois contextos nos quais a área de engenharia de software tem melhorado ou esteja fazendo progresso.

7.2 O ciclo de vida do software

O conceito mais fundamental na engenharia de software é o ciclo de vida do software.

O ciclo como um todo

O ciclo de vida do software é mostrado na Figura 7.1. Esta figura representa o fato de que, uma vez que um sistema de software tenha sido desenvolvido, ele entra em um ciclo de uso e de manutenção – um ciclo que continua para o resto da vida do sistema. Tal padrão também é comum para muitos produtos manufaturados. A diferença é que, no caso de outros produtos, a manutenção tende a ser um processo reparador, enquanto que no caso de software, a fase de manutenção tende a consistir em correções e atualizações. Na verdade, o sistema de software passa para a fase de manutenção quando erros são descobertos, mudanças na aplicação do sistema de software necessitam de alterações correspondentes no sistema ou descobre-se que mudanças feitas durante uma modificação anterior induziram a problemas em outros locais do sistema de software.

Independentemente do motivo pelo qual o sistema de software entra na fase de manutenção, o processo requer que uma pessoa (frequentemente não o autor original) estude o programa subjacente e sua documentação até que o programa, ou ao menos a parte pertinente do programa, seja entendido. Caso contrário, qualquer modificação poderia introduzir problemas em vez de resolver. Fazer isso pode ser uma tarefa difícil, mesmo quando o sistema é bem projetado e documentado. Na verdade, é frequentemente dentro desta fase que muitos softwares são descartados, sob o pretexto (muitas vezes verdadeiro) de

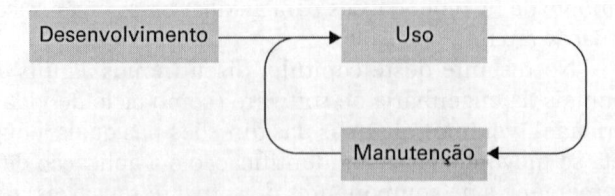

Figura 7.1 Ciclo de vida do software.

que é mais fácil desenvolver um novo sistema do zero que tentar modificar com sucesso o pacote existente.

A experiência tem mostrado que um pouco de esforço durante o desenvolvimento de software pode fazer uma enorme diferença quando modificações forem necessárias. Por exemplo, em nossa discussão de sentenças de descrição de dados no Capítulo 6, vimos como o uso de constantes ao invés de literais pode simplificar enormemente ajustes futuros. Por sua vez, a maior parte da pesquisa em engenharia de software trata do estágio de desenvolvimento do ciclo de vida de software, buscando tirar proveito desta influência esforço versus benefício.

As fases tradicionais do desenvolvimento

Os passos principais no ciclo de vida tradicional do desenvolvimento de software são a análise de requisitos, o projeto, a implementação e os testes (Figura 7.2).

Análise de Requisitos O ciclo de vida do software inicia com a análise de requisitos – cujo objetivo é especificar quais serviços o sistema proposto fornecerá, identificar quaisquer condições (restrições de tempo, segurança e assim por diante) desses serviços e definir como o mundo externo irá interagir com o sistema.

A análise de requisitos envolve uma entrada significativa dos **envolvidos no projeto** (usuários futuros e aqueles com outras ligações, como pessoas ou empresas com interesses legais ou financeiros) do sistema proposto. Na verdade, em casos nos quais o usuário final é uma entidade, como uma empresa ou uma agência governamental, que pretende contratar um desenvolvedor de software para a execução propriamente dita do projeto de software, a análise de requisitos pode iniciar com um estudo de viabilidade conduzido unicamente pelo usuário. Em outros casos, o desenvolvedor de software pode estar no negócio de produzir **software comercial de prateleira (COTS)** para o mercado de venda em massa, talvez para ser vendido em lojas de varejo ou para ser baixado via Internet. Nesta configuração, o usuário é uma entidade definida de forma menos precisa, e a análise de

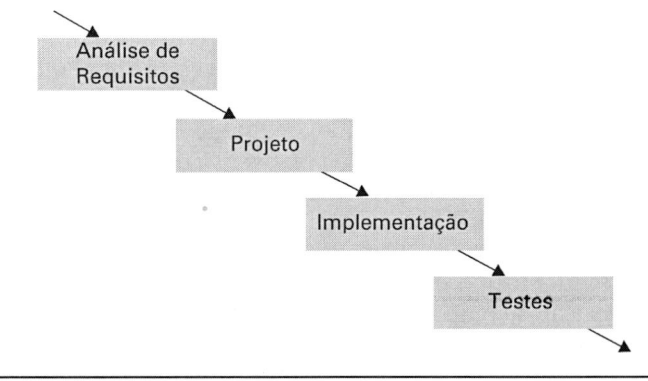

Figura 7.2 Fases tradicionais do desenvolvimento do ciclo de vida do software.

requisitos pode iniciar como uma pesquisa de mercado por parte do desenvolvedor de software.

Em qualquer caso, o processo de análise de requisitos consiste em compilar e analisar as necessidades do usuário de software; negociar, com os envolvidos no projeto, os compromissos relacionados a desejos, necessidades, custos e viabilidade; e, por fim, desenvolver um conjunto de requisitos que identifique as capacidades e os serviços que o sistema de software finalizado deve ter. Esses requisitos são armazenados em um documento chamado de **especificação de requisitos de software**. Em certo sentido, este documento é um contrato escrito entre todas as partes envolvidas, e deve servir como um guia para o desenvolvimento de software, além de fornecer um meio de resolver disputas que possam aparecer posteriormente no processo de desenvolvimento. A importância da especificação de requisitos de software é demonstrada pelo fato de organizações profissionais, como a IEEE, e grandes clientes de software, como o Departamento de Defesa dos EUA, adotarem padrões para sua composição.

Da perspectiva dos desenvolvedores de software, a especificação de requisitos de software deve definir um objetivo claro, que o desenvolvimento de software deve buscar atingir. Muito frequentemente, no entanto, o documento falha em prover essa estabilidade. Na verdade, a maioria dos praticantes na área de engenharia de software argumenta que uma comunicação pobre e mudanças nos requisitos são as principais causas para extrapolar o custo e para atrasar a entrega de um produto na indústria de desenvolvimento de software. Poucos consumidores insistiriam em grandes mudanças à planta baixa de um edifício uma vez que a fundação tivesse sido construída, mas existem exemplos abundantes de organizações que expandiram, ou alteraram, as capacidades desejadas de um sistema de software muito tempo depois que a construção do sistema já havia começado. Isso pode ter ocorrido porque uma empresa decidiu que o sistema que estava originalmente sendo desenvolvido para apenas uma subsidiária precisaria, agora, ser aplicado a uma corporação inteira ou que avanços na tecnologia suplantaram as capacidades disponíveis na análise de requisitos inicial. Em qualquer caso, os engenheiros de software descobriram que a uma comunicação direta e frequente com os envolvidos no projeto é algo obrigatório.

Projeto Enquanto a análise de requisitos fornece uma descrição do produto de software proposto, o projeto envolve criar um plano para a construção do sistema proposto. Em certo sentido, a análise de requisitos trata de identificar o problema a ser resolvido, enquanto o projeto trata de desenvolver uma solução para o problema. Da perspectiva de um leigo, a análise de requisitos é frequentemente associada a o que o sistema de software deve fazer, enquanto o projeto é associado à decisão de como o sistema fará isso. Apesar de essa descrição ser bastante ilustrativa, muitos engenheiros de software argumentam que ela tem falhas, pois, na verdade, existem muitas coisas **em relação a como fazer durante a análise de requisitos, e muitas outras em** relação a o que fazer durante o projeto.

É no estágio de projeto que a estrutura interna do sistema de software é estabelecida. O resultado da fase de projeto é uma descrição detalhada da estrutura do sistema de software que pode ser convertida em programas.

Se o projeto fosse construir um prédio de escritórios, em vez de um sistema de software, o estágio de projeto consistiria em desenvolver planos estruturais detalhados para uma construção que atendesse aos requisitos especificados. Por exemplo, tais planos poderiam incluir uma coleção de plantas para descrever o prédio proposto em diversos níveis de detalhamento. É a partir desses documentos que o prédio real deve ser construído. Técnicas para desenvolver esses planos vêm evoluindo ao longo dos anos e incluem sistemas notacionais padronizados e diversas metodologias de modelagem e de diagramação.

De maneira similar, a diagramação e a modelagem desempenham papéis importantes no projeto de software. Entretanto, as metodologias e os sistemas notacionais usados por engenheiros de software não são tão estáveis quanto o são na área arquitetural. Quando comparada à disciplina bem estabelecida de arquitetura, a prática de engenharia de software parece bastante dinâmica, à medida que os pesquisadores lutam para encontrar abordagens melhores para o processo de desenvolvimento de software. Explicaremos este terreno irregular na Seção 7.3 e investigaremos alguns dos sistemas notacionais atuais e suas metodologias de diagramação e de modelagem associadas na Seção 7.5.

Implementação A implementação envolve a escrita real dos programas, a criação de arquivos de dados e o desenvolvimento de bases de dados. É no estágio de implementação que vemos a distinção entre as tarefas de um **analista de software** (também chamado de analista de sistemas) e de um **programador**. O primeiro está envolvido com o processo de desenvolvi-

---

Instituto de Engenheiros Eletricistas e Eletrônicos

O *Institute of Electrical and Electronics Engineers* (IEEE – Instituto de Engenheiros Eletricistas e Eletrônicos) é uma organização de engenheiros eletricistas, eletrônicos e de manufatura que foi formada em 1963 e é o resultado da mescla do Instituto Americano de Engenheiros Eletricistas (fundado em 1884 por vinte e cinco engenheiros eletricistas, incluindo Thomas Edison) e do Instituto de Engenheiros de Rádio (fundado em 1912). Atualmente, o centro de operações do IEEE está localizado em Piscataway, em Nova Jersey, Estados Unidos. O instituto inclui diversas sociedades técnicas, como a Sociedade de Sistemas Aeroespaciais e Eletrônicos, a Sociedade de Lasers e Eletro-Óptica, a Sociedade de Robótica e Automação, a Sociedade de Tecnologia Veicular e a Sociedade de Computação. Dentre suas atividades, o IEEE está envolvido no desenvolvimento de padrões. Como um exemplo, os esforços do IEEE levaram aos padrões de ponto flutuante de precisão simples e de precisão dupla (apresentados no Capítulo 1), que são usados na maioria dos computadores atuais.

O site do IEEE é http://www.ieee.org, o site da Sociedade de Computação do IEEE é http://www.computer.org e o Código de Ética do IEEE está em http://www.ieee.org/about/whatis/code.html.

mento como um todo, possivelmente com uma ênfase maior nos passos de análise de requisitos e de projeto. O segundo está envolvido principalmente no passo de implementação. Em sua interpretação mais restrita, um programador é incumbido da escrita de programas que implementam o projeto produzido por um analista de software. Tendo feito essa distinção, devemos notar, novamente, que não existe uma autoridade central controlando o uso da terminologia na comunidade da computação. Muitos que usam o título de analista de software são, essencialmente, programadores, e muitos com o título de programador (ou talvez programador sênior) são, na verdade, analistas de software no sentido completo do termo. Essa nebulosidade terminológica é fundamentada pelo fato de que, atualmente, os passos no processo de desenvolvimento de software normalmente estão interligados, como veremos mais à frente.

Testes No passado, nas fases de desenvolvimento tradicional, os testes eram essencialmente associados ao processo de depuração de programas e à confirmação de que o produto de software final era compatível com a especificação de requisitos de software. Atualmente, entretanto, essa visão sobre testes é considerada muito restrita. Os programas não são os únicos artefatos testados durante o processo de desenvolvimento de software. Na verdade, o resultado de cada passo intermediário no processo de desenvolvimento deve ser "testado" em relação à sua precisão. Além disso, como veremos na Seção 7.6, os testes são reconhecidos atualmente como apenas um dos segmentos na batalha geral pela garantia da qualidade, objetivo que permeia o ciclo de vida do software como um todo. Então, muitos engenheiros de software argumentam que os testes não devem mais ser vistos como um passo isolado no desenvolvimento de software; eles, e suas muitas manifestações, devem ser incorporados nos outros passos, produzindo um processo de desenvolvimento de três passos cujos componentes poderiam ter nomes como "análise de requisitos e confirmação", "projeto e validação" e "implementação e testes".

Infelizmente, mesmo com técnicas modernas de garantia da qualidade, grandes sistemas continuam a conter erros, mesmo após testes significativos. Muitos desses erros passam despercebidos no decorrer da vida do sistema, mas outros podem causar grandes erros de funcionamento. A eliminação desses erros ainda é um objetivo da engenharia de software, e o fato de que eles ainda acontecem indica que muita pesquisa ainda precisa ser feita.

Questões e exercícios

1. Como o estágio de desenvolvimento do ciclo de vida do software afeta o estágio de manutenção?
2. Resuma cada um dos quatro estágios (análise de requisitos, projeto, implementação e testes) dentro da fase de desenvolvimento do ciclo de vida do software.
3. Qual é o papel de uma especificação de requisitos de software?

7.3 Metodologias de engenharia de software

As primeiras abordagens para engenharia de software insistiam em realizar análise de requisitos, projeto, implementação e testes de forma estritamente sequencial. Acreditava-se que já havia muitos riscos durante o desenvolvimento de um grande sistema de software para que se permitissem variações. Como resultado disso, os engenheiros de software insistiam que a especificação do sistema inteiro estivesse completa antes de iniciarem o projeto e, da mesma forma, que o projeto estivesse completo antes de iniciarem a implementação. O resultado era um processo de desenvolvimento hoje chamado de **modelo em cascata**, analogia ao fato de que o processo de desenvolvimento fluía em apenas uma direção.

Nos últimos anos, as técnicas de engenharia de software vêm mudando para refletir a contradição entre o ambiente altamente estruturado, ditado pelo modelo em cascata, e um processo livre, que contemple tentativas e erros, que é frequentemente vital para a resolução criativa de problemas. Isso é ilustrado pela emergência do **modelo incremental** para o desenvolvimento de software. Seguindo esse modelo, o sistema de software desejado é construído em incrementos – o primeiro deles, uma versão simplificada do produto final com versão limitada. Uma vez que essa versão tenha sido testada e até mesmo avaliada pelo futuro usuário, mais recursos e capacidades são adicionados e testados de maneira incremental, até que o sistema esteja completo. Por exemplo, se o que está sendo desenvolvido é um sistema de registros de pacientes para um hospital, o primeiro incremento pode incorporar apenas a habilidade de visualizar os registros de pacientes a partir de uma pequena amostra de todo o sistema de registros. Uma vez que essa versão esteja operacional, recursos adicionais, como a habilidade de adicionar e de atualizar registros, poderiam ser adicionados passo a passo.

Outro modelo que representa um distanciamento da aderência estrita ao modelo em cascata é o **modelo iterativo**, similar, e na verdade algumas vezes equivalente, ao modelo incremental, apesar de os dois serem distintos. Enquanto o modelo incremental carrega a noção de *estender* cada versão preliminar de um produto para uma versão maior, o modelo iterativo envolve o conceito de *refinar* cada versão. Na realidade, o modelo incremental envolve um processo iterativo subjacente, e o modelo iterativo pode adicionar recursos e capacidades incrementalmente.

Um exemplo importante do uso de técnicas iterativas é o ***Rational Unified Process*** (**RUP** – Processo Unificado da Rational), criado pela Rational Software Corporation, agora uma divisão da IBM. O RUP é, essencialmente, um paradigma de desenvolvimento de software que redefine os passos na fase de desenvolvimento do ciclo de vida de software e fornece recomendações para realizar esses passos. Essas recomendações, juntamente a ferramentas CASE de suporte, são vendidas pela IBM. Atualmente, o RUP é amplamente aplicado na indústria de software. Na verdade, sua popularidade levou ao desenvolvimento de uma versão não proprietária, chamada de **Processo Unificado**, que está disponível de maneira não comercial.

Modelos incrementais e iterativos algumas vezes evidenciam a tendência do desenvolvimento de software rumo à **prototipação**, na qual versões incompletas do sistema proposto, chamadas de protótipos, são construídas e avaliadas. No caso do modelo incremental, esses protótipos evoluem para um sistema completo, final – processo conhecido como **prototipação evolucionária**. Em uma situação mais iterativa, os protótipos podem ser descartados em favor de uma implementação do projeto final a partir do zero. Essa abordagem é conhecida como **prototipação descartável**. Um caso que normalmente se encaixa nessa categoria descartável é a **prototipação rápida**, na qual um exemplo simples do sistema proposto é rapidamente construído nos estágios iniciais de desenvolvimento. Tal protótipo pode consistir apenas em algumas poucas imagens de telas que deem uma indicação de como o sistema irá interagir com seus usuários e quais capacidades ele terá. O objetivo não é produzir uma versão funcional do produto, mas obter uma ferramenta de demonstração que possa ser usada para melhorar a comunicação entre os envolvidos no processo de desenvolvimento de software. Por exemplo, a prototipação rápida já provou ser vantajosa para melhorar a clareza de requisitos de sistema durante a análise de requisitos ou como auxílio durante apresentações de venda para possíveis clientes.

Uma apresentação menos formal das ideias incrementais e iterativas, que tem sido usada por anos por entusiastas ou hobistas em computação, é conhecida como **desenvolvimento de código aberto**. Esse é o meio pelo qual boa parte do software gratuito de hoje é desenvolvido. Talvez o exemplo mais proeminente seja o sistema operacional Linux, cujo desenvolvimento em código aberto foi originalmente liderado por Linus Torvalds. O desenvolvimento de código aberto de um pacote de software ocorre da seguinte maneira: um único autor escreve uma versão inicial do sistema de software (normalmente para satisfazer a suas próprias necessidades) e disponibiliza seu código-fonte e sua documentação na Internet. A partir disso, ele pode ser baixado e usado por outros sem custo. Como esses outros usuários possuem o código-fonte e a documentação, eles são capazes de modificar ou de aprimorar o sistema de software para satisfazer às próprias necessidades ou para corrigir erros que encontraram. Eles relatam essas mudanças ao autor original, que as incorpora à versão disponibilizada do sistema, tornando essa versão estendida disponível para modificações adicionais. Na prática, é possível que um pacote de software evolua a partir de diversas extensões em uma única semana.

Talvez a mudança mais flagrante em relação ao modelo em cascata seja representada pela coleção de metodologias conhecidas como **métodos ágeis**, em que cada um deles propõe implementações rápidas bastante cedo no processo de desenvolvimento de uma maneira incremental, com boa capacidade de resposta para requisitos que são modificados, ênfase reduzida em requisitos de uma análise e um projeto rigorosos. Um dos exemplos de um método ágil é a **programação extrema (XP)**. Seguindo o modelo XP, um sistema de software é desenvolvido por uma equipe de menos de uma dúzia de pessoas, trabalhando em um espaço em comum onde elas trocam livremente ideias e assistem uns aos outros no projeto de desenvolvimento. O sistema é desenvolvido incrementalmente por meio de ciclos diários repetidos de análise informal de requisitos, projeto, implementação e testes. Então, novas versões estendidas do pacote de software aparecem de forma regular, e cada uma delas pode ser avaliada pelos envolvidos no projeto e usada para apontar incrementos adicionais. Em resumo, os métodos ágeis são caracterizados pela flexibilidade, em franco contraste com o modelo em cascata, que prevê gerentes e programadores trabalhando em escritórios individuais enquanto seguem rigidamente porções bem definidas da tarefa geral de desenvolvimento de software.

O contraste representado pela comparação do modelo em cascata e do XP revela a amplitude de metodologias que estão sendo aplicadas ao processo de desenvolvimento de software na esperança de encontrar maneiras melhores de construir software confiável com mais eficiência. A pesquisa nesta área é um processo contínuo. Mesmo com o progresso conquistado, muito trabalho ainda precisa ser feito.

Questões e exercícios

1. Resuma a distinção entre o modelo em cascata tradicional e os paradigmas incrementais e iterativos mais recentes.
2. Identifique três paradigmas de desenvolvimento que representam uma ruptura com a aderência estrita do modelo em cascata.
3. Qual é a diferença entre a prototipação evolucionária tradicional e o desenvolvimento de código aberto?
4. Que problemas poderiam surgir, em termos de direitos de propriedade, em relação a um software desenvolvido utilizando metodologia de código aberto?

7.4 Modularidade

Um ponto fundamental na Seção 7.2 trata do fato de que, para modificar um software, é necessário entender o programa ou ao menos as partes pertinentes do programa. Conseguir tal entendimento já é frequentemente difícil no caso de um programa pequeno e poderia ser quase impossível no caso de sistemas de grande porte se não fosse pela **modularidade** – ou seja, a divisão de software em partes gerenciáveis, genericamente chamadas de **módulos**, cada um deles tratando de apenas uma parte da responsabilidade do sistema de software como um todo.

Implementação modular

Os módulos podem se apresentar em uma variedade de formas. Já vimos (Capítulos 5 e 6) que no contexto do paradigma imperativo, os módulos aparecem como procedimentos. Em contrapartida, o paradigma orientado a objetos usa objetos como o constituinte modular básico. Essas diferenças são importantes, pois determinam o objetivo subjacente durante o processo de projeto de software inicial. O objetivo é representar toda a tarefa como processos individuais e gerenciáveis ou identificar os objetos no sistema e entender como eles interagem?

Para ilustrar, consideremos como o processo de desenvolver um programa modular simples para simular um jogo de tênis pode progredir nos paradigmas imperativo e orientação a objetos. No paradigma imperativo, iniciamos considerando as ações que devem ocorrer. Como cada jogo inicia com um jogador sacando a bola, poderíamos iniciar considerando um procedimento Serve (sacar) que (baseado nas características do jogador e em um pouco de probabilidade) calcularia a velocidade inicial e a direção da bola. A seguir, precisaríamos determinar o caminho da bola. (Ela atingirá a rede? Ela quicará?) Poderíamos planejar colocar esses cálculos em outro procedimento chamado ComputePath (calcular caminho). O próximo passo poderia ser determinar se o outro jogador é capaz de retornar a bola; se sim, devemos calcular a nova velocidade e direção da bola. Podemos planejar colocar essas computações em um procedimento chamado Return (retornar).

Continuando desta maneira, poderíamos chegar na estrutura modular mostrada pelo **gráfico de estrutura** da Figura 7.3, na qual os procedimentos são representados por retângulos e as dependências entre procedimentos (implementadas por chamadas a procedimentos) são representadas por setas. Em particular, o gráfico indica que o jogo inteiro está sendo controlado por um procedimento chamado de ControlGame (controlar jogo), e para realizar sua tarefa, ControlGame chama os serviços dos procedimentos Serve, Return, ComputePath e UpdateScore (atualizar pontuação).

Note que o gráfico de estrutura não indica como cada procedimento deve realizar sua tarefa. Ao invés disso, ele simplesmente identifica os procedimentos e indica as dependências entre eles. Na realidade, o procedimento ControlGame pode realizar sua tarefa ao chamar primeiro o procedimento Serve e, então, repetidamente chamar os procedimentos ComputePath e Return até que alguém erre e, por fim, chamar os serviços de UpdateScore antes de repetir todo o processo novamente chamando Serve.

Nesse estágio, obtivemos apenas uma visão geral simplista do programa desejado, mas nosso objetivo já foi atingido. De acordo com o paradigma imperativo, estivemos projetando o programa considerando as atividades que devem ser realizadas e, logo, obtivemos um projeto no qual os módulos são procedimentos.

Consideremos agora o projeto do programa – desta vez, no contexto do paradigma orientado a objetos. Nosso primeiro pensamento poderia ser que existem dois jogadores que representaríamos por dois objetos: PlayerA (jogador A) e PlayerB (jogador B). Esses objetos terão a mesma funcionalidade, mas características diferentes. (Ambos devem ser capazes de sacar e de retornar voleios, mas podem fazer isso com diferentes técnicas e força.) Então, esses objetos serão instâncias da mesma classe. (Lembre-se de que, no Capítulo 6, introduzimos o conceito de classe: um modelo que define os

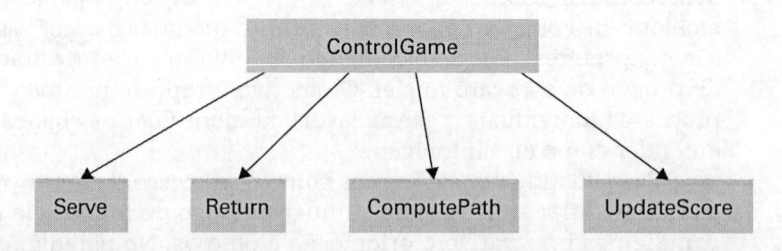

Figura 7.3 Gráfico de estrutura simples.

procedimentos [chamados de métodos] e os atributos [chamados de variáveis de instância] que devem ser associados a cada objeto.) Essa classe, que chamaremos de PlayerClass (classe de jogador), conterá os métodos, serve e return, que simulam as ações correspondentes do jogador. Ela também conterá atributos (como skill – habilidade – e endurance – resistência) cujos valores refletem as características do jogador. Nosso projeto até agora é representado pelo diagrama da Figura 7.4. Lá, vemos que PlayerA e PlayerB são instâncias da classe PlayerClass, e que essa classe contém os atributos skill e endurance, assim como os métodos serve e returnVolley (retornar voleio). (Note que, na Figura 7.4, sublinhamos os nomes dos objetos para distingui-los dos nomes das classes.)

A seguir, precisamos de um objeto para desempenhar o papel do árbitro, que determina se as ações realizadas pelos jogadores são legais. Por exemplo, o sacador livrou a rede e sacou na área apropriada da quadra? Para esse propósito, podemos estabelecer um objeto chamado Judge (árbitro), que contenha os métodos evaluateServe (avaliar saque) e evaluateReturn (avaliar retorno). Se o objeto Judge determinar que um saque ou um retorno forem aceitáveis, o jogo continua. Caso contrário, o árbitro envia uma mensagem para outro objeto chamado Score (pontuação), que grava os resultados de acordo com o ocorrido.

Neste ponto, o projeto de nosso programa de tênis consiste em quatro objetos: PlayerA, PlayerB, Judge e Score. Para deixar nosso projeto mais claro, considere a sequência de eventos que podem ocorrer durante um voleio, como mostrado na Figura 7.5, na qual representamos os objetos envolvidos como retângulos. A figura pretende apresentar a comunicação entre esses objetos como resultado da chamada ao método serve dentro do objeto PlayerA. Os eventos aparecem cronologicamente conforme nos movemos para baixo na figura. Como mostrado pela primeira seta horizontal, PlayerA relata seu saque ao objeto Judge por meio de uma chamada ao método evaluateServe. O árbitro, então, determina que o saque é bom e pede a PlayerB que o retorne chamando o método returnVolley de PlayerB. O voleio termina quando o árbitro determina que PlayerA errou e pede que o objeto Score grave os resultados.

Como no caso de nosso exemplo imperativo, nosso programa orientado a objetos é bastante simplista neste estágio. Entretanto, progredimos o suficiente para ver como o paradigma orientado a objetos leva a um projeto modular no qual os componentes fundamentais são objetos.

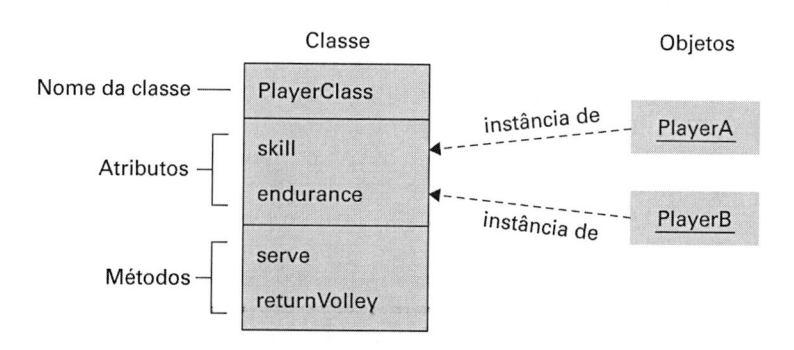

Figura 7.4 Estrutura de PlayerClass e suas instâncias.

```
    PlayerA          PlayerB           Judge            Score
      |   evaluateServe  |               |                |
      |─────────────────────────────────▶|                |
      |                  |   returnVolley|                |
  PlayerA chama o        |◀──────────────|                |
  método evaluateServe   |  evaluateReturn                |
  em Judge.              |◀──────────────|                |
      |   returnVolley   |               |                |
      |◀─────────────────|               |                |
      |   evaluateReturn |               |                |
      |─────────────────▶|               |                |
      |                  |               |   updateScore  |
      |                  |               |───────────────▶|
```

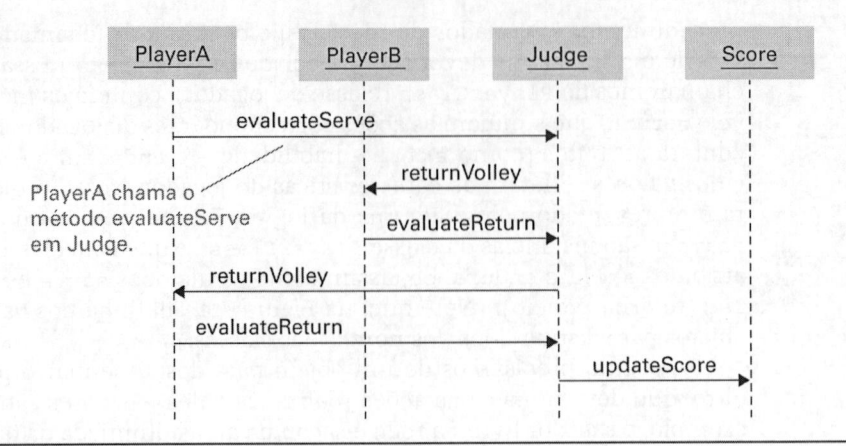

Figura 7.5 Interação entre objetos resultando do saque do jogador A.

Acoplamento

Introduzimos a modularidade como uma maneira de produzir software gerenciável. A noção geral é que qualquer modificação futura provavelmente se aplicará a apenas alguns poucos módulos, permitindo que a pessoa que faz a modificação se concentrar nessa parte do sistema ao invés de ficar lutando com o pacote inteiro. Isso, é claro, depende da premissa de que mudanças em um módulo não afetarão inadvertidamente outros módulos no sistema. Consequentemente, um objetivo durante o projeto de um sistema modular deve ser maximizar a independência entre os módulos ou, em outras palavras, minimizar a ligação entre os módulos (conhecida como **acoplamento** entre módulos). Na verdade, uma forma usada para medir a complexidade de um sistema de software (e, assim, obter uma forma de estimar o custo de manter o sistema) é por meio de seu acoplamento entre módulos.

O acoplamento entre módulos ocorre em diferentes formas. Uma é o **acoplamento de controle**, que ocorre quando um módulo passa o controle de execução para outro, como em uma chamada a procedimento. O gráfico de estrutura na Figura 7.3 representa o acoplamento de controle que existe entre os procedimentos. Em particular, a seta do módulo ControlGame para Serve indica que o primeiro passa o controle para o segundo. Um acoplamento de controle também está representado na Figura 7.5, na qual as setas acompanham o caminho de controle conforme ele é passado de objeto a objeto.

Outra forma de acoplamento entre módulos é o acoplamento de dados, que diz respeito ao compartilhamento de dados entre módulos. Se dois módulos interagem com o mesmo item de dados, então as modificações feitas a um módulo podem afetar o outro, e modificações ao formato de dados propriamente dito poderiam ter repercussões em ambos os módulos.

O acoplamento de dados entre procedimentos pode ocorrer de duas maneiras. Uma é por meio da passagem explícita de dados de um procedimento para outro na forma de parâmetros. Tal acoplamento é representado, em um gráfico de estrutura, por uma seta entre os procedimentos, que é rotulada para indicar que dados estão sendo transferidos. A direção da seta indica a direção na qual o item é transferido. Por exemplo, a Figura 7.6 é uma versão

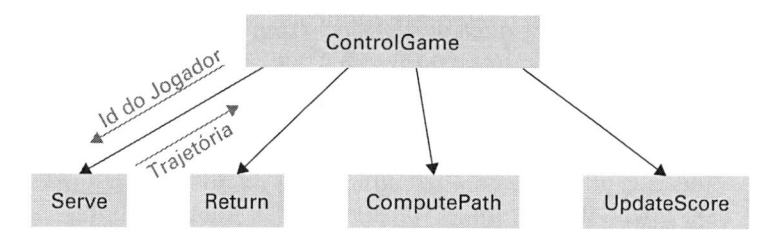

```
         Id do Jogador
ControlGame ──────────── Serve   Return   ComputePath   UpdateScore
         Trajetória
```

Figura 7.6 Gráfico de estrutura incluindo acoplamento de dados.

estendida da Figura 7.3, na qual indicamos que o procedimento ControlGame dirá ao procedimento Serve que características do jogador devem ser simuladas quando ele chamar Serve e que o procedimento Serve relatará a trajetória da bola para ControlGame quando Serve tiver completado sua tarefa.

Acoplamento similar de dados ocorre entre objetos em um projeto orientado a objetos. Por exemplo, quando PlayerA pede ao objeto Judge para que avalie seu saque (veja a Figura 7.5), ele deve passar a informação de trajetória para Judge. Por outro lado, um dos benefícios do paradigma orientado a objetos é que ele, inerentemente, tende a reduzir o acoplamento de dados entre objetos ao mínimo. Isso porque os métodos dentro de um objeto tendem a incluir todos os procedimentos que manipulam os dados internos do objeto. Por exemplo, o objeto PlayerA conterá informações relacionadas às características do jogador, assim como todos os métodos que precisam dessa informação. Assim, não existe a necessidade de passar essa informação para outros objetos e o acoplamento de dados interobjetos é minimizado.

Em contraste com a passagem de dados explicitamente por meio de parâmetros, os dados podem ser compartilhados entre módulos implicitamente na forma de **dados globais**, itens de dados automaticamente disponíveis para todos os módulos ao longo do sistema, de maneira oposta aos itens de dados locais, que são acessíveis apenas dentro de um módulo em particular, a menos que ele seja explicitamente passado para outro. A maioria das linguagens de alto nível fornece maneiras de implementar tanto dados globais quanto locais, mas o uso de dados globais deve ser empregado com cautela. O problema é que uma pessoa que tenta modificar um módulo dependente de dados globais pode achar difícil identificar como o módulo em questão interage com outros módulos. Em resumo, o uso de dados globais pode prejudicar a utilidade do módulo como ferramenta abstrata.

Coesão

Tão importante quanto minimizar o acoplamento entre módulos é maximizar a vinculação interna dentro de cada módulo. O termo **coesão** refere-se a essa vinculação interna ou, em outras palavras, ao grau de relacionamento das partes internas de um módulo. Para analisar a importância da coesão, devemos olhar além do desenvolvimento inicial de um sistema e considerar o ciclo de vida do software inteiro. Se for necessário fazer mudanças em um módulo, a existência de uma variedade de atividades dentro dele pode confundir o que, de outra forma, seria um processo simples. Então, além de buscar um acoplamento fraco entre módulos, os projetistas de software buscam uma alta coesão dentro de um módulo.

Uma forma fraca de coesão é conhecida como **coesão lógica**. Essa é a coesão dentro de um módulo induzida pelos fatos de que seus elementos internos realizam atividades logicamente similares em sua natureza. Por exemplo, considere um módulo que realize todas as comunicações de um sistema com o mundo externo. A "cola" que mantém tal módulo unido é o fato de que todas as atividades dentro do módulo lidam com comunicação. Entretanto, os tópicos de comunicação podem variar enormemente. Alguns podem lidar com a obtenção de dados, enquanto outros lidam com o relato de resultados.

Uma forma mais forte de coesão é chamada de **coesão funcional**, em que todas as partes do módulo tratam da realização de uma única atividade. Em um projeto imperativo, a coesão funcional frequentemente pode ser aumentada ao isolar subtarefas em outros módulos e, então, usar esses módulos como ferramentas abstratas. Isso é demonstrado em nosso exemplo de simulação de um jogo de tênis (veja novamente a Figura 7.3), no qual o módulo ControlGame usa os outros módulos como ferramentas abstratas, de forma que possa concentrar-se em acompanhar o jogo em vez de se distrair por detalhes de saque, retorno e manutenção da pontuação.

Nos projetos orientados a objetos, objetos inteiros são, normalmente, apenas logicamente coesos, pois os métodos dentro de um objeto frequentemente realizam atividades fracamente relacionadas – o único vínculo em comum é que as atividades são realizadas pelo mesmo objeto. Por exemplo, em nosso exemplo de simulação de um jogo de tênis, cada objeto de jogador contém métodos para sacar e para retornar a bola, atividades significativamente diferentes. Assim, tal objeto seria apenas um módulo logicamente coeso. Entretanto, os projetistas de software devem buscar tornar funcionalmente coeso cada método individual dentro de um objeto. Ou seja, mesmo que um objeto, em sua completude, seja apenas logicamente coeso, cada método dentro de um objeto deve realizar apenas uma tarefa funcionalmente coesa (Figura 7.7).

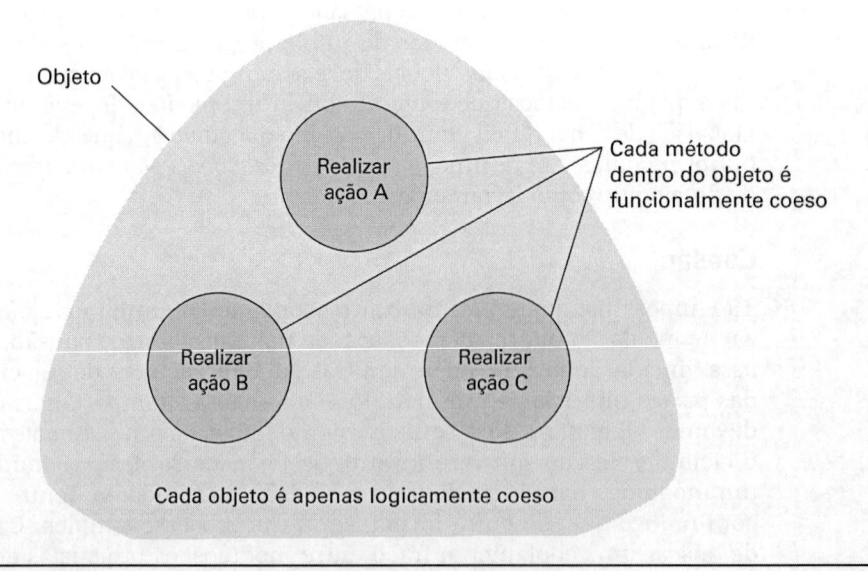

Figura 7.7 Coesão lógica e funcional dentro de um objeto.

Ocultação de informação

Uma das pedras angulares do bom projeto modular está no conceito de **ocultação de informação**, que se refere à restrição da informação como porção específica de um sistema de software. Aqui, o termo *informação* deve ser interpretado em um sentido amplo, incluindo qualquer conhecimento sobre a estrutura e o conteúdo de uma unidade de programa. Como tal, inclui dados, o tipo de estruturas de dados usadas, os sistemas de codificação, a estrutura de composição interna de um módulo, a estrutura lógica de uma unidade procedural e quaisquer outros fatores relacionados às propriedades internas de um módulo.

O objetivo da ocultação de informação é impedir que as ações dos módulos tenham dependências ou efeitos desnecessários em outros módulos. Caso contrário, a validade de um módulo pode ser comprometida por erros no desenvolvimento de outros módulos ou por esforços mal-sucedidos durante a manutenção de software. Se, por exemplo, um módulo não restringir o uso de seus dados internos por parte de outros módulos, então os dados podem ser corrompidos por outros módulos. Ou, se um módulo é projetado para tirar proveito da estrutura interna de outro, ele pode funcionar erroneamente mais tarde, se essa estrutura interna for alterada.

É importante notar que a ocultação de informação tem duas formas – uma como um objetivo de projeto e outra como um objetivo de implementação. Um módulo deve ser projetado de forma que outros módulos não acessem sua informação interna e deve ser implementado de maneira a fortalecer suas fronteiras. Exemplos do primeiro são a maximização da coesão e a minimização do acoplamento. Exemplos do segundo envolvem o uso de variáveis locais, a aplicação de encapsulamento e o uso de estruturas de controle bem definidas.

Por fim, devemos notar que a ocultação de informação é central ao tema de abstração e ao uso de ferramentas abstratas. Na verdade, o conceito de uma ferramenta abstrata é o de uma "caixa preta", cujas capacidades e recursos interiores podem ser ignorados pelos usuários, permitindo que eles se concentrem na aplicação geral. Nesse sentido, então, a ocultação de informação corresponde ao conceito de vedar a ferramenta abstrata, praticamente no mesmo sentido que uma sala inviolável pode ser usada para resguardar equipamentos eletrônicos complexos e potencialmente perigosos. Protege tanto seus usuários dos perigos lá dentro, quanto o interior de invasões por parte de seus usuários.

Componentes

Já mencionamos que um dos obstáculos na área de engenharia de software é a falta de blocos de construção "de prateleira", a partir dos quais grandes sistemas de software possam ser construídos. A abordagem modular ao desenvolvimento de software dá esperanças a essa área. Em particular, o paradigma de programação orientada a objetos está provando ser especialmente útil, pois objetos formam unidades completas, autocontidas, que possuem interfaces claramente definidas com seu ambiente. Uma vez que um objeto, ou mais corretamente uma classe, tenha sido projetado para realizar certa função, pode ser útil realizar essa função em qualquer programa que requeira esse serviço. Além disso, a herança fornece um meio de refinar definições de objetos pré-fabricados nos casos nos quais as definições devem ser customizadas para estar em conformidade com as necessidades de uma aplicação específica.

Não é surpresa, então, que as linguagens de programação orientada a objetos C++, Java e C# estejam acompanhadas por conjuntos de "modelos" pré-fabricados, a partir dos quais programadores podem facilmente implementar objetos para desempenhar certos papéis. Em particular, C++ está associado à Biblioteca Padrão de Modelos de C++, o ambiente de programação em Java é acompanhado pela Interface de Programação de Aplicações Java (API) e os programadores C# têm acesso à Biblioteca de Classes do Framework .NET.

O fato de objetos e classes terem o potencial de fornecer blocos de construção pré-fabricados para o projeto de software não significa que eles sejam ideais. Um problema é que eles fornecem blocos relativamente pequenos a partir dos quais se construir. Então, um objeto é, na verdade, um caso especial de um conceito mais geral de um **componente**, que é, por definição, uma unidade reutilizável de software. Na prática, a maioria dos componentes é baseada no paradigma orientado a objetos e toma a forma de uma coleção de um ou de mais objetos que funcionam como uma unidade autocontida.

A pesquisa no campo do desenvolvimento e do uso de componentes levou à emergência de uma área conhecida como **arquitetura de componentes** (também conhecida como engenharia de software baseada em componentes), na qual o papel tradicional de um programador é substituído por um **montador de componentes** que constrói sistemas de software a partir de componentes pré-fabricados que, em muitos ambientes de desenvolvimento, são mostrados como ícones em uma interface gráfica. Ao invés de estar envolvido com a programação interna dos componentes, um mon-

---

Engenharia de software no mundo real

O cenário a seguir é típico de problemas encontrados por engenheiros de software do mundo real: a Empresa XYZ contrata uma firma de engenharia de software para desenvolver e instalar um sistema de software integrado para toda a empresa a fim de lidar com necessidades de processamento de dados. Como parte do sistema produzido pela Empresa XYZ, uma rede de PCs é usada para fornecer acesso aos empregados ao sistema. Então, cada funcionário tem um PC em sua mesa. Logo, esses PCs não são apenas usados para acessar o novo sistema de gerenciamento, mas são também ferramentas customizáveis com as quais cada empregado aumenta sua produtividade. Por exemplo, um funcionário pode desenvolver um programa de planilha que acelere suas tarefas. Infelizmente, tais aplicações customizadas podem não ter sido bem projetadas ou testadas cuidadosamente e podem envolver características que não são completamente entendidas pelo empregado. À medida que os anos passam, o uso dessas aplicações *ad hoc* torna-se integrado com os procedimentos de negócios internos da companhia. Além disso, os empregados que desenvolveram essas aplicações podem ter sido promovidos, transferidos ou ter deixado o emprego, sendo substituídos por pessoas que não entendem o programa. O resultado é que, o que começou como um sistema bem projetado, coerente, pode tornar-se dependente de uma colcha de retalhos de aplicações pobremente projetadas, não documentadas e passíveis de erros.

tador de componentes tem por metodologia selecionar componentes pertinentes a partir de coleções de componentes pré-definidos e, então, conectá-los, com customização mínima, para obter a funcionalidade desejada. Na verdade, uma propriedade de um componente bem projetado é que ele pode ser estendido para abranger características de uma aplicação específica sem modificações internas.

Uma área fértil para as arquiteturas de componentes está nos sistemas de smartphones. Devido à restrição de recursos nestes dispositivos, as aplicações são, na verdade, um conjunto de componentes que colaboram entre si, no qual cada um fornece alguma função discreta para a aplicação. Por exemplo, cada tela de visualização dentro de uma aplicação é normalmente um componente separado. Nos bastidores, podem existir outros componentes de serviço para armazenarem e acessarem informações em um cartão de memória, realizar algumas funções contínuas (como tocar música) ou acessar informações na Internet. Cada um desses componentes é iniciado individualmente e parado conforme necessário, para prover o usuário eficientemente; entretanto, a aplicação parece como uma série contínua de telas e ações.

Deixando de lado a motivação para limitar o uso dos recursos do sistema, a arquitetura de componentes dos smartphones resulta em dividendos na integração entre aplicações. Por exemplo, o Facebook (um sistema de rede social bem conhecido), quando executado em um smartphone, pode usar os componentes da aplicação de contatos para adicionar todos os amigos do Facebook como contatos. Além disso, a aplicação de telefonia (que trata das funções do telefone) também pode acessar os componentes de contatos para procurar a origem de uma ligação sendo recebida. Então, ao receber uma chamada de um amigo do Facebook, a foto do amigo pode ser mostrada na tela do telefone (juntamente a seu último *post* no Facebook).

Questões e exercícios

1. Como um romance se difere de uma enciclopédia em termos do grau de acoplamento entre suas unidades, como capítulos, seções ou entradas? E em termos de coesão?
2. Um evento esportivo é frequentemente dividido em unidades. Por exemplo, um jogo de beisebol é dividido em entradas e um jogo de tênis é dividido em sets. Analise o acoplamento entre esses "módulos". Em que sentido essas unidades são coesas?
3. O objetivo de maximizar a coesão é compatível com a minimização do acoplamento? Ou seja, à medida que a coesão aumenta, o acoplamento tende naturalmente a diminuir?
4. Defina acoplamento, coesão e ocultação de informação.
5. Estenda o gráfico de estrutura da Figura 7.3 para incluir o acoplamento de dados entre os módulos `ControlGame` e `UpdateScore`.
6. Desenhe um diagrama similar ao da Figura 7.5 para representar a sequência que ocorre se o saque de `PlayerA` for invalidado, conforme as regras do jogo.
7. Qual é a diferença entre um programador tradicional e um montador de componentes?
8. Assumindo que a maioria dos smartphones possui aplicações de organização pessoal (calendários, contatos, relógio, redes sociais, sistemas de email, mapas, etc.), que combinação de funções de componentes você acharia útil e interessante?

7.5 As ferramentas do negócio

Nesta seção, investigamos algumas das técnicas de modelagem e sistemas notacionais usados durante os estágios de análise e de projeto do desenvolvimento de software. Diversas delas foram desenvolvidas durante os anos em que o paradigma imperativo dominava a disciplina de engenharia de software. Destas, algumas encontraram papéis úteis no contexto do paradigma orientado a objetos, enquanto outras, como o gráfico de estrutura (veja novamente a Figura 7.3), são específicas do paradigma imperativo. Iniciamos considerando algumas das técnicas que permanecem em suas origens imperativas e, então, passamos a explorar novas ferramentas orientadas a objetos e expandir o papel dos padrões de projeto.

Alguns velhos amigos

Apesar de o paradigma imperativo buscar construir software em termos de procedimentos, uma maneira de identificar esses procedimentos é considerar os dados a serem manipulados no lugar de os procedimentos propriamente ditos. A teoria é que, ao estudar como os dados se movem através de um sistema, pode-se identificar os pontos nos quais os formatos de dados são alterados ou os caminhos de dados se unem ou se separam. Por sua vez, existem locais nos quais o processamento ocorre e, então, a análise de fluxo de dados leva à identificação de procedimentos. Um **diagrama de fluxo de dados** é um meio de representar a informação obtida por meio de estudos de fluxos de dados. Em um diagrama de fluxo de dados, as setas representam caminhos de dados, as elipses representam pontos nos quais a manipulação de dados ocorre e os retângulos representam fontes de dados e armazenamento. Como um exemplo, a Figura 7.8 mostra um diagrama de fluxo de dados elementar representando um sistema de cobrança de pacientes de um hospital. Note que o diagrama mostra pagamentos (fluindo de pacientes) e registros de pacientes (fluindo dos arquivos do hospital) – mesclando-se na elipse Processar Pagamentos, a partir da qual Atualizar Registros flui de volta aos arquivos do hospital.

Os diagramas de fluxo de dados não apenas auxiliam na identificação de procedimentos durante o estágio de projeto do desenvolvimento de software, mas também são úteis quando tentamos entender um sistema proposto durante o estágio de análise. Na verdade, construir diagramas de fluxo de dados pode servir como um meio de melhorar a comunicação entre clientes e engenheiros de software (já que o engenheiro de software luta para enten-

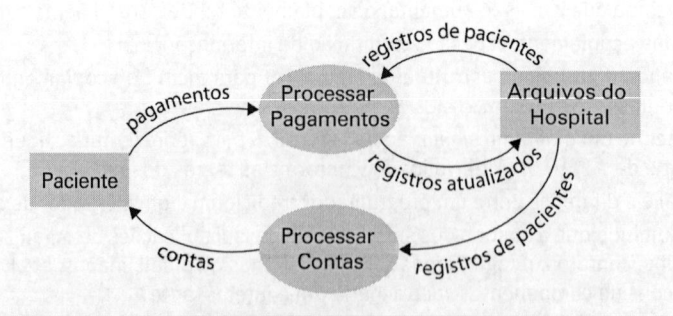

Figura 7.8 Diagrama de fluxo de dados simples.

der o que o cliente quer e o cliente luta para descrever suas expectativas), então esses diagramas continuam a encontrar aplicações, mesmo que o paradigma imperativo tenha perdido sua popularidade.

Outra ferramenta que vem sendo usada há anos pelos engenheiros de software é o **dicionário de dados**, um repositório central de informações acerca dos itens de dados que aparecem ao longo de um sistema de software. Essa informação inclui o identificador usado para referenciar cada item, o que constitui uma entrada válida em cada item (o item será sempre numérico ou talvez sempre alfanumérico? Qual será a faixa de valores que pode ser atribuída a esse item?), onde o item é armazenado (o item será armazenado em um arquivo ou em uma base de dados, e se for o caso, em qual delas?) e onde o item é referenciado no sistema de software (quais módulos irão requerer a informação do item?).

Um dos objetivo de se construir um dicionário de dados é aprimorar a comunicação entre os envolvidos em um sistema de software e o engenheiro de software imbuído da tarefa de converter todas as necessidades dos envolvidos em uma especificação de requisitos. Neste contexto, a construção de um dicionário de dados ajuda a garantir que o fato de os números de peças não serem realmente numéricos será revelado durante o estágio de análise, ao invés de ser descoberto tardiamente nos estágios de projeto ou de implementação. Outro objetivo associado ao dicionário de dados é estabelecer uniformidade ao longo do sistema. É normalmente por meio da construção do dicionário que redundâncias e contradições aparecem. Por exemplo, o item chamado de NúmeroDePeça nos registros de estoque pode ser o mesmo que o CodPeça no registro de vendas. Além disso, o departamento de recursos humanos pode usar o item Nome para se referir a um empregado, enquanto os registros de estoque podem conter o termo Nome referindo-se a uma peça.

Linguagem de modelagem unificada

Os diagramas de fluxo de dados e os dicionários de dados eram ferramentas do campo da engenharia de software muito antes da emergência do paradigma orientado a objetos, e continuam a ser úteis mesmo que o paradigma imperativo, para o qual eles foram originalmente desenvolvidos, tenha diminuído sua popularidade. Trataremos agora da coleção mais moderna de ferramentas conhecida como **Linguagem de Modelagem Unificada (UML – *Unified Modeling Language*)**, que tem sido desenvolvida com foco no paradigma orientado a objetos. A primeira ferramenta que consideraremos dentro dessa coleção, no entanto, é útil independentemente do paradigma subjacente, pois serve simplesmente para capturar a imagem do sistema proposto a partir do ponto de vista do usuário. Essa ferramenta é o **diagrama de casos de uso** – cujo exemplo aparece na Figura 7.9.

Um diagrama de casos de uso retrata o sistema proposto como um grande retângulo, no qual as interações (chamadas de **casos de uso**) entre o sistema e seus usuários são representadas como elipses e os usuários do sistema (chamados de **atores**) são representados como "pessoas de palito" (mesmo que um ator possa não ser uma pessoa). Então, o diagrama na Figura 7.9 indica que o Sistema de Registros Médicos será usado tanto por Médicos quanto por Enfermeiras para Obter Registros Médicos.

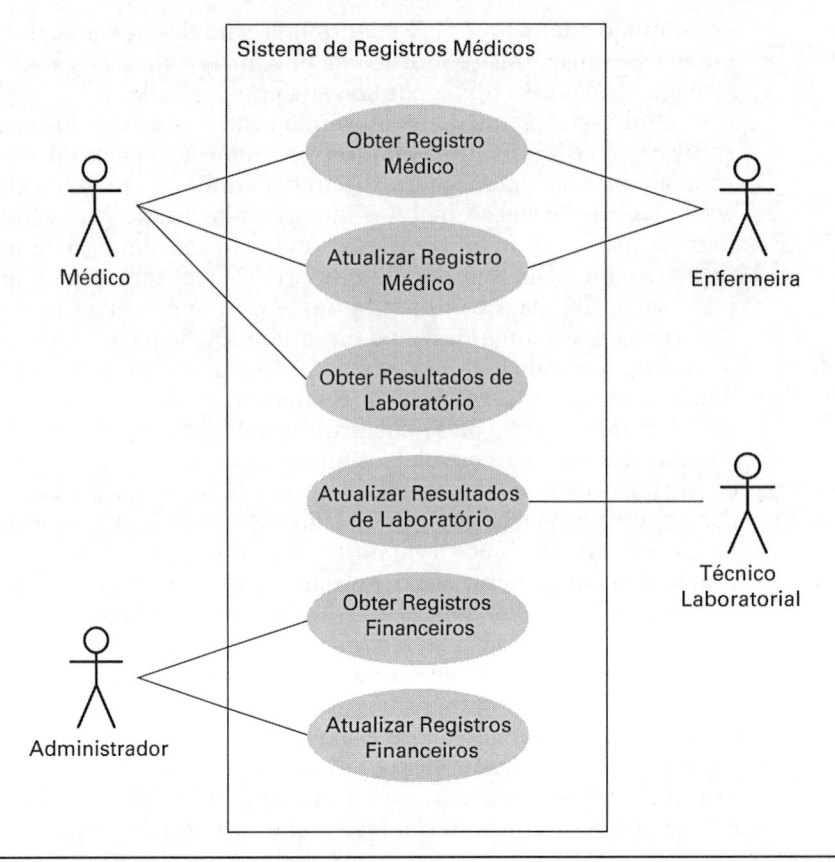

Figura 7.9 Diagrama de casos de uso simples.

Enquanto os diagramas de casos de uso veem um sistema proposto a partir do mundo externo, UML oferece uma variedade de ferramentas para representar o projeto orientado a objetos interno de um sistema. Um deles é o **diagrama de classes**, um sistema notacional para representar a estrutura de classes e de relacionamentos entre classes (chamados de **associações**, no vernáculo de UML). Como exemplo, considere os relacionamentos entre médicos, pacientes e quartos de hospitais. Assumimos que os objetos que representam essas entidades são construídos pelas classes Médico, Paciente e Quarto, respectivamente.

A Figura 7.10 mostra como os relacionamentos entre essas classes poderiam ser representados em um diagrama de classes UML. As classes são representadas por retângulos e as associações são representadas por linhas. Linhas de associação podem ou não ser rotuladas. Se elas forem rotuladas,

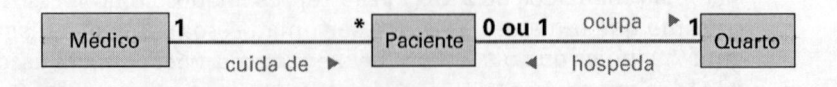

Figura 7.10 Diagrama de classes simples.

uma ponta de seta em negrito pode ser usada para indicar a direção na qual o rótulo deve ser lido. Por exemplo, na Figura 7.10, a ponta de seta seguindo o rótulo cuida de indica que um médico cuida de um paciente, ao invés de um paciente cuidar de um médico. Algumas vezes, as linhas de associação recebem dois rótulos, para fornecer terminologia para ler a associação em ambas às direções. Isso é exemplificado na Figura 7.10, na associação entre as classes Paciente e Quarto.

Além de indicar associações entre classes, um diagrama de classes pode também indicar as multiplicidades dessas associações. Ou seja, ele pode indicar quantas instâncias de uma classe podem estar associadas com instâncias de outra. Essa informação é gravada no final das linhas de associação. Em particular, a Figura 7.10 indica que cada paciente pode ocupar um quarto e que cada quarto pode hospedar zero ou um paciente. (Estamos assumindo que o quarto é privativo.) Um asterisco é usado para indicar um número não negativo arbitrário. Então, o asterisco na Figura 7.10 indica que cada médico pode cuidar de muitos pacientes, enquanto o 1 na extremidade da associação que liga-se ao médico significa que cada paciente é tratado por apenas um médico. (Nosso projeto considera apenas o papel de médicos responsáveis.)

Por questões de completude, devemos notar que as multiplicidades das associações ocorrem em três formas básicas: relacionamentos um para um, relacionamentos um para muitos e relacionamentos muitos para muitos, conforme resumido na Figura 7.11. Um **relacionamento um para um** é exemplificado pela associação entre pacientes e quartos privativos ocupados, em que cada paciente é associado a apenas um quarto e que cada quarto é associado a apenas um paciente. Um **relacionamento um para muitos** é exemplificado pela associação entre médicos e pacientes, na qual um médico é associado a muitos pacientes e cada paciente é associado a um

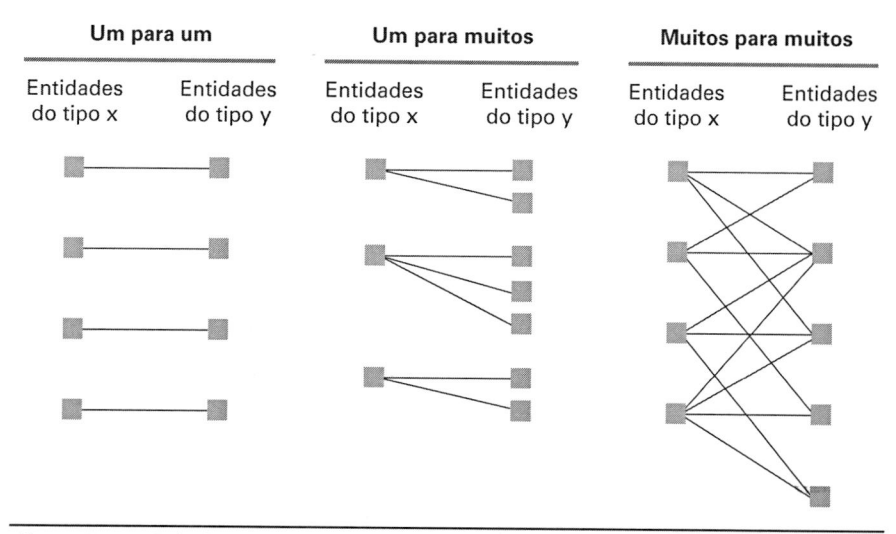

Figura 7.11 Relacionamentos um para um, um para muitos e muitos para muitos entre entidades dos tipos X e Y.

médico (responsável). Um **relacionamento muitos para muitos** poderia ocorrer se incluíssemos médicos consultados no relacionamento médico-paciente. Então cada médico poderia estar associado a muitos pacientes e cada paciente poderia estar associado a muitos médicos.

Em um projeto orientado a objetos frequentemente uma classe representa uma versão mais específica que outra. Nestas situações, dizemos que a segunda classe é uma generalização da primeira. UML fornece uma notação especial para representar generalizações. Um exemplo é dado na Figura 7.12, que retrata as generalizações entre as classes RegistroMédico, RegistroCirúrgico e RegistroDeConsulta. Neste caso, as associações entre as classes são representadas por setas com pontas ocas, notação em UML para associações que são generalizações. Note que cada classe é representada por um retângulo contendo o nome, os atributos e os métodos da classe no formato apresentado na Figura 7.4. Essa é uma maneira de UML de representar as características internas de uma classe em um diagrama de classes. A informação interpretada da Figura 7.12 é que a classe RegistroMédico é uma generalização da classe RegistroCirúrgico, assim como uma generalização de RegistroDeConsulta. Ou seja, as classes RegistroCirúrgico e RegistroDeConsulta contêm todas as características da classe RegistroMédico mais as características explicitamente listadas dentro de seus retângulos apropriados. Então, tanto a classe RegistroCirúrgico quanto RegistroDeConsulta contêm paciente, médico e data de registro, mas a classe RegistroCirúrgico também contém o procedimento cirúrgico, o hospital, a data de alta e a habilidade de dar alta a um paciente, enquanto que a classe RegistroDeConsulta contém sintomas e diagnóstico. Todas as três classes possuem a habilidade de imprimir o histórico médico. Os métodos imprimirRegistro em RegistroCirúrgico e RegistroDeConsulta são especia-

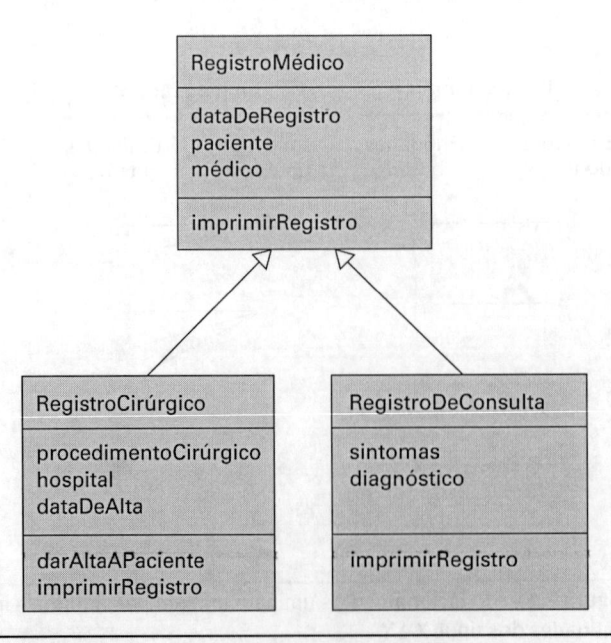

Figura 7.12 Diagrama de classes retratando generalizações.

lizações do método `imprimirRegistro` em `RegistroMédico`, e cada uma delas imprimirá as informações específicas de sua classe.

Lembre que, no Capítulo 6 (Seção 6.5), uma maneira natural de implementar generalizações em um ambiente de programação orientada a objetos era usar herança. Entretanto, muitos engenheiros de software alertam que a herança não é apropriada para todos os tipos de generalização. Isso porque a herança introduz um forte grau de acoplamento entre as classes – que pode não ser desejável mais tarde no ciclo de vida do software. Por exemplo, como alterações dentro de uma classe são refletidas automaticamente em todas as classes que a herdam, o que podem parecer modificações sem importância, podem levar a consequências inesperadas durante a manutenção. Como exemplo, suponha que uma companhia tenha aberto um clube recreativo para seus empregados, o que significa que todos que são sócios do clube de recreação são empregados. Para desenvolver uma lista de sócios para esse local, um programador poderia usar herança para construir uma classe `SócioRecreativo` a partir de uma classe `Empregado` previamente definida. Contudo, se posteriormente a empresa prosperar e decidir abrir o clube recreativo para os dependentes dos empregados ou para aposentados da empresa, o acoplamento embutido entre a classe `Empregado` e a classe `SócioRecreativo` teria de ser eliminado. Então, a herança não deve ser usada meramente por conveniência. Em vez disso, ela deve ser restrita aos casos nos quais a generalização que está sendo implementada for imutável.

Os diagramas de classe representam características estáticas do projeto de um programa, não sequências de eventos que ocorrem durante a execução. Para expressar tais características dinâmicas, UML fornece uma variedade de tipos de diagramas coletivamente conhecidos como **diagramas de interação**. Um dos tipos de diagramas de interação é o **diagrama de sequência**, que retrata a comunicação entre os indivíduos (como atores, componentes completos de software ou objetos individuais) envolvidos na realização de uma tarefa. Esses diagramas são similares à Figura 7.5, no sentido de que representam os indivíduos por retângulos com linhas tracejadas estendendo-se para baixo. Cada retângulo, juntamente a sua linha tracejada, é chamado de uma **linha de vida**. A comunicação entre os indivíduos é representada por setas rotuladas conectando as linhas de vida apropriadas, e o rótulo indica a ação que está sendo solicitada. Estas setas aparecem cronologicamente, à medida que o diagrama é lido de cima para baixo. A comunicação que ocorre quando um indivíduo completa uma tarefa solicitada e retorna o controle para o indivíduo que está requisitando, como no retorno tradicional de um procedimento, é representada por uma seta não rotulada apontando de volta para a linha de vida original.

Então, a Figura 7.5 é, essencialmente, um diagrama de sequência. Entretanto, a sintaxe da Figura 7.5, por si só, possui diversas limitações. Uma é que ela não nos permite capturar a simetria entre os dois jogadores. Devemos desenhar um diagrama separado para representar um voleio iniciando com o serviço do `PlayerB`, mesmo que a sequência de interação seja bastante similar à de quando o `PlayerA` está no serviço. Além disso, enquanto a Figura 7.5 retrata apenas uma um voleio específico, um voleio geral pode estender-se indefinidamente. Diagramas de sequência formais possuem técnicas para capturar essas variações em um único diagrama, e apesar de não precisarmos estudá-los em detalhes, devemos mesmo assim dar uma breve olhada em um diagrama de sequência formal mostrado na Figura 7.13, que retrata um voleio geral baseado no projeto de nosso jogo de tênis.

Note também que a Figura 7.13 demonstra que um diagrama de sequência completo é envolto em um retângulo (chamado de **quadro**). No canto superior esquerdo do quadro, está um pentágono contendo os caracteres *sd* (que significam *sequence diagram* – diagrama de sequência) seguidos por um identificador. Esse identificador pode ser um nome identificando a sequência geral ou, como na Figura 7.13, o nome do método que é chamado para iniciar a sequência. Note que, em contraste com a Figura 7.5, os retângulos representando os jogadores na Figura 7.13 não fazem referência a jogadores específicos, apenas indicam que eles representam objetos do "tipo" PlayerClass (classe de jogador). Um deles é designado como *self*, o que significa que é aquele cujo método serve (sacar) é ativado para iniciar a sequência.

O outro ponto de destaque em relação à Figura 7.13 trata de dois retângulos internos. Eles são **fragmentos de interação**, usados para representar sequências alternativas dentro de um diagrama. A Figura 7.13 contém dois fragmentos de interação. Um deles é rotulado como "loop" e o outro como "alt". Eles são, essencialmente, as estruturas enquanto e se-então-senão que encontramos pela primeira vez em nosso pseudocódigo, na Seção 5.2. O fragmento de interação "loop" indica que os eventos dentro de suas fronteiras devem ser repetidos enquanto o objeto Judge (árbitro) determinar que o valor de validPlay (jogada válida) é verdadeiro. O fragmento de interação

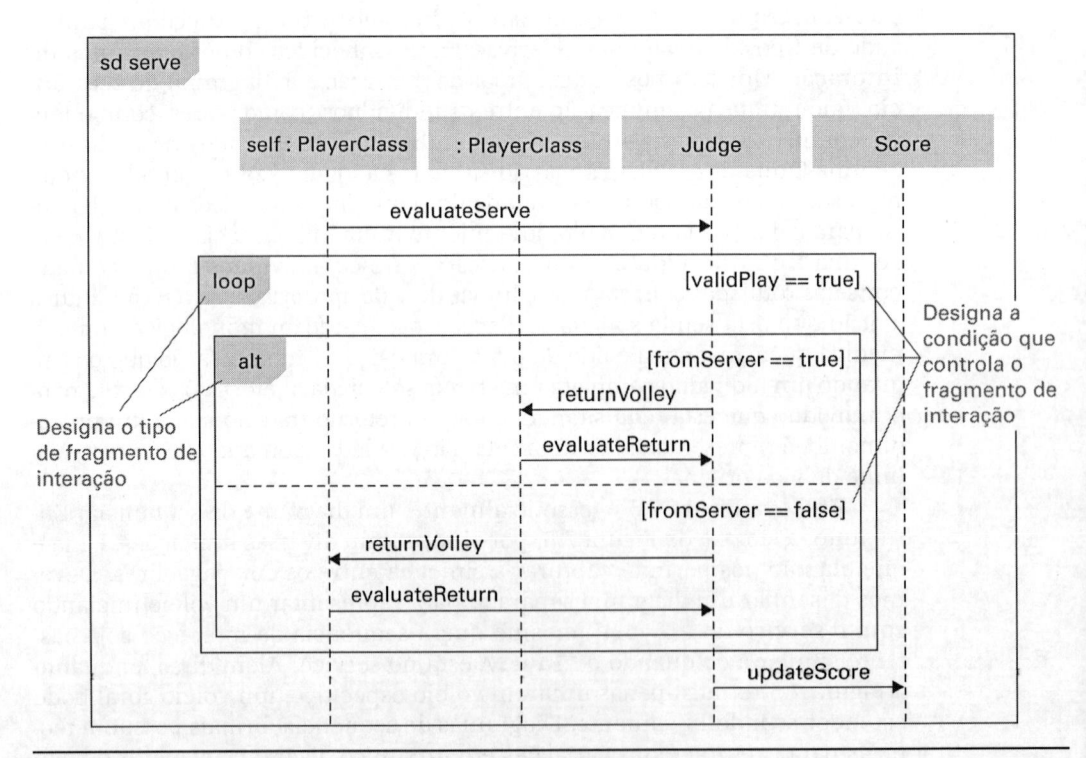

Figura 7.13 Diagrama de sequência retratando um voleio genérico.

"alt" indica que uma de suas alternativas é executada dependendo de o valor de `fromServer` (do sacador) ser verdadeiro ou falso.

Por fim, apesar de não serem parte de UML, é apropriado neste ponto introduzir o papel dos **cartões CRC (Classe-Responsabilidade-Colaboração)**, pois eles desempenham um papel importante na validação de projetos orientados a objetos. Um cartão CRC é simplesmente um cartão, como um cartão indexado, no qual a descrição de um objeto é escrita. A metodologia de cartões CRC é usada para que o projetista de software produza um cartão para cada objeto no sistema proposto e, então, use esses cartões para representar os objetos em uma simulação do sistema – talvez em uma mesa ou via um experimento "teatral", no qual cada membro da equipe de projeto segura as cartas e desempenha o papel do objeto descrito pelas cartas. Tais simulações (frequentemente chamadas de **orientações estruturadas**) têm sido úteis na identificação de falhas em um projeto antes de sua implementação.

Padrões de projeto

Uma ferramenta cada vez mais poderosa para os engenheiros de software é a variada coleção de padrões de projeto. Um **padrão de projeto** é um modelo pré-desenvolvido para solucionar um problema recorrente em projeto de software. Por exemplo, o padrão Adaptador fornece uma solução a um problema que frequentemente ocorre quando construímos software a partir de módulos pré-fabricados. Em particular, um módulo pré-fabricado pode ter a funcionalidade necessária para solucionar o problema em questão, mas pode não ter a interface compatível com a aplicação atual. Em tais casos, o padrão Adaptador fornece uma abordagem padronizada para "envolver" o módulo dentro de outro módulo, que faz a tradução entre a interface do módulo original e o mundo externo, permitindo que o módulo original, pré-fabricado, seja usado na aplicação.

Outro padrão de projeto bem estabelecido é o padrão Decorador. Ele fornece um meio de projetar um sistema que desempenha diferentes combinações da mesma atividade, dependendo da situação no momento. Tais sistemas podem levar a uma infinidade de opções que, sem um projeto cuidadoso, pode resultar em software enormemente complexo. Entretanto, o padrão Decorador fornece uma maneira padronizada de implementar tais sistemas, o que leva a uma solução gerenciável.

A identificação de problemas recorrentes, bem como a criação e a catalogação de padrões de projeto para solucioná-los, é um processo em desenvolvimento na engenharia de software. O objetivo, no entanto, não é simplesmente encontrar soluções para problemas de projeto, mas também encontrar soluções de alta qualidade que forneçam, posteriormente, flexibilidade no ciclo de vida do software. Então, considerações de bons princípios de projeto, como minimizar o acoplamento e maximizar a coesão, desempenham um papel importante no desenvolvimento de padrões de projeto.

Os resultados do progresso no desenvolvimento de padrões de projeto refletem-se na biblioteca de ferramentas fornecidas pelos pacotes de desenvolvimento de software atuais, como os ambientes de programação Java, fornecidos pela Oracle, e o Framework .NET, fornecido pela Microsoft. Na verdade, muitos dos "modelos" encontrados nestes kits de ferramentas são essencialmente esqueletos de padrões de projeto que levam a soluções prontas de alta qualidade para problemas de projeto.

Por fim, devemos mencionar que a emergência de padrões de projeto em engenharia de software é um exemplo de como campos diversos podem contribuir uns com os outros. A origem dos padrões de projeto remete à pesquisa de Christopher Alexander em arquitetura tradicional. Seu objetivo era identificar características que contribuíssem para projetos arquiteturais de alta qualidade para construções ou complexos de construções e, então, desenvolver padrões de projeto que incorporassem essas características. Atualmente, muitas de suas ideias vêm sendo incorporadas a projeto de software, e seu trabalho continua a ser uma inspiração para muitos engenheiros de software.

Questões e exercícios

1. Desenhe um diagrama de fluxo de dados representando o fluxo de dados quando um cidadão retira um livro de uma biblioteca.
2. Desenhe um diagrama de casos de uso de um sistema de registros de uma biblioteca.
3. Desenhe um diagrama de classes representando o relacionamento entre turistas e os hotéis nos quais eles se hospedam.
4. Desenhe um diagrama de classes representando o fato de uma pessoa ser uma generalização de um empregado. Inclua alguns atributos que possam pertencer a cada uma das classes.
5. Converta a Figura 7.5 para um diagrama de sequência completo.
6. Que papel, no processo de engenharia de software, os padrões de projeto desempenham?

7.6 Garantia de qualidade

A proliferação de avarias de software, excessos de custos e prazos perdidos demanda que os métodos de controle de qualidade de software sejam aprimorados. Nesta seção, consideramos algumas das melhorias que estão sendo buscadas.

O escopo da garantia de qualidade

Nos primeiros anos da computação, o problema de produzir software de qualidade era focado na remoção de erros de programação que ocorriam durante a implementação. Mais à frente nesta seção, veremos o progresso que tem sido feito nesta direção. Entretanto, hoje, o escopo do controle de qualidade de software se estende muito além do processo de depuração, com ramos que incluem a melhoria de procedimentos de engenharia de software, o desenvolvimento de programas de treinamento que em muitos casos levam à certificação, e o estabelecimento de padrões sob os quais uma engenharia de software saudável pode ser baseada. Neste sentido, já notamos o padrão de organizações como ISO, IEEE e ACM na melhoria do profissionalismo e no estabelecimento de padrões para garantir o controle de qualidade dentro de companhias de desenvolvimento de software. Um exemplo específico é a série de padrões ISO 9000, que trata de diversas atividades industriais, como projeto, produção, instalação e fornecimento de serviços. Outro exemplo é a ISO/IEC 15504, um conjunto de padrões desenvolvido em conjunto pela ISO e pela IEC (*International Electrotechnical Comission* – Comissão Internacional de Eletrotécnica).

Muitos dos principais contratantes de software agora requerem que as organizações contratadas para desenvolver software atinjam alguns padrões. Como resultado, muitas companhias de desenvolvimento de software estão estabelecendo **grupos de garantia de qualidade de software (SQA – *Software Quality Assurance*)**, imbuídos de supervisionar e fazer com que se cumpram os sistemas de controle de qualidade adotados pela organização. Então, no caso do modelo em cascata tradicional, o grupo de SQA deve ser imbuído da tarefa de aprovar a especificação de requisitos de software antes de o estágio de projeto iniciar ou aprovar o projeto e seus documentos relacionados antes de a implementação ter início.

Diversos temas são subjacentes aos esforços de controle de qualidade atuais. Um é a manutenção de registros. É imprescindível que cada passo no processo de desenvolvimento seja precisamente documentado para futuras referências. Entretanto, esse objetivo entra em conflito com a natureza humana. Está em questão a tentação de tomar decisões ou de mudar decisões sem atualizar os documentos relacionados. O resultado é a chance de os registros serem incorretos e, logo, seu uso em estágios futuros ser enganoso. Aqui reside um benefício importante das ferramentas CASE. Elas fazem com que tarefas como redesenhar diagramas e atualizar dicionários de dados sejam muito mais fáceis se comparadas aos métodos manuais. Consequentemente, as atualizações têm mais chances de serem feitas e é mais provável que a documentação seja precisa. (Esse exemplo é apenas um de muitos casos nos quais a engenharia de software deve lidar com falhas de natureza humana. Outros incluem os inevitáveis conflitos de personalidade, ciúmes e confrontos de ego que surgem quando as pessoas trabalham juntas.)

Outro tópico voltado à qualidade é o uso de **revisões**, nas quais as várias entidades envolvidas em um projeto de desenvolvimento de software se encontram para considerar um tópico específico. As revisões ocorrem ao longo

Tragédias em projetos de sistemas

A necessidade de boas disciplinas de projeto é exemplificada pelos problemas encontrados no Therac-25, um sistema de radioterapia baseado em um acelerador de elétrons computadorizado utilizado pela comunidade médica na metade dos anos 1980. Falhas no projeto da máquina ocasionaram seis casos de superdosagem de radiação – três dos quais resultaram em morte. As falhas incluíram (1) um projeto pobre para a interface da máquina, que permitiu que o operador iniciasse a radiação antes que a máquina tivesse sido ajustada para a dosagem apropriada, e (2) uma coordenação pobre entre o projeto de hardware e de software, que resultou na ausência de determinadas características de segurança.

Em casos mais recentes, um projeto pobre levou a quedas de energia generalizadas, rompimento de serviços telefônicos, grandes erros em transações financeiras, perda de sondas espaciais e perturbações na Internet. Você pode aprender mais sobre tais problemas pelo Fórum de Riscos, em `http://catless.cnl.ac.uk/Risks`.

do processo de desenvolvimento de software, tomando a forma de revisões de requisitos, de projeto e de implementação. Elas podem aparecer como uma demonstração de um protótipo nos estágios iniciais da análise de requisitos, como orientações estruturadas entre membros da equipe de projeto ou como coordenação entre programadores que estão implementando porções relacionadas do projeto. Tais revisões, de forma recorrente, fornecem canais de comunicação por meio dos quais desentendimentos podem ser evitados e erros podem ser corrigidos antes que cresçam e se transformem em consequências mais sérias. A importância das revisões é exemplificada pelo fato de que elas são especificamente tratadas pelo Padrão IEEE para Revisões de Software, conhecido como IEEE 1028.

Algumas revisões são essenciais por natureza. Um exemplo é a revisão entre os representantes dos envolvidos em um projeto e a equipe de desenvolvimento de software sobre a qual a especificação final de requisitos de software é aprovada. Na verdade, essa aprovação marca o final da fase de análise de requisitos formal e é a base sobre a qual o desenvolvimento restante progredirá. Entretanto, todas as revisões são importantes e, por questões de controle de qualidade, devem ser documentadas como parte do processo contínuo de manutenção de registros.

Testes de software

Enquanto a garantia de qualidade de software é atualmente reconhecida como um assunto que permeia todo o processo de desenvolvimento, os testes e a verificação dos programas propriamente ditos continuam a ser tópicos de pesquisa. Na Seção 5.6, discutimos técnicas para verificar a correção de algoritmos de forma matematicamente rigorosa, mas concluímos que a maioria dos sistemas de software atuais é "verificada" por meio de testes. Infelizmente, tais testes são, na melhor das hipóteses, inexatos. Não podemos garantir que uma unidade de software esteja correta por meio de testes, a menos que fôssemos capazes de executar testes que exaurissem todos os cenários possíveis. No entanto, mesmo em programas simples, podem existir bilhões de caminhos diferentes a serem percorridos. Então, testar todos os caminhos possíveis dentro de um programa complexo é uma tarefa impossível.

Por outro lado, os engenheiros de software desenvolveram metodologias de testes que melhoram a chance de revelar erros em sistemas de software com um número limitado de testes. Uma delas é baseada na observação de que erros em software tendem a ser agregados. Ou seja, a experiência indica que um pequeno número de módulos dentro de um grande sistema de software tende a ser mais problemático que o resto. Então, ao identificar esses módulos e testá-los mais cuidadosamente, mais erros de sistema podem ser descobertos do que se todos os módulos fossem testados de maneira uniforme, menos cuidadosa. Esse é um exemplo da proposição conhecida como **princípio de Pareto**, em referência ao economista e sociólogo Vilfredo Pareto (1848 – 1923), que observou que uma pequena parte da população da Itália controlava a maioria da riqueza do país. Na área de engenharia de software, o princípio de Pareto diz que os resultados podem, frequentemente, ser melhorados mais rapidamente aplicando-se esforços em uma área concentrada.

Outra metodologia de testes, chamada de **teste de caminho básico**, compreende o desenvolvimento de um conjunto de dados de testes que garantem que cada instrução no aplicativo seja executada ao menos uma vez. Técnicas usando uma área da matemática conhecida como teoria de grafos têm sido desenvolvidas para identificar tais conjuntos de dados de testes. Então, apesar de ser impossível garantir que cada caminho ao longo de um sistema de software seja testado, é possível garantir que cada sentença dentro do sistema seja executada ao menos uma vez durante o processo de testes.

Técnicas baseadas no princípio de Pareto e testes de caminho básico dependem do conhecimento acerca da composição interna da porção de software que está sendo testada. Elas, então, caem em uma categoria chamada de **testes caixa branca** – o que significa que o testador está ciente da estrutura interior da porção em testes e usa esse conhecimento enquanto está projetando o teste. Em contraste está a categoria chamada de **testes caixa preta**, que se refere a testes que não dependem de conhecimento da composição interna do sistema de software. Em resumo, os testes caixa preta são realizados a partir do ponto de vista de um usuário. Nos testes caixa preta, o testador não está preocupado com a forma como o sistema realizará sua tarefa, mas apenas com o fato de o sistema realizar corretamente ou não, em termos de precisão e de uma resposta oportuna.

Um exemplo de testes caixa preta é a técnica de **análise de valores limite**, que consiste em identificar faixas de dados, chamadas de **classes de equivalência**, sobre as quais o sistema deve se comportar de maneira similar e, então, testar o sistema em dados próximos aos limites dessas faixas. Por exemplo, se o sistema supostamente deve aceitar valores de entrada dentro de uma faixa especificada, o sistema deve ser testado nos valores mais alto e mais baixo na faixa, ou se ele supostamente deve coordenar múltiplas atividades, o sistema deve ser testado na maior coleção possível de atividades. A teoria subjacente é que por meio da identificação das classes de equivalência, o número de casos de teste pode ser minimizado, pois a operação correta para alguns poucos exemplos dentro de uma classe de equivalência tende a validar o sistema para a classe inteira. Além disso, a melhor chance de identificar um erro dentro de uma classe é usar os dados no limite da classe.

Outra metodologia que está na categoria de testes caixa preta são os **testes beta**, nos quais uma versão preliminar do sistema de software é disponibilizada para um segmento da audiência buscada, com o objetivo de aprender como essa versão se comporta em situações reais antes de a versão final do produto estar solidificada e disponibilizada para o mercado. (Testes similares realizados no site do desenvolvedor são chamados de **testes alfa**.) As vantagens dos testes beta estão muito além da descoberta tradicional de erros. Comentários gerais dos clientes (tanto positivos quanto negativos) são obtidos e podem auxiliar no refinamento das estratégias de marketing. Além disso, distribuições antecipadas de software beta auxiliam outros desenvolvedores no projeto de produtos compatíveis. Por exemplo, no caso de um novo sistema operacional para o mercado de PCs, a distribuição de uma versão beta encoraja o desenvolvimento de software utilitário compatível, de forma que a versão final do sistema operacional finalmente aparecerá nas prateleiras das lojas cercadas por produtos associados. Além disso, a existência de testes beta pode gerar um sentimento de antecipação dentro do mercado – uma atmosfera que aumenta a publicidade e as vendas.

Questões e exercícios

1. Qual é o papel da equipe de SQA dentro de uma organização de desenvolvimento de software?
2. De que maneiras a natureza humana trabalha contra a garantia de qualidade?
3. Identifique dois temas aplicados ao longo do processo de desenvolvimento para melhorar a qualidade.
4. Quando estamos testando software, um teste bem-sucedido é um que encontra ou que não encontra erros?
5. Que técnicas você proporia usar para identificar quais módulos dentro de um sistema devem receber testes mais cuidadosos que outros?
6. Qual seria um bom teste a ser realizado em um pacote de software que tenha sido projetado para ordenar uma lista de não mais de 100 entradas?

7.7 Documentação

Um sistema de software tem pouca utilidade a menos que as pessoas possam aprender a usá-lo e a fazer sua manutenção. Logo, a documentação é uma parte importante de um pacote de software final, e seu desenvolvimento é, assim, um tópico importante em engenharia de software.

A documentação de software serve a três propósitos, levando a três categorias de documentação: de usuário, de sistema e de técnica. O propósito da **documentação de usuário** é explicar as características e recursos do sistema de software e descrever como usá-los. Pretende-se que ela seja lida pelo usuário do sistema e é, logo, expressa na terminologia da aplicação.

Atualmente, a documentação de usuário é reconhecida como uma ferramenta de marketing importante. Uma boa documentação de usuário, combinada com uma interface com o usuário bem projetada, faz com que um pacote de software seja mais acessível e, consequentemente, aumente suas vendas. Reconhecendo isso, muitos desenvolvedores de software contratam escritores técnicos para produzir essa parte de seu produto, ou fornecem versões preliminares de seus produtos a autores independentes, de forma que livros na forma de tutoriais estejam disponíveis quando o sistema for lançado ao público.

A documentação de usuário tradicionalmente tem a forma de um livro ou de um livro digital, mas em muitos casos a mesma informação é incluída como parte do sistema propriamente dito. Isso permite que um usuário utilize a documentação enquanto usa o sistema. Neste caso, a informação pode ser quebrada em pequenas unidades, algumas vezes chamadas de pacotes de ajuda, que podem aparecer na tela automaticamente se o usuário der a impressão de estar perdido entre os comandos.

O propósito da **documentação de sistema** é descrever a composição interna, de forma que o sistema possa ser mantido posteriormente em seu ciclo de vida. Um grande componente da documentação de sistema é o código-fonte de todos os programas no sistema. É importante que esses programas sejam apresentados em um formato legível, e é por isso que os engenheiros de software são favoráveis ao uso de linguagens de programação de alto nível, bem projetadas, ao uso de sentenças de comentário para anotar um programa e a um projeto modular que permita que cada módulo seja apresentado como uma unidade coerente. Na verdade, a maioria das companhias que produzem produtos de software tem adotado convenções que devem ser seguidas na hora de escrever programas. Elas incluem convenções de identação, para organizar um programa na página escrita; convenções de nomes, que estabelecem uma distinção entre nomes de diferentes construções de programas, como variáveis, constantes, objetos e classes; e convenções de documentação, para garantir que todos os programas sejam suficientemente documentados. Tais convenções estabelecem uniformidade ao longo dos sistemas de software de uma companhia, o que, em última instância, simplifica o processo de manutenção do software.

Outro componente da documentação de sistema é um registro dos documentos de projeto, incluindo a especificação de requisitos de software e os registros mostrando como essas especificações foram obtidas durante o projeto. Essa informação é útil durante a manutenção de software, pois indica por que o sistema foi implementado da forma que foi – informação que reduz as chances de que mudanças feitas durante a manutenção prejudiquem a integridade do sistema.

O propósito da **documentação técnica** é descrever como um sistema de software deve ser instalado e mantido em serviço (como ajustar parâmetros operacionais, instalar atualizações e relatar problemas ao desenvolvedor do sistema). A documentação técnica de software é análoga à documentação fornecida aos mecânicos na indústria automobilística. Essa documentação não discute como o carro foi projetado e construído (análogo à documentação de sistema), nem explica como dirigir o carro e operar seu sistema de ar-condicionado (análogo à documentação de usuário). Em vez disso, ela discute como trabalhar com os componentes do carro – por exemplo, como substituir a transmissão ou como tratar de um problema elétrico intermitente.

A distinção entre a documentação técnica e a documentação de usuário é imprecisa no campo dos PCs, pois o usuário é frequentemente também a pessoa que instala e que faz a manutenção dos aplicativos de software. Entretanto, em ambientes multiusuário, a distinção é mais clara. Logo, a ideia é que a documentação técnica seja focada no administrador de sistema, que é capaz de manter funcionando todos os sistemas de software em sua jurisdição, permitindo que os usuários acessem os pacotes de software como ferramentas abstratas.

> **Questões e exercícios**
>
> 1. Em que formas os sistemas de software podem ser documentados?
> 2. Em que fase (ou fases) do ciclo de vida do software a documentação de sistema é preparada?
> 3. O que é mais importante, um programa ou sua documentação?

7.8 Interação humano-computador

Lembre-se, da Seção 7.2, de que uma das tarefas durante a análise de requisitos é a definição de como o sistema de software proposto interagirá com seu ambiente. Nesta seção, consideraremos tópicos associados a essa interação quando ela envolve a comunicação com humanos – um assunto de profunda importância. Afinal, deve ser possível que os humanos usem um sistema de software como uma ferramenta abstrata. Essa ferramenta deve ser fácil de ser aplicada e projetada para minimizar (ou idealmente eliminar) erros de comunicação entre o sistema e seus usuários humanos. Isso significa que a interface do sistema deve ser projetada para a conveniência dos humanos, no lugar de ser meramente uma conveniência do sistema de software.

A importância de um bom projeto de interface é ainda mais enfatizada pelo fato de que a interface de um sistema provavelmente cria uma impressão mais forte no usuário que qualquer outra característica do sistema. Afinal, um humano tende a ver um sistema em termos de sua usabilidade e não em termos de quão inteligente é o desempenho de suas tarefas internas. De uma perspectiva humana, a escolha entre dois sistemas concorrentes é provavelmente baseada em suas interfaces de sistema. Então, o projeto de uma interface de sistema pode, por fim, ser o fator determinante no sucesso ou na falha de um projeto de engenharia de software.

Por essas razões, a interação humano-computador tornou-se uma preocupação importante no estágio de requisitos dos projetos de desenvolvimento de software e é uma subárea em crescimento da engenharia de software. Na verdade, alguns poderiam argumentar que o estudo da interação humano-computador é uma área por si só.

Uma das beneficiárias da pesquisa nesse campo são as interfaces para smartphones. Para se ater ao objetivo de ser um dispositivo de bolso conveniente, os elementos de interação humano-computador tradicionais (teclado completo, mouse, barras de rolagem, menus) estão sendo substituídos por novas abordagens, como gestos realizados em uma tela sensível ao toque, comandos de voz e teclados virtuais com autocompletar avançado de palavras e de frases. Embora eles representem progressos significativos, a maioria dos usuários de smartphones argumentaria que ainda há muito espaço para mais inovações.

A pesquisa em projeto de interação humano-computador baseia-se fortemente nas áreas de engenharia chamadas **ergonomia**, que trata da projeção de sistemas que se harmonizem com as habilidades físicas dos humanos, e **engenharia cognitiva**, que trata de projetar sistemas que se harmonizem com as habilidades mentais dos humanos. Das duas, a ergonomia é mais fácil de compreender porque os humanos já vêm interagindo fisicamente com máquinas há séculos. Exemplos remetem a ferramentas ancestrais, armas e sistemas de transporte. Muito dessa história é óbvio; entretanto, às vezes, a aplicação da ergonomia tem sido contraintuitiva. Um exemplo frequentemente citado é o projeto do teclado das máquinas de escrever (agora reformulados como teclados de computadores), nos quais as teclas foram intencionalmente organizadas de forma a reduzir a velocidade do digitador para que o sistema mecânico de níveis, usado nas primeiras máquinas, não emperrasse.

A interação mental com as máquinas, em contrapartida, é um fenômeno relativamente novo, então é a engenharia cognitiva que oferece o maior potencial para pesquisas frutíferas e percepções esclarecedoras. Frequentemente, as descobertas são interessantes em sua sutileza. Por exemplo, os humanos formam hábitos – um traço que, na superfície, é bom, pois pode melhorar a eficiência. Contudo, os hábitos também podem levar a erros, mesmo quando o projeto de uma interface aborda intencionalmente o problema. Considere o processo de um humano que pede a um sistema operacional típico para que apague um arquivo. Para evitar exclusões acidentais, a maioria das interfaces responde a tal requisição pedindo ao usuário para confirmar a requisição – talvez com uma mensagem como: "Você realmente quer apagar esse arquivo?". À primeira vista, esse requisito de confirmação aparentemente resolveria qualquer problema de exclusões não intencionais. No entanto, após ter usado o sistema por um período longo, um humano desenvolve o hábito de automaticamente responder à pergunta com "sim". Assim, a tarefa de apagar um arquivo deixa de ser um processo de dois passos formado por um comando de exclusão seguido por uma resposta a uma pergunta. No lugar disso, ela se torna um processo de um passo "apagar-sim", o que significa que quando o humano se dá conta de que uma requisição de exclusão incorreta ocorreu, a requisição já foi confirmada e a exclusão já ocorreu.

A formação de hábitos também pode causar problemas quando se solicita que um humano use diversos pacotes de software aplicativo. As interfaces de tais pacotes podem ser similares, ainda que sejam diferentes. Ações de usuário similares podem resultar em diferentes respostas do sistema, ou respostas similares do sistema podem requerer ações diferentes do usuário. Nestes casos, os hábitos desenvolvidos em uma aplicação podem levar a erros em outras aplicações.

Outra característica humana que preocupa os pesquisadores no projeto de interação humano-computador é a limitação da atenção humana, que tende a se tornar mais focada à medida que o nível de concentração aumenta. À medida que um humano torna-se mais envolvido com a tarefa em questão, quebrar o foco torna-se mais difícil. Em 1972, uma aeronave comercial caiu porque os pilotos ficaram tão absortos em um problema no trem de aterrissagem (na verdade, com o processo de trocar a lâmpada indicadora do trem de aterrissagem) que deixaram que o avião voasse na direção do solo, mesmo que os avisos tivessem disparado na cabine.

Exemplos menos críticos aparecem rotineiramente em interfaces de PCs. Por exemplo, uma luz de *Caps Lock* é utilizada na maioria dos teclados, para indicar que o teclado está em modo *Caps Lock* (ou seja, que a tecla *Caps Lock* foi pressionada). Entretanto, se a tecla é pressionada por acidente, um humano raramente nota a luz acesa até que caracteres estranhos começam a aparecer na tela. Mesmo assim, o usuário frequentemente fica quebrando a cabeça sobre a situação por um tempo, até se dar conta da causa do problema. Em certo sentido, isso não é surpreendente – a luz no teclado não está na área de visão do usuário. Entretanto, os usuários frequentemente deixam de notar indicadores colocados diretamente em sua linha de visão. Por exemplo, os usuários podem ficar tão focados em uma tarefa que deixam de observar mudanças na aparência do cursor na tela, mesmo que sua tarefa envolva acompanhar o cursor.

Outra característica humana que deve ser antecipada durante o projeto de interface é a capacidade limitada da mente em tratar de múltiplos fatos simultaneamente. Em um artigo na *Psychological Review,* em 1956, George A. Miller relatou uma pesquisa indicando que a mente humana é capaz de lidar com apenas sete detalhes de uma vez só. Então, é importante que a interface seja projetada para apresentar todas as informações relevantes quando uma decisão é necessária, em vez de depender da memória do usuário. Em particular, caracterizaria um projeto pobre requerer que um humano lembre-se de detalhes precisos de imagens de telas anteriores. Além disso, se uma interface requer navegação extensiva entre imagens de tela, um humano pode se perder no labirinto. Então, o conteúdo e a disposição das imagens de tela tornam-se uma questão de projeto importante.

Apesar de as aplicações de ergonomia e engenharia cognitiva darem à área de projeto de interação humano-computador um valor único, a área também envolve muitos dos tópicos mais tradicionais de engenharia de software. Em particular, a busca por métricas é tão importante na área de projeto de interface quanto é nas áreas mais tradicionais de engenharia de software. Características de interface que têm sido sujeitas a medições incluem o tempo necessário para aprender uma interface, o tempo necessário para realizar tarefas via interface, a taxa de erros de interface por parte do usuário, o grau em que o usuário retém a proficiência em relação a uma interface após períodos sem uso e até mesmo questões subjetivas, como quanto o usuário gosta da interface.

O modelo **GOMS**, originalmente apresentado em 1954, é representativo da busca por métricas na área de projeto de interação humano-computador. A metodologia subjacente ao modelo é analisar as tarefas em termos de objetivos do usuário (como apagar uma palavra de um texto), operadores (como o clique o botão do mouse), métodos (como um duplo-clique no botão do mouse e apertar a tecla excluir) e regras de seleção (como escolher entre dois métodos para realizar o mesmo objetivo). Isso, na verdade, é a origem do acrônimo GOMS – *goals* (objetivos), *operators* (operadores), *methods* (métodos) e *selection rules* (regras de seleção). Em resumo, GOMS é uma metodologia que permite que as ações de um humano usando uma interface sejam analisadas como sequências de passos elementares (pressionar uma tecla, mover o mouse, tomar uma decisão). O desempenho de cada passo elementar recebe um período de tempo preciso e, então, ao adicionar os tempos atribuídos para os passos em uma tarefa, o GOMS fornece um meio de comparar diferentes interfaces em termos do tempo que cada uma delas requereria para realizar tarefas similares.

Entender os detalhes técnicos de sistemas como o GOMS não é o propósito de nosso estudo atual. A questão, em nosso caso, é que o GOMS é baseado em características do comportamento humano (mover as mãos, tomar decisões, etc.). De fato, o desenvolvimento do GOMS foi originalmente considerado um tópico em psicologia. Então, o GOMS enfatiza o papel que as características humanas desempenham na área de projeto de interação humano-computador, mesmo em tópicos que são transições a partir da engenharia de software tradicional.

O projeto de interação humano-computador promete ser uma área ativa de pesquisa num futuro próximo. Muitas questões que tratam das GUIs atuais ainda não foram resolvidas, e diversos problemas espreitam o uso de interfaces tridimensionais agora no horizonte. Na verdade, como estas interfaces prometem combinar comunicação tátil e de áudio com visão tridimensional, o escopo de possíveis problemas é enorme.

Questões e exercícios

1. **a.** Identifique uma aplicação da ergonomia na área de projeto de interação humano-computador.
   b. Identifique uma aplicação da engenharia cognitiva na área de projeto de interação humano-computador.
2. Uma diferença notável na interação humano-computador com um smartphone e com um computador de mesa são as técnicas usadas para rolar uma porção da visualização em tela. Em um computador de mesa, a rolagem é geralmente feita por meio do arrastar do mouse em barras de rolagem mostradas nos lados direito e abaixo da região de rolagem. Por outro lado, as barras de rolagem não são frequentemente usadas em um smartphone. (Se usadas, elas aparecem como linhas finas para indicar qual porção da visualização subjacente está atualmente visível.) A rolagem é feita por meio do gesto de um toque deslizante ao longo da tela.
   a. Baseado na ergonomia, que argumentos podem ser feitos para justificar essa diferença?
   b. Baseado na engenharia cognitiva, que argumentos podem ser feitos para justificar essa diferença?
3. O que distingue a área de projeto de interação humano-computador da área de engenharia de software mais tradicional?
4. Identifique três características humanas que deveriam ser consideradas quando se está projetando uma interface para a interação humano-computador.

7.9 Propriedade e responsabilidade de software

A maioria das pessoas concorda que deveria ser permitido a uma empresa, ou a um indivíduo, ser recompensada e obter lucros a partir do investimento necessário para desenvolver software de qualidade. Caso contrário, seria bastante improvável que muitas pessoas estivessem dispostas a aceitar a tarefa de produzir os sistemas de software que nossa sociedade deseja. Em resumo, os desenvolvedores de software precisam de um nível de propriedade em relação aos sistemas que produzem.

Esforços legais para fornecer tal noção de propriedade caem na categoria de lei de **propriedade intelectual**, muitas das quais são baseadas nos princípios bem estabelecidos de copyright e leis de patentes. Na verdade, o propósito de um copyright ou de uma patente é permitir que o desenvolvedor de um "produto" lance esse produto (ou partes dele) para as entidades pretendidas, enquanto protege seus direitos de propriedade. Como tal, o desenvolvedor de um produto (seja um indivíduo ou uma corporação) assegurará sua propriedade incluindo uma sentença de copyright em todos os trabalhos produzidos; incluindo especificações de requisitos, documentos de projeto, código-fonte, planos de testes e alguns lugares visíveis dentro do produto final. Uma nota de copyright identifica claramente a propriedade, as pessoas autorizadas a usar o trabalho e outras restrições. Além disso, os direitos do desenvolvedor são formalmente expressos em temos legais em uma **licença de software**.

Uma licença de software é um acordo legal entre o proprietário e o usuário de um produto de software que dá ao usuário certas permissões de uso do produto sem transferir os direitos de propriedade para a propriedade intelectual. Esses acordos dizem, em um nível fino de detalhes, quais são os direitos e obrigações de ambas as partes. Então, é importante ler cuidadosamente e entender os termos da licença de software antes de instalar e de usar um produto de software.

Embora os copyrights e os acordos de licenças de software forneçam vias legais para inibir cópias completas e uso não autorizado do sistema, eles são geralmente insuficientes para prevenir que outra pessoa desenvolva, independentemente, um produto com uma função praticamente idêntica. Infelizmente, ao longo dos anos ocorreram diversos casos nos quais o desenvolvedor de um produto de software realmente revolucionário foi incapaz de capitalizar completamente sua invenção (dois exemplos notáveis são as planilhas eletrônicas e os navegadores web). Na maioria desses casos, outra companhia foi bem-sucedida ao desenvolver um produto competitivo, que assegurou uma parcela dominante do mercado. Um caminho legal para prevenir essa invasão por um competidor está na lei de patentes.

As leis de patentes foram estabelecidas para permitir que um inventor se beneficiasse comercialmente de uma invenção. Para obter uma patente, o inventor deveria expor os detalhes da invenção e demonstrar que ela é nova, útil e não óbvia para outros com experiência similar (um requisito que pode ser bastante desafiador para software). Se uma patente for cedida, é dado ao inventor o direito de prevenir que outros façam, usem, vendam ou importem a invenção por um período limitado de tempo, geralmente vinte anos a partir da data em que o pedido de patente foi feito.

Uma desvantagem do uso de patentes é que o processo para obter uma patente é caro e dispendioso, frequentemente envolvendo diversos anos. Durante esse tempo, um produto de software poderia se tornar obsoleto, e até que a patente fosse cedida, o solicitante teria apenas autoridade questionável para excluir outros de se apropriarem do produto.

A importância de se reconhecer copyrights, licenças de software e patentes é imprescindível no processo de engenharia de software. Quando desenvolvem um produto de software, os engenheiros de software frequentemente escolhem incorporar software de outros produtos; seja ele um produto completo, um subconjunto de componentes ou mesmo porções de código-fonte baixadas da Internet. Entretanto, não honrar os direitos de propriedade intelectual durante esse processo pode levar a passivos e a consequências enormes. Por exemplo, em 2004, uma empresa pouco conhecida, a NPT Inc., de maneira bem-sucedida, ganhou uma ação contra a Research In Motion (RIM – os fabricantes dos smartphones BlackBerry) por violação de patente em algumas tecnologias-chave embarcadas nos sistemas de email da RIM. O julgamento incluiu um embargo para suspender os serviços de email para todos os usuários de BlackBerry nos Estados Unidos! A RIM, eventualmente, chegou a um acordo, em que teria de pagar um total de 612,5 milhões de dólares à NPT, conseguindo evitar seu fechamento.

Por fim, devemos tratar da questão de responsabilidade. Para se protegerem contra questões de responsabilidade, os desenvolvedores de software frequentemente incluem renúncias nas licenças de software que elencam as limitações de sua responsabilidade. Tais sentenças, como "Em nenhum evento a Companhia X será responsável por quaisquer danos oriundos do uso deste sistema de software", são comuns. Os tribunais, no entanto, raramente reconhecem uma renúncia se o queixoso puder provar que houve negligência por parte do réu. Então, os casos de responsabilidade tendem a focar em se o réu teve certo nível de cuidado com o produto que está sendo produzido. Um nível de cuidado que poderia parecer aceitável, no caso do desenvolvimento de um sistema de processamento de textos, pode ser considerado negligente no desenvolvimento de software para controlar um reator nuclear. Consequentemente, uma das melhores defesas contra reivindicações de responsabilidade de software é aplicar princípios sólidos de engenharia de software durante o desenvolvimento de software, tendo um nível de cuidado compatível com a aplicação do sistema de software, e produzir e manter registros que validem esses esforços.

Questões e exercícios

1. Qual é a importância de uma nota de copyright em especificações de requisitos, documentos de projeto, código-fonte e produto final?
2. De que maneiras os copyrights e as leis de patente são projetadas para beneficiarem a sociedade?
3. Em que extensão as renúncias de responsabilidade não são reconhecidas pelos tribunais?

Problemas de revisão do capítulo

(Problemas marcados com asterisco relacionam-se às seções disponíveis online, no site www.grupoa.com.br.)

1. Dê um exemplo de como esforços no desenvolvimento de software podem valer a pena, posteriormente, na manutenção de software.
2. O que é uma prototipação evolucionária?
3. Explique como a falta de métricas para medir certas propriedades de software afeta a disciplina de engenharia de software.
4. Você esperaria que uma métrica para medir a complexidade de um sistema de software fosse cumulativa, no sentido de que a complexidade de um sistema completo seria a soma das complexidades de suas partes? Explique sua resposta.
5. Você esperaria que uma métrica para medir a complexidade de um sistema de software fosse cumulativa, no sentido de que a complexidade de um sistema completo seria a mesma se ele fosse originalmente desenvolvido com a funcionalidade X e tivesse uma funcionalidade Y adicionada posteriormente, ou se ele fosse originalmente desenvolvido com a funcionalidade Y e tivesse uma funcio-

nalidade X adicionada posteriormente? Explique sua resposta.

6. Como a engenharia de software se difere de outras áreas mais tradicionais da engenharia, como engenharia elétrica e engenharia mecânica?

7. a. Identifique uma desvantagem do modelo tradicional em cascata para o desenvolvimento de software.
   b. Identifique uma vantagem do modelo tradicional em cascata para o desenvolvimento de software.

8. O desenvolvimento de código aberto é uma metodologia descendente ou ascendente? Explique sua resposta.

9. Descreva como o uso de constantes, ao invés de literais, pode simplificar a manutenção de software.

10. Qual é a diferença entre acoplamento e coesão? Qual deveria ser minimizada e qual deveria ser maximizada? Por quê?

11. Selecione um objeto do dia a dia e analise seus componentes em termos de coesão lógica ou funcional.

12. Compare o acoplamento entre duas unidades de programa obtidas por uma sentença goto simples com o acoplamento obtido por uma chamada a procedimento.

13. No Capítulo 6, aprendemos que os parâmetros podem ser passados a procedimentos por valor ou por referência. Qual fornece a forma mais complexa de acoplamento de dados? Explique sua resposta.

14. Que problemas poderiam surgir durante a manutenção, se um grande sistema de software fosse projetado de maneira que todos os seus elementos de dados fossem globais?

15. Em um programa orientado a objetos, o que a declaração de uma variável de instância como pública ou privada indica acerca do acoplamento de dados? Qual seria a lógica por trás de uma preferência em direção à declaração de variáveis de instância como privadas?

*16. Identifique um possível problema envolvendo acoplamento de dados no contexto de processamento paralelo.

17. Responda às seguintes questões em relação ao gráfico de estrutura associado:
    a. A qual módulo o módulo Y retorna o controle?
    b. A qual módulo o módulo Z retorna o controle?
    c. Os módulos W e X são ligados via acoplamento de controle?
    d. Os módulos W e X são ligados via acoplamento de dados?
    e. Que dados são compartilhados tanto pelo módulo W quanto pelo módulo Y?
    f. De que maneira os módulos W e Z estão relacionados?

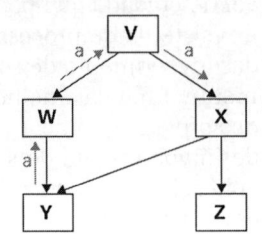

18. Usando um gráfico de estrutura, represente a estrutura procedural de um sistema de contabilidade/estoque simples para uma pequena loja (digamos uma pequena loja particular de curiosidades em uma comunidade de um resort). Que módulos em seu sistema precisariam ser modificados por causa de mudanças em leis de taxas de venda? Que módulos precisariam ser mudados se se decidisse manter um registro de clientes, de forma que se possa enviar propagandas a eles pelo correio?

19. Usando um diagrama de classes, projete uma solução orientada a objetos para o problema anterior.

20. Desenhe um diagrama de classes simples representando os relacionamentos entre editores de uma revista, revistas e assinantes. É suficiente retratar apenas o nome da classe dentro de cada caixa representando uma classe?

21. O que é UML e para que ela é usada? Escreva sobre o significado da palavra correspondente à letra "M".

22. Desenhe um diagrama de casos de uso simples retratando as maneiras pelas quais o usuário de uma biblioteca a usa.

23. Desenhe um diagrama de sequência representando a sequência de interação que acontece quando uma empresa utilitária (luz, telefonia, etc.) envia uma conta a um cliente.

24. Desenhe um simples diagrama de fluxo de dados retratando o fluxo de dados que ocorreria em um sistema automatizado de estoque quando uma venda fosse feita.

25. Contraste a informação representada em um diagrama de classes com a representada em um diagrama de sequência.

26. Qual é a diferença entre um relacionamento um para muitos e um relacionamento muitos para muitos?

27. Dê um exemplo de um relacionamento um para muitos que não seja mencionado neste capítulo. Dê um exemplo de um relacionamento muitos para muitos que não seja mencionado neste capítulo.

28. Baseado na informação da Figura 7.10, imagine uma sequência de interação que poderia ocorrer entre um médico e um paciente durante uma visita ao paciente. Desenhe um diagrama de sequência representando esta sequência.

29. Desenhe um diagrama de classes representando os relacionamentos entre os garçons e os clientes em um restaurante.

30. Desenhe um diagrama de classes representando os relacionamentos entre revistas, editores de revistas e assinantes de revistas. Inclua um conjunto de variáveis de instância e de métodos para cada classe.

31. Estenda o "diagrama de sequência" da Figura 7.5 para mostrar a sequência de interação que ocorreria se `PlayerA` retornasse com sucesso o voleio do `PlayerB`, mas `PlayerB` falhasse em retornar esse voleio.

32. Responda às seguintes questões baseadas no diagrama de classes associado à questão, que representa as associações entre ferramentas, seus usuários e seus fabricantes.

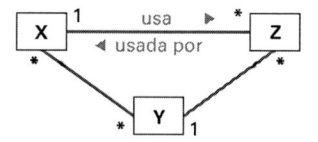

a. Que classes (X, Y e Z) representam ferramentas, usuários e fabricantes? Justifique sua resposta.
b. Uma ferramenta poderia ser usada por mais de um usuário?
c. Uma ferramenta poderia ser produzida por mais de um fabricante?
d. Cada usuário usa ferramentas produzidas por muitos fabricantes?

33. Em cada um dos seguintes casos, identifique se a atividade está relacionada a um diagrama de sequência, a um diagrama de casos de uso ou a um diagrama de classes.

a. Representa a maneira como os usuários interagirão com o sistema
b. Representa o relacionamento entre as classes do sistema
c. Representa a maneira como os objetos interagirão para realizar uma tarefa

34. Responda às seguintes perguntas baseado no diagrama de sequência que acompanha a questão.

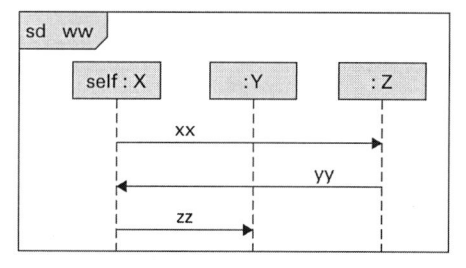

a. Que classe contém um método chamado ww?
b. Que classe contém um método chamado xx?
c. Durante a sequência, o objeto do "tipo" Z se comunica alguma vez diretamente com o objeto do "tipo" Y?

35. Desenhe um diagrama de sequência indicando que o objeto A chama o método bb no objeto B, B realiza a ação solicitada e retorna o controle para A, e então A chama o método cc no objeto B.

36. Estenda sua solução para o problema anterior para indicar que A chama o método bb apenas se a variável "continue" for verdadeira e continua a chamar bb enquanto "continue" permanecer verdadeira após B retornar o controle.

37. Desenhe um diagrama de classes retratando o fato de que as classes `Caminhão` e `Automóvel` são especializações da classe `Veículo`.
38. Baseado na Figura 7.12, que variáveis de instância adicionais conteriam em um objeto do "tipo" `RegistroCirúrgico`? E do "tipo" `RegistroDeConsulta`?
39. Explique por que a herança nem sempre é a melhor maneira de implementar generalizações de classes.
40. Identifique alguns padrões de projeto em áreas diferentes da engenharia de software.
41. Resuma o papel dos padrões de projeto na engenharia de software.
42. Em que extensão as estruturas de controle em uma linguagem de programação de alto nível típica (se-então-senão, enquanto e assim por diante) são padrões de projeto em pequena escala?
43. Quais dos seguintes casos envolvem o princípio de Pareto? Explique suas respostas.
    a. Uma pessoa desagradável pode estragar a festa de todos.
    b. Cada estação de rádio concentra-se em um formato em particular, como hard rock, música clássica ou entrevistas.
    c. Em uma eleição, os candidatos são sábios ao focar suas campanhas no segmento da população que já votou neles no passado.
44. Os engenheiros de software esperam que grandes sistemas de software sejam homogêneos ou heterogêneos em relação à ocorrência de erros? Explique sua resposta.
45. Qual é a diferença entre os testes caixa preta e os testes caixa branca?
46. Cite algumas analogias entre os testes caixa preta e os testes caixa branca que ocorrem em áreas diferentes da engenharia de software.
47. Como o desenvolvimento em código aberto difere dos testes beta? (Considere testes caixa branca versus testes caixa preta.)
48. Suponha que 100 erros fossem colocados intencionalmente em um grande sistema de software antes que o sistema fosse passado pelos testes finais. Além disso, suponha que 200 erros tenham sido descobertos e corrigidos durante esses testes finais, dos quais 50 foram do grupo colocado intencionalmente no sistema. Se os 50 erros restantes forem corrigidos, quantos erros desconhecidos você estimaria que ainda estejam no sistema? Explique por quê.
49. O que é o GOMS?
50. O que é ergonomia? O que é engenharia cognitiva?
51. Uma diferença entre a interface de interação humano-computador de um smartphone e a de um computador de mesa envolve a técnica usada para alterar a escala de uma imagem na tela, de forma a obter mais ou menos detalhes (um processo chamado de "dar ou retirar zoom"). Em um computador de mesa, o processo de dar ou retirar zoom é feito deslocando-se uma rolagem que é separada da área que está sendo mostrada, ou por meio do uso de um menu ou de um item em uma barra de ferramenta. Em um smartphone, o processo de dar ou retirar zoom é feito ao tocar simultaneamente a tela com os dedos indicador e polegar e modificar o espaço entre os dois pontos de toque (um processo chamado de "toque duplo – espalhar" para "zoom in" ou "toque duplo – pinçar" para "zoom out").
    a. Baseado na ergonomia, que argumentos poderiam ser dados para justificar essa diferença?
    b. Baseado na engenharia cognitiva, que argumentos poderiam ser dados para justificar essa diferença?
52. De que maneira as leis tradicionais de copyright falham em resguardar os investimentos dos desenvolvedores de software?
53. De que maneiras um desenvolvedor de software pode não ser bem-sucedido ao tentar obter uma patente?

Questões sociais

As questões a seguir pretendem servir como um guia para os dilemas éticos, sociais e legais associados à área da computação. O objetivo não é meramente responder a estas questões. Você deve também considerar por que as respondeu de uma determinada forma e se suas justificativas mantêm a consistência de uma questão para outra.

1. a. A analista Mary recebeu a tarefa de implementar um sistema contendo registros médicos que serão armazenados em um computador conectado a uma grande rede de computadores. Na opinião dela, o projeto para a segurança do sistema é falho, mas suas preocupações foram vencidas por razões financeiras. Foi dito a ela para continuar com o projeto usando o sistema de segurança que ela acredita ser inadequado. O que ela deveria fazer? Por quê?
   b. Suponha que a analista Mary implementasse o sistema como lhe foi dito para fazer, e agora ela está ciente de que os registros médicos estão sendo observados por pessoas não autorizadas. O que ela deveria fazer? Até que ponto ela é responsável pela falha de segurança?
   c. Suponha que, em vez de obedecer a seu empregador, a analista Mary se recusasse a proceder com o sistema e tornasse público o projeto falho, resultando em dificuldades financeiras para a empresa e a perda de muitos empregos de pessoas inocentes. As ações da analista Mary foram corretas? E se ocorresse que, sendo apenas uma parte da equipe, Mary não estivesse ciente de que esforços estavam sendo feitos, em outro lugar dentro da companhia, para desenvolver um sistema de segurança válido que seria aplicado ao sistema no qual Mary estava trabalhando. Como isso mudaria seu julgamento em relação às ações de Mary? (Lembre-se, a visão de Mary da situação é a mesma que a anterior.)
2. Quando grandes sistemas de software são desenvolvidos por muitas pessoas, como as responsabilidades devem ser atribuídas? Existe uma hierarquia de responsabilidades? Existem graus de responsabilidade?
3. Vimos que sistemas de software grandes e complexos são frequentemente desenvolvidos por muitos indivíduos, poucos dos quais devem ter uma visão completa do projeto. É eticamente apropriado que um empregado contribua para um projeto sem ter completo conhecimento de sua função?
4. Até que ponto alguém é responsável, caso suas realizações sejam aplicadas, em última instância, por outras pessoas?
5. No relacionamento entre um profissional de computação e um cliente, é responsabilidade do profissional implementar os desejos do cliente ou guiar os desejos dos clientes? E se o profissional previsse que os desejos do cliente pudessem levar a consequências não éticas? Por exemplo, o cliente pode querer criar atalhos por questões de eficiência, mas o profissional pode prever uma possível fonte de dados errôneos ou usos mal-intencionados do sistema se esses atalhos forem tomados. Se o cliente insistir, o profissional fica livre de responsabilidades?
6. O que acontece se a tecnologia começar a avançar tão rapidamente que novas invenções fossem superadas antes que o inventor tivesse tempo de lucrar com a invenção? O lucro é necessário para motivar inventores? Como o sucesso do desenvolvimento de código aberto está relacionado à sua resposta? Software gratuito de qualidade é uma realidade sustentável?

7. A revolução da computação está contribuindo para, ou ajudando a solucionar, os problemas de energia do mundo? E em relação a outros problemas em grande escala, como a fome e a pobreza?
8. Os avanços da tecnologia continuarão indefinidamente? O que, se existir algo, reverteria a dependência da sociedade em relação à tecnologia? Qual seria o resultado de uma sociedade que continuasse a avançar indefinidamente, em termos de tecnologia?
9. Se você tivesse uma máquina do tempo, em qual período da História você gostaria de viver? Existem tecnologias atuais que você gostaria de levar com você? Uma tecnologia poderia ser separada de outra? É realista protestar contra o aquecimento global, mas mesmo assim aceitar tratamento médico moderno?
10. Muitas aplicações em um smartphone automaticamente integram-se com serviços fornecidos por outras aplicações. Esta integração pode compartilhar informações fornecidas para uma aplicação com outra. Quais são os benefícios desta integração? Existem preocupações em relação a uma integração "demasiada"?

Leitura adicional

Alexander, C., S. Ishikawa, and M. Silverstein. *A Pattern Language*. New York: Oxford University Press, 1977.
Beck, K. *Extreme Programming Explained: Embrace Change*, 2nd ed. Boston, MA: Addison-Wesley, 2004.
Bowman, D. A., E. Kruijff, J. J. LaViola, Jr., and I. Poupyrev. *3D User Interfaces Theory and Practice*. Boston, MA: Addison-Wesley, 2005.
Braude, E. *Software Design: From Programming to Architecture*. New York: Wiley, 2004.
Bruegge, B. and A. Dutoit. *Object-Oriented Software Engineering Using UML, Patterns, and Java*, 3rd ed. Boston, MA: Addison-Wesley, 2010.
Cockburn, A. *Agile Software Development: The Cooperative Game*, 2nd ed. Boston, MA: Addison-Wesley, 2006.
Fox, C. *Introduction to Software Engineering Design: Processes, Principles and Patterns with UML2*. Boston, MA: Addison-Wesley, 2007.
Gamma, E., R. Helm, R. Johnson, and J. Vlissides. *Design Patterns: Elements of Reusable Object-Oriented Software*. Boston, MA: Addison-Wesley, 1995.
Maurer, P. M. *Component-Level Programming*. Upper Saddle River, NJ: Prentice-Hall, 2003.
Pfleeger, S. L. and J. M. Atlee. *Software Engineering: Theory and Practice*, 4th ed. Upper Saddle River, NJ: Prentice-Hall, 2010.
Pilone, D. *UML 2.0 in a Nutshell*. Cambridge, MA: O'Reilly Media, 2005.
Pressman, R. S. *Software Engineering: A Practitioner's Approach,* 7th ed. New York: McGraw-Hill, 2009.
Schach, S. R. *Classical and Object-Oriented Software Engineering*, 8th ed. New York: McGraw-Hill, 2010.
Shalloway, A. and J. R. Trott. *Design Patterns Explained,* 2nd ed. Boston, MA: Addison-Wesley, 2005.
Shneiderman, B., C. Plaisant, Cohen, M, and Jacobs S. *Designing the User Interface: Strategies for Effective Human-Computer Interaction*, 5th ed. Boston, MA: Addison-Wesley, 2009.
Sommerville, I. *Software Engineering*, 8th ed. Boston, MA: Addison-Wesley, 2006.

CAPÍTULO 8

Abstrações de Dados

Neste capítulo, investigamos como as organizações de dados, além das organizações célula a célula fornecidas pela memória principal de um computador, podem ser simuladas – tema conhecido como estruturas de dados. O objetivo é permitir que os usuários dos dados acessem conjuntos de dados como ferramentas abstratas, no lugar de forçar o usuário a pensar em termos da organização da memória principal do computador. Nosso estudo mostrará como o desejo de construir tais ferramentas abstratas levou ao conceito de objetos e de programação orientada a objetos.

8.1 Estruturas de dados básicas
Matrizes
Listas, pilhas e filas
Árvores

8.2 Conceitos relacionados
Abstração novamente
Estruturas estáticas versus estruturas dinâmicas
Ponteiros

8.3 Implementação de estruturas de dados
Armazenamento de matrizes
Armazenamento de listas
Armazenamento de pilhas e filas
Armazenamento de árvores binárias
Manipulação de estruturas de dados

8.4 Um breve estudo de caso

8.5 Tipos de dados customizados
Tipos de dados definidos pelo usuário
Tipos abstratos de dados

*8.6 Classes e objetos

*8.7 Ponteiros em linguagem de máquina

*Asteriscos indicam seções opcionais, disponíveis em www.grupoa.com.br

Introduzimos o conceito de estruturas de dados no Capítulo 6, no qual aprendemos que as linguagens de programação de alto nível fornecem técnicas por meio das quais os programadores podem expressar algoritmos como se os dados que estivessem sendo manipulados fossem armazenados de maneira diferente da organização célula a célula fornecida pela memória principal de um computador. Aprendemos também que as estruturas de programação que possuem suporte por meio de uma linguagem de programação são conhecidas como estruturas primitivas. Neste capítulo, exploraremos técnicas pelas quais as estruturas de dados além das estruturas primitivas da linguagem podem ser construídas e manipuladas – um estudo que nos levará das estruturas de dados tradicionais até o paradigma orientado a objetos. Um tema subjacente ao longo desta progressão é a construção de ferramentas abstratas.

8.1 Estruturas de dados básicas

Iniciamos nosso estudo com a introdução de algumas estruturas de dados básicas, que nos servirão de exemplos em seções futuras.

Matrizes

Na Seção 6.2, aprendemos sobre estruturas de dados conhecidas como matrizes homogêneas e heterogêneas. Lembre-se de que uma **matriz homogênea** é um bloco "retangular" de dados cujas entradas são do mesmo tipo. Em particular, uma matriz homogênea bidimensional consiste em linhas e colunas, nas quais as posições são identificadas por pares de índices – o primeiro índice identifica a linha associada à posição, o segundo índice identifica a coluna. Um exemplo seria uma matriz retangular de números representando as vendas mensais feitas por membros de uma equipe de vendas – as entradas ao longo de cada linha representando as vendas mensais feitas por um membro específico e as entradas para baixo de cada coluna representando as vendas de cada membro para um mês específico. Então, a entrada na terceira linha e primeira coluna representa as vendas feitas pela terceira pessoa em janeiro.

Em contraste com uma matriz homogênea, lembre-se de que uma **matriz heterogênea** é um bloco de itens de dados que podem ser de diferentes tipos. Os itens dentro do bloco são normalmente chamados de **componentes**. Um exemplo de uma matriz heterogênea seria o bloco de dados relacionado a um único empregado, e seus componentes poderiam ser o nome (do tipo caractere), a idade (do tipo inteiro) e uma avaliação de habilidades (do tipo real) do empregado.

Listas, pilhas e filas

Outra estrutura de dados básica é a **lista**, uma coleção cujas entradas são organizadas sequencialmente (Figura 8.1a). O início de uma lista é chamado de **cabeça** da lista. A outra extremidade da lista é chamada de **cauda**.

Praticamente qualquer coleção de dados pode ser imaginada como uma lista. Por exemplo, um texto pode ser imaginado como uma lista de

a. Uma lista de nomes   **b.** Uma pilha de livros   **c.** Uma fila de pessoas

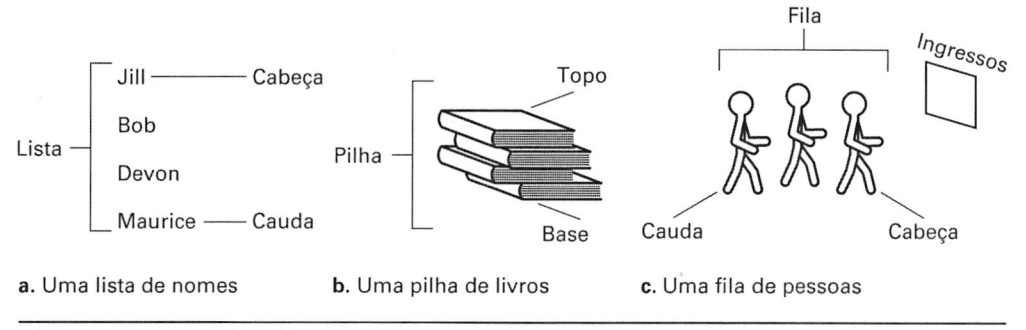

Figura 8.1 Lista, pilha e fila.

símbolos, uma matriz de duas dimensões pode ser imaginada como uma lista de linhas e uma música gravada em um CD pode ser imaginada como uma lista de sons. Exemplos mais tradicionais incluem listas de convidados, de compras, de matrículas em uma turma e de inventário. Tarefas associadas a uma lista variam dependendo da situação. Em alguns casos, podemos precisar remover entradas de uma lista, adicionar novas entradas em uma lista, "processar" as entradas em uma lista uma de cada vez, modificar a organização das entradas em uma lista ou buscar para ver se um item em particular está em uma lista. Investigaremos tais operações posteriormente neste capítulo.

Ao restringir a maneira pela qual as entradas de uma lista são acessadas, obtemos dois tipos especiais de listas, conhecidas como pilhas e filas. Uma **pilha** é uma lista na qual as entradas são apenas inseridas na e removidas da cabeça da lista. Um exemplo é uma pilha de livros, na qual restrições físicas ditam que todas as adições e remoções ocorrem no topo (Figura 8.1b). Seguindo uma terminologia coloquial, a cabeça de uma pilha é chamada de **topo** da pilha. A cauda de uma pilha é chamada de **fundo** ou **base**. A inserção de uma nova entrada no topo de uma pilha é chamada de *push*. A remoção de uma entrada do topo da pilha é chamada de *pop*. Note que a última entrada colocada em uma pilha será sempre a primeira entrada a ser removida – uma observação que leva uma pilha a ser conhecida como estrutura **LIFO** (*last-in, first-out* – último a entrar, primeiro a sair).

Essa última característica implica que uma pilha é ideal para armazenar itens que devem ser obtidos em ordem reversa da qual eles foram armazenados, então uma pilha é frequentemente usada como a base de atividades de retrocesso. (O termo **retroceder** refere-se ao processo de voltar atrás em um sistema na ordem oposta na qual o sistema foi usado. Um exemplo clássico é o processo de voltar os passos dados, de forma a encontrar a saída de uma floresta.) Por exemplo, considere a estrutura necessária para oferecer suporte a um processo recursivo. Como cada nova ativação é iniciada, a ativação anterior deve ser colocada de lado. Além disso, quando cada ativação for completada, a última ativação que foi posta de lado deve ser obtida. Então, se as ativações forem inseridas em uma pilha à medida que elas forem postas de lado, a ativação apropriada será aquela no topo da pilha a cada vez que uma ativação precisar ser recuperada.

Uma **fila** é uma lista na qual as entradas são removidas apenas na cabeça da lista, e as novas entradas são inseridas apenas na cauda. Um exemplo é uma fila de pessoas esperando para comprar ingressos em um teatro (Figura 8.1c) – a pessoa na cabeça da fila é atendida enquanto novas pessoas que chegam vão para o final (ou cauda) da fila. Já encontramos a estrutura de fila no Capítulo 3, no qual vimos que um sistema operacional de processamento em bloco armazena os trabalhos que estão esperando ser executados em uma fila chamada de fila de processos. Também aprendemos que uma fila é uma estrutura **FIFO** (*first-in, first-out* – primeiro a entrar, primeiro a sair), o que significa que as entradas são removidas de uma fila na ordem na qual elas foram armazenadas.

As filas são frequentemente usadas como a estrutura subjacente de um *buffer*, que, conforme apresentado no Capítulo 1, é uma área de armazenamento para a colocação temporária de dados que estão sendo transferidos de um local para outro. À medida que os dados chegam no *buffer*, eles são colocados na cauda da fila. Então, quando chega a vez de encaminhar os itens para seu destino final, eles são encaminhado na ordem na qual eles apareceram na cabeça da fila. Assim, os itens são encaminhados na mesma ordem em que chegaram.

Árvores

Uma **árvore** é uma coleção cujas entradas possuem uma organização hierárquica similar à de um organograma de uma companhia (Figura 8.2). O presidente é representado no topo, com linhas indo para baixo para os vice-presidentes, que são seguidos pelos gerentes regionais e assim por diante. A essa noção intuitiva de uma estrutura de árvore impomos uma restrição adicional: que (em termos de um organograma) nenhum indivíduo da companhia seja subordinado a dois superiores diferentes. Ou seja, diferentes ramos da organização não se mesclam em um nível mais baixo. (Já vimos

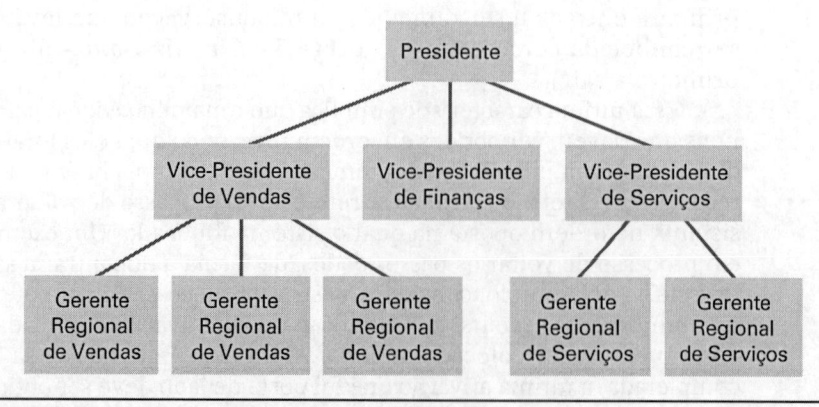

Figura 8.2 Exemplo de um organograma.

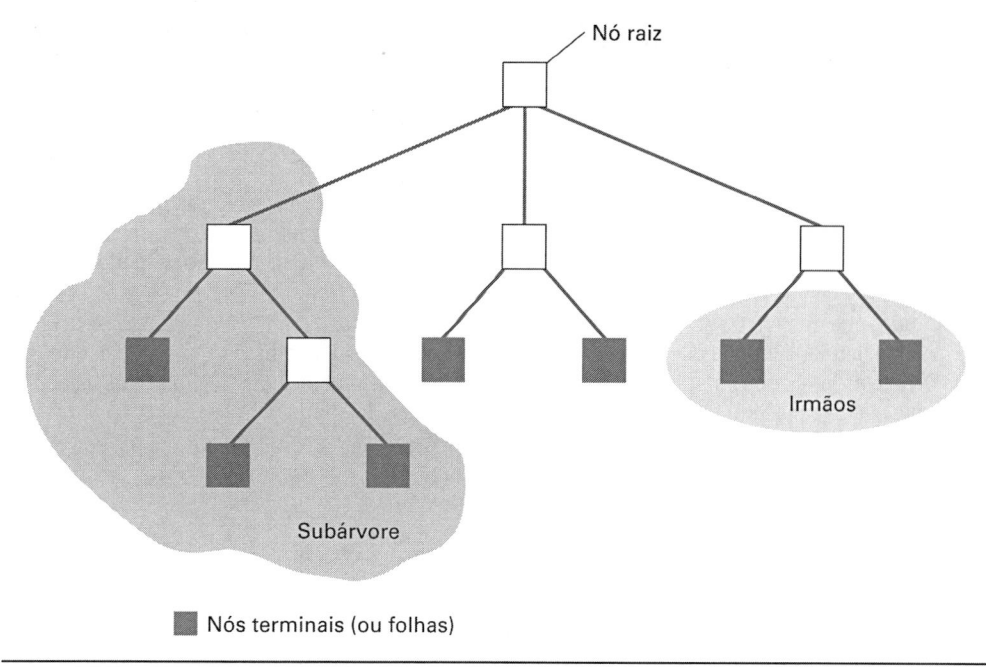

Figura 8.3 Terminologia de árvores.

exemplos de árvores no Capítulo 6, no qual elas apareceram na forma de árvores de análise sintática.)

Cada posição em uma árvore é chamada de **nó** (Figura 8.3). O nó no topo é chamado de **nó raiz** (se virássemos a figura de baixo para cima, esse nó representaria a base ou a raiz da árvore). Os nós no outro extremo são chamados de **nós terminais** (ou de **nós folha**). Frequentemente, referimo-nos ao número de nós no caminho mais longo da raiz até uma folha como a **profundidade** da árvore. Em outras palavras, a profundidade de uma árvore é o número de camadas horizontais dentro dela.

Às vezes, fazemos referência às estruturas de árvores como se cada nó desse origem aos nós imediatamente abaixo. Nesse sentido, frequentemente falamos dos ancestrais de um nó ou dos seus descendentes. Referimo-nos aos seus descendentes diretos como seus **filhos**, e a seus ancestrais diretos como seu **pai**. Além disso, falamos de nós com o mesmo pai como sendo **irmãos**. Uma árvore na qual cada pai não tem mais que dois filhos é chamada de **árvore binária**.

Se selecionarmos qualquer nó em uma árvore, descobriremos que esse nó, juntamente aos nós abaixo dele, também terão a estrutura de uma árvore. Chamamos essas estruturas menores de **subárvores**. Então, cada nó filho é a raiz de uma subárvore abaixo de seu pai. Cada uma dessas subárvores é chamada de um **ramo** a partir do pai. Em uma árvore binária, frequentemente falamos do ramo à esquerda do nó ou de ramo à direita em referência à maneira pela qual a árvore é mostrada.

Questões e exercícios

1. Dê exemplos (fora da ciência da computação) de cada uma das seguintes estruturas: listas, pilhas, filas e árvores.
2. Resuma as distinções entre listas, pilhas e filas.
3. Suponha que a letra A fosse inserida em uma pilha vazia, seguida das letras B e C, nessa ordem. Então, suponha que uma letra fosse retirada da pilha e as letras D e E fossem inseridas. Liste as letras que estariam na pilha na ordem em que elas apareceriam do topo até a base. Se uma letra fosse removida da pilha, que letra seria obtida?
4. Suponha que a letra A fosse inserida em uma fila vazia, seguida das letras B e C, nessa ordem. Então, suponha que uma letra fosse retirada da fila e as letras D e E fossem inseridas. Liste as letras que estariam na fila na ordem em que elas apareceriam da frente até a cauda da fila. Se uma letra fosse removida da fila, que letra seria obtida?
5. Suponha que uma árvore tenha quatro nós: A, B, C e D. Se A e C são irmãos e o pai de D é A, que nós são nós folha? Quem é o nó raiz da árvore?

8.2 Conceitos relacionados

Nesta seção, isolamos três tópicos fortemente relacionados ao assunto de estruturas de dados: abstração, distinção entre estruturas estáticas e estruturas dinâmicas e conceito de ponteiro.

Abstração novamente

As estruturas apresentadas na seção anterior são frequentemente associadas a dados. Entretanto, a memória principal de um computador não é organizada por matrizes, listas, pilhas, filas e árvores, mas na forma de uma sequência de células de memória endereçáveis. Então, todas as outras estruturas precisam ser simuladas. Como essa simulação ocorre é o assunto deste capítulo. Por enquanto, nós simplesmente apontamos que organizações como matrizes, listas, pilhas, filas e árvores são ferramentas abstratas criadas de forma que os usuários dos dados possam ser protegidos dos detalhes do armazenamento real de dados e que seja permitido a ele acessar as informações como se elas estivessem armazenadas em um formato mais conveniente.

O termo *usuário*, neste contexto, não necessariamente refere-se a um humano. No lugar disso, o significado da palavra depende de nossa perspectiva no momento. Se estivermos pensando em termos de uma pessoa usando um PC para manter os registros de uma liga de boliche, então o usuário é um humano. Nesse caso, o software aplicativo (talvez um pacote de software de planilha eletrônica) seria responsável por apresentar os dados em uma forma abstrata conveniente ao humano, provavelmente como uma matriz homogênea. Se estivermos pensando em termos de um servidor na Internet, então o usuário poderia ser um cliente. Nesse caso, o servidor seria responsável por apresentar os dados em uma forma abstrata conveniente ao cliente. Se estivermos pensando em termos da estrutura modular de um programa, então o usuário poderia ser qualquer módulo que estivesse requerendo acesso aos dados. Nesse caso, o módulo contendo os dados seria responsável por apresentar os dados em uma forma abstrata conveniente aos outros módulos. Em cada um desses cenários, a linha comum é que o usuário tem o privilégio de acessar os dados como uma ferramenta abstrata.

Estruturas estáticas versus estruturas dinâmicas

Uma importante distinção na construção de estruturas de dados abstratas é se a estrutura que está sendo simulada é estática ou dinâmica, ou seja, se a forma ou o tamanho da estrutura mudam com o tempo. Por exemplo, se a ferramenta abstrata é uma lista de nomes, é importante considerar se a lista permanecerá com um tamanho fixo ao longo de sua existência ou se ela se expandirá e encolherá à medida que os nomes forem sendo adicionados ou apagados.

Como regra geral, as estruturas estáticas são mais facilmente gerenciadas que as dinâmicas. Se uma estrutura é estática, precisamos simplesmente fornecer um meio de modificar os valores em posições designadas. Contudo, se a estrutura for dinâmica, enfrentaremos também problemas de adicionar e apagar entradas, assim como de espaço de memória para uma estrutura de dados em crescimento. No caso de uma estrutura pobremente projetada, adicionar uma nova entrada poderia resultar em uma reorganização massiva da estrutura, e um crescimento excessivo poderia exigir a transferência de toda a estrutura para outra área de memória com mais espaço disponível.

Ponteiros

Lembre-se de que as várias células na memória principal de uma máquina são identificadas por endereços numéricos. Sendo valores numéricos, esses endereços propriamente ditos podem ser codificados e armazenados em células de memória. Um **ponteiro** é uma área de armazenamento que contém um desses endereços codificados. No caso de estruturas de dados, os ponteiros são usados para gravar a posição na qual os itens de dados estão armazenados. Por exemplo, se precisássemos mover repetidamente um item de dados de uma posição para outra, poderíamos designar uma posição fixa para servir como um ponteiro. Então, cada vez que movêssemos um item, poderíamos atualizar o ponteiro para refletir o novo endereço dos dados. Posteriormente, quando precisássemos acessar o item de dados, poderíamos encontrá-lo por meio do ponteiro. Na verdade, o ponteiro sempre "apontará" para os dados.

Já encontramos o conceito de um ponteiro em nosso estudo de CPUs no Capítulo 2. Lá, descobrimos que um registro chamado de contador de programa é usado para manter o endereço da próxima instrução a ser executada. Então, o contador de programa desempenha o papel de um ponteiro. Aliás, outro nome para um contador de programa é **ponteiro de instrução**.

Como um exemplo da aplicação de ponteiros, suponha que tivéssemos uma lista de romances armazenados alfabeticamente, pelo título, na memória de um computador. Apesar de conveniente em muitas aplicações, esse arranjo torna difícil encontrar todos os romances de um autor específico – eles estão espalhados ao longo da lista. Para solucionar este problema, podemos reservar uma célula de memória adicional dentro de cada bloco de células representando um romance e usar esta célula como um ponteiro

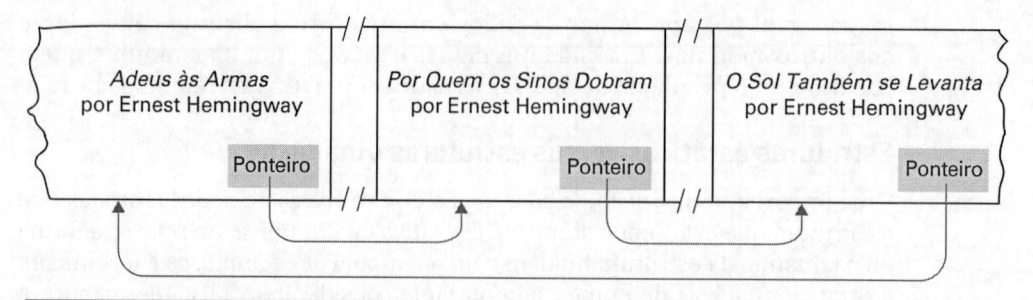

```
┌─────────────────┐   ┌─────────────────────┐   ┌──────────────────────┐
│  Adeus às Armas │   │ Por Quem os Sinos   │   │ O Sol Também se      │
│  por Ernest     │   │ Dobram              │   │ Levanta              │
│  Hemingway      │   │ por Ernest Hemingway│   │ por Ernest Hemingway │
│        [Ponteiro]   │         [Ponteiro]  │         [Ponteiro]      │
└─────────────────┘   └─────────────────────┘   └──────────────────────┘
```

Figura 8.4 Romances organizados por título, mas ligados de acordo com a autoria.

para outro bloco representando um livro do mesmo autor. Dessa maneira, os romances com autores em comum podem ser ligados em um laço (Figura 8.4). Uma vez que encontrarmos um romance de um dado autor, podemos encontrar todos eles seguindo os ponteiros de um livro para o outro.

Muitas linguagens de programação modernas incluem ponteiros como tipos de dados primitivos. Ou seja, permitem a declaração, a alocação e a manipulação de ponteiros de maneira que faz lembrar os inteiros e as cadeias de caracteres. Usando uma dessas linguagens, um programador pode projetar redes elaboradas de dados dentro da memória de uma máquina em que os ponteiros são usados para ligar itens relacionados uns aos outros.

Questões e exercícios

1. Em que sentido estruturas de dados como matrizes, listas, pilhas, filas e árvores são abstrações?
2. Descreva uma aplicação que você esperaria que envolvesse uma estrutura de dados estática. Depois, descreva uma aplicação que esperaria que envolvesse uma estrutura de dados dinâmica.
3. Descreva contextos fora da ciência da computação nos quais o conceito de ponteiros ocorre.

8.3 Implementação de estruturas de dados

Consideremos agora maneiras como as estruturas de dados discutidas na seção anterior poderiam ser armazenadas na memória principal de um computador.

Armazenamento de matrizes

Iniciamos com técnicas para armazenar matrizes. Como vimos no Capítulo 6, estas estruturas são frequentemente fornecidas como estruturas primitivas em linguagens de programação de alto nível. Nosso objetivo, aqui, é entender como programas que tratam de tais estruturas são traduzidos em programas em linguagem de máquina que manipulam dados armazenados em memória principal.

Matrizes homogêneas Suponha que quiséssemos armazenar uma sequência de 24 leituras de temperaturas correspondentes a cada hora do dia e que cada uma delas requer uma célula de memória de espaço de armazenamento. Além disso, suponha que quiséssemos identificar essas leituras por suas posições na sequência. Ou seja, queremos ser capazes de acessar a primeira ou a quinta leitura. Em resumo, queremos manipular a sequência como se ela fosse uma matriz homogênea de uma dimensão.

Podemos alcançar esse objetivo meramente armazenando as leituras em uma sequência de 24 células de memória com endereços consecutivos. Então, se o endereço da primeira célula na sequência é x, a posição de qualquer leitura de temperatura pode ser computada ao subtrairmos um do índice da leitura desejada e, então, adicionarmos x ao resultado. Em particular, a quarta leitura seria localizada no endereço $x + (4 - 1)$, conforme mostrado na Figura 8.5.

Essa técnica é usada pela maioria de tradutores de linguagens de programação de alto nível para implementar matrizes homogêneas de uma dimensão. Quando o tradutor encontra uma sentença de declaração como

```
int Readings[24];
```

declarando que o termo Readings (leituras) deve fazer referência a uma matriz de uma dimensão de 24 valores inteiros, o tradutor organiza 24 células de memória consecutivas a serem postas de lado. Posteriormente no programa, se ele encontrar a sentença de atribuição

```
Readings[4] ← 67;
```

requerendo que o valor 67 seja colocado na quarta entrada da matriz Readings, o tradutor constrói a sequência de instruções de máquina necessárias para colocar o valor 67 na célula de memória no endereço $x + (4 - 1)$, onde x é o endereço da primeira célula no bloco associado à matriz Readings. Dessa maneira, o programador pode escrever o programa como se as leituras de temperatura fossem, de fato, armazenadas em uma matriz de uma dimensão.

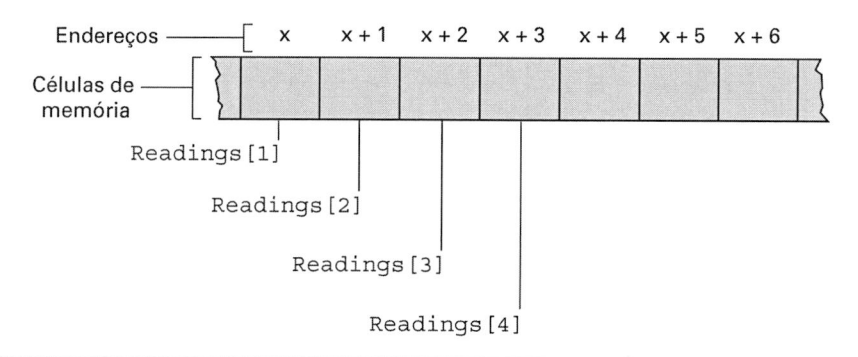

Figura 8.5 Matriz de leituras de temperaturas armazenada em memória iniciando no endereço x.

(Cuidado: nas linguagens C, C++, C# e Java, os índices de matrizes iniciam em 0 em vez de 1, de forma que a quarta leitura seria referenciada por Readings[3]. Veja a Questão/Exercício 3 no fim desta seção.)

Agora, suponha que quiséssemos gravar as vendas feitas por uma equipe de vendas de uma empresa durante um período de uma semana. Neste caso, poderíamos imaginar os dados organizados em uma matriz homogênea de duas dimensões, na qual os valores ao longo de cada linha indicam as vendas feitas por um empregado específico, e os valores para baixo em uma coluna representam todas as vendas feitas durante um dia específico.

Para acomodar essa necessidade, primeiro reconhecemos que a matriz é estática, no sentido de que seu tamanho não varia à medida que atualizações vão sendo feitas. Podemos, então, calcular a quantidade de área de armazenamento necessária para a matriz inteira e reservar um bloco de células de memória contíguas desse tamanho. A seguir, armazenamos os dados na matriz linha por linha. Iniciando na primeira célula do bloco reservado, armazenamos os valores da primeira linha da matriz em posições consecutivas de memória; seguindo dessa forma, armazenamos a próxima linha, então a próxima e assim por diante (Figura 8.6). Diz-se que tal sistema de armazenamento usa a **ordem principal de linhas**, em contraste com a **ordem principal de colunas**, na qual a matriz é armazenada coluna a coluna.

Com os dados armazenados nessa forma, consideremos como poderíamos encontrar o valor na terceira linha e quarta coluna da matriz. Imagine que estivéssemos na primeira posição da área reservada da memória da máquina. Iniciando dessa posição, encontraríamos os dados da primeira linha da matriz, seguidos pelos dados da segunda, então da terceira e assim por diante. Para chegar à terceira linha, devemos ir além da primeira e da segunda linhas. Como cada linha contém cinco entradas (uma para cada dia da semana, de segunda a sexta), devemos nos mover um total de 10 entradas para alcançar a primeira entrada da terceira linha. A partir deste ponto, devemos ir além de outras três entradas para chegar na entrada da quarta coluna da linha. Ao todo, para chegar à entrada na terceira linha e quarta coluna, devemos nos mover 13 entradas a partir do início do bloco.

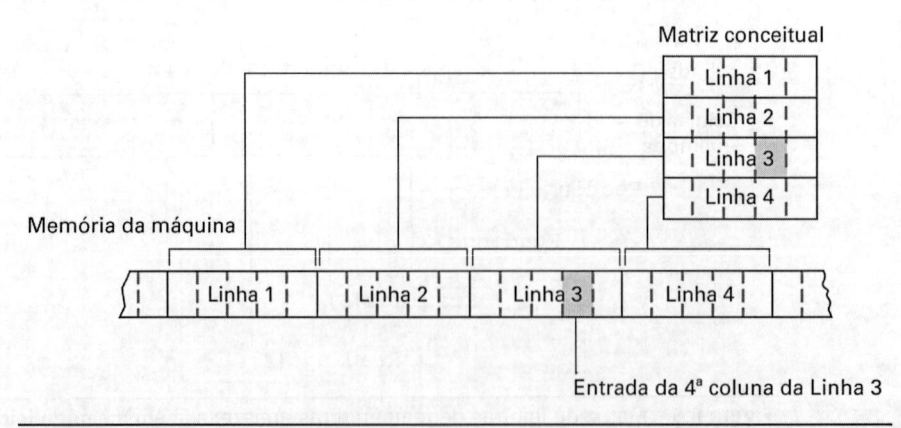

Figura 8.6 Matriz de duas dimensões com quatro linhas e cinco colunas armazenadas na ordem principal de linhas.

Implementação de listas contíguas

As primitivas para construir e manipular matrizes fornecidas na maioria das linguagens de programação de alto nível são ferramentas convenientes para construir e manipular listas contíguas. Se as entradas da lista são todas do mesmo tipo de dados primitivo, então a lista nada mais é que uma matriz homogênea de uma dimensão. Um exemplo um pouco mais elaborado é uma lista de dez nomes, no qual cada um deles não é maior que oito caracteres, como discutido no texto. Nesse caso, um programador poderia construir a lista contígua como uma matriz bidimensional de caracteres com dez linhas e oito colunas, o que produziria a estrutura representada na Figura 8.6 (assumindo que a matriz seja armazenada em ordem maior de linhas).

Muitas linguagens de alto nível incorporam características que incentivam tais implementações de listas. Por exemplo, suponha que a matriz bidimensional de caracteres proposta acima fosse chamada de `ListaDeMembros`. Então, além da notação tradicional na qual a expressão `ListaDeMembros[3,5]` se refere ao caractere único na terceira linha e quinta coluna, algumas linguagens adotam a expressão `ListaDeMembros[3]` para se refererir a toda terceira linha, que seria a terceira entrada da lista.

O cálculo anterior pode ser generalizado para obtermos uma fórmula para converter referências em termos de posições de linhas e de colunas em endereços reais de memória. Em particular, se c representar o número de colunas em uma matriz (que é o numero de entradas em cada linha), o endereço da entrada na i-ésima linha e na j-ésima coluna seria

$$x + (c \times (i - 1)) + (j - 1)$$

onde x é o endereço da célula contendo a entrada da primeira linha e primeira coluna. Ou seja, devemos nos mover $i - 1$ linhas além, onde cada uma contém c entradas, para alcançar a i-ésima linha, e então mais $j - 1$ entradas para alcançar a j-ésima entrada nessa linha. Em nosso exemplo anterior: $c = 5$, $i = 3$, $j = 4$; então se a matriz fosse armazenada iniciando no endereço x, a entrada na terceira linha, quarta coluna estaria no endereço $x + (5 \times (3 - 1)) + (4 - 1) = x + 13$. A expressão $(c \times (i - 1)) + (j - 1)$ é chamada de **endereço polinomial**.

Mais uma vez, essa é a técnica usada pela maioria dos tradutores de linguagens de programação de alto nível. Quando se deparam com a sentença de declaração

```
int Sales[8, 5];
```

declarando que o termo `Sales` (vendas) deve se referir a uma matriz bidimensional de valores inteiros com 8 linhas e 5 colunas, o tradutor organiza 40 células de memória consecutivas a serem reservadas. Posteriormente, se ele encontra a sentença de atribuição

```
Sales[3, 4] ← 5;
```

requerendo que o valor 5 seja colocado na entrada na terceira linha e quarta coluna da matriz `Sales`, ele constrói a sequência de instruções de máquina necessárias para colocar o valor 5 na célula de memória cujo endereço é $x + (5 \times (3 - 1)) + (4 - 1)$, onde x é o endereço da primeira célula no bloco associado com a matriz `Sales`. Dessa maneira, o programador pode escrever o programa como se as vendas fossem de fato armazenadas em uma matriz de duas dimensões.

Matrizes heterogêneas Agora, suponha que quiséssemos armazenar uma matriz heterogênea Employee (empregado), consistindo em três componentes: Name (nome), do tipo caractere, Age (idade), do tipo inteiro, e SkillRating (avaliação de habilidades), do tipo real. Se o número de células de memória necessárias por cada componente for fixo, então podemos armazenar a matriz em um bloco de células consecutivas. Por exemplo, suponha que o componente Name requeira no máximo 25 células, Age requeira apenas uma célula e SkillRating requeira apenas uma célula. Então, poderíamos reservar um bloco de 27 células contíguas, armazenando o nome nas primeiras 25 células, a idade na 26ª célula e a avaliação de habilidades na última célula (Figura 8.7a).

Com essa organização, seria fácil acessar os diferentes componentes dentro da matriz. Se o endereço da primeira célula fosse x, então qualquer referência a Employee.Name (significando o componente Name dentro da matriz Employee) seria traduzido para as 25 células iniciando no endereço x, e uma referência a Employee.Age (o componente Age dentro de Employee) seria traduzido para a célula no endereço $x + 25$. Em particular, se um tradutor encontrasse uma sentença como

```
Employee.Age ← 22;
```

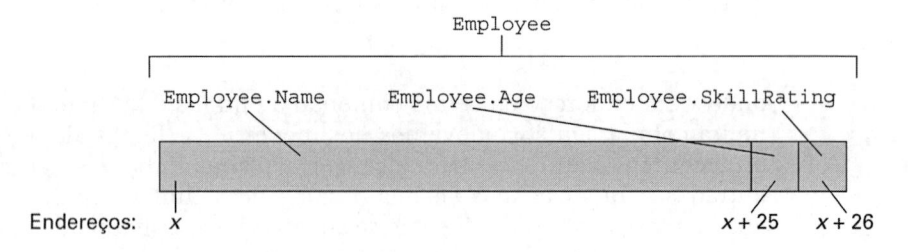

a. Matriz armazenada em um bloco contíguo

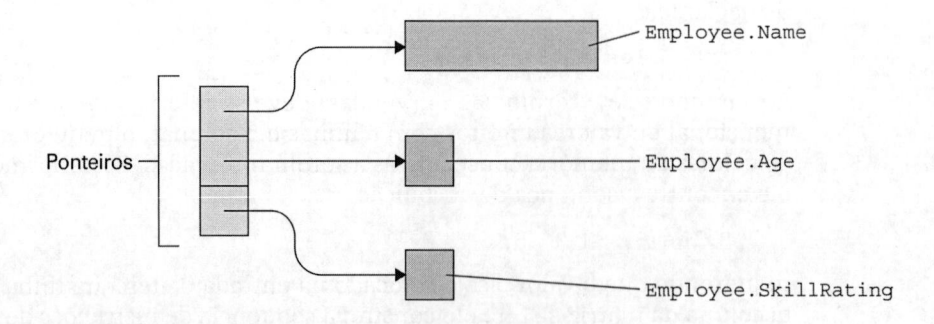

b. Componentes da matriz armazenados em locais separados

Figura 8.7 Armazenamento da matriz heterogênea Employee.

em um programa de alto nível, ele meramente construiria as instruções em código de máquina necessárias para colocar o valor 22 na célula de memória cujo endereço é $x + 25$. Ou, se o empregado do mês (EmployeeOfMonth) fosse definido como uma matriz similar armazenada no endereço y, então a sentença

```
EmployeeOfMonth ← Employee;
```

seria traduzida para uma sequência de instruções que copia o conteúdo das 27 células iniciando no endereço x para as 27 células iniciando no endereço y.

Uma alternativa para o armazenamento de uma matriz heterogênea em um bloco de células de memória contíguas é armazenar cada componente em uma posição separada e, então, ligá-los por meio de ponteiros. Mais precisamente, se a matriz contiver três componentes, encontramos um lugar na memória para armazenar três ponteiros, cada um deles apontando para um dos componentes (Figura 8.7b). Se esses ponteiros forem armazenados em um bloco iniciando no endereço x, então o primeiro componente pode ser encontrado seguindo o ponteiro armazenado na posição x, o segundo pode ser encontrado seguindo o ponteiro armazenado na posição $x + 1$ e assim por diante.

Essa organização é especialmente útil em casos nos quais o tamanho dos componentes da matriz é dinâmico. Por exemplo, ao usar o sistema de ponteiros, o tamanho do primeiro componente pode ser aumentado simplesmente por meio da busca por mais área em memória para manter o componente maior e do ajuste do ponteiro apropriado para apontar para a nova posição. No entanto, se a matriz fosse armazenada em um bloco contíguo, a matriz inteira precisaria ser alterada.

Armazenamento de listas

Consideremos agora técnicas para armazenar uma lista de nomes na memória principal de um computador. Uma estratégia é armazenar a lista inteira em um único bloco de células de memória com endereços consecutivos. Assumindo que cada nome não tem mais de oito letras, podemos dividir o bloco grande de células em uma coleção de sub-blocos, cada um deles contendo oito células. Em cada sub-bloco, podemos armazenar um nome por meio da gravação de seu código ASCII usando uma célula por letra. Se o nome sozinho não preencher todas as células no sub-bloco alocado a ele, podemos meramente preencher as células restantes com o código ASCII de um espaço. Usar esse sistema requer um bloco consecutivo de 80 células de memória para armazenar uma lista de 10 nomes.

Esse sistema de armazenamento é resumido na Figura 8.8. O ponto importante é que a lista inteira é armazenada em um único grande bloco de memória, com entradas sucessivas seguindo umas as outras em células de memória contígua. Tal organização é chamada de **lista contígua**.

Uma lista contígua é uma estrutura conveniente de armazenamento para implementar listas estáticas, mas tem desvantagens no caso de listas dinâmicas, nas quais a exclusão e a inclusão de nomes pode levar a um demorado baralhar de entradas. Em um cenário de pior caso, a adição de

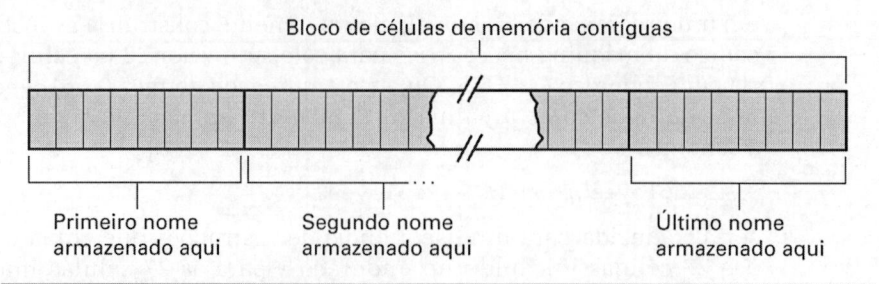

Figura 8.8 Nomes armazenados em memória como uma lista contígua.

entradas poderia criar a necessidade de mover a lista inteira para uma nova posição, buscando obter um bloco de células disponíveis grande o suficiente para a lista expandida.

Esses problemas podem ser simplificados se permitíssemos que as entradas individuais em uma lista fossem armazenadas em diferentes áreas de memória, ao invés de juntas em um grande bloco contíguo. Para explicar, vamos reconsiderar nosso exemplo de armazenar uma lista de nomes (no qual cada nome não tem mais de oito caracteres de tamanho). Desta vez, armazenamos cada nome em um bloco de nove células de memória contíguas. As primeiras oito destas células são usadas para armazenar o nome propriamente dito, e a última célula é usada como um ponteiro para o próximo nome na lista. Seguindo essa organização, a lista pode estar espalhada entre diversos pequenos blocos de nove células ligados por ponteiros. Por causa desse sistema de ligação, tal organização é chamada de **lista encadeada**.

Para acompanhar o início de uma lista encadeada, mantemos outro ponteiro, no qual gravamos o endereço da primeira entrada. Como esse ponteiro aponta para o início, ou cabeça, da lista, ele é chamado de **ponteiro de início**.

Para marcar o final de uma lista encadeada, usamos um **ponteiro NIL** (também conhecido como **ponteiro NULL**), que é meramente um padrão de bits especial colocado na célula de ponteiro da última entrada para indicar que nenhuma entrada adicional existe na lista. Por exemplo, se concordamos em nunca armazenar uma entrada na lista no endereço 0, o valor zero nunca aparecerá como um ponteiro legítimo e, logo, pode ser usado como um ponteiro NIL.

A estrutura final de lista encadeada é representada pelo diagrama na Figura 8.9, na qual retratamos os blocos de memória espalhados usados pela lista de retângulos individuais. Cada retângulo é rotulado para indicar sua composição. Cada ponteiro é representado por uma seta, que leva do ponteiro para a célula endereçada por ele. Percorrer a lista implica seguir o ponteiro de início para encontrar a primeira entrada. A partir dela, seguimos os ponteiros armazenados com as entradas para pular de uma entrada para a próxima até que o ponteiro NIL seja alcançado.

Para analisar as vantagens de uma lista encadeada em relação a uma lista contígua, considere a tarefa de excluir uma entrada. Em uma lista contígua, isso criaria um buraco, o que significa que as entradas que seguem a entrada apagada teriam de ser movidas para frente para manter a lista contígua. Entretanto, no caso de uma lista encadeada, uma entrada pode ser apagada mudando-se

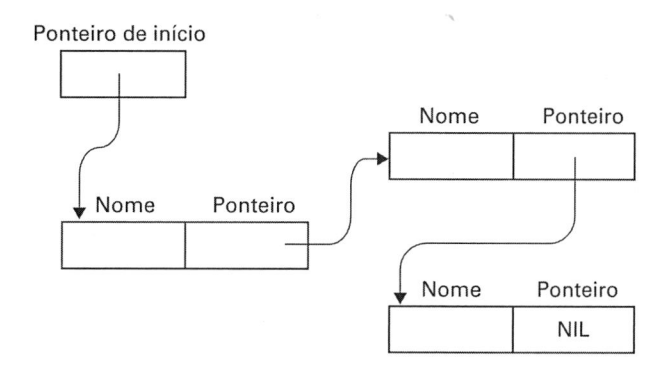

Figura 8.9 Estrutura de uma lista encadeada.

um único ponteiro. Isso é feito trocando o ponteiro que anteriormente apontava para a entrada apagada, de forma que ele aponte para a entrada seguinte à entrada apagada (Figura 8.10). A partir disso, quando a lista é percorrida, a entrada excluída é ignorada, pois não faz mais parte da cadeia.

Inserir uma nova entrada em uma lista encadeada é apenas um pouco mais complexo. Primeiro, encontramos um bloco de células de memória não usado, grande o suficiente para manter a nova entrada, e um ponteiro. Aqui, armazenamos a nova entrada e preenchemos o ponteiro com o endereço da entrada na lista que deve seguir a nova entrada. Por fim, modificamos o ponteiro associado à entrada que deveria preceder a nova entrada, de forma que ela aponte para a nova entrada (Figura 8.11). Após fazermos essa mudança, a nova entrada será encontrada no local apropriado cada vez que a lista for percorrida.

Um problema com ponteiros

Assim como o uso de fluxogramas leva a projetos de algoritmos emaranhados (Capítulo 5) e o uso ocasional de sentenças goto leva a programas pobremente projetados (Capítulo 6), descobriu-se que o uso indisciplinado de ponteiros produz complexidade desnecessária e estruturas de dados propensas a erros. Para trazer ordem ao caos, muitas linguagens de programação restringem a flexibilidade dos ponteiros. Por exemplo, Java não permite ponteiros em sua forma geral; permite apenas uma forma restrita de ponteiros, chamada de referência. Uma distinção é que uma referência não pode ser modificada por uma operação aritmética. Por exemplo, se um programador Java quisesse avançar a referência Next (próxima) para a próxima entrada em uma lista contígua, ele usaria uma sentença equivalente a

    redirecione Next para a próxima entrada da lista

enquanto um programador C usaria uma sentença equivalente

    atribua a Next o valor Next + 1

Note que a sentença Java reflete melhor o objetivo subjacente. Além disso, para executar a sentença Java, deve existir outra entrada na lista, mas se Next já apontasse para a última entrada da lista, a sentença em C resultaria no ponteiro Next apontando para algo fora da lista – um erro comum para programadores C iniciantes e até mesmo para programadores experientes.

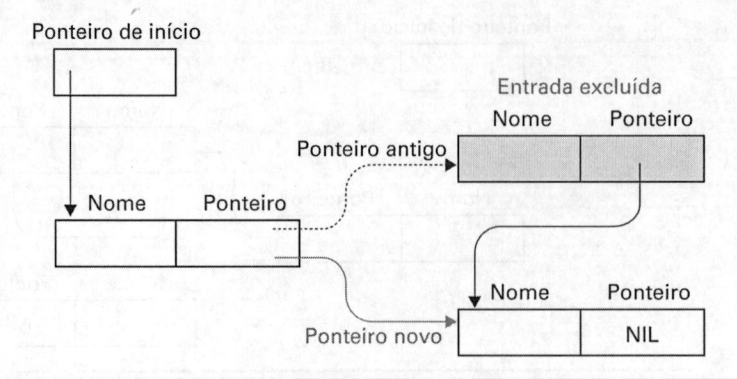

Figura 8.10 Apagamento de uma entrada de uma lista encadeada.

Armazenamento de pilhas e filas

Para armazenar pilhas e filas, uma organização similar a uma lista contígua é frequentemente usada. No caso de uma pilha, um bloco de memória, grande o suficiente para acomodar a pilha em seu tamanho máximo, é reservado. (Determinar o tamanho deste bloco pode frequentemente ser uma decisão de projeto crítica. Se pouco espaço for reservado, a pilha excederá a área de armazenamento delimitada; entretanto, se muito espaço for reservado, o espaço em memória será perdido.) Uma extremidade deste bloco é designada a base da pilha. É nele que a primeira entrada a ser inserida na pilha é armazenada. Então, cada entrada adicional é colocada ao lado de sua predecessora à medida que a pilha cresce em direção à outra extremidade do bloco reservado.

Observe que, à medida que as entradas são inseridas e removidas, a posição do topo da pilha se moverá para frente e para trás dentro do bloco reservado de células de memória. Para acompanhar essa posição, seu endereço é

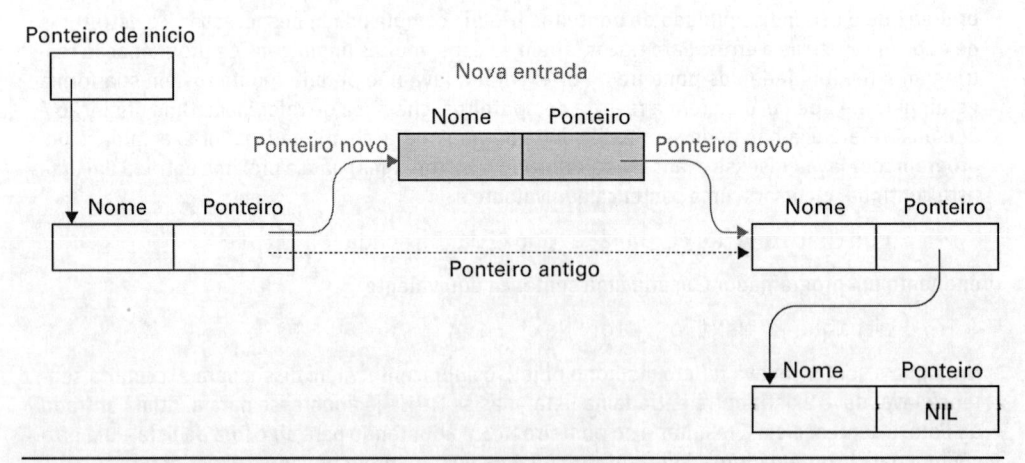

Figura 8.11 Inserção de uma entrada em uma lista encadeada.

armazenado em uma célula adicional de memória conhecido como **ponteiro de pilha**. Ou seja, o ponteiro de pilha é um ponteiro para o topo da pilha.

O sistema completo, como ilustrado na Figura 8.12, funciona como segue: para inserir uma nova entrada na pilha, primeiro ajustamos o ponteiro da pilha para apontar para o local vago logo além do topo da pilha e, então, colocamos a nova entrada nessa posição. Para remover uma entrada da pilha, lemos os dados apontados pelo ponteiro de pilha e o ajustamos para apontar para a próxima entrada abaixo na pilha.

A implementação tradicional de uma fila é similar à de uma pilha. Mais uma vez, reservamos um bloco de células contíguas na memória principal, grande o suficiente para manter a fila em seu tamanho máximo projetado. Entretanto, no caso de uma fila, precisamos realizar as operações em ambas as extremidades da estrutura. Então, reservamos duas células de memória para usar como ponteiros, em vez de apenas uma como fizemos para uma pilha. Um desses ponteiros, chamado **ponteiro de início**, acompanha a cabeça da fila; o outro, chamado de **ponteiro de fim**, acompanha a cauda da fila. Quando a fila está fazia, ambos os ponteiros apontam para a mesma posição (Figura 8.13). Cada vez que uma entrada é inserida na fila, ela é colocada na posição apontada pelo ponteiro de fim, então o ponteiro de fim é ajustado para apontar para a próxima posição não usada. Dessa maneira, o ponteiro de fim está sempre apontando para a primeira posição livre no final da fila. Remover uma entrada da fila implica extrair a entrada apontada pelo ponteiro de início e, então, ajustar esse ponteiro para que aponte para a próxima entrada na fila.

Um problema com o sistema de armazenamento descrito até agora é que, à medida que as entradas são inseridas e removidas, a fila desliza através da memória como um iceberg (veja a Figura 8.13 novamente). Então, precisamos de um mecanismo para confinar a fila a seu bloco de memória reservado. A solução é simples. Deixamos a fila migrar ao longo do bloco. Então, quando o fim da fila alcançar o fim do bloco, começamos a inserir entradas adicionais de volta no fim original do bloco que, há essa hora, já deve estar vazio. De maneira similar, quando a última entrada no bloco finalmente tornar-se o início da fila e essa entrada for removida, o ponteiro de início é ajustado de volta para o início do bloco no qual as outras entradas estão esperando. Dessa maneira, a fila persegue a si mesma em torno do bloco, como se as extremidades do bloco fossem conectadas para formar um laço (Figura 8.14). O resultado é uma implementação chamada de **fila circular**.

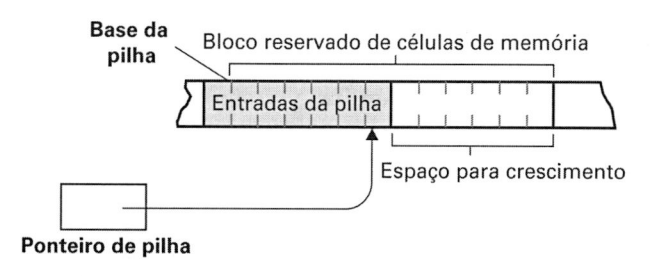

Figura 8.12 Uma pilha na memória.

a. Fila vazia

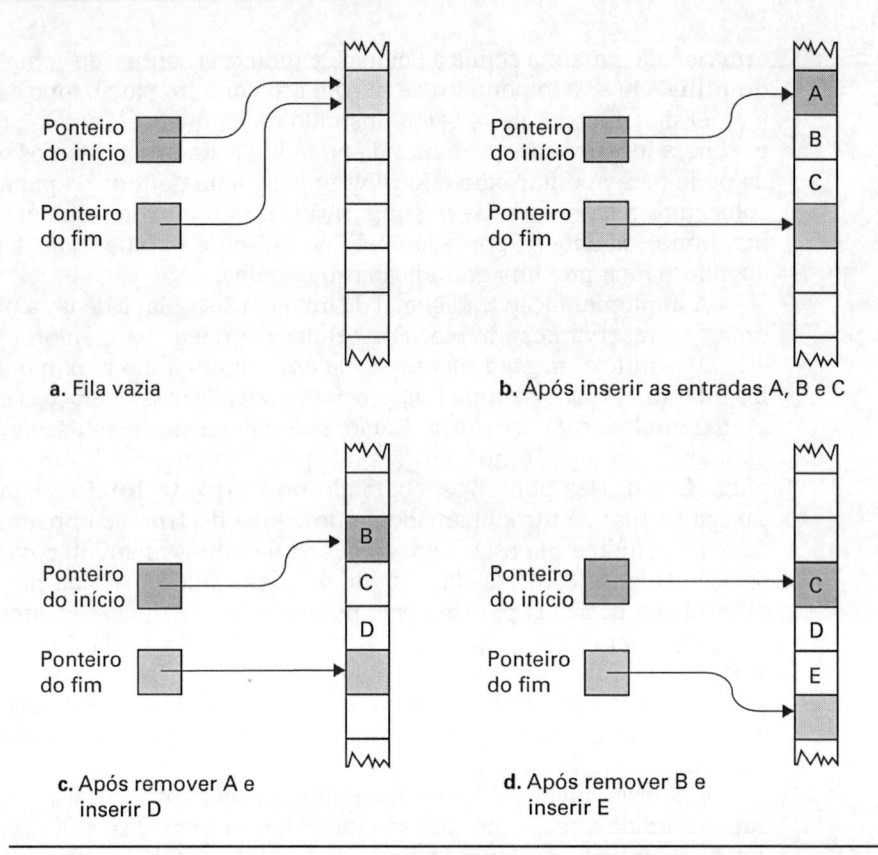

b. Após inserir as entradas A, B e C

c. Após remover A e inserir D

d. Após remover B e inserir E

Figura 8.13 Implementação de fila com ponteiros para o início e para o fim. Note como a fila se arrasta através da memória à medida que as entradas são inseridas e removidas.

Armazenamento de árvores binárias

Para discutirmos as técnicas de armazenamento de árvores, restringiremos nossa atenção às árvores binárias, árvores nas quais cada nó possui no máximo dois filhos. Tais árvores são normalmente armazenadas em memória usando uma estrutura encadeada similar à das listas encadeadas. Entretanto, em vez de cada entrada consistir em dois componentes (os dados seguidos por um ponteiro para a próxima entrada), cada entrada (ou nó) da árvore binária contém três componentes: (1) os dados, (2) um ponteiro para o primeiro filho do nó e (3) um ponteiro para o segundo filho do nó. Apesar de não existir esquerda ou direita dentro de uma máquina, é útil nos referirmos ao primeiro ponteiro como o **ponteiro do filho da esquerda** e ao outro ponteiro como o **ponteiro do filho da direita**, em referência à maneira pela qual desenhamos a árvore no papel. Então, cada nó da árvore é representado por um pequeno bloco contíguo de células de memória com o formato mostrado na Figura 8.15.

Armazenar a árvore em memória envolve encontrar blocos disponíveis de células de memória para manter os nós e ligar esses nós de acordo com a estrutura de árvore desejada. Cada ponteiro deve ser configurado para apontar para o filho da esquerda ou da direita do nó pertinente ou do

Primeira célula do bloco

Ponteiro do início
Ponteiro do fim

Última célula do bloco

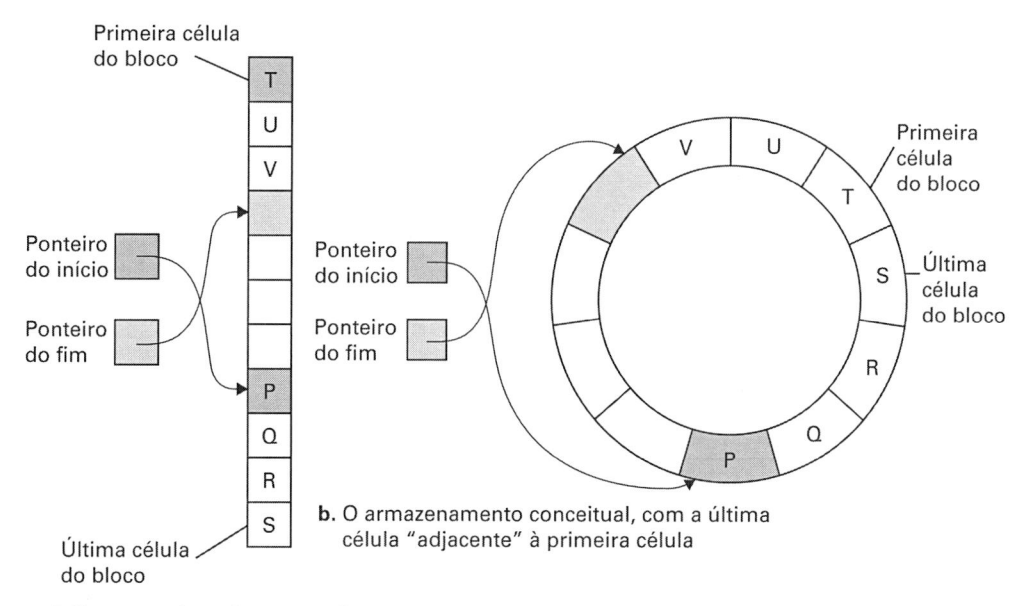

a. A fila como ela realmente está armazenada

Ponteiro do início
Ponteiro do fim

Primeira célula do bloco
Última célula do bloco

b. O armazenamento conceitual, com a última célula "adjacente" à primeira célula

Figura 8.14 Fila circular contendo as letras de P até V.

NIL designado, se não existirem mais nós nessa direção da árvore. (Isso significa que um nó terminal é caracterizado por ter ambos os seus ponteiros configurados para NIL.) Por fim, reservamos uma posição especial de memória, chamado de **ponteiro raiz**, na qual armazenamos o endereço do nó raiz. É esse ponteiro raiz que fornece o acesso inicial à árvore.

Um exemplo deste sistema de armazenamento encadeado é apresentado na Figura 8.16, em que uma estrutura de árvore binária conceitual é exibida juntamente a uma representação de como essa árvore poderia de fato aparecer na memória de um computador. Note que a organização real dos nós dentro da memória principal pode ser bastante diferente da organização conceitual. Entretanto, ao seguirmos o ponteiro raiz, podemos encontrar o nó raiz e, então, rastrear qualquer caminho abaixo na árvore seguindo os ponteiros apropriados de nó a nó.

Uma alternativa ao armazenamento de uma árvore binária como uma estrutura encadeada é usar um único bloco contíguo de células de memória para a árvore como um todo. Usando essa abordagem, armazenamos o nó raiz da árvore na primeira célula do bloco. (Por simplicidade, assumimos que cada nó da árvore requer apenas uma célula de memória.) Então, armazenamos o filho da esquerda da raiz na segunda célula, armazenamos o filho da direita

Células contendo os dados	Ponteiro do filho da esquerda	Ponteiro do filho da direita

Figura 8.15 Estrutura de um nó em uma árvore binária.

Árvore conceitual

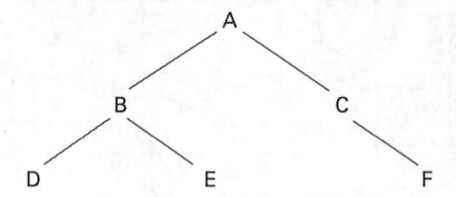

```
        A
       / \
      B   C
     / \   \
    D   E   F
```

Organização de armazenamento real

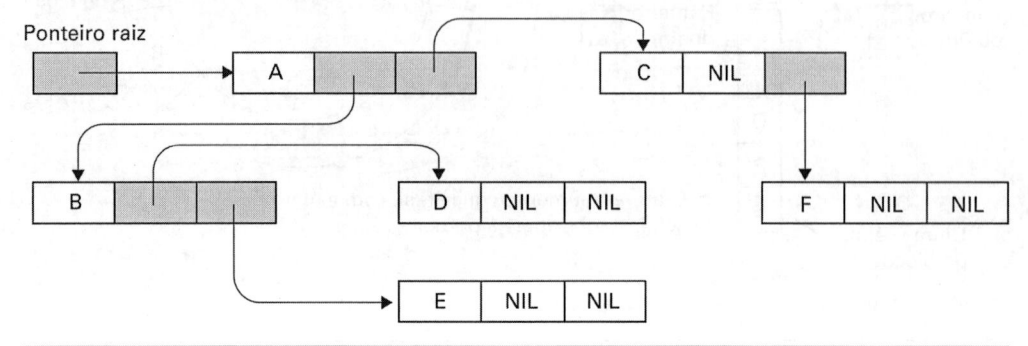

Figura 8.16 As organizações conceitual e real de uma árvore binária usando um sistema de armazenamento encadeado.

da raiz na terceira célula, e em geral, continuamos a armazenar os filhos da esquerda e da direita do nó encontrado na célula n nas células $2n$ e $2n + 1$, respectivamente. Células dentro do bloco que representa posições não usadas pela árvore são marcadas com um padrão de bits único, que indica a ausência de dados. Usando essa técnica, a mesma árvore mostrada na Figura 8.16 seria armazenada como mostrado na Figura 8.17. Note que o sistema é essencialmente o de armazenar os nós ao longo de níveis mais baixos sucessivos da árvore como segmentos, um após o outro. Ou seja, a primeira entrada no bloco é o nó raiz, seguido nos filhos da raiz, seguidos pelos netos da raiz e assim por diante.

Em contraste com a estrutura encadeada descrita anteriormente, esse sistema de armazenamento alternativo fornece um método eficiente para encontrar o pai ou o irmão de qualquer nó. A posição do pai de um nó pode ser encontrada dividindo a posição do nó no bloco por 2 enquanto se descarta qualquer resto (o pai do nó na posição 7 seria o nó na posição 3). A localização de um irmão de um nó pode ser encontrada adicionando 1 à localização de um nó em uma posição par ou subtraindo 1 da localização de um nó em uma posição ímpar. Por exemplo, o irmão do nó na posição 4 é o nó na posição 5, enquanto que o irmão do nó na posição 3 é o nó na posição 2. Além disso, esse sistema de armazenamento faz um uso eficiente do espaço quando a árvore binária é aproximadamente balanceada (no sentido de que ambas as subárvores abaixo do nó raiz tenham a mesma profundidade) e completa (no sentido de que ela não tenha ramos longos e finos). Para árvores sem essas características, o sistema pode tornar-se bastante ineficiente, como mostrado na Figura 8.18.

Árvore conceitual

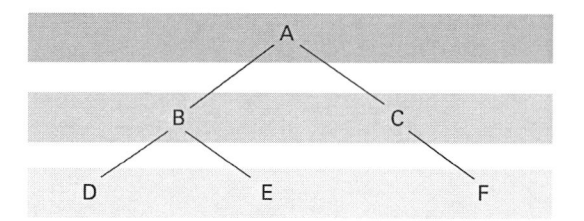

Organização de armazenamento real

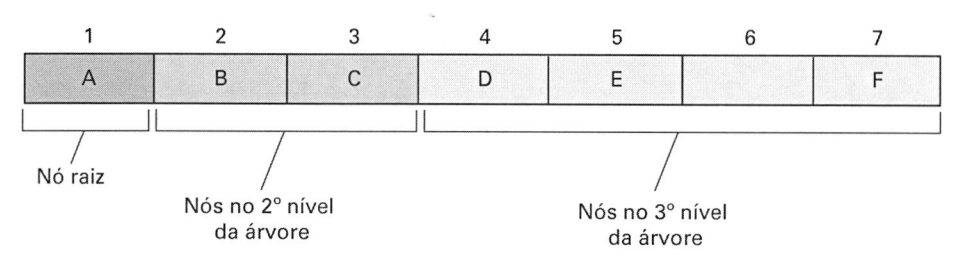

Figura 8.17 Árvore armazenada sem ponteiros.

Manipulação de estruturas de dados

Vimos que a maneira como as estruturas de dados são realmente armazenadas na memória de um computador não é a mesma como a estrutura conceitual é imaginada pelo usuário. Uma matriz homogênea bidimensional não é realmente armazenada em um bloco retangular bidimensional, e uma lista ou uma árvore podem, na verdade, ser formadas de pequenas peças espalhadas ao longo de uma grande área de memória.

Por isso, para permitir que o usuário acesse a estrutura como uma ferramenta abstrata, devemos protegê-lo das complexidades do sistema de armazenamento real. Isso significa que as instruções dadas pelo usuário (dadas em termos da ferramenta abstrata) devem ser convertidas em passos apropriados para o sistema de armazenamento real. No caso de matrizes homogêneas, vimos como isso poderia ser feito usando um endereço polinomial para converter índices de linha e de coluna em endereços de célula de memória. Em particular, vimos como a sentença

```
Sales[3, 4] ← 5;
```

escrita por um programador pensando em termos de uma matriz homogênea abstrata, pode ser convertida em passos que realizam as modificações corretas à memória principal. De maneira similar, vimos como uma sentença como

```
Employee.Age ← 22;
```

referindo-se a uma matriz heterogênea abstrata, pode ser traduzida em ações apropriadas dependendo de como a matriz está realmente armazenada.

Árvore conceitual

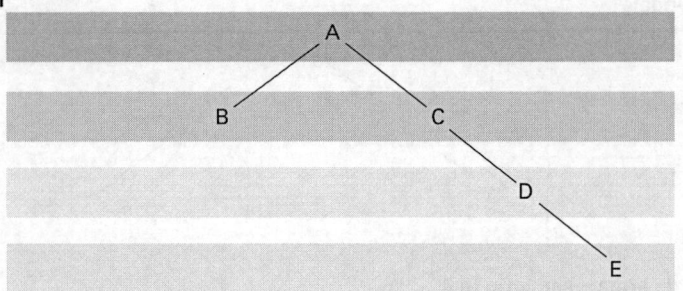

```
              A
           /     \
          B       C
                   \
                    D
                     \
                      E
```

Organização de armazenamento real

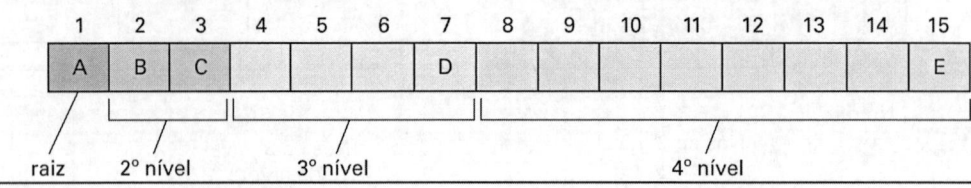

1	2	3	4	5	6	7	8	9	10	11	12	13	14	15
A	B	C				D								E

raiz — 2º nível — 3º nível — 4º nível

Figura 8.18 Árvore esparsa, desbalanceada, mostrada em sua forma conceitual e se ela tivesse sido armazenada sem ponteiros.

No caso de listas, pilhas, filas e árvores, as instruções dadas em termos da estrutura abstrata são normalmente convertidas em ações apropriadas por meio de procedimentos que realizam a tarefa solicitada, enquanto protegem o usuário dos detalhes do sistema de armazenamento subjacente. Por exemplo, se o procedimento inserir fosse fornecido para inserir novas entradas em uma lista encadeada, então J. W. Brown poderia ser incluído na lista de estudantes matriculados em Física 208 simplesmente executando uma chamada a procedimento como

```
inserir("Brown, J. W.", Física208)
```

Note que a chamada ao procedimento é feita inteiramente em termos da estrutura abstrata – a maneira na qual a lista está de fato implementada está oculta.

Como um exemplo mais detalhado, a Figura 8.19 apresenta um procedimento chamado imprimirLista para imprimir uma lista encadeada de nomes.

---

procedimento imprimirLista (Lista)
PonteiroAtual ← ponteiro de início de Lista.
enquanto (PonteiroAtual não é NIL) **faça**
  (Imprima o nome na entrada apontada por PonteiroAtual;
  Observe o valor na célula do ponteiro da entrada de Lista
  apontada por PonteiroAtual e reatribua PonteiroAtual
  para ser esse valor.)

Figura 8.19 Procedimento para imprimir uma lista encadeada.

Esse procedimento assume que a primeira entrada da lista é apontada por um ponteiro chamado de ponteiro de início, e que cada entrada da lista consiste em duas partes: um nome e um ponteiro para a próxima entrada. Uma vez que esse procedimento tenha sido desenvolvido, ele pode ser usado para imprimir uma lista encadeada como uma ferramenta abstrata sem nos preocuparmos com os passos que são realmente necessários para imprimir a lista. Por exemplo, para obter uma lista impressa da classe de Economia 301, um usuário precisaria apenas realizar a chamada a procedimento

```
imprimirLista(ListaClasseEconomia301)
```

para obter os resultados desejados. Além disso, se posteriormente decidirmos mudar a maneira pela qual a lista é de fato armazenada, então apenas as ações internas do procedimento `imprimirLista` devem ser modificadas – o usuário continuará a solicitar a impressão da lista com a mesma chamada a procedimento de antes.

Questões e exercícios

1. Mostre como a matriz abaixo seria organizada na memória principal quando armazenada em ordem principal de linha.

5	3	7
4	2	8
1	9	6

2. Dê uma fórmula para encontrar a entrada na i-ésima linha e j-ésima coluna de uma matriz bidimensional se ela for armazenada em ordem principal de coluna em vez de em ordem principal de linha.
3. Nas linguagens de programação C, C++, Java e C#, os índices das matrizes iniciam em 0 em vez de em 1. Então, a entrada na primeira linha, quarta coluna de uma matriz chamada `Matriz` é referenciada como `Matriz[0][3]`. Neste caso, que endereço polinomial é usado pelo tradutor para converter referências no formato `Matriz[i][j]` em endereços de memória?
4. Que condição indica que uma lista encadeada está vazia?
5. Modifique o procedimento na Figura 8.19 de forma que ele pare de imprimir quando um nome específico foi impresso.
6. Baseado na técnica desta seção para implementar uma pilha em blocos de células contíguas, que condição indica que a pilha está vazia?
7. Descreva como uma pilha pode ser implementada em uma linguagem de alto nível em termos de uma matriz de uma dimensão.
8. Quando uma fila é implementada de maneira circular, como descrito nesta seção, qual é o relacionamento entre os ponteiros de início e de fim quando a fila está vazia? E quando a fila está cheia? Como se pode detectar se a fila está vazia ou cheia?

9. Desenhe um diagrama representando como a árvore abaixo apareceria em memória quando armazenada usando os ponteiros para filhos da esquerda e da direita, como descrito neste capítulo. Então, desenhe outro diagrama mostrando como a árvore apareceria em armazenamento contíguo usando o sistema de armazenamento alternativo descrito nesta seção.

8.4 Um breve estudo de caso

Consideremos a tarefa de armazenar uma lista de nomes em ordem alfabética. Assumimos que as operações a serem realizadas nessa lista são as seguintes:

> *buscar* pela presença de uma entrada,
> *imprimir* a lista em ordem alfabética, e
> *inserir* uma nova entrada

Nosso objetivo é desenvolver um sistema de armazenamento e uma coleção de procedimentos para realizar essas operações – produzindo uma ferramenta abstrata completa.

Iniciamos considerando as opções para armazenar a lista. Se a lista fosse armazenada de acordo com o modelo de lista encadeada, precisaríamos buscar a lista de maneira sequencial, um processo que, como discutido no Capítulo 5, poderia ser bastante ineficiente se a lista tornar-se longa. Assim, buscaremos uma implementação que nos permita usar o algoritmo de busca binária (Seção 5.5) para nosso procedimento de busca. Para aplicar esse algoritmo, nosso sistema de armazenamento deve permitir que encontremos a entrada do meio de porções sucessivamente menores da lista. Nossa solução é armazenar a lista como uma árvore binária. Fazemos com que a entrada do meio da lista seja o nó raiz. Então, fazemos com que o meio da primeira metade restante da lista seja o filho da esquerda da raiz e com que o meio da segunda metade restante da lista seja o filho da direita da raiz. As entradas do meio de cada uma das quartas partes restantes da lista tornam-se filhas das filhas da raiz e assim por diante. Por exemplo, a árvore na Figura 8.20 representa a

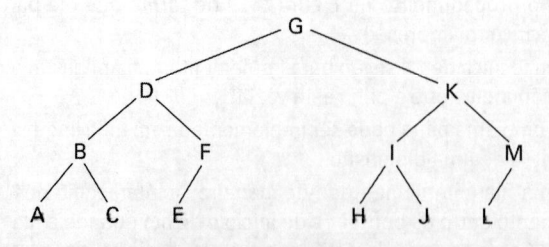

Figura 8.20 As letras A até M organizadas em uma árvore ordenada.

lista de letras A, B, C, D, E, F, G, H, I, J, K, L e M. (Consideramos a maior das duas entradas do meio como sendo o meio quando a parte da lista em questão contiver um número par de entradas.)

Para buscar a lista armazenada dessa maneira, comparamos o valor buscado ao valor raiz. Se os dois forem iguais, nossa busca foi bem sucedida. Se não forem, movemo-nos para o filho da esquerda ou da direita da raiz, dependendo de o alvo ser menor ou maior que a raiz, respectivamente. Então, encontramos o meio da porção da lista que é necessária para continuar a busca. Esse processo de comparar e prosseguir para um filho continua até encontrarmos o valor buscado (o que significa que nossa busca foi bem-sucedida) ou até chegarmos a um ponteiro NIL sem encontrar o valor buscado (o que significa que nossa busca foi uma falha).

A Figura 8.21 mostra como esse processo de busca pode ser expresso no caso de uma estrutura de árvore encadeada. Note que esse procedimento é meramente um refinamento do procedimento na Figura 5.14, que é nossa versão original da busca binária. A distinção é simplesmente estética. Ao invés de expressar o algoritmo em termos de buscas em segmentos sucessivamente menores da lista, agora expressamos o algoritmo em termos de buscas em subárvores sucessivamente menores (Figura 8.22).

Tendo armazenado nossa "lista" como uma árvore binária, você pode pensar que o processo de imprimir uma lista em ordem alfabética será difícil agora. Entretanto, para imprimir a lista em ordem alfabética, apenas precisamos imprimir a subárvore da esquerda em ordem alfabética, imprimir o nó raiz e, então, imprimir a subárvore da direita em ordem alfabética (Figura 8.23). Afinal, a subárvore da esquerda contém todos

```
procedimento Buscar(Árvore, ValorAlvo)

    se (ponteiro raiz da Árvore = NIL)
        então
            (declare a busca como sendo uma falha)
        senão
            (execute o bloco de instruções abaixo que está
            associado ao caso apropriado)
            caso 1: ValorAlvo = valor do nó raiz
                (Relate que a busca foi bem-sucedida)
            caso 2: ValorAlvo < valor do nó raiz
                (Aplique o procedimento Buscar para ver se
                o ValorAlvo está na subárvore identificada
                pelo ponteiro do filho da esquerda da raiz e
                relate o resultado dessa busca)
            caso 3: ValorAlvo > valor do nó raiz
                (Aplique o procedimento Buscar para ver se
                o ValorAlvo está na subárvore identificada
                pelo ponteiro do filho da direita da raiz e
                relate o resultado dessa busca)
    ) fim se
```

Figura 8.21 Busca binária como ela apareceria se a lista fosse implementada como uma árvore binária encadeada.

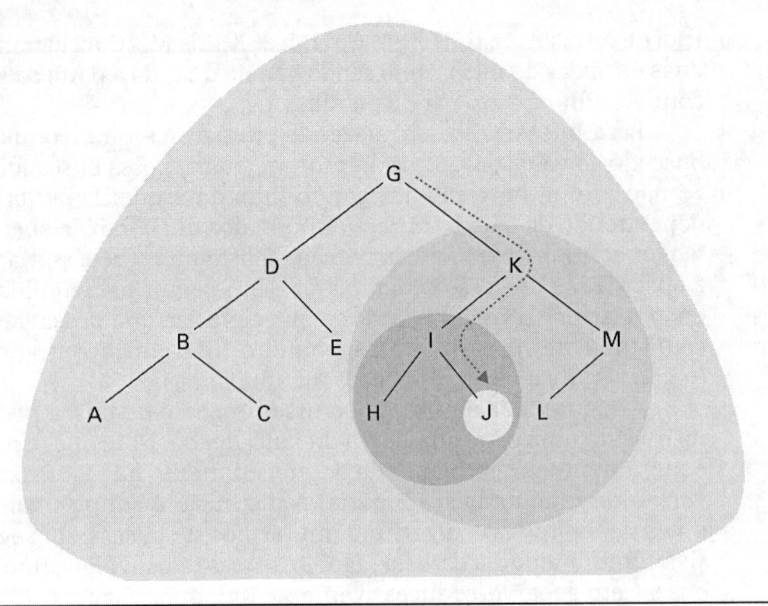

Figura 8.22 Árvores sucessivamente menores consideradas pelo procedimento da Figura 8.21 quando está buscando pela letra J.

os elementos que são menores que o nó raiz, enquanto a subárvore da direita contém todos os elementos que são maiores que o nó raiz. Um rascunho de nossa lógica até agora se pareceria com o seguinte:

```
se (árvore não vazia)
então (imprima a subárvore da esquerda em ordem alfabética;
imprima o nó raiz;
imprima a subárvore da direita em ordem alfabética;)
```

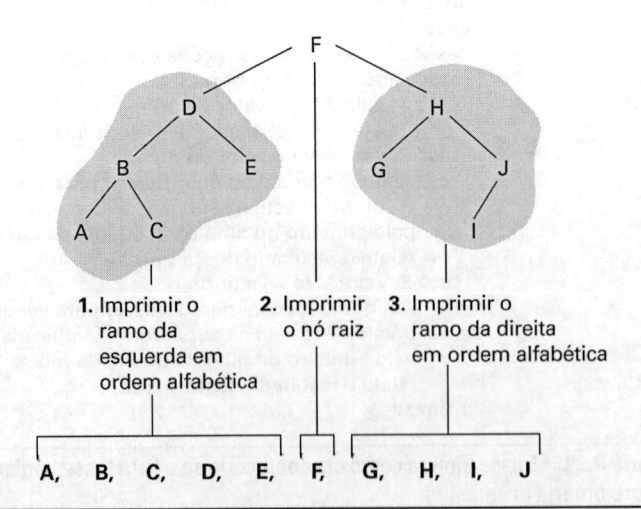

Figura 8.23 Impressão de uma árvore de busca em ordem alfabética.

Coleta de Lixo

À medida que as estruturas de dados dinâmicas crescem e encolhem, o espaço de armazenamento é usado e liberado. O processo de recuperar espaço de armazenamento não utilizado para uso futuro é conhecido como **coleta de lixo**. A coleta de lixo é solicitada em diversas configurações. O gerente de memória dentro de um sistema operacional deve realizar coleta de lixo à medida que ele aloca e obtém espaço de memória. O gerente de arquivos realiza coleta de lixo à medida que os arquivos são armazenados e apagados do espaço de armazenamento da máquina. Além disso, qualquer processo rodando sob o controle do despachante pode ter de realizar coleta de lixo dentro de seu próprio espaço alocado de memória.

A coleta de lixo envolve alguns problemas sutis. No caso das estruturas encadeadas, cada vez que um ponteiro para um item de dados é modificado, o coletor de lixo deve decidir se recupera o espaço de armazenamento para o qual o ponteiro originalmente apontava. O problema torna-se especialmente complexo em estruturas de dados interligadas envolvendo múltiplos caminhos de ponteiros. Rotinas imprecisas de coleta de lixo podem levar a perdas de dados ou ao uso ineficiente do espaço de armazenamento. Por exemplo, se a coleta de lixo não recuperar espaço de armazenamento, o espaço disponível irá desaparecendo aos poucos, fenômeno conhecido como **vazamento de memória**.

Esse rascunho envolve as tarefas de imprimir a subárvore da esquerda e a subárvore da direita em ordem alfabética, ambas as quais são essencialmente versões menores de nossa tarefa original. Ou seja, resolver o problema de imprimir uma árvore envolve o problema menor de imprimir subárvores, a que sugere uma abordagem recursiva para nosso problema de impressão de árvore.

Seguindo essa pista, podemos expandir nossa ideia inicial em um procedimento completo em pseudocódigo para imprimir nossa árvore como mostrado na Figura 8.24. Atribuímos à rotina o nome de ImprimirÁrvore e, então, solicitamos os serviços de ImprimirÁrvore para imprimir as subárvores da esquerda e da direita. Note que a condição de término do processo recursivo (obter uma subárvore vazia) é garantidamente alcançada, pois cada ativação sucessiva da rotina opera em uma árvore menor que aquela que causa a ativação.

A tarefa de inserir uma nova entrada na árvore é, também, mais fácil do que poderia parecer a princípio. Sua intuição poderia levá-lo a acreditar que as inserções requereriam deixar a árvore aberta para permitir espaço para novas entradas, mas, na verdade, o nó que está sendo adicionado pode sempre ser anexado como uma nova folha, independentemente do valor envolvido. Para encontrar o local apropriado para uma nova entrada, nos

---

procedimento ImprimirÁrvore (Árvore)

    se (Árvore não vazia)
        então (Aplique o procedimento ImprimirÁrvore à árvore que
            aparece como o ramo esquerdo de Árvore;
           Imprima o nó raiz de Árvore;
           Aplique o procedimento ImprimirÁrvore à árvore que
            aparece como o ramo direito de Árvore;)

Figura 8.24 Um procedimento para imprimir os dados em uma árvore binária.

movemos para baixo na árvore, ao longo do caminho que seguiríamos se estivéssemos buscando por essa entrada. Já que a entrada não está na árvore, nossa busca levará a um ponteiro NIL. Neste ponto, encontramos a localização apropriada para o novo nó (Figura 8.25). Na verdade, essa é a localização para a qual a busca por uma nova entrada nos levaria.

Um procedimento expressando esse processo no caso de uma estrutura de árvore encadeada é mostrado na Figura 8.26. Ele busca a árvore pelo valor que está sendo inserido (chamado de NovoValor) e, então, coloca um novo nó folha contendo NovoValor na localização apropriada. Note que, se a entrada que está sendo inserida for encontrada na árvore durante a busca, nenhuma inserção é feita.

Concluímos que um pacote de software consistindo em uma estrutura de árvore binária encadeada juntamente com nossos procedimentos para busca, impressão e inserção, fornece um pacote completo que poderia ser usado como uma ferramenta abstrata por nossa aplicação hipotética. Na verdade, quando implementado apropriadamente, esse pacote poderia ser usado sem preocupações em relação à estrutura de armazenamento subjacente. Ao usar os procedimentos no pacote, o usuário poderia imaginar uma lista de nomes armazenados em ordem alfabética, enquanto a realidade seria que as entradas da "lista" estão de fato espalhadas ao longo de blocos de memória ligados como uma árvore binária.

a. Busca pela nova entrada até que sua ausência seja detectada

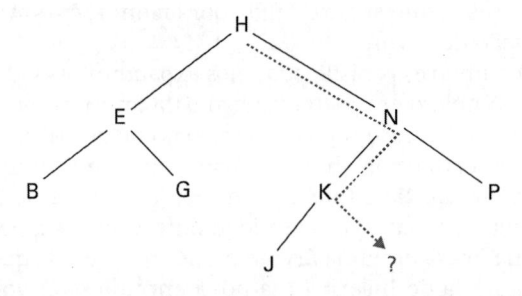

b. Esta é a posição na qual a nova entrada deve ser anexada

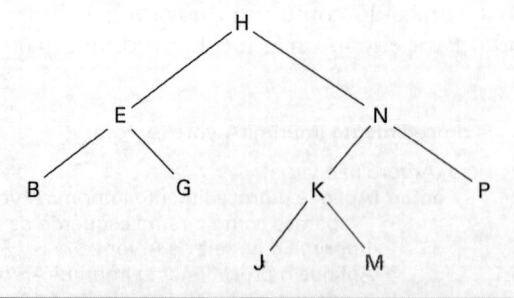

Figura 8.25 Inserção da entrada M na lista B, E, G, H, J, K, N, P armazenada como uma árvore.

```
procedimento Inserir(Árvore, NovoValor)

    se (ponteiro raiz de Árvore = NIL)
        (configure o ponteiro raiz para apontar para uma nova folha
            contendo NovoValor)
    senão (execute o bloco de instruções abaixo que é
        associado com o caso apropriado)
        caso 1: NovoValor = valor do nó raiz
            (Não faça nada)
        caso 2: NovoValor < valor do nó raiz
            (se (ponteiro do filho da esquerda do nó raiz = NIL)
                então (configure esse ponteiro para apontar para o novo
                    nó folha contendo NovoValor)
                senão (aplique o procedimento Inserir para inserir
                    NovoValor na subárvore identificada
                    pelo ponteiro do filho da esquerda)
        caso 3: NovoValor > valor do nó raiz
            (se (ponteiro do filho da direita do nó raiz = NIL)
                então (configure esse ponteiro para apontar para o novo
                    nó folha contendo NovoValor)
                senão (aplique o procedimento Inserir para inserir
                    NovoValor na subárvore identificada
                    pelo ponteiro do filho da direita)
    ) fim se
```

Figura 8.26 Um procedimento para inserir uma nova entrada em uma lista armazenada como uma árvore binária.

Questões e exercícios

1. Desenhe uma árvore binária que poderia ser usada para armazenar a lista R, S, T, U, V, W, X, Y e Z para uma busca futura.
2. Indique o caminho percorrido pelo algoritmo de busca binária da Figura 8.21 quando aplicado à árvore na Figura 8.20 ao buscar pela entrada J. E ao buscar pela entrada P?
3. Desenhe um diagrama representando o estado de ativações do algoritmo recursivo de impressão de árvore da Figura 8.24 no momento em que o nó K é impresso dentro da árvore ordenada da Figura 8.20.
4. Descreva como uma estrutura de árvore em que cada nó tem até 26 filhos poderia ser usada para codificar a ortografia correta de palavras na língua inglesa.

8.5 Tipos de dados customizados

No Capítulo 6, introduzimos o conceito de um tipo de dados e discutimos tipos elementares como os tipos: inteiro, real, caractere e booleano. Esses tipos de dados são fornecidos pela maioria das linguagens de programação como tipos primitivos. Nesta seção, consideramos maneiras como um programador pode definir seus próprios tipos de dados para se encaixarem melhor às necessidades de uma aplicação específica.

Tipos de dados definidos pelo usuário

Expressar um algoritmo é frequentemente mais fácil se estiverem disponíveis tipos de dados além dos fornecidos como tipos primitivos na linguagem de programação. Por essa razão, muitas linguagens de programação modernas permitem que os programadores definam tipos de dados adicionais, usando os tipos primitivos como blocos de construção. Os exemplos mais elementares de tais tipos de dados "feitos em casa" são conhecidos como **tipos de dados definidos pelo usuário**, que são essencialmente conglomerados de tipos primitivos coletados sob um único nome.

Para explicar, suponha que quiséssemos desenvolver um programa envolvendo diversas variáveis, cada uma delas com a mesma estrutura de matriz heterogênea formada por nome, idade e avaliação de habilidades. Uma abordagem seria definir cada variável separadamente como uma matriz heterogênea (Seção 6.2). Uma abordagem melhor, entretanto, seria definir a estrutura heterogênea como um novo tipo de dados (definido pelo usuário) e, então, usar esse novo tipo como se ele fosse um tipo primitivo.

Para implementar essa ideia, poderíamos adotar a sentença em pseudocódigo no formato

```
definir tipo EmployeeType como sendo
{char Name[25];
 int Age;
 real SkillRating;
}
```

para definir um novo tipo chamado de `EmployeeType` (tipo empregado), que consiste na estrutura heterogênea contendo os componentes chamado `Name` (nome – do tipo caractere), `Age` (idade – do tipo inteiro) e `SkillRating` (avaliação de habilidades – do tipo real). Esse novo tipo de dados poderia, então, ser usado para declarar variáveis da mesma maneira que os tipos de dados primitivos. Ou seja, da mesma maneira que a maioria das linguagens de programação permite que a variável x seja declarada como um inteiro usando a sentença

```
int x;
```

a variável `Employee1` (empregado 1) poderia ser declarada como do tipo `EmployeeType` com a sentença

```
EmployeeType Employee1;
```

Então, posteriormente no programa, a variável `Employee1` poderia se referenciar a um bloco inteiro de células de memória contendo o nome, a idade e a avaliação de habilidades de um empregado. Itens individuais dentro do bloco poderiam ser referenciados por expressões como `Employee1.Name` e `Employee1.Age`. Então, uma sentença como

```
Employee1.Age ← 26;
```

poderia ser usada para atribuir o valor 26 ao componente `Age` dentro do bloco conhecido como `Employee1`. Além disso, a sentença

```
EmployeeType DistManager, SalesRep1, SalesRep2;
```
poderia ser usada para declarar as três variáveis `DistManager` (gerente de distribuição), `SalesRep1` (representante de vendas 1) e `SalesRep2` (representante de vendas 2) como do tipo `EmployeeType`, da mesma forma que a sentença

```
real Sleeve, Waist, Neck;
```
é normalmente usada para declarar as variáveis `Sleeve`, `Waist` e `Neck` (manga, cintura e pescoço, respectivamente) como do tipo primitivo `real`.

É importante distinguir entre um tipo de dados definido pelo usuário e um item real deste tipo. O último é chamado de uma **instância** do tipo. Um tipo de dados definido pelo usuário é, essencialmente, um modelo usado na construção de instâncias do tipo. Ele descreve as propriedades que todas as instâncias desse tipo têm, mas ele por si só não constitui uma ocorrência desse tipo (assim como um cortador de biscoitos é um molde a partir do qual os biscoitos são feitos, mas, por si só, não é um biscoito). No exemplo anterior, o tipo de dados `EmployeeType` foi usado para construir três instâncias desse tipo, conhecidas como `DistManager`, `SalesRep1` e `SalesRep2`.

Tipos abstratos de dados

Apesar de o conceito de um tipo de dados definido pelo usuário ser vantajoso, ele está aquém de permitir a criação de novos tipos de dados no sentido completo. Um tipo de dados completo consiste em duas partes: (1) um sistema de armazenamento predeterminado (como um sistema de complemento de dois no caso do tipo inteiro e um sistema de ponto-flutuante no caso do tipo real) e (2) uma coleção de operadores pré-definidos (como adição e subtração). Em particular, os tipos de dados primitivos em uma linguagem de programação estão associados a operações primitivas. Se um programador declara uma variável como de um tipo primitivo, o programador pode iniciar aplicando operações primitivas a essa variável sem definições adicionais.

Tipos de dados definidos pelo usuário tradicionais, entretanto, meramente permitem aos programadores definirem novos sistemas de armazenamento. Para esclarecer, suponha que quiséssemos criar e usar diversas pilhas de valores inteiros dentro de um programa. Nossa abordagem poderia ser implementar cada pilha como uma matriz homogênea de 20 valores inteiros. A entrada na base da pilha seria colocada (inserida) na primeira posição da matriz, e entradas adicionais na pilha seriam colocadas (inseridas) em entradas sucessivamente mais altas na matriz (veja a Questão/Exercício 7, na Seção 8.3). Uma variável inteira adicional seria usada como o ponteiro de pilha. Ela manteria o índice da entrada da matriz no qual a próxima entrada na pilha deveria ser inserida. Então, cada pilha consistiria em uma matriz homogênea contendo a pilha propriamente dita e um inteiro desempenhando o papel do ponteiro de pilha.

Para implementar esse plano, podemos primeiro estabelecer um tipo definido pelo usuário chamado `StackType` (tipo pilha) com uma sentença no formato

```
definir tipo StackType como sendo
{int StackEntries[20];
 int StackPointer = 0;
}
```

(Note que, seguindo o exemplo de linguagens como C, C++, C# e Java, estamos assumindo que os índices para a matriz StackEntries – entradas na pilha – variam entre 0 e 19, então inicializamos o valor StackPointer – ponteiro de pilha – com o valor 0.) Feita essa declaração, podemos então declarar pilhas chamadas de StackOne, StackTwo e StackTree (pilha um, pilha dois e pilha três, respectivamente) via sentença

```
StackType StackOne, StackTwo, StackThree;
```

Neste ponto, cada uma das variáveis StackOne, StackTwo e StackTree referenciariam um bloco único de células de memória usado para implementar uma pilha individual. Mas e se agora quiséssemos inserir o valor 25 em StackOne? Gostaríamos de evitar os detalhes da estrutura de matriz subjacente à implementação da pilha e simplesmente usar a pilha como uma ferramenta abstrata – talvez por meio do uso de uma chamada a procedimento similar a

```
push(25, StackOne)
```

No entanto, tal sentença não estaria disponível a menos que nós também definíssemos um procedimento apropriado chamado push (inserir). Outras operações que gostaríamos de realizar em uma variável do tipo StackType (tipo pilha) incluiriam a retirada de itens da pilha, a verificação se a pilha está vazia e a verificação se a pilha está cheia – e todas requereriam definições de procedimentos adicionais. Em resumo, nossa definição do tipo de dados StackType não incluiu todas as propriedades que gostaríamos de ter associadas ao tipo.

Poderíamos resolver esse problema expandindo nossa sentença de definição de tipo (definir tipo), de forma a incluir procedimentos e descrições de dados. Por exemplo, poderíamos escrever

```
definir tipo StackType como sendo
{int StackEntries[20];
 int StackPointer = 0;
 procedimento push(value)
   {StackEntries[StackPointer] ← value;
    StackPointer ← StackPointer 1;
   }
 procedimento pop . . .
}
```

que significa que o tipo StackType está associado às variáveis chamadas StackEntries e StackPointer e aos procedimentos chamados push e pop (remover). (Por questões de simplicidade, incluímos uma versão bastante inocente do procedimento de inserção. Na realidade, o procedimento deve garantir que a pilha não esteja cheia antes de tentar inserir uma entrada adicional.)

Com essa definição estendida do tipo StackType, podemos declarar StackOne, StackTwo e StackThree como sendo pilhas com a sentença

StackType StackOne, StackTwo, StackThree;

Então, poderíamos inserir entradas nessas pilhas com sentenças como

StackOne.push(25);

o que significa executar o procedimento push associado a StackOne usando o valor 25 como o parâmetro real.

Os tipos de dados definidos pelo usuário que incluem definições de operações são chamados de **tipos abstratos de dados**. Então, de maneira oposta aos tipos de dados mais elementares definidos pelo usuário, os tipos abstratos de dados são tipos de dados completos, e sua aparição em linguagens como Ada, nos anos 1980, representa um passo significativo em direção ao projeto de linguagens de programação. Atualmente, as linguagens orientadas a objetos fornecem versões estendidas dos tipos abstratos de dados, chamadas de classes, conforme veremos na próxima seção.

Questões e exercícios

1. Qual é a diferença entre um tipo de dados e uma instância desse tipo?
2. Qual é a diferença entre um tipo de dados definido pelo usuário e um tipo abstrato de dados?
3. Descreva um tipo abstrato de dados para implementar uma lista.
4. Descreva um tipo abstrato de dados para implementar uma conta corrente.

*8.6 Classes e objetos
*8.7 Ponteiros em linguagem de máquina

O conteúdo dessas seções está disponível no site www.grupoa.com.br e pode ser acessado livremente.

Problemas de revisão do capítulo

(Problemas marcados com asterisco relacionam-se às seções disponíveis online, no site www.grupoa.com.br.)

1. Desenhe figuras mostrando como a matriz abaixo aparece em uma memória de máquina quando armazenada em ordem principal de linha e em ordem principal de coluna:

A	B	C	D
E	F	G	H
I	J	K	L

2. Suponha que uma matriz homogênea com seis linhas e oito colunas seja armazenada em ordem principal de linha iniciando no endereço 20 (base dez). Se cada entrada na matriz requerer apenas uma célula de memória, qual é o endereço da entrada na terceira linha e quarta coluna? E se cada entrada requisitasse duas células de memória?

3. Refaça o Problema 2 assumindo ordem principal de coluna ao invés de ordem principal de linha.

4. Que complicações são impostas se alguém tentar implementar uma lista dinâmica usando uma matriz homogênea tradicional de uma dimensão?

5. Descreva um método para armazenar matrizes homogêneas de três dimensões. Que endereço polinomial seria usado para localizar a entrada no i-ésimo plano, j-ésima linha e k-ésima coluna?

6. Suponha que a lista de letras A, B, C, D, E, F e G seja armazenada em um bloco de células de memória contíguas. Que atividades são necessárias para inserir a letra D na lista, assumindo que a ordem alfabética da lista deve ser mantida?

7. A tabela a seguir representa o conteúdo de algumas células na memória principal de um computador juntamente ao endereço de cada célula representada. Note que algumas das células contêm letras do alfabeto, e cada uma de tais células é seguida por uma célula vazia. Coloque endereços nessas células vazias de forma que cada célula contendo uma letra juntamente à célula seguinte forme uma entrada em uma lista encadeada na qual as letras aparecem em ordem alfabética. (Use zero para o ponteiro NIL.) Que endereço o ponteiro de início deve conter?

Endereço	Conteúdo
11	C
12	
13	G
14	
15	E
16	
17	B
18	
19	U
20	
21	F
22	

8. A tabela a seguir representa uma parte de uma lista encadeada na memória principal de um computador. Cada entrada na lista consiste em duas células: a primeira contém uma letra do alfabeto; a segunda contém um ponteiro para a próxima entrada da lista. Altere os ponteiros de forma que a letra N não esteja mais na lista. Então, substitua a letra N pela letra G e altere os ponteiros de forma que a nova letra apareça na lista em seu lugar apropriado na ordem alfabética.

Endereço	Conteúdo
30	J
31	38
32	B
33	30
34	X
35	46
36	N
37	40
38	K
39	36
40	P
41	34

9. A tabela abaixo representa uma lista encadeada usando o mesmo formato dos problemas anteriores. Se o ponteiro de início contiver o valor 44, que nome é representado pela lista? Modifique os ponteiros de forma que a lista contenha o nome Jean.

Endereço	Conteúdo
40	N
41	46
42	I
43	40
44	J
45	50
46	E
47	00
48	M
49	42
50	A
51	40

10. Qual das rotinas a seguir insere corretamente NovaEntrada imediatamente depois da entrada EntradaAnterior em uma lista encadeada? O que está errado com a outra rotina?

Rotina 1:

```
1. Copie o valor no
   campo de ponteiro de
```

EntradaAnterior para o campo de ponteiro de NovaEntrada.

2. Modifique o valor no campo de ponteiro de EntradaAnterior para o endereço de NovaEntrada.

Rotina 2:

1. Copie o valor no campo de ponteiro de EntradaAnterior para o endereço de NovaEntrada.

2. Modifique o valor no campo de ponteiro de EntradaAnterior para o campo de ponteiro de NovaEntrada.

11. Projete um procedimento para concatenar duas listas encadeadas (ou seja, colocar uma antes da outra para formar uma única lista).

12. Projete um procedimento para combinar duas listas ordenadas contíguas em uma única lista ordenada contígua. O que acontece se as duas listas forem ligadas?

13. Projete um procedimento para inverter a ordem de uma lista encadeada.

14. a. Projete um algoritmo para imprimir uma lista encadeada em ordem inversa usando uma pilha como uma estrutura de armazenamento auxiliar.

b. Projete um procedimento recursivo para realizar essa mesma tarefa sem usar explicitamente uma pilha. De que maneira uma pilha ainda está envolvida em sua solução recursiva?

15. Algumas vezes, uma mesma lista encadeada recebe duas ordenações ao anexarmos dois ponteiros para cada entrada em vez de um só. Preencha a tabela abaixo de forma que, ao seguir o primeiro ponteiro após cada letra, alguém ache o nome Carol, mas ao seguir o segundo ponteiro após cada letra, encontre as letras em ordem alfabética. Que valores pertencem ao ponteiro de início de cada uma das duas listas representadas?

Endereço	Conteúdo
60	O
61	
62	
63	C
64	
65	
66	A
67	
68	
69	L
70	
71	
72	R
73	
74	

16. A tabela abaixo representa uma pilha armazenada em um bloco de células de memória contíguas, conforme discutido no texto. Se a base da pilha contiver o valor 12, que valor é obtido por uma instrução de retirada? Que valor está no ponteiro de pilha após a operação de retirada?

Endereço	Conteúdo
10	F
11	C
12	A
13	B
14	E

17. Desenhe uma tabela mostrando o conteúdo final das células de memória se a instrução no Problema 16 tivesse inserido a letra D na pilha no lugar de retirar uma letra. Qual seria o valor no ponteiro de pilha após a instrução de inserção?

18. Projete um procedimento para remover a entrada da base de uma pilha de forma que o resto da pilha seja mantido. Você deve acessar a pilha apenas usando operações de inserção e de retirada. Que estrutura de armazenamento auxiliar deveria ser usada para resolver este problema?

19. Projete um procedimento para comparar o conteúdo de duas pilhas.

20. Suponha que você tenha recebido duas pilhas. Se fosse permitido a você mover apenas uma entrada por vez de uma pilha para outra, que reorganização dos dados originais seria possível? Que organizações seriam possíveis se fossem dadas a você três pilhas?

21. Suponha que você tenha recebido três pilhas e que você pudesse apenas mover uma entrada por vez de uma pilha para outra. Projete um algoritmo para inverter duas entradas adjacentes de uma das pilhas.

22. Suponha que você queira criar uma pilha de nomes que variam em tamanho. Por que é vantajoso armazenar os nomes em áreas separadas de memória e, então, construir a pilha por meio de ponteiros para esses nomes ao invés de permitir que a pilha contenha os nomes propriamente ditos?

23. Uma pilha desliza pela memória na direção de seu início ou de seu fim?

24. Suponha que você queira implementar uma "fila" na qual novas entradas estejam associadas a prioridades. Então, uma nova entrada deve ser colocada na frente das entradas com prioridades menores. Descreva um sistema de armazenamento para implementar tal "fila" e justifique suas decisões.

25. Suponha que as entradas em uma fila requeiram uma célula de memória cada, que o ponteiro de início contenha o valor 11 e que o ponteiro de fim contenha o valor 17. Quais são os valores desses ponteiros após uma entrada ser inserida e duas serem removidas?

26. a. Suponha que uma fila implementada de maneira circular esteja no estado mostrado no diagrama abaixo. Desenhe um diagrama mostrando a estrutura após as letras G e R serem inseridas, três letras serem removidas e as letras D e P serem inseridas.

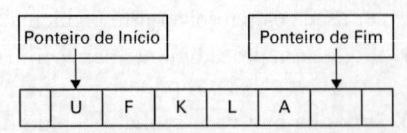

Ponteiro de Início			Ponteiro de Fim		
U	F	K	L	A	

   b. Que erros ocorrem na parte (a) se as letras G, R, D e P forem inseridas antes de quaisquer letras serem removidas?

27. Descreva como uma matriz poderia ser usada para implementar uma fila em um programa escrito em uma linguagem de alto nível.

28. Suponha que você tenha recebido duas filas e que pudesse mover apenas uma entrada por vez do início da fila de uma delas para o fim de qualquer uma das filas. Projete um algoritmo para inverter duas entradas adjacentes em uma das filas.

29. A tabela abaixo representa uma árvore armazenada na memória de uma máquina. Cada nó da árvore consiste em três células. A primeira célula contém os dados (uma letra), a segunda contém um ponteiro para o filho da esquerda do nó e a terceira contém um ponteiro para o filho da direita do nó. Um valor 0 representa um ponteiro NIL. Considerando o valor do ponteiro raiz como 55, desenhe uma figura da árvore.

Endereço	Conteúdo
40	G
41	0
42	0
43	X
44	0
45	0
46	J
47	49
48	0
49	M
50	0
51	0
52	F
53	43
54	40
55	W
56	46
57	52

30. A tabela abaixo representa o conteúdo de um bloco de células na memória principal de um computador. Note que algumas das células contêm letras do alfabeto, e algumas são seguidas por duas células em branco. Preencha as células em branco de forma que o bloco de memória represente a árvore que segue. Use a primeira célula que segue uma letra

como o ponteiro para filho da esquerda do nó e a próxima célula como filho da direita do nó. Use 0 para ponteiros NIL. Que valor deve estar no ponteiro raiz?

Endereço	Conteúdo
30	C
31	
32	
33	H
34	
35	
36	K
37	
38	
39	E
40	
41	
42	G
43	
44	
45	P
46	
47	

```
      G
     / \
    C   K
     \ / \
     E H  P
```

31. Projete um algoritmo não recursivo para substituir o recursivo representado na Figura 8.21.

32. Projete um algoritmo não recursivo para substituir o recursivo representado na Figura 8.24. Use uma pilha para controlar qualquer volta que possa ser necessária.

33. Aplique o algoritmo recursivo de impressão de árvore da Figura 8.24. Desenhe um diagrama representando as ativações aninhadas do algoritmo (e a posição atual de cada uma) no momento em que o nó X for impresso.

34. Sem alterar o nó raiz e sem modificar a localização física dos elementos de dados, modifique os ponteiros da árvore do Problema 29 de forma que o algoritmo de impressão da Figura 8.24 imprima os nós em ordem alfabética.

35. Desenhe um diagrama mostrando como a árvore binária abaixo aparece em memória quando armazenada sem ponteiros usando um bloco de células de memória contíguas conforme descrito na Seção 8.3.

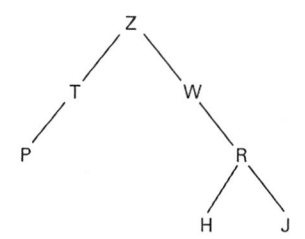

```
        Z
       / \
      T   W
     /     \
    P       R
           / \
          H   J
```

36. Suponha que as células contíguas representando uma árvore binária, como descrita na Seção 8.3, contivessem os valores A, B, C, D, E, E e F, respectivamente. Desenhe uma imagem da árvore.

37. Dê um exemplo no qual você poderia querer implementar uma lista (a estrutura conceitual) como uma árvore (a estrutura subjacente real). Dê um exemplo no qual você poderia querer implementar uma árvore (a estrutura conceitual) como uma lista (a estrutura subjacente real).

38. As estruturas de árvore encadeadas discutidas no texto continham ponteiros que permitiam que nos movêssemos para baixo na árvore, dos pais para os filhos. Descreva um sistema de ponteiros que permitiria os movimentos para cima na árvore, dos filhos para os pais. E em relação a movimentos entre irmãos?

39. Descreva uma estrutura de dados adequada para representar uma configuração de um tabuleiro durante um jogo de xadrez.

40. Identifique as árvores abaixo cujos nós seriam impressos em ordem alfabética pelo algoritmo da Figura 8.24.

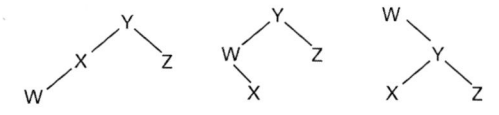

```
      Y           Y          W
     / \         / \          \
    X   Z       W   Z          Y
   /             \            / \
  W               X          X   Z
```

41. Modifique o procedimento na Figura 8.24 para imprimir a "lista" em ordem inversa.

42. Descreva uma estrutura de árvore que possa ser usada para armazenar a história genealógica de uma família. Que operações são realizadas na árvore? Se a árvore fosse implementada como uma estrutura encadeada, que ponteiros deveriam estar associados a cada nó? Projete procedimentos para realizar as operações que você identificou acima, assumindo que a árvore seja implementada como uma estrutura encadeada com os ponteiros que você acabou de descrever. Usando seu sistema de armazenamento, explique como alguém poderia encontrar todos os irmãos de uma pessoa.

43. Projete um procedimento para encontrar e remover um dado valor em uma árvore armazenada conforme a maneira descrita na Figura 8.20.

44. Na implementação tradicional de uma árvore, cada nó é construído com um ponteiro separado para cada filho possível. O número de tais ponteiros é uma decisão de projeto e representa o número máximo de filhos que qualquer nó pode ter. Se um nó tem menos filhos que ponteiros, alguns de seus ponteiros são simplesmente configurados para NIL. Contudo, tal nó nunca pode ter mais filhos que ponteiros. Descreva como uma árvore poderia ser implementada sem limitar o número de filhos que um nó poderia ter.

45. Usando a sentença em pseudocódigo definir tipo apresentada na Seção 8.5, defina um tipo de dados definido pelo usuário representando os dados relativos a um empregado de uma empresa (como nome, endereço, cargo, salário e assim por diante).

46. Usando a sentença em pseudocódigo definir tipo apresentada na Seção 8.5, rascunhe uma definição de um tipo abstrato de dados representando uma lista de nomes. Em particular, que estrutura conteria a lista e que procedimentos seriam fornecidos para manipular a lista? (Você não precisa incluir descrições detalhadas dos procedimentos.)

47. Usando a sentença em pseudocódigo definir tipo apresentada na Seção 8.5, rascunhe uma definição de um tipo abstrato de dados representando uma fila. Então, dê sentenças em pseudocódigo mostrando como instâncias deste tipo poderiam ser criadas e como entradas poderiam ser inseridas e removidas destas instâncias.

48. a. Qual é a diferença entre um tipo de dados definido pelo usuário e um tipo de dados primitivo?

b. Qual é a diferença entre um tipo de dados abstrato e um tipo de dados definido pelo usuário?

49. Identifique as estruturas de dados e os procedimentos que poderiam aparecer em um tipo abstrato de dados representando uma agenda de endereços.

50. Identifique as estruturas de dados e os procedimentos que poderiam aparecer em um tipo abstrato de dados representando uma espaçonave simples em um video game.

*__51.__ Modifique a Figura 8.27 de forma que a classe defina uma fila em vez de uma pilha.

*__52.__ De que maneira uma classe é mais geral que um tipo abstrato de dados tradicional?

*__53.__ Usando instruções no formato DR0S e ER0S, conforme descrito ao final da Seção 8.7, disponível na Internet, escreva uma rotina completa em linguagem de máquina para inserir uma entrada em uma pilha implementada como mostrado na Figura 8.12. Assuma que o ponteiro de pilha esteja no registrador F e que a entrada a ser inserida esteja no registrador 5.

*__54.__ Suponha que cada entrada em uma lista encadeada consista em uma célula de memória de dados seguida por um ponteiro para a próxima entrada da lista. Além disso, suponha que uma nova entrada localizada no endereço de memória A0 deva ser inserida entre as entradas nas posições B5 e C4. Usando a linguagem descrita no Apêndice C e os op-codes adicionais D e E conforme descrito no final da Seção 8.7, disponível na Internet, escreva uma rotina em linguagem de máquina para realizar a inserção.

*55. Que vantagens uma instrução no formato DR0S, conforme descrito na Seção 8.7, tem em relação a uma instrução no formato DRXY? Que vantagem o formato DRXS, conforme descrito na Questão/Exercício 4 da Seção 8.7, disponível na Internet, tem em relação ao formato DR0S?

Questões sociais

As questões a seguir pretendem servir como um guia para os dilemas éticos, sociais e legais associados à área da computação. O objetivo não é meramente responder a estas questões. Você deve também considerar por que as respondeu de uma determinada forma e se suas justificativas mantêm a consistência de uma questão para outra.

1. Suponha que um analista de software projete uma organização de dados que permita manipulações de dados eficientes em uma aplicação em particular. Como os direitos em relação a essa estrutura de dados podem ser protegidos? Uma estrutura de dados é a expressão de uma ideia (como um poema) e, logo, deve ser protegida por copyright, ou as estruturas de dados estão na mesma situação dos algoritmos? E em relação à lei de patentes?

2. Até que ponto dados incorretos são piores que nenhum dado?

3. Em muitos programas aplicativos, o tamanho máximo até o qual uma pilha pode crescer é determinado pela quantidade de memória disponível. Se todo o espaço disponível é consumido, o sistema é projetado para produzir uma mensagem como "estouro de pilha" e terminar a execução. Na maioria dos casos, esse erro nunca ocorre, e o usuário nunca estará ciente disso. Quem é responsável caso um erro desses ocorra e informações importantes sejam perdidas? Como um desenvolvedor de software poderia minimizar sua responsabilidade?

4. Em uma estrutura de dados baseada em um sistema de ponteiros, a exclusão de um item normalmente consiste na modificação de um ponteiro, em vez da exclusão de células de memória. Então, quando uma entrada em uma lista encadeada é apagada, a entrada apagada, na verdade, permanece na memória até que seu espaço de memória seja solicitado por outros dados. Que questões éticas e de segurança resultam dessa persistência de dados apagados?

5. É fácil transferir dados e programas de um computador para outro. Então, é fácil transferir o conhecimento mantido por uma máquina para muitas máquinas. Em contrapartida, às vezes leva muito tempo para um humano transferir conhecimento para outro humano. Por exemplo, leva tempo para um humano ensinar a outro uma nova língua. Que implicações esse contraste poderia ter na taxa de transferência de conhecimento se as capacidades das máquinas começassem a desafiar a capacidade dos humanos?

6. O uso de ponteiros permite que dados relacionados sejam tratados, na memória de um computador, de uma forma que lembra a maneira como a informação está associada na mente humana. Quais são as semelhanças entre as ligações na memória de um computador e as ligações em um cérebro? Quais são as diferenças? É ético tentar construir computadores que imitem cada vez mais a mente humana?

7. A popularização da tecnologia de computadores produziu novas questões éticas ou apenas forneceu um novo contexto no qual as teorias éticas anteriores são aplicáveis?

8. Suponha que o autor de um livro-texto de introdução à ciência da computação queira incluir exemplos de programas para demonstrar conceitos. Entretanto, para obter clareza, muitos dos exemplos precisam ser versões simplificadas do que de fato seria usado em software profissional de qualidade. O autor sabe que os exemplos poderiam ser usados por leitores desavisados e que poderiam acabar sendo inseridos em aplicações de software importantes, nas quais técnicas mais robustas seriam mais apropriadas. O autor deveria usar os exemplos simplificados, insistindo que todos os exemplos sejam robustos, mesmo que isso diminua seu valor demonstrativo, ou recusar-se a usar tais exemplos, a menos que tanto a clareza quanto a robustez possam ser obtidas?

Leitura adicional

Carrano, F. M. *Data Abstraction and Problem Solving with C++: Walls and Mirrors,* 5th ed. Boston, MA: Addison-Wesley, 2007.

Carrano, F. M. and J. Prichard. *Data Abstraction and Problem Solving with Java: Walls and Mirrors,* 2nd ed. Boston, MA: Addison-Wesley, 2006.

Gray, S. *Data Structures in Java: From Abstract Data Types to the Java Collections Framework.* Boston, MA: Addison-Wesley, 2007.

Main, M. *Data Structures and Other Objects Using Java,* 3rd ed. Boston, MA: Addison-Wesley, 2006.

Main, M. and W. Savitch. *Data Structures and Other Objects Using C++,* 4th ed. Boston, MA: Addison-Wesley, 2010.

Shaffer, C. A. *Practical Introduction to Data Structures and Algorithm Analysis,* 2nd ed. Upper Saddle River, NJ: Prentice Hall, 2001.

Weiss, M. A. *Data Structures and Problem Solving Using Java,* 3rd ed. Boston, MA: Addison-Wesley, 2006.

Weiss, M. A. *Data Structures and Algorithm Analysis in C++,* 3rd ed. Boston, MA: Addison-Wesley, 2007.

Weiss, M. A. *Data Structures and Algorithm Analysis in Java,* 2nd ed. Boston, MA: Addison-Wesley, 2007.

Sistemas de Bancos de Dados

CAPÍTULO 9

Um banco de dados é um sistema que converte uma grande coleção de dados em uma ferramenta abstrata, permitindo que os usuários busquem e extraiam itens de informação pertinentes de forma conveniente. Neste capítulo, exploramos esse assunto e fazemos breves incursões pelas áreas relacionadas de mineração de dados, que busca técnicas para descobrir padrões ocultos em grandes conjuntos de dados, e de estruturas tradicionais de arquivos, que fornecem muitas das ferramentas nas quais os sistemas de bancos de dados e de mineração se baseiam.

9.1 Fundamentos de bancos de dados
A importância dos sistemas de bancos de dados
O papel dos esquemas
Sistemas de gerenciamento de bancos de dados
Modelos de bancos de dados

9.2 O modelo relacional
Questões de projeto relacional
Operações relacionais
SQL

*9.3 Bancos de dados orientados a objetos

*9.4 Manutenção da integridade de bancos de dados
O protocolo confirmar/desfazer
Gerenciamento de bloqueios

*9.5 Estruturas tradicionais de arquivos
Arquivos sequenciais
Arquivos indexados
Arquivos de dispersão

9.6 Mineração de dados

9.7 Impacto social da tecnologia de bancos de dados

Asteriscos indicam seções opcionais, disponíveis em www.grupoa.com.br

A tecnologia atual é capaz de armazenar quantidades extremamente grandes de dados, mas tais coleções são inúteis a menos que sejamos capazes de extrair os itens de informação pertinentes à tarefa sobre a qual trabalhamos. Neste capítulo, estudaremos os sistemas de bancos de dados e aprenderemos como esses sistemas aplicam abstrações para converter grandes conglomerados de dados em fontes úteis de informação. Como um tópico relacionado, investigaremos técnicas para identificar e explorar padrões dentro de coleções de dados. Examinaremos também os princípios das estruturas tradicionais de arquivos, que fornecem a base para os sistemas de bancos de dados e de mineração de dados atuais.

9.1 Fundamentos de bancos de dados

O termo **banco de dados** refere-se a uma coleção de dados multidimensional, no sentido de que as ligações externas entre suas entradas tornam a informação acessível a partir de uma variedade de perspectivas. Isso está em contraste com um sistema tradicional de arquivos (Seção 9.5, disponível no site do Grupo A), chamado de **arquivo plano**, que é um sistema de armazenamento unidimensional, o que significa que ele apresenta sua informação a partir de um único ponto de vista. Enquanto um arquivo plano contendo informações acerca de compositores e suas composições pode fornecer uma lista de composições organizadas por compositor, um banco de dados pode apresentar todos os trabalhos de um único compositor, todos os compositores que escreveram um tipo particular de música e até mesmo os compositores que escreveram variações do trabalho de outro compositor.

A importância dos sistemas de bancos de dados

Historicamente, à medida que as máquinas computacionais alcançaram amplo uso no gerenciamento de informações, cada aplicação tendia a ser implementada como um sistema separado, com sua própria coleção de dados. A folha de pagamentos era processada usando o arquivo de folha de pagamento, o departamento de pessoal mantinha seu próprio registro de empregados e o estoque era gerenciado por um arquivo de estoque. Isso significava que muito da informação requerida por uma organização era duplicada ao longo da companhia, enquanto muitos itens de dados relacionados, mas diferentes, eram armazenados em sistemas separados. Nessa configuração, os sistemas de bancos de dados emergiram como uma maneira de integrar a informação armazenada e mantida por uma organização específica (Figura 9.1). Com tal sistema, os mesmos dados da venda poderiam ser usados para produzir pedidos de reposição de estoque, para criar relatórios sobre tendências de mercado e anúncios de produtos para clientes que respondessem de maneira favorável a tal informação e para gerar cheques de bônus para os membros da equipe de vendas.

Tais repositórios integrados de informação forneciam um valioso recurso por meio do qual decisões gerenciais podiam ser tomadas, assumindo que a informação pudesse ser acessada de uma maneira significativa. Por sua vez, a pesquisa em bancos de dados focou no desenvolvimento de técnicas por meio das quais a informação em um banco de dados pudesse ser trazida

a. Sistema de informação orientado a arquivos

```
Registros         Registros         Registros de      Registros          Registros
    de           de folha de        empregados            de             de vendas
 clientes         pagamento                            estoque
    ↕                ↕                  ↕                 ↕                 ↕
Departamento de  Departamento     Departamento     Departamento     Departamento
atendimento ao   de folha de      de pessoal       de compras       de marketing
consumidor       pagamento
```

b. Sistema de informação orientado a banco de dados

```
                      Administração
                           ↕
Departamento de                      Departamento
atendimento ao       ↘     ↓    ↙    de marketing
consumidor            Banco de
                 ↔    dados      ↔
Departamento          integrado       Departamento
de folha de           ↗    ↑    ↖     de compras
pagamento
                           ↕
                    Departamento
                    de pessoal
```

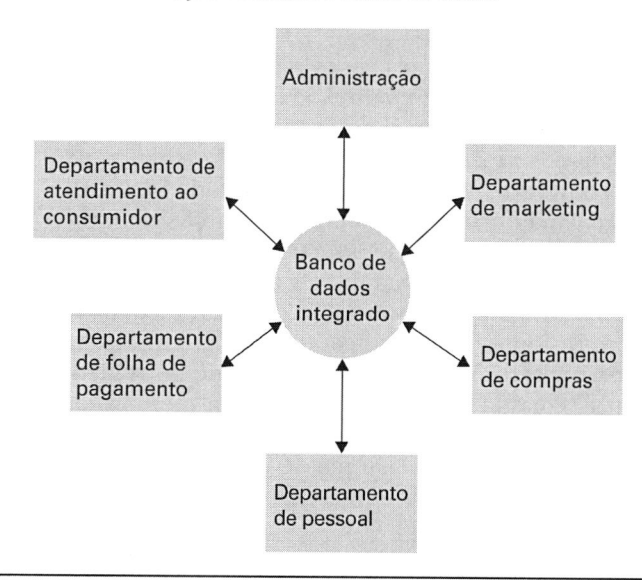

Figura 9.1 Comparação de um arquivo e de um banco de dados organizacional.

para o processo de tomada de decisão. Muito progresso tem sido feito nesse sentido. Atualmente, a tecnologia de bancos de dados, combinada a técnicas de mineração de dados, é uma ferramenta gerencial importante, permitindo o gerenciamento de uma organização para extrair informações pertinentes a partir de quantidades enormes de dados, cobrindo todos os aspectos da organização e de seu ambiente.

Além disso, os sistemas de bancos de dados tornaram-se a tecnologia subjacente que oferece suporte a muitos dos sites populares na World Wide Web. O tema subjacente de sites como Google, eBay e Amazon é fornecer uma interface entre clientes e bancos de dados. Para responder à requisição de um cliente, o servidor consulta uma base de dados, organiza os resultados na forma de uma página Web e envia essa página ao cliente. Essas interfaces Web popularizaram uma nova função para a tecnologia de bancos de dados, na qual um banco de dados não é mais um meio de armazenar os registros de uma companhia, mas, ao invés disso, é seu produto. Na verdade, ao combinar a tecnologia de bancos de dados com as interfaces Web, a Internet tornou-se uma imensa fonte global de informação.

O papel dos esquemas

Dentre as desvantagens da proliferação da tecnologia de bancos de dados está a possibilidade de dados importantes serem acessados por entidades não autorizadas. Alguém que faz um pedido no site de uma companhia não deve ter acesso aos dados financeiros da companhia; similarmente, um empregado no departamento de benefícios pode precisar acessar os registros de empregados da companhia, mas não deve ter acesso aos registros de estoque ou de vendas da corporação. Então, a habilidade de controlar o acesso à informação no banco de dados é tão importante quanto a habilidade de compartilhá-la.

Para fornecer o acesso de diferentes usuários a informações diferentes dentro de um banco de dados, os sistemas de bancos de dados frequentemente dependem de esquemas e de subesquemas. Um **esquema** é uma descrição da estrutura de todo o banco de dados que é usada pelo sistema de software do banco de dados para mantê-lo. Um **subesquema** é uma descrição de apenas a porção do banco de dados pertinente à necessidade particular do usuário. Por exemplo, um esquema para um banco de dados de uma universidade poderia indicar que cada registro de estudante contenha itens como o endereço atual e o número do telefone além de seus registros acadêmicos. Além disso, ele poderia indicar que cada registro de estudante está ligado ao registro do orientador do estudante. Por sua vez, o registro de cada membro do corpo docente conteria o endereço da pessoa, o histórico no emprego e assim por diante. Baseado nesse esquema, um sistema de ligação poderia ser mantido conectando a informação acerca de um estudante ao histórico de emprego de um membro do corpo docente.

Para impedir que um secretário da universidade use essa ligação para obter informações privilegiadas sobre o corpo docente, seu acesso ao banco de dados deve ser restrito a um subesquema cuja descrição dos registros do corpo docente não inclua o histórico no emprego. Sob esse subesquema, o secretário poderia ver qual membro do corpo docente é o orientador de um aluno específico, mas não poderia obter acesso a informações adicionais acerca desse membro do corpo docente. Em contrapartida, o subesquema para o departamento de folha de pagamento forneceria o histórico de cada membro do corpo docente, mas não incluiria a ligação entre estudantes e orientadores. Então, o departamento de pessoal poderia modificar o salário de um membro do corpo docente, mas não poderia obter os nomes dos estudantes sob orientação de tal pessoa.

Sistemas de gerenciamento de bancos de dados

Uma aplicação típica de banco de dados envolve múltiplas camadas de software, as quais agruparemos em duas camadas principais – uma camada de aplicação e uma de gerenciamento de bancos de dados (Figura 9.2). O soft-

```
Usuário → Software de aplicação → Sistema de gerenciamento de bancos de dados → Banco de dados real

Banco de dados          Banco de dados visto        Banco de dados
visto em termos         em termos de um             visto em sua
da aplicação            modelo de banco de dados    organização real
```

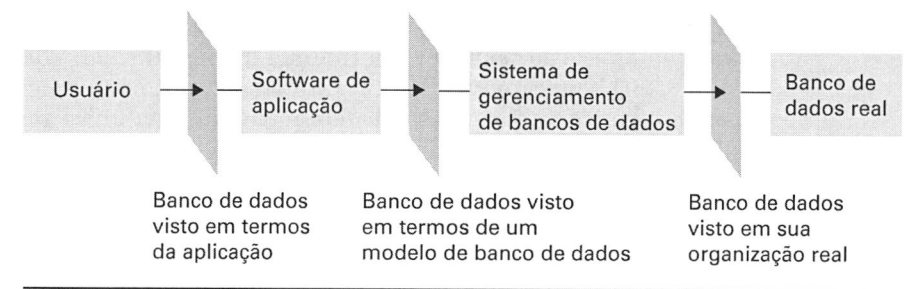

Figura 9.2 As camadas conceituais de uma implementação de um banco da dados.

ware de aplicação trata da comunicação com o usuário do banco de dados e pode ser bastante complexo, como exemplificado por aplicações nas quais os usuários acessam um banco de dados por meio de um site. Neste caso, a camada inteira de aplicação consiste em clientes ao longo da Internet e em um servidor que usa o banco de dados para satisfazer às solicitações dos clientes.

Note que o software de aplicação não manipula diretamente o banco de dados. A manipulação real do banco de dados é realizada por meio de um **sistema de gerenciamento de bancos de dados (SGBD)**. Uma vez que o software de aplicação tenha determinado qual ação o usuário está solicitando, ele usa o SGBD como uma ferramenta abstrata para obter os resultados. Se a requisição for para adicionar ou para excluir dados, é o SGBD que de fato altera o banco de dados. Se a requisição for para obter informação, é o SGBD que realiza as buscas solicitadas.

Essa dicotomia entre o software de aplicação e o SGBD apresenta diversos benefícios. Um é que ela permite a construção e o uso de ferramentas abstratas, as quais frequentemente descobrimos ser um grande conceito simplificador no projeto de software. Se os detalhes de como o banco de

Bancos de dados distribuídos

Com o avanço das capacidades de rede, os sistemas de bancos de dados passaram a englobar bancos de dados específicos, conhecidos como bancos de dados distribuídos, que consistem em dados que residem em diferentes máquinas. Por exemplo, uma corporação internacional poderia armazenar e manter registros de empregados locais em sites locais, mas, mesmo assim, ligar esses registros via rede para criar um único banco de dados distribuído.

Um banco de dados distribuído poderia conter dados fragmentados ou replicados. O primeiro caso é demonstrado pelo exemplo anterior de registros de empregados, no qual diferentes fragmentos do banco de dados são armazenados em diferentes locais. No segundo caso, duplicatas do mesmo componente de banco de dados são armazenadas em diferentes locais. Tal replicação poderia ocorrer como uma forma de reduzir o tempo da recuperação de informações. Ambos os casos apresentam problemas que não estão presentes em bancos de dados centralizados mais tradicionais – como disfarçar a natureza distribuída do banco de dados de forma que ele funcione como um sistema coerente ou como garantir que as porções replicadas de um banco de dados permaneçam duplicatas umas das outras quando atualizações ocorrerem. Por sua vez, o estudo dos bancos de dados distribuídos é uma área atual de pesquisa.

dados é realmente armazenado são isolados dentro do SGBD, o projeto do software de aplicação pode ser enormemente simplificado. Por exemplo, com um SGBD bem projetado, o software de aplicação não precisa se preocupar se o banco de dados está armazenado em uma única máquina ou espalhado entre muitas máquinas dentro de uma rede como um **banco de dados distribuído**, pois o SGBD lidaria com essas questões, permitindo que o software de aplicação acessasse o banco de dados sem se preocupar com o local onde os dados estão de fato armazenados.

Uma segunda vantagem de separar o software de aplicação do SGBD é que essa configuração fornece uma maneira de controlar o acesso ao banco de dados. Ao ditar que o SGBD realize todo o acesso ao banco de dados, o SGBD pode fazer cumprir as restrições impostas pelos vários subesquemas. Em particular, o SGBD pode usar o esquema inteiro do banco de dados para suas necessidades internas, mas pode requerer que o software de aplicação empregado por cada usuário permaneça dentro das fronteiras descritas pelo subesquema do usuário.

Outra razão adicional para separar a interface com o usuário e a manipulação real dos dados em duas camadas diferentes de software é atingir a **independência de dados** – a habilidade de modificar a organização interna do banco de dados sem modificar software de aplicação. Por exemplo, o departamento de pessoal poderia querer inserir um campo adicional ao registro de cada empregado para indicar se o empregado correspondente gostaria de participar no programa de plano de saúde da companhia. Se o software de aplicação lidasse diretamente com o banco de dados, tal mudança no formato dos dados poderia requerer modificações em todos os programas que lidassem com o banco de dados. Como resultado, a mudança instigada pelo departamento de pessoal poderia causar alterações no programa de folha de pagamento, assim como no programa para imprimir rótulos de mala direta para o boletim informativo da companhia.

A separação entre software de aplicação e SGBD remove a necessidade de tal reprogramação. Para implementar uma mudança na base de dados requerida por um único usuário, é necessário modificar apenas o esquema e os subesquemas dos usuários envolvidos na mudança. Os subesquemas de todos os outros usuários permanecem os mesmos, então seu software de aplicação, que é baseado nos esquemas inalterados, não precisa ser modificado.

Modelos de bancos de dados

Temos visto repetidamente como a abstração pode ser usada para ocultar complexidades internas. Os sistemas de gerenciamento de bancos de dados fornecem ainda outro exemplo. Eles ocultam as complexidades da estrutura interna de um banco de dados, permitindo que o usuário do banco de dados imagine que a informação armazenada no banco de dados esteja organizada em um formato mais útil. Em particular, um SGBD contém rotinas que traduzem comandos expressos em termos de uma visão conceitual do banco de dados nas ações requeridas pelo sistema de armazenamento de dados real. Essa visão conceitual do banco de dados é chamada de **modelo de banco de dados**.

Nas seções seguintes, consideraremos tanto o modelo de banco de dados relacional quanto o modelo de banco de dados orientado a objetos. No caso do modelo de banco de dados relacional, a visão conceitual do banco de dados é a de uma coleção de tabelas consistindo em linhas e colunas. Por exemplo, a informação acerca dos empregados em uma companhia poderia ser vista como uma tabela contendo uma linha para cada empregado e colunas rotuladas por nome, endereço, número de identificação do empregado e assim por diante. Por sua vez, o SGBD conteria rotinas que permitiriam que o software de aplicação selecionasse certas entradas de uma linha em particular da tabela ou relatasse a faixa de valores encontrada na coluna de salários – mesmo que a informação não esteja realmente armazenada em linhas e colunas.

Essas rotinas formam ferramentas abstratas usadas pelo software de aplicação para acessar o banco de dados. Mais precisamente, um software de aplicação é frequentemente escrito em uma das linguagens de programação de propósito geral, como as discutidas no Capítulo 6. Essas linguagens fornecem os ingredientes básicos para expressões algorítmicas, mas não possuem instruções para manipular um banco de dados. Entretanto, um programa escrito em uma dessas linguagens pode usar as rotinas fornecidas pelo SGBD como sub-rotinas pré-escritas – dessa forma estendendo as capacidades da linguagem de uma maneira que oferece suporte à imagem conceitual do modelo do banco de dados.

A busca por melhores modelos de bancos de dados é um processo em andamento. O objetivo é encontrar modelos que permitam que complexos sistemas de dados sejam conceitualizados facilmente, levando a maneiras concisas de expressar solicitações de informações e produzir sistemas eficientes de gerenciamento de bancos de dados.

Questões e exercícios

1. Identifique dois departamentos em uma indústria que poderiam fazer diferentes usos de uma mesma informação de inventário ou similar. Então, descreva como o subesquema para os dois departamentos podem diferir.
2. Qual é o propósito de um modelo de banco de dados?
3. Resuma os papéis de um software de aplicação e de um SGBD.

9.2 O modelo relacional

Nesta seção, olhamos mais de perto o modelo relacional. Ele retrata os dados como sendo armazenados em tabelas retangulares, chamadas de **relações**, similares ao formato no qual a informação é mostrada por programas de planilha. Por exemplo, o modelo relacional permite que a informação relacionada aos empregados de uma firma sejam representadas por uma relação como a mostrada na Figura 9.3.

Empl Id	Name	Address	SSN
25X15	Joe E. Baker	33 Nowhere St.	111223333
34Y70	Cheryl H. Clark	563 Downtown Ave.	999009999
23Y34	G. Jerry Smith	1555 Circle Dr.	111005555
•	•	•	•
•	•	•	•

Figura 9.3 Uma relação contendo informação de empregados.

Uma linha em uma relação é chamada de **tupla**. Na relação da Figura 9.3, as tuplas consistem na informação acerca de um empregado em particular. As colunas em uma relação são chamadas de **atributos**, pois cada entrada em uma coluna descreve alguma característica, ou atributo, da entidade representada pela tupla correspondente.

Questões de projeto relacional

Um passo essencial no projeto de um banco de dado relacional é projetar as relações que compõem o banco de dados. Apesar de isso parecer uma tarefa simples, muitas sutilezas podem surpreender um projetista desavisado.

Suponha que além da informação contida na relação da Figura 9.2, quiséssemos incluir informações sobre os cargos dos empregados. Podemos querer incluir um histórico de cargos associado a cada empregado, o qual consiste de atributos como um título do cargo (secretária, gerente de escritório, supervisor de andar), um código de identificação do cargo (único para cada cargo), o código de habilidade associado a cada cargo, o departamento no qual o cargo existe e o período durante o qual o empregado manteve o cargo, em termos de uma data inicial e uma data de término. (Usamos um asterisco como a data de término se o cargo for o atual do empregado.)

Uma abordagem para esse problema é estender a relação da Figura 9.3 para incluir esses atributos como colunas adicionais na tabela, conforme mostrado na Figura 9.4. Entretanto, um exame mais cuidadoso dos resultados revela diversos problemas. Um é a falta de eficiência devido à redundância. A relação não mais contém uma tupla para cada empregado, mas no lugar disso, ela tem uma tupla para cada atribuição de um empregado a um cargo. Se um empregado subiu na companhia ao longo de diversos cargos, várias tuplas na nova relação devem conter a mesma informação acerca do empregado (nome, endereço, número de identificação e número do RG). Por exemplo, a informação pessoal sobre Baker e Smith é repetida, pois ambos ocuparam mais de um cargo. Além disso, quando uma posição específica foi mantida por diversos empregados, o departamento associado a esse cargo, juntamente ao código de habilidade associado, deve ser repetido em cada tupla que represente uma atribuição a um cargo. Por exemplo, a descrição do trabalho de gerente de andar (*Floor manager*) está duplicada, pois mais de um empregado ocupou essa posição.

Outro problema, talvez mais sério, com nossa relação estendida vem à tona quando consideramos apagar informações do banco de dados. Suponha, por exemplo, que Joe E. Baker seja o único empregado a manter o

Empl Id	Name	Address	SSN	Job Id	Job Title	Skill Code	Dept	Start Date	Term Date
25X15	Joe E. Baker	33 Nowhere St.	111223333	F5	Floor manager	FM3	Sales	9-1-2009	9-30-2010
25X15	Joe E. Baker	33 Nowhere St.	111223333	D7	Dept. head	K2	Sales	10-1-2010	*
34Y70	Cheryl H. Clark	563 Downtown Ave.	999009999	F5	Floor manager	FM3	Sales	10-1-2009	*
23Y34	G. Jerry Smith	1555 Circle Dr.	111005555	S25X	Secretary	T5	Personnel	3-1-1999	4-30-2010
23Y34	G. Jerry Smith	1555 Circle Dr.	111005555	S26Z	Secretary	T6	Accounting	5-1-2010	*
⋮	⋮	⋮	⋮	⋮	⋮	⋮	⋮	⋮	⋮

Figura 9.4 Relação contendo redundância.

cargo identificado como D7. Se ele deixasse a companhia e fosse apagado do banco de dados, representado na Figura 9.4, perderíamos as informações relativas ao cargo D7. Afinal, a única tupla contendo o fato de que o cargo D7 requer um nível de habilidade K2 é a tupla relacionada a Joe Baker.

Você poderia argumentar que a habilidade de apagar apenas uma porção da tupla poderia resolver o problema, mas isso introduziria outras complicações. Por exemplo, a informação relacionada ao cargo F5 deve ser mantida em uma tupla parcial ou deveria residir em outro lugar da relação? Além disso, a tentação de usar tuplas parciais é um forte indicativo de que o projeto do banco de dados pode ser melhorado.

A causa de todos os problemas é que combinamos mais de um conceito em uma única relação. Como proposta, a relação estendida na Figura 9.4 contém informações que tratam diretamente de empregados (nome, número de identificação, endereço, número do RG), informações acerca de cargos disponíveis na companhia (identificação do cargo, título do cargo, departamento, código de habilidade) e informações relativas ao relacionamento entre empregados e cargos (data de início, data de término). Com base nessa

Sistemas de bancos de dados para PCs

Computadores pessoais são usados em uma variedade de aplicações, desde elementares até sofisticadas. Em aplicações elementares de "bancos de dados", como armazenar listas de cartões de natal ou manter registros de uma liga de boliche, os sistemas de planilha eletrônica são frequentemente usados, em vez de software de banco de dados, pois a aplicação precisa de pouco mais que a habilidade de armazenar, imprimir e ordenar dados. Existem, no entanto, sistemas de bancos de dados reais disponíveis para o mercado de PCs, um dos quais é o Access, da Microsoft. Ele é um sistema de bancos de dados relacional completo, conforme a descrição da Seção 9.2, bem como um sistema de software para a geração de gráficos e relatórios. O Access fornece um excelente exemplo de como os princípios apresentados neste texto formam o cerne de produtos populares no mercado atualmente.

observação, podemos solucionar nossos problemas reprojetando o sistema usando três relações – uma para cada uma das categorias anteriores. Podemos manter a relação original da Figura 9.3 (a qual chamaremos agora de relação EMPLOYEE – empregado) e inserimos a informação adicional na forma de duas novas relações, chamadas de JOB e ASSIGNMENT (cargo e atribuição), o que produz o banco de dados da Figura 9.5.

Um banco de dados consistindo nessas três relações contém as informações pertinentes acerca de empregados na relação EMPLOYEE, acerca de cargos disponíveis na relação JOB e acerca do histórico de cargos ocupados na relação ASSIGNMENT. Informações adicionais estão implicitamente disponíveis pela combinação da informação de diferentes relações. Por exemplo, se conhecemos o número de identificação de um empregado, podemos encontrar os departamentos nos quais o empregado trabalhou, primeiro encontrando todos os cargos que o empregado ocupou usando a relação ASSIGNMENT e, então, encontrando os departamentos com esses cargos por meio da relação JOB (Figura 9.6). Ao logo de processos como esse, qualquer informação que poderia ser obtida da única grande relação pode ser obtida a partir dessas três relações menores, sem os problemas anteriormente citados.

relação EMPLOYEE

Empl Id	Name	Address	SSN
25X15	Joe E. Baker	33 Nowhere St.	111223333
34Y70	Cheryl H. Clark	563 Downtown Ave.	999009999
23Y34	G. Jerry Smith	1555 Circle Dr.	111005555

relação JOB

Job Id	Job Title	Skill Code	Dept
S25X	Secretary	T5	Personnel
S26Z	Secretary	T6	Accounting
F5	Floor manager	FM3	Sales
•	•	•	•
•	•	•	•
•	•	•	•

relação ASSIGNMENT

Empl Id	Job Id	Start Date	Term Date
23Y34	S25X	3-1-1999	4-30-2010
34Y70	F5	10-1-2009	*
23Y34	S26Z	5-1-2010	*
•	•	•	•
•	•	•	•
•	•	•	•

Figura 9.5 Banco de dados de empregados consistido em três relações.

relação EMPLOYEE

Empl Id	Name	Address	SSN
25X15	Joe E. Baker	33 Nowhere St.	111223333
34Y70	Cheryl H. Clark	563 Downtown Ave.	999009999
23Y34	G. Jerry Smith	1555 Circle Dr.	111005555
•	•	•	•
•	•	•	•
•	•	•	•

relação JOB

Job Id	JobTitle	Skill Code	Dept
S25X	Secretary	T5	Personnel
S26Z	Secretary	T6	Accounting
F5	Floor manager	FM3	Sales
•	•	•	•
•	•	•	•
•	•	•	•

estão contidos nos departamentos de pessoal (Personnel) e de contabilidade (Accounting)

relação ASSIGNMENT

Empl Id	Job Id	Start Date	Term Date
23Y34	S25X	3-1-1999	4-30-2010
34Y70	F5	10-1-2009	*
23Y34	S26Z	5-1-2010	*
•	•	•	•
•	•	•	•
•	•	•	•

Os cargos ocupados pelo empregado 23Y34

Figura 9.6 Como encontrar os departamentos nos quais o empregado 23Y34 já trabalhou.

Infelizmente, dividir a informação em várias relações nem sempre está livre de problemas como no exemplo anterior. Por exemplo, compare a relação original na Figura 9.7, atributos EmplId (id do empregado), JobTitle (título do cargo) e Dept (departamento), com a decomposição proposta em duas relações. À primeira vista, o sistema de duas relações pode parecer conter a mesma informação que o sistema de uma única relação, mas na verdade não. Considere o problema de encontrar o departamento no qual um determinado empregado trabalha. Isso é facilmente feito no sistema de uma única relação, interrogando a tupla contendo o número de identificação do empregado do empregado visado e extraindo o departamento correspondente. Entretanto, no sistema de duas relações, a informação desejada não está necessariamente disponível. Podemos encontrar o título do cargo do empregado e um departamento que possui tal cargo, mas isso não significa necessariamente que o empregado trabalha em tal departamento, pois diversos departamentos podem ter cargos com o mesmo título.

Vemos, então, que algumas vezes dividir uma relação em relações menores causa perda de informação, e algumas vezes não. (A última é chamada de **decomposição sem perdas**.) Tais características relacionais são considerações importantes a serem feitas durante um projeto. O objetivo é identificar as ca-

```
                        Empl Id      Job Title      Dept
Relação original    ┌────────────┬────────────┬────────────┐
contendo empregados,│            │            │            │
cargos e            │            │            │            │
departamentos       └────────────┴────────────┴────────────┘


              Empl Id    Job Title           Job Title    Dept
          ┌───────────┬───────────┐      ┌───────────┬───────────┐
Decomposição          │           │      │           │           │
proposta  └───────────┴───────────┘      └───────────┴───────────┘
```

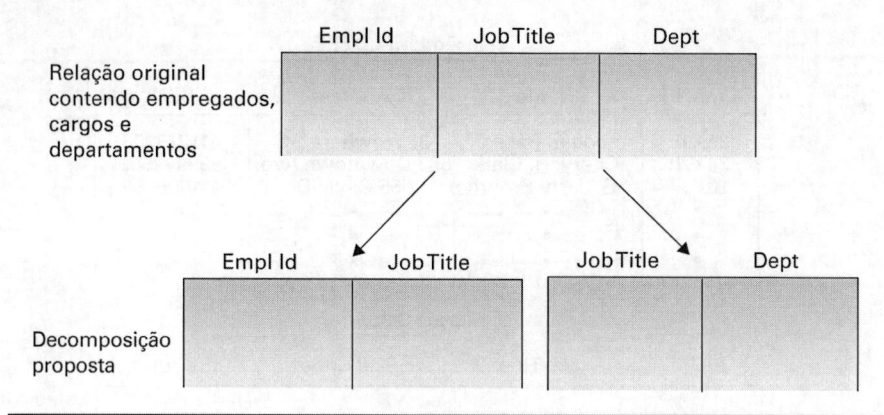

Figura 9.7 Uma relação e uma decomposição proposta.

racterísticas relacionais que podem levar a problemas no projeto do banco de dados e encontrar maneiras de reorganizar essas relações para remover características problemáticas.

Operações relacionais

Agora que você tem um entendimento básico de como os dados podem ser organizados em termos do modelo relacional, é hora de ver como as informações podem ser extraídas de um banco de dados consistido em relações. Iniciamos vendo algumas operações sobre relações que queremos realizar.

Às vezes, precisamos selecionar certas tuplas de uma relação. Para obter a informação acerca de um empregado, devemos selecionar a tupla com o valor do atributo de identificação apropriado da relação EMPLOYEE, ou para obter uma lista dos títulos em certo departamento, devemos selecionar as tuplas da relação JOB que possuam tal departamento como seu atributo de departamento. O resultado de tal processo é outra relação consistindo nas tuplas selecionadas da relação pai. A saída de selecionar informações acerca de um empregado em particular resulta em uma relação contendo apenas uma tupla da relação EMPLOYEE. A saída de selecionar as tuplas associadas com certo departamento resulta em uma relação que provavelmente contenha diversas tuplas da relação JOB.

Em resumo, uma operação que queremos realizar em uma relação é selecionar tuplas possuindo certas características e colocá-las em uma nova relação. Para expressar essa relação, adotamos a sintaxe

NEW ← SELECT from EMPLOYEE where EmplId = "34Y70"

A semântica dessa sentença é criar uma nova relação chamada NEW contendo as tuplas (pode existir apenas uma nesse caso) da relação EMPLOYEE cujo atributo EmplId (id do empregado) seja igual a 34Y70 (Figura 9.8).

Em contraste com a operação SELECT (selecionar), que extrai linhas de uma relação, a operação PROJECT (projetar) extrai colunas. Suponha, por exemplo, que na busca pelos títulos de cargos em certo departamento, já tenhamos selecionado as tuplas da relação JOB que pertençam ao departa-

	Empl Id	Name	Address	SSN
Relação EMPLOYEE	25X15 34Y70 23Y34 • •	Joe E. Baker Cheryl H. Clark G. Jerry Smith • •	33 Nowhere St. 563 Downtown Ave. 1555 Circle Dr. • •	111223333 999009999 111005555 • •

NEW ← SELECT from EMPLOYEE where EmplId = "34Y70"

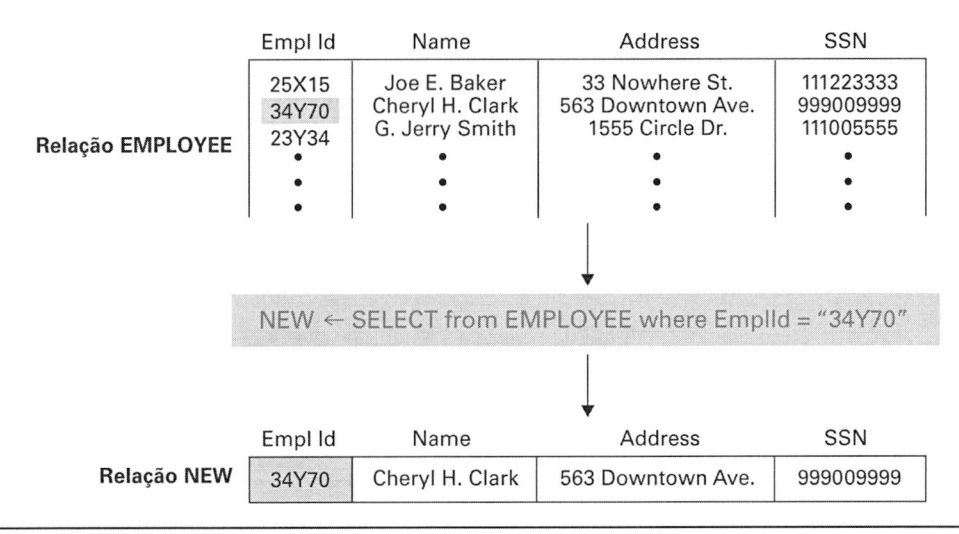

	Empl Id	Name	Address	SSN
Relação NEW	34Y70	Cheryl H. Clark	563 Downtown Ave.	999009999

Figura 9.8 Operação SELECT.

mento visado e colocamos essas tuplas em uma nova relação chamada NEW1. A lista que estamos buscando é a coluna JobTitle (título do cargo) dentro dessa nova relação. A operação PROJECT nos permite extrair essa coluna (ou colunas, se necessário) e colocar o resultado em uma nova relação. Expressamos tal operação como

```
NEW2 ← PROJECT JobTitle from NEW1
```

O resultado é a criação de outra nova relação (chamada de NEW2) que contém a única coluna de valores da coluna JobTitle da relação NEW1.

Como outro exemplo da operação PROJECT, a sentença

```
MAIL ← PROJECT Name, Address from EMPLOYEE
```

pode ser usada para obter uma lista de nomes e de endereços de todos os empregados. Essa lista está na relação recém-criada (de duas colunas) chamada MAIL – correio (Figura 9.9).

Outra operação usada em conjunto com bancos de dados relacionais é a operação JOIN (unir). Ela é usada para combinar diferentes relações em uma única relação. A operação JOIN aplicada a duas relações produz uma nova relação cujos atributos consistem nos atributos das relações originais (Figura 9.10). Os nomes desses atributos são os mesmos dos das relações originais, exceto que cada um é pré-fixado pela relação de sua origem. (Se a relação A contendo os atributos V e W fosse unida via JOIN com a relação B contendo os atributos X, Y e Z, então o resultado possuiria, cinco atributos chamados A.V, A.W, B.X, B.Y e B.Z.) Essa convenção de nomes garante que os atributos na nova relação contenham nomes únicos, mesmo que as relações originais possam ter nomes de atributos em comum.

As tuplas (linhas) da nova relação são produzidas através da concatenação das tuplas das duas relações originais (veja novamente a Figura 9.10). Quais tuplas são na realmente unidas para formar tuplas na nova relação é algo determinado pela condição sob a qual a operação JOIN é construída.

Relação EMPLOYEE

Empl Id	Name	Address	SSN
25X15	Joe E. Baker	33 Nowhere St.	111223333
24Y70	Cheryl H. Clark	563 Downtown Ave.	999009999
23Y34	G. Jerry Smith	1555 Circle Dr.	111005555
•	•	•	•

MAIL ← PROJECT Name, Address from EMPLOYEE

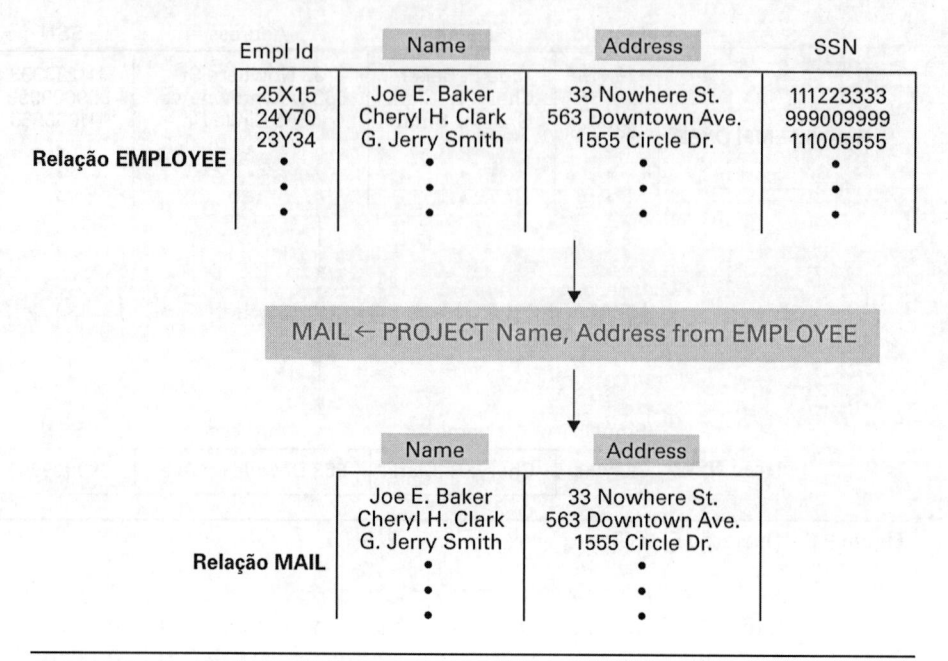

Relação MAIL

Name	Address
Joe E. Baker	33 Nowhere St.
Cheryl H. Clark	563 Downtown Ave.
G. Jerry Smith	1555 Circle Dr.
•	•

Figura 9.9 Operação PROJECT.

Uma de tais condições é que atributos designados tenham o mesmo valor. Esse, na verdade, é o caso representado na Figura 9.10, na qual demonstramos o resultado da execução da sentença

Relação A

V	W
r	2
t	4
p	6

Relação B

X	Y	Z
5	g	p
4	d	e
2	m	q
4	t	f

C JOIN A and B where A.W = B.X

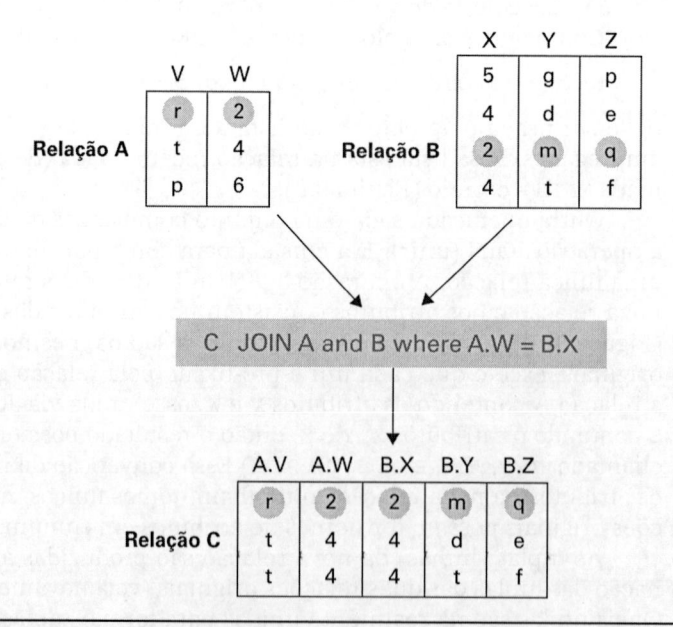

Relação C

A.V	A.W	B.X	B.Y	B.Z
r	2	2	m	q
t	4	4	d	e
t	4	4	t	f

Figura 9.10 Operação JOIN.

```
C ← JOIN A and B where A.W = B.X
```

Neste exemplo, uma tupla da relação A deve ser concatenada com uma tupla da relação B exatamente nos casos nos quais os atributos W e X nas duas tuplas são iguais. Então, a concatenação da tupla (r, 2) da relação A com a tupla (2, m, q) da relação B aparece no resultado porque o valor do atributo W na primeira é igual ao valor do atributo X na segunda. Por outro lado, o resultado de concatenar a tupla (r, 2) da relação A com a tupla (5, g, p) da relação B não aparece na relação final porque essas tuplas não compartilham valores comuns nos atributos W e X.

Como outro exemplo, a Figura 9.11 representa o resultado de executar a sentença

```
C ← JOIN A and B where A.W < B.X
```

Note que as tuplas no resultado são exatamente aquelas nas quais o atributo W na relação A é menor que o atributo X na relação B.

Veremos agora como a operação JOIN pode ser usada com o banco de dados da Figura 9.5 para obter uma listagem de todos os números de identificação de empregados relacionados ao departamento no qual cada empregado trabalha. Nossa primeira observação é que a informação requerida está distribuída em mais de uma relação e, então, o processo de obter a informação deve necessitar de mais que seleções e projeções. Na verdade, a ferramenta que precisamos é a sentença

```
NEW1 ← JOIN ASSIGNMENT and JOB
       where ASSIGNMENT.JobId = JOB.JobId
```

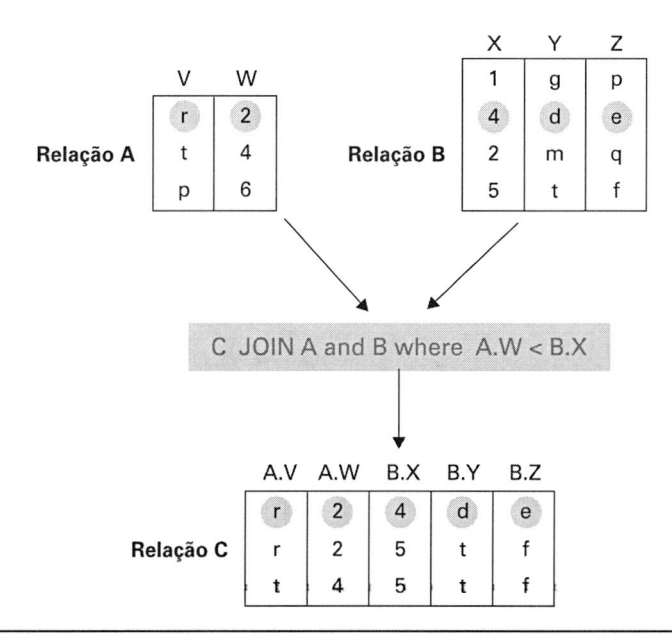

Figura 9.11 Outro exemplo da operação JOIN.

que produz a relação NEW1, conforme mostrada na Figura 9.12. A partir dessa relação, nosso problema pode ser solucionado primeiro selecionando as tuplas nas quais ASSIGNMENT.TermDate (data de término da atribuição de um empregado a um cargo) for igual a "*" (que indica "ainda empregado") e, então, projetar os atributos ASSIGNMENT.EmplId (código do empregado) e JOB.Dept (departamento do cargo). Em resumo, a informação que precisamos pode ser obtida do banco de dados da Figura 9.5 por meio da execução a sequência

```
NEW1 ← JOIN ASSIGNMENT and JOB
         where ASSIGNMENT.JobId = JOB.JobId
NEW2 ← SELECT from NEW1 where ASSIGNMENT.TermDate = "*"
LIST ← PROJECT ASSIGNMENT.EmplId, JOB.Dept from NEW2
```

SQL

Agora que introduzimos as operações relacionais básicas, consideramos a estrutura geral de um sistema de bancos de dados. Lembre-se de que um banco de dados é, na verdade, armazenado em um sistema de armazenamento em massa. Para liberar o programador de aplicações dos detalhes de tais sistemas, um sistema de gerenciamento de bancos de dados é fornecido, permitindo que o software de aplicação seja escrito em termos de um mode-

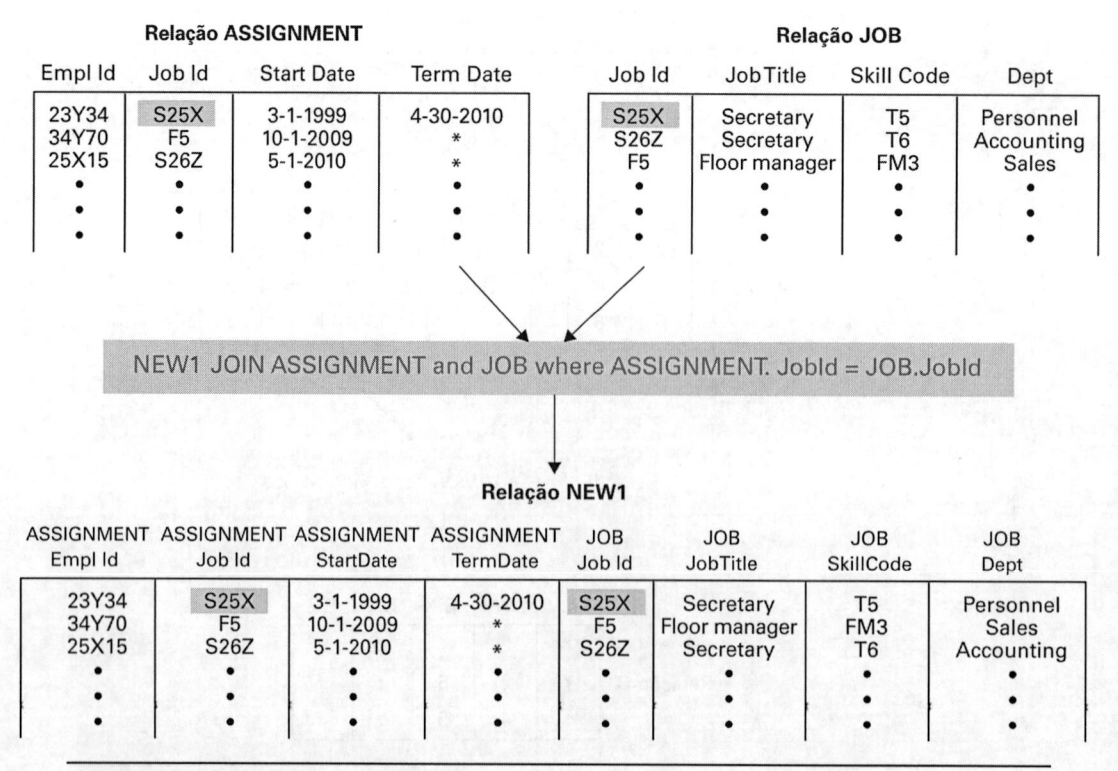

Figura 9.12 Aplicação da operação JOIN.

lo de banco de dados, como o modelo relacional. O SGBD aceita comandos em termos do modelo e os converte em ações relativas à estrutura de armazenamento real. Essa conversão é tratada por uma coleção de rotinas dentro do SGBD que são usadas pelo software de aplicação como ferramentas abstratas. Então, um SGBD baseado no modelo relacional incluiria rotinas para realizar as operações SELECT, PROJECT e JOIN, as quais poderiam, então, ser chamadas a partir do software de aplicação. Dessa maneira, o software de aplicação pode ser escrito como se o banco de dados fosse, na verdade, armazenado no formato tabular simples do modelo relacional.

Os sistemas de gerenciamento de bancos de dados atuais não fornecem, necessariamente, rotinas para realizar as operações SELECT, PROJECT e JOIN em sua forma bruta, mas rotinas que podem ser combinações desses passos básicos. Um exemplo é a linguagem SQL (*Structured Query Language* – Linguagem de Consulta Estruturada), que forma o cerne da maioria dos sistemas de consulta em bancos de dados relacionais. Por exemplo, SQL é a linguagem subjacente no sistema de bancos de dados relacionais MySQL, usado por muitos servidores de bancos de dados na Internet.

Uma das razões para a popularidade de SQL é que o Instituto Nacional Americano de Padrões a padronizou. Outra razão é que ela foi originalmente desenvolvida e propagandeada pela IBM, então tem se beneficiado de um alto nível de exposição. Nesta seção, explicamos como as consultas em bancos de dados relacionais são expressas em SQL.

Apesar de estarmos prestes a descobrir que uma consulta escrita em SQL é expressa em uma forma similar à imperativa, a realidade é que ela é essencialmente uma sentença declarativa. Você deve ler uma sentença SQL como uma descrição da informação desejada, em vez de como uma sequência de atividades a serem realizadas. A importância disso é que SQL libera os programadores de aplicação do trabalho de desenvolver algoritmos para manipular relações – eles apenas precisam descrever a informação desejada.

Para nosso primeiro exemplo de uma consulta SQL, vamos reconsiderar nossa última consulta, na qual desenvolvemos um processo de três passos para obter todos os números de identificação de empregados e de seus correspondentes departamentos. Em SQL, essa consulta inteira poderia ser representada pela única sentença

```
select EmplId, Dept
from ASSIGNMENT, JOB
where ASSIGNMENT.JobId = JOB.JobId
   and ASSIGNMENT.TermDate = '*'
```

Como indicado por esse exemplo, cada sentença SQL pode conter três cláusulas: uma cláusula `select` (selecionar), uma cláusula `from` (a partir de) e uma cláusula `where` (onde). Grosseiramente, essa sentença é uma requisição para o resultado de formar um JOIN de todas as relações listadas na cláusula `from`, selecionando as tuplas que satisfazem às condições na cláusula `where` e projetando os atributos listados na cláusula `select`. (Note que a terminologia é de certa forma invertida, pois a cláusula `select` em uma sentença SQL identifica os atributos usados na operação PROJECT.) Consideremos alguns exemplos simples.

A sentença

```
select Name, Address
from EMPLOYEE
```

produz uma listagem de todos os nomes e endereços de empregados contidos na relação EMPLOYEE. Note que essa é meramente uma operação PROJECT.

A sentença

```
select EmplId, Name, Address, SSNum
from EMPLOYEE
where Name = 'Cheryl H. Clark'
```

produz todas as informações da tupla associada a Cheryl H. Clark na relação EMPLOYEE. Essa é essencialmente uma operação SELECT.

A sentença

```
select Name, Address
from EMPLOYEE
where Name = 'Cheryl H. Clark'
```

produz o nome e o endereço de Cheryl H. Clark conforme aparecem na relação EMPLOYEE. Essa é uma combinação das operações SELECT e PROJECT.

A sentença

```
select EMPLOYEE.Name, ASSIGNMENT.StartDate
from EMPLOYEE, ASSIGNMENT
where EMPLOYEE.EmplId = ASSIGNMENT.EmplId
```

produz uma listagem de todos os nomes e datas iniciais de emprego de empregados. Note que esse é o resultado de um JOIN entre as relações EMPLOYEE e ASSIGNMENT e, então, de uma seleção e uma projeção nas tuplas e atributos apropriados, conforme identificado nas cláusulas where e select.

Por fim, notemos que SQL envolve sentenças para definir a estrutura de relações, para criar relações e para modificar o conteúdo de relações, bem como para realizar consultas. Por exemplo, a seguir temos exemplos das sentenças insert into (inserir em), delete from (apagar de) e update (atualizar).

A sentença

```
insert into EMPLOYEE
values ('42Z12', 'Sue A. Burt', '33 Fair St.',
       '444661111')
```

adiciona uma tupla na relação EMPLOYEE contendo os valores informados;

```
delete from EMPLOYEE
where Name = 'G. Jerry Smith'
```

remove a tupla relacionada a G. Jerry Smith da relação EMPLOYEE; e

```
update EMPLOYEE
set Address = '1812 Napoleon Ave.'
where Name = 'Joe E. Baker'
```

modifica o endereço na tupla associada a Joe E. Baker na relação EMPLOYEE.

Questões e exercícios

1. Responda às seguintes questões baseado na informação parcial obtida nas relações EM-PLOYEE, JOB e ASSIGNMENT da Figura 9.5:
   a. Quem é a secretária no departamento de contabilidade com experiência no departamento de pessoal?
   b. Quem é o gerente de andar no departamento de vendas?
   c. Que cargo G. Jerry Smith ocupa atualmente?
2. Baseado nas relações EMPLOYEE, JOB e ASSIGNMENT apresentadas na Figura 9.5, escreva uma sequência de operações relacionais para obter uma lista de todos os títulos de cargos dentro do departamento de pessoal.
3. Baseado nas relações EMPLOYEE, JOB e ASSIGNMENT apresentadas na Figura 9.5, escreva uma sequência de operações relacionais para obter uma lista de nomes de empregados e de seus departamentos atuais.
4. Converta suas respostas às Questões 2 e 3 para SQL.
5. Como o modelo relacional fornece independência de dados?
6. Como as diferentes relações em um banco de dados relacional são unidas entre si?

*9.3 Bancos de dados orientados a objetos
*9.4 Manutenção da integridade de bancos de dados
*9.5 Estruturas tradicionais de arquivos

O conteúdo dessas seções está disponível no site www.grupoa.com.br e pode ser acessado livremente.

9.6 Mineração de dados

Um tema que vem ganhando espaço rapidamente, e que é muito associado às tecnologias de bancos de dados, é a mineração de dados, que consiste em técnicas para a descoberta de padrões em coleções de dados. A mineração de dados tornou-se uma ferramenta importante em diversas áreas, incluindo marketing, gerenciamento de estoques, controle de qualidade, gerenciamento de empréstimos de risco, detecção de fraudes e análise de investimentos. Técnicas de mineração de dados têm sido aplicadas até mesmo em ambientes que poderiam parecer improváveis para tal, como mostra a utilização na identificação das funções de genes codificados em moléculas de DNA e propriedades que caracterizam organismos.

As atividades de mineração de dados diferem das consultas tradicionais de bancos de dados no sentido de que a mineração de dados busca identificar padrões previamente desconhecidos, ao contrário das consultas tradicionais em bancos de dados que meramente pedem a recuperação de fatos armazenados. Além disso, a mineração de dados é praticada em coleções de dados estáticas, chamadas de **armazéns de dados** (*data warehouses*), em vez de em bancos de dados operacionais "*online*", sujeitos a atualizações frequentes. Esses armazéns de dados são frequentemente "fotos instantâneas" dos bancos de dados ou de coleções de bancos de dados. Eles são usados no lugar dos bancos de dados operacionais reais porque buscar padrões em um sistema estático é mais fácil que em um dinâmico.

Devemos notar também que a área de mineração de dados não está restrita ao domínio de computação, mas se estende até a estatística. Na verdade, muitos argumentariam que, como a mineração de dados tem suas origens em tentativas de realizar análises estatísticas em coleções de dados grandes e diversas, ela é uma aplicação de estatística, em vez de uma área da ciência da computação.

Duas formas comuns de mineração de dados são a **descrição de classes** e a **distinção de classes**. As descrições de classe tratam de identificar propriedades que caracterizam certo grupo de itens de dados, enquanto a distinção de classes trata da identificação de propriedades que dividem dois grupos. Por exemplo, técnicas de descrição de classes poderiam ser usadas para identificar características de pessoas que compram veículos pequenos e econômicos, enquanto técnicas de distinção de classes seriam usadas para encontrar propriedades que distinguem clientes que compram carros usados dos que compram carros novos.

Outra forma de mineração de dados é a **análise de aglomerados** (*clusters*), que busca descobrir classes. Note que ela difere da descrição de classes, que busca descobrir propriedades de membros dentro de classes já identificadas. Mais precisamente, a análise de aglomerados tenta encontrar propriedades de itens de dados que levem a agrupamentos. Por exemplo, ao analisar informações acerca da idade das pessoas que assistiram a um determinado filme, a análise de aglomerados poderia descobrir que a base de clientes divide-se em dois grupos de idade – um de pessoas entre 4 e 10 anos e um de pessoas entre 25 e 40 anos. (Talvez o filme tenha atraído as crianças e seus pais.)

Outra forma de mineração de dados é a **análise de associações**, que envolve a busca por ligações entre grupos de dados. A análise de associações poderia revelar que clientes que compram batatas chip também compram cerveja e refrigerante, ou que pessoas que fazem compras durante o horário comercial estão aposentadas.

Análise de elementos isolados é outra forma de mineração de dados, que tenta identificar entradas de dados que não estão de acordo com a norma. A análise de elementos isolados pode ser usada para identificar erros em coleções de dados, para identificar furtos de cartões de crédito ou

Bioinformática

Avanços nas tecnologias de bancos de dados e de mineração de dados estão expandindo o repertório de ferramentas disponíveis para os biólogos em áreas de pesquisa nas quais estejam envolvidas a identificação de patentes e a classificação de compostos orgânicos. O resultado é uma nova área dentro da biologia chamada de bioinformática. Originada durante a busca da decodificação de DNA, a bioinformática agora envolve tarefas como catalogar proteínas e compreender sequências de interações de proteínas (chamadas de caminhos bioquímicos). Apesar de normalmente ser considerada uma parte da biologia, a bioinformática é um exemplo de como a ciência da computação vem tendo influência e até mesmo se tornando integrada a outras áreas.

desvios súbitos nos padrões normais de compra de um cliente e até mesmo para identificar terroristas em potencial por meio do reconhecimento de comportamento incomum.

Por fim, a forma de mineração de dados chamada de **análise de padrões sequenciais** tenta identificar padrões de comportamento ao longo do tempo. Por exemplo, a análise de padrões sequenciais poderia revelar tendências em sistemas econômicos, como no mercado de capitais ou em sistemas ambientais, ou em condições climáticas.

Como indicado nesse último exemplo, os resultados da mineração de dados podem ser usados para prever comportamentos futuros. Se uma entidade apresentar as propriedades que caracterizam uma classe, então ela provavelmente se comportará como membros dessa classe. Entretanto, muitos projetos de mineração de dados são voltados à busca simples de um melhor entendimento dos dados, como visto no uso de mineração de dados na busca para desvendar os mistérios do DNA. De qualquer forma, o escopo das aplicações de mineração de dados é enorme, então a mineração de dados promete ser uma área de pesquisa ativa nos próximos anos.

Note que a tecnologia de bancos de dados e a mineração de dados são áreas próximas, portanto a pesquisa feita em uma área terá repercussão na outra. Técnicas de bancos de dados são usadas extensivamente para dar aos armazéns de dados a capacidade de apresentar dados na forma de **cubos de dados** (visualizados a partir de múltiplas perspectivas – o termo *cubo* é usado para supor a imagem de múltiplas dimensões), que tornam a mineração de dados possível. Por sua vez, à medida que os pesquisadores em mineração de dados aprimoram as técnicas para implementar cubos de dados, esses resultados darão lucros na área de projeto de bancos de dados.

Para encerrar, devemos reconhecer que uma mineração de dados bem-sucedida envolve muito mais que a identificação de padrões dentro de uma coleção de dados. Um julgamento apurado deve ser aplicado para determinar se tais padrões são importantes ou se são meras coincidências. O fato de uma loja de conveniências ter vendido um alto número de bilhetes de loteria premiados provavelmente não seria considerado algo significativo para alguém planejando comprar um bilhete de loteria, mas a descoberta de que clientes que compram lanches também tendem a comprar comidas congeladas pode ser uma informação significativa para o gerente de uma loja de conveniências. De um modo similar, a mineração de dados envolve um vasto número de questões éticas em relação aos direitos dos indivíduos representados no armazém de dados, à precisão e ao uso das conclusões envolvidas e até mesmo se a mineração de dados é, em primeiro lugar, apropriada ou não.

Questões e exercícios

1. Por que a mineração de dados não é aplicada a bancos de dados "online"?
2. Dê um exemplo de um padrão que poderia ser encontrado em cada um dos tipos de mineração de dados apresentados no texto.
3. Identifique algumas perspectivas que um cubo de dados poderia permitir quando dados de vendas estivessem sendo minerados.
4. Como a mineração de dados difere das consultas tradicionais a bancos de dados?

9.7 Impacto social da tecnologia de bancos de dados

Com o desenvolvimento das tecnologias de bancos de dados, as informações que uma vez eram enterradas em registros secretos tornaram-se acessíveis. Em muitos casos, sistemas de biblioteca automatizados passaram a disponibilizar os hábitos de leitura dos cidadãos, os varejistas agora mantêm registros das compras de seus clientes e os motores de busca na Internet guardam registros das solicitações de seus clientes. Por sua vez, essa informação está potencialmente disponível para firmas de marketing, agências de policiamento, partidos políticos, empregados e indivíduos.

Esses são exemplos representativos dos problemas em potencial que permeiam todo o espectro das aplicações de bancos de dados. A tecnologia tornou mais fácil coletar enormes quantidades de dados e mesclá-las ou compará-las com diferentes coleções de dados para obter relacionamentos que, de outra forma, permaneceriam inacessíveis. As ramificações, tanto positivas quanto negativas, são enormes. Essas ramificações não são meramente assunto para debates acadêmicos – são realidade.

Em alguns casos, o processo de coleta de dados é prontamente aparente; em outros, ele é sutil. Exemplos do primeiro caso ocorrem quando é explicitamente solicitado a alguém que forneça informações. Isso pode ser feito de maneira voluntária, como em questionários ou formulários de registros para concursos, ou pode ser feito de maneira involuntária, como quando é imposto por regulações governamentais. Algumas vezes, ser voluntário ou não depende do ponto de vista de cada um. Fornecer informações pessoais quando se está solicitando um empréstimo é algo voluntário ou involuntário? A distinção depende muito de o recebimento do empréstimo ser uma conveniência ou uma necessidade. Para que se use um cartão de crédito em algumas lojas, agora é preciso que você permita que sua assinatura seja gravada em um formato digitalizado. Mais uma vez, fornecer a informação é algo voluntário ou involuntário dependendo de sua situação.

Casos mais sutis de coleta de dados evitam comunicação direta com o indivíduo. Exemplos incluem uma companhia de crédito que grava as práticas de compra dos donos de seus cartões, sites que gravam a identidade dos visitantes e ativistas sociais que gravam números de placas dos carros estacionados no estacionamento de uma instituição alvo. Nesses casos, o indivíduo da coleta de dados pode não estar ciente de que informações estão sendo coletadas e muito menos de que bancos de dados estão sendo construídos.

Algumas vezes, as atividades subjacentes à coleta de dados tornam-se evidentes, se paramos para pensar. Por exemplo, uma loja pode oferecer descontos a seus clientes habituais, que se registram de antemão com a loja. O processo de registro pode envolver a emissão de cartões de identificação que devem ser apresentados no momento da compra para obter o desconto. Assim, a loja é capaz de montar um registro das compras dos clientes – registro cujo valor excede, em muito, o valor dos descontos concedidos.

Obviamente, a força que dá esse impulso à coleta de dados é o valor dos dados, amplificado pelas tecnologias de bancos de dados que permitem que eles sejam ligados e revelem informações que, de outra forma, permaneceriam ocultas. Por exemplo, os padrões de compra de detentores de cartões de crédito podem ser classificados e cruzados para obter perfis de clientes com imenso valor de marketing. Formulários de inscrição para revistas de fisiculturismo podem ser enviados para quem recentemente comprou equipamentos de musculação, enquanto formulários de inscrição para revistas de adestração canina podem ser enviados aos que recentemente compraram ração para cachorros. Maneiras alternativas de combinar informações são algumas vezes bastante criativas. Registros de moradias vêm sendo comparados a registros criminais para descobrir e apreender violadores de liberdade condicional, e, em 1984, o Serviço Militar dos Estados Unidos usou listas antigas de registros de aniversários de uma loja popular de venda de sorvetes para identificar cidadãos que não se registraram para o serviço militar.

Existem diversas abordagens para proteger a sociedade do uso abusivo de bancos de dados. Uma delas é a aplicação de recursos legais. Infelizmente, aprovar uma lei contra um ato não impede que este ato ocorra, mas meramente o torna ilegal. Um exemplo, nos Estados Unidos, é o Ato de Privacidade de 1974, cujo propósito era proteger os cidadãos do uso abusivo de bancos de dados governamentais. Uma provisão deste ato requeria que as agências governamentais publicassem notificações a respeito de seus bancos de dados no Registro Federal, de forma a permitir que os cidadãos acessassem e corrigissem seus dados pessoais. No entanto, as agências governamentais eram lentas para se adequarem a essa provisão. Isso não necessariamente implica ações mal-intencionadas. Em muitos casos, o problema era burocrático. No entanto, o fato de que uma burocracia poderia estar construindo bancos de dados pessoais que ela mesma era incapaz de identificar não é algo reconfortante.

Outra abordagem, talvez mais poderosa, para controlar o abuso de bancos de dados é a opinião pública. Não haverá abuso de bancos de dados se as penalidades sobrepujarem os benefícios; e a penalidade que as empresas mais temem é a opinião pública adversa. Nos anos 1990, foi a opinião pública que fez com que, por fim, as principais agências de crédito parassem de vender listas de endereços para propósitos de marketing. Mais recentemente, a America Online (um grande provedor de serviços de Internet) dobrou-se à pressão da opinião pública por causa de sua política de vender informações relacionadas aos clientes para empresas de telemarketing. Mesmo as agências governamentais curvaram-se perante a opinião pública. Em 1997, a Administração de Segurdade Social dos EUA modificou seu plano de tornar os registros de segurança sociais disponíveis via Internet, quando a opinião pública questionou sobre a segurança da informação. Nesses casos, os resultados foram obtidos em dias – em franco contraste com os longos períodos de tempo associados aos processos legais.

Obviamente, em muitos casos, as aplicações de bancos de dados são benéficas tanto para o detentor quanto para a fonte de dados, mas sempre existe uma perda de privacidade que deve ser levada a sério. Tais questões de privacidade são sérias quando a informação é correta, mas tornam-se gigantescas quando a informação é errada. Imagine o sentimento de desespero se você perceber que sua avaliação de crédito foi afetada adversamente por informações erradas. Imagine como seus problemas seriam amplificados em um ambiente no qual essa desinformação fosse prontamente compartilhada com outras instituições.

Os problemas de privacidade são, e serão, um dos principais efeitos colaterais do avanço da tecnologia em geral e das técnicas de bancos de dados em particular. As soluções para esses problemas requererão cidadãos educados, alertas e ativos.

Questões e exercícios

1. As agências de policiamento deveriam ter acesso a bancos de dados com o propósito de identificar indivíduos com tendências criminosas, mesmo que esses indivíduos possam não ter cometido um crime?
2. As seguradoras deveriam ter acesso a bancos de dados para o propósito de identificar indivíduos com problemas médicos em potencial, mesmo que os indivíduos não tenham mostrado sintomas?
3. Suponha que você esteja financeiramente confortável. Que benefícios você poderia ter, caso essa informação fosse compartilhada com uma variedade de instituições? Que penalidades você poderia sofrer a partir da distribuição das mesmas informações? E se você estivesse com problemas financeiros?
4. Que papel uma imprensa livre desempenha no controle do abuso de bancos de dados? (Por exemplo, até que ponto a imprensa impacta na opinião pública ou expõe abusos?)

Problemas de revisão do capítulo

(Problemas marcados com asterisco relacionam-se às seções disponíveis online, no site www.grupoa.com.br.)

1. Resuma as distinções entre um arquivo plano e um banco de dados.
2. O que se entende por independência de dados?
3. Qual é o papel de um SGBD na abordagem em camadas para uma implementação de bancos de dados?
4. Qual é a diferença entre um esquema e um subesquema?
5. Identifique dois benefícios de separar software de aplicação do SGBD.
6. Descreva as similaridades entre um tipo abstrato de dados (Capítulo 8) e um modelo de banco de dados.
7. Identifique o nível dentro de um sistema de bancos de dados (usuário, programador de software de aplicação, projetista de software do SGBD) no qual cada uma das seguintes preocupações ou atividades ocorrem:
    a. Como os dados devem ser armazenados em um disco para que a eficiência seja maximizada?
    b. Existe uma vaga no voo 243?
    c. Como uma relação seria organizada no armazenamento em massa?
    d. Quantas vezes um usuário deveria poder digitar sua senha incorretamente antes de a conversação ser interrompida?
    e. Como a operação PROJECT seria implementada?
8. Quais das seguintes tarefas são tratadas por um SGBD?
    a. Garantir que o acesso de um usuário ao banco de dados esteja restrito ao subesquema apropriado.
    b. Traduzir comandos expressos em termos do modelo de banco de dados em ações compatíveis com o sistema de armazenamento de dados real.
    c. Disfarçar o fato de que os dados no banco de dados estão, na verdade, espalhados entre muitos computadores em uma rede.
9. Descreva como as seguintes informações (para um dia em particular) e passageiros poderiam ser representadas em um banco de dados relacional:

    Empresas aéreas: Clear Sky, Long Hop e Tree Top

    Voos pela Clear Sky: CS205, CS37 e CS102

    Voos pela Long Hop: LH67 e LH89

Voos pela Tree Top: TT331 e TT809

Smith tem reservas nos voos CS205 (assento 12B), CS37 (assento 18C) e LH89 (assento 14A).

Baker tem reservas nos voos CS37 (assento 18B) e LH89 (assento 14B).

Clark tem reservas nos voos LH67 (assento 5A) e TT331 (assento 4B).

10. Até que ponto a ordem como as operações SELECT e PROJECT são aplicadas a uma relação é importante? Ou seja, em que condições selecionar e depois projetar produzirá os mesmos resultados que primeiro projetar e depois selecionar?

11. Dê um argumento mostrando que a cláusula "where" na operação JOIN conforme descrita na Seção 9.2 não é necessária. (Ou seja, mostre que qualquer consulta que use uma cláusula "where" poderia ser refeita usando uma operação JOIN que concatenasse cada tupla em uma relação com cada tupla em outra).

12. Em termos das relações mostradas abaixo, qual é a aparência da relação RESULT (resultado) após executar cada uma dessas instruções:

Relação X

U	V	W
A	Z	5
B	D	3
C	Q	5

Relação Y

R	S
3	J
4	K

a. RESULT ← PROJECT W from X
b. RESULT ← SELECT from X where W = 5
c. RESULT ← PROJECT S from Y
d. RESULT d JOIN X and Y where X.W Y.R

13. Usando os comandos SELECT, PROJECT e JOIN, escreva uma sequência de instruções para responder a cada uma das questões a seguir a respeito de peças (PART) e seus fabricantes (MANUFACTURER) em termos do seguinte banco de dados. Considere também que as colunas PartName e Weight representam, respectivamente, o nome da peça e seu peso, e que os campos CompanyName, PartName e Cost representam, respectivamente o nome da empresa, o nome da peça e o custo:

Relação PART

PartName	Weight
Bolt 2X	1
Bolt 2Z	1.5
Nut V5	0.5

Relação MANUFACTURER

CompanyName	PartName	Cost
Company X	Bolt 2Z	.03
Company X	Nut V5	.01
Company Y	Bolt 2X	.02
Company Y	Nut V5	.01
Company Y	Bolt 2Z	.04
Company Z	Nut V5	.01

a. Que companhia fabrica Bolt 2Z?
b. Obtenha uma lista das peças feitas pela Company X juntamente com o custo de cada uma delas.
c. Que companhias fazem uma peça com peso 1?

14. Responda ao Problema 13 usando SQL.

15. Usando os comandos SELECT, PROJECT e JOIN, escreva uma sequência de instruções para responder a cada uma das questões a seguir acerca de informações das relações EMPLOYEE, JOB e ASSIGNMENT na Figura 9.5:

a. Obtenha uma lista dos nomes e dos endereços dos empregados da empresa.
b. Obtenha uma lista dos nomes e dos endereços dos que trabalharam ou estão trabalhando no departamento de pessoal.
c. Obtenha uma lista dos nomes e dos endereços daqueles que estão trabalhando no departamento de pessoal.

16. Responda ao problema anterior usando SQL.

17. Projete um banco de dados relacional contendo informação acerca de compositores musicais, suas vidas e suas composições. (Evite redundâncias similares às da Figura 9.4.)

18. Projete um banco de dados relacional contendo informação acerca de músicos, suas gravações e os compositores das músicas que eles gravaram. (Evite redundâncias similares às da Figura 9.4.)

19. Projete um banco de dados relacional contendo informação acerca de fabricantes de equipamentos computacionais e seus produtos. (Evite redundâncias similares às da Figura 9.4.)

20. Projete um banco de dados relacional contendo informação acerca de editoras, revistas e assinantes. (Evite redundâncias similares às da Figura 9.4.)

21. Projete um banco de dados relacional contendo informação acerca de peças, fornecedores e clientes. Cada peça pode ser fornecida por diversos fornecedores e solicitada por muitos clientes. Cada fornecedor pode fornecer muitas peças e ter muitos clientes. Cada cliente pode pedir muitas peças de muitos fornecedores; na verdade, a mesma peça pode ser solicitada de mais de um fornecedor. (Evite redundâncias similares às da Figura 9.4.)

22. Escreva uma sequência de instruções (usando as operações SELECT, PROJECT e JOIN) para obter o identificador do cargo (JobId), a data de início (StartDate) e a data de término (TermDate) para cada cargo no departamento de contabilidade do banco de dados relacional descrito na Figura 9.5.

23. Responda ao problema anterior usando SQL.

24. Escreva uma sequência de instruções (usando as operações SELECT, PROJECT e JOIN) para obter o nome (Name), o endereço (Address), o título do cargo (JobTitle) e o departamento (Dept) de cada empregado atual do banco de dados relacional descrito na Figura 9.5.

25. Responda ao problema anterior usando SQL.

26. Escreva uma sequência de instruções (usando as operações SELECT, PROJECT e JOIN) para obter o nome (Name) e o título do cargo (JobTitle) de cada empregado atual do banco de dados relacional descrito na Figura 9.5.

27. Responda ao problema anterior usando SQL.

28. Qual é a diferença da informação fornecida pela relação única

Name	Department	TelephoneNumber
Jones	Sales	555-2222
Smith	Sales	555-3333
Baker	Personnel	555-4444

e as duas relações

Name	Department
Jones	Sales
Smith	Sales
Baker	Personnel

Department	TelephoneNumber
Sales	555-2222
Sales	555-3333
Personnel	555-4444

29. Projete um banco de dados relacional contendo informações acerca de peças automotivas e suas subpeças. Certifique-se de permitir que uma peça contenha peças menores e, ao mesmo tempo, esteja contida em peças ainda maiores.

30 Escolha um site como www.google.com, www.amazon.com ou www.ebay.com, e projete um banco de dados relacional que você proporia para servir como o banco de dados de suporte ao site.

31 Com base no banco de dados representado na Figura 9.5, indique a pergunta respondida pelo seguinte segmento de programa:
```
TEMP ← SELECT from ASSIGNMENT
  where TermDate = "*"
RESULT ← PROJECT JobId, StartDate
  from TEMP
```

32. Traduza a consulta do problema anterior para SQL.

33. Com base no banco de dados representado na Figura 9.5, indique a pergunta respondida pelo seguinte segmento de programa:

```
TEMP1 ← JOIN EMPLOYEE and ASSIGNMENT
   where EMPLOYEE.EmplId =
   ASSIGNMENT.EmplId
TEMP2 ← SELECT from TEMP1 where
   TermDate = "*"
RESULT ← PROJECT name, StartDate
   from TEMP2
```

34. Traduza a consulta do problema anterior para SQL.

35. Com base no banco de dados representado na Figura 9.5, indique a pergunta respondida pelo seguinte segmento de programa:

```
TEMP1 ← JOIN EMPLOYEE and JOB
   where EMPLOYEE.EmplId = JOB.EmplId
TEMP2 ← SELECT from TEMP1 where
   Dept = "SALES"
RESULT ← PROJECT Name from TEMP2
```

36. Traduza a consulta do problema anterior para SQL.

37. Traduza a consulta SQL

```
select JOB.JobTitle
from ASSIGNMENT, JOB
where ASSIGNMENT.JobId = JOB.JobId
   and ASSIGNMENT.EmplId = "34Y70"
```

para uma sequência de operações SELECT, PROJECT e JOIN.

38. Traduza a consulta SQL

```
select ASSIGNMENT.StartDate
from ASSIGNMENT, EMPLOYEE
where ASSIGNMENT.EmplId =
      EMPLOYEE.EmplId
   and EMPLOYEE.Name = "Joe E.
      Baker"
```

para uma sequência de operações SELECT, PROJECT e JOIN.

39. Descreva os efeitos que a seguinte sentença SQL teria no banco de dados do Problema 13.

```
insert into MANUFACTURER
values ('Company Z', 'Bolt 2X', .03)
```

40. Descreva os efeitos que a seguinte sentença SQL teria no banco de dados do Problema 13.

```
update MANUFACTURER
   set Cost = .03
   where CompanyName = 'Company Y'
      and PartName = 'Bolt 2X'
```

*41. Identifique alguns objetos que você esperaria encontrar em um banco de dados orientado a objetos usado para manter o estoque de uma mercearia. Que métodos você esperaria encontrar dentro de cada um desses objetos?

*42. Identifique alguns objetos que você esperaria encontrar em um banco de dados orientado a objetos usado para manter registros de um acervo de uma biblioteca. Que métodos você esperaria encontrar dentro de cada um desses objetos?

*43. Que informação incorreta é gerada pelo seguinte escalonamento das transações T1 e T2?

T1 é projetada para calcular a soma das contas A e B; T2 é projetada para transferir $100 da conta A para a conta B. T1 inicia obtendo o saldo da conta A; então, T2 realiza sua transferência; por fim, T1 obtém o saldo da conta B e relata a soma dos valores que obteve.

*44. Explique como o protocolo de bloqueio descrito no texto poderia resolver o erro produzido no Problema 43.

*45. Que efeitos o protocolo ferir-esperar teria na sequência de eventos no Problema 43 se T1 fosse a transação mais nova? E se T2 fosse a transação mais nova?

*46. Suponha que uma transação tente adicionar $100 a uma conta cujo saldo é $200, enquanto outra tenta sacar $100 da mesma conta. Descreva um entrelaçamento dessas transações que levaria a um saldo final de $100. Descreva um entrelaçamento dessas transações que levaria a um saldo final de $300.

*47. Qual é a diferença entre uma transação ter acesso exclusivo ou acesso compartilhado a um item em um banco de dados e por que essa distinção é importante?

*48. Os problemas discutidos na Seção 9.4, disponível no site do Grupo A, envolvendo transações concorrentes não se limitam aos ambientes de bancos de dados. Que problemas similares aconteceriam ao acessar um documento com processadores de texto? (Se você tem um PC com um processador de textos, tente acessar o mesmo documento com duas ativações do processador de textos e veja o que acontece.)

*49. Suponha que um arquivo sequencial contenha 50.000 registros e que sejam necessários 5 milissegundos para consultar uma entrada. Quanto tempo de espera deveríamos supor quando estivéssemos obtendo um registro do meio do arquivo?

*50. Liste os passos executados no algoritmo de mescla na Figura 9.15 se um dos arquivos de entrada estiver vazio no início.

*51. Modifique o algoritmo na Figura 9.15 para tratar o caso no qual ambos os arquivos de entrada contenham um registro com o mesmo valor de campo-chave. Assuma que esses registros são idênticos e que apenas um deles deve aparecer no arquivo de saída.

*52. Projete um sistema pelo qual um arquivo armazenado em um disco possa ser processado como um arquivo sequencial com uma de duas ordenações diferentes possíveis.

*53. Descreva como um arquivo sequencial contendo informações acerca dos assinantes de uma revista poderia ser construído usando um arquivo de texto como a estrutura subjacente.

*54. Projete um técnica por meio da qual um arquivo sequencial cujos registros não possuem um tamanho consistente possa ser implementado como um arquivo de texto. Por exemplo, suponha que você queira construir um arquivo sequencial no qual cada registro lógico contenha informações acerca de um romancista, assim como uma lista dos trabalhos do autor.

*55. Que vantagens um arquivo indexado possui em relação a um arquivo de dispersão? Que vantagens um arquivo de dispersão possui sobre um arquivo indexado?

*56. Este capítulo traça paralelos entre um índice de arquivo tradicional e um sistema de diretórios de arquivos mantido por um sistema operacional. De que maneiras um sistema de diretórios de arquivos de um sistema operacional difere de um índice tradicional?

*57. Se um arquivo de dispersão fosse dividido em 10 baldes, qual é a probabilidade de ao menos dois de três registros arbitrários terem o mesmo valor de dispersão e serem enviados ao mesmo balde? (Assuma que a função de dispersão não dê prioridades a uns baldes em relação a outros.) Quantos registros devem ser armazenados no arquivo até que seja mais provável que ocorram colisões do que não ocorram?

*58. Solucione o problema anterior, assumindo que o arquivo é dividido em 100 baldes em vez de 10.

*59. Se estivermos usando a técnica de divisão, discutida neste capítulo, como uma função de dispersão, e a área de armazenamento de arquivos for dividida em 23 baldes, que seção deveríamos buscar para encontrar o registro cuja chave, quando interpretada como um valor binário, é o inteiro 124?

*60. Compare a implementação de um arquivo de dispersão com a de uma matriz bidimensional homogênea. Como os papéis da função de dispersão e do endereço polinomial são similares?

*61. Dê uma vantagem de
   a. um arquivo sequencial sobre um arquivo indexado.
   b. um arquivo sequencial sobre um arquivo de dispersão.
   c. um arquivo indexado sobre um arquivo sequencial.
   d. um arquivo indexado sobre um arquivo de dispersão.
   e. um arquivo de dispersão sobre um arquivo sequencial.
   f. um arquivo de dispersão sobre um arquivo indexado.

*62. De que maneira um arquivo sequencial é similar a uma lista encadeada?

Questões sociais

As questões a seguir pretendem servir como um guia para os dilemas éticos, sociais e legais associados à área da computação. O objetivo não é meramente responder a estas questões. Você deve também considerar por que as respondeu de uma determinada forma e se suas justificativas mantêm a consistência de uma questão para outra.

1. Nos Estados Unidos, os registros de DNA de todos os prisioneiros federais são agora armazenados em um banco de dados para uso em investigações criminais. Seria ético liberar essa informação para outros propósitos – por exemplo, para pesquisas médicas? Em caso positivo, para quais propósitos? Se não, por quê? Quais são os prós e os contras em cada caso?

2. Até que ponto uma universidade deveria poder disponibilizar informações acerca de seus estudantes? E em relação a seus nomes e endereços? E em relação a distribuições de notas sem identificar os estudantes? Sua resposta é consistente com sua resposta à Questão 1?

3. Que restrições são apropriadas em relação à construção de bancos de dados de indivíduos? Que informações sobre seus cidadãos um governo tem o direito de manter? Que informações sobre seus clientes uma seguradora tem o direito de manter? Que informações sobre seus empregados uma empresa tem o direito de manter? Controles nesses ambientes deveriam ser implementados? Como?

4. É apropriado que uma empresa de cartões de crédito venda os padrões de compra de seus clientes para empresas de marketing? É aceitável para um negócio de mala direta de carros esportivos vender sua lista de endereços para uma revista de carros esportivos? É aceitável que a Receita Federal dos Estados Unidos venda os nomes e os endereços dos contribuintes com ganhos de capital para corretores? Se você não conseguir responder convictamente com um sim ou não, o que você proporia como uma política aceitável?

5. Até que ponto um projetista de um banco de dados é responsável por como a informação em um banco de dados é usada?

6. Suponha que um banco de dados, erroneamente, permita acessos não aprovados à sua informação. Se essa informação fosse obtida e usada adversamente, até que ponto os projetistas do banco de dados compartilham a responsabilidade pelo uso indevido da informação? Sua resposta depende da quantidade de esforço requerido pelo perpetrador para descobrir a falha no projeto do banco de dados e obter a informação não autorizada?

7. A predominância da mineração de dados levanta diversas questões éticas e de privacidade. Sua privacidade é invadida se a mineração de dados revelar certas características gerais sobre a população de sua comunidade? O uso de mineração de dados promove boas práticas de negócios ou fanatismo? Em que extensão é apropriado forçar os cidadãos a participar de um censo, sabendo que mais informações serão extraídas dos dados do que é explicitamente requisitado pelos questionários individuais? A mineração de dados dá às empresas de marketing uma vantagem injusta em relação a públicos-alvo desavisados? Até que ponto essa determinação de perfis é algo bom ou ruim?

8. Até que ponto deveria ser permitido que uma pessoa ou uma empresa deveria poder coletar e manter informações sobre indivíduos? E se a informação coletada já fosse publicamente disponível, ainda que estivesse espalhada ao longo de diversas

fontes? Em que extensão deveria se esperar que uma pessoa ou companhia protegesse tal informação?

9. Muitas bibliotecas oferecem um serviço de referência, de forma que os leitores possam consultar um bibliotecário quando estão buscando por informação. A existência da Internet e das tecnologias de bancos de dados tornam tal serviço obsoleto? Se esse for o caso, esse passo seria um progresso ou um atraso? Se não, por quê? Como a existência da Internet e das tecnologias de bancos de dados afetará a existência das próprias bibliotecas?

10. Até que ponto você está exposto à possibilidade de roubo de identidade? Que providências você pode tomar para minimizar essa exposição? Como você poderia ser atingido, se fosse vítima de um roubo de identidade? Você deveria ser responsável quando um roubo de identidade ocorresse?

Leitura adicional

Beg, C. E. and T. Connolly. *Database Systems: A Practical Approach to Design, Implementation and Management*, 4th ed. Boston, MA: Addison-Wesley, 2005.

Berstein, A., M. Kifer and P. M. Lewis. *Database Systems*, 2nd ed. Boston, MA: Addision-Wesley, 2006.

Date, C. J. *An Introduction to Database Systems*, 8th ed. Boston, MA: Addison-Wesley, 2004.

Date, C. J. *Databases, Types and the Relational Model*, 3rd ed. Boston, MA: Addison-Wesley, 2007.

Elmasri, R. and S. Navathe. *Fundamentals of Database Systems*, 6th ed. Boston, MA: Addison-Wesley, 2011.

Patrick, J. J. *SQL Fundamentals*, 3rd ed. Upper Saddle River, NJ: Prentice-Hall, 2009.

Silberschatz, A., H. Korth, and S. Sudarshan. *Database Systems Concepts*, 8th ed. New York: McGraw-Hill, 2009.

Ullman, J. D. and J. D. Widom. *A First Course in Database Systems*, 3rd ed. Upper Saddle River, NJ: Prentice-Hall, 2008.

CAPÍTULO 10

Computação Gráfica

Neste capítulo, exploramos a área de computação gráfica – uma área que está tendo um grande impacto na produção de filmes e de video games interativos. Na verdade, os avanços na computação gráfica estão libertando a mídia visual das restrições da realidade, e muitos argumentam que as animações geradas por computador podem, em breve, substituir a necessidade de atores, cenários e fotografia tradicionais nas indústrias de cinema e de televisão.

10.1 O escopo da computação gráfica

10.2 Visão geral da computação gráfica 3D

10.3 Modelagem
Modelagem de objetos individuais
Modelagem de cenas inteiras

10.4 Renderização
Interação luz-superfície
Recorte, conversão por varredura e remoção de superfícies ocultas
Sombreamento
Hardware para *pipeline* de renderização

*10.5 Iluminação global
Traçado de raios
Radiosidade

10.6 Animação
Básico sobre animação
Cinemática e dinâmica
O processo de animação

*Asteriscos indicam seções opcionais, disponíveis em www.grupoa.com.br

A computação gráfica é o ramo da ciência da computação que aplica tecnologias computacionais à produção e à manipulação de representações visuais. Ela é associada a uma variedade de tópicos, incluindo a apresentação de texto, a construção de gráficos e de tabelas, o desenvolvimento de interfaces gráficas com o usuário, a manipulação de fotografias, a produção de video games e a criação de filmes de animação. Entretanto, o termo *computação gráfica* está cada vez mais sendo usado em referência à área específica conhecida como computação gráfica 3D, e a maior parte deste capítulo trata desse tópico. Iniciamos definindo a computação gráfica 3D e esclarecendo seu papel dentro do contexto mais amplo da computação gráfica.

10.1 O escopo da computação gráfica

Com o aparecimento das câmeras digitais, a popularidade dos aplicativos de software para manipular imagens codificadas digitalmente vem se expandindo de forma rápida. Esses aplicativos permitem às pessoas "retocar" fotografias por meio da remoção de manchas e dos temidos "olhos vermelhos", assim como recortar e colar porções de diferentes fotografias para criar imagens que não refletem necessariamente a realidade.

Técnicas similares são frequentemente aplicadas para criar efeitos especiais nas indústrias de cinema e de televisão. Na verdade, tais aplicações foram um dos principais fatores que motivaram a migração destas indústrias dos sistemas analógicos, como filmes, para imagens digitalmente codificadas. As aplicações incluem a remoção da aparição de cabos de suporte, a sobreposição de múltiplas imagens ou a produção de pequenas sequências de novas imagens, usadas para alterar a ação originalmente capturada por uma câmera.

Além dos aplicativos de software para a manipulação de fotografias digitais e quadros de filmes, existe hoje uma ampla variedade de pacotes de software utilitário e de aplicação que auxiliam na produção de imagens bidimensionais, que variam desde simples desenhos até artes sofisticadas. (Um exemplo elementar bem conhecido é a aplicação Paint, da Microsoft.) No mínimo, tais programas permitem ao usuário desenhar pontos e linhas, inserir figuras geométricas simples como elipses e retângulos, preencher regiões com cores e recortar e colar porções selecionadas de um desenho.

Note que todas as aplicações anteriores tratam da manipulação de figuras e imagens bidimensionais. Elas são, então, exemplos de dois campos de pesquisa relacionados: a **computação gráfica 2D** e o **processamento de imagens**. A diferença é que a computação gráfica 2D trata da tarefa de converter formas bidimensionais (círculos, retângulos, letras, etc.) em padrões de pixels para produzir uma imagem, enquanto o processamento de imagens, do qual falaremos mais tarde em nosso estudo de inteligência artificial, trata da análise dos pixels de uma imagem de forma a identificar padrões que possam ser usados para aprimorar ou "entender" a imagem. Em resumo, a computação gráfica 2D trata da produção de imagens, enquanto o processamento de imagens trata da análise de imagens.

Em contraste à conversão de formas bidimensionais em imagens como na computação gráfica 2D, a área de **computação gráfica 3D** trata da conversão de formas tridimensionais em imagens. O processo implica construir versões digitalmente codificadas de cenas tridimensionais e, então, simular o processo fotográfico para produzir imagens dessas cenas. O tema é análogo ao da fotografia tradicional, exceto que a cena "fotografada" usando computação gráfica 3D não existe como uma realidade física, mas "existe", meramente, como uma coleção de dados e algoritmos. Então, a computação gráfica 3D envolve "fotografar" mundos virtuais (Figura 10.1), enquanto a fotografia tradicional envolve fotografar o mundo real.

É importante notar que a criação de uma imagem usando computação gráfica 3D envolve dois passos distintos. Um é a criação, a codificação, o armazenamento e a manipulação da cena a ser fotografada. O outro é o processo de produzir a imagem. O primeiro é um processo artístico, criativo; o último é um processo computacionalmente intenso. Esses são tópicos que exploraremos nas próximas quatro seções.

O fato de a computação gráfica 3D produzir "fotografias" de cenas virtuais a torna ideal para o uso em video games e produções de filmes de animação, nos quais as restrições da realidade de outra forma limitariam a ação. Um video game interativo consiste em um ambiente virtual tridimensional codificado com o qual o jogador interage. As imagens que o jogador vê são produzidas por meio de tecnologia de computação gráfica 3D. Filmes de animação são criados de uma maneira similar, exceto que é o animador humano quem interage com o ambiente virtual no lugar do visualizador final. O produto final distribuído ao público é uma sequência de imagens bidimensionais conforme determinado pelo diretor de produção ou produtor.

Investigaremos o uso de computação gráfica 3D na animação mais minuciosamente na Seção 10.6. Por enquanto, vamos encerrar esta seção imaginando para onde essas aplicações podem nos levar à medida que a

Figura 10.1 "Fotografia" de um mundo virtual produzida usando computação gráfica 3D. (De *Toy Story*, da Walt Disney Pictures/Pixar Animation Studios) © Disney/Pixar.

tecnologia de computação gráfica 3D avança. Atualmente, os filmes são distribuídos como sequências de imagens bidimensionais. Apesar de os projetores que mostram essa informação terem evoluído, de dispositivos analógicos com bobinas de filme para tecnologia digital usando reprodutores de DVD e monitores de tela plana, eles ainda lidam com representações bidimensionais.

Imagine, entretanto, como isso pode mudar à medida que nossa habilidade de criar e de manipular mundos virtuais tridimensionais realistas é aprimorada. No lugar de "fotografar" esses mundos virtuais e distribuir um filme na forma de imagens bidimensionais, poderíamos distribuir os mundos virtuais. Um espectador poderia ter acesso a um cenário de imagens do filme ao invés de apenas ao filme. Esse conjunto tridimensional seria, então, visto por meio de um "projetor de gráficos 3D", praticamente da mesma maneira que os video games são vistos por consoles de propósito especial. Alguém poderia primeiro assistir um "enredo sugerido", que traria a visualização do filme como o diretor/produtor pensou. E o espectador poderia também interagir com o cenário virtual, de uma maneira que lembra um video game, para produzir outros cenários. As possibilidades são enormes, especialmente quando consideramos também os potenciais das interfaces homem-máquina tridimensionais que estão sendo desenvolvidas.

Questões e exercícios

1. Resuma a distinção entre processamento de imagens, computação gráfica 2D e computação gráfica 3D.
2. Como a computação gráfica 3D difere da fotografia tradicional?
3. Quais são os dois principais passos para produzir uma "fotografia" usando computação gráfica 3D?

10.2 Visão geral da computação gráfica 3D

Vamos iniciar nosso estudo de computação gráfica 3D considerando o processo inteiro de criar e mostrar imagens – um processo que consiste em três passos: modelar, renderizar e mostrar. O passo de modelagem (que exploraremos em detalhes na Seção 10.3) é análogo ao projeto e à construção de um cenário na indústria tradicional de filmes, exceto que as cenas em computação gráfica 3D são "construídas" a partir de dados e algoritmos digitalmente codificados. Então, a cena produzida no contexto da computação gráfica pode nunca existir na realidade.

O próximo passo é produzir uma imagem bidimensional da cena, computando como os objetos na cena aparecerão em uma fotografia feita por uma câmera em uma posição especificada. Esse passo é chamado de **renderização** – assunto das Seções 10.4 e 10.5. A renderização envolve aplicar a matemática da geometria analítica para computar a projeção de objetos na cena em uma superfície plana, conhecida como **plano de projeção**, de forma análoga a uma câmera projetando uma cena em um filme (Figura 10.2).

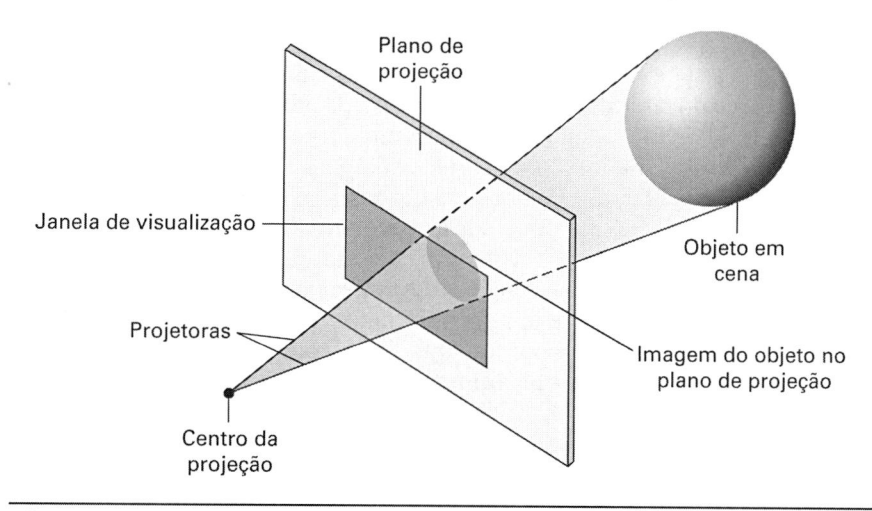

Figura 10.2 O paradigma de computação gráfica 3D.

O tipo de projeção aplicada é uma **projeção em perspectiva**, que significa que todos os objetos são projetados ao longo de linhas retas, chamadas **projetoras**, que se estendem a partir de um ponto comum, chamado de **centro da projeção** ou **ponto de visão**. (Isso contrasta com uma **projeção paralela**, na qual as projetoras são paralelas. Uma projeção em perspectiva produz uma projeção similar à vista pelo olho humano, enquanto uma projeção paralela produz um perfil "verdadeiro" de um objeto, o que é frequentemente útil no contexto de desenhos de engenharia.)

A porção restrita do plano de projeção que define as fronteiras da imagem final é conhecida como **janela de visualização**. Ela corresponde ao retângulo que é mostrado no visor da maioria das câmeras para indicar as fronteiras da foto. Na verdade, o visor da maioria das câmeras permite a você visualizar mais do que o plano de projeção da câmera que apenas sua janela de visualização. (Você pode ver o topo da cabeça da "tia Marta" no visor, mas, a menos que o topo da cabeça dela esteja dentro da janela de visualização, ela não aparecerá na foto final.)

Uma vez que a porção da cena projetada na janela de visualização é identificada, a aparência de cada pixel na imagem final é computada. Esse processo pixel por pixel pode ser computacionalmente complexo, pois exige que se determine como os objetos na cena interagem com a luz – uma superfície dura e brilhante em luz clara deve ser renderizada de maneira diferente de uma superfície macia e transparente em luz indireta. Por sua vez, o processo de renderização está baseado em várias áreas, incluindo ciência dos materiais e física. Além disso, determinar a aparência de um objeto frequentemente requer conhecimento acerca de outros objetos na cena. O objeto pode estar na sombra de outro, ou pode acabar refletindo outro objeto.

À medida que a aparência de cada pixel é determinada, os resultados são armazenados coletivamente como uma representação em mapa de bits da imagem, em uma área de armazenamento chamada de **memória de ima-**

gem (*frame buffer*). Essa memória pode ser da área da memória principal ou, no caso de hardware projetado especificamente para aplicações gráficas, um bloco de circuitos de memória de propósito especial.

Por fim, a imagem armazenada na memória de imagem é ou mostrada para visualização ou transferida para um armazenamento permanente, para visualização posterior. Se a imagem estiver sendo produzida para uso em um filme, ela pode ser armazenada e até mesmo modificada antes da apresentação final. Entretanto, em um video game interativo ou em um simulador de voo, as imagens devem ser mostradas à medida que são produzidas, em tempo real, requisito que frequentemente limita a qualidade das imagens criadas. É por isso que a qualidade dos gráficos das produções com recursos completos de animação distribuídas pela indústria cinematográfica excede a dos video games interativos de hoje.

Fechamos nossa introdução à computação gráfica 3D analisando um sistema típico de video game. O jogo, por si só, é essencialmente um mundo virtual codificado junto ao sistema de software que permite que esse mundo seja manipulado pelo jogador. À medida que o jogador manipula o mundo, o sistema do jogo repetidamente renderiza a cena e armazena a imagem na memória de imagem. Para superar as restrições de tempo do mundo real, boa parte do processo de renderização é tratada via hardware de propósito especial. Na verdade, a presença de tal equipamento de hardware é uma característica distinta entre um sistema de jogo e um computador pessoal genérico. Por fim, o dispositivo de visualização no sistema de jogo mostra o conteúdo da memória de imagem, dando ao jogador a ilusão de uma cena em movimento.

Questões e exercícios

1. Resuma os três passos envolvidos na produção de uma imagem usando computação gráfica 3D.
2. Qual é a diferença entre o plano de projeção e a janela de visualização?
3. O que é uma memória de imagem?

10.3 Modelagem

Um projeto de computação gráfica 3D inicia praticamente da mesma maneira que uma produção teatral – um cenário precisa ser projetado e os adereços necessários precisam ser coletados ou construídos. Na terminologia da computação gráfica, o cenário é chamado de **cena** e os adereços são chamados de **objetos**. Tenha em mente que uma cena gráfica em 3D é virtual, pois consiste em objetos "construídos" como modelos codificados digitalmente no lugar de estruturas físicas, tangíveis.

Nesta seção, exploraremos tópicos relacionados à "construção" de objetos e cenas. Iniciamos com as questões de modelagem de objetos individuais e concluímos considerando a tarefa de coletar esses objetos para formar uma cena.

Modelagem de objetos individuais

Na produção teatral, o nível de conformidade dos adereços com a realidade depende de como eles serão usados em cena. Podemos não precisar de um automóvel inteiro, o telefone não precisa ser funcional e o cenário de fundo pode ser pintado em um pano de fundo plano. De maneira similar, no caso da computação gráfica, o nível em que o modelo de software de um objeto reflete precisamente as verdadeiras propriedades do objeto depende dos requisitos da situação. São necessários mais detalhes para modelar objetos na frente do que objetos no fundo. Além disso, mais detalhes podem ser produzidos nos casos que não estão sob restrições severas de tempo real.

Então, alguns modelos de objetos podem ser relativamente mais simples, enquanto outros podem ser extremamente complexos. Como uma regra geral, modelos mais precisos levam a imagens de qualidade mais alta, mas levam mais tempo para serem renderizados. Assim, grande parte da pesquisa atual em computação gráfica busca desenvolver técnicas para construir modelos de objetos altamente detalhados, mas ainda assim eficientes. Algumas dessas pesquisas tratam do desenvolvimento de modelos que possam fornecer diferentes níveis de detalhes, dependendo do papel final do objeto em cena. O resultado disso é um único modelo de objetos que pode ser usado em um ambiente em modificação.

A informação necessária para descrever um objeto inclui a forma do objeto, bem como propriedades adicionais, como características da superfície que determinam como o objeto interage com a luz. Por enquanto, vamos considerar a tarefa de modelar a forma.

Forma A forma de um objeto em computação gráfica 3D é normalmente descrita como uma coleção de pequenas superfícies planas chamadas de **retalhos planares**, e cada um deles é uma forma de um polígono. Coletivamente, esses polígonos formam uma **malha poligonal** que se aproxima da forma do objeto que está sendo descrito (Figura 10.3). Ao usar pequenos retalhos planares, a aproximação pode ser feita tão precisamente quanto necessário.

Os retalhos planares em uma malha poligonal são frequentemente escolhidos como triângulos, pois cada triângulo pode ser representado por seus três vértices, que é o numero mínimo de pontos necessário para identificar uma superfície plana no espaço tridimensional. Em qualquer caso, uma malha poligonal é representada como a coleção de vértices de seus retalhos planares.

Uma representação de malha poligonal de um objeto pode ser obtida de diversas maneiras. Uma é iniciar com uma descrição geométrica precisa da forma desejada e, então, usar essa descrição para construir uma malha poligonal. Por exemplo, a geometria analítica nos diz que uma esfera (centrada na origem) com um raio r é descrita pela equação

$$r^2 = x^2 + y^2 + z^2$$

Baseados nessa fórmula, podemos estabelecer equações para linhas de latitude e de longitude na esfera, identificar os pontos nos quais existem interseções entre essas linhas e usar esses pontos como os vértices de uma malha

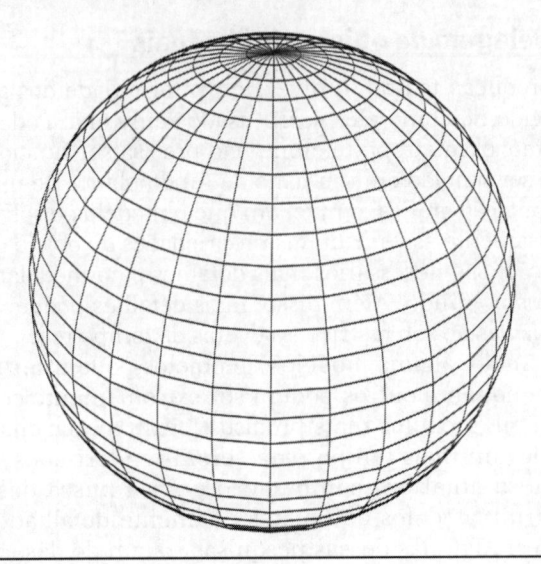

Figura 10.3 Malha poligonal para uma esfera.

poligonal. Técnicas similares podem ser aplicadas para outras formas geométricas tradicionais, e é por isso que personagens em animações menos caras geradas por computador frequentemente parecem ser formados por estruturas como esferas, cilindros e cones.

Formas mais gerais podem ser descritas por meios analíticos mais sofisticados. Um deles é baseado no uso de **curvas de Bézier** (nomeadas em homenagem a Pierre Bézier, que desenvolveu o conceito no início dos anos 1970, quando era engenheiro da empresa automotiva Renault), as quais permitem que um segmento curvo de linha no espaço tridimensional seja definido por apenas alguns pontos, chamados de pontos de controle – dois dos quais representam o final do segmento de curva, enquanto os outros indicam como a curva é distorcida. Como um exemplo, a Figura 10.4 mostra uma curva definida por quatro pontos de controle. Note como a curva parece ter se afastado em direção aos dois pontos de controle que não identificam o fim do segmento. Ao mover esses pontos, a curva pode ser trabalhada em diferentes formatos. (Você pode experimentar essas técnicas quando estiver construindo linhas curvas usando um pacote de software como o Paint, da Microsoft.) Apesar de não falarmos mais a respeito do tópico aqui, as técnicas de Bézier para descrever curvas podem ser estendidas para descrever superfícies tridimensionais, conhecidas como **superfícies de Bézier**. Por sua vez, superfícies de Bézier têm se provado um primeiro passo eficiente no processo para obter malhas poligonais para superfícies complexas.

Você pode estar se perguntando por que é necessário converter uma descrição precisa de uma forma, como a fórmula concisa de uma esfera ou as fórmulas descrevendo uma superfície de Bézier, em uma aproximação da forma usando uma malha poligonal. A resposta é que representar a forma de todos os objetos por meio de malhas poligonais estabelece uma abordagem uniforme ao processo de renderização – uma característica que permite que cenas inteiras sejam renderizadas de maneira mais eficiente. Então, apesar

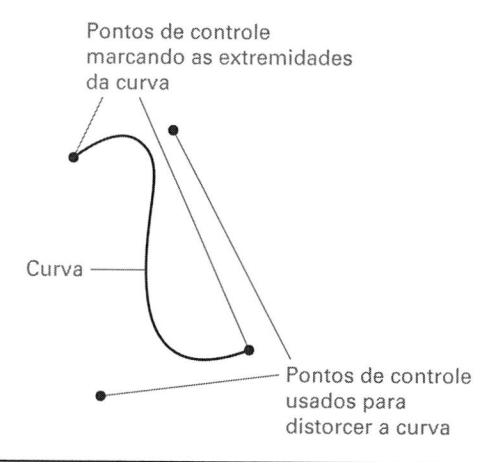

Figura 10.4 Curva de Bézier.

de as fórmulas geométricas fornecerem descrições precisas de formas, elas servem simplesmente como ferramentas para construir malhas poligonais.

Outra maneira de obter uma malha poligonal é construir a malha usando força bruta. Essa abordagem é comum em casos nos quais uma forma desafia a representação por elegantes técnicas matemáticas. O procedimento é construir um modelo físico do objeto e, então, gravar a localização dos pontos na superfície do modelo tocando a superfície com um dispositivo na forma de uma caneta, que grava sua posição no espaço tridimensional – processo conhecido como **digitalização**. A coleção de pontos obtida pode, assim, ser usada como vértices para obter uma malha poligonal descrevendo a forma.

Infelizmente, algumas formas são muito complexas para que se obtenham modelos realistas por meio de modelagem geométrica ou digitalização manual. Exemplos incluem estruturas intricadas de plantas, como árvores, terrenos complexos, como cadeias montanhosas, e substâncias gasosas, como nuvens, fumaça ou as chamas do fogo. Nesses casos, malhas poligonais podem ser obtidas por meio da escrita de programas que construam as formas desejadas automaticamente. Tais programas são coletivamente conhecidos como **modelos procedurais**. Em outras palavras, um modelo procedural é uma unidade de programa que aplica um algoritmo para gerar uma estrutura desejada.

Como um exemplo, modelos procedurais têm sido usados para gerar cadeias montanhosas por meio da execução dos seguintes passos: inicia-se com um único triângulo, identificam-se os pontos medianos das arestas do triângulo (Figura 10.5a). Então, esses pontos medianos são conectados para formar um total de quatro triângulos menores (Figura 10.5b). Agora, enquanto se mantêm os vértices originais do triângulo fixos, os pontos medianos são movidos no espaço tridimensional (permitindo que as linhas das arestas do triângulo se estiquem ou se contraiam), distorcendo as formas triangulares (Figura 10.5c). Repita esse processo com cada um dos triângulos menores (Figura 10.5d) e continue repetindo até que os detalhes desejados sejam obtidos.

a. Identificar os pontos medianos

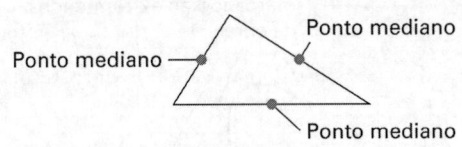

b. Conectar os pontos medianos

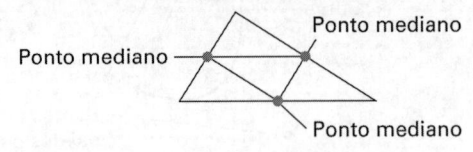

c. Mover os pontos medianos

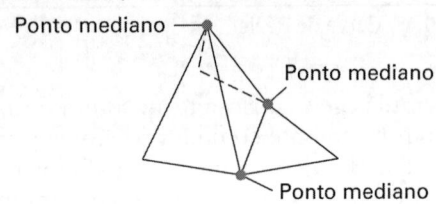

d. Repetir o processo nos triângulos menores

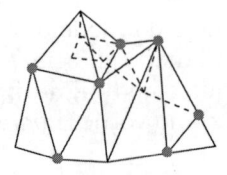

Figura 10.5 Crescendo uma malha poligonal para uma cadeia montanhosa.

Os modelos procedurais fornecem uma forma eficiente de produzir múltiplos objetos complexos similares, embora únicos. Por exemplo, um modelo procedural pode ser usado para construir uma variedade de objetos de árvore realistas – cada um com sua própria, embora similar, estrutura de ramificação. Uma abordagem para tais modelos de árvores é aplicar regras de ramificação para "crescer" objetos de árvore, praticamente da mesma maneira que um analisador sintático (Seção 6.4) constrói uma árvore de análise sintática a partir de regras gramaticais. Na verdade, a coleção de regras de ramificação usada nestes casos é frequentemente chamada de gramática. Uma gramática pode ser projetada para "crescer" pinheiros enquanto outra pode ser projetada para "crescer" carvalhos.

Outro método para construir modelos procedurais é simular a estrutura subjacente de um objeto como uma grande coleção de partículas. Tais modelos são chamados de **sistemas de partículas**. Normalmente os sistemas de partículas aplicam certas regras predefinidas para mover as partículas no sistema, talvez de uma maneira que lembre bastante as interações moleculares, para produzir a forma desejada. Como um exemplo, os sistemas de partículas têm sido usados para produzir animações de água em movimen-

Fractais

A construção de uma cadeia montanhosa por meio de um modelo procedural, conforme descrito no texto (veja a Figura 10.5), é um exemplo do papel que os fractais desempenham nos gráficos 3D. Tecnicamente falando, um **fractal** é um objeto geométrico cuja "dimensão Hausdorff é maior que sua dimensão topológica". Isso significa, intuitivamente, que o objeto é formado pelo "empacotamento" de cópias de um objeto de uma dimensão menor. (Pense na ilusão de largura criada pelo "empacotamento" de múltiplos segmentos de linha paralelos.) Um fractal é normalmente formado por meio de um processo recursivo, no qual cada ativação na recursão "empacota" cópias adicionais (ainda menores) do padrão que está sendo usado para construir o fractal. O fractal resultante é, ele próprio, similar, de forma que cada porção, quando aumentada, parece uma cópia de si mesma.

Um exemplo tradicional de um fractal é o floco de neve de von Koch, formado pela colocação repetida de segmentos de linha reta na estrutura

com versões menores da mesma estrutura. Isso leva a uma sequência de refinamentos que ocorrem como segue

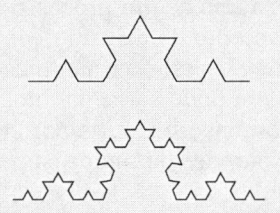

Os fractais são frequentemente a espinha dorsal dos modelos procedurais na área de computação gráfica 3D. Na verdade, eles têm sido usados para produzir imagens realistas de cadeias montanhosas, vegetação, nuvens e fumaça.

tos bruscos como veremos em nossa discussão sobre animação. (Imagine um balde de água modelado como um balde de bolas de gude. À medida que o balde é movimentado, as bolas de gude movimentam-se, simulando o movimento da água.) Outros exemplos de aplicações de sistemas de partículas incluem o chamas de fogo trepidantes, nuvens, e cenas de multidões.

A saída de um modelo procedural é normalmente uma malha poligonal que se aproxima da forma do objeto desejado. Em alguns casos, como na geração de uma cadeia montanhosa a partir de triângulos, a malha é uma consequência natural do processo de geração. Em outros casos, como no crescimento de uma árvore a partir de regras de ramificação, a malha pode ser construída como um passo final adicional. Por exemplo, no caso de sistemas de partículas, as partículas nos vértices mais externos do sistema são candidatas a serem os vértices da malha poligonal final.

O quão precisa pode ser a malha gerada por um modelo procedural depende da situação. Um modelo procedural para uma árvore em uma cena de fundo pode produzir uma malha de direção que reflete apenas a forma básica da árvore, enquanto um modelo procedural para uma árvore de uma cena de frente pode produzir uma malha que permite distinguir ramos e folhas individualmente.

Características de superfície Um modelo consistindo meramente em uma malha poligonal captura apenas a forma de um objeto. A maioria dos sistemas de renderização é capaz de enriquecer tais modelos durante o processo de renderização para simular várias características de superfície conforme solicitado pelo usuário. Por exemplo, aplicando diferentes técnicas de sombreamento (que serão apresentadas na Seção 10.4), um usuário pode especificar que uma malha poligonal para uma bola seja renderizada como uma bola vermelha lisa ou uma bola verde áspera. Em alguns casos, tal flexibilidade é desejada. Contudo, em situações que requerem uma renderização fiel a um objeto original, informações mais específicas sobre o objeto devem ser incluídas no modelo, de forma que o sistema de renderização saiba o que fazer.

Existe uma variedade de técnicas para codificar informações acerca de um objeto além de sua forma. Por exemplo, junto a cada vértice em uma malha poligonal, alguém pode codificar a cor do objeto original naquele ponto do objeto. Essa informação poderia ser, então, usada durante a renderização para recriar a aparência do objeto original.

Em outras instâncias, padrões de cores podem ser associados à superfície de um objeto por meio de um processo conhecido como **mapeamento de textura**. O mapeamento de textura é similar ao processo de aplicar um papel de parede, já que ele associa uma imagem pré-definida à superfície de um objeto. Essa imagem pode ser uma fotografia digital, uma renderização de um artista ou uma imagem gerada por computador. Imagens de textura tradicionais incluem paredes de tijolos, superfícies de madeira granulada e fachadas de mármore.

Suponha, por exemplo, que quiséssemos modelar uma parede de pedra. Poderíamos representar a forma da parede com uma simples malha poligonal retratando um longo retângulo sólido. Então, com essa malha, poderíamos fornecer uma imagem bidimensional de alvenaria de pedra. Posteriormente, durante o processo de renderização, essa imagem poderia ser aplicada ao retângulo sólido para produzir a aparência de uma parede de pedra. Mais precisamente, cada vez que o processo de renderização necessitasse determinar a aparência de um ponto na parede, ele simplesmente usaria a aparência do ponto correspondente na imagem de alvenaria.

O mapeamento de texturas funciona melhor quando aplicado a superfícies relativamente planas. O resultado pode parecer artificial se a imagem de textura precisar ser distorcida significativamente para cobrir uma superfície curva (imagine os problemas ao tentar colocar papel de parede em uma bola de praia) ou se a imagem de textura envolver-se completamente em torno de um objeto, acarretando uma costura na qual o padrão de textura pode não combinar com ele próprio. Independentemente disso, o mapeamento de textura tem provado ser uma maneira eficiente de simular textura e é amplamente usado em situações sensíveis a restrições de tempo real – um exemplo perfeito são os video games interativos.

A busca por realismo Construir modelos de objetos que levam a imagens realistas é um tópico de pesquisa em desenvolvimento. Os materiais associados a personagens vivos, como pele, cabelo, pelos e penas, são particularmente interessantes. Boa parte dessa pesquisa é específica para uma substância em particular e envolve tanto técnicas de modelagem quanto de renderização. Por exemplo, para obter modelos realistas da pele humana, alguns pesquisadores incluiram o grau pelo qual a luz penetra nas camadas da epiderme e da derme e como o conteúdo dessas camadas afeta a aparência da pele.

Outro exemplo envolve a modelagem do cabelo humano. Se o cabelo for feito para ser visto à distância, então as técnicas de modelagem mais tradicionais podem ser suficientes. Contudo, para visualizações próximas, um cabelo realista pode ser desafiador. Os problemas incluem propriedades translúcidas, profundidade textural, características de drapeamento e a maneira pela qual os cabelos respondem a forças externas, como o vento. Para superar essas dificuldades, algumas aplicações recorreram à modelagem individual de fios de cabelo – uma tarefa assustadora, pois o número de fios de cabelo em uma cabeça humana pode estar na ordem de 100.000. Mais espantoso, entretanto, é que alguns pesquisadores construíram modelos de cabelo que lidavam com a textura em escala, a variação de cores e a dinâmica da mecânica de cada fio individualmente.

Outro exemplo no qual detalhes consideráveis têm sido buscados está na modelagem de tecidos. Nesse caso, as complexidades dos padrões de tecelagem têm sido usadas para produzir distinções de textura apropriadas

Figura 10.6 Cena de *Shrek 2*, da Dreamworks SKG. (© Dreamworks/Picture Desk Inc./ Kobal Collection.)

entre tipos de tecido como sarja versus cetim, e propriedades detalhadas de fios têm sido combinadas com dados de padrões de malha para criar modelos de tecidos de malha que levam a imagens próximas extremamente realistas. Note, por exemplo, os detalhes na manga de Shrek que aparecem na Figura 10.6 (bem como o realismo da pena do chapéu usado pelo Gato de Botas). Além disso, conhecimentos de física e de engenharia mecânica têm sido aplicados para fios individuais com o objetivo computar imagens de material drapeado que levam em conta aspectos como o estiramento de fios e a ruptura de tecidos.

A produção de imagens realistas é uma área ativa de pesquisa que, como dissemos, incorpora técnicas tanto do processo de modelagem quando do de renderização. Normalmente, à medida que o progresso é conquistado, as novas técnicas são primeiro incorporadas em aplicações que não estão sujeitas a restrições de tempo real, como software gráfico de estúdios de produção de filmes em que existe uma demora significativa entre o processo de modelagem/renderização e a apresentação final das imagens. (Tais avanços pode ser observados pela comparação detalhada dos personagens do *Toy Story 2*, da Disney (1999), aos do filme *Toy Story* original (1995). Por um lado, técnicas recém-desenvolvidas foram aplicadas para aprimorar as costuras entre as malhas poligonais representando características faciais, como a fronteira entre o nariz e o resto da face.) À medida que essas técnicas são refinadas e aperfeiçoadas, elas encontram seu caminho nas aplicações de tempo real, e a qualidade dos gráficos nesses ambientes também melhora. Interações realmente realistas em tempo real com mundos virtuais podem não estar muito distantes.

Modelagem de cenas inteiras

Uma vez que os objetos em uma cena tenham sido adequadamente descritos e digitalmente codificados, eles recebem uma localização, um tamanho e uma orientação dentro da cena. Esta coleção de informações é, então, ligada para formar uma estrutura de dados chamada de **grafo de cena**. Além disso, o grafo de cena contém ligações para objetos especiais que representam fontes de luz, assim como um objeto em particular representando a câmera. É aqui que a posição, a orientação e as propriedades focais da câmera são gravadas.

Então, um grafo de cena é análogo à configuração de estúdio na fotografia tradicional. Ele contém a câmera, as luzes, os adereços e o cenário de fundo – que contribuirão para a aparência da fotografia quando o botão é pressionado –, tudo em seu devido lugar. A diferença é que uma configuração tradicional de fotografia contém objetos físicos, enquanto um grafo de cena contém representações digitalmente codificadas de objetos. Em resumo, o grafo de cena descreve um mundo virtual.

Para enfatizar o escopo de um grafo de cena, considere novamente a imagem da Figura 10.1 e imagine o grafo de cena que foi produzido para ela. Os personagens, a parede, a colcha, a guarda da cama, a mochila atrás do Buzz Lightyear (o patrulheiro espacial), a moldura da janela, as árvores do lado de fora da janela e as fontes de luz, todos esses elementos foram modelados juntamente a seus devidos detalhes e representados no grafo de cena. Na verdade, objetos que você pode inicialmente considerar como uma única estrutura, como Woody (o boneco de caubói), foram, na verdade, representados como conglomerados de diversos objetos individuais no grafo de cena.

O posicionamento da câmera dentro de uma cena tem muitas repercussões. Como mencionamos anteriormente, o detalhe com o qual os objetos são modelados depende da localização do objeto na cena. Objetos mais à frente requerem mais detalhes que objetos de fundo, e a distinção entre frente e fundo depende da posição da câmera. Se a cena será usada em um contexto análogo a uma configuração de um palco teatral, então os papeis de frente e de fundo estão bem definidos e os modelos de objetos são construídos de acordo com isso. Se, no entanto, o contexto requer que a posição da câmera seja alterada para diferentes imagens, os detalhes fornecidos pelos modelos de objetos podem precisar de ajustes entre diferentes "fotografias". Essa é uma área de pesquisa atual. Pode-se imaginar uma cena formada por modelos "inteligentes", que refinem suas malhas poligonais e outros recursos à medida que a câmera move-se dentro da cena.

Um exemplo interessante de um cenário com uma câmera em movimento ocorre em sistemas de realidade virtual, nos quais é permitido que um usuário humano experimente a sensação de mover-se dentro de um mundo imaginário tridimensional. O mundo imaginário é representado por um grafo de cena, e os humanos veem esse ambiente por meio de uma câmera que se move dentro da cena conforme ditado pelos movimentos do humano. Na verdade, para fornecer a percepção de profundidade de três dimensões, duas câmeras são usadas: uma representando o olho humano direito e a outra representando o olho humano esquerdo. Ao mostrar a imagem obtida por cada câmera em frente do olho apropriado, o humano obtém a ilusão de estar dentro da cena tridimensional, e quando o áudio e as sensações táteis são adicionadas à experiência, a ilusão pode tornar-se bastante realista.

Para encerrar, devemos notar que a construção de um grafo de cena ocupa uma posição essencial no processo de computação gráfica 3D. Como ele contém todas as informações necessárias para produzir a imagem final, seu término marca o final do processo artístico de modelagem e o início do processo computacionalmente intensivo de renderizar a imagem. Na

Televisão 3D

Existem diversas tecnologias para produzir imagens em 3D na televisão, mas todas elas baseiam-se no mesmo efeito visual estereoscópico – duas imagens levemente diferentes chegando aos olhos esquerdo e direito são interpretadas pelo cérebro como profundidade. Os mecanismos mais baratos para isso requerem óculos especiais com lentes com filtros. Lentes coloridas mais antigas (usadas no cinema nos anos 1950) ou lentes polarizadas mais modernas filtram diferentes aspectos de uma única imagem da cena, resultando em imagens diferentes chegando em olhos diferentes. Tecnologias mais caras envolvem óculos "ativos", que alternativamente fecham as lentes esquerda e direita em sincronização com uma televisão 3D, que troca rapidamente entre as imagens da esquerda e da direita. Por fim, estão sendo desenvolvidas televisões 3D que não requerem óculos ou capacetes especiais. Elas usam vetores de filtros elaborados ou lentes de aumento na superfície da tela para projetar as imagens esquerda e direita em direção à cabeça do espectador em ângulos levemente diferentes, o que significa que os olhos esquerdo e direito do espectador veem imagens diferentes.

verdade, uma vez que o grafo de cena tenha sido construído, a tarefa gráfica se torna um trabalho de computar projeções, determinar detalhes de superfície em pontos específicos e simular os efeitos de luz – uma coleção de tarefas amplamente independentes da aplicação em particular.

Questões e exercícios

1. Os pontos a seguir (codificados usando o sistema tradicional de coordenadas retangulares) representam os vértices de um retalho planar. Descreva a forma do retalho. (Para aqueles sem conhecimentos de geometria analítica, cada tripla diz a você como alcançar o ponto em questão iniciando no canto de uma sala. O primeiro número diz o quão longe você deve caminhar ao longo da divisão entre o chão e a parede à sua direita. O segundo número diz a você o quão longe caminhar pela sala em uma direção paralela à parede da sua esquerda. O terceiro número diz o quão longe você deve escalar a parede a partir do solo. Se o número for negativo, você precisará fingir que é um fantasma e pode caminhar para trás através de paredes e pisos.)

$$(0, 0, 0) \quad (0, 1, 1) \quad (0, 2, 1) \quad (0, 1, 0)$$

2. O que é um modelo procedural?
3. Liste alguns dos objetos que podem estar presentes em um grafo de cena usado para produzir uma imagem em um parque.
4. Por que as formas são representadas por malhas poligonais embora possam ser representadas mais precisamente por meio de equações geométricas?
5. O que é mapeamento de textura?

10.4 Renderização

Consideremos agora o processo de renderização, que envolve determinar como os objetos no grafo de cena aparecerão quando projetados no plano de projeção. Existem diversas maneiras de realizar a tarefa de renderização. Esta seção foca na abordagem mais tradicional, que é usada pela maioria dos sistemas gráficos mais comuns (video games, computadores pessoais, etc.) no "mercado de consumidores" atual. A seção a seguir analisa duas alternativas para essa abordagem.

Iniciamos com informação básica sobre a interação entre a luz e os objetos. Afinal, a aparência de um objeto é determinada pela luz emitida pelo objeto, então determinar a aparência de um objeto é, em última instância, uma tarefa de simular o comportamento da luz.

Interação luz-superfície

Dependendo das propriedades materiais de um objeto, a luz que bate em sua superfície pode ser absorvida, pode ricochetear como luz refletida ou pode passar através da superfície (e ser curvada) como luz refratada.

Reflexão Considere um raio de luz refletido a partir de uma superfície opaca plana. O raio chega viajando em uma linha reta e bate na superfície em

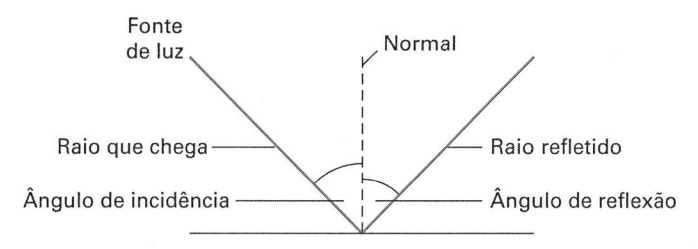

Figura 10.7 Luz refletida.

um ângulo chamado de **ângulo de incidência**. O ângulo pelo qual o raio é refletido é idêntico ao ângulo de incidência. Como mostrado na Figura 10.7, esses ângulos são medidos relativamente a uma linha perpendicular (ou **normal**) à superfície. (Uma linha normal a uma superfície é frequentemente referida como simplesmente "a normal" como em "O ângulo de incidência é medido em relação à normal".) O raio que chega, o raio refletido e a normal estão todos no mesmo plano.

Se uma superfície é lisa, raios de luz paralelos (como os que chegam da mesma fonte de luz) que batem na superfície na mesma área serão refletidos na mesma direção e viajam para longe do objeto como raios paralelos. Tal luz refletida é chamada de **luz especular**. Note que a luz especular pode ser observada apenas quando a orientação da superfície e a fonte de luz fazem com que a luz seja refletida na direção do espectador. Então, ela normalmente aparece como um destaque brilhante em uma superfície. Além disso, como a luz especular possui contato mínimo com a superfície, ela tende a retratar a cor da fonte de luz original.

As superfícies, no entanto, raramente são perfeitamente lisas, logo muitos raios de luz podem bater na superfície em pontos cujas orientações diferem das da superfície predominante. Além disso, os raios de luz frequentemente penetram a fronteira imediata de uma superfície e ricocheteiam entre as partículas da superfície antes de finalmente partirem como luz refletida. O resultado é que muitos raios serão espalhados em diferentes direções. Essa luz espalhada é chamada de **luz difusa**. Diferentemente da luz especular, a luz difusa é visível dentro de uma ampla faixa de direções. E, como ela tende a ter contato mais prolongado com a superfície, é mais suscetível às propriedades de absorção do material e, então, tende a retratar a cor do objeto.

A Figura 10.8 apresenta uma bola que é iluminada por uma única fonte de luz. O destaque brilhante na bola é produzido pela luz especular. O resto do hemisfério que encara a fonte de luz é visto por meio de luz difusa. Note que o hemisfério que encara o oposto da fonte de luz primária não é visível por meio da luz sendo refletida diretamente dessa fonte. A habilidade de ver essa porção da bola se deve à **luz ambiente**, que é uma luz "vaga", espalhada, que não é associada a nenhuma fonte ou direção em particular. Porções de superfícies iluminadas por luz ambiente frequentemente aparecem como uma cor escura uniforme.

A maioria das superfícies reflete tanto luz especular quanto difusa. As características da superfície determinam a proporção de cada uma. Superfícies lisas aparecem brilhantes porque refletem mais luz especular que luz

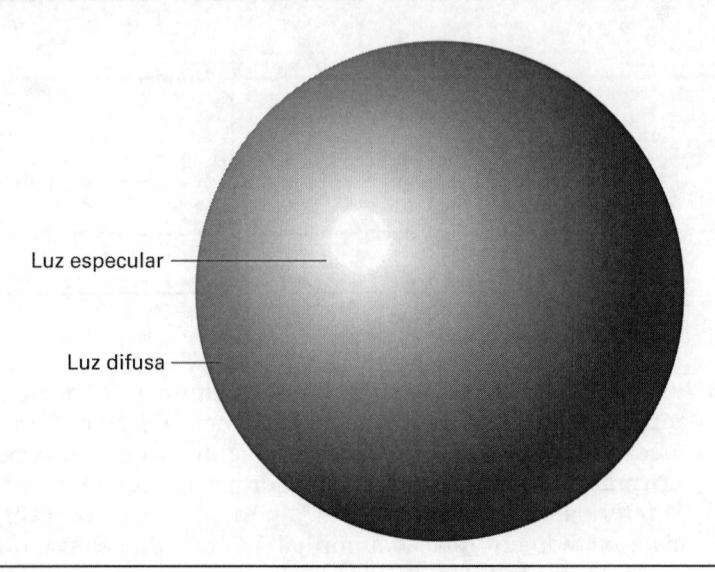

Figura 10.8 Luz especular versus difusa.

difusa. Superfícies ásperas aparecem apagadas porque refletem mais luz difusa que luz especular. Além disso, devido às propriedades diminutas de algumas superfícies, o raio de luz especular para difusa varia dependendo da direção da luz que chega. A luz que bate em tal superfície de uma direção pode ser refletida primariamente como luz especular, enquanto a luz batendo na superfície de outra direção pode ser refletida primariamente como luz difusa. Então, a aparência da superfície mudará de brilhante para apagada à medida que ela é rotacionada. Tais superfícies são chamadas de **superfícies anisotrópicas**, em oposição às **superfícies isotrópicas**, cujos padrões de reflexão são simétricos. Exemplos de superfícies anisotrópicas são encontrados em tecidos como o cetim, no qual a superfície do tecido altera a aparência do material dependendo de sua orientação. Outro exemplo é a superfície gramada de um campo de atletismo, na qual a posição da grama (normalmente determinada pela maneira como a grama é cortada) produz efeitos visuais anisotrópicos como padrões listrados claros e escuros.

Refração Consideremos agora a luz que bate em um objeto que é transparente em vez de opaco. Nesse caso, os raios de luz passam através do objeto, ao invés de ricochetearem na superfície. À medida que os raios penetram na superfície, sua direção é alterada – fenômeno chamado de refração (Figura 10.9). O grau de refração é determinado pelo índice refrativo dos materiais envolvidos. O índice refrativo está relacionado à densidade do material. Materiais densos tende a ter índices refrativos mais altos que materiais menos densos. À medida que um raio de luz passa em um material com um índice refrativo mais alto (como passar do ar para a água), ele curva-se em direção à normal no ponto de entrada. Se ele passa para um material com um índice refrativo menor, ele curva-se para longe da normal.

Para renderizar objetos transparentes apropriadamente, o aplicativo de software de renderização deve conhecer os índices refrativos dos materiais

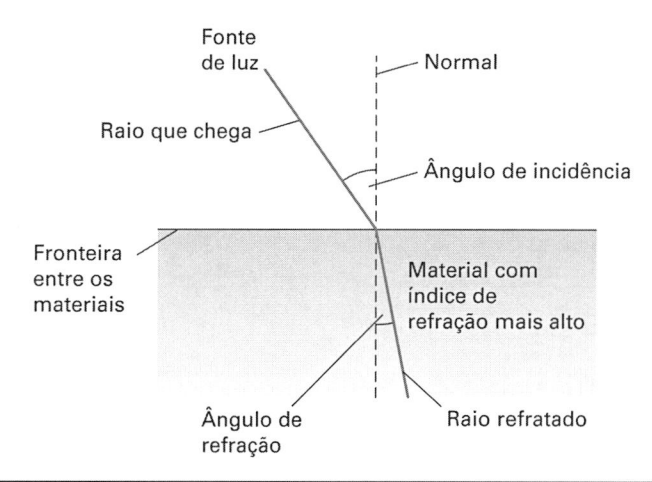

Figura 10.9 Luz refratada.

envolvidos. Mas não apenas isso. O aplicativo precisa também saber qual é o lado de uma superfície de um objeto que representa a parte de dentro do objeto em oposição à parte de fora. A luz está entrando ou saindo do objeto? Técnicas para obter essa informação são algumas vezes bastante sutis. Por exemplo, se estabelecermos um consenso de sempre listar os vértices de cada polígono em uma malha poligonal em uma ordem anti-horária como vista do lado de fora do objeto, então a lista habilmente codifica qual o lado do retalho que representa o lado de fora do objeto.

Recorte, conversão por varredura e remoção de superfícies ocultas

Vamos agora focar no processo de produzir uma imagem de um grafo de cena. Nossa abordagem, por enquanto, é seguir as técnicas usadas na maioria dos sistemas de video game interativos. Coletivamente, essas técnicas formam um paradigma, bastante conhecido, chamado de **pipeline de renderização**. Consideraremos alguns prós e contras dessa abordagem no final desta seção e exploraremos duas alternativas na seção seguinte. Por enquanto, é útil notar que o pipeline de renderização lida com objetos opacos, então a refração não é um problema. Além disso, ele ignora interações entre objetos, de forma que, por enquanto, não estaremos preocupados com espelhos e com sombras.

O pipeline de renderização inicia identificando a região em uma cena tridimensional que contém os objetos (ou parte de objetos) que podem ser "vistos" pela câmera. Essa região, chamada de **volume de visualização**, é o espaço dentro da pirâmide definida por linhas retas que se estendem do centro da projeção através dos cantos da janela de visualização (Figura 10.10).

Uma vez que o volume de visualização é identificado, a tarefa é descartar objetos ou partes de objetos que não possuam intersecção com o volume de visualização. Afinal, a projeção de tal porção da cena cairá para fora da janela de visualização e não aparecerá na imagem final. O primeiro passo é descartar todos os objetos que estão totalmente fora do volume de visualização. Para facilitar esse processo, um grafo de cena pode estar organizado em uma

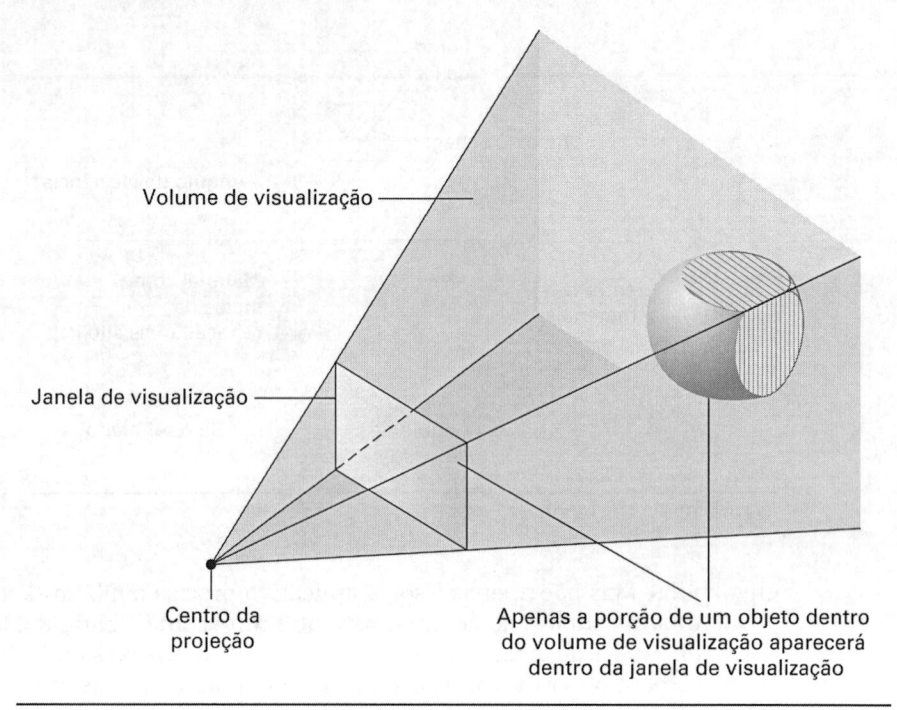

Figura 10.10 Identificação da região da cena que está dentro do volume de visualização.

estrutura de árvore na qual os objetos em diferentes regiões da cena são armazenados em ramos diferentes. Por sua vez, grandes seções do grafo de cena podem ser descartadas meramente ignorando-se ramos inteiros da árvore.

Após identificar e descartar os objetos que não possuem intersecção com o volume de visualização, os objetos restantes são aparados por um processo conhecido como **recorte**, que essencialmente corta fatias da porção de cada objeto que está fora do volume de visualização. Mais precisamente, o recorte é o processo de comparar cada retalho planar individual com as fronteiras do volume de visualização, aparando as porções do retalho que caem fora do volume. Os resultados são malhas poligonais (ou possivelmente, retalhos planares aparados) que residem inteiramente dentro do volume de visualização.

O próximo passo no pipeline de renderização é identificar os pontos restantes nos retalhos planares que estarão associados às posições de pixels na imagem final. É importante entender que apenas esses pontos contribuirão para a imagem final. Se um detalhe de um objeto cai entre as posições dos pixels, ele não será representado por um pixel e, logo, não será visível na imagem final. É por isso que a contagem de pixels é fortemente propagandeada no mercado de câmeras digitais. Quanto mais pixels existirem, mais provável é que pequenos detalhes sejam capturados em uma fotografia.

O processo de associar posições de pixels a pontos na cena é chamado de **conversão por varredura** (pois envolve converter os retalhos em linhas horizontais de pixels chamadas de linhas de varredura) ou **rasterização** (porque uma matriz de pixels é conhecida como um *raster*). A con-

> **Serrilhamento**
>
> Você já notou a estranha aparência cintilante que camisas e gravatas listradas têm em telas de televisão? Esse é o resultado do fenômeno chamado de **serrilhamento** (*aliasing*), que ocorre quando um padrão na imagem desejada gera uma malha inapropriada com a densidade dos pixels que compreendem a imagem. Como um exemplo, suponha que uma porção da imagem desejada consiste em listras brancas e pretas alternadas, mas acontece de o centro de todos os pixels cair apenas nas listras pretas. O objeto será renderizado, então, como sendo completamente preto. No entanto, se o objeto mover-se levemente, o centro de todos os pixels pode cair nas tiras brancas, o que significa que o objeto subitamente mudará para branco. Existe uma variedade de maneiras de compensar esse efeito irritante. Uma é renderizar cada pixel como a média de uma pequena área na imagem no lugar da aparência de um único ponto preciso.

versão por varredura é realizada estendendo-se linhas retas (projetoras) do centro da projeção através de cada posição de pixel na janela de visualização e identificando os pontos nos quais essas projetoras possuem intersecção com os retalhos planares. Eles, então, são os pontos nos retalhos nos quais precisamos determinar a aparência de um objeto. Na verdade, são esses os pontos que serão representados pelos pixels na imagem final.

A Figura 10.11 mostra a conversão por varredura de um único retalho triangular. A parte (a) da figura mostra como uma projetora é usada para associar uma posição de pixel com um ponto no retalho. A parte (b) mostra a imagem de pixels do retalho conforme determinada pela conversão por varredura. A matriz inteira de pixels (o *raster*) é representada por uma grade, e os pixels associados ao triângulo foram sombreados. Note que a figura também demonstra a distorção que pode ocorrer quando estiver convertendo com varredura uma forma cujas características são pequenas em relação ao tamanho dos pixels. Tais bordas irregulares são familiares à maioria das telas de visualização dos computadores pessoais.

Infelizmente, a conversão por varredura de uma cena inteira (ou mesmo de um objeto) não é tão simples quanto converter por varredura um único retalho. Isso porque quando múltiplos retalhos estão envolvidos, um retalho pode bloquear a visão de outro. Então, mesmo que uma projetora intersecte um retalho planar, esse ponto do retalho pode não ser visível na imagem final. Identificar e descartar pontos que são bloqueados da visualização em uma cena é o processo chamado de **remoção de superfícies ocultas**.

Uma versão específica da remoção de superfícies ocultas é a **eliminação de faces traseiras**, que envolve descartar os retalhos em uma malha poligonal que representem o "lado de trás" de um objeto. Note que a eliminação de faces traseiras é relativamente simples, pois os retalhos de trás de um objeto podem ser identificados como aqueles cuja orientação está voltada para o lado contrário ao da câmera.

Solucionar o problema completo da remoção de superfícies ocultas, entretanto, requer muito mais que a eliminação de faces traseiras. Imagine, por exemplo, uma cena de um automóvel na frente de um prédio. Retalhos planares tanto do automóvel quanto do prédio serão projetados na mesma área da janela de visualização. Nos pontos em que ocorrer sobreposição, os

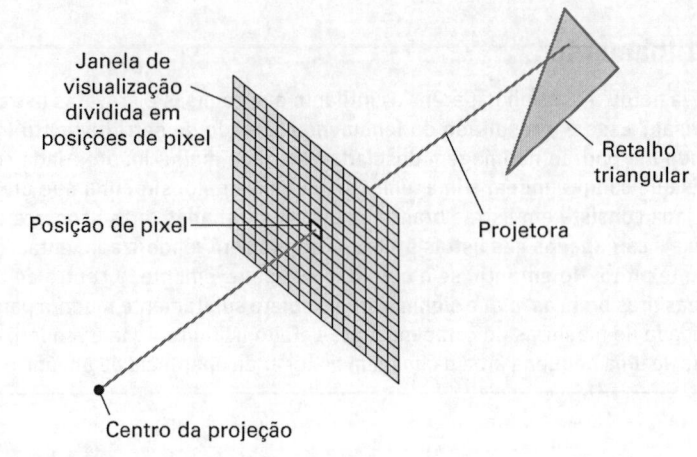

a. O processo de conversão por varredura

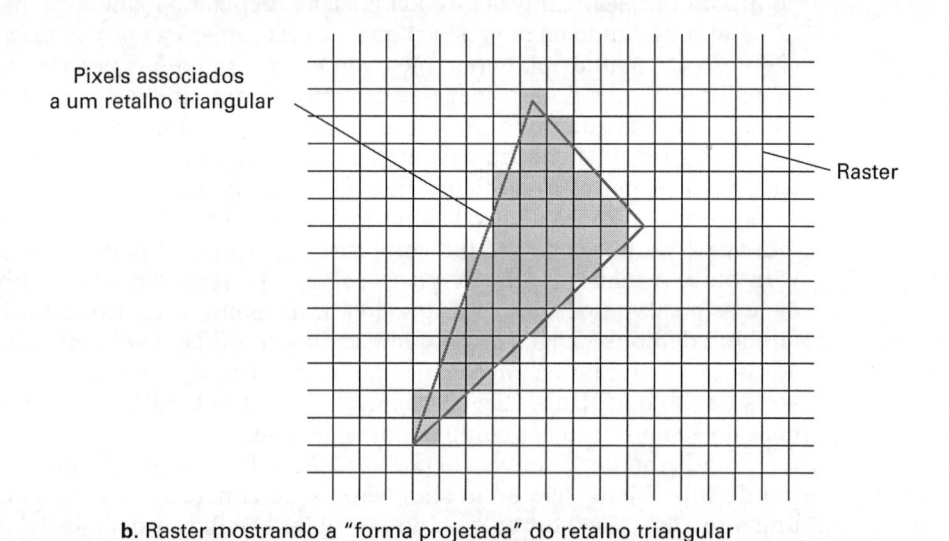

b. Raster mostrando a "forma projetada" do retalho triangular

Figura 10.11 Conversão por varredura de um retalho triangular.

dados de pixels armazenados na memória de imagem indicam a aparência do objeto na frente (o automóvel) ao invés do objeto no fundo (o prédio). Em resumo, se uma projetora tiver uma intersecção com mais de um retalho planar, é o ponto no retalho mais próximo da janela de visualização que deve ser renderizado.

Uma abordagem simplista para solucionar o problema de "frente/fundo", conhecida como o **algoritmo do pintor**, é organizar os objetos na cena de acordo com suas distâncias da câmera e, então, converter por varredura os objetos mais distantes primeiro, permitindo que os resultados de conversões por varredura de objetos mais próximos sobrescrevam quaisquer resultados prévios. Infelizmente, o algoritmo do pintor falha em tratar casos nos quais os objetos estão inter-relacionados. Parte de uma árvore pode estar atrás de outro objeto, enquanto outra parte da árvore pode estar na frente desse mesmo objeto.

Soluções mais abrangentes para o problema de "frente/fundo" são obtidas focando-se nos pixels individuais ao invés de em objetos inteiros. Uma técnica comum usa uma área de armazenamento extra, chamada de **z-buffer** (ou de buffer de profundidade), que contém uma entrada para cada pixel na imagem (ou, equivalentemente, cada entrada de pixel na memória de imagem). Cada posição no z-buffer é usada para armazenar a distância entre a projetora apropriada a partir da câmera até o objeto representado pela entrada correspondente na memória de imagem. Então, com o auxílio de um z-buffer, o problema de "frente/fundo" pode ser resolvido computando-se e armazenando-se a aparência de um pixel apenas se os dados para tal pixel ainda não tiverem sido colocados na memória de imagem ou se o ponto no objeto sendo considerado é mais próximo que o do objeto previamente renderizado, conforme determinado pela informação de distância gravada no z-buffer.

Mais precisamente, quando um z-buffer é usado, o processo de renderização pode ser feito como segue: configure todas as entradas no z-buffer como tendo um valor representando a distância máxima da câmera com que um objeto será considerado para renderização. Então, cada vez que um novo ponto em um retalho planar for considerado para renderização, primeiro compare sua distância da câmera com o valor no z-buffer associado com a atual posição de pixel. Se essa distância for menor que o valor encontrado no z-buffer, compute a aparição do ponto, grave os resultados na memória de imagem e substitua a entrada antiga no z-buffer com a distância do ponto recém-renderizado. (Note que se a distância do ponto for maior que o valor encontrado no z-buffer, nenhuma ação precisa ser tomada, pois o ponto no retalho é muito distante para ser considerado ou está bloqueado da visualização por um ponto mais próximo que já foi renderizado.)

Sombreamento

Uma vez que a conversão por varredura tenha identificado um ponto em um retalho planar que deva aparecer na imagem final, a tarefa da renderização torna-se a de determinar a aparência do retalho neste ponto. Esse processo é chamado de **sombreamento**. Note que o sombreamento envolve computar as características da luz projetada em direção à câmera a partir do ponto em questão, a qual, por sua vez, depende da orientação da superfície nesse ponto. Afinal, é a orientação da superfície no ponto que determina os graus de luz especular, difusa e ambiente que são testemunhados pela câmera.

Uma solução direta para o problema de sombreamento, chamada de **sombreamento plano**, é usar a orientação de um retalho planar como a orientação de cada ponto no retalho – ou seja, assumir que a superfície sobre cada retalho é plana. O resultado, no entanto, é que a imagem final aparecerá facetada, conforme retratado na Figura 10.12, em vez de arredondada, como mostrado na Figura 10.8. Em certo sentido, o sombreamento plano produz uma imagem da malha poligonal no lugar da do objeto sendo modelado pela malha.

Figura 10.12 Uma esfera como poderia ser vista quando renderizada usando sombreamento plano.

Para produzir uma imagem mais realista, o processo de renderização deve misturar a aparência de retalhos planares individuais em uma superfície que pareça suavemente curva. Isso é realizado estimando-se a real orientação da superfície original em cada ponto individual que está sendo renderizado.

Tais esquemas de estimativas normalmente iniciam com dados indicando a orientação da superfície nos vértices da malha poligonal. Existem diversas maneiras de obter esses dados. Uma é codificar a orientação da superfície original em cada vértice e adicionar esses dados à malha poligonal como parte do processo de modelagem. Isso produz uma malha poligonal com setas, chamadas de **vetores normais**, anexadas a cada vértice. Cada vetor normal aponta para a direção perpendicular externa à superfície original. O resultado é uma malha poligonal que pode ser visualizada como mostrado na Figura 10.13. (Outra abordagem é computar a orientação de cada retalho adjacente a um vértice e, então, usar uma "média" dessas orientações como uma estimativa da orientação da superfície no vértice.)

Independentemente de como a orientação da superfície original nos vértices da malha poligonal é obtida, diversas estratégias estão disponí-

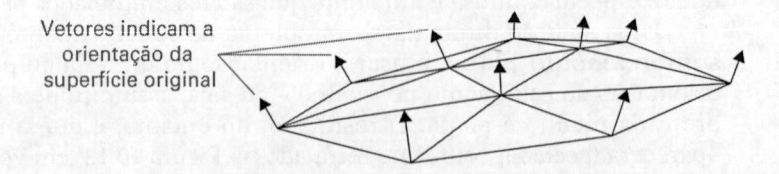

Figura 10.13 Visão conceitual de uma malha poligonal com vetores normais como seus vértices.

veis para sombrear um retalho planar baseado em seus dados. Elas incluem o **sombreamento de Gouraud** e o **sombreamento de Phong**, cuja distinção é sutil. Ambos iniciam usando a informação acerca da orientação da superfície nos vértices de um retalho para aproximar a orientação da superfície ao longo das fronteiras do retalho. O sombreamento de Gouraud aplica essa informação para determinar a aparência da superfície ao longo das fronteiras do retalho e, por fim, interpola essa aparência das fronteiras para estimar a aparência da superfície nos pontos do interior do retalho. Em contrapartida, o sombreamento de Phong interpola a orientação da superfície ao longo das fronteiras do retalho para estimar a aparência da superfície nos pontos do interior do retalho e, apenas então, considera questões de aparência. (Em resumo, o sombreamento de Gouraud converte informações de orientação em informação de cores e interpola a informação de cores. O sombreamento de Phong interpola a informação de orientação até a orientação do ponto em questão ser estimada e converte essa informação de orientação em informação de cor.) O resultado é que o sombreamento de Phong tem maior probabilidade de detectar luz especular dentro do interior de um retalho, pois é mais responsivo a mudanças na orientação da superfície. (Veja a Questão 3 no fim desta seção.)

Por fim, devemos notar que as técnicas básicas de sombreamento podem ser estendidas para adicionar a aparência de textura a uma superfície. Um exemplo, chamado de **mapeamento de perturbação** (*bump mapping*), é essencialmente uma maneira de gerar pequenas variações na orientação aparente de uma superfície de forma que ela aparente ser áspera. Mais precisamente, o mapeamento de perturbação adiciona um grau de aleatoriedade ao processo de interpolação aplicado por algoritmos tradicionais

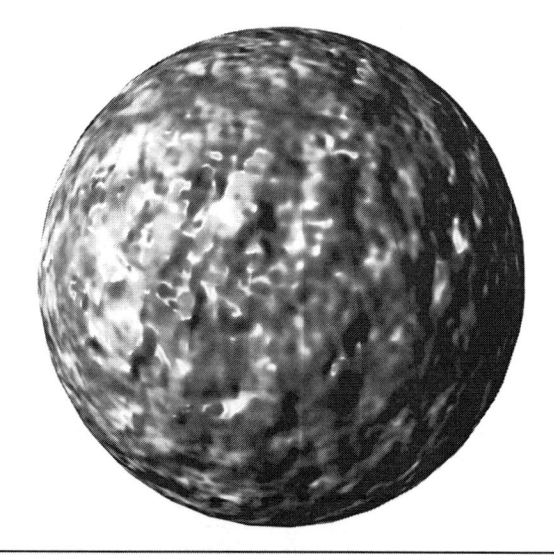

Figura 10.14 Uma esfera renderizada usando mapeamento de perturbação.

de sombreamento, de forma que a superfície como um todo aparenta ter textura, conforme demonstrado na Figura 10.14.

Hardware para pipeline de renderização

Como dissemos anteriormente, o processo de recorte, conversão por varredura, remoção de superfícies ocultas e sombreamento é visto coletivamente como uma sequência conhecida como pipeline de renderização. Além disso, algoritmos eficientes para realizar essas tarefas são bem conhecidos e têm sido implementados diretamente em circuitos eletrônicos, os quais têm sido miniaturizados por tecnologia VLSI para produzir chips que realizam o processo de pipeline de renderização completo automaticamente. Atualmente, mesmo exemplos baratos são capazes de renderizar milhões de retalhos por segundo.

A maioria dos sistemas projetados para aplicações gráficas, incluindo consoles de video game, incorpora esses dispositivos em seu projeto. No caso de sistemas de computação de propósito mais geral, essa tecnologia pode ser adicionada na forma de uma **placa gráfica**, ou **adaptador gráfico**, que é anexada ao barramento do computador como um controlador especializado (veja o Capítulo 2). Tal hardware reduz substancialmente o tempo necessário para realizar o processo de renderização.

Hardware de pipeline de renderização também reduz a complexidade dos sistemas de software de aplicações gráficas. Essencialmente, tudo o que o sistema precisa é fornecer o grafo de cena para o hardware gráfico. Ele, então, realiza os passos do pipeline e coloca os resultados na memória de imagem. Então, da perspectiva de software, o processo inteiro de pipeline de renderização é reduzido a um único passo, usando o hardware como uma ferramenta abstrata.

Como um exemplo, consideremos novamente um video game interativo. Para inicializar o jogo, o sistema de software do jogo transfere o grafo de cena para o hardware gráfico. O hardware, então, renderiza a cena e coloca a imagem na memória de imagem, da qual ela é automaticamente mostrada na tela do monitor. À medida que o jogo progride, o sistema de software do jogo apenas atualiza o grafo de cena no hardware gráfico para refletir a situação dinâmica do jogo, e o hardware repetidamente renderiza a cena, toda vez colocando a imagem atualizada na memória de imagem.

Devemos notar, no entanto, que as capacidades e as propriedades de comunicação de diferentes sistemas de hardware gráfico variam substancialmente. Então, se uma aplicação como um video game fosse desenvolvida para uma plataforma gráfica específica, ela teria de ser modificada quando transferida para outro ambiente. Para reduzir essa dependência das especificidades dos sistemas gráficos, interfaces padrão de software têm sido desenvolvidas para desempenhar um papel intermediário entre o hardware gráfico e o software de aplicação. Essas interfaces consistem em rotinas de software que convertem comandos padronizados nas instruções específicas requeridas por um sistema de hardware gráfico em particular. Exemplos incluem **OpenGL** (diminuto de *Open Graphics Li-*

brary – Biblioteca Gráfica Aberta), um sistema não proprietário desenvolvido pela Silicon Graphics e amplamente usado na indústria de video games, e **Direct3D**, desenvolvido pela Microsoft para uso nos ambientes do Microsoft Windows.

Ao encerrarmos, devemos notar que, com todas as vantagens associadas ao pipeline de renderização, existem desvantagens também – a mais significativa delas é o fato de que o pipeline implementa apenas um **modelo de iluminação local**, o que significa que o pipeline renderiza cada objeto independentemente dos demais. Ou seja, sob um modelo de iluminação local, cada objeto é renderizado em relação às fontes de luz como se fosse o único objeto em cena. O resultado é que as interações de luz entre objetos, como sombras e reflexões, não são capturadas. Isso está em contraste com um **modelo de iluminação global**, no qual as interações entre objetos são consideradas. Discutiremos duas técnicas para implementar um modelo de iluminação global na próxima seção. Por enquanto, notemos simplesmente que essas técnicas estão além das capacidades em tempo real da tecnologia atual.

Isso não significa, entretanto que os sistemas que usam hardware de pipeline de renderização não sejam capazes de produzir alguns efeitos de iluminação global. Na verdade, técnicas bastante inteligentes têm sido desenvolvidas para superar algumas das restrições impostas por um modelo local de iluminação. Em particular, a aparição de **sombras** (*drop shadows*), que são sombras no solo, pode ser simulada no contexto de um modelo de iluminação local por meio da confecção de uma cópia da malha poligonal do objeto que gera a sombra, esmagando a duplicata, tornando-a plana, colocando-a no chão e colorindo-a com uma cor escura. Em outras palavras, a sombra pode ser modelada como se fosse outro objeto, que pode ser, então, renderizado por hardware de pipeline de renderização tradicional para produzir a ilusão de uma sombra. Tais técnicas são populares tanto em aplicações no "nível de clientes", como video games interativos, e quanto em aplicações no "nível profissional", como simuladores de voo.

Questões e exercícios

1. Resuma a distinção entre luz especular, luz difusa e luz ambiente.
2. Defina os termos *recorte* e *conversão por varredura*.
3. O sombreamento de Gouraud e o sombreamento de Phong podem ser resumidos como segue: o sombreamento de Gouraud usa a orientação da superfície de um objeto ao longo das fronteiras e, então, interpola essas aparências ao longo do interior do retalho para determinar a aparência dos pontos em questão. O sombreamento de Phong interpola as orientações de fronteira para computar as orientações dos pontos interiores do retalho e, então, usa essas orientações para determinar a aparência dos pontos em questão. Como é possível que a aparência de um objeto possa diferir?
4. Qual é a importância do pipeline de renderização?
5. Descreva como reflexões em um espelho podem ser simuladas usando um modelo de iluminação local.

*10.5 Iluminação global

O conteúdo desta seção está disponível no site www.grupoa.com.br e pode ser acessado livremente.

10.6 Animação

Passemos para o assunto de animação computacional, que é o uso de tecnologia computacional para produzir e mostrar imagens que exibem movimento.

Básico sobre animação

Iniciamos pela introdução de alguns conceitos básicos sobre animação.

Quadros A animação é conseguida mostrando-se uma sequência de imagens, chamadas de **quadros**, em sucessão rápida. Esses quadros capturam a aparência de uma cena em movimento em intervalos de tempo regulares, então sua apresentação sequencial cria a ilusão de observar a cena continuamente ao longo do tempo. A taxa padrão de visualização na indústria cinematográfica é de vinte e quatro quadros por segundo. O padrão em vídeo de difusão é de sessenta quadros por segundo (embora, como cada quadro de vídeo é projetado para ser mesclado com o quadro anterior, para produzir uma imagem completa detalhada, o vídeo também possa ser classificado como um sistema de trinta quadros por segundo.)

Os quadros podem ser produzidos por fotografia tradicional ou gerados artificialmente por meio de computação gráfica. Além disso, as duas técnicas podem ser combinadas. Por exemplo, sistemas de software de computação gráfica 2D frequentemente são usados para modificar imagens obtidas via fotografia, de forma a remover a aparição de cabos de suporte, para sobrepor imagens e criar a ilusão de **transformação** (*morphing*), que é o processo de um objeto parecer que está virando outro.

Uma olhada mais próxima no processo de transformação fornece ideias acerca do processo de animação. A construção de um efeito de transfor-

---

Cinema de bolso

Um cinema de bolso (*kineograph*) é um livro de quadros de animação que simula movimento quando as páginas são viradas rapidamente. Você pode fazer seu próprio cinema de bolso com este livro (assumindo que você ainda não preencheu as margens com rabiscos). Simplesmente coloque um ponto na margem da primeira página e outro ponto na terceira página, em uma posição levemente diferente que o ponto da primeira. Repita esse processo em cada página ímpar consecutiva até que você alcance o fim do livro. Depois, folheie as páginas e veja o ponto dançar ao longo da margem. Pronto! Você criou seu próprio cinema de bolso e talvez tenha dado o primeiro passo em direção a uma carreira em animação! Como um experimento de cinemática, tente desenhar um boneco em palito no lugar de um único ponto e faça com que o boneco pareça caminhar. Experimente também com a dinâmica, produzindo a imagem de uma gota de água batendo no chão.

mação inicia com a identificação de um par de quadros-chave que envolve a sequência de transformação. O primeiro é a última imagem antes de o processo de transformação ocorrer; o outro é a primeira imagem após a transformação ter ocorrido. (Na produção tradicional de filmes, isso requer "filmar" duas sequências da ação: uma até a ocorrência da transformação e outra após a transformação.) Recursos como pontos e linhas, chamados de **pontos de controle**, no quadro anterior à transformação são, então, associados a características similares ao quadro posterior à transformação, e a transformação é construída aplicando-se técnicas matemáticas que incrementalmente distorcem uma imagem na outra enquanto usam os pontos de controle como guias. Ao gravar as imagens produzidas durante esse processo de distorção, é obtida uma pequena sequência de imagens artificialmente geradas que preenche a lacuna entre os quadros-chave originais e cria a ilusão de transformação.

Storyboard Um projeto típico de animação começa com a criação de um **storyboard**, uma sequência de imagens bidimensionais que contam a história completa na forma de rascunhos de cenas em pontos-chave da apresentação. O papel final de um storyboard depende de o projeto de animação ser implementado usando técnicas 2D ou 3D. Em um projeto que usa computação gráfica 2D, o storyboard tipicamente evolui para o conjunto final de quadros praticamente da mesma maneira como faziam os estúdios Disney nos anos 1920. Naquele tempo, os artistas, chamados de animadores-mestre, refinavam os storyboards em quadros detalhados, chamados de **quadros-chave**, que estabeleciam a aparência dos personagens e do cenário em intervalos regulares da animação. Animadores assistentes, então, desenhavam quadros adicionais que preencheriam as lacunas entre os quadros-chave de forma que a animação parecesse ser contínua e suave. Esse processo de preenchimento de lacunas era chamado de **criação de quadros intermediários** (*in-betweening*).

Uma distinção importante entre esse processo e o usado atualmente é que os animadores de hoje usam software de processamento de imagens e de computação gráfica 2D para desenhar quadros-chave, e boa parte do pro-

---

Indefinição

Na área de fotografia tradicional, tem-se feito muito esforço para produzir boas imagens de objetos que se movem rapidamente. Na área de animação, o problema oposto acontece. Se cada quadro em uma sequência retratando um objeto em movimento retratar o objeto como uma imagem clara, então o movimento pode parecer irregular. Entretanto, imagens claras são um produto natural da criação de quadros como imagens individuais de objetos estacionários em um grafo de cena. Então, os animadores com frequência distorcem artificialmente a imagem de um objeto em movimento em um quadro gerado por computador. Uma técnica, chamada de **super amostragem**, consiste em produzir múltiplas imagens nas quais o objeto em movimento está apenas levemente deslocado e, então, sobrepor essas imagens para produzir um único quadro. Outra técnica é alterar a forma do objeto que se move, de forma que ele pareça alongado na direção do movimento.

cesso de criação de quadros intermediários é feita de maneira automatizada, de forma que o papel dos animadores assistentes praticamente desapareceu.

Animação 3D A maioria das animações de video games e produções com recursos completos de animação é atualmente criada usando computação gráfica 3D. Nesses casos, o projeto ainda inicia com a criação de um storyboard formado por imagens bidimensionais. Entretanto, ao invés de evoluí-lo até o produto final, como nos projetos de computação gráfica 2D, o storyboard é usado como um guia na construção de um mundo virtual tridimensional. Esse mundo virtual, então, é repetidamente "fotografado" à medida que os objetos dentro dele são movidos de acordo com o script ou com a progressão do video game.

Talvez devamos fazer uma pausa aqui para esclarecer o que significa um objeto se mover dentro de uma cena gerada por computador. Mantenha em mente que o "objeto" é, na verdade, uma coleção de dados armazenados em um grafo de cena. Dentre os dados dessa coleção estão valores que indicam a posição e a orientação do objeto. Então, "mover" um objeto é simplesmente alterar esses valores. Uma vez que essas mudanças tenham sido feitas, os novos valores serão usados no processo de renderização. Consequentemente, o objeto parecerá ter se movido na imagem bidimensional final.

Cinemática e dinâmica

O grau com que o movimento em uma cena em computação gráfica 3D é automatizado ou controlado por um animador humano varia entre aplicações. O objetivo, é claro, é automatizar o processo inteiro. Para esse fim, muitas pesquisas vêm sendo direcionadas para encontrar maneiras de identificar e de simular o movimento de fenômenos que ocorrem naturalmente. Duas áreas têm provado ser particularmente úteis a este objetivo.

Uma é a **dinâmica**, que trata de descrever a movimentação de um objeto, aplicando as leis da física para determinar os efeitos de forças que agem sobre ele. Por exemplo, além de uma localização, um objeto em uma cena pode receber uma direção de movimento, uma velocidade e uma massa. Esses itens poderiam, então, ser usados para determinar os efeitos que a gravidade ou colisões com outros objetos teriam sobre o objeto, o que permitiria que um pacote de software calculasse a localização apropriada do objeto no próximo quadro.

Como um exemplo, considere a tarefa de construir uma sequência animada retratando água sendo despejada em um recipiente. Poderíamos usar um sistema de partículas no grafo de cena para representar a água, em que cada partícula representa uma pequena unidade de água. (Pense na água consistindo em grandes "moléculas" do tamanho de bolas de gude.) Então, poderíamos aplicar as leis da física para computar os efeitos da gravidade nas partículas, bem como a interação entre as partículas à medida que o recipiente chacoalha de um lado para o outro. Isso nos permitiria calcular a posição de cada partícula em intervalos de tempo regulares e, usando a posição das partículas externas como os vértices de uma malha poligonal, poderíamos obter uma malha retratando a superfície da água. Nossa animação poderia ser obtida ao repetidamente "fotografarmos" essa malha, à medida que a simulação progride.

O outro ramo da mecânica usado para simular movimento é a **cinemática**, que trata de descrever o movimento de um objeto em termos de como as partes de um objeto movem-se em relação umas às outras. Aplicações de cinemática são proeminentes quando se está animando figuras articuladas, em que é necessário mover apêndices como braços e pernas. Esses movimentos são mais facilmente modelados por meio da simulação de padrões de movimentos de juntas do que se computando os efeitos das forças individuais exercidas pelos músculos e pela gravidade. Então, enquanto a dinâmica pode ser a técnica escolhida para determinar o caminho de uma bola que quica, o movimento do braço de um personagem animado seria determinado pela aplicação da cinemática para computador das rotações apropriadas do ombro, do cotovelo e do pulso. Assim, boa parte pesquisa acerca de animação de personagens vivos foca em questões de anatomia e em como as estruturas de juntas e apêndices influenciam o movimento.

Um método típico da aplicação da cinemática é iniciar representando um personagem como uma figura de palito, que simula a estrutura esquelética do personagem sendo retratado. Cada seção da figura é coberta com uma malha poligonal representando a superfície do personagem que envolve essa seção, e regras são estabelecidas para determinar como malhas adjacentes devem se conectar umas às outras. A figura pode, então, ser manipulada (seja por software ou por um animador humano) ao reposicionar as juntas na estrutura esquelética da mesma maneira que alguém manipula uma marionete. Os pontos nos quais as "cordas" prendem-se aos modelos são chamados de **avars**, um diminutivo para "variáveis de articulação" (ou mais recentemente, "variáveis de animação").

Na prática, os avars são usados para controlar mais que apenas posições de juntas esqueléticas. Por exemplo, o boneco de caubói Woody, em *Toy Story* (Figura 10.1), tinha aproximadamente 100 avars associados apenas a sua face, o que permitiu aos animadores ajustarem a face para expressar emoções e moverem a boca para corresponder às palavras faladas.

Grande parte da pesquisa acerca da aplicação de cinemática tem sido direcionada ao desenvolvimento de algoritmos para computar automaticamente sequências de posições de apêndices que mimetizem movimentos que ocorrem naturalmente. Nessa linha, já estão disponíveis algoritmos que geram sequências de caminhada realistas.

Entretanto, muito da animação baseada em cinemática ainda é produzido direcionando-se um personagem ao longo de uma sequência pré-definida de posições de juntas e apêndices. Essas posições podem ser estabelecidas pela criatividade do animador ou obtidas por meio de **captura de movimentos**, que envolve gravar as posições de um modelo vivo à medida que o modelo realiza a ação desejada. Mais precisamente, após aplicar fita reflexiva a pontos estratégicos do corpo humano, o humano pode ser fotografado de múltiplos ângulos enquanto arremessa uma bola de beisebol. Então, ao observar a posição da fita nas várias fotografias, as orientações precisas dos braços e pernas humanas podem ser identificadas à medida que o lançamento prossegue, e essas orientações podem, então, ser transferidas para um personagem em uma animação.

O processo de animação

O objetivo final da pesquisa em animação é automatizar o processo inteiro de animação. Imagine um sistema de software que, dados os parâmetros apropriados, automaticamente produziria a sequência animada desejada. Progressos nessa direção são demonstrados pela indústria cinematográfica, que agora produz imagens de multidões, cenas de batalhas e debandadas de animais por meio de "robôs" virtuais individuais que automaticamente se movem dentro de um grafo de cena, cada um realizando uma tarefa designada.

Um caso interessante sobre isso ocorreu durante a gravação dos exércitos fictícios de Orcs e humanos para a trilogia do *Senhor dos Anéis*. Cada guerreiro na tela foi modelado como um objeto distinto "inteligente", com suas próprias características físicas e uma personalidade aleatoriamente atribuída que dava a ele as tendências de atacar ou fugir. Em simulações para a batalha de Helms Deep, no segundo filme, os Orcs foram configurados com uma tendência muito alta de fugir e simplesmente corriam quando confrontados com os guerreiros humanos. (Esse foi talvez o primeiro caso de figurantes virtuais que consideraram o trabalho muito perigoso.)

É claro, grande parte da animação atual ainda é criada por animadores humanos. Entretanto, em vez de desenharem quadros bidimensionais manualmente, como nos anos 1920, esses animadores usam software para manipular objetos virtuais tridimensionais em um grafo de cena, em uma maneira reminiscente do controle de marionetes por cordas, conforme explicado em nossa discussão anterior sobre cinemática. Dessa maneira, um animador é capaz de criar uma série de cenas virtuais, que são "fotografadas" para produzir a animação. Em alguns casos, essas técnicas são usadas para produzir apenas as cenas para quadros-chave, e então usa-se software para produzir os quadros intermediários, ao automaticamente renderizar a cena à medida que o sistema de software aplica a dinâmica e a cinemática para mover os objetos no grafo de cena de uma posição de cena de quadro-chave para a próxima.

À medida que a pesquisa em computação gráfica avança, e a tecnologia continua a ser aprimorada, mais fases do processo de animação certamente virão a ser automatizadas. Se o papel dos animadores humanos, bem como dos atores humanos em cenários reais, algum dia será obsoleto permanece uma incógnita, mas muitos acreditam que esse futuro não está muito longe. Na verdade, a computação gráfica 3D tem o potencial de afetar a indústria cinematográfica muito mais que a transição dos filmes mudos para os filmes "falados".

Questões e exercícios

1. Imagens vistas por um humano tendem a ficar na percepção humana por aproximadamente 200 milissegundos. Baseado nessa aproximação, quantas imagens devem ser apresentadas para que um humano crie uma animação? Como essa aproximação se compara com o número de quadros por segundo usado na indústria cinematográfica?
2. O que é storyboard?
3. O que é a criação de quadros intermediários?
4. Defina os termos *cinemática* e *dinâmica*.

Problemas de revisão do capítulo

(Problemas marcados com asterisco relacionam-se às seções disponíveis online, no site www.grupoa.com.br.)

1. Quais das aplicações a seguir são aplicações de computação gráfica 2D e quais são aplicações de computação gráfica 3D?
   a. Projetar o leiaute de páginas de uma revista
   b. Desenhar uma imagem usando o Microsoft Paint
   c. Produzir imagens de um mundo virtual para um video game

2. No contexto de computação gráfica 3D, o que corresponde a cada um dos seguintes itens da fotografia tradicional? Explique suas respostas.
   a. Filme
   b. Retângulo de visualização
   c. Cena sendo fotografada

3. Quando se está usando uma projeção em perspectiva, sob que circunstâncias uma esfera na cena não produzirá um círculo no plano de projeção?

4. Quando se está usando uma projeção em perspectiva, a imagem de um segmento de linha reta, em algum caso, pode ser um segmento de linha curva no plano de projeção? Justifique sua resposta.

5. Suponha que uma extremidade de uma barra reta de oito pés esteja a quatro pés do centro da projeção. Além disso, suponha que uma linha reta do centro da projeção para uma extremidade da barra tenha uma intersecção com o plano de projeção em um ponto que esteja a um pé do centro da projeção. Se a barra é paralela ao plano de projeção, qual o tamanho da imagem da barra no plano de projeção?

6. Explique a diferença entre uma projeção paralela e uma projeção em perspectiva.

7. Explique o relacionamento entre a janela de visualização e a memória de imagem.

8. Qual é a diferença importante entre aplicar computação gráfica 3D para produzir um filme e aplicar computação gráfica 3D para produzir a animação para um jogo de video game interativo?

9. Identifique algumas propriedades de um objeto que poderiam ser incorporadas a um modelo de um objeto para uso em uma cena de computação gráfica 3D. Identifique algumas propriedades que provavelmente não seriam representadas no modelo. Explique sua resposta.

10. Identifique algumas propriedades físicas de um objeto que não são capturadas por um modelo contendo apenas uma malha poligonal. (Então, uma malha poligonal sozinha não constitui um modelo completo do objeto.) Explique como uma dessas propriedades poderia ser adicionada ao modelo do objeto.

11. É possível que quaisquer quatro pontos no espaço tridimensional sejam vértices de um retalho em uma malha poligonal? Explique sua resposta.

12. Cada coleção a seguir representa vértices (usando o sistema de coordenadas retangulares tradicional) de um retalho em uma malha poligonal. Descreva a forma da malha.

    ```
    Retalho 1: (0, 0, 0) (0, 2, 0)
               (2, 2, 0) (2, 0, 0)
    Retalho 2: (0, 0, 0) (1, 1, 1)
               (2, 0, 0)
    Retalho 3: (2, 0, 0) (1, 1, 1)
               (2, 2, 0)
    Retalho 4: (2, 2, 0) (1, 1, 1)
               (0, 2, 0)
    Retalho 5: (0, 2, 0) (1, 1, 1)
               (0, 0, 0)
    ```

13. Cada coleção a seguir representa vértices (usando o sistema de coordenadas retangulares tradicional) de um retalho em uma malha poligonal. Descreva a forma da malha.

    ```
    Retalho 1: (0, 0, 0) (0, 4, 0)
               (2, 4, 0) (2, 0, 0)
    Retalho 2: (0, 0, 0) (0, 4, 0)
               (1, 4, 1) (1, 0, 1)
    ```

```
Retalho 3:  (2, 0, 0)  (1, 0, 1)
            (1, 4, 1)  (2, 4, 0)
Retalho 4:  (0, 0, 0)  (1, 0, 1)
            (2, 0, 0)
Retalho 5:  (2, 4, 0)  (1, 4, 1)
            (0, 4, 0)
```

14. Projete uma malha poligonal que represente um retângulo sólido. Use o sistema de coordenadas retangulares tradicional para codificar os vértices e desenhe um rascunho representando sua solução.

15. Usando não mais que oito retalhos triangulares, projete uma malha poligonal para aproximar a forma de uma esfera de raio um. (Com apenas oito retalhos, sua malha será uma aproximação bastante grotesca de uma esfera, mas o objetivo é que você mostre entender por que é preferível uma malha poligonal em vez de uma representação precisa de uma esfera.) Represente os vértices de seus retalhos usando o sistema de coordenadas retangulares tradicional e desenhe um rascunho de sua malha.

16. Por que os quatro pontos a seguir não seriam os vértices de um retalho planar?

    ```
    (0, 0, 0)  (1, 0, 0)
    (0, 1, 0)  (0, 0, 1)
    ```

17. Suponha que os pontos (1, 0, 0), (1, 1, 1) e (1, 0, 2) sejam os vértices de um retalho planar. Quais dos seguintes segmentos de linha são normais à superfície do retalho?
    a. O segmento de linha de (1, 0, 0) a (1, 1, 0)
    b. O segmento de linha de (1, 1, 1) a (2, 1, 1)
    c. O segmento de linha de (1, 0, 2) a (0, 0, 2)
    d. O segmento de linha de (1, 0, 0) a (1, 1, 1)

18. Identifique dois "tipos" de modelos procedurais.

19. Entre os processos de modelagem e de renderização, qual é a tarefa mais
    a. padronizada?
    b. computacionalmente intensa?
    c. criativa?
    Justifique suas respostas.

20. Quais dos itens a seguir seriam representados em um grafo de cena?
    a. Fontes de luz
    b. Adereços inanimados
    c. Personagens/atores
    d. Câmera

21. Em que sentido a criação de um grafo de cena é um passo essencial no processo de computação gráfica 3D?

22. Que complicações são introduzidas pelo fato de a câmera em um grafo de cena poder mudar de posições e de orientações?

23. Suponha que a superfície do retalho planar com vértices (0, 0, 0), (0, 2, 0), (2, 2, 0) e (2, 0, 0) seja lisa e brilhante. Se um raio de luz se originar no ponto (0, 0, 1) e bater na superfície no ponto (1, 1, 0), por qual dos pontos a seguir o raio de luz refletido passará?
    a. (0, 0, 1)
    b. (1, 1, 1)
    c. (2, 2, 1)
    d. (3, 3, 1)

24. Suponha que uma boia ofereça suporte a uma luz a dez pés acima de uma superfície de água parada. Em que ponto da superfície da água um observador verá o reflexo da luz se ele estiver a quinze passos da boia e cinco passos acima da superfície da água?

25. Se um peixe estiver nadando abaixo da superfície de uma água parada e um observador estiver visualizando o peixe de fora da água, onde o peixe parecerá estar a partir da posição do observador?
    a. Acima e ao fundo de sua real posição
    b. Na posição real
    c. Abaixo e à frente de sua real posição

26. Suponha que os pontos (1, 0, 0), (1, 1, 1) e (1, 0, 2) sejam os vértices de um retalho planar e que os vértices sejam listados em uma ordem anti-horária conforme são vistos de fora do objeto. Em cada um dos casos a seguir, indique se

um raio de luz originado no ponto dado baterá na superfície do retalho de fora ou de dentro do objeto.
   a. (0, 0, 0)
   b. (2, 0, 0)
   c. (2, 1, 1)
   d. (3, 2, 1)
27. Dê um exemplo no qual um objeto fora do volume de visualização poderia, ainda assim, aparecer na imagem. Explique sua resposta.
28. Descreva o conteúdo e o propósito de um z-buffer.
29. Em nossa discussão acerca de remoção de superfícies ocultas, descrevemos o procedimento para resolver o problema "frente/fundo" com a ajuda de um z-buffer. Expresse tal procedimento usando o pseudocódigo do Capítulo 5.
30. Suponha que a superfície de um objeto seja coberta por listas verticais que alternam alaranjado e azul, cada uma delas com um centímetro de largura. Se o objeto está posicionado em uma cena de forma que as posições de pixel são associadas com pontos no objeto espaçados em intervalos de dois centímetros, quais poderiam ser as aparências possíveis do objeto na imagem final? Explique sua resposta.
31. Apesar de o mapeamento de textura e o mapeamento de perturbação serem meios de associar "textura" a uma superfície, elas são técnicas consideravelmente diferentes. Escreva um parágrafo breve comparando as duas.
32. Liste os quatro passos no pipeline de renderização e dê uma breve definição de cada um deles.
33. Quais são as vantagens do uso de uma implementação em hardware/firmware do pipeline de renderização?
34. De que maneira o sistema de hardware em um computador projetado para video games interativos difere do de um PC de propósito geral?
35. Qual é a limitação importante do pipeline de renderização tradicional?
36. Qual é a distinção entre um modelo de iluminação local e um modelo de iluminação global?
37. Que vantagem o traçado de raios possui sobre o pipeline de renderização tradicional? E que desvantagens possui?
38. Que vantagem o traçado de raios distribuído possui sobre o traçado de raios tradicional? E que desvantagens possui?
39. Que vantagem a radiosidade possui sobre o pipeline de renderização tradicional? E que desvantagens possui?
40. Se uma imagem de uma cena produzida por traçado de raios tradicional fosse comparada a uma imagem similar da mesma cena produzida por radiosidade, como as duas imagens seriam comparadas?
41. Quantos quadros seriam necessários para fazer uma produção animada de noventa minutos para ser mostrada em um cinema?
42. Descreva como um sistema de partículas poderia ser usado para produzir uma animação de chamas de fogo trepidantes.
43. Explique como o uso de um z-buffer poderia auxiliar na criação de uma sequência de animação retratando um único objeto movendo-se dentro de uma cena.
44. Quais são as distinções entre as tarefas dos animadores humanos atuais e os do passado?

Questões sociais

As questões a seguir pretendem servir como um guia para os dilemas éticos, sociais e legais associados à área da computação. O objetivo não é meramente responder a estas questões. Você deve também considerar por que as respondeu de uma determinada forma e se suas justificativas mantêm a consistência de uma questão para outra.

1. Suponha que a animação computacional alcance um ponto no qual os atores reais não sejam mais necessários na indústria cinematográfica e na televisiva. Quais seriam as consequências? Qual seria os efeitos consequentes de não se ter mais "astros de cinema"?

2. Com o desenvolvimento das câmeras digitais e dos sistemas de software relacionados, a habilidade de alterar ou de fabricar fotografias tem sido adicionada às capacidades do público em geral. Que mudanças isso trará à sociedade? Que questões éticas e legais poderiam surgir?

3. Até que ponto as fotografias deveriam ter donos? Suponha que uma pessoa coloque a sua foto em um site e alguém baixe essa foto, altere-a, de forma que a pessoa seja mostrada em uma situação comprometedora, e faça circular esta versão alterada. Que medidas o alvo da fotografia alterada poderia tomar?

4. Até que ponto um programador que ajuda a desenvolver um video game violento é responsável por quaisquer consequências de tal jogo? O acesso das crianças aos video games deveria ser restrito? Se sim, como e por quem? E em relação a outros grupos da sociedade, como criminosos condenados?

Leitura adicional

Angel, E. *Interactive Computer Graphics, A Top-Down Approach Using OpenGL*, 5th ed. Boston, MA: Addison-Wesley, 2009.

Bowman, D. A., E. Kruijff, J. J. LaViola, Jr., and I. Poupyrev. *3D User Interfaces Theory and Practice*. Boston, MA: Addison-Wesley, 2005.

Hill, Jr., F. L. and S. Kelley. *Computer Graphics Using OpenGL*. 3rd ed. Upper Saddle River, NJ: Prentice-Hall, 2007.

McConnell, J. J. *Computer Graphics, Theory into Practice*. Sudbury, MA: Jones and Bartlett, 2006.

Parent, R. *Computer Animation, Algorithms and Techniques*, 2nd ed. San Francisco, CA: Morgan Kaufmann, 2008.

CAPÍTULO 11

Inteligência Artificial

Neste capítulo, exploramos o ramo da ciência da computação conhecido como inteligência artificial. Embora essa área seja relativamente nova, tem produzido resultados surpreendentes, como peritos em xadrez, computadores que aprendem a aprender e a raciocinar e máquinas que coordenam suas atividades para atingir um objetivo comum, como ganhar um jogo de futebol. Na inteligência artificial, a ficção científica de hoje pode muito bem ser a realidade de amanhã.

11.1 Inteligência e máquinas
Agentes inteligentes
Metodologias de pesquisa
O teste de Turing

11.2 Percepção
Entendimento de imagens
Processamento de linguagens

11.3 Raciocínio
Sistemas de produção
Árvores de busca
Heurísticas

11.4 Áreas adicionais de pesquisa
Representação e manipulação do conhecimento
Aprendizagem
Algoritmos genéticos

11.5 Redes neurais artificiais
Propriedades básicas
Treinamento de redes neurais artificiais
Memória associativa

11.6 Robótica

11.7 Consideração das consequências

A inteligência artificial é uma área da ciência da computação que busca construir máquinas autônomas – que possam conduzir tarefas complexas sem intervenção humana. Esse objetivo requer que as máquinas sejam capazes de perceber e de raciocinar. Tais capacidades estão dentro da categoria de atividades de senso comum que, apesar de naturais para a mente humana, estão provando ser difíceis para as máquinas. O resultado é que o trabalho na área continua a ser desafiador. Neste capítulo, exploramos alguns dos tópicos nesta vasta área de pesquisa.

11.1 Inteligência e máquinas

A área de inteligência artificial é bastante ampla e mescla-se com outras áreas, como psicologia, neurologia, matemática, linguística e engenharia elétrica e mecânica. Para organizar nossos pensamentos, então, iniciemos considerando o conceito de um agente e os tipos de comportamento inteligente que um agente pode exibir. Na verdade, boa parte da pesquisa em inteligência artificial pode ser categorizada em relação ao comportamento de um agente.

Agentes inteligentes

Um **agente** é um "dispositivo" que responde a estímulos de seu ambiente. É natural imaginar um agente como uma máquina individual, como um robô, apesar de um agente poder tomar formas como uma aeronave autônoma, um personagem em um jogo de video game ou um processo que se comunica com outros processos pela Internet (talvez como um cliente, como um servidor ou como um peer). A maioria dos agentes possui sensores, por meio dos quais recebe dados de seus ambientes, e atuadores, por meio dos quais pode afetar seu ambiente. Exemplos de sensores incluem microfones, câmeras, sensores de faixa e dispositivos de amostragem de ar ou de solo. Exemplos de atuadores incluem rodas, pneus, pernas, asas, pinças e sintetizadores de voz.

Grande parte da pesquisa em inteligência artificial pode ser caracterizada no contexto de construção de agentes que se comportam de maneira inteligente, o que significa que as ações dos atuadores dos agentes devem ser respostas racionais aos dados recebidos por meio de seus sensores. Por sua vez, podemos classificar esta pesquisa considerando diferentes níveis dessas respostas.

A resposta mais simples é uma ação de reflexo, que é meramente uma resposta predeterminada aos dados de entrada. Altos níveis de respostas são requeridos para obter mais comportamento "inteligente". Por exemplo, poderíamos dar a um agente conhecimento de seu ambiente e requerer que o agente ajuste suas ações de acordo com isso. O processo de lançar a bola em um jogo de beisebol é uma ação de reflexo, mas determinar como e onde lançá-la requer conhecimento do ambiente (existe um rebatedor fora e corredores na primeira e na terceira base). Como tal conhecimento do mundo real pode ser armazenado, atualizado, acessado e, por fim, aplicado ao processo de tomada de decisão continua a ser um problema desafiador em inteligência artificial.

Outro nível de resposta é necessário se queremos que o agente persiga um objetivo como ganhar um jogo de xadrez ou realizar manobras através de uma passagem lotada. Tal comportamento guiado por objetivos requer que a resposta do agente, ou a sequência de respostas, seja o resultado de formar deliberadamente o plano de selecionar a melhor opção entre as opções possíveis.

Em alguns casos, a resposta de um agente melhora ao longo do tempo, à medida que o agente aprende. Isso pode tomar a forma do desenvolvimento de **conhecimento procedural** (aprender "como") ou armazenar **conhecimento declarativo** (aprender "o quê"). Aprender um comportamento procedural normalmente envolve um processo de tentativa e erro, pelo qual um agente aprende ações apropriadas por ser punido por ações ruins e recompensado por ações boas. Seguindo essa abordagem, agentes têm sido desenvolvidos para, ao longo do tempo, aprimorar suas habilidades em jogos competitivos como damas e xadrez. Aprender conhecimento declarativo normalmente toma a forma de expandir ou alterar os "fatos" na base de conhecimento do agente. Por exemplo, um jogador de beisebol deve ajustar repetidamente sua base de conhecimento (existe ainda apenas um rebatedor fora, mas agora os corredores estão na primeira e na segunda base), a partir da qual respostas racionais para eventos futuros são determinadas.

Para produzir respostas racionais a estímulos, um agente deve "entender" o estímulo recebido por seus sensores. Ou seja, um agente deve ser capaz de extrair informações a partir dos dados produzidos por seus sensores ou, em outras palavras, deve ser capaz de perceber. Em alguns casos, esse é um processo simples. Sinais obtidos por um giroscópio são facilmente codificados em formatos compatíveis com cálculos para determinar respostas. Já em outros casos, extrair informações de dados de entrada é algo difícil. Exemplos incluem entender a fala e entender imagens. De maneira similar, os agentes devem ser capazes de formular suas respostas em termos compatíveis com seus atuadores. Esse pode ser um processo bastante direto ou pode requerer que um agente formule respostas tão completas quanto sentenças faladas – o que significa que o agente deve gerar fala. Por sua vez, tópicos como processamento e análise de imagens, entendimento de linguagem natural e geração de fala são áreas de pesquisa importantes.

Os atributos dos agentes que identificamos aqui representam o passado e o presente de áreas de pesquisa. É claro, eles não são totalmente independentes uns dos outros. Gostaríamos de desenvolver agentes que possuíssem todos eles, que entendessem os dados recebidos a partir de seus ambientes e desenvolvessem novos padrões de resposta por meio de um processo de aprendizagem cujo objetivo é maximizar a habilidade do agente. Entretanto, ao isolar vários tipos de comportamento racional e buscá-los independentemente, os pesquisadores ganharam um apoio que pode ser combinado posteriormente com o progresso em outras áreas para produzir agentes mais inteligentes.

Encerramos esta seção apresentando um agente que fornecerá um contexto para nossa discussão nas Seções 11.2 e 11.3. O agente é projetado para solucionar o jogo dos oito, que consiste em oito peças quadradas rotuladas de 1 a 8 montadas em um quadro capaz de manter um total de nove peças em três linhas e três colunas (Figura 11.1). Entre as peças no quadro está um espaço vago para o qual qualquer uma das peças adjacentes pode ser movida, permitindo que as peças no quadro sejam misturadas. O problema proposto é mover as peças de um quebra-cabeça embaralhado de volta à sua posição inicial (Figura 11.1).

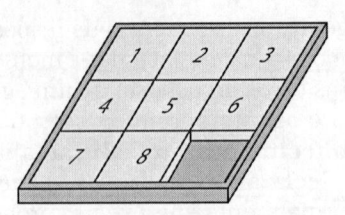

Figura 11.1 Jogo dos oito em sua configuração resolvida.

Nosso agente toma a forma de uma caixa equipada com uma pinça, uma câmera de vídeo e um dedo com uma borracha na ponta, de forma que ele não escorregue quando estiver pressionando algo (Figura 11.2). Quando o agente é ligado, sua pinça começa a abrir e fechar, solicitando o quebra-cabeça. Quando colocamos um jogo dos oito na pinça, ela fecha em torno do jogo. Após um curto período de tempo, o dedo da máquina baixa e começa a empurrar as peças ao longo do jogo até que elas estejam de volta a suas posições originais. Neste ponto, a máquina libera o jogo e desliga-se.

Essa máquina de solução de quebra-cabeças exibe dois dos atributos dos agentes que identificamos. Primeiro, ela deve ser capaz de perceber que deve extrair o estado atual do quebra-cabeça da imagem que ela recebe da câmera. Trataremos de questões acerca do entendimento de imagens na Seção 11.2. Segundo, ela deve desenvolver e implementar um plano para obter um objetivo. Trataremos dessas questões na Seção 11.3.

Metodologias de pesquisa

Para apreciar a área de inteligência artificial, é útil entender que ela está sendo buscada ao longo de dois caminhos. Um deles é o da engenharia, no qual os pesquisadores estão tentando desenvolver sistemas que exibam comportamento inteligente. O outro é o caminho teórico, no qual os pesquisadores estão tentando desenvolver um entendimento computacional da inteligência animal – especialmente a humana. Essa dicotomia é explicada ao considerarmos a maneira como as duas trilhas estão sendo percorridas. A abordagem de engenharia leva a uma metodologia orientada ao desempenho, pois o objetivo subjacente é produzir um produto que atenda a certos objetivos de desempenho. A abordagem teórica leva a uma metodologia orientada à simulação, pois o objetivo subjacente é expandir nosso entendimento da inteligência, então a ênfase é no processo subjacente ao invés de no desempenho exterior.

Como um exemplo, considere as áreas de processamento de linguagem natural e linguística. Essas áreas são fortemente relacionadas e beneficiam-se da pesquisa uma da outra. No entanto, seus objetivos subjacentes são diferentes. A linguística está interessada em aprender como os humanos processam as linguagens e, então, tende em direção a buscas mais teóricas. Os pesquisadores na área de processamento de linguagem natural estão interessados em desenvolver máquinas que possam manipular linguagens naturais e, logo, tendem para a direção de engenharia. Assim, os linguistas operam em modo orientado à simulação – construir sistemas cujos objetivos

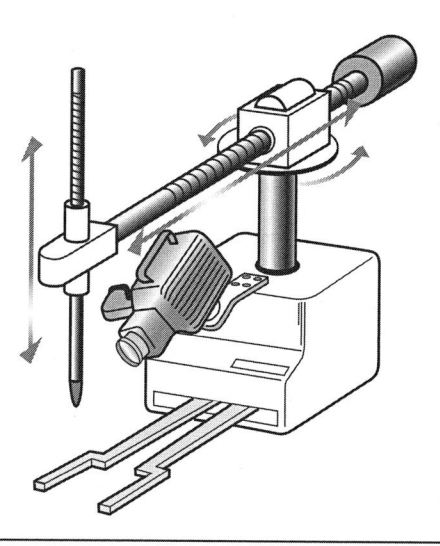

Figura 11.2 Nossa máquina solucionadora do jogo dos oito.

sejam testar teorias. Em contrapartida, os pesquisadores em processamento de linguagem natural operam em modo orientado ao desempenho – construir sistemas para realizar tarefas. Os sistemas produzidos por esse último modo (como tradutores de documentos e sistemas pelos quais máquinas respondem a comandos verbais) dependem fortemente do conhecimento obtido pelos linguistas, mas também, frequentemente, aplicam "atalhos" que de certa foram funcionam para o ambiente restrito do sistema em particular.

Como um exemplo elementar, considere a tarefa de desenvolver um shell para um sistema operacional que receba instruções do mundo externo por meio de comandos verbais em inglês. Nesse caso, o shell (um agente) não precisa se preocupar com toda a língua inglesa. Mais precisamente, ele não precisa distinguir entre os vários significados da palavra *copy*. (Ela é um substantivo ou um verbo? Ela deveria carregar a conotação de plágio?) Ao invés disso, o shell precisa meramente distinguir a palavra *copy* de outros comandos, como *rename* e *delete*. Então, o shell poderia realizar sua tarefa simplesmente combinando suas entradas com padrões de áudio pré-determinados. O desempenho de tal sistema pode ser satisfatório para um engenheiro, mas a maneira pela qual ele é obtido não seria esteticamente agradável para um teórico.

O teste de Turing

No passado, o **teste de Turing** (proposto por Alan Turing em 1950) serviu como um *benchmark* para medir o progresso na área de inteligência artificial. Atualmente, o teste de Turing perdeu importância, apesar de permanecer uma parte importante do folclore da inteligência artificial. A proposta de Turing era permitir que um humano, que ele chamou de interrogador, se comunicasse com um alvo de teste por meio de um sistema de digitação, sem que fosse dito a ele se o alvo de teste era um humano ou uma máquina. Nesse ambiente, uma máquina seria declarada como tendo comportamento

As origens da inteligência artificial

A busca pela construção de máquinas que imitam o comportamento humano tem uma longa história, mas muitos concordam que a área moderna da inteligência artificial tem suas origens em 1950. Esse foi o ano em que Alan Turing publicou o artigo "Máquinas Computacionais e Inteligência", no qual propôs que as máquinas poderiam ser programadas para exibir comportamento inteligente. O nome da área – inteligência artificial – foi cunhado poucos anos mais tarde, na proposta agora lendária escrita por John McCarthy, que sugeriu que um "estudo de inteligência artificial seria conduzido durante o verão de 1956 na Faculdade de Dartmouth" para explorar "a conjectura de que cada aspecto da aprendizagem ou de qualquer outra característica inteligente pode ser, em princípio, tão precisamente descrito que uma máquina pode ser feita para simulá-lo".

inteligente se o interrogador não fosse capaz de distingui-la de um humano. Turing previu que, perto do ano 2000, as máquinas teriam 30% de chances de passar em um teste de Turing de cinco minutos – uma conjectura que acabou sendo surpreendentemente precisa.

Uma razão pela qual o teste de Turing não é mais considerado uma medida importante de inteligência é que uma aparência estranha de inteligência pode ser **produzida** com relativa facilidade. Um exemplo bastante conhecido surgiu como resultado do programa DOCTOR (versão do sistema mais geral chamado ELIZA), desenvolvido por Joseph Weizenbaum em meados dos anos 1960. Esse programa interativo foi criado para projetar a imagem de um analista Rogeriano conduzindo uma entrevista psicológica; o computador desempenhava o papel do analista enquanto o usuário seria o paciente. Internamente, tudo o que DOCTOR fazia era reestruturar as sentenças feitas pelo paciente de acordo com algumas regras bem definidas e mandá-las de volta para o paciente. Por exemplo, em resposta à sentença "Estou cansado hoje", DOCTOR poderia responder com "Por que você acha que você está cansado hoje?" Se DOCTOR não fosse capaz de reconhecer a estrutura da sentença, ele meramente respondia algo como "Continue" ou "Isso é muito interessante".

O propósito de Weizenbaum ao desenvolver DOCTOR era lidar com o estudo da comunicação em linguagem natural. A área de psicoterapia apenas forneceu o ambiente no qual o programa poderia se "comunicar". Para o desgosto de Weizenbaum, entretanto, diversos psicólogos propuseram usar o programa para psicoterapias reais. (A tese Rogeriana é que o paciente, não o analista, deve conduzir a discussão durante a sessão terapêutica, então, eles argumentavam, um computador poderia possivelmente conduzir uma discussão tão bem quanto um terapeuta o faria.) Além disso, DOCTOR projetava a imagem de compreensão tão fortemente que muitos que se "comunicavam" com ele tornaram-se subservientes ao diálogo questão-e-resposta da máquina. Em certo sentido, DOCTOR passava no teste de Turing. O resultado é que tanto questões éticas quanto técnicas foram levantadas, e Weizenbaum tornou-se um defensor da manutenção da dignidade humana em um mundo de avanços tecnológicos.

Exemplos mais recentes de testes de Turing "bem-sucedidos" incluem vírus na Internet que conduzem diálogos "inteligentes" com uma vítima humana, de forma a enganá-la, fazendo com que ela baixe a guarda em relação a malwares. Além disso, um fenômeno similar aos testes de Turing ocorre no contexto de jogos de computadores, como no caso de programas que jogam xadrez. Apesar de esses programas selecionarem movimentos meramente aplicando técnicas de força bruta (similares às que discutiremos na Seção 11.3), os humanos que competem contra o computador frequentemente experimentam a sensação de que a máquina possui criatividade e até mesmo personalidade. Sensações similares ocorrem na robótica, em que máquinas têm sido construídas com atributos físicos que projetam características inteligentes. Exemplos incluem robôs-cachorro de brinquedo, que projetam personalidades adoráveis meramente ao inclinarem suas cabeças ou levantarem suas orelhas em resposta a um som.

Questões e exercícios

1. Identifique diversos tipos de ações "inteligentes" que poderiam ser feitas por um agente.
2. Uma planta colocada em um quarto escuro com uma única fonte de luz cresce em direção a essa luz. Essa é uma resposta inteligente? A planta possui inteligência? Qual é, então, sua definição de inteligência?
3. Suponha que uma máquina de vendas seja projetada para liberar diversos produtos dependendo de quais botões são pressionados. Você diria que tal máquina está "ciente" de qual botão foi pressionado? Qual é, então, sua definição de "estar ciente"?
4. Se uma máquina passa no teste de Turing, você diria que ela é inteligente? Caso contrário, você diria que ela parece ser inteligente?
5. Suponha que você tenha usado uma sala de bate-papo para conversar com alguém pela Internet (ou usou o Instant Messenger) e conduziu uma conversa coerente e com significado por dez minutos. Se posteriormente você descobrisse que você havia conversado com uma máquina, você concluiria que essa máquina é inteligente? Por quê?

11.2 Percepção

Para responder inteligentemente à entrada de seus sensores, um agente deve ser capaz de entender essa entrada. Ou seja, o agente deve ser capaz de perceber. Nesta seção, exploraremos duas áreas de pesquisa em percepção que têm provado serem especialmente desafiadoras – o entendimento de imagens e de linguagens.

Entendimento de imagens

Consideremos o problema colocado pela máquina de solução de quebra-cabeças apresentada na seção anterior. A abertura e o fechamento da pinça na máquina não apresentam sérios obstáculos, e a habilidade de detectar a presença do jogo na pinça durante esse processo é direta, pois nossa aplicação requer muito pouca precisão. Mesmo o problema de focar a câmera no jogo pode ser tratado simplesmente projetando-se a pinça para posicionar o jogo em uma posição predeterminada para visualização. Consequentemente, o primeiro comportamento inteligente requerido pela máquina é a extração da informação por um meio visual.

É importante notar que o problema encarado por nossa máquina quando ela visualiza o jogo não é o problema de simplesmente produzir e armazenar uma imagem. A tecnologia tem sido capaz de fazer isso há anos, como no caso dos sistemas tradicionais de fotografia e de televisão. No lugar disso, o problema é entender a imagem de forma a extrair o estado atual do jogo (e posteriormente monitorar o movimento das peças).

No caso de nossa máquina de solução de quebra-cabeças, as interpretações possíveis das imagens do jogo são relativamente limitadas. Podemos assumir que o que aparece é sempre uma imagem contendo os dígitos de 1 a 8 em um padrão bem organizado. O problema é meramente extrair a organização desses dígitos. Para isso, imaginemos que a figura do jogo tenha sido codificada em termos de bits na memória do computador, em que cada bit representa o nível de brilho de um pixel em particular. Assumindo um tamanho uniforme da imagem (a máquina mantém o jogo em uma posição predeterminada na frente da câmera), nossa máquina pode detectar qual peça está em qual posição comparando as diferentes seções da figura com modelos pré-gravados consistindo nos padrões de bits produzidos pelos dígitos individuais usados no jogo. À medida que combinações são feitas, a condição do jogo é revelada.

Essa técnica de reconhecimento de imagens é um método usado em leitores ópticos de caracteres. Ela possui a desvantagem, no entanto, de requerer certo grau de uniformidade para estilo, tamanho e orientação dos símbolos que estão sendo lidos. Em particular, o padrão de bits produzido por um caractere fisicamente maior não combina com o modelo para uma versão menor do mesmo símbolo, mesmo que as formas sejam as mesmas. Além disso, você pode imaginar como a dificuldade dos problemas aumenta quando se tenta processar material escrito à mão.

Outra abordagem para o problema de reconhecimento de caracteres é baseada na combinação de características geométricas, em vez de na aparência exata dos símbolos. Em tais casos, o dígito 1 poderia ser caracterizado como uma única linha vertical, o 2 poderia ser uma linha curva aberta unido com uma linha horizontal reta até a parte inferior e assim por diante. Esse método de reconhecimento de símbolos envolve dois passos: o primeiro é extrair as características da imagem que está sendo processada, e o segundo é comparar as características com as dos símbolos conhecidos. Como em qualquer abordagem de casamento de modelos, essa técnica para reconhecer caracteres não é à prova de falhas. Por exemplo, pequenos erros na imagem podem produzir um conjunto de características inteiramente diferente, como no caso de distinguir entre um O e um C ou, no caso do jogo dos oito, entre um 3 e um 8.

Temos sorte em nossa aplicação do quebra-cabeça, pois não precisamos entender imagens de cenas gerais tridimensionais. Considere, por exemplo, a vantagem que termos a garantia de que as formas a serem reconhecidas (os dígitos de 1 a 8) estão isoladas em partes diferentes da imagem ao invés de aparecerem como imagens sobrepostas, como é comum em configurações mais gerais. Em uma fotografia comum, por exemplo, não se tem apenas o problema de reconhecer um objeto de diferentes ângulos, mas também o fato de que algumas porções do objeto podem estar ocultas da visualização.

A tarefa de entender imagens gerais é normalmente abordada como um processo de dois passos: (1) **processamento de imagens**, que se refere a identificar características da imagem, e (2) **análise de imagens**, que se re-

IA forte versus IA fraca

A conjectura de que máquinas podem ser programadas para exibir comportamento inteligente é conhecida como **IA fraca** e é aceita, em vários graus, por muitos atualmente. Entretanto, a conjectura de que máquinas podem ser programadas para possuir inteligência e, na verdade, consciência, que é conhecida como **IA forte**, é amplamente debatida. Oponentes da IA forte argumentam que uma máquina é inerentemente diferente de um humano e nunca poderá sentir amor, diferenciar o certo do errado e pensar sobre si mesma da mesma maneira que os humanos o fazem. Entretanto, proponentes da IA forte argumentam que a mente humana é construída por pequenos componentes que, individualmente, não são humanos ou conscientes, mas que, quando combinados, o são. Por que, eles argumentam, o mesmo fenômeno não seria possível em máquinas?

O problema na solução do debate sobre a IA forte é que atributos como inteligência e consciência são características internas que não podem ser identificadas diretamente. Como Alan Turing apontou, dizemos que os humanos são inteligentes porque se comportam inteligentemente – mesmo que não possamos observar seus estados mentais internos. Estamos, então, preparados a dar o mesmo crédito a uma máquina se ela exibir características externas de consciência? Por quê?

fere ao processo de entender o que essas características significam. Já observamos essa dicotomia no contexto de reconhecer símbolos por meio de suas características geométricas. Nesta situação, encontramos o processamento de imagens representado pelo processo de identificar as características geométricas encontradas na imagem, e a análise de imagens representada pelo processo de identificar o significado dessas características.

O processamento de imagens implica vários tópicos. Um deles é o realce de bordas, processo de aplicar técnicas matemáticas para clarificar as fronteiras entre regiões de uma imagem. Em certo sentido, o realce de bordas é uma tentativa de converter uma fotografia em um desenho de linhas. Outra atividade na análise de imagens é conhecida como descoberta de regiões. Esse é o processo de identificar as áreas em uma imagem que possuem características em comum, como brilho, cor ou textura. Tal região provavelmente representa uma seção da imagem que pertence a um único objeto. (É a habilidade de reconhecer regiões que permite aos computadores adicionar cores a filmes antigos em preto e branco.) Outra atividade dentro do escopo de processamento de imagens é a suavização, processo de remover falhas na imagem. A suavização impede que erros na imagem confundam os outros passos do processamento de imagens, mas suavização demasiada também pode causar a perda de informações importantes.

A suavização, o realce de bordas e a descoberta de regiões são todos passos importantes em direção à identificação dos vários componentes de uma imagem. A análise de imagens é o processo de determinar o que esses componentes representam e, por fim, o que a imagem significa. Nesse caso, podem-se encontrar problemas, como para reconhecer objetos parcialmente obstruídos de diferentes perspectivas. Uma abordagem para a análise de imagens é iniciar com uma premissa acerca do que a imagem pode ser e, então, tentar associar os componentes da imagem aos objetos cuja presença se conjectura. Isso parece ser uma abordagem aplicada por humanos. Por exemplo, algumas vezes achamos difícil reconhecer um objeto inesperado em uma configuração na qual nossa visão está borrada, mas uma vez que tenhamos uma pista do que o objeto poderia ser, podemos identificá-lo facilmente.

Os problemas associados à análise geral de imagens são enormes, e muita pesquisa na área permanece ainda deve ser feita. Na verdade, a análise de imagens é uma das áreas que demonstra como tarefas realizadas rapidamente, e aparentemente de forma fácil, pela mente humana continuam a desafiar as capacidades das máquinas.

Processamento de linguagens

Outro problema de percepção que tem provado ser desafiador é o de entender uma linguagem. O sucesso obtido em traduzir sentenças formais de linguagens de programação de alto nível em linguagem de máquina (Seção 6.4) levou alguns pesquisadores da época a acreditarem que a habilidade de programar computadores para entender linguagens naturais era apenas questão de alguns anos. Na verdade, a habilidade de traduzir programas dá a ilusão de que a máquina realmente entende a linguagem que está sendo traduzida. (Lembre-se, da Seção 6.1, da história contada por Grace Hooper sobre gerentes que pensavam que ela estava ensinando os computadores a entenderem alemão.)

O que esses pesquisadores não compreenderam foi a profundidade pela qual as linguagens de programação formais diferem de linguagens naturais, como o inglês, o alemão e o latim. As linguagens de programação são construídas a partir de primitivas bem projetadas, de forma que cada sentença possui apenas uma estrutura gramatical e apenas um significado. Em contraste, uma sentença em uma linguagem natural pode ter múltiplos significados, dependendo de seu contexto ou mesmo da maneira como ela é comunicada. Então, para entender linguagens naturais, os humanos baseiam-se fortemente em conhecimentos adicionais.

Por exemplo, as sentenças

Norman Rockwell painted people. *

e

Cinderella had a ball. **

têm múltiplos significados que não podem ser distinguidos por análise sintática ou pela tradução de cada palavra independentemente. Essas sentenças requerem a habilidade de compreender os contextos nos quais foram proferidas. Em outros exemplos, o significado real de uma sentença não é o mesmo que sua tradução literal. Por exemplo

Do you know what time it is? ***

frequentemente significa "Please tell me what time it is"[†], ou, se o falante estiver esperando por um longo tempo, ela poderia significar "You are very late".[††]

Revelar o significado de uma sentença em uma linguagem natural, então, requer diversos níveis de análise. O primeiro deles é a **análise sintá-**

---

* N. de T.: Norman Rockwell pintava pessoas.
** N. de T.: Cinderela tinha uma bola.
*** N. de T.: Você sabe que horas são?
† N. de T.: "Por favor, me diga as horas".
†† N. de T.: "Você está muito atrasado".

tica, cujo principal componente é fazer uma análise sintática. É aqui que o sujeito da sentença

Mary gave John a birthday card.*

é reconhecido como *Mary*, enquanto o sujeito de

John got a birthday card from Mary.**

é descoberto como sendo *John*.

Outro nível de análise é chamado de **análise semântica**. Em contraste com o processo de análise sintática, que meramente identifica o papel gramatical de cada palavra, a análise semântica é incumbida da tarefa de identificar o papel semântico de cada palavra na sentença. A análise semântica busca identificar a ação descrita, o agente da ação (que pode ou não ser o sujeito da frase) e o objeto da ação. É por meio da análise semântica que as sentenças "Mary gave John a birthday card" e "John got a birthday card from Mary" seriam reconhecidas como dizendo a mesma coisa.

Um terceiro nível de análise é a **analise contextual**. É nesse nível que o contexto da sentença é traduzido ao processo de entendimento. Por exemplo, é fácil identificar o papel gramatical de cada palavra na sentença

The bat fell to the ground.†

Podemos até mesmo realizar uma análise semântica para identificar a ação envolvida como *fell*, o agente como *bat* e assim por diante. Contudo, apenas quando considerarmos o contexto da sentença, seu significado torna-se claro. Em particular, ela tem um significado diferente no contexto de um jogo de beisebol do que tem no contexto de exploração de cavernas. Além disso, é no nível contextual que o real significado da questão "Você sabe que horas são?" seria revelado. Devemos notar que os vários níveis de análise – sintática, semântica e contextual – não são necessariamente independentes. O sujeito da sentença

Stampeding cattle can be dangerous.††

é o substantivo *cattle* (modificado pelo adjetivo *stampeding*) se imaginarmos o gado debandando por conta própria. Mas o sujeito é o gerúndio *stampeding* (com o objeto sendo *cattle*) no contexto de um encrenqueiro cuja diversão consista em iniciar debandadas.††† Então, a sentença possui mais de uma estrutura gramatical – e saber qual está correta depende do contexto.

Outra área de pesquisa no processamento de linguagem natural envolve um documento inteiro no lugar de sentenças individuais. Aqui, os problemas em questão dividem-se em duas categorias: **recuperação de informação** e **extração de informação**. A recuperação de informação refere-se à

---

* N. de T.: Mary deu a John um cartão de aniversário.

** N. de T.: John ganhou um cartão de aniversário de Mary.

† N. de T.: Em português, a frase significaria "O *bat* caiu no chão", na qual a palavra *bat* poderia ser substituída tanto por *taco* quanto por *morcego*, duas possíveis traduções de *bat*.

†† N. de T.: A tradução em português dessa interpretação seria "Gado em debandada pode ser perigoso".

††† N. de T.: A tradução em português dessa interpretação seria "Debandar gado pode ser perigoso".

tarefa de identificar documentos que são relacionados a um tópico em questão. Um exemplo é o problema encontrado por usuários da World Wide Web quando tentam encontrar os sites relacionados a um tópico em particular. O atual estado da arte é buscar sites por palavras chave, mas isso frequentemente produz uma avalanche de falsos resultados e pode negligenciar um site importante porque ele trata de "automóveis" em vez de "carros". Nesse caso, é necessário um mecanismo de busca que entenda o conteúdo dos sites que estão sendo considerados. A dificuldade de obter tal entendimento é a razão pela qual muitas pessoas estão se voltando a técnicas como XML para produzir uma Web semântica, conforme introduzido na Seção 4.3.

A extração de informação refere-se à tarefa de extrair informação de documentos de forma que ele tome uma forma útil a outras aplicações. Isso pode significar identificar a resposta a uma questão específica ou gravar a informação em um formulário a partir do qual as questões possam ser respondidas em uma data posterior. Um de tais formatos é chamado de **quadro**, que é essencialmente um modelo no qual as especificidades são gravadas. Por exemplo, considere um sistema para ler um jornal. O sistema poderia usar uma variedade de quadros, um para cada tipo de artigo que poderia aparecer em um jornal. Se o sistema identificar um artigo que relata um roubo, ele continuaria tentando preencher os campos no quadro de roubos. Esse quadro poderia, provavelmente, requerer itens como o endereço do roubo, a data e a hora do roubo, os itens roubados e assim por diante. Em contrapartida, se o sistema identifica um artigo como relatando um desastre natural, ele preencheria o quadro de desastre natural, que poderia levar o sistema em direção à identificação do tipo de desastre, da quantidade de danos e assim por diante.

Outra forma na qual os extratores de informação gravam informação é conhecida como **rede semântica**. Ela é essencialmente uma estrutura de dados encadeada na qual são usados ponteiros para indicar associações entre itens de dados. A Figura 11.3 mostra parte de uma rede semântica na qual a informação obtida por meio da sentença

Mary bateu em John.

foi destacada.

Inteligência artificial na palma da mão

Técnicas de inteligência artificial estão aparecendo cada vez mais em aplicações de smartphones. Por exemplo, a Google desenvolveu o Google Goggles, uma aplicação de smartphones que fornece um motor de busca visual. Você simplesmente tira uma foto de um livro, de um ponto de referência ou de uma placa usando a câmera de um smartphone, e o Google realizará o processamento da imagem, a análise da imagem e o reconhecimento do texto, e então iniciará uma busca na Web para identificar o objeto. Se você é um falante da língua inglesa na França, você pode tirar uma foto de uma placa, de um cardápio ou de outro texto qualquer e tê-lo traduzido para o inglês. Além do Goggles, a Google está ativamente trabalhando em tradução de línguas voz a voz. Em breve você será capaz de falar em português em seu telefone e ter suas palavras traduzidas para o espanhol, chinês ou outra língua. Os smartphones se tornarão, sem sombra de dúvida, mais espertos à medida que a IA continua a ser utilizada de maneiras inovadoras.

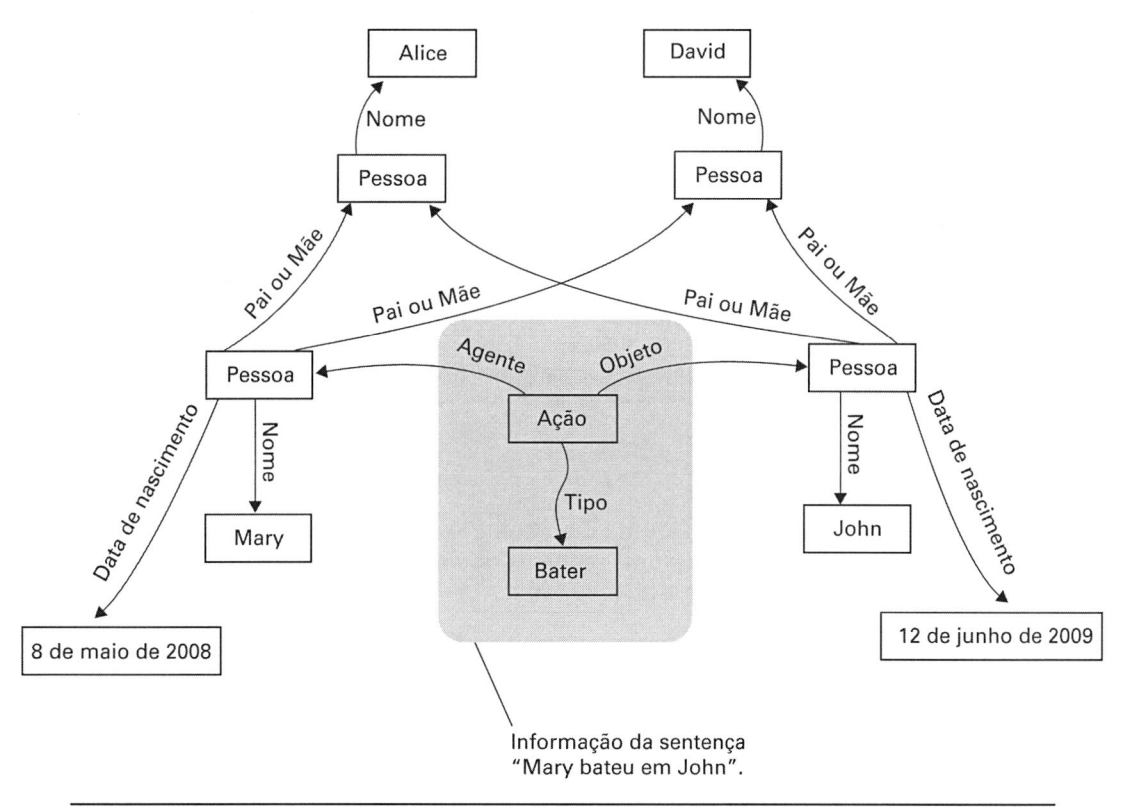

Figura 11.3 Rede semântica.

Questões e exercícios

1. Como os requisitos de um sistema de vídeo em um robô diferem se o robô usá-los para controlar suas atividades em vez de humanos controlarem o robô diretamente?
2. O que diz a você que o seguinte desenho não tem sentido? Como essa ideia ou sentimento pode ser programado em uma máquina? 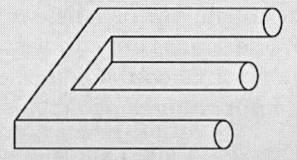
3. Quantos blocos estão na pilha representada a seguir? Como uma máquina poderia ser programada para responder precisamente a tais questões?

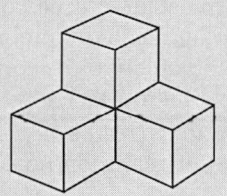

4. Como você sabe que as duas sentenças "Nada é melhor que a felicidade completa" e "Uma tigela de sopa fria é melhor que nada" não implicam que "Uma tigela de sopa fria é melhor que a felicidade completa."? Como sua habilidade de fazer tal diferenciação poderia ser transferida a uma máquina?
5. Identifique as ambiguidades envolvidas ao traduzir a seguinte sentença (em inglês): "*They are racing horses*".
6. Compare os resultados da análise sintática das duas sentenças a seguir. Então, explique como as sentenças diferem semanticamente.
   O agricultor construiu a cerca no campo.
   O agricultor construiu a cerca no inverno.
7. Baseado na rede semântica da Figura 11.3, qual é o relacionamento familiar entre Mary e John?

11.3 Raciocínio

Vamos agora usar a máquina de resolução de quebra-cabeças, apresentada na Seção 11.1, para explorar técnicas de desenvolvimento de agentes com habilidades elementares de raciocínio.

Sistemas de produção

Uma vez que nossa máquina de resolução de quebra-cabeças tenha decifrado as posições das peças da imagem visual, sua tarefa é descobrir que movimentos são necessários para solucionar o quebra-cabeça. Uma abordagem para esse problema seria pré-programar a máquina com as soluções de todas as disposições de peças possíveis. Então, a tarefa da máquina seria meramente selecionar e executar o programa apropriado. Entretanto, o jogo dos oito tem mais de 100.000 configurações, portanto a ideia de fornecer uma solução explícita para cada uma delas não é convidativa. Então, nosso objetivo é programar a máquina de forma que ela possa construir soluções para o jogo dos oito por conta própria. Ou seja, a máquina deve ser programada para realizar atividades elementares de raciocínio.

O desenvolvimento de habilidades de raciocínio dentro de uma máquina tem sido um tópico de pesquisa há muitos anos. Um dos resultados desta pesquisa é o reconhecimento de que existe uma grande classe de problemas de raciocínio com características em comum. Essas características são isoladas em uma entidade abstrata conhecida como um **sistema de produção**, que consiste em três componentes principais:

1. Uma *coleção de estados*. Cada **estado** é uma situação que pode ocorrer no ambiente de aplicação. O estado de início é chamado de **estado inicial**; o estado desejado (ou estados) é chamado de **estado objetivo**. (Em nosso caso, um estado é uma configuração do jogo dos oito; o estado inicial é a configuração do quebra-cabeça quando ele é passado à máquina; o estado de objetivo é a configuração do quebra-cabeça solucionado, conforme a Figura 11.1.)
2. Uma *coleção de produções* (*regras ou movimentos*). Uma **produção** é uma operação que pode ser realizada no ambiente da aplicação para passar

de um estado para o outro. Cada produção pode ser associada a pré-condições; ou seja, pode haver condições que devem estar presentes no ambiente antes que uma produção possa ser aplicada. (Produções, em nosso caso, são as movimentações de peças. Cada movimentação de uma peça tem a pré-condição de que o local vago deve ser adjacente à peça em questão.)

3. Um *sistema de controle*. O **sistema de controle** consiste na lógica que soluciona o problema de passar do estado inicial ao estado-objetivo. A cada passo no processo, o sistema de controle deve decidir qual dessas produções cujas pré-condições são satisfeitas deve ser aplicada a seguir. (Dado um estado em particular em nosso exemplo do jogo dos oito, podem existir diversas peças próximas ao espaço vago e, logo, diversas produções aplicáveis. O sistema de controle deve decidir qual peça mover.)

Note que a tarefa atribuída para nossa máquina de resolução de quebra-cabeças pode ser formulada no contexto de um sistema de produções. Nessa configuração, o sistema de controle toma a forma de um programa. Esse programa inspeciona o estado atual do jogo dos oito, identifica uma sequência de produções que leva ao estado-objetivo e executa essa sequência. É, então, nossa tarefa projetar um sistema de controle para solucionar o jogo dos oito.

Um conceito importante no desenvolvimento de um sistema de controle é o do **espaço do problema**, que é a coleção de todos os estados, produções e pré-condições em um sistema de produção. Um espaço do problema é frequentemente conceitualizado na forma de um **grafo de estados**. Aqui, o termo *grafo* refere-se à estrutura que os matemáticos chamariam de **grafo dirigido**, uma coleção de posições chamadas de **nós** conectadas por setas. Um grafo de estados consiste em uma coleção de nós representando os estados no sistema, conectados por setas representando as produções que deslocam o sistema de um estado para o outro. Dois nós são conectados por uma seta no grafo de estados se, e apenas se, existir uma produção que transforme o sistema do estado na origem da seta ao estado no destino da seta.

Devemos enfatizar que assim como o número de possíveis estados nos impede de explicitamente fornecer soluções pré-programadas para o jogo dos oito, o problema da magnitude nos previne de representar explicitamente o grafo de estados completo. Um grafo de estados é, então, uma maneira de conceitualizar o problema em mãos, mas não é algo que consideraríamos fazer em sua completude. Independente disso, você pode achar útil considerar (e possivelmente estender) a porção do grafo de estados para o jogo dos oito mostrada na Figura 11.4

Quando visto em termos do grafo de estados, o problema encarado pelo sistema de controle torna-se o de descobrir uma sequência de setas que levam do estado inicial para o estado-objetivo. Afinal, essa sequência de setas representa uma sequência de produções que soluciona o problema original. Então, independentemente da aplicação, a tarefa do sistema de controle pode ser vista como a de descobrir um caminho através de um grafo de estados. Essa visão universal do sistema de controle é a vantagem que obtemos por analisar problemas que requerem raciocínio em termos de sistemas de

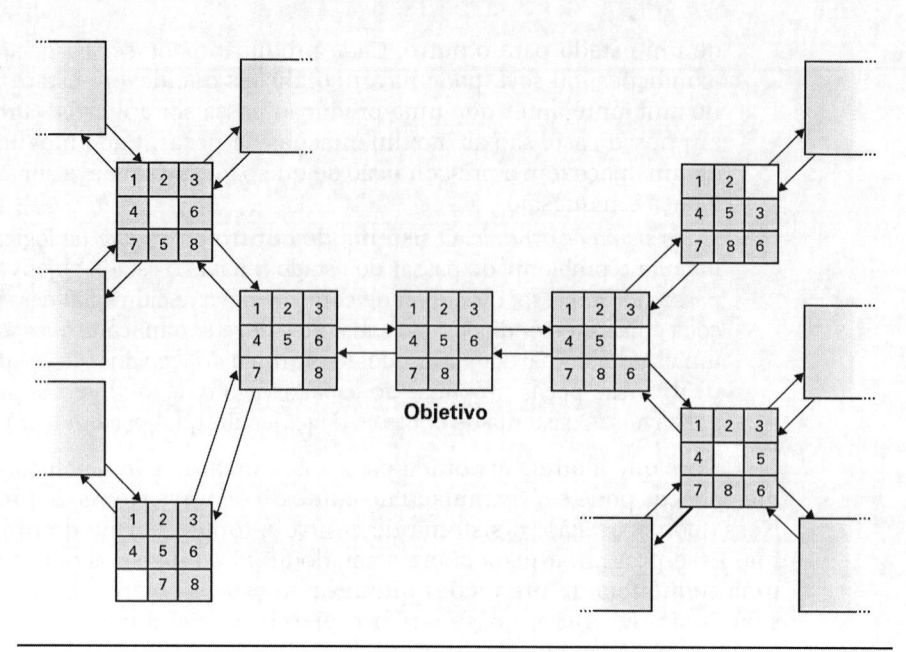

Figura 11.4 Pequena porção do grafo de estados do jogo dos oito.

produção. Se um problema pode ser caracterizado em termos de um sistema de produção, então sua solução pode ser formulada em termos de uma busca por um caminho.

Para enfatizar este ponto, vamos considerar como outras tarefas podem ser enquadradas nos termos dos sistemas de produção e, então, desempenhadas no contexto de sistemas de controle que encontram caminhos através de grafos de estado. Um dos problemas clássicos em inteligência artificial são jogos como o xadrez. Esses jogos envolvem uma complexidade moderada em um contexto bem definido e, por isso, fornecem um ambiente ideal para testar teorias. No xadrez, os estados do sistema de produção subjacente são as possíveis configurações de tabuleiro, as produções são as movimentações das peças e o sistema de controle é embarcado nos jogadores (humanos ou não). O nó inicial do grafo de estados representa o tabuleiro com as peças em suas posições iniciais. Ramificações a partir desse nó são setas que levam às configurações de tabuleiro que podem ser alcançadas a partir do primeiro movimento em um jogo; ramificações a partir dessas configurações são setas para as configurações alcançáveis a partir do próximo movimento; e assim por diante. Com essa formulação, podemos imaginar um jogo de xadrez como consistindo em dois jogadores, cada um deles tentando encontrar um caminho através de um grande grafo de estados para um nó objetivo de sua escolha.

Talvez um exemplo menos óbvio de um sistema de produção seja o problema de tirar conclusões lógicas de fatos dados. As produções nesse contexto são as regras lógicas, chamadas de **regras de inferência**, que permitem que novas sentenças sejam formadas por sentenças antigas.

Por exemplo, as sentenças "Todos os super-heróis são nobres e "Super-homem é um super-herói" podem ser combinadas para produzir "Super-homem é nobre". Estados em tal sistema consistem em coleções de sentenças que se sabe que são verdadeiras em pontos em particular no processo de dedução: o estado inicial é a coleção de sentenças básicas (frequentemente chamadas de axiomas) a partir das quais conclusões devem ser obtidas, e um estado objetivo é qualquer coleção de sentenças que contenha a conclusão proposta.

Como um exemplo, a Figura 11.5 mostra a porção de um grafo de estados que pode ser percorrido quando a conclusão "Sócrates é mortal" é obtida a partir da coleção de sentenças "Sócrates é um homem", "Todos os homens são humanos" e "Todos os humanos são mortais". Neste caso, vemos o corpo de conhecimento se deslocando de um estado para outro à medida que o processo de raciocínio aplica produções apropriadas para gerar sentenças adicionais.

Atualmente, tais sistemas de raciocínio, frequentemente implementados em linguagens de programação em lógica (Seção 6.7, disponível no site da Grupo A) são o cerne da maioria dos **sistemas especialistas**, pacotes de software projetados para simular o raciocínio de causa e efeito que os especialistas humanos seguiriam se confrontados com as mesmas situações. Sistemas especialistas médicos, por exemplo, são usados para auxiliar no diagnóstico de doenças ou no desenvolvimento de tratamentos.

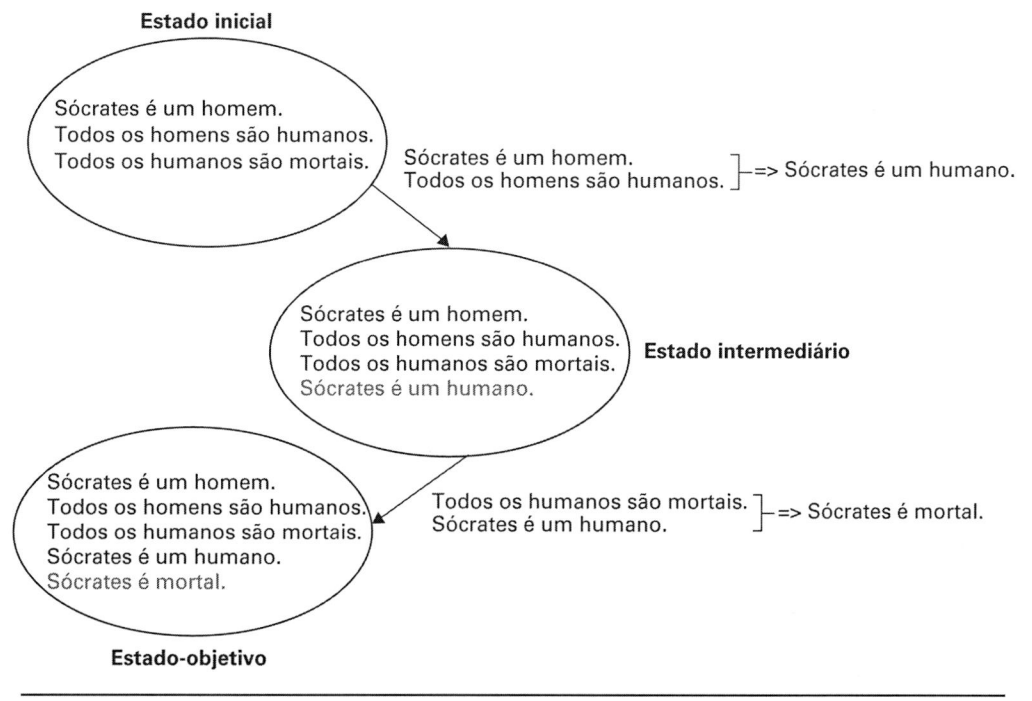

Figura 11.5 Raciocínio dedutivo no contexto de um sistema de produção.

Árvores de busca

Vimos que, no contexto de um sistema de produção, o trabalho de um sistema de controle envolve buscar o grafo de estados para encontrar um caminho do nó inicial até um objetivo. Um método simples de realizar essa busca é percorrer cada uma das setas que saem do estado inicial e, em cada caso, gravar o estado de destino; então, percorrer as setas que partem desses novos estados, mais uma vez gravando os resultados e assim por diante. A busca por um objetivo espalha-se do estado inicial como uma gota de tinta na água. Esse processo continua até que um dos novos estados seja um objeto, e nesse ponto uma solução foi encontrada, e o sistema de controle precisa meramente aplicar as produções ao longo do caminho descoberto a partir do estado inicial até o estado-objetivo.

O efeito dessa estratégia é construir uma árvore, chamada de **árvore de busca**, que consiste em parte do grafo de estados que tem sido investigado pelo sistema de controle. O nó raiz da árvore de busca é o estado inicial, e os filhos de cada nó são os estados alcançáveis a partir do pai aplicando-se uma produção. Cada arco entre nós em uma árvore de busca representa a aplicação de uma única produção, e cada caminho da raiz para uma folha representa um caminho entre os estados correspondentes no grafo de estados.

A árvore de busca que seria produzida na solução do jogo dos oito a partir da configuração mostrada na Figura 11.6 é ilustrada na Figura 11.7. O ramo mais à esquerda dessa árvore representa uma tentativa de solucionar o problema primeiramente movendo a peça 6 para cima, o ramo do meio representa a abordagem de mover a peça 2 para a direita e o ramo mais à direita representa mover a peça 5 para baixo. Além disso, a árvore de busca mostra que se iniciarmos movendo a peça 6 para cima, então a única produção permitida a seguir é mover a peça 8 para a direita. (Na verdade, nesse ponto poderíamos também mover a peça 6 para baixo, mas isso apenas reverteria à produção anterior, então seria um movimento desnecessário.)

O estado-objetivo ocorre no último nível da árvore de busca da Figura 11.7. Como ele indica que uma solução foi encontrada, o sistema de controle pode terminar seu procedimento de busca e iniciar a construção da sequência de instruções que será usada para solucionar o quebra-cabeça no ambiente externo. Isso acaba sendo o simples processo de percorrer a árvore de busca a partir da posição do nó objetivo enquanto insere as produções representadas pelos arcos da árvore em uma pilha à medida que elas são encontradas. Aplicar essa técnica à árvore de busca na Figura 11.7 produz a pilha de produções na Figura 11.8. O sistema de controle pode, agora, solucionar

Figura 11.6 Jogo dos oito não solucionado.

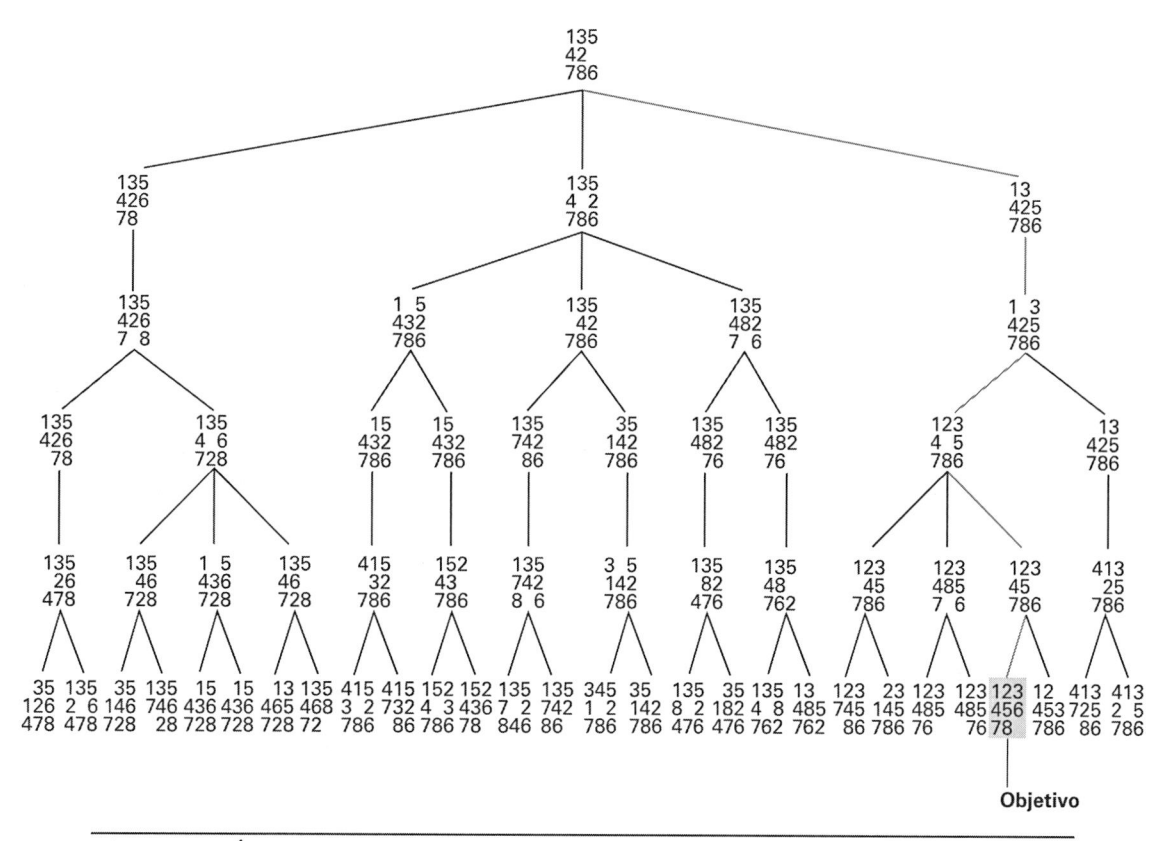

```
                                    135
                                    42
                                    786
         ┌──────────────────────────┼──────────────────────────┐
       135                         135                          13
       426                         4 2                         425
       78                          786                         786
        │           ┌───────────────┼───────────────┐           ┌───────┐
       135         1 5             135             135         1 3      
       426         432              42             482         425      
       7 8         786             786             7 6         786      
   ┌────┴───┐   ┌───┴───┐      ┌───┴───┐      ┌───┴───┐    ┌───┴───┐    │
  135     135  15    15      135    35      135    135   123       13
  426     4 6  432   432     742   142      482    482   4 5      425
  78      728  786   786      86   786       76     76   786      786
   │    ┌──┼──┐ │     │       │     │        │      │     │    ┌───┴───┐
  135  135 1 5 135  415   152  135   3 5   135    135   123  123    123   413
   26   46 436  46   32    43  742   142    82    135    45  485     45    25
  478  728 728 728  786   786  8 6   786   476    762   786  7 6    786   786
   │    │   │   │   │      │    │     │     │      │     │    │   ┌──┴──┐  │
 /\ /\ /\ /\ /\ /\ /\ /\ /\ /\ /\ /\ /\ /\ /\ /\ /\
```

35 135 35 135 15 15 13 135 415 415 152 152 135 135 345 35 135 35 135 13 123 23 123 123 123 12 413 413
126 2 6 146 746 436 436 465 468 3 2 732 4 3 436 7 2 742 1 2 142 8 2 182 4 8 485 745 145 485 485 456 453 725 2 5
478 478 728 28 728 728 728 72 786 86 786 78 846 86 786 786 476 476 762 762 86 786 76   76 78 786 86 786

                                                                                            │
                                                                                        Objetivo

Figura 11.7 Árvore de busca simples.

o quebra-cabeça no mundo externo executando as instruções à medida que elas são retiradas dessa pilha.

Há mais uma observação que devemos fazer. Lembre-se de que as árvores que discutimos no Capítulo 8 usavam um sistema de ponteiros que apontavam *para baixo* na árvore, assim nos permitindo mover-nos de um nó pai para seus filhos. No caso de uma árvore de busca, entretanto, o sistema de controle deve ser capaz de mover-se de um filho para seu pai à medida que ele se move *para cima* na árvore do estado-objetivo para o estado inicial.

Topo da pilha	Mover a peça 5 para baixo.
	Mover a peça 3 para a direita.
	Mover a peça 2 para cima.
	Mover a peça 5 para a esquerda.
	Mover a peça 6 para cima.

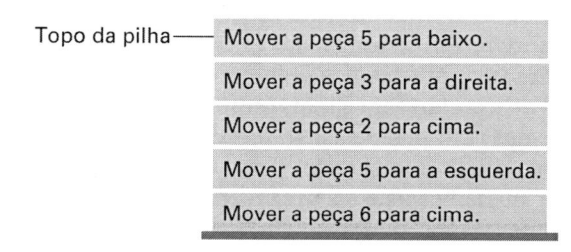

Figura 11.8 Produções empilhadas para execução posterior.

Tais árvores são construídas com seus sistemas de ponteiros apontando para cima ao invés de para baixo. Ou seja, cada nó filho contém um ponteiro para seu pai ao invés dos nós pais conterem ponteiros para seus filhos. (Em algumas aplicações, ambos os conjuntos de ponteiros são usados para permitir movimento dentro das árvores nas duas direções).

Heurísticas

Para nosso exemplo na Figura 11.7, escolhemos uma configuração inicial que produz uma árvore de busca gerenciável. Em contraste, a árvore de busca gerada em uma tentativa de solucionar um problema mais complexo poderia crescer demasiadamente. Em um jogo de xadrez, existem vinte possíveis primeiros movimentos, de forma que o nó raiz da árvore de busca neste caso teria vinte filhos em vez dos três no caso de nosso exemplo. Além disso, um jogo de xadrez pode facilmente consistir em trinta ou trinta e cinco pares de jogadas. Mesmo no caso do jogo dos oito, a árvore de busca pode tornar-se bastante grande se o objetivo não for facilmente alcançado. Como resultado disso, desenvolver uma árvore de busca completa pode tornar-se tão impraticável quanto representar o grafo de estados inteiro.

Uma estratégia para contornar esse problema é modificar a ordem pela qual a árvore de busca é construída. Em vez de construí-la **primeiro por amplitude** (*breadth-first*) (o que significa que a árvore é construída camada por camada), podemos buscar os caminhos mais promissores em mais profundidade e considerar as outras opções apenas se essas escolhas originais acabarem sendo falsas pistas. Isso resulta em uma construção **primeiro por profundidade** (*depth-first*) da árvore de busca, o que significa que a árvore é construída por caminhos verticais, ao invés de por camadas horizontais. Mais precisamente, essa abordagem é frequentemente chamada de construção **primeiro a melhor** (*best-first*), em reconhecimento ao fato de que o caminho vertical escolhido para a busca é o que aparenta oferecer o melhor potencial.

A abordagem de buscar primeiro a melhor opção é similar à estratégia que nós, como humanos, aplicaríamos quando confrontados com o jogo dos oito. Raramente buscaríamos diversas opções ao mesmo tempo, como modelado pela busca em amplitude. Ao invés disso, provavelmente selecionaríamos a opção que parecesse mais promissora e a seguiríamos primeiro. Note que dissemos a que *parecesse* mais promissora. Raramente sabemos com certeza qual opção é a melhor em um ponto específico. Meramente seguimos nossa intuição, que pode, é claro, levar-nos a um mau caminho. Independentemente disso, o uso de tal informação intuitiva parece dar aos humanos uma vantagem sobre os métodos de força bruta, nos quais a cada opção era dada uma atenção igual, então pareceria prudente aplicar métodos intuitivos em sistemas de controle automatizados.

Para isso, precisamos de uma maneira de identificar quais dos diversos estados aparentam ser os mais promissores. Uma abordagem é usar uma **heurística**, que, em nosso caso, é um valor quantitativo associado a cada estado que tenta medir a "distância" desse estado para o próximo objetivo. Em certo sentido, nossa heurística é uma medida de custo projetado. Dada uma escolha entre dois estados, o estado com o menor valor de heurística é aquele a partir do qual um objetivo pode aparentemente ser alcançado com o menor custo. Esse estado, então, representaria a direção que devemos perseguir.

Inteligência baseada em comportamento

Os primeiros trabalhos em inteligência artificial abordavam o tema no contexto de escrever programas explicitamente para simular inteligência. Entretanto, muitos argumentam hoje que a inteligência humana não é baseada na execução de programas complexos, mas em simples funções de estímulo-resposta que evoluíram no decorrer de gerações. Essa teoria de "inteligência" é conhecida como inteligência baseada em comportamento, pois funções de estímulo-resposta "inteligentes" parecem ser o resultado de comportamentos que fizeram com que certos indivíduos sobrevivessem e se reproduzissem enquanto outros não.

A inteligência baseada em comportamento parece responder a diversas questões na comunidade de inteligência artificial, como por que as máquinas baseadas na arquitetura de von Neumann facilmente superam humanos em habilidades computacionais, mas lutam para apresentar senso comum. Então, a inteligência baseada em comportamento promete ser uma grande influência na pesquisa em inteligência artificial. Como descrito no texto, técnicas baseadas em comportamento têm sido aplicadas na área de redes neurais artificiais, para ensinar neurônios a se comportarem de maneiras desejadas; na área de algoritmos genéticos, para fornecer uma alternativa ao processo de programação mais tradicional; e na robótica, para aprimorar o desempenho de máquinas por meio de estratégias reativas.

Uma heurística deve ter duas características. Primeiro, ela deve constituir uma estimativa sensata da quantidade de trabalho restante na solução se o estado associado fosse alcançado. Isso significa que ela pode fornecer informações significativas quando se está selecionando entre diversas opções – quanto melhor a estimativa fornecida pela heurística, melhores serão as decisões baseadas na informação. Segundo, a heurística deve ser fácil de ser computada. Isso significa que seu uso tem uma chance de beneficiar o processo de busca, ao invés de se tornar um fardo. Se computar a heurística for extremamente complicado, então poderíamos muito bem gastar nosso tempo conduzindo uma busca por amplitude.

Uma heurística simples, no caso do jogo dos oito, seria estimar a "distância" até o objetivo contando o número de peças que estão fora de lugar – a conjectura considera que um estado no qual quatro peças estão fora de lugar é mais distante do objetivo (e menos atrativa) que um estado no qual apenas duas peças estão fora do lugar. Entretanto, essa heurística não leva em consideração o quão longe da posição as peças estão. Se duas peças estão distantes de suas posições apropriadas, muitas produções poderiam ser requeridas para movê-las pelo quebra-cabeça.

Uma heurística levemente melhor, então, é medir a distância a que cada peça está de seu destino e adicionar esses valores para obter uma única quantidade. Uma peça imediatamente adjacente ao seu destino final seria associada a uma distância de um, enquanto uma peça cujo canto toca o quadrado de seu destino final seria associada a uma distância de dois (porque ela deve mover-se ao menos uma posição verticalmente e outra posição horizontalmente). Essa heurística é fácil de ser computada e produz uma estimativa grosseira do número de movimentos necessários para transformar o quebra-cabeça de seu estado atual para o estado-objetivo. Por exemplo, o valor de heurística associado à configuração na Figura 11.9 é sete (porque as peças 2, 5 e 8 estão, cada uma, a uma distância de um de seu destino

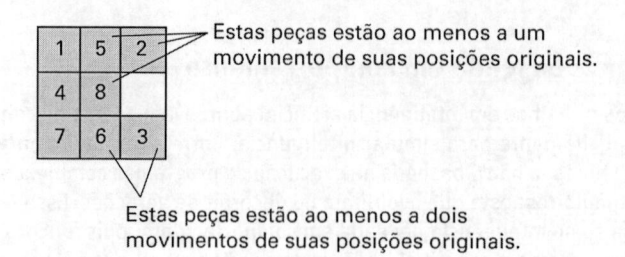

```
┌───┬───┬───┐
│ 1 │ 5 │ 2 │ ← Estas peças estão ao menos a um
├───┼───┼───┤    movimento de suas posições originais.
│ 4 │ 8 │   │
├───┼───┼───┤
│ 7 │ 6 │ 3 │
└───┴───┴───┘
          ↑
Estas peças estão ao menos a dois
movimentos de suas posições originais.
```

Figura 11.9 Jogo dos oito não solucionado.

final, enquanto as peças 3 e 6 estão, cada uma, a uma distância de dois de sua casa). Na verdade, são necessários sete movimentos para retornar essa configuração do quebra-cabeça à configuração resolvida.

Agora que temos uma heurística para o jogo dos oito, o próximo passo é incorporá-la a nosso processo de tomada de decisão. Lembre-se de que um humano ao deparar-se com uma decisão tende a selecionar a opção que aparece mais próxima do objetivo. Então, nosso procedimento de busca deve considerar a heurística de cada nó folha na árvore de busca e perseguir a busca de um nó folha associado com o menor valor. Essa é a estratégia adotada na Figura 11.10, que apresenta um algoritmo para desenvolver uma árvore de busca e executar a solução obtida.

Vamos aplicar esse algoritmo no jogo dos oito, iniciando a partir da configuração da Figura 11.6. Primeiro, estabelecemos esse estado inicial como o nó raiz e gravamos seu valor de heurística, que é cinco. Então, a primeira passagem pelo corpo da sentença enquanto nos instrui a adicionar os três nós que podem ser alcançados a partir do estado inicial, conforme mostrado na Figura 11.11. Note que gravamos o valor de heurística de cada nó folha em parênteses abaixo do nó.

O nó objetivo ainda não foi alcançado, então passamos mais uma vez através do corpo da sentença enquanto, agora estendendo nossa busca a partir do nó mais à esquerda ("o nó folha mais à esquerda com o menor

Estabeleça o nó de início do grafo de estados como a raiz da árvore de
busca e grave seu valor de heurística
enquanto (o nó de objetivo não foi alcançado) **faça**
  [Selecione o nó folha mais à esquerda com o menor
    valor de heurística de todos os nós folha.
  A esse nó selecionado adicione como filhos os nós que
    podem ser alcançados por uma única produção.
  Grave a heurística de cada um desses novos nós próximo
    ao nó na árvore de busca.
  ]
Percorra a árvore de busca do nó objetivo para cima na árvore,
  inserindo a produção associada a cada arco percorrido
  em uma pilha.
Resolva o problema original executando as produções à medida que
  elas são retiradas da pilha.

Figura 11.10 Algoritmo para um sistema de controle usando heurísticas.

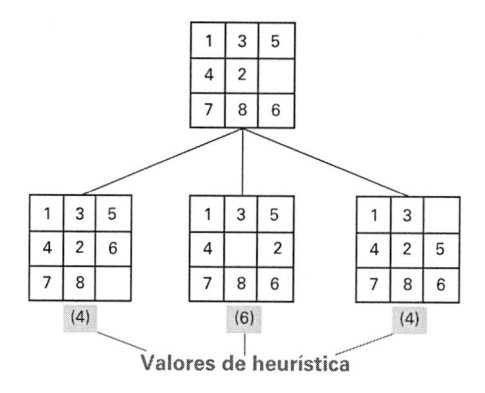

Figura 11.11 Início de nossa busca heurística.

valor de heurística"). Após isso, a árvore de busca tem a forma mostrada na Figura 11.12.

O valor de heurística do nó folha mais à esquerda é agora cinco, indicando que esse ramo talvez não seja um bom caminho a ser tomado, no fim das contas. O algoritmo capta isso e, na próxima passada através da sentença enquanto, instrui-nos a expandir a árvore a partir do nó mais à direita (que agora é "o nó folha mais à esquerda com o menor valor de heurística"). Expandida dessa maneira, a árvore de busca aparece como na Figura 11.13.

Neste ponto, o algoritmo parece estar no caminho certo. Como o valor de heurística desse último nó é apenas três, a sentença enquanto nos instrui a continuar perseguindo esse caminho, e a busca foca-se em direção ao objetivo, produzindo a árvore de busca que aparece na Figura 11.14. Comparar essa árvore com a da Figura 11.7 mostra que, mesmo com uma

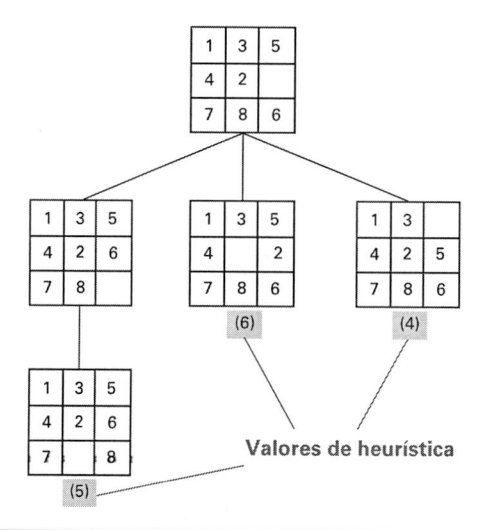

Figura 11.12 Árvore de busca após duas passagens.

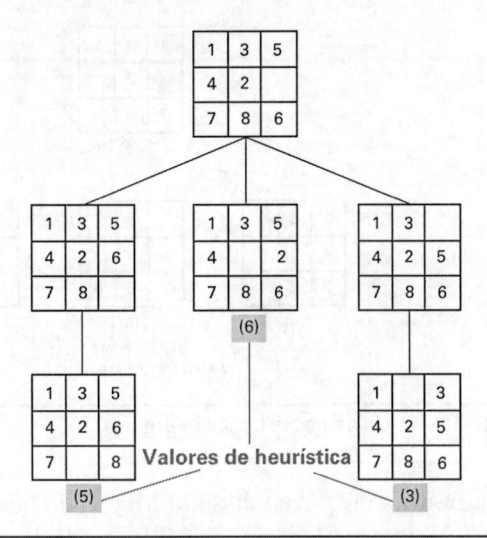

Figura 11.13 Árvore de busca após três passagens.

temporária virada errada, tomada no início por nosso novo algoritmo, o uso da informação heurística diminuiu enormemente o tamanho da árvore de busca e produziu um processo muito mais eficiente.

Após alcançar o estado objetivo, a sentença enquanto termina, e passamos para o percurso da árvore partindo do nó objetivo e indo para cima na árvore, inserindo as produções encontradas em uma pilha à medida que seguimos nosso caminho. A pilha resultante aparece como retratada anteriormente, na Figura 11.8.

Por fim, somos instruídos a executar essas produções à medida que elas são removidas da pilha. Neste ponto, podemos observar a máquina de solução de quebra-cabeças abaixando seu dedo e começando a mover as peças.

Um comentário final em relação à busca heurística deve ser feito. O algoritmo que propusemos nesta seção, que é frequentemente chamado de algoritmo de melhor casamento (*best-fit*), não garante que a melhor solução seja encontrada em todas as aplicações. Por exemplo, quando estamos buscando um caminho para uma cidade usando um Sistema de Posicionamento Global (GPS) em um automóvel, queremos encontrar o menor caminho, em vez de simplesmente qualquer caminho. O **algoritmo A*** (pronuncia-se "algoritmo A estrela") é uma versão modificada de nosso algoritmo de melhor casamento que encontra uma solução ótima. A principal diferença entre os dois algoritmos é que, além de um valor de heurística, o algoritmo A* leva em consideração o "custo acumulado" envolvido para alcançar cada nó folha quando se está selecionando o próximo nó a ser expandido. (No caso do GPS de um automóvel, esse custo é a distância viajada que o GPS obtém de seu banco de dados interno.) Então, o algoritmo A* baseia suas decisões em estimativas do custo de caminhos em potencial completos, em vez de meramente em projeções de custos remanescentes.

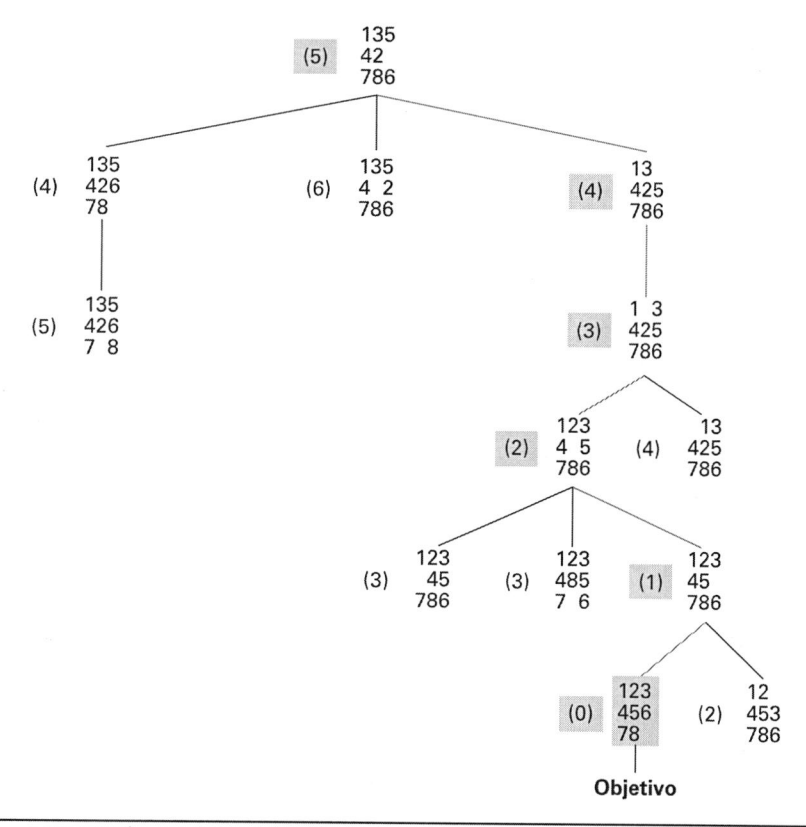

```
                    135
              (5)   42
                   786
         ┌─────────┼─────────┐
        135       135         13
  (4)   426  (6)  4 2   (4)  425
         78       786        786
         │                    │
        135                   1 3
  (5)   426             (3)  425
        7 8                  786
                        ┌─────┴─────┐
                       123          13
                 (2)   4 5    (4)  425
                       786         786
                    ┌───┬───────┐
                   123  123    123
             (3)   45 (3) 485 (1) 45
                   786    7 6     786
                              ┌────┴────┐
                             123        12
                       (0)  456   (2)  453
                             78        786
                              │
                           Objetivo
```

Figura 11.14 Árvore de busca completa formada por nosso sistema de heurística.

Questões e exercícios

1. Qual é a importância de sistemas de produção em inteligência artificial?
2. Desenhe uma porção do grafo de estados para o jogo dos oito que envolve o nó representando o seguinte estado:

4	1	3
	2	6
7	5	8

3. Usando uma abordagem de busca em amplitude, desenhe a árvore de busca construída por um sistema de controle que está solucionando o jogo dos oito a partir do seguinte estado inicial:

1	2	3
4	8	5
7	6	

4. Use lápis, papel e a abordagem de busca em amplitude para tentar construir a árvore de busca produzida na solução do jogo dos oito a partir do seguinte estado inicial. (Você não precisa terminar.) Que problemas você encontrou?

	4	3	
	2	1	8
	7	6	5

5. Que analogia pode ser traçada entre o nosso sistema heurístico para solucionar o jogo dos oito e um alpinista que tenta alcançar o pico considerando apenas o terreno local e sempre indo na direção da subida mais íngreme?
6. Usando a heurística apresentada nesta seção, aplique o algoritmo de melhor casamento da Figura 11.10 ao problema de solucionar o seguinte jogo dos oito:

1	2	3
4		8
7	6	5

7. Refine nosso método de computar o valor de heurística para um estado do jogo dos oito de forma que o algoritmo de busca da Figura 11.10 não faça a escolha errada, como fez no exemplo desta seção. Você poderia encontrar um exemplo no qual nossa heurística ainda faz com que a busca se perca?
8. Desenhe a árvore de busca produzida pelo algoritmo de melhor casamento (Figura 11.10) para encontrar a rota de Leesburg para Bedford. Cada nó na árvore de busca será uma cidade no mapa. Inicie com um nó para Leesburg. Quando expandir um nó, adicione apenas as cidades que estão diretamente conectadas à cidade que está sendo expandida. Grave em cada nó a distância em linha reta para Bedford e use isso como o valor de heurística. Qual é a solução encontrada pelo algoritmo de melhor casamento? A solução encontrada é a menor rota?

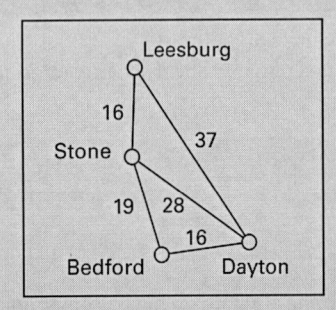

Distância em linha reta de Bedford a partir de

Dayton   16
Leesburg   34
Stone   19

9. O algoritmo A* modifica o algoritmo de melhor casamento de duas maneiras importantes. Primeiro, ele grava o custo real para alcançar um estado. No caso de uma rota em um mapa, o custo real é a distância viajada. Segundo, ao selecionar um nó para expandir, ele escolhe o nó cuja soma do custo real mais o valor de heurística é o menor. Desenhe a árvore de busca da Questão 8 que resultaria dessas duas modificações. Grave em cada nó a distância viajada até a cidade, o valor de heurística para alcançar o objetivo e sua soma. Qual é a solução encontrada? A solução encontrada é a menor rota?

11.4 Áreas adicionais de pesquisa

Nesta seção, exploramos questões relacionadas a como manipular conhecimento, aprendizagem e a como tratar de problemas muito complexos, que continuam a desafiar pesquisadores na área de inteligência artificial. Essas atividades envolvem capacidades que parecem ser fáceis para mentes humanas, mas que aparentemente põem à prova as capacidades das máquinas. Por enquanto, grande parte do progresso no desenvolvimento de agentes "inteligentes" tem sido atingida, essencialmente, evitando-se um confronto direto com essas questões – talvez aplicando atalhos ou limitando o escopo no qual um problema surge.

Representação e manipulação do conhecimento

Em nossa discussão de percepção, vimos que o entendimento de imagens requer uma quantidade significativa de conhecimento acerca dos itens na imagem e que o significado de uma sentença pode depender de seu contexto. Esses são exemplos do papel desempenhado pelo armazém do conhecimento, frequentemente chamado de **conhecimento do mundo real**, mantido pelas mentes humanas. De alguma forma, os humanos armazenam quantidades massivas de informação e tiram delas informações com uma eficiência notável. Dar às máquinas tal capacidade é um dos grandes desafios na inteligência artificial.

O objetivo subjacente é encontrar maneiras de representar e armazenar conhecimento. Isso é complicado pelo fato de que, como já vimos, o conhecimento ocorre tanto na forma declarativa quanto procedural. Então, representar conhecimento não é meramente a representação de fatos, mas envolve um espectro muito mais amplo. Se um esquema único para representar todas as formas de conhecimento pode ser encontrado é algo questionável.

O problema, entretanto, não é apenas representar e armazenar conhecimento. O conhecimento deve também ser amplamente acessível, e atingir essa acessibilidade é um desafio. As redes semânticas, introduzidas na Seção 11.2, são frequentemente usadas como um meio de representação e armazenamento de conhecimento, mas extrair informação dessas redes pode ser problemático. Por exemplo, o impacto da sentença "Mary bateu em John" depende das idades de Mary e John. (As idades são 2 e 30 ou vice-versa?) Essa informação seria armazenada na rede semântica completa sugerida pela Figura 11.3, mas extrair tal informação durante a análise contextual poderia requerer um esforço significativo de busca através da rede.

Outro problema que ocorre ao acessarmos conhecimento é a identificação de conhecimento, que é implicitamente, ao invés de explicitamente, relacionada à tarefa visada. Ao invés de responder a questão "Arthur ganhou a corrida?" com um brusco "Não", poderíamos querer um sistema que respondesse com "Não, ele pegou uma gripe e não foi capaz de competir". Na seção a seguir, exploraremos o conceito de memória associativa, área de pesquisa que está tentando resolver esse problema de informações relacionadas. Entretanto, a tarefa não é meramente obter informações relacionadas. Por exemplo, uma resposta como "Não, ele nasceu em janeiro e o nome de sua irmã é Lisa" não seria considerada uma resposta aceitável à questão anterior, mesmo que a informação relatada seja de, alguma maneira, relacionada.

Outra abordagem para desenvolver melhores sistemas de extração de conhecimento tem sido inserir várias formas de raciocínio no processo de extração, resultando no que é chamado de **metarraciocínio** – que significa raciocínio sobre raciocínio. Um exemplo, originalmente usado no contexto de buscas em bancos de dados, é aplicar a **premissa de mundo fechado**, que é a premissa de que uma sentença é falsa a menos que ela possa ser derivada da informação disponível. Por exemplo, é a premissa de mundo fechado que permite a um banco de dados concluir que Nicole Smith não é assinante de uma revista em particular, mesmo que o banco de dados não contenha qualquer informação acerca de Nicole. O processo é observar que Nicole Smith não está na lista de assinantes e, então, aplicar a premissa de mundo fechado para concluir que Nicole Smith não assina nenhuma revista.

À primeira vista, a premissa de mundo fechado pode parecer trivial, mas ela tem consequências que demonstram o quanto técnicas aparentemente inocentes de metarraciocínio podem ter efeitos indesejados sutis. Suponha, por exemplo, que o único conhecimento que temos seja a sentença a seguir

> Mickey é um rato OR Donald é um pato.

A partir dessa sentença sozinha, não podemos concluir que Mickey é de fato um rato. Logo, a premissa de mundo fechado nos força a concluir que a sentença

> Mickey é um rato.

é falsa. De forma similar, a premissa de mundo fechado nos força a concluir que a sentença

> Donald é um pato.

é falsa. Logo, a premissa de mundo fechado nos levou à conclusão contraditória de que, mesmo que ao menos uma das sentenças deva ser verdadeira, ambas são falsas. Entender as consequências de tais técnicas aparentemente inocentes de metarraciocínio é um objetivo de pesquisa tanto na área de inteligência artificial quanto na área de bancos de dados, e também realça as complexidades envolvidas no desenvolvimento de sistemas inteligentes.

Por fim, existe o problema, conhecido como o **problema do quadro**, de manter o conhecimento armazenado atualizado em um ambiente que é modificado. Se um agente inteligente usará seu conhecimento para determinar seu comportamento, então esse conhecimento deve ser atual. No entanto, a quantidade de conhecimento necessária para oferecer suporte ao comportamento inteligente pode ser enorme, e manter esse conhecimento em um ambiente que é modificado pode ser um empreendimento massivo. Um fator complicador é que mudanças em um ambiente frequentemente alteram outros itens de informação indiretamente, e acompanhar tais consequências indiretas é difícil. Por exemplo, se um vaso de flor leva uma batida e se quebra, seu conhecimento da situação não contém mais o fato de que existe água no vaso, mesmo que o derramamento de água tenha sido apenas indiretamente relacionado ao fato de o vaso ter se quebrado. Então, solucionar o problema do quadro não apenas requer a habilidade de armazenar e obter quantidades massivas de informação de maneira eficiente, mas também demanda que o sistema de armazenamento reaja de maneira apropriada às consequências indiretas.

Aprendizagem

Além de representar e manipular conhecimento, gostaríamos de dar aos agentes inteligentes a habilidade de adquirir novos conhecimentos. Sempre podemos "ensinar" um agente inteligente escrevendo e instalando um novo programa ou explicitamente adicionando coisas a seus dados armazenados, mas gostaríamos que os agentes inteligentes fossem capazes de aprender por conta própria. Queremos que os agentes se adaptem a ambientes que se modificam e que desempenhem tarefas para as quais não possamos facilmente escrever programas prévios. Um robô projetado para tarefas domésticas encontrará novos móveis, novos eletrodomésticos, novos animais de estimação e até mesmo novos donos. Um carro autônomo, que se dirige sozinho, deve se adaptar a variações nas linhas de sinalização das estradas. Agentes jogadores devem ser capazes de desenvolver e aplicar novas estratégias.

Uma maneira de classificar as abordagens para o aprendizado de computadores é pelo nível de intervenção humana necessário. No primeiro nível está o aprendizado por **imitação**, no qual uma pessoa demonstra diretamente os passos em uma tarefa (talvez conduzindo uma sequência de operações de computador ou fisicamente movendo o robô por meio de uma sequência de movimentos) e o computador simplesmente grava os passos. Essa forma de aprendizado tem sido usada há anos em programas de aplicação, como planilhas e processadores de texto, nos quais sequências de comandos que ocorrem frequentemente são gravadas e posteriormente repetidas por meio de uma simples requisição. Note que o aprendizado por imitação coloca pouca responsabilidade nas mãos do agente.

No próximo nível está o aprendizado por **treinamento supervisionado**. No treinamento supervisionado, uma pessoa identifica a resposta correta para uma série de exemplos, então o agente generaliza a partir desses exemplos para desenvolver um algoritmo que se aplica a novos casos. A série de exemplos é chamada de **conjunto de treinamento**. Aplicações típicas de treinamento supervisionado incluem aprender a reconhecer texto escrito ou a voz de uma pessoa, aprender a distinguir entre lixo eletrônico e emails bem-vindos e aprender a identificar uma doença a partir de um conjunto de sintomas.

Um terceiro nível é o aprendizado por **reforço**. No aprendizado por reforço, o agente recebe uma regra geral para julgar por si mesmo se foi bem-sucedido ou falhou em uma tarefa de tentativa e erro. O aprendizado por reforço é bom para aprender como jogar um jogo como xadrez ou damas, já que o sucesso ou a falha são fáceis de serem definidos. Em contraste com o treinamento supervisionado, o aprendizado por reforço permite que o agente aja de maneira autônoma para aprimorar seu comportamento ao longo do tempo.

O aprendizado permanece sendo uma área desafiadora de pesquisa, pois nenhum princípio geral, universal, que cobrisse todas as possíveis atividades de aprendizado foi encontrado. Entretanto, existem diversos exemplos de progresso. Um é o ALVINN (*Autonomous Land Vehicle in a Neural Net –*

Veículo de Terra Autônomo em uma Rede Neural), sistema desenvolvido na Universidade de Carnegie Mellon para aprender a dirigir uma van com um computador *on-board* usando uma câmera de vídeo como entrada. O ALVINN coletava dados de um motorista humano e usava os dados para ajustar suas próprias decisões de direção. À medida que ele foi aprendendo, ele poderia prever onde dirigir, verificar suas previsões em relação aos dados do motorista humano e, então, modificar seus parâmetros para chegar perto das escolhas de direção do motorista humano. O ALVINN foi bem-sucedido o suficiente para dirigir a van a 112 quilômetros por hora, levando a pesquisas adicionais que produziram sistemas de controle que já dirigiram com sucesso em altas velocidades no trânsito.

Por fim, devemos reconhecer um fenômeno que é fortemente relacionado ao aprendizado: descoberta. A distinção é que o aprendizado é "baseado em alvos", enquanto a descoberta não. O termo *descoberta* tem uma conotação de inesperado que não está presente no aprendizado. Podemos nos dedicar a aprender uma língua estrangeira ou a aprender a como dirigir um carro, mas podemos descobrir que essas tarefas são mais difíceis do que esperávamos. Um explorador pode descobrir um grande lago, enquanto o objetivo era meramente aprender sobre o que havia lá.

Desenvolver agentes com a habilidade de descobrir eficientemente requer que o agente seja capaz de identificar "linhas de pensamento" potencialmente frutíferas. Aqui, a descoberta baseia-se fortemente na habilidade de raciocinar e no uso de heurísticas. Além disso, muitas aplicações de descobertas em potencial requerem que um agente seja capaz de distinguir resultados significativos de outros insignificantes. Um agente de mineração de dados, por exemplo, não deve relatar cada relacionamento trivial que encontrar.

Exemplos de sucesso em sistemas computacionais de descoberta incluem o Bacon, nomeado em homenagem ao filósofo Sir Francis Bacon, que descobriu (ou devemos dizer "redescobriu") a lei da eletricidade de Ohm, a

---

Conhecimento em programação em lógica

Uma preocupação importante na representação e no armazenamento de conhecimento é que tais tarefas sejam feitas de uma maneira compatível com o sistema que deve acessar o conhecimento. É nesse contexto que a programação em lógica (veja a Seção 6.7, disponível como conteúdo opcional, no site do Grupo A) frequentemente prova-se benéfica. Em tais sistemas, o conhecimento é representado por sentenças "lógicas", como

> Dumbo é um elefante

e

> X é um elefante implica que X é cinza.

Tais sentenças podem ser representadas usando sistemas notacionais prontamente acessíveis à aplicação de regras de inferência. Por sua vez, sequências de raciocínios dedutivos, como o que vimos na Figura 11.5, podem ser implementados de uma maneira simples. Então, na programação em lógica, a representação e o armazenamento de conhecimento são bem integrados com o processo de extração e aplicação de conhecimento. Poderíamos considerar que os sistemas de programação em lógica fornecem uma fronteira "sem emendas" entre o conhecimento e sua aplicação.

terceira lei do movimento planetário de Kepler e a conservação de momento. Talvez mais persuasivo seja o sistema AUTOCLASS que, usando dados espectrais de infravermelho, descobriu novas classes de estrelas que eram previamente desconhecidas da astronomia – uma descoberta científica real feita por um computador.

Algoritmos genéticos

O algoritmo A* (apresentado na seção anterior) encontrará a solução ótima para muitos problemas de busca; entretanto, existem alguns problemas que são muitos complexos para serem solucionados (a execução excede a memória disponível ou não pode ser completada dentro de uma quantidade aceitável de tempo) por meio de tais técnicas de busca. Para esses problemas, uma solução pode algumas vezes ser descoberta por meio de um processo evolucionário envolvendo muitas gerações de soluções de teste. Essa estratégia é a fundação dos chamados **algoritmos genéticos**. Em essência, os algoritmos genéticos descobrirão uma solução por comportamento aleatório combinado com uma simulação de teoria da reprodução e o processo evolucionário de seleção natural.

Um algoritmo genético inicia gerando um conjunto aleatório de soluções de teste. Cada solução é simplesmente uma adivinhação (no caso do jogo dos oito, uma solução de teste poderia ser uma sequência aleatória de movimentos de peças). Cada solução de teste é chamada de um **cromossomo** e cada componente do cromossomo é chamado de **gene** (um único movimento de peça, no caso do jogo dos oito).

Como cada cromossomo inicial é uma adivinhação aleatória, é bastante improvável que ele represente uma solução para o problema considerado. Então, o algoritmo genético continua a gerar um novo conjunto de cromossomos no qual cada cromossomo é uma cria (filho) de dois cromossomos (pais) do conjunto anterior. Os pais são aleatoriamente selecionados do conjunto dando uma referência probabilística aos cromossomos que parecem fornecer a melhor chance de levar a uma solução, dessa forma emulando o princípio evolutivo da sobrevivência do mais apto. (Determinar quais cromossomos são os melhores candidatos a serem pais é talvez o passo mais problemático no processo de criar um algoritmo genético.) Cada cria é uma combinação aleatória dos genes dos pais. Além disso, uma cria resultante pode, ocasionalmente, sofrer uma mutação de maneira aleatória (trocar dois movimentos). Felizmente, repetindo esse processo várias e várias vezes, soluções de teste cada vez melhores evoluirão até que uma boa solução, se não a melhor, seja descoberta. Infelizmente, não existem garantias de que o algoritmo genético encontrará uma solução. No entanto, pesquisas têm demonstrado que os algoritmos genéticos podem ser eficazes na solução de uma faixa surpreendentemente ampla de problemas complexos.

Quando aplicada à tarefa de desenvolvimento de programas, a abordagem de algoritmos genéticos é conhecida como **programação evolucionária**. Aqui, o objetivo é desenvolver programas permitindo-os evoluírem, em vez de escrevê-los explicitamente. Pesquisadores têm aplicado técnicas de programação evolucionária ao processo de desenvolvimento de software usando linguagens de programação funcional. A abordagem tem sido iniciar com uma coleção de programas que contenham uma variedade rica de funções. As funções nessa coleção inicial formam o "conjunto de genes" a partir do qual as futuras gerações de programas serão construídas. Alguém então permite que o processo evolucionário execute por muitas gerações, esperando que, ao produzir cada geração a partir dos que tiverem o melhor desempenho na geração anterior, uma solução para o problema trabalhado evolua.

Questões e exercícios

1. O que se entende pelo termo *conhecimento do mundo real* e qual é sua importância na inteligência artificial?
2. Um banco de dados acerca de assinantes de uma revista normalmente contém uma lista de assinantes de cada revista, mas não contém uma lista dos que não assinam. Como, então, um banco de dados determina que uma pessoa não é assinante de uma revista em particular?
3. Resuma o problema do quadro.
4. Identifique três maneiras de treinar um computador. Qual delas não envolve intervenção humana direta?
5. Como as técnicas evolucionárias diferem das técnicas de resolução de problemas mais tradicionais?

11.5 Redes neurais artificiais

Com todo o progresso que tem sido feito na inteligência artificial, muitos problemas da área continuam a desafiar as capacidades dos computadores usando abordagens algorítmicas tradicionais. Sequências de instruções não parecem ser capazes de perceber e de raciocinar em níveis comparáveis aos da mente humana. Por essa razão, muitos pesquisadores estão voltando-se para abordagens influenciadas por fenômenos observados na natureza. Uma de tais abordagens são os algoritmos genéticos, apresentados na seção anterior. Outra são as redes neurais artificiais.

Propriedades básicas

As redes neurais artificiais fornecem um modelo de processamento computacional que mimetiza redes de neurônios em sistemas biológicos vivos. Um neurônio biológico é uma única célula com tentáculos de entrada chamados de dendritos e um tentáculo de saída chamado de axônio (Figura 11.15). Os sinais transmitidos pelo axônio de uma célula refletem se a célula está em um estado de inibição ou de excitação. Esse estado é determinado pela combinação de sinais recebidos pelos dendritos da célula. Esses dendritos captam os sinais a partir dos axônios de outras células ao longo de pequenas lacunas conhecidas como sinapses. As pesquisas sugerem que a condutividade entre uma única sinapse seja controlada pela composição química da sinapse. Ou seja, se um sinal de entrada em particular terá um efeito excitante ou inibidor no neurônio é algo determinado pela composição química da sinapse. Então, acredita-se que uma rede neural biológica aprenda ajustando essas conexões químicas entre os neurônios.

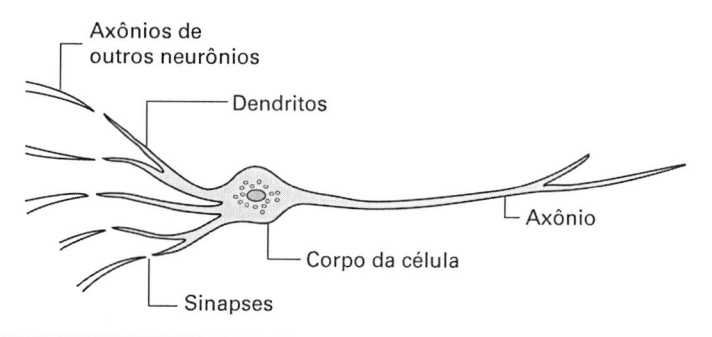

Figura 11.15 Neurônio em um sistema biológico vivo.

Um neurônio em uma rede neural artificial é uma unidade de software que mimetiza esse entendimento básico de um neurônio biológico. Ele produz uma saída 1 ou 0, dependendo de se sua entrada efetiva excede um valor dado, que é chamado de valor de **limiar** do neurônio. Essa entrada efetiva é uma soma com pesos das entradas reais, como representado na Figura 11.16. Nessa figura, um neurônio é representado por uma elipse, e as conexões entre neurônios são representadas por setas. Os valores obtidos dos axônios de outros neurônios (denotados por v_1, v_2 e v_3) são usados como entradas para o neurônio retratado. Além desses valores, cada conexão é associada a um **peso** (denotado por w_1, w_2 e w_3). O neurônio que recebe esses valores de entrada multiplica cada um deles pelo peso associado à conexão e, então, adiciona esses produtos para formar a entrada efetiva ($v_1w_1 + v_2w_2 + v_3w_3$). Se a soma exceder o valor de limiar de um neurônio, o neurônio produz uma saída 1 (simulando um estado de excitação); caso contrário, o neurônio produz um 0 como sua saída (simulando um estado de inibição).

Seguindo o exemplo da Figura 11.16, adotamos a convenção de representar neurônios como círculos. No ponto em que cada entrada conecta-se a um neurônio, gravamos o peso associado a cada entrada. Por fim, escrevemos o valor de limiar de um neurônio no meio do círculo. Como um exemplo, a Figura 11.17 representa um neurônio com um valor de limiar de 1.5 e pesos de -2, 3 e -1, associados a cada uma de suas conexões de entrada. Logo, se o neurônio recebe as entradas 1, 1 e 0, sua entrada efetiva é $(1)(-2) + (1)(3) + (0)(-1) = 1$, então a saída é 0. Contudo, se o neurônio receber 0, 1 e 1, sua entrada efetiva é $(0)(-2) + (1)(3) + (1)(-1) = 2$, que excede o valor de limiar. A saída do neurônio será, então, 1.

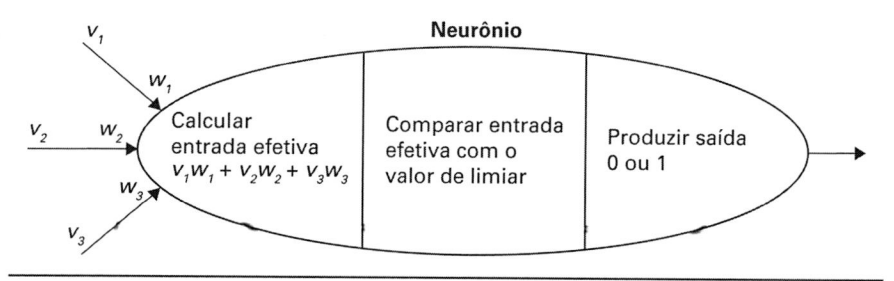

Figura 11.16 Atividades dentro de um neurônio.

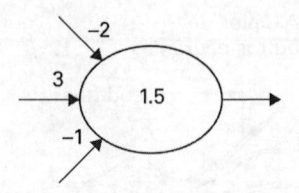

Figura 11.17 Representação de um neurônio.

O fato de o peso poder ser positivo ou negativo significa que a entrada correspondente pode ter ou um efeito inibidor ou de excitação no neurônio receptor. (Se o peso for negativo, então um 1 nessa posição de entrada reduz a soma com pesos e tende a manter a entrada efetiva abaixo do valor de limiar. Em contrapartida, um peso positivo faz com que a entrada associada tenha um efeito que aumenta a soma com pesos e, então, aumenta as chances dessa soma exceder o valor de limiar.) Além disso, o tamanho real do peso controla o grau pelo qual a entrada correspondente pode inibir ou excitar o neurônio receptor. Consequentemente, ao ajustar os valores dos pesos por meio de uma rede neural artificial, podemos programar a rede para responder a diferentes entradas de uma maneira predeterminada.

As redes neurais artificiais são garalmente organizadas em uma topologia de diversas camadas. Os neurônios de entrada estão na primeira camada e os neurônios de saída estão na última. Camadas adicionais de neurônios (chamadas de camadas ocultas) podem ser incluídas entre as camadas de entrada e de saída. Cada neurônio de uma camada está interconectado com cada neurônio na camada subsequente. Como um exemplo, a rede simples apresentada na Figura 11.18a é programada para produzir uma saída 1 se suas duas entradas diferirem e uma saída 0 caso contrário. Se, entretanto, modificamos os pesos para os mostrados na Figura 11.18b, obtemos uma rede que responde com um 1 se ambas as entradas forem 1s e com um 0 caso contrário.

Devemos notar que a configuração da rede na Figura 11.18 é muito mais simplista que uma rede biológica real. Um cérebro humano contém

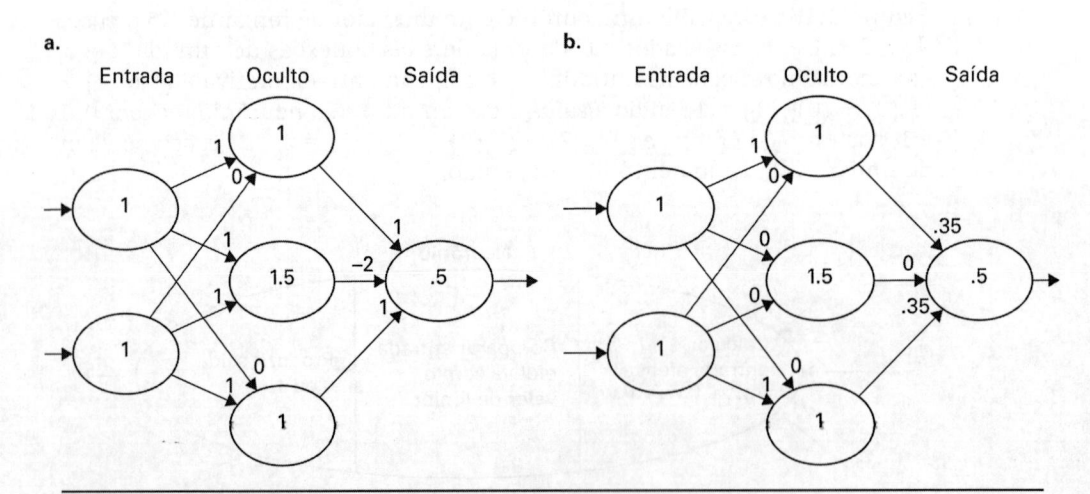

Figura 11.18 Rede neural com dois diferentes programas.

aproximadamente 10^{11} neurônios com cerca de 10^4 sinapses por neurônio. Na verdade, os dendritos de um neurônio biológico são tão numerosos que eles parecem mais como uma malha fibrosa do que com os tentáculos individuais representados na Figura 11.15.

Treinamento de redes neurais artificiais

Uma característica importante das redes neurais artificiais é que elas não são programadas no sentido tradicional, mas são treinadas. Ou seja, um programador não determina os valores dos pesos necessários para solucionar um problema em particular e então "pluga" esses valores na rede. No lugar disso, uma rede neural artificial aprende os valores de pesos apropriados via treinamento supervisionado (Seção 11.4), envolvendo um processo repetitivo no qual as entradas a partir do conjunto de treinamento são aplicadas para a rede e os pesos são ajustados por pequenos incrementos, de forma que o desempenho da rede atinja o comportamento desejado.

É interessante notar como técnicas de algoritmos genéticos têm sido aplicadas à tarefa de treinar redes neurais artificiais. Em particular, para treinar uma rede neural, um número de conjuntos de pesos para a rede pode ser aleatoriamente gerado – cada conjunto desses servirá como um cromossomo para o algoritmo genérico. Então, em um processo passo a passo, a rede pode receber os pesos representados por cada cromossomo e ser testada sobre uma variedade de entradas. Os cromossomos que produzem os menores erros durante o processo de testes podem, então, receber uma probabilidade maior de serem selecionados como pais na próxima geração. Em diversos experimentos, essa abordagem tem, em última instância, levado a um conjunto de pesos bem-sucedido.

Vamos considerar um exemplo no qual treinar uma rede neural artificial para solucionar um problema tenha sido algo bem-sucedido e talvez mais produtivo que tentar fornecer uma solução por meio de técnicas tradicionais de programação. O problema poderia ser encontrado por um robô quando ele estivesse tentando entender seu ambiente por meio da informação que ele recebe de sua câmera de vídeo. Suponha, por exemplo, que o robô deva distinguir entre as paredes de uma peça, que são brancas, e o piso, que é preto. À primeira vista, isso pareceria ser uma tarefa fácil: simplesmente classifique os pixels brancos como parte de uma parede e os pixels pretos como parte do chão. Entretanto, à medida que o robô olha para diferentes direções ou se move pela peça, várias condições de iluminação podem fazer com que a parede pareça cinza em alguns casos, enquanto em outros casos o chão pode parecer cinza. Então, o robô precisa aprender a distinguir entre paredes e piso sob uma ampla variedade de condições de luz.

Para realizar isso, poderíamos construir uma rede neural artificial cujas entradas fossem valores indicando as características de cor de um pixel individual de uma imagem, bem como um valor indicando o brilho geral da imagem inteira. Poderíamos então treinar a rede fornecendo a ela numerosos exemplos de pixels representando partes de pisos e paredes sob várias condições de iluminação.

O resultado de treinar uma rede neural artificial usando essas técnicas está representado na Figura 11.19. A primeira coluna representa as imagens

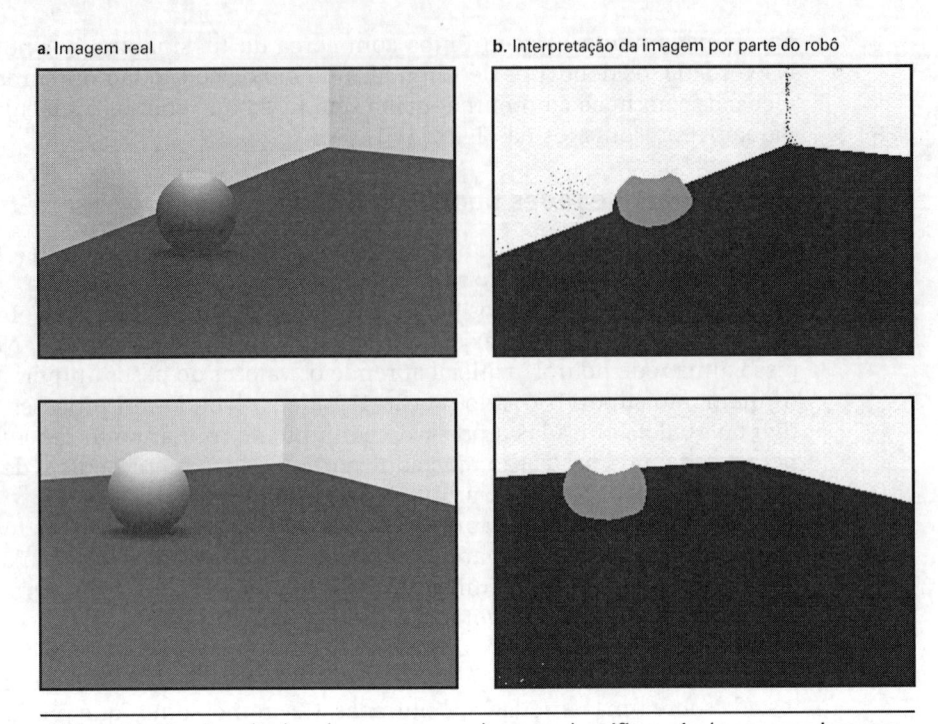

a. Imagem real **b.** Interpretação da imagem por parte do robô

Figura 11.19 Resultados de usar uma rede para classificar pixels em uma imagem. (Inspirado em www.actapress.com.)

originais; as imagens na coluna seguinte retratam a interpretação do robô. Note que, apesar de as paredes na figura original do topo da imagem serem um tanto escuras, o robô identificou corretamente a maioria dos pixels como pixels brancos de parede, e o chão na imagem inferior também foi corretamente identificado. (A bola nas imagens era parte de um experimento mais completo.) Você também deve notar que o sistema de processamento de imagens do robô não é perfeito. A rede neural identificou incorretamente alguns dos pixels da parede como pixels de chão (e alguns dos pixels de chão como pixels de parede). Esses são exemplos das realidades que frequentemente devem ser acomodadas na aplicação de uma teoria. Neste caso, os erros podem ser corrigidos programando-se o robô para ignorar pixels individuais de chão que aparecem entre uma massa de pixels de parede (e vice-versa).

Além de problemas de aprendizado simples (como a classificação dos pixels), as redes neurais artificiais têm sido usadas para aprender comportamento inteligente sofisticado, como testemunhado pelo projeto ALVINN citado na seção anterior. Na verdade, o ALVINN era uma rede neural artificial cuja composição era surpreendentemente simples (Figura 11.20). Sua entrada foi obtida a partir de uma matriz de 30 por 32 de sensores, na qual cada um observava uma porção única da imagem de vídeo da estrada à frente e relatava suas descobertas para cada um dos quatro neurônios em uma camada oculta. (Então, cada um desses quatro neurônios tinha 960 entradas.) A saída de cada um desses quatro neurô-

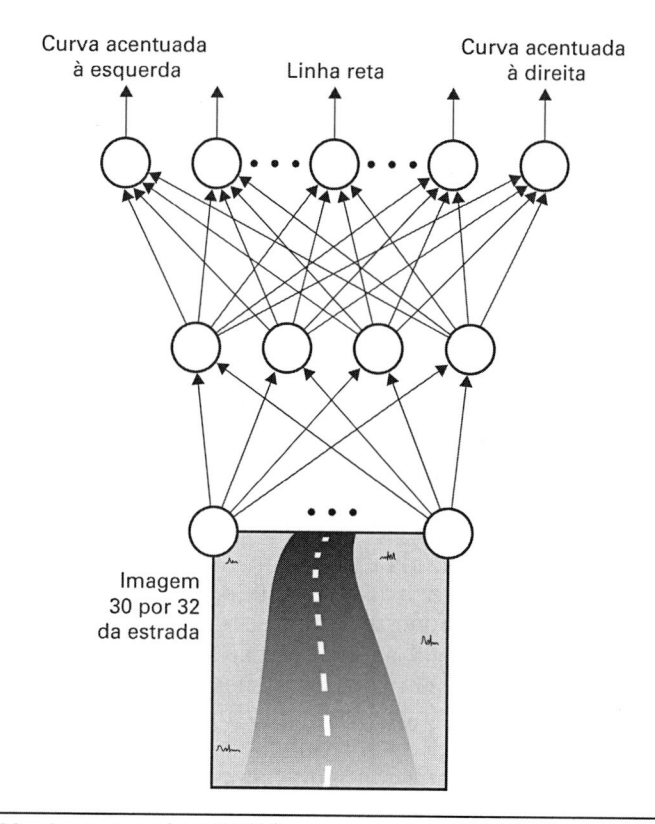

Figura 11.20 A estrutura de ALVINN (*Autonomous Land Vehicle in a Neural Net*).

nios foi conectada a cada um dos trinta neurônios de saída, cujas saídas indicavam a direção a ser seguida. Neurônios excitados em uma extremidade da linha de trinta neurônios indicavam uma curva acentuada à esquerda, enquanto neurônios excitados na outra extremidade indicavam uma curva acentuada à direita.

ALVINN foi treinado ao "assistir" um motorista humano enquanto ele tomava suas próprias decisões de direção, comparando suas decisões com as do humano e fazendo leves modificações em seus pesos para tornar suas decisões mais próximas das do motorista humano. Existia, entretanto, um efeito colateral interessante. Apesar de ALVINN ter aprendido a dirigir de acordo com essa técnica simples, ALVINN não aprendeu a se recuperar de erros. Então, a coleção de dados do humano foi artificialmente enriquecida para incluir também situações de recuperação. (Uma abordagem para esse treinamento de recuperação que foi inicialmente considerada foi ter humanos que dessem guinadas no veículo de forma que ALVINN pudesse assistir à recuperação humana e aprender a se recuperar por conta própria. No entanto, a menos que ALVINN fosse desabilitado enquanto os humanos desempenhavam o procedimento inicial da guinada, ALVINN aprenderia a dar guinadas bem como aprenderia a se recuperar delas – uma característica obviamente indesejável.)

Memória associativa

A mente humana tem a surpreendente habilidade de obter informações associadas a um tópico que esteja sendo considerado. Quando sentimos certos cheiros, podemos prontamente nos lembrar da nossa infância. O som da voz de um amigo pode invocar a imagem de uma pessoa ou talvez memórias de bons tempos. Certas músicas podem gerar lembranças de férias específicas. Esses são exemplos de **memória associativa** – a recuperação de informação que é associada, ou relacionada, à informação em questão.

Construir máquinas com memória associativa tem sido um objetivo de pesquisa há muitos anos. Uma abordagem é aplicar técnicas de redes neurais artificiais. Por exemplo, considere uma rede que consiste em muitos neurônios interconectados para formar uma rede sem entradas ou saídas. (Em alguns projetos, chamados de redes de Hopfield, a saída de cada neurônio é conectada como entrada para cada um dos outros neurônios; em outros casos, a saída de um neurônio pode ser conectada apenas aos seus vizinhos próximos.) Em tal sistema, os neurônios excitados tenderão a excitar outros neurônios, enquanto os neurônios inibidos tenderão a inibir outros. Por sua vez, o sistema inteiro pode estar em um constante estado de mudança, ou pode ser que o sistema encontre seu caminho para uma configuração estável na qual os neurônios excitados permanecem excitados e os neurônios inibidos permanecem inibidos. Se iniciarmos a rede em uma configuração não estável próxima de uma estável, podemos esperar que ela migre para a configuração estável. Em certo sentido, quando ela recebe parte de uma configuração estável, a rede pode ser capaz de completar a configuração.

Agora suponha que representássemos um estado excitado por 1 e um estado inibido por 0, de forma que a condição da rede inteira em qualquer momento poderia ser vista como a configuração de 0s e 1s. Então, se configurássemos a rede para um padrão de bits próximo a um padrão estável, poderíamos esperar que a rede se deslocasse para o padrão estável. Em outras palavras, a rede pode encontrar um padrão de bits estável próximo do padrão que foi informado. Então, se alguns dos bits são usados para codificar cheiros e outros são usados para codificar memórias de infância, inicializar os bits de cheiro de acordo com certa configuração estável poderia fazer com que os bits remanescentes encontrassem seu caminho para a memória de infância associada.

Agora considere a rede neural artificial mostrada na Figura 11.21. Seguindo as convenções usadas para retratar rede neural artificial, cada círculo na figura representa um neurônio cujo valor de limiar é gravado dentro do círculo. No lugar de setas, as linhas que conectam os círculos representam conexões de dois caminhos entre os neurônios correspondentes. Ou seja, uma linha conectando dois neurônios indica que a saída de cada neurônio está conectada como uma entrada para o outro. Logo a saída para o neurônio do centro é conectada como uma entrada para cada um dos neurônios ao redor do perímetro, e a saída de cada um dos neurônios ao redor do perímetro é conectada como uma entrada para o neurônio do centro, bem como uma entrada para cada um de seus vizinhos imediatos no perímetro. Dois

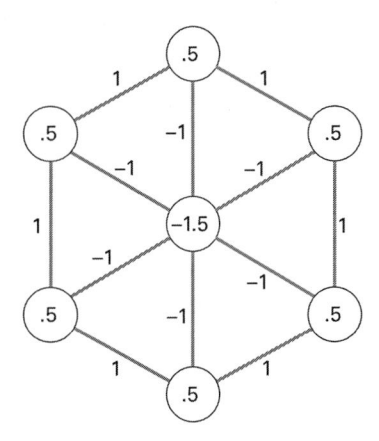

Figura 11.21 Rede neural artificial implementando uma memória associativa.

neurônios conectados associam cada um o mesmo peso da saída do outro. Esse peso em comum é gravado próximo à linha que conecta os neurônios. Então, o neurônio no topo do diagrama associa um peso de −1 à entrada que ele recebe do neurônio do centro e um peso de 1 às entradas que ele recebe de seus dois vizinhos no perímetro. De maneira similar, o neurônio do centro associa um peso de −1 a cada um dos valores que ele recebe dos neurônios em torno do perímetro.

A rede opera em passos discretos, nos quais todos os neurônios respondem às suas entradas de maneira sincronizada. Para determinar a próxima configuração da rede de sua configuração atual, determinamos as entradas efetivas de cada neurônio ao longo da rede e, então, permitimos que todos os neurônios respondam às suas entradas ao mesmo tempo. O efeito é que a rede inteira segue uma sequência coordenada de computar as entradas efetivas, responder às entradas, computar as entradas efetivas, responder às entradas e assim por diante.

Considere a sequência de eventos que ocorreria se inicializássemos a rede com seus dois neurônios mais à direita inibidos e os outros neurônios excitados (Figura 11.22a). Os dois neurônios mais à esquerda teriam entradas efetivas 1, de forma que eles permaneceriam excitados. Contudo, seus vizinhos no perímetro teriam entradas efetivas 0, de forma que eles se tornariam inibidos. De forma similar, o neurônio do centro teria uma entrada efetiva de −4, então ele se tornaria inibido. Assim, a rede inteira se deslocaria para a configuração mostrada na Figura 11.22b, na qual apenas os dois neurônios mais à direita estão excitados. Já que o neurônio do centro agora estaria inibido, as condições de excitação dos neurônios mais à esquerda fariam com que os neurônios do topo e da parte inferior tornassem-se excitados novamente. Nesse meio tempo, o neurônio do centro permaneceria inibido, já que ele teria uma entrada efetiva de −2. Então, a rede se deslocaria para a configuração na Figura 11.22c, que então levaria à configuração na Figura 11.22d. (Você pode querer confirmar que um fenômeno piscante ocorreria se a rede fosse inicializada com apenas os quatro neurônios do topo excitados. O neurônio do topo permaneceria excitado enquanto seus dois vizinhos no perímetro e o neurônio no centro se alternariam entre os estados de excitação e de inibição.)

Por fim, observe que a rede tem duas configurações estáveis: uma na qual o neurônio do centro está excitado e todos os outros estão inibidos e outra na qual o neurônio do centro está inibido e todos os outros estão excitados. Se inicializarmos a rede com o neurônio do centro excitado e não mais que dois dos outros neurônios também excitados, a rede migrará para a configuração estável anterior. Se inicializarmos a rede com ao menos quatro neurônios adjacentes no perímetro em seus estados de excitação, a rede migrará para a configuração posterior. Então, podemos dizer que a rede associa a primeira configuração estável a padrões iniciais, nos quais seu neurônio do centro e menos de três de seus neurônios do perímetro estejam excitados, e associa a segunda configuração a padrões iniciais, nos quais quatro ou mais de seus neurônios de perímetros estejam excitados. Em resumo, a rede representa uma memória associativa elementar.

a.

Início: Todas as unidades, exceto as mais à direita, estão excitadas

b.

Passo 1: Apenas as unidades mais à esquerda permanecem excitadas

c.

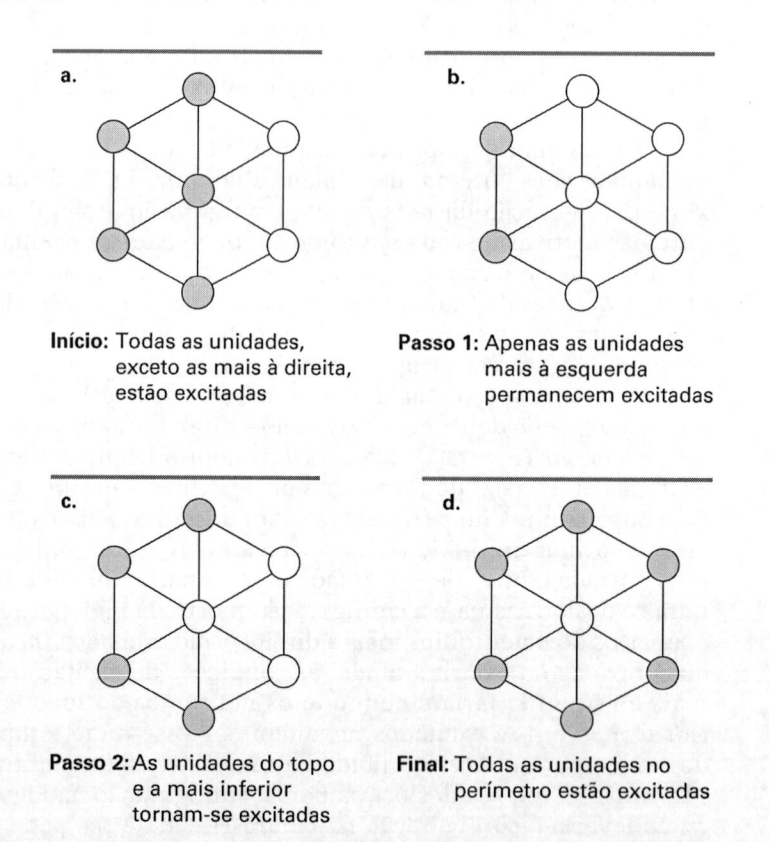

Passo 2: As unidades do topo e a mais inferior tornam-se excitadas

d.

Final: Todas as unidades no perímetro estão excitadas

Figura 11.22 Passos que levam a uma configuração estável.

Questões e exercícios

1. Qual é a saída do seguinte neurônio quando as duas entradas forem 1s? E se os padrões de entrada forem 0, 0; 0, 1 e 1, 0?

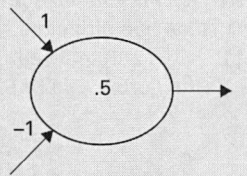

2. Ajuste os pesos e o valor de limiar do seguinte neurônio, de forma que sua saída seja 1 se, e somente se, ao menos duas de suas entradas forem 1.

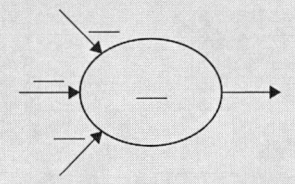

3. Identifique um problema que possa ocorrer ao treinar uma rede neural artificial.
4. Para qual configuração estável a rede na Figura 11.22 migrará se for inicializada com todos os neurônios inibidos?

11.6 Robótica

A **robótica** é o estudo de agentes físicos e autônomos que se comportam inteligentemente. Assim como todos os agentes, os robôs devem ser capazes de perceber, raciocinar e agir em seu ambiente. A pesquisa em robótica, assim, envolve todas as áreas da inteligência artificial, bem como usa fortemente a engenharia mecânica e a elétrica.

Para interagir com o mundo, os robôs precisam de mecanismos a fim de manipular objetos e se mover. Nos início da robótica, a área era fortemente aliada ao desenvolvimento de manipuladores, em sua maioria braços mecânicos com cotovelos, pulsos e mãos ou ferramentas. A pesquisa lidava não apenas com como tais dispositivos poderiam ser manuseados, mas também com como o conhecimento de sua localização e orientação poderia ser mantido e aplicado. (Você é capaz de fechar seus olhos e ainda assim tocar seu nariz com seu dedo, pois seu cérebro mantém um registro de onde seu nariz e seu dedo estão.) Ao longo do tempo, os braços dos robôs tornarem-se mais habilidosos e hoje, com um senso de toque baseado em feedback de força, eles podem manipular ovos e copos de papel de maneira bem-sucedida.

Recentemente, o desenvolvimento de computadores mais rápidos e mais leves levou a uma grande pesquisa acerca de robôs móveis. Atingir essa mobilidade levou a uma abundância de projetos criativos. Pesquisadores em locomoção de robôs desenvolveram robôs que nadam como peixes, voam como libélulas, saltam como gafanhotos e rastejam como cobras.

Robôs fazendo história

a. Um robô jogador de futebol chuta uma bola durante a RoboCup German Open 2010, em 15 de abril de 2010, em Magdeburg, na parte oriental da Alemanha (© Jens Schlueter/SFP/gettyimages/Newscom). **b.** O "Boss", da Tartan Racing – ganhador do Desafio Urbano, uma competição patrocinada pelo DARPA para ter veículos que dirigem a si mesmos por um ambiente urbano (©DARPA). **c.** Um dos veículos motorizados automatizados da NASA (*NASA Rover*) – um robô geólogo explorando a superfície de Marte (Cortesia da NASA/JPL-Caltech).

Robôs com rodas são bastante populares, já que são relativamente fáceis de serem projetados e construídos, mas eles são limitados em relação ao tipo de terreno em que podem trafegar. Superar essa restrição, usando combinações de rodas ou esteiras para subir escadas ou rolar sobre rochas, é o objetivo da pesquisa atual. Como um exemplo, os *rovers* de Marte da NASA usavam rodas especialmente projetadas para serem usadas em terreno rochoso.

Robôs com pernas oferecem uma mobilidade maior, mas são significativamente mais complexos. Por exemplo, robôs com duas pernas, projetados para caminhar como humanos, devem constantemente monitorar e ajustar sua postura, ou podem cair. Entretanto, tais dificuldades podem ser superadas, como exemplificado pelo robô humanoide de duas pernas Asimo, desenvolvidos pela Honda, que pode subir escadas e até mesmo correr.

Apesar dos grandes avanços em manipuladores e em locomoção, a maioria dos robôs ainda não é muito autônoma. Os braços robotizados industriais são tipicamente programados de maneira rígida para cada tarefa e trabalham sem sensores, assumindo que as peças serão fornecidas a eles em posições exatas. Outros robôs móveis, como os *rovers* de Marte da Nasa e veículos militares aéreos não tripulados (*Unmanned Aerial Vehicles* – UAVs), dependem de operadores humanos para sua inteligência.

Superar essa dependência dos humanos é um dos principais objetivos da pesquisa atual. Uma questão trata do que um robô autônomo precisa conhecer acerca de seu ambiente e em que grau ele precisa planejar suas ações de antemão. Uma abordagem é construir robôs que mantenham registros detalhados de seus ambientes, contendo um inventário de objetos e de suas posições, com as quais eles desenvolvam planos de ação precisos. Pesquisas nesta direção dependem fortemente do progresso da representação e do armazenamento do conhecimento, assim como da melhoria de técnicas de raciocínio e de desenvolvimento de planos.

Uma abordagem alternativa é desenvolver robôs reativos que, ao invés de manterem registros complexos e despenderem grandes esforços na construção de planos de ação detalhados, meramente apliquem regras simples de interação com o mundo para guiarem seu comportamento momento a momento. Proponentes da robótica reativa argumentam que os humanos, quando planejam uma viagem longa de carro, não fazem planos abrangentes e detalhados de antemão; eles meramente selecionam as estradas principais, deixando detalhes como onde comer, que saídas tomar e como lidar com desvios para consideração posterior. De uma maneira similar, um robô reativo que precise navegar em um corredor lotado ou que precise ir de um prédio para outro não precisa desenvolver um plano altamente detalhado de antemão, mas deve aplicar regras simples para evitar cada obstáculo que encontrar. Essa é a abordagem usada pelo robô mais vendido da história, o aspirador de pó *iRobot Roomba*, que se move sobre um piso de modo reativo sem se preocupar com os detalhes de móveis e outros obstáculos. Afinal, o animal de estimação da família provavelmente não estará no mesmo lugar da próxima vez.

É claro, nenhuma abordagem única provavelmente provará ser a melhor para todas as situações. Robôs realmente autênticos provavelmente usarão múltiplos níveis de raciocínio e planejamento, aplicando técnicas de alto nível para definir e atingir objetivos principais e sistemas reativos de baixo nível para atingir subobjetivos menores. Um exemplo de tal raciocínio de múltiplos níveis é encontrado na competição Robcup – uma competição internacional de times de futebol de robôs –, que serve como um fórum para a pesquisa em direção ao desenvolvimento de um time de robôs que possam vencer times de futebol humanos de nível mundial em 2050. Aqui, a ênfase não é simplesmente em construir robôs móveis que possam "chutar" uma bola, mas projetar uma equipe de robôs que cooperem uns com os outros para alcançar um objetivo comum. Esses robôs não apenas precisam se mover e raciocinar acerca de suas ações, mas também precisam raciocinar acerca das ações de seus colegas de equipe e de seus oponentes.

Outro exemplo da pesquisa em robótica é a área conhecida como robótica evolucionária, na qual as teorias da evolução são aplicadas para desenvolver esquemas tanto para regras reativas de baixo nível quanto para raciocínio de alto nível. Aqui, encontramos a teoria de sobrevivência do mais apto sendo usada para desenvolver dispositivos que, ao longo de múltiplas gerações, adquiram seus próprios meios de equilíbrio e mobilidade. Muito da pesquisa nessa área distingue-se entre o sistema de controle interno de um robô (software, em sua maioria) e a estrutura física de seu corpo. Por exemplo, o sistema de controle interno de um robô girino nadador foi transferido para um robô similar com pernas. Então, técnicas evolucionárias foram aplicadas dentro do sistema de controle para obter um robô que rastejasse. Em outros exemplos, técnicas evolucionárias têm sido aplicadas ao corpo físico de um robô para descobrir posições para sensores que sejam ótimas para realizar uma tarefa em particular. Pesquisas mais desafiadoras buscam maneiras de evoluir sistemas de controle de software simultaneamente a estruturas de corpo físicas.

Listar todos os resultados impressionantes da pesquisa em robótica seria uma tarefa esmagadora. Nossos robôs atuais estão distantes dos poderosos robôs de filmes e romances de ficção, mas eles atingiram sucessos impressionantes em tarefas específicas. Temos robôs que podem dirigir no trânsito, comportar-se como animais de estimação e guiar armas para seus alvos. Entretanto, enquanto saboreamos esses sucessos, devemos notar que a afeição que sentimos por um cachorro de estimação artificial e o poder impressionante das armas inteligentes elevam as questões sociais e éticas que desafiam a sociedade. Nosso futuro é o que fazemos dele.

Questões e exercícios

1. De que maneira a abordagem reativa para o comportamento de robôs difere do comportamento mais tradicional "baseado em planos"?
2. Quais são os tópicos atuais de pesquisa na área de robótica?
3. Quais são os dois níveis nos quais as teorias evolucionárias estão sendo aplicadas para o desenvolvimento de robôs?

11.7 Consideração das consequências

Sem sombra de dúvida, os avanços que estão sendo feitos na inteligência artificial têm o potencial de beneficiar a humanidade, e é fácil deixar-se levar pelo entusiasmo gerado pelos benefícios em potencial. Entretanto, existem também perigos em potencial à espreita no futuro, cujas ramificações podem ser tão devastadoras quanto os possíveis benefícios de outras ramificações. Essa distinção está, muitas vezes, apenas no ponto de vista de cada um ou talvez na posição de cada um na sociedade – o ganho de um pode ser a perda do outro. É justo, então, reservarmos um momento para analisar os avanços da tecnologia a partir de perspectivas alternativas.

Alguns veem o avanço da tecnologia como um presente para a humanidade – um meio de libertar os humanos das tarefas banais e repetitivas e abrir portas para estilos de vida mais agradáveis. Outros veem esse mesmo fenômeno como uma maldição que rouba os empregos dos cidadãos e canaliza o bem-estar para os com poder. Isso, na verdade, era uma mensagem do humanitário Mahatma Gandhi, da Índia. Ele repetidamente argumentava que a Índia seria mais bem servida se substituísse as grandes fábricas têxteis por rodinhas de fiar colocadas nas casas dos camponeses. Dessa maneira, ele afirmava, a produção em massa centralizada, que empregava apenas alguns poucos, seria substituída por um sistema de produção em massa distribuído, que beneficiaria multidões.

A história é cheia de revoluções com origens na distribuição desproporcional de renda e de privilégios. Se for permitido que os avanços tecnológicos de hoje entrincheirem tais discrepâncias, pode haver consequências catastróficas.

No entanto, as consequências de construir máquinas cada vez mais inteligentes é mais sutil – mais fundamental – que as que tratam de lutas de poder entre diferentes segmentos da sociedade. A questão atinge o cerne da auto-imagem da humanidade. No século XIX, a sociedade ficou horrorizada pela teoria da evolução de Charles Darwin e pelo pensamento de que os humanos teriam evoluído de formas de vida inferiores. Como, então, a sociedade reagirá se confrontada com o ataque de máquinas cujas capacidades mentais rivalizem com a dos humanos?

No passado, a tecnologia se desenvolveu lentamente, dando tempo para que nossa autoimagem fosse preservada por meio do reajuste de nossa concepção de inteligência. Nossos ancestrais primitivos teriam achado que os dispositivos mecânicos do século XIX teriam inteligência sobrenatural, mas atualmente não creditamos inteligência alguma a essas máquinas. No entanto, como a humanidade reagirá se as máquinas realmente desafiarem a inteligência dos humanos ou, mais provavelmente, se as capacidades das máquinas começarem a avançar mais rápido que nossa habilidade de nos adaptarmos?

Podemos ter uma ideia da reação em potencial às máquinas que desafiam nosso intelecto ao considerarmos a resposta da sociedade aos testes de QI na metade do século XX. Esses testes eram utilizados para identificar o nível de inteligência de uma criança. As crianças nos Estados Unidos eram frequentemente classificadas por seu desempenho nesses testes e canalizadas em programas educacionais de acordo com os resultados. Assim, oportunidades educacionais eram abertas às crianças que tinham bom desempenho nesses testes, enquanto crianças que tinham desempenhos ruins eram relacionadas a programas de apoio de estudo. Em resumo, quando é dada uma escala por meio da qual se mede a inteligência de um indivíduo, a sociedade tende a desconsiderar as capacidades dos que se encontram na parte inferior da escala. Como, então, a sociedade lidaria com a situação se as capacidades "intelectuais" das máquinas se tornassem comparáveis, ou mesmo se parecessem comparáveis, com a dos humanos? A sociedade descartaria aqueles cujas habilidades fossem vistas como "inferiores" às das máquinas? Caso isso fosse verdade, quais seriam as consequências para tais membros da sociedade? A dignidade de uma pessoa seria condicionada a como ela se compara em relação a uma máquina?

Já começamos a ver os poderes intelectuais dos humanos serem desafiados por máquinas em áreas específicas. As máquinas são, agora, capazes de ganhar de especialistas em xadrez; sistemas especialistas computadorizados são capazes de dar conselhos médicos; e programas simples que gerenciam portfólios de investimento frequentemente superam profissionais de investimento. Como tais sistemas afetam a autoimagem dos indivíduos envolvidos? Como a autoestima de um indivíduo seria afetada se ele fosse superado pelas máquinas em mais e mais áreas?

Muitos argumentam que a inteligência das máquinas sempre será inerentemente diferente da dos humanos, pois os humanos são biológicos e as máquinas não são. Então, eles argumentam, as máquinas nunca reproduzirão o processo de tomada de decisão dos humanos. As máquinas podem chegar às mesmas decisões que os humanos, mas tais decisões não serão tomadas com a mesma base que aquelas feitas pelos humanos. Em que extensão, então, existem diferentes tipos de inteligência, e seria ético que a sociedade seguisse os caminhos propostos pela inteligência não humana?

Em seu livro, *Computer Power and Human Reason* (*Poder Computacional e Raciocínio Humano*), Joseph Weizenbaum argumenta contra a aplicação não verificada de inteligência artificial, como segue:

> Os computadores podem tomar decisões judiciais, os computadores podem tomar decisões psiquiátricas. Eles podem resolver disputas de maneiras muito mais sofisticadas que o mais paciente dos seres humanos. A questão é que eles não *deveriam* receber tais tarefas. Eles podem até mesmo ser capazes de chegar a decisões "corretas" em alguns casos – mas sempre e necessariamente com bases nas quais nenhum ser humano deveria estar disposto a aceitar.
>
> Têm ocorrido diversos debates sobre "Computadores e a Mente". O que concluo aqui é que as questões relevantes não são nem tecnológicas nem mesmo matemáticas; elas são éticas. Elas não podem ser resolvidas ao perguntarmos questões iniciando com "podem". Os limites da aplicabilidade dos computadores são, em última instância, definíveis apenas em termos de deveres. O que emerge como a compreensão mais elementar é que, como não temos agora quaisquer maneiras de tornar os computadores sábios, não devemos dar aos computadores tarefas que demandem sabedoria.

Você pode argumentar que muito dessa seção está próxima da ficção científica em vez de da ciência da computação. Não faz muito tempo, no entanto, que muitos repudiavam a pergunta "O que acontecerá se os computadores assumirem o controle da sociedade?" com a mesma atitude de que "isso nunca acontecerá". Contudo, em muitos aspectos, esse dia já chegou. Se um banco de dados relata erroneamente que você tem uma nota de crédito ruim, um registro criminal ou uma conta corrente esgotada, é a afirmação do computador ou sua reivindicação de inocência que prevalecerá? Se um funcionamento inadequado de um sistema navegacional indica que uma pisca coberta de neblina está no local errado, onde a aeronave pousará? Se uma máquina é usada para prever a reação do público a várias decisões políticas, que decisões um político toma? Quantas vezes um atendente foi incapaz de auxiliá-lo porque "o sistema está fora do ar"? Quem (ou o que), então, está no comando? Será que ainda não rendemos a sociedade às máquinas?

Questões e exercícios

1. Quanto da população de hoje sobreviveria se as máquinas desenvolvidas nos últimos cem anos fossem removidas? E nos últimos cinquenta anos? E nos últimos vinte anos? Onde os sobreviventes estariam localizados?
2. Até que ponto sua vida é controlada pelas máquinas? Quem controla as máquinas que afetam sua vida?
3. Onde você obtém a informação na qual você baseia suas decisões diárias? E suas grandes decisões? Que confiança você tem na precisão dessa informação? Por quê?

Problemas de revisão do capítulo

(Problemas marcados com asterisco relacionam-se às seções disponíveis online, no site www.grupoa.com.br.)

1. Como demonstrado na Seção 11.2, os humanos podem usar uma questão para um propósito diferente do que foi perguntado. Outro exemplo é "Você sabia que seu pneu estava furado?", que é usada para informar, não para perguntar. Dê exemplos de questões usadas para reafirmar, avisar e criticar.

2. Analise uma máquina de venda de refrigerantes como um agente. Quais são os seus sensores? O que são seus atuadores? Qual o nível de resposta que ela exibe (baseada em reflexo, em conhecimento, em objetivo)?

3. Identifique cada uma das seguintes respostas como baseada em reflexo, em conhecimento ou em objetivo. Justifique suas respostas.
   a. Um programa de computador que traduz textos de alemão para inglês.
   b. Um termostato que liga a caldeira quando a temperatura em uma casa cai abaixo da configuração atual.
   c. Um piloto aterrissando um avião de maneira segura em uma pista.

4. Se um pesquisador usa modelos computacionais para estudar as capacidades de memorização da mente humana, os programas desenvolvidos para a máquina necessariamente realizarão o trabalho de memorização até o limite de suas habilidades? Explique.

5. Dê alguns exemplos de conhecimento declarativo e de conhecimento procedural.

*6. No contexto da programação orientada a objetos, que partes de um objeto são usadas para armazenar conhecimento declarativo? Que partes são usadas para armazenar conhecimento procedural?

7. Quais das seguintes atividades você espera que sejam orientadas ao desempenho e quais são orientadas à simulação?
   a. O projeto de um sistema automatizado de transporte (frequentemente usado em aeroportos entre terminais)
   b. O projeto de um modelo prevendo o caminho de um furacão
   c. O projeto de um banco de dados de busca na Web usado para derivar e manter índices para documentos armazenados na World Wide Web
   d. O projeto de um modelo da economia de uma nação para testar teorias
   e. O projeto de um programa para monitorar os sinais vitais de um paciente

8. Atualmente, algumas chamadas telefônicas para negócios são tratadas por sistemas de respostas automatizadas que usam reconhecimento de voz e fala para conversar com quem fez a chamada. Esses sistemas passariam no teste de Turing? Explique sua resposta.

9. Identifique um pequeno conjunto de propriedades geométricas que podem ser usadas para distinguir entre os símbolos F, E, L e T.

*10. Descreva as similaridades entre a técnica de identificar características por meio da comparação delas com modelos e os códigos de correção de erros discutidos no Capítulo 1.

11. Descreva duas interpretações do seguinte desenho de linhas, baseado no fato de o "canto" marcado por A ser convexo ou côncavo:

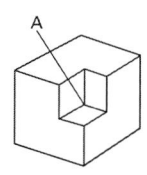

12. Compare os papéis das frases preposicionais (em inglês) nas duas sentenças a seguir (que diferem em apenas uma palavra). Como uma máquina seria programada para fazer tais distinções?

   The pigpen was built by the barn. (O chiqueiro foi construído no celeiro.)

   The pigpen was built by the farmer. (O chiqueiro foi construído pelo agricultor.)

13. Como os resultados da análise sintática das duas sentenças (em inglês) a seguir diferem? Como os resultados da análise semântica diferem?

    An awesome sunset was seen by Andrea. (Um pôr do sol incrível foi visto por Andrea.)

    Andrea saw an awesome sunset. (Andrea viu um pôr do sol incrível.)

14. Como os resultados da análise sintática das duas sentenças (em inglês) a seguir diferem? Como os resultados da análise semântica diferem?

    If X < 10 then subtract 1 from X else add 1 to X. (Se X < 10 então subtraia 1 de X, senão adicione 1 a X.)

    If X > 10 then add 1 to X else subtract 1 from X. (Se X > 10 então adicione 1 a X, senão subtraia 1 de X.)

15. No texto, discutimos brevemente os problemas de entender linguagens naturais em oposição a linguagens formais de programação. Como um exemplo das complexidades envolvidas no caso de linguagens naturais, identifique situações nas quais a questão "Você sabe que horas são?" tem diferentes significados.

16. Mudanças no contexto de uma sentença podem modificar a importância da sentença, bem como seu significado. No contexto da Figura 11.3, como a importância da sentença "Mary bateu em John" mudaria se as datas de nascimento fossem no final dos anos 2000? E se uma fosse nos anos 1980 e a outra no final dos anos 2000?

17. Desenhe uma rede semântica representando a informação do parágrafo a seguir:

    Donna atirou a bola para Jack, que a rebateu no campo central. O jogador do centro tentou pegá-la, mas ela ricocheteou na parede.

18. Algumas vezes, a habilidade de responder a uma questão depende tanto de saber os limites do conhecimento quanto dos fatos propriamente ditos. Por exemplo, suponha que os bancos de dados A e B contenham uma lista completa de empregados que pertençam ao programa do plano de saúde de uma empresa, mas apenas o banco de dados A esteja ciente de que a lista está completa. O que o banco de dados A poderia concluir sobre um membro que não está na lista que o banco de dados B não poderia?

19. Dê um exemplo no qual a premissa de mundo fechado leva a uma contradição.

20. Dê dois exemplos nos quais a premissa de mundo fechado seja comumente usada.

21. No contexto de um sistema de produção, qual é a diferença entre um grafo de estados e uma árvore de busca?

22. Analise a tarefa de solucionar o cubo de Rubik em termos de um sistema de produção. (Quais são os estados, as produções e assim por diante?)

23. a. Suponha que uma árvore de busca seja uma árvore binária, e que alcançar o objetivo requeira oito produções. Qual é o maior número de nós que poderiam estar na árvore quando o estado objetivo for alcançado, se a árvore for construída primeiro em amplitude?

    b. Explique como o número total de nós considerados durante a busca poderia ser reduzido ao conduzir duas buscas ao mesmo tempo – uma iniciando no estado inicial enquanto a outra busca para trás a partir do objetivo – até as duas se encontrarem. (Assuma que a árvore de busca que grava os estados encontrados na busca para trás também seja uma árvore binária e que ambas as buscas progridam na mesma taxa.)

24. No texto, mencionamos que um sistema de produção é frequentemente usado como uma técnica para tirar conclusões a partir de fatos conhecidos. Os estados do sistema são os fatos que sabidamente são verdadeiros em cada estágio do processo de raciocínio, e as produções são as regras lógicas para manipular esses fatos conhecidos. Identifique algumas regras lógicas que permitam a conclusão "John é alto" seja obtida a partir dos

fatos "John é um jogador de basquete", "Jogadores de basquete não são baixos", e "John é ou baixo ou alto".

25. A árvore a seguir representa movimentos possíveis em um jogo competitivo, mostrando que o jogador X atualmente tem uma escolha entre mover A e mover B. Após a jogada de X, o jogador Y pode selecionar um movimento, então o jogador X pode selecionar o último movimento do jogo. Os nós folha da árvore são rotulados como V, D, E, dependendo se o final representa uma vitória, derrota ou empate para o jogador X. O jogador X deveria selecionar o movimento A ou o B? Por quê? Como selecionar uma "produção" em uma atmosfera competitiva difere de um jogo de uma única pessoa, como o jogo dos oito?

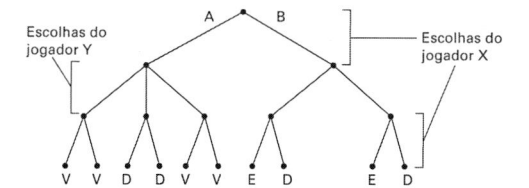

26. Analise o jogo de damas como um sistema de produção e descreva uma heurística que poderia ser usada para determinar qual de dois estados está mais perto do objetivo. Como o sistema de controle poderia, nessa configuração, diferir daquele de um jogo de uma única pessoa, como o jogo dos oito?

27. Ao considerar as regras de manipulação da álgebra como produções, os problemas que envolvem a simplificação de expressões algébricas podem ser solucionados no contexto de um sistema de produção. Identifique um conjunto de produções algébricas que permitam que a equação $3/(2x - 1) = 6/(3x + 1)$ seja reduzida ao formato $x = 3$. Quais são as regras de ouro (ou seja, regras heurísticas) usadas quando são realizadas tais simplificações algébricas?

28. Desenhe a árvore de busca gerada por uma busca em amplitude na tentativa de solucionar o jogo dos oito a partir do estado inicial, sem usar a assistência de qualquer informação heurística.

	1	3
4	2	5
7	8	6

29. Desenhe a árvore de busca gerada pelo algoritmo de melhor casamento da Figura 11.10, em uma tentativa de solucionar o jogo dos oito a partir do estado inicial no Problema 28, se o número de peças fora de lugar fosse usado como uma heurística.

30. Desenhe a árvore de busca gerada pelo algoritmo de melhor casamento da Figura 11.10, em uma tentativa de solucionar o jogo dos oito a partir do seguinte estado inicial, assumindo que a heurística usada seja a mesma da desenvolvida na Seção 11.3.

1	2	3
5	7	6
4		8

31. Ao solucionar o jogo dos oito, por que o número de peças fora do lugar não é uma heurística tão boa quanto a usada na Seção 11.3?

32. Qual é a diferença entre a técnica de decidir qual metade da lista considerar quando se está realizando uma busca binária (Seção 5.5) e decidir qual ramo perseguir quando se está realizando uma busca heurística?

33. Note que se um estado em um grafo de estados de um sistema de produção tenha um valor de heurística extremamente baixo em comparação aos outros estados, e se existe uma produção a partir desse estado para si próprio, o algoritmo na Figura 11.10 pode entrar no laço de considerar o estado infinitamente. Mostre que se o custo de executar qualquer produção no sistema seja ao menos um, então ao computar o custo projetado como sendo o valor de heurística mais o custo de alcançar o estado ao longo do caminho que está sendo percorrido, esse processo de laço sem fim será evitado.

34. Que heurística você usa quando está buscando uma rota entre duas cidades em um grande mapa de rodovias?

35. Desenhe até quatro níveis da árvore de busca produzida pelo algoritmo de melhor casamento da Figura 11.10 ao encontrar a rota de Trent para Wildwood. Cada nó na árvore de busca será uma cidade no mapa. Inicie com um nó para Trent. Quando estiver expandindo um nó, adicione apenas as cidades que estão diretamente conectadas à cidade que está sendo expandida. Grave em cada nó a distância em linha reta para Wildwood e use esse valor como sendo o valor de heurística. O algoritmo de melhor casamento possui um defeito nesse processamento? Se sim, que correção é necessária?

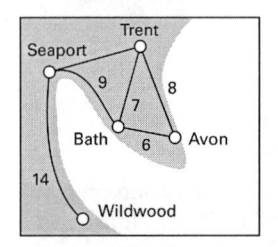

```
                Trent
       Seaport
           9      8
              7
          Bath   6   Avon
      14
           Wildwood
```

Distância em linha reta
para Wildwood a partir de

Avon   10
Bath   8
Trent   15
Seaport 13

36. O algoritmo A* modifica o algoritmo de melhor casamento de duas maneiras importantes. Primeiro, ele grava o custo real de alcançar um estado. No caso de uma rota em um mapa, o custo real é a distância viajada. Segundo, ao selecionar um nó a ser expandido, ele escolhe o nó cuja soma do custo real mais o valor de heurística seja o menor. Desenhe a árvore de busca do Problema 35 que seria resultante dessas duas modificações. Grave em cada nó a distância viajada até a cidade, o valor de heurística para alcançar o objetivo e sua soma. Qual é o caminho encontrado de Trent para Wildwood?

37. Liste duas propriedades que uma heurística deveria ter para que ela seja útil em um sistema de produção.

38. Suponha que você tenha dois baldes. Um tem uma capacidade para exatos três litros; o outro tem uma capacidade para cinco litros. Você pode despejar a água de um balde para outro, esvaziar um balde, ou encher um balde a qualquer momento. Seu objetivo é colocar exatamente quatro litros de água no balde de cinco litros. Descreva como esse problema poderia ser enquadrado como um sistema de produção.

39. Suponha que seu trabalho seja supervisionar o carregamento de dois caminhões, e que cada um deles pode carregar no máximo quatorze toneladas. A carga é uma variedade de engradados cujo peso total é de vinte e oito toneladas, mas cujos pesos individuais podem variar de engradado para engradado. O peso de cada engradado é marcado ao seu lado. Que heurística você usaria para dividir os engradados entre os dois caminhões?

40. Quais dos seguintes são exemplos de metarraciocínio?

    a. Ele partiu já faz tempo, então deve ter ido longe.
    b. Como eu normalmente tomo a decisão errada e as últimas duas decisões que tomei foram corretas, inverterei minha próxima decisão.
    c. Estou ficando cansado, então provavelmente não estou pensando claramente.
    d. Estou ficando cansado, então acho que vou tirar uma soneca.

41. Descreva como uma habilidade humana para solucionar o problema do quadro ajuda o humano a encontrar itens perdidos.

42. a. Em que sentido o aprendizado por imitação é similar ao aprendizado por treinamento supervisionado?

    b. Em que sentido o aprendizado por imitação é diferente do aprendizado por treinamento supervisionado?

43. O seguinte diagrama representa uma rede neural artificial para uma memória associativa, conforme discutido na Seção 11.5. Que padrão ele associa a qualquer padrão no qual apenas dois neurônios que são separados por um único neurônio estão excitados? O que aconteceria se a rede fosse inicializada com todos os seus neurônios inibidos?

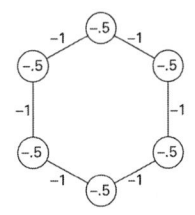

44. O seguinte diagrama representa uma rede neural artificial para uma memória associativa, conforme discutido na Seção 11.5. Que configuração estável ele associa a qualquer padrão inicial no qual ao menos três dos neurônios no perímetro estão excitados e o neurônio do centro está inibido? O que aconteceria se fosse dado a ele um padrão inicial no qual apenas dois neurônios que são opostos um ao outro no perímetro estivessem excitados?

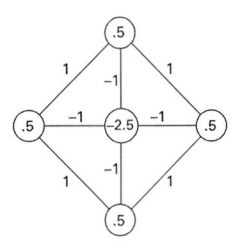

45. Projete uma rede neural artificial para uma memória associativa (como discutido na Seção 11.5) formada por uma matriz retangular de neurônios que tenta se mover em direção a padrões estáveis nos quais uma única coluna vertical de neurônios está excitada?

46. Ajuste os pesos e os valores de limiar na rede neural artificial da Figura 11.18 de forma que sua saída seja 1 quando ambas as entradas forem iguais (ambas 0 ou ambas 1) e 0 quando as entradas forem diferentes (uma sendo 0 enquanto a outra é 1).

47. Desenhe um diagrama similar ao da Figura 11.5 representando o processo de simplificar a expressão algébrica $7x + 3 = 3x - 5$ para a expressão $x = -2$.

48. Expanda sua resposta para o problema anterior para mostrar outros caminhos que um sistema de controle poderia percorrer quando estivesse tentando solucionar o problema.

49. Desenhe um diagrama similar ao da Figura 11.5 representando o processo de raciocínio envolvido quando se conclui que "Polly pode voar" a partir dos fatos iniciais "Polly é um papagaio", "Um papagaio é um pássaro", e "Todos os pássaros podem voar".

50. Em contraste com a sentença no problema anterior, alguns pássaros, como um avestruz ou um pisco-de-peito-ruivo com uma asa quebrada, não podem voar. Entretanto, não seria razoável construir um sistema de raciocínio dedutivo no qual todas as exceções para a sentença "Todos os pássaros podem voar" fossem explicitamente listadas. Como, então, nós como humanos decidiríamos se um pássaro pode ou não voar?

51. Explique como o significado da sentença "Eu li a nova lei de impostos" depende do contexto.

52. Descreva como o problema de viajar de uma cidade para outra poderia ser enquadrado como um sistema de produção. Quais são os estados? Quais são as produções?

53. Suponha que você deva realizar três tarefas, A, B e C, que podem ser realizadas em qualquer ordem (mas não simultaneamente). Descreva como esse problema pode ser enquadrado como um sistema de produção e desenhe seu grafo.

54. Como o grafo de estados no problema anterior é modificado se a tarefa C deve ser realizada antes da tarefa B?

55. a. Se a notação (i, j), onde i e j são inteiros positivos, fosse usada para significar "se a entrada na i-ésima posição na lista for maior que a entrada na j-ésima posição, troque as duas entradas", quais das seguintes sequências fazem um trabalho melhor na ordenação de uma lista de tamanho três?

  (1, 3) (3, 2)
  (1, 2) (2, 3) (1, 2)

  b. Note que, ao representar sequências de trocas dessa maneira, as sequências podem ser quebradas em sub-sequências que podem, então, ser reconectadas para desenvolver um programa que ordena listas de tamanho dez.

56. Suponha que cada membro em um grupo de robôs esteja equipado com um par de sensores. Cada sensor pode detectar um objeto diretamente à frente dele dentro de uma faixa de dois metros. Cada robô possui a forma de uma lata de lixo arredondada e pode se mover em qualquer direção. Projete uma sequência de experimentos para determinar onde os sensores poderiam ser colocados para produzir um sensor que empurrasse de maneira bem-sucedida uma bola de basquete em linha reta. Como sua sequência de experimentos se compara com um sistema evolucionário?

57. Você tende a tomar decisões de maneira reativa ou baseada em planos? Sua resposta depende de você estar decidindo onde vai almoçar ou tomando uma decisão sobre sua carreira?

Questões sociais

As questões a seguir pretendem servir como um guia para os dilemas éticos, sociais e legais associados à área da computação. O objetivo não é meramente responder a estas questões. Você deve também considerar por que as respondeu de uma determinada forma e se suas justificativas mantêm a consistência de uma questão para outra.

1. Até que ponto os pesquisadores em energia nuclear, engenharia genérica e inteligência artificial deveriam ser responsáveis pela maneira como os resultados de seus trabalhos são usados? Um cientista é responsável pelo conhecimento revelado por sua pesquisa? E se o conhecimento resultante fosse uma consequência inesperada?

2. Como você distinguiria inteligência de inteligência simulada? Você acredita que existe uma diferença?

3. Suponha que um sistema especialista médico ganhe uma reputação dentro da comunidade médica por dar bons conselhos. Até que ponto um médico poderia alterar suas decisões relacionadas ao tratamento de pacientes? Se o médico aplicasse um tratamento contrário ao proposto pelo sistema especialista e o sistema, no fim das contas, estivesse certo, o médico seria culpado de imperícia? Em geral, se um sistema especialista tornar-se bem conhecido dentro de uma área, em que grau ele poderia dificultar, em vez de melhorar, a habilidade de especialistas humanos de fazerem seus próprios julgamentos?

4. Muitos argumentariam que as ações de um computador são meras consequências de como ele foi programado, então um computador não pode ter livre arbítrio. Assim, um computador não deveria ser responsável por suas ações. A mente humana é um computador? Os humanos são pré-programados no nascimento? Os humanos são responsáveis por suas ações?

5. Existem caminhos que a ciência não deve percorrer, mesmo que ela seja capaz de fazê-lo? Por exemplo, caso se tornasse possível construir uma máquina com habilidades de percepção e de raciocínio comparáveis às dos seres humanos, a construção de tal máquina seria apropriada? Que questões a existência de tais máquinas levantaria? Quais são as questões sendo levantadas atualmente pelos avanços em outras áreas científicas?

6. A história é cheia de exemplos nos quais o trabalho de cientistas e de artistas foram afetados por influências políticas, religiosas ou outras influências sociais de sua época. De que maneiras tais questões afetam os esforços científicos atuais? E em relação à ciência da computação?

7. Muitas culturas atualmente assumem, ao menos em parte, a responsabilidade de reciclar aqueles cujos empregos tornaram-se redundantes com os avanços tecnológicos. O que a sociedade poderia/deveria fazer à medida que a tecnologia torna cada vez mais capacidades nossas redundantes?

8. Suponha que você tenha recebido uma conta gerada por computador de R$ 0,00. O que você faria? Suponha que você não fizesse nada e 30 dias depois você recebesse uma notificação de uma dívida de R$ 0,00 em sua conta. O que você faria? Suponha que você não fizesse nada e 30 dias depois você recebesse outra notificação de uma dívida de R$ 0,00 em sua conta juntamente com uma nota dizendo que, a menos que a conta seja prontamente paga, ações legais serão tomadas. Quem está no comando?

9. Existem momentos nos quais você atribui personalidade a seu computador pessoal? Existem momentos nos quais parece que ele está vingativo ou teimoso? Você já se zangou com seu computador? Qual é a diferença entre se zangar *com* o seu computador e se zangar *por causa* de seu computador? Seu computador alguma vez se zanga com você? Você tem relacionamentos similares com outros objetos, como carros, televisões e canetas esferográficas?

10. Com base em suas respostas da Questão 9, até que ponto os humanos estão dispostos a associar o comportamento de uma entidade com a presença de inteligência e de consciência? Até que ponto os humanos deveriam fazer tais associações? É possível para uma entidade inteligente revelar sua inteligência de alguma outra maneira que não seja por meio de seu comportamento?

11. Muitos sentem que a habilidade de passar no teste de Turing não implica que uma máquina seja inteligente. Um argumento é que o comportamento inteligente não implica, por si só, inteligência. Mesmo assim, a teoria da evolução é baseada na sobrevivência do mais apto, que é um teste baseado em comportamento. A teoria da evolução implica que o comportamento inteligente seja um antecessor da inteligência? A habilidade de passar no teste de Turing implica que as máquinas estão no caminho de se tornarem inteligentes?

12. O tratamento médico tem avançado ao ponto de várias partes do corpo humano poderem agora ser substituídas por partes artificiais ou por partes de doadores humanos. É concebível que isso possa, algum dia, incluir partes do cérebro. Que problemas éticos tais capacidades levantariam? Se os neurônios de um paciente fossem substituídos, um por vez, por neurônios artificiais, o paciente seria a mesma pessoa? O paciente notaria alguma diferença? O paciente permaneceria humano?

13. Um GPS em um automóvel fornece uma voz amigável que notifica o motorista em relação a manobras próximas e outras ações. Na eventualidade do motorista cometer um erro, ele automaticamente faz ajustes e fornece direções para voltar para a rota sem surpresas. Você acha que um GPS reduz o estresse de um motorista quando ele está dirigindo para um local novo? De que maneiras um GPS contribui para o estresse?

14. Suponha que seu smartphone fornecesse tradução de línguas voz a voz. Você se sentiria confortável em usar tal recurso? Você confiaria que ele transmitiria o significado correto? Você teria alguma preocupação?

Leitura adicional

Banzhaf, W., P. Nordin, R. E. Deller, and F. D. Francone. *Genetic Programming: An Introduction.* San Francisco, CA: Morgan Kaufmann, 1998.

Lu, J. and J. Wu. *Multi-Agent Robotic Systems.* Boca Raton, FL: CRC Press, 2001.

Luger, G. F. *Artificial Intelligence: Structures and Strategies for Complex Problem Solving,* 5th ed. Boston, MA: Addison-Wesley, 2005.

Mitchell, M. *An Introduction to Genetic Algorithms.* Cambridge, MA: MIT Press, 1998.

Negnevitsky, M. *Artificial Intelligence: A Guide to Intelligent Systems,* 2nd ed. Boston, MA: Addison-Wesley, 2005.

Nilsson, N. *Artificial Intelligence: A New Synthesis.* San Francisco, CA: Morgan Kaufmann, 1998.

Nolfi, S. and D. Floreano. *Evolutionary Robotics.* Cambridge, MA: MIT Press, 2000.

Rumelhart, D. E. and J. L. McClelland. *Parallel Distributed Processing.* Cambridge, MA: MIT Press, 1986.

Russell, S. and P. Norvig. *Artificial Intelligence: A Modern Approach,* 3rd ed. Upper Saddle River, NJ: Prentice-Hall, 2009.

Shapiro, L. G. and G. C. Stockman. *Computer Vision.* Englewood Cliffs, NJ: Prentice-Hall, 2001.

Shieber, S. *The Turing Test.* Cambridge, MA: MIT Press, 2004.

Weizenbaum, J. *Computer Power and Human Reason.* New York: W. H. Freeman, 1979.

CAPÍTULO 12

Teoria da Computação

Neste capítulo, consideramos as fundamentações teóricas da ciência da computação. Em certo sentido, é o material deste capítulo que dá à ciência da computação o status de uma ciência verdadeira. Apesar de ser abstrato em natureza, esse corpo de conhecimento tem muitas aplicações práticas. Em particular, exploraremos suas implicações em relação ao poder das linguagens de programação e veremos como ela leva a um sistema de criptografia de chaves públicas amplamente usado na comunicação sobre a Internet.

12.1 Funções e sua computação

12.2 Máquinas de Turing
Fundamentos das máquinas de Turing
A tese de Church-Turing

12.3 Linguagens de programação universais
A linguagem Bare Bones
Programação em Bare Bones
A universalidade de Bare Bones

12.4 Uma função não computável
O problema da parada
A insolubilidade do problema da parada

12.5 Complexidade de problemas
Medição da complexidade de um problema
Problemas polinomiais versus não polinomiais
Problemas NP

*12.6 Criptografia de chaves públicas
Notação modular
Criptografia de chaves públicas RSA

*Asteriscos indicam seções opcionais, disponíveis em www.grupoa.com.br

Neste capítulo, consideramos questões relacionadas ao que os computadores podem e não podem fazer. Veremos como máquinas simples, conhecidas como máquinas de Turing, são usadas para identificar a fronteira entre problemas que são solucionáveis por máquinas e os problemas que não o são. Identificaremos um problema em particular, conhecido como o problema da parada, cuja solução está além dos poderes dos sistemas algorítmicos e, logo, além das capacidades dos computadores de hoje, bem como dos de amanhã. Além disso, descobriremos que, mesmo entre os problemas solucionáveis, existem problemas cujas soluções são tão complexas que eles são insolúveis de qualquer ponto de vista prático. Encerramos considerando como o conhecimento na área da complexidade pode ser usado para construir um sistema de criptografia de chaves públicas.

12.1 Funções e sua computação

Nosso objetivo neste capítulo é investigar as capacidades dos computadores. Queremos entender o que as máquinas podem ou não fazer e que recursos são requeridos pelas máquinas para que elas alcancem todo o seu potencial. Iniciamos com o conceito de funções computáveis.

Uma **função** é, em seu sentido matemático, uma correspondência entre uma coleção de possíveis valores de entrada e uma coleção de valores de saída, de forma que cada possível entrada receba por atribuição uma única saída. Um exemplo é a função que converte medidas em jardas para metros. Para cada medida em jardas, ela atribui o valor que resultaria se a mesma distância fosse medida em metros. Outro exemplo, o qual chamamos de função de ordenação, atribui a cada entrada de uma lista de valores numéricos a outra lista de saída cujas entradas são as mesmas daquelas na lista de entrada, mas organizadas na ordem crescente de seus valores. Mais um exemplo é a função de adição, cuja entrada é formada por pares de valores e cujas saídas são valores representando a soma de cada par de entrada.

O processo de determinar o valor de saída em particular que uma função atribui a uma dada entrada é chamado de *computar a função*. A habilidade de computar funções é importante, pois é por meio da computação de funções que somos capazes de solucionar problemas. Para solucionar um problema de adição, devemos computar a função de adição; para

---

Teoria de funções recursivas

Nada seduz mais a natureza humana do que ouvir que algo não pode ser feito. Uma vez que os pesquisadores começam a identificar problemas insolúveis, no sentido de que eles não possuem soluções algorítmicas, outros começam a estudar esses problemas para entender sua complexidade. Atualmente, essa área de pesquisa é a principal parte do assunto conhecido como teoria de funções recursivas, e muito tem sido aprendido acerca desses problemas superdifíceis. Na verdade, assim como os matemáticos desenvolveram sistemas numéricos que revelavam níveis "quantitativos" além do infinito, os teóricos de funções recursivas já descobriram múltiplos níveis de complexidade dentro de problemas que estão bem além das capacidades dos algoritmos.

ordenar uma lista, devemos computar a função de ordenação. Por sua vez, uma tarefa fundamental da ciência da computação é encontrar técnicas para computar as funções que se encontram subjacentes aos problemas que queremos solucionar.

Considere, por exemplo, um sistema no qual as entradas e as saídas de uma função podem ser predeterminadas e gravadas em uma tabela. Cada vez que a saída da função é requerida, simplesmente buscamos pela entrada informada na tabela na qual encontramos a saída requerida. Então, o processo de computação da função é reduzido ao processo de buscar na tabela. Tais sistemas são convenientes, mas limitados em poder, pois muitas funções não podem ser representadas completamente em sua forma tabular. Um exemplo é mostrado na Figura 12.1, que é uma tentativa de mostrar a função que converte medidas em jardas em medidas equivalentes em metros. Dado que não existe um limite da lista de possíveis pares de entrada/saída, a tabela é destinada a ser incompleta.

Uma abordagem mais poderosa para computar funções é seguir instruções fornecidas por uma fórmula algébrica, em vez de tentar mostrar todas as possíveis combinações de entrada/saída em uma tabela. Poderíamos, por exemplo, usar a fórmula algébrica

$$V = P(1 + r)^n$$

para descrever como computar o valor de um investimento de P após ganhar uma taxa de juros composta anual r por n anos.

No entanto, o poder expressivo das fórmulas algébricas também tem suas limitações. Existem funções cujos relacionamentos de entrada/saída são muito complexos para serem descritos por manipulações algébricas. Exemplos incluem as funções trigonométricas como o seno e o cosseno. Se pressionado para calcular o seno de 38 graus, você poderia desenhar o triângulo apropriado, medir seus lados e calcular a taxa desejada – um processo que não pode ser expresso em termos de manipulações algébricas do valor 38. Sua calculadora de bolso também luta com a tarefa de computar o seno de 38 graus. Na realidade, ela é forçada a aplicar técnicas matemáticas um tanto sofisticadas para obter uma aproximação muito boa do seno de 38 graus, a qual ela relata a você como sendo a resposta.

Jardas (entrada)	Metros (saída)
1	0,9144
2	1,8288
3	2,7432
4	3,6576
5	4,5720
.	.
.	.
.	.

Figura 12.1 Tentativa de mostrar a função que converte medidas em jardas para metros.

Vemos, então, que à medida que consideramos funções com complexidade cada vez maior, somos forçados a aplicar técnicas mais poderosas para computá-las. Nossa questão é se sempre poderemos encontrar um sistema para computar funções, independente de sua complexidade. A resposta é não. Um resultado impressionante da matemática é que existem funções que são tão complexas que não existe um processo bem definido, passo a passo, para determinar suas saídas baseadas nos valores de entrada. Por sua vez, a computação dessas funções reside além das habilidades de qualquer sistema algorítmico. Essas funções são ditas não computáveis, enquanto as funções cujos valores podem ser determinados algoritmicamente a partir de seus valores de entrada são ditas **computáveis**.

A distinção entre funções computáveis e não computáveis é importante na ciência da computação. Como as máquinas podem apenas realizar tarefas descritas por algoritmos, o estudo de funções computáveis é o estudo das capacidades finais das máquinas. Se pudermos identificar capacidades que permitam que uma máquina compute o conjunto inteiro das funções computáveis e, então, construir máquinas com essas capacidades, estaremos certos de que as máquinas que construirmos serão tão poderosas quanto poderiam ser. De maneira similar, se descobríssemos que a solução para um problema requer a computação de uma função não computável, podemos concluir que a solução reside além das capacidades das máquinas.

Questões e exercícios

1. Identifique algumas funções que possam ser representadas completamente na forma tabular.
2. Identifique algumas funções cujas saídas possam ser descritas como uma expressão algébrica envolvendo suas entradas.
3. Identifique uma função que não possa ser descrita em termos de uma fórmula algébrica. Essa função é computável, ainda assim?
4. Matemáticos gregos antigos usavam escalímetro e compasso para desenhar formas. Eles desenvolveram técnicas para encontrar o ponto médio de uma linha reta, construindo um ângulo reto e desenhando um triângulo equilátero. Entretanto, quais eram algumas "computações" que seu "sistema computacional" não poderia realizar?

12.2 Máquinas de Turing

Em um esforço para entender as capacidades e as limitações das máquinas, muitos pesquisadores têm proposto e estudado vários dispositivos computacionais. Um deles é a máquina de Turing, proposta por Alan M. Turing em 1936 e ainda atualmente usada como ferramenta para estudar o poder dos processos algorítmicos.

Fundamentos das máquinas de Turing

Uma **máquina de Turing** consiste em uma unidade de controle que pode ler e escrever símbolos em uma fita por meio de uma cabeça de leitura/escrita (Figura 12.2). A fita se estende indefinidamente em ambas as extre-

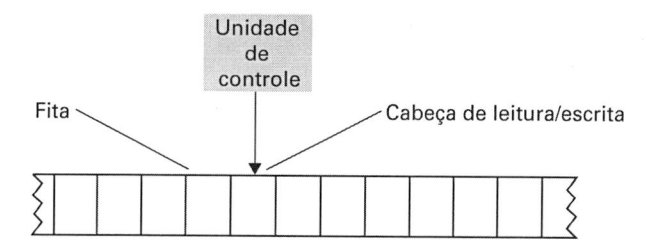

Figura 12.2 Os componente de uma máquina de Turing.

midades e é dividida em células, cada uma das quais pode conter qualquer elemento que esteja dentro de um conjunto finito de símbolos. Esse conjunto é chamado de alfabeto da máquina.

Em qualquer momento durante uma computação da máquina de Turing, a máquina pode estar em uma dentre um número finito de condições, chamadas de estados. Uma computação em uma máquina de Turing inicia em um estado especial, chamado de estado inicial, e cessa quando a máquina alcança outro estado especial, conhecido como estado de parada.

Uma computação em uma máquina de Turing consiste em uma sequência de passos executados pela unidade de controle da máquina. Cada passo consiste em observar o símbolo que está na célula atual da fita (aquela vista pela cabeça de leitura/escrita), escrever um símbolo nessa célula, possivelmente movendo a cabeça de leitura/escrita uma célula para a esquerda ou para a direita e, então, modificando estados. A ação exata a ser realizada é determinada por um programa que diz à unidade controladora o que fazer baseada no estado da máquina e no conteúdo da célula atual na fita.

Consideremos agora um exemplo de uma máquina de Turing específica. Para isso, representamos a fita da máquina como uma faixa horizontal dividida em células, nas quais podemos gravar símbolos do alfabeto da máquina. Indicamos a posição atual da cabeça de leitura/escrita colocando um rótulo abaixo da célula atual na fita. O alfabeto para nosso exemplo

As origens das máquinas de Turing

Alan Turing desenvolveu o conceito de uma máquina de Turing nos anos 1930, bem antes de a tecnologia ser capaz de fornecer as máquinas que conhecemos hoje. Na verdade, a visão de Turing era de um humano realizando as computações com lápis e papel. O objetivo de Turing era fornecer um modelo por meio do qual os limites dos "processos computacionais" poderiam ser estudados. Isso foi logo após a publicação, em 1931, do famoso artigo de Gödel expondo as limitações dos sistemas computacionais, e um grande esforço de pesquisa estava sendo feito para entender essas limitações. No mesmo ano em que Turing apresentava seu modelo (1936), Emil Post apresentava outro modelo (agora conhecido como os sistemas de produção de Post), que tem mostrado ter as mesmas capacidades do modelo de Turing. Como um testemunho das ideias desses primeiros pesquisadores da área, seus modelos de sistemas computacionais (como as máquinas de Turing e os sistemas de produção de Post) ainda servem como ferramentas valiosas na pesquisa em ciência da computação.

consiste nos símbolos 0, 1 e *. A fita de nossa máquina pode aparecer como segue:

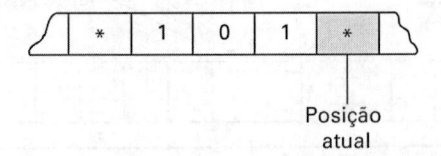

```
| * | 1 | 0 | 1 | * |
                  ↑
              Posição
               atual
```

Ao interpretar uma cadeia de símbolos na fita representando números binários separados por asteriscos, reconhecemos que essa fita específica contém o valor 5. Nossa máquina de Turing é projetada para incrementar tal valor na fita por 1. Mais precisamente, ela assume que a posição inicial está em um asterisco marcando o término direito de uma cadeia de 0s e 1s, e ela continua após alterar o padrão de bits para a esquerda, de forma que ela representa o próximo maior inteiro.

Os estados para nossa máquina são START (início), ADD (adição), CARRY (transporte), OVERFLOW (transbordamento), RETURN (retorno) e HALT (parar). As ações correspondentes a cada um desses estados e o conteúdo da célula atual são descritas na tabela da Figura 12.3. Assumimos que a máquina sempre inicia no estado START.

Vamos aplicar essa máquina à fita retratada anteriormente, que contém o valor 5. Observe que quando a máquina está no estado START com a célula atual contendo * (como no nosso caso), somos instruídos pela tabela a reescrever o *, mover a cabeça de leitura/escrita uma célula para a esquerda e, então, entrar no estado ADD. Feito isso, a máquina pode ser descrita como segue:

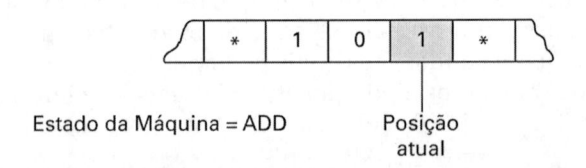

```
                | * | 1 | 0 | 1 | * |
                              ↑
Estado da Máquina = ADD   Posição
                           atual
```

Estado atual	Conteúdo da célula atual	Valor a escrever	Direção a mover	Novo estado a entrar
START	*	*	Esquerda	ADD
ADD	0	1	Direita	RETURN
ADD	1	0	Esquerda	CARRY
ADD	*	*	Direita	HALT
CARRY	0	1	Direita	RETURN
CARRY	1	0	Esquerda	CARRY
CARRY	*	1	Esquerda	OVERFLOW
OVERFLOW	(ignorado)	*	Direita	RETURN
RETURN	0	0	Direita	RETURN
RETURN	1	1	Direita	RETURN
RETURN	*	*	Não se mova	HALT

Figura 12.3 Máquina de Turing para incrementar um valor.

Para continuar, olhamos a tabela para ver o que fazer quando estamos no estado ADD com a célula atual contendo 1. A tabela nos diz para substituir o 1 na célula atual por 0, mover a cabeça de leitura/escrita uma célula para a esquerda e entrar no estado CARRY. Então, a configuração da máquina é:

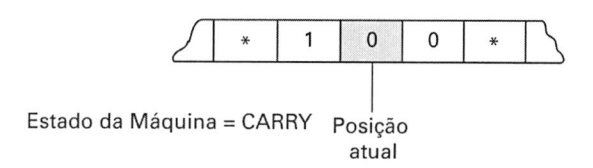

```
   | * | 1 | 0 | 0 | * |
```

Estado da Máquina = CARRY   Posição atual

Mais uma vez, voltamos à tabela e descobrimos que quando estamos no estado CARRY com a célula atual contendo 0, devemos substituir o 0 por 1, mover a cabeça de leitura/escrita uma célula para a direita e entrar no estado RETURN. Após fazermos isso, a configuração da máquina é a seguinte:

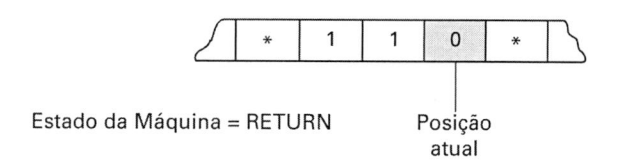

```
   | * | 1 | 1 | 0 | * |
```

Estado da Máquina = RETURN   Posição atual

A partir dessa situação, a tabela nos instrui a continuar substituindo o 0 na célula atual por outro 0, mover a cabeça de leitura/escrita uma célula para a direita e permanecer no estado RETURN. Consequentemente, encontramos nossa máquina na seguinte condição:

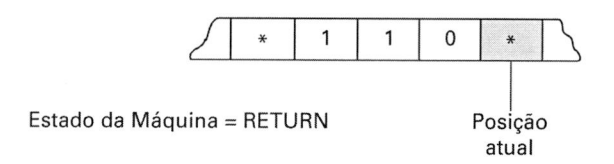

```
   | * | 1 | 1 | 0 | * |
```

Estado da Máquina = RETURN   Posição atual

Neste ponto, vemos que a tabela nos instrui a reescrever o asterisco na célula atual e parar (HALT). A máquina, então, para na seguinte configuração (os símbolos na fita agora representam o valor 6 conforme desejado):

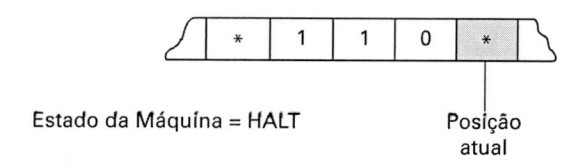

```
   | * | 1 | 1 | 0 | * |
```

Estado da Máquina = HALT   Posição atual

A tese de Church-Turing

A máquina de Turing no exemplo anterior pode ser usada para computar a função conhecida como "sucessor", que atribui a cada valor de entrada inteiro não negativo n o valor de saída $n + 1$. Precisamos simplesmente colocar o valor de entrada em sua forma binária na fita da máquina, rodar a máquina até ela parar e ler o valor de saída da fita. Uma função que possa ser computada dessa maneira por uma máquina de Turing é chamada de **Turing-computável**.

A conjectura de Turing era de que funções Turing-computáveis eram as mesmas que as funções computáveis. Em outras palavras, ele conjecturou que o poder computacional das máquinas de Turing envolvia aquele de qualquer sistema algorítmico ou, equivalentemente, que (em contraste com abordagens como tabelas e fórmulas algébricas) o conceito de máquinas de Turing fornecia um contexto no qual poderiam ser expressas soluções para todas as funções computáveis. Atualmente, essa conjectura é frequentemente referida como a **tese de Church-Turing**, em referência às contribuições feitas tanto por Alan Turing quanto por Alonzo Church. Desde o trabalho inicial de Turing, muitas evidências têm sido coletadas para oferecer suporte à essa tese, e atualmente a tese de Church-Turing é amplamente aceita. Ou seja, as funções computáveis e as funções Turing-computáveis são consideradas a mesma coisa.

A importância dessa conjectura é que ela dá percepções acerca das capacidades e limitações das máquinas de computação. Mais precisamente, ela estabelece as capacidades das máquinas de Turing como o padrão por meio do qual os poderes de outros sistemas computacionais podem ser comparados. Se um sistema é capaz de computar todas as funções Turing-computáveis, ele é considerado tão poderoso quanto qualquer sistema computacional pode ser.

Questões e exercícios

1. Aplique a máquina de Turing descrita nesta seção (Figura 12.3), iniciando com o seguinte status inicial:

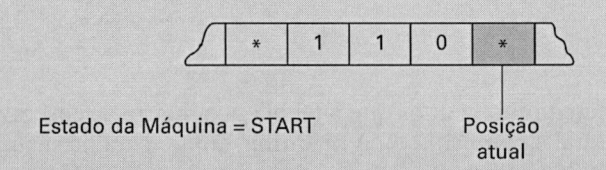

   | * | 1 | 1 | 0 | * |

   Estado da Máquina = START   Posição atual

2. Descreva uma máquina de Turing que substitua uma cadeia de 0s e 1s por um único 0.
3. Descreva uma máquina de Turing que decremente o valor na fita se ele for maior que zero ou deixe o valor inalterado se ele for zero.
4. Identifique uma situação do dia a dia na qual acontecem cálculos. Como essa situação é análoga a uma máquina de Turing?
5. Descreva uma máquina de Turing que pare para algumas entradas, mas nunca pare para outras.

12.3 Linguagens de programação universais

No Capítulo 6, estudamos uma variedade de recursos encontrados em linguagens de programação de alto nível. Nesta seção, aplicamos nosso conhecimento de computabilidade para determinar quais desses recursos são de fato necessários. Descobriremos que a maioria dos recursos nas linguagens de alto nível atuais apenas melhora a conveniência, em vez de contribuir com o poder fundamental da linguagem.

Uma abordagem é descrever uma linguagem de programação imperativa simples e rica o suficiente para nos permitir expressar programas para computar todas as funções Turing-computáveis (e logo, todas as funções computáveis). Por isso, se um futuro programador descobrir que um problema não pode ser solucionado utilizando essa linguagem, a razão não será culpa da linguagem. No lugar disso, não existirá um algoritmo para resolver o problema. Uma linguagem com essa propriedade é chamada de **linguagem de programação universal**.

Você pode se surpreender com o fato de uma linguagem universal não precisar ser complexa. Na verdade, a linguagem que apresentaremos é bastante simples. A chamaremos de Bare Bones (Esqueleto), pois ela isola o conjunto mínimo de requisitos de uma linguagem de programação universal.

A linguagem Bare Bones

Vamos iniciar nossa apresentação de Bare Bones considerando as sentenças declarativas encontradas em outras linguagens de programação. Essas sentenças dão aos programadores o luxo de pensar em termos de estruturas de dados e tipos de dados (como matrizes de valores numéricos e cadeias de caracteres alfabéticos) mesmo que a máquina, por si só, meramente manipule padrões de bits sem qualquer conhecimento do que o padrão representa. Antes de ser apresentada para que uma máquina a execute, uma instrução de alto nível que lida com tipos de dados e estruturas elaboradas deve ser traduzida em instruções de linguagem de máquina que manipulem os padrões de bits para simular as ações solicitadas.

Por conveniência, podemos interpretar esses padrões como valores numéricos representados em notação binária. Então, todas as computações realizadas por um computador poderiam ser expressas como computações numéricas envolvendo inteiros não negativos – está tudo aos olhos do observador. Além disso, as linguagens de programação poderiam ser simplificadas requerendo que os programadores expressassem algoritmos nesses termos (apesar de que isso seria um grande fardo ao programador).

Como nosso objetivo no desenvolvimento de Bare Bones é desenvolver a linguagem mais simples possível, seguiremos esse caminho. Todas as variáveis em Bare Bones serão consideradas como representando padrões de bits que, por conveniência, interpretamos como inteiros não negativos em notação binária. Então, de uma variável que atualmente contém o padrão 10 diremos que ela contém o valor dois, enquanto uma variável que tem atribuído o padrão 101 é dita como contendo o valor cinco.

Usando essa convenção, todas as variáveis em um programa Bare Bones são do mesmo tipo, de forma que a linguagem não precisa de sentenças declarativas por meio das quais os nomes de variáveis e suas propriedades associadas são descritas. Ao usar Bare Bones, um programador pode simplesmente iniciar o uso de uma nova variável conforme o necessário, com o entendimento que ela se refere a um padrão de bits interpretado como um inteiro não negativo.

Obviamente, um tradutor para nossa linguagem Bare Bones deve ser capaz de distinguir nomes de variáveis de outros termos. Isso é feito projetando-se a sintaxe de Bare Bones de forma que o papel de qualquer termo possa ser identificado somente pela sintaxe. Para esse propósito, especificamos que o nome de variáveis deve iniciar com uma letra do alfabeto inglês, que pode ser seguida por quaisquer combinações de letras e dígitos (0 a 9). Então, as cadeias XYZ, B747, abcdefghi e X5Y podem ser usadas como nomes de variáveis, enquanto 2G5, %o e x.y não podem.

Consideremos agora as sentenças procedurais em Bare Bones. Existem três sentenças de atribuição e uma estrutura representando um laço. A linguagem é livre de formato, de forma que cada sentença termina com um ponto e vírgula, tornando fácil para um tradutor separar sentenças que aparecem na mesma linha. Nós, entretanto, adotamos a política de escrever apenas uma sentença por linha para melhorar a legibilidade.

Cada uma das três sentenças de atribuição requer que o conteúdo da variável identificada na sentença seja modificado. A primeira nos permite associar o valor zero a uma variável. Sua sintaxe é

```
clear nome;
```

onde nome pode ser qualquer nome de variável.

As outras sentenças de atribuição são essencialmente opostas entre si:

```
incr nome;
```

e

```
decr nome;
```

Mais uma vez, nome representa qualquer nome de variável. A primeira dessas sentenças faz com que o valor associado à variável identificada seja incrementado em um. Então, se a variável Y recebesse o valor cinco antes da sentença

```
incr Y;
```

ser executada, o valor atribuído a Y depois disso seria seis.

Em contrapartida, a sentença decr é usada para decrementar o valor associado à variável identificada em uma unidade. Uma exceção é quando a variável já é associada a zero. Nesse caso, essa sentença deixa o valor inalterado. Logo, se o valor associado a Y fosse cinco antes da sentença

```
decr Y;
```

ser executada, então o valor quatro seria associado a Y após a execução. Entretanto, se o valor de Y fosse zero antes da execução da sentença, o valor permaneceria zero após a execução.

Bare Bones fornece apenas uma estrutura de controle representada por uma sentença while-end (enquanto-fim). A sequência de sentenças

```
while nome not 0 do;
   .
   .
   .
end;
```

(onde *nome* representa qualquer nome de variável) faz com que qualquer sentença ou sequência de sentenças posicionada entre as sentenças while e end sejam repetidas desde que o valor da variável name não seja zero. Para ser mais preciso, quando uma estrutural while-end é encontrada durante a execução de um programa, o valor da variável identificada é primeiro comparado a zero. Se ele for zero, a estrutura é ignorada, e a execução continua com a sentença seguinte à sentença end. Se, entretanto, o valor da variável não for zero, a sequência de sentenças dentro da estrutura while-end é executada, e o controle é retornado para a sentença while, em que a comparação é conduzida novamente. Note que o fardo do controle de laço é parcialmente colocado no programador, que deve explicitamente requisitar que o valor da variável seja alterado dentro do corpo do laço de forma a evitar um laço infinito. Por exemplo, a sequência

```
incr X;
while X not 0 do;
   incr Z;
end;
```

resulta em um processo infinito, pois uma vez que a sentença *enquanto* é encontrada, o valor associado com X nunca pode ser zero, enquanto que a sequência

```
clear Z;
while X not 0 do;
   incr Z;
   decr X;
end;
```

por fim termina com o efeito de transferir o valor inicialmente associado a X para a variável Z.

Observe que as sentenças while e end devem aparecer em pares, com a sentença while aparecendo primeiro. Entretanto, um par while-end pode aparecer dentro das instruções que estão sendo repetidas por outro par while-end. Em tal caso, o pareamento das sentenças while e end é realizado pela varredura do programa em sua forma escrita do início ao fim, enquanto associa-se cada sentença end com a sentença while precedente mais próxima que ainda não esteja casada. Apesar de não ser sintaticamente necessário, frequentemente usamos identação para melhorar a legibilidade de tais estruturas.

Como um exemplo final, a sequência de instruções na Figura 12.4 resulta no produto dos valores associados X e Y sendo associado a Z, apesar de ter o efeito colateral de destruir quaisquer valores diferentes de zero que poderiam estar associados a X. (A estrutura while-end controlada pela variável W tem o efeito de restaurar o valor original de Y.)

Programação em Bare Bones

Mantenha em mente que nosso objetivo em apresentar a linguagem Bare Bones é investigar o que é possível, não o que é prático. Bare Bones provaria ser desajeitada se usada em uma configuração aplicada. Por outro lado, veremos em breve que essa linguagem simples satisfaz ao nosso objetivo de fornecer uma linguagem de programação universal sem frescuras. Por enquanto, meramente demonstraremos como Bare Bones pode ser usada para expressar algumas operações elementares.

Primeiro, notemos que com a combinação das sentenças de atribuição, qualquer valor (qualquer inteiro não negativo) pode ser associado a uma variável dada. Por exemplo, a seguinte sequência atribui o valor três à variável X, primeiro atribuindo a ela o valor zero e, então, incrementando seu valor três vezes:

```
clear X;
incr X;
incr X;
incr X;
```

Outra atividade comum em programas é copiar dados de uma posição para outra. Em termos de Bare Bones, isso significa que precisamos ser capazes de atribuir o valor de uma variável a outra variável. Isso pode ser realizado primeiro limpando o destino e, então, incrementando-o um número apropriado de vezes. Na verdade, já observamos que a sequência

```
clear Z;
while X not 0 do;
    incr Z;
    decr X;
end;
```

transfere o valor associado a X para Z. Entretanto, essa sequência possui o efeito colateral de destruir o valor original de X. Para corrigir isso, po-

```
clear Z;
while X not 0 do;
    clear W;
    while Y not 0 do;
        incr Z;
        incr W;
        decr Y;
    end;
    while W not 0 do;
        incr Y;
        decr W;
    end;
    decr X;
end;
```

Figura 12.4 Programa em Bare Bones para calcular X × Y.

demos introduzir uma variável auxiliar para a qual primeiro transferimos o valor em questão de sua posição inicial. Então, usamos essa variável auxiliar como a fonte de dados a partir da qual restauramos a variável original enquanto colocamos o valor em questão no destino desejado. Dessa maneira, o movimento de Today (hoje) para Tomorrow (amanhã) pode ser realizado pela sequência mostrada na Figura 12.5.

Adotamos a sintaxe

```
copy nome1 to nome2;
```

(onde *nome1* e *nome2* representam quaisquer nomes de variáveis) como uma notação abreviada para uma estrutura de sentenças da forma da Figura 12.5. Então, apesar de Bare Bones, por si só, não ter uma instrução explícita de cópia, frequentemente escrevemos programas como se ela tivesse, com o entendimento de que para converter tais programas informais em programas Bare Bones reais, devemos substituir as sentenças copy (copiar) por suas estruturas while-end equivalentes usando uma variável auxiliar cujo nome não conflita com um nome que já esteja sendo usado em algum lugar do programa.

A universalidade de Bare Bones

Vamos agora aplicar a tese de Church-Turing para confirmar nossa afirmação de que Bare Bones é uma linguagem de programação universal. Primeiro, observemos que qualquer programa escrito em Bare Bones pode ser pensado como dirigindo a computação de uma função. A entrada da função consiste em valores atribuídos a variáveis antes da execução do programa, e a saída da função consiste nos valores de variáveis quando o programa termina. Para computar a função, simplesmente executamos o programa, iniciando com as atribuições de variáveis apropriadas e, então, observamos os valores das variáveis quando o programa termina.

Sob essas condições, o programa

```
incr X;
```

dirige a computação da mesma função (a função "sucessor") que é computada pela máquina de Turing do exemplo da Seção 12.2. Na verdade, ela incre-

```
clear Aux;
clear Tomorrow;
while Today not 0 do;
   incr Aux;
   decr Today;
end;
while Aux not 0 do;
   incr Today;
   incr Tomorrow;
   decr Aux;
end;
```

Figura 12.5 Implementação em Bare Bones da instrução "copy Today to Tomorrow".

menta o valor associado a X em um. De maneira similar, se interpretássemos as variáveis X e Y como entrada e a variável Z como saída, o programa

```
copy Y to Z;
while X not 0 do;
incr Z;
decr X;
end;
```

dirigiria a computação da função de adição.

Pesquisadores têm demonstrado que a linguagem de programação Bare Bones pode ser usada para expressar algoritmos para computar todas as funções Turing-computáveis. Combinar isso com a tese de Church-Turing implica que qualquer função computável pode ser computada por um programa escrito em Bare Bones. Então, Bare Bones é uma linguagem de programação universal no sentido de que, se existe um algoritmo para solucionar um problema, então esse problema pode ser solucionado por algum programa Bare Bones. Por sua vez, Bare Bones poderia teoricamente servir como uma linguagem de programação de propósito geral.

Explicamos *teoricamente* por que tal linguagem certamente não é tão conveniente quanto as linguagens de alto nível apresentadas no Capítulo 6. Entretanto, cada uma dessas linguagens contém os recursos de Bare Bones como seu núcleo. É, na verdade, esse núcleo que garante a universalidade de cada uma dessas linguagens; todas as outras características das várias linguagens são incluídas por conveniência.

Embora não sejam práticas em um ambiente de programação de aplicações, linguagens como Bare Bones têm utilidade dentro da ciência da computação teórica. Por exemplo, no Apêndice E usamos Bare Bones como uma ferramenta para resolver a questão relativa à equivalência das estruturas iterativas e recursivas levantada no Capítulo 5. Lá, descobrimos que nossas suspeitas acerca da equivalência eram, na verdade, justificadas.

Questões e exercícios

1. Mostre que a sentença `invert X;` (cuja ação é converter o valor de X para zero se seu valor inicial for diferente de zero e para 1 se seu valor inicial for zero) pode ser simulada por um segmento de programa em Bare Bones.
2. Mostre que mesmo nossa linguagem Bare Bones simples contém mais sentenças que o necessário, mostrando que a sentença `clear` poderia ser substituída por combinações de outras sentenças da linguagem.
3. Mostre que a estrutura se-então-senão pode ser simulada usando Bare Bones. Ou seja, escreva uma sequência de programa em Bare Bones que simule a ação da sentença

    `se X not 0 então S1 senão S2;`

    onde S1 e S2 representam sequências de sentenças arbitrárias.
4. Mostre que cada uma das sentenças de Bare Bones pode ser expressa em termos da linguagem de máquina do Apêndice C. (Logo, Bare Bones pode ser usada como uma linguagem de programação para essa máquina.)
5. Como os números negativos podem ser tratados em Bare Bones?

6. Descreva a função computada pelo seguinte programa em Bare Bones, assumindo que a entrada da função é representada por X e sua saída, por Z:

```
clear Z;
while X not 0 do;
  incr Z;
  incr Z;
  decr X;
end;
```

12.4 Uma função não computável

Agora, identificamos uma função que não é Turing-computável e, assim, pela tese de Church-Turing, acredita-se amplamente que ela seja não computável no sentido geral. Então, ela é uma função cuja computação reside além das capacidades dos computadores.

O problema da parada

A função não computável que estamos prestes a revelar é associada a um problema conhecido como **problema da parada**, que (em um sentido informal) é o problema de tentar prever de antemão se um programa terminará (ou parará) se for iniciado sob certas condições. Por exemplo, considere o programa simples em Bare Bones

```
while X not 0 do;
  incr X;
end;
```

Se executássemos esse programa com o valor inicial de X sendo zero, o laço não seria executado e a execução do programa terminaria rapidamente. Entretanto, se executássemos o programa com qualquer outro valor inicial de X, o laço seria executado para sempre, levando a um processo que não terminaria.

Neste caso, então, é fácil concluir que a execução do programa parará apenas quando o programa for iniciado com X recebendo o valor zero por atribuição. Entretanto, à medida que passamos para exemplos mais complexos, a tarefa de prever o comportamento de um programa torna-se mais complexa. Na verdade, em alguns casos, a tarefa é impossível, como veremos. No entanto, primeiro precisamos formalizar nossa terminologia e focar nossos pensamentos mais precisamente.

Nosso exemplo mostrou que o fato de um programa por fim parar depende dos valores iniciais de suas variáveis. Então, se esperamos prever se a execução de um programa parará, devemos ser precisos em relação a esses valores iniciais. A escolha que estamos prestes a fazer para esses valores pode parecer estranha à primeira vista, mas não se desespere. Um objetivo é tirar proveito de uma técnica chamada de **autorreferência** – a ideia de um objeto referir a si mesmo. Esse estratagema repetidamente tem levado a resultados surpreendentes na matemática, a partir de curiosidades informais como a sentenças "Esta sentença é falsa", até o paradoxo mais sério representado pela questão "O conjunto de todos os conjuntos contém a si mesmo?" O que estamos prestes a fazer, então, é montar o palco para uma linha de raciocínio similar a "Se ele faz, então ele não faz; se ele não faz, então ele faz".

Em nosso caso a autorreferência será atingida atribuindo às variáveis em um programa um valor inicial que representa o próprio programa. Para isso, observe que cada programa Bare Bones pode ser codificado como um único longo padrão de bits em um formato de um caractere por byte usando ASCII, que pode ser interpretado como a representação binária para um inteiro não negativo (um tanto maior). É esse valor inteiro que atribuímos como o valor inicial para as variáveis no programa.

Vamos considerar o que aconteceria se fizéssemos isso no caso do programa simples

```
while X not 0 do;
  incr X;
end;
```

Queremos saber o que aconteceria se iniciássemos esse programa com X recebendo o valor inteiro representando o próprio programa (Figura 12.6). Neste caso, a resposta é prontamente aparente. Como X teria um valor diferente de zero, o programa seria pego no laço e nunca terminaria. Por outro lado, se realizássemos um experimento similar com o programa

```
clear X;
while X not 0 do;
  incr X;
end;
```

o programa terminaria, pois a variável X teria o valor zero no momento em que a estrutura while-end fosse alcançada, independentemente de seu valor.

Vamos, então, fazer a seguinte definição: um programa Bare Bones **termina a si mesmo** se a execução do programa com todas suas variáveis inicializadas com a representação do próprio programa codificada leva a um processo que termina. Informalmente, um programa termina a si mesmo se sua execução termina quando iniciado consigo mesmo como entrada. Aqui, então, está a autorreferência que prometemos.

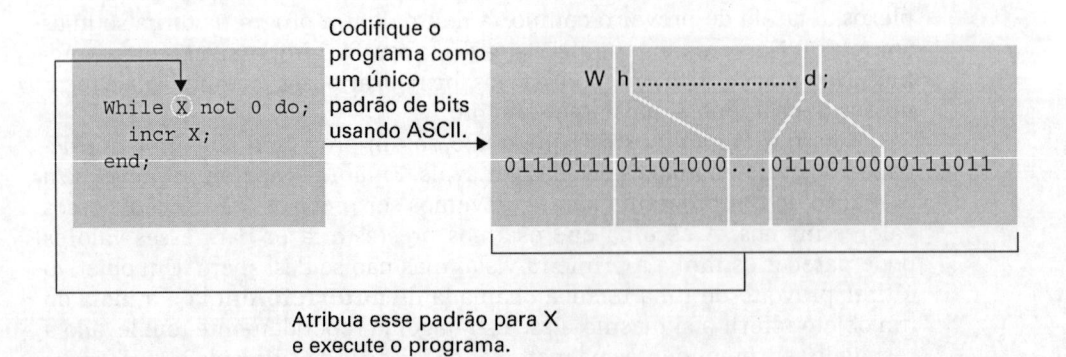

Figura 12.6 Teste de um programa para autotérmino.

Note que o fato de um programa terminar a si mesmo provavelmente não tem nada a ver com o propósito para o qual o programa foi escrito. É meramente uma propriedade que cada programa Bare Bones possui ou não. Ou seja, cada programa Bare Bones termina a si mesmo ou não.

Podemos, agora, descrever o problema da parada de uma maneira precisa. É o problema de determinar se programas Bare Bones terminam a si mesmo ou não. Estamos prestes a ver que não existe um algoritmo para responder a essa questão de um modo geral. Ou seja, não existe um único algoritmo que, ao receber um programa Bare Bones qualquer, seja capaz de determinar se o programa se termina ou não se termina. Então, a solução para o problema da parada está além das capacidades dos computadores.

O fato de aparentemente termos solucionado o problema da parada em nossos exemplos anteriores e agora afirmarmos que o problema da parada é insolúvel pode parecer contraditório, então vamos dar uma pausa para esclarecimentos. As observações que usamos em nossos exemplos eram únicas aos casos em particular, e não seriam aplicáveis em todas as situações. O que o problema da parada requer é um algoritmo único genérico, que possa ser aplicado a quaisquer programas Bare Bones para determinar se um programa em particular termina a si mesmo. Nossa habilidade de aplicar certas percepções isoladas para determinar se um programa em particular termina a si mesmo não implica, de maneira alguma, a existência de uma única e abordagem genérica que possa ser aplicada a todos os casos. Em resumo, podemos ser capazes de construir uma máquina que possa solucionar um problema da parada em particular, mas não podemos construir uma única máquina que solucione qualquer problema da parada que surja.

A insolubilidade do problema da parada

Queremos mostrar agora que solucionar o problema da parada reside além das capacidades das máquinas. Nossa abordagem é mostrar que solucionar o problema requereria um algoritmo para computar uma função não computável. As entradas da função em questão são versões codificadas dos programas Bare Bones; suas saídas estão limitadas aos valores 0 e 1. Mais precisamente, definimos a função de forma que uma entrada representando um programa que se termina produza um valor de saída 1, enquanto uma entrada representando um programa que não se termina produza o valor de saída 0. Por questão de concisão, nos referiremos à essa função como a *função de parada*.

Nossa tarefa é mostrar que a função da parada é não computável. Nossa abordagem é a técnica conhecida como "prova por contradição". Em resumo, provamos que uma sentença é falsa mostrando que ela não pode ser verdadeira. Vamos, então, mostrar que a sentença "a função de parada é computável" não pode ser verdadeira. Nosso argumento inteiro está resumido na Figura 12.7.

Se a função de parada for computável, então (como Bare Bones é uma linguagem de programação universal) deve existir um programa Bare Bones que a computa. Em outras palavras, existe um programa Bare Bones que termina com sua entrada igual a 1, se sua entrada for a versão codificada de um programa que se termina, e termina com uma entrada igual a 0, caso contrário.

Primeiro: Proponha a existência de um programa que,

dada qualquer versão de um programa

> Programa proposto

irá parar com a variável X igual a 1 se a entrada representa um programa que termina a si mesmo, ou com X igual a 0, caso contrário.

Então: Se tal programa existir, poderíamos modificá-lo ao

adicionar uma estrutura while-end

> Programa proposto
> ```
> while X
>   not 0 do;
> end;
> ```

para produzir um novo programa.

Agora: Se esse novo programa terminar a si mesmo e

iniciássemos com sua própria codificação como sua entrada

a execução alcançaria esse ponto com X igual a 1

> Programa proposto
> ```
> while X
>   not 0 do;
> end;
> ```

então a execução se tornaria presa nesse laço para sempre;

se o novo programa termina a si mesmo, então ele não termina a si mesmo.

Entretanto: Se esse novo programa não terminasse a si mesmo e

iniciássemos com sua própria codificação como sua entrada

a execução alcançaria esse ponto com X igual a 0,

> Programa proposto
> ```
> while X
>   not 0 do;
> end;
> ```

então esse laço seria pulado

e a execução pararia;

se o novo programa não termina a si mesmo, então ele termina a si mesmo.

Consequentemente:

A existência do programa proposto

> Programa proposto

levaria

à existência de um novo programa

> Programa proposto
> ```
> while X
>   not 0 do;
> end;
> ```

que não é nem autoterminável, nem não autoterminável

então a existência do programa proposto é impossível.

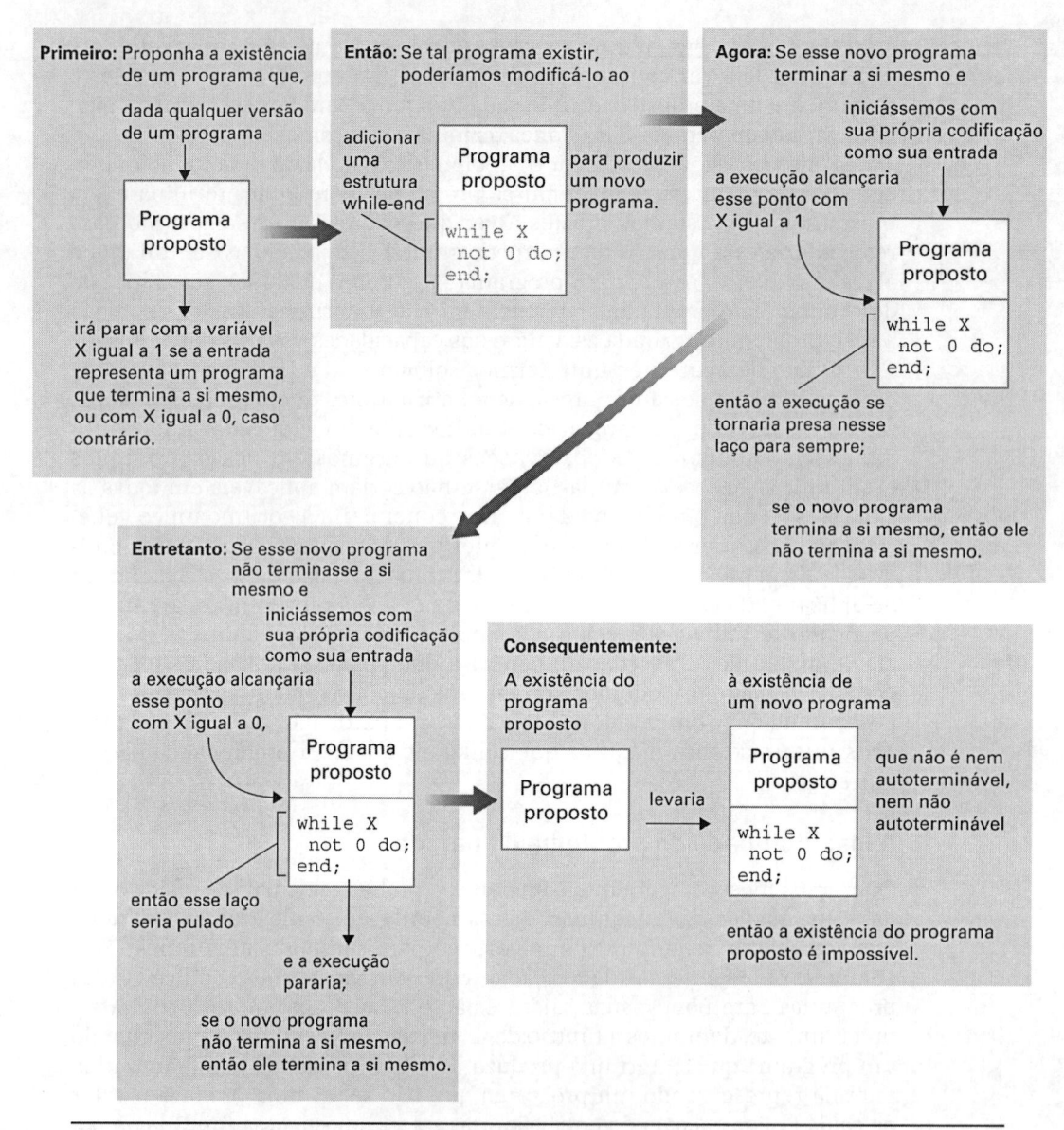

Figura 12.7 Prova da insolubilidade do programa da parada.

Para aplicar esse programa, não precisamos identificar qual variável é a variável de entrada, mas simplesmente inicializar todas as variáveis do programa com a versão codificada do programa a ser testado. Isso porque uma variável que não é uma variável de entrada é, inerentemente, uma variável cujo valor de entrada não afeta, em última instância, o valor de saída final. Concluímos que se a função de parada é computável, então existe um programa Bare Bones que termina com sua saída igual a 1, se todas as suas variáveis são inicializadas com a versão codificada de um programa que se termina, e termina com seu valor de saída igual a 0, caso contrário.

Assumindo que a variável de saída do programa seja nomeada X (se não fosse, poderíamos simplesmente renomear as variáveis), poderíamos modificar o programa anexando as sentenças

```
while X not 0 do;
end;
```

em seu fim, produzindo um novo programa. Esse novo programa se termina ou não se termina. Entretanto, estamos prestes a ver que ele não pode ser nenhuma das duas opções.

Em particular, se esse novo programa se terminasse e o executássemos com suas variáveis inicializadas para a representação codificada do próprio programa, então quando sua execução alcançasse a sentença while que adicionamos, a variável X conteria 1. (Até esse ponto, o novo programa é idêntico ao programa original que produzia um 1 se sua entrada fosse a representação de um programa que se termina.) Neste ponto, a execução do programa seria capturada para sempre na estrutura while-end, pois não fizemos qualquer provisão para que X fosse decrementado dentro do laço. Contudo, isso contradiz nossa suposição de que o programa se termina. Logo, devemos concluir que o novo programa não se termina.

Se, entretanto, o novo programa não se terminasse e o executássemos com suas variáveis inicializadas para a representação codificada do próprio programa, ele alcançaria a sentença while adicionada com X recebendo o valor 0 por atribuição. (Isso ocorre porque as sentenças que precedem a sentença while constituem o programa original que produz uma saída 0 quando sua entrada representa um programa que não termina a si mesmo.) Nesse caso, o laço na estrutura while-end seria evitado, e o programa pararia. No entanto, essa é a propriedade de um programa que se termina, então somos forçados a concluir que o novo programa se termina assim como fomos forçados a concluir anteriormente que ele não se termina.

Em resumo, vemos que temos a situação impossível de um programa que, por um lado, pode ser um programa ou que se termina ou que não se termina, e por outro lado não pode ser nenhuma das duas coisas. Consequentemente, a suposição que levou a esse dilema precisa ser falsa.

Concluímos que a função de parada não é computável, e já que a solução do problema da parada depende da computação dessa função, devemos concluir que o problema da parada reside além das capacidades de quaisquer sistemas algorítmicos. Tais problemas são chamados de **problemas insolúveis**.

Ao encerrar, destacamos que já havíamos discutido essas ideias no Capítulo 10. Lá, uma das principais questões subjacentes era se os poderes das máquinas computacionais incluíam aqueles requeridos pela própria inteligência. Lembre-se de que as máquinas podem solucionar apenas problemas com soluções algorítmicas, e agora descobrimos que existem problemas sem soluções algorítmicas. A questão, então, é se a mente humana incorpora mais que a execução de processos algorítmicos. Se ela não o faz, então os limites que identificamos aqui são também limites do pensamento humano. Desnecessário dizer, essa é uma questão altamente passível de debates e, algumas vezes, bastante dramática. Se, por exemplo, as mentes humanas não são mais que máquinas programadas, então alguém poderia concluir que os humanos não possuem livre arbítrio.

Questões e exercícios

1. O programa Bare Bones a seguir termina a si mesmo? Explique sua resposta.

   ```
   incr X;
   decr Y;
   ```

2. O programa Bare Bones a seguir termina a si mesmo? Explique sua resposta.

   ```
   copy X to Y;
   incr Y;
   incr Y;
   while X not 0 do;
     decr X;
     decr X;
     decr Y;
     decr Y;
   end;
   decr Y;
   while Y not 0 do;
   end;
   ```

3. O que está errado com o cenário a seguir?

   Em certa comunidade, todo mundo é dono de sua própria casa. O pintor de casas da comunidade afirma ter pintado todas as casas, e somente aquelas, que não foram pintadas por seus donos.

   (*Dica:* Quem pinta a casa do pintor?)

12.5 Complexidade de problemas

Na Seção 12.4, investigamos a solubilidade de problemas. Nesta seção, estamos interessados na questão de um problema solúvel ter ou não uma solução prática. Descobriremos que alguns problemas solúveis teoricamente são tão complexos que são insolúveis do ponto de vista prático.

Medição da complexidade de um problema

Iniciamos retornando para nosso estudo de eficiência de algoritmos que iniciamos na Seção 5.6. Lá, usamos a notação de grande theta para classificar os algoritmos de acordo com o tempo necessário para executá-los. Descobrimos que o algoritmo da ordenação por inserção está na classe $\Theta(N^2)$, o algoritmo de busca sequencial está em $\Theta(n)$ e o algoritmo de busca binária está em $\Theta(\lg n)$. Agora, usamos esse sistema de classificação para nos ajudar a identificar a complexidade de problemas. Nosso objetivo é desenvolver um sistema de classificação que nos diga quais problemas são mais complexos que outros e, por fim, quais problemas são tão complexos que suas soluções residem além da praticidade.

A razão pela qual nosso estudo atual é baseado em nosso conhecimento da eficiência de algoritmos é que esperamos medir a complexidade de um problema em termos da complexidade de suas soluções. Consideramos um problema simples como um problema que tenha uma solução simples; um problema complexo como um que não tenha uma solução simples. Note que o fato de um problema ter uma solução difícil não necessariamente significa que o problema, por si só, seja complexo. Afinal, um problema tem muitas soluções, uma das quais pode ser complexa. Então, concluir que um problema por si só é complexo requer que mostremos que nenhuma de suas soluções é simples.

Em ciência da computação, os problemas de interesse são aqueles solucionáveis por máquinas. A solução para esses problemas são formuladas como algoritmos. Então, a complexidade de um problema é determinada pelas propriedades dos algoritmos que solucionam esse problema. Mais precisamente, a complexidade do algoritmo mais simples para solucionar um problema é considerada como sendo a complexidade do problema propriamente dito.

Porém, como medimos a complexidade de um algoritmo? Infelizmente, o termo *complexidade* tem interpretações diferentes. Uma lida com a quantidade de tomadas de decisão e ramificações envolvidas no algoritmo. Sob essa óptica, um algoritmo complexo seria um algoritmo que envolvesse um conjunto de direções retorcido, entrelaçado. Essa interpretação poderia ser compatível com o ponto de vista de um engenheiro de software, que estaria interessado em questões relacionadas à descoberta e à representação de algoritmos, mas ela não engloba o conceito de complexidade do ponto de vista de uma máquina. Uma máquina, na verdade, não toma decisões quando está selecionando a próxima instrução para execução, ela simplesmente segue seu ciclo de máquina indefinidamente, executando a instrução que é indicada pelo contador de programa. Consequentemente, uma máquina pode executar um conjunto de instruções entrelaçadas tão facilmente quanto executaria uma lista de instruções em uma ordem sequencial simples. Essa interpretação de complexidade, então, tende a medir a dificuldade encontrada na representação de um algoritmo ao invés da complexidade do algoritmo propriamente dito.

Uma interpretação que reflete mais precisamente a complexidade de um algoritmo a partir do ponto de vista de uma máquina é medir o número de passos que devem ser realizados quando se executa o algoritmo. Note que isso não é o mesmo que o número de instruções que aparecem no programa escrito. Um laço cujo corpo consiste em uma única sentença, mas cujo controle requer a execução do corpo 100 vezes, é equivalente a 100 sentenças quando executado. Logo, tal rotina é considerada mais complexa que uma lista de 50 sentenças escritas individualmente, mesmo que o último caso pareça maior na forma escrita. A questão é que esse significado de *complexidade* se preocupa, em última instância, com o tempo que leva para uma máquina executar uma solução, e não com o tamanho do programa que representa a solução.

Então, consideramos um problema como sendo complexo se todas as suas soluções requerem muito tempo. Essa definição de complexidade é referida como **complexidade de tempo**. Já encontramos o conceito de complexidade de tempo indiretamente em nosso estudo da eficiência de algoritmos, na Seção 5.6. Afinal, o estudo da eficiência de um algoritmo é o estudo da complexidade de tempo de um algoritmo – as duas coisas são meramente o inverso uma da outra. Ou seja, "mais eficiente" é igual a "menos complexo". Então, em termos de complexidade de tempo, o algoritmo de busca sequencial (que descobrimos ser $\Theta(n)$) é uma solução mais complexa para o problema de buscar em uma lista do que o algoritmo de busca binária (que descobrimos ser $\Theta(\lg n)$).

Apliquemos agora nosso conhecimento de complexidade de algoritmos para obter uma forma de identificar a complexidade de problemas. Definimos a complexidade (de tempo) de um problema como sendo $\Theta(f(n))$, onde $f(n)$ é alguma expressão matemática em n, se existir um algoritmo para solucionar o problema cuja complexidade de tempo esteja em $\Theta(f(n))$ e, se nenhum outro algoritmo para solucionar o problema possuir uma complexidade de tempo menor. Ou seja, a complexidade (de tempo) de um problema é definida como sendo a complexidade (de tempo) de sua melhor solução. Infelizmente, encontrar a melhor solução para um problema e saber que ela é a melhor solução é frequentemente um problema difícil. Em tais situações, uma variação da notação de grande theta, chamada de **notação de grande O**, é usada para representar o que é conhecido como a complexidade de um problema. Mais precisamente, se $f(n)$ for uma expressão matemática em n e se um problema puder ser solucionado por um algoritmo em $\Theta(f(n))$, então dizemos que o problema está em $O(f(n))$ (pronuncia-se grande O de $f(n)$). Então, dizer que um problema pertence a $O(f(n))$ significa que ele possui uma solução cuja complexidade está em $\Theta(f(n))$, mas ele poderia possivelmente ter uma solução melhor.

Nossa investigação de problemas de busca e ordenação nos diz que o problema de buscar dentro de uma lista de tamanho n (sobre a qual tudo o que sabemos é que a lista foi previamente ordenada) está em $O(\lg n)$ porque o algoritmo de busca binária soluciona o problema. Além disso, pesquisadores têm mostrado que o problema da busca está, na verdade, em $\Theta(\lg n)$, de forma que a busca binária representa uma solução ótima para o problema. Em contrapartida, sabemos que o problema de ordenar uma lista de tamanho n (quando não sabemos nada acerca da distribuição original dos valores contidos nela) está em $O(n^2)$, pois o algoritmo de ordenação por inserção soluciona o problema. O problema da ordenação, entretanto, é conhecido como sendo em $\Theta(n \lg n)$, que nos diz que o algoritmo de ordenação por inserção não é uma solução ótima (no contexto de complexidade de tempo).

Um exemplo de uma solução melhor para o problema da ordenação é o algoritmo de ordenação por mescla (*merge sort*). Sua abordagem é mesclar pequenas porções ordenadas da lista para obter porções ordenadas maiores que possam, então, ser mescladas de forma a obter porções ainda maiores. Cada processo de mescla aplica o algoritmo de mescla que encontramos quando discutimos arquivos sequenciais (Figura 9.15). Por conveniência, o apresentamos novamente na Figura 12.8, desta vez no contexto de mescla de duas listas. O algoritmo de mescla (recursivo) completo é apresentado como o procedimento `MergeSort` na Figura 12.9. Quando solicitado que ordene uma lista, esse procedimento primeiro verifica se a lista é menor que duas entradas. Se for, a tarefa do procedimento está completa. Se não for, o procedimento divide a lista em duas porções, solicita que outras cópias do procedimento `MergeSort` ordenem essas porções e, então, mescla essas porções ordenadas para obter a versão ordenada final da lista.

procedimento MergeLists(ListaEntradaA, ListaEntradaB, ListaSaída)
se (ambas as listas de entrada estiverem vazias) **então** (Pare, com ListaSaída vazia)
se (ListaEntradaA for vazia)
  então (Declare-a como esgotada)
  senão (Declare sua primeira entrada como sendo a entrada atual)
se (ListaEntradaB for vazia)
  então (Declare-a como esgotada)
  senão (Declare sua primeira entrada como sendo a entrada atual)
enquanto (nenhuma das listas de entrada estiverem esgotadas) **faça**
    (Coloque a entrada atual "menor" em ListaSaída;
    se (essa entrada atual for a última entrada em sua lista de entrada correspondente)
      então (Declare essa lista de entrada como esgotada)
      senão (Declare a próxima entrada nessa lista de entrada como sendo a entrada atual da lista)
)
Iniciando com a entrada atual na lista de entrada que não estiver esgotada,
  copie as entradas remanescentes para ListaSaída.

Figura 12.8 Procedimento MergeLists (mesclar listas) para mesclar duas listas.

Para analisar a complexidade desse algoritmo, primeiro consideramos o número de comparações entre entradas da lista que devem ser feitas ao mesclar uma lista de tamanho r com uma lista de tamanho s. O processo de mescla procede ao repetidamente comparar uma entrada de uma lista com uma entrada da outra, colocando a "menor" das duas entradas na lista de saída. Então, cada vez que uma comparação é feita, o número de entradas a ainda serem consideradas é reduzido em uma unidade. Como existem apenas $r + s$ entradas para começar, concluímos que o processo de mesclar as duas listas envolverá não mais que $r + s$ comparações.

Agora, consideremos o algoritmo de ordenação por mescla inteiro. Ele encara a tarefa de ordenar uma lista de tamanho n de tal maneira que o problema inicial de ordenação é reduzido a dois problemas menores, cada um dos quais pede para ordenar uma lista de tamanho aproximado $n/2$. Esses dois problemas são, por sua vez, reduzidos a um total de quatro problemas de ordenar listas de tamanho aproximado $n/4$. Esse processo de divisão pode ser resumido pela estrutura de árvore na Figura 12.10, na qual cada nó da árvore representa um único problema no processo recursivo e os ramos abaixo de um nó representam os menores problemas derivados do pai. Por isso, podemos achar o número total de comparações que ocorrem nos nós da árvore.

procedimento MergeSort(Lista)

se (Lista tem mais de uma entrada)
  então (Aplique o procedimento MergeSort para ordenar a primeira metade de Lista;
      Aplique o procedimento MergeSort para ordenar a segunda metade de Lista;
      Aplique o procedimento MergeSort para mesclar a primeira e a segunda
        metades da Lista para produzir uma versão ordenada da Lista
)

Figura 12.9 Algoritmo de ordenação por mescla implementado como um procedimento MergeSort.

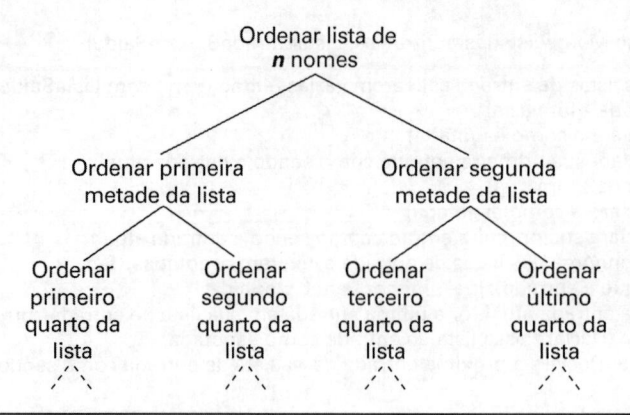

```
                    Ordenar lista de
                        n nomes
                   /                  \
         Ordenar primeira        Ordenar segunda
          metade da lista         metade da lista
          /          \             /           \
    Ordenar      Ordenar       Ordenar       Ordenar
    primeiro     segundo       terceiro      último
    quarto da    quarto da     quarto da     quarto da
     lista        lista         lista         lista
     /\           /\            /\            /\
```

Figura 12.10 Hierarquia dos problemas gerados pelo algoritmo de ordenação por mescla.

Vamos primeiro determinar o número de comparações feitas ao longo de cada nível da árvore. Observe que cada nó que aparece ao longo de qualquer nível da árvore tem a tarefa de ordenar um segmento único da lista original. Isso é realizado pelo processo de mescla e, logo, não requer um número maior de comparações do que o número de entradas no segmento de lista – como já argumentamos. Por isso, cada nível da árvore não requer um número maior de comparações do que o número de entradas nos segmentos de lista, e como os segmentos ao longo de um dado nível da árvore representam porções disjuntas da lista original, esse total não é maior que o tamanho da lista original. Consequentemente, cada nível da árvore envolve não mais que n comparações. (Obviamente, o nível mais baixo envolve ordenar listas de tamanho menor que dois – o que não envolve comparação alguma.)

Agora, determinemos o número de níveis na árvore. Para isso, observe que o processo de dividir problemas em problemas menores continua até que listas de tamanho menor que dois sejam obtidas. Então, o número de níveis na árvore é determinado pelo número de vezes que, iniciando com o valor n, podemos repetidamente dividir por dois até que o resultado não seja maior que um, que é $\lg n$. Mais precisamente, não existem mais de $\lceil \lg n \rceil$ níveis da árvore que envolvam comparações, onde a notação $\lceil \lg n \rceil$ representa o valor de $\lg n$ arredondado para cima, para o próximo inteiro.

Por fim, o número total de comparações feitas pelo algoritmo de ordenação por mescla quando está ordenando uma lista de tamanho n é obtido multiplicando-se o número de comparações feitas em cada nível da árvore pelo número de níveis nos quais as comparações são feitas. Concluímos que isso não é maior que $\lceil \lg n \rceil$. Como o gráfico de $\lceil \lg n \rceil$ tem o mesmo formato geral do gráfico de $n \lg n$, concluímos que o algoritmo de ordenação por mescla pertence a $O(n \lg n)$. Combinar isso com o fato de os pesquisadores nos dizerem que o problema da ordenação possui uma complexidade $\Theta(n \lg n)$ implica que o algoritmo de ordenação por mescla representa uma solução ótima para o problema da ordenação.

Complexidade de espaço

Uma alternativa à medição da complexidade em termos de tempo é medir os requisitos em termos de espaço de armazenamento – resultando em uma medida conhecida como **complexidade de espaço**. Ou seja, a complexidade de espaço de um problema é determinada pela quantidade de espaço de armazenamento necessário para solucionar o problema. No texto, temos visto que a complexidade de tempo de ordenar uma lista com n entradas é $O(n \lg n)$. A complexidade de espaço do mesmo problema é não mais que $O(n + 1) = O(n)$. Afinal, ordenar uma lista com n entradas usando a ordenação por inserção requer espaço para a lista propriamente dita mais um espaço para armazenar uma única entrada de forma temporária. Então, se nos fosse solicitado ordenar listas cada vez mais longas, descobriríamos que o tempo necessário para cada tarefa incrementaria mais rapidamente que o espaço necessário. Esse é na verdade um fenômeno comum. Como leva tempo para usar espaço, a complexidade de espaço de um problema nunca cresce mais rapidamente que sua complexidade de tempo.

Existem, frequentemente, disputas entre complexidade de tempo e de espaço. Em algumas aplicações, pode ser vantajoso desempenhar certas computações de antemão e armazenar os resultados em uma tabela a partir da qual eles possam ser obtidos rapidamente quando necessário. Tais técnicas de "tabelas de busca" diminuem o tempo necessário para obter um resultado uma vez que ele seja realmente necessário, à custa do espaço adicional requerido pela tabela. Por outro lado, a compressão de dados é frequentemente usada para reduzir os requisitos de armazenamento, à custa do tempo adicional requerido para comprimir e descomprimir dados.

Problemas polinomiais versus não polinomiais

Suponha que $f(n)$ e $g(n)$ sejam expressões matemáticas. Dizer que $g(n)$ está limitada por $f(n)$ significa que, à medida que aplicamos essas expressões para valores cada vez maiores de n, o valor de $f(n)$ se tornará maior que o de $g(n)$ e permanecerá maior que $g(n)$ para todos os valores maiores que n. Em outras palavras, dizer que $g(n)$ está limitada a $f(n)$ significa que o gráfico de $f(n)$ estará acima do gráfico de $g(n)$ para "grandes" valores de n. Por exemplo, a expressão $\lg n$ está limitada pela expressão n (Figura 12.11a), e $n \lg n$ está limitada a n^2 (Figura 12.11b).

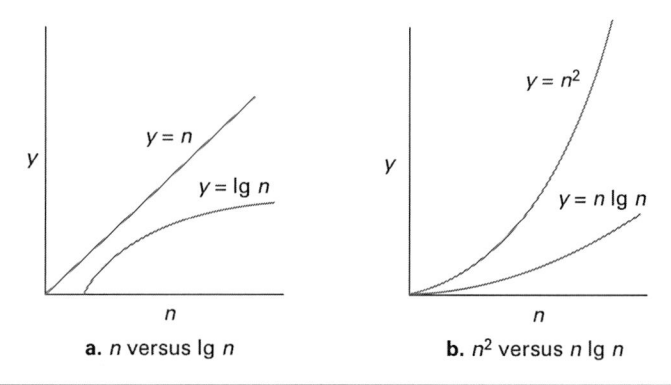

a. n versus $\lg n$

b. n^2 versus $n \lg n$

Figura 12.11 Gráficos das expressões matemáticas n, $\lg n$, $n \lg n$ e n^2.

Dizemos que um problema é um **problema polinomial** se o problema está em $O(f(n))$, onde a expressão $f(n)$ é ela própria ou polinomial ou limitada por uma função polinomial. A coleção de todos os problemas polinomiais é representada por **P**. Note que nossas investigações anteriores nos dizem que tanto os problemas de buscar em uma lista quanto ordenar uma lista pertencem a P.

Dizer que um problema é um problema polinomial é uma afirmação acerca do tempo requerido para solucionar o problema. Frequentemente dizemos que um problema em P pode ser solucionado em tempo polinomial ou que o problema possui uma solução em tempo polinomial.

Identificar os problemas que pertencem a P é de grande importância na ciência da computação, pois isso está associado a questões relacionadas a se os problemas têm soluções práticas. Na verdade, problemas que estão fora da classe P são caracterizados como tendo tempos de execução extremamente longos, mesmo para entradas de tamanho moderado. Considere, por exemplo, um problema cuja solução requeria 2^n passos. A expressão exponencial 2^n não é limitada por qualquer polinômio – se $f(n)$ é uma função polinomial, então à medida que aumentamos o tamanho de n, descobriremos que os valores de 2^n serão maiores que aqueles de $f(n)$. Isso significa que um algoritmo com complexidade $\Theta(2^n)$ será geralmente menos eficiente, e precisará de mais tempo, que um algoritmo com complexidade $\Theta(f(n))$. Um algoritmo cuja complexidade é identificada por uma expressão exponencial é dito como requerendo tempo exponencial.

Como um exemplo em particular, considere o problema de listar todos os possíveis subcomitês que podem ser formados por um grupo de n pessoas. Dado que existem $2^n - 1$ subcomitês (permitimos que um subcomitê fosse formado pelo grupo inteiro, mas não consideramos que o conjunto vazio fosse um subcomitê), qualquer algoritmo que solucione esse problema deve ter ao menos $2^n - 1$ passos e, então, uma complexidade ao menos tão grande quanto. Contudo, a expressão $2^n - 1$, sendo uma expressão exponencial, não é limitada por qualquer polinômio. Por isso, qualquer solução para esse problema torna-se enormemente demorada à medida que o tamanho do grupo a partir do qual os comitês são selecionados aumenta.

Em contraste com nosso problema de subcomitês, cuja complexidade é grande meramente por causa do tamanho de sua entrada, existem problemas cujas complexidades são grandes mesmo que sua entrada final seja uma mera resposta sim ou não. Um exemplo envolve a habilidade de responder questões acerca da veracidade de sentenças envolvendo a adição de números reais. Por exemplo, podemos facilmente reconhecer que a resposta para a questão "É verdade que existe um número real que quando adicionado a si mesmo produz o valor 6?" é sim, enquanto a resposta a "É verdade que existe um número real diferente de zero que quando somado a si mesmo é 0?" é não. Entretanto, à medida que tais questões tornam-se mais elaboradas, nossa habilidade de respondê-las começa a diminuir gradualmente. Se nos encontrarmos diante de muitas dessas questões, poderíamos estar tentados a buscar a ajuda de um programa de computador. Infelizmente, a habilidade de responder a tais perguntas tem mostrado requerer tempo exponencial, então mesmo um computador, no fim das contas, falha em produzir respostas em tempo hábil à medida que as questões tornam-se mais elaboradas.

O fato de que problemas teoricamente solucionáveis, mas que não estão em P, possuem tais complexidades de tempo enormes nos leva a concluir que esses problemas são, essencialmente, insolúveis de um ponto de vista prático. Os cientistas da computação chamam esses problemas de **intratáveis**. Por sua vez, a classe P veio para representar uma fronteira importante que distingue os problemas intratáveis dos que podem ter soluções práticas. Então, uma compreensão da classe P tornou-se um importante objetivo dentro da ciência da computação.

Problemas NP

Consideremos o **problema do caixeiro-viajante**, que envolve um caixeiro-viajante que deve visitar cada um de seus clientes em diferentes cidades sem exceder seu orçamento de viagens. Seu problema, então, é encontrar um caminho (iniciando em sua casa, conectando as cidades envolvidas e retornando para sua casa) cujo tamanho total não exceda sua quilometragem permitida.

A solução tradicional para esse problema é considerar os caminhos em potencial de uma maneira sistemática, comparando o tamanho de cada caminho com o limite de quilometragem até que ou um caminho aceitável seja encontrado, ou todas as possibilidades tenham sido consideradas.

Essa abordagem, entretanto, não produz uma solução em tempo polinomial. À medida que o número de cidades aumenta, o número de caminhos a serem testados cresce mais rapidamente que qualquer polinômio. Então, solucionar o problema do caixeiro-viajante dessa maneira é impraticável para casos envolvendo grandes números de cidades.

Concluímos que, para solucionar o problema do caixeiro-viajante em uma quantidade razoável de tempo, devemos encontrar um algoritmo mais rápido. Nosso apetite é aguçado pela observação de que se um caminho satisfatório existir, e o selecionarmos primeiro, nosso algoritmo atual termina rapidamente. Em particular, a lista de instruções a seguir pode ser executada rapidamente e tem o potencial de solucionar o problema:

```
Pegue um dos caminhos possíveis e compute sua distância
total.
se (essa distância não for maior que a quilometragem permitida)
    então (declare um sucesso)
    senão (não declare nada)
```

Entretanto, esse conjunto de instruções não é um algoritmo no sentido técnico. Sua primeira instrução é ambígua, no sentido de que ela não especifica que caminho deve ser selecionado nem como a decisão deve ser tomada. Ao invés disso, ele se baseia na criatividade do mecanismo que executa o programa para tomar a decisão por conta própria. Dizemos que tais instruções são não determinísticas, e chamamos um "algoritmo" contendo tais sentenças de **algoritmo não determinístico**.

Note que à medida que o número de cidades aumenta, o tempo necessário para executar o algoritmo não determinístico anterior aumenta de maneira relativamente lenta. O processo de selecionar um caminho é simplesmente o de produzir uma lista de cidades, o que pode ser feito em um tempo proporcional ao número de cidades envolvidas. Além disso, o tempo necessário para computar a distância total ao longo do caminho percorrido é também proporcional ao número de cidades a serem visitadas, e o tempo necessário para comparar esse total com o limite de quilometragem é independente do número de cidades. Por sua vez, o tempo requerido para executar o algoritmo não determinístico é limitado por um polinômio. Então, é possível solucionar o problema do caixeiro-viajante por meio de um algoritmo não determinístico em tempo polinomial.

É claro que nossa solução não determinística não é completamente satisfatória. Ela se baseia em um lance de sorte. No entanto, sua existência é o suficiente para sugerir que talvez exista uma solução determinística para o problema do caixeiro-viajante que rode em tempo polinomial. Se isso é ou não verdade, permanece uma questão em aberto. Na verdade, o problema do caixeiro-viajante é um dos muitos problemas que são conhecidos por terem soluções não determinísticas que executam em tempo polinomial, mas para os quais uma solução determinística em tempo polinomial ainda não foi encontrada. A tentadora eficiência das soluções não determinísticas para esses problemas faz com que alguns tenham esperança de que soluções determinísticas eficientes sejam encontradas algum dia; mesmo assim, a maioria acredita que esses problemas são simplesmente complexos o suficiente para escaparem das capacidades de algoritmos determinísticos eficientes.

Um problema que pode ser solucionado em tempo polinomial por um algoritmo não determinístico é chamado de **problema polinomial não determinístico** ou, abreviando, de **problema NP**. É costumeiro denotar a classe de problemas NP por **NP**. Note que todos os problemas em P também estão em NP, porque qualquer algoritmo (determinístico) pode ter uma instrução não determinística adicionada a ele sem afetar seu desempenho.

Se todos os problemas NP também estão em P, entretanto, é uma questão em aberto, como demonstrado pelo problema do caixeiro-viajante. Esse talvez seja o problema não solucionado mais amplamente conhecido na ciência da computação atualmente. Sua solução poderia ter consequências significativas. Por exemplo, na próxima seção, disponível no material online, aprenderemos que sistemas de criptografia cuja integridade se baseia no enorme tempo requerido para solucionar problemas similares ao problema do caixeiro-viajante têm sido projetados. Se for verificado que existem soluções eficientes para tais problemas, esses sistemas de criptografia estariam comprometidos.

Esforços para solucionar a questão de a classe NP ser, na verdade, a mesma classe que P levaram à descoberta de uma classe de problemas dentro da classe NP conhecidos como **problemas NP-completos**. Esses problemas têm a propriedade de que uma solução em tempo polinomial para qualquer um deles forneceria uma solução em tempo polinomial para todos os outros problemas em NP também. Ou seja, se um algoritmo (determinístico) que resolva um dos problemas NP-completos em tempo polinomial puder ser encontrado, então esse algoritmo pode ser estendido para solucionar qualquer outro problema em NP em tempo polinomial. Dessa forma, a classe NP seria a mesma classe da P. O problema do caixeiro-viajante é um exemplo de um problema NP-completo.

Em resumo, descobrimos que problemas podem ser classificados como solúveis (que possuem uma solução algorítmica) ou insolúveis (que não

```
                Problemas solúveis        Problemas insolúveis
       ┌─────────────┴──────────┐      ┌──────────┴──────────┐
     Problemas NP
  ┌────────┴──────────┬ ─ ─ ─┌─?─┐
  │                   │      │   │                           │
  │                   │      │   │                           │
  └───────────────────┴──────────┘
         │                  │
     Problemas         Problemas não
     polinomiais        polinomiais
```

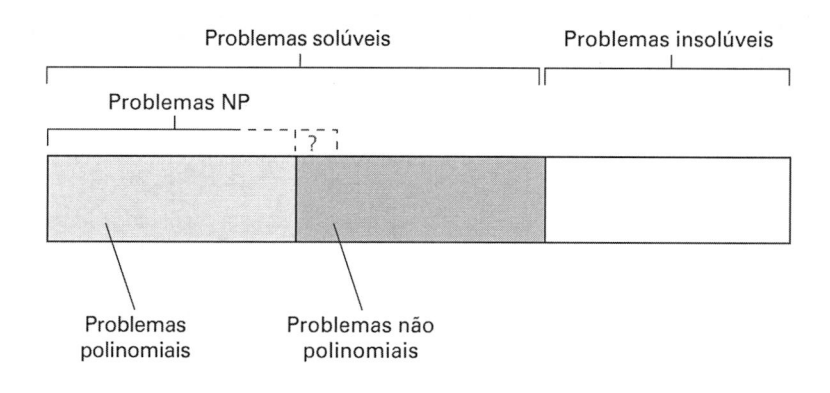

Figura 12.12 Resumo gráfico da classificação de problemas.

possuem uma solução algorítmica), como retratado na Figura 12.12. Além disso, dentro da classe dos problemas solúveis estão duas subclasses. A primeira é a coleção de problemas polinomiais que contém os problemas com soluções práticas. A segunda é a coleção de problemas não polinomiais cujas soluções são práticas apenas para entradas relativamente pequenas ou cuidadosamente selecionadas. Por fim, existem os misteriosos problemas NP, que até agora têm evitado uma classificação precisa.

Determinístico versus não determinístico

Em muitos casos, existe uma linha tênue entre um "algoritmo" determinístico e um não determinístico. Entretanto, a distinção é bastante clara e importante. Um algoritmo determinístico não depende das capacidades criativas do mecanismo que executa o algoritmo, enquanto um "algoritmo" não determinístico pode depender. Por exemplo, compare a instrução

Vá para a próxima interseção e vire ou à direita ou à esquerda.

e a instrução

Vá para a próxima interseção e vire à direita ou à esquerda dependendo do que a pessoa que estiver na esquina disser para você fazer.

Em ambos os casos, a ação desempenhada pela pessoa que está seguindo as instruções não é determinada antes de realmente executar a instrução. Entretanto, a primeira instrução requer que a pessoa que está seguindo as instruções tome uma decisão baseada em seu próprio julgamento e, logo, é não determinística. A segunda instrução não impõe tais requisitos para a pessoa que está seguindo as instruções – é dito à pessoa o que fazer em cada estágio. Se diversas pessoas diferentes seguirem a primeira instrução, algumas poderiam dobrar à direita, enquanto outras poderiam dobrar à esquerda. Se diversas pessoas seguirem a segunda instrução e receberem a mesma informação, elas todas dobrarão na mesma direção. Aqui está uma importante distinção entre os "algoritmos" determinísticos e não determinísticos. Se um algoritmo determinístico for executado repetidamente com os mesmos dados de entrada, as mesmas ações serão realizadas todas as vezes. Entretanto, um "algoritmo" não determinístico poderia produzir diferentes ações quando repetido sob condições idênticas.

Questões e exercícios

1. Suponha que um programa possa ser solucionado por um algoritmo em $\Theta(2^n)$. O que podemos concluir acerca da complexidade do problema?
2. Suponha que um programa possa ser solucionado por um algoritmo em $O(n^2)$, bem como por outro algoritmo em $\Theta(2^n)$. Um algoritmo sempre superará o outro?
3. Liste todos os subcomitês que podem ser formados por um comitê formado a partir dos membros Alice e Bill. Liste todos os subcomitês que podem ser formados por um comitê formado a partir dos membros Alice, Bill e Carol. E em relação aos subcomitês de Alice, Bill, Carol e David?
4. Dê um exemplo de um problema polinomial. Dê um exemplo de um problema não polinomial. Dê um exemplo de um problema NP que até agora não tenha mostrado que é um problema polinomial.
5. Se a complexidade do algoritmo X for maior que a do algoritmo Y, o algoritmo X é necessariamente mais difícil de entender que o algoritmo Y? Explique sua resposta.

*12.6 Criptografia de chaves públicas

O conteúdo desta seção está disponível no site www.grupoa.com.br e pode ser acessado livremente.

Problemas de revisão do capítulo

(Problemas marcados com asterisco relacionam-se às seções disponíveis online, no site www.grupoa.com.br.)

1. Mostre como uma estrutura da forma
   ```
   while X equals 0 do;
     .
     .
     .
   end;
   ```
   poderia ser simulada como Bare Bones.

2. Escreva um programa Bare Bones que coloque um 1 na variável Z se a variável X for menor ou igual à variável Y, e coloque um 0 na variável Z, caso contrário.

3. Escreva um programa Bare Bones que coloque a X-ésima potência de 2 na variável Z.

4. Em cada um dos casos a seguir, escreva uma sequência de programa em Bare Bones que desempenhe a atividade indicada:
   a. Atribua 0 a Z se o valor de X for par; caso contrário, atribua 1 a Z.
   b. Calcule a soma dos inteiros de 0 até X.

5. Escreva uma rotina Bare Bones que divida o valor de X pelo valor de Y. Desconsidere qualquer resto; ou seja, 1 dividido por 2 produz 0, e 5 dividido por 3 produz 1.

6. Descreva a função computada pelo programa Bare Bones a seguir, assumindo que as entradas da função são representadas por X e Y e sua saída, por Z:
   ```
   copy X to Z;
   copy Y to Aux;
   while Aux not 0 do;
     decr Z;
     decr Aux;
   end;
   ```

7. Descreva a função computada pelo programa Bare Bones a seguir, assumindo que as entradas da função são representadas por X e Y e sua saída, por Z:
   ```
   clear Z;
   copy X to Aux1;
   copy Y to Aux2;
   while Aux1 not 0 do;
     while Aux2 not 0 do;
       decr Z;
       decr Aux2;
     end;
     decr Aux1;
   end;
   ```

8. Escreva um programa Bare Bones que compute o exclusivo das variáveis X e Y, deixando o resultado na variável Z. Você pode assumir que X e Y iniciam apenas com os valores inteiros de 0 e 1.

9. Mostre que, se permitirmos que instruções em um programa Bare Bones sejam rotuladas com valores inteiros e substituirmos a estrutura de laço while por um laço condicional representado pelo formato

    if *nome* not 0 goto *rótulo*;

    onde *nome* é qualquer variável e *rótulo* é um valor inteiro usado em algum outro lugar para rotular uma instrução, então a nova linguagem ainda seria uma linguagem de programação universal.

10. Neste capítulo, dissemos como a sentença

    copy *nome1* to *nome2*;

    poderia ser simulada em Bare Bones. Mostre como essa sentença ainda poderia ser simulada se a estrutura em laço while em Bare Bones fosse substituída com um laço pós-teste expresso na forma

    repeat ... until (nome igual a 0)

11. Mostre que a linguagem Bare Bones permaneceria uma linguagem universal se a sentença while fosse substituída por um laço pós-teste expresso na forma

    repeat ... until (nome igual a 0)

12. Projete uma máquina de Turing que, uma vez iniciada, não usaria mais que uma única célula em sua fita, mas nunca alcançaria seu estado de parada.

13. Projete uma máquina de Turing que coloque 0s em todas as células à esquerda da célula atual até que alcance uma célula contendo um asterisco.

14. Suponha que um padrão de 0s e 1s na fita de uma máquina de Turing seja delimitado por asteriscos em ambas as extremidades. Projete uma máquina de Turing que rotacione esse padrão uma célula à esquerda, assumindo que a máquina inicie com a célula atual sendo o asterisco na extremidade direita do padrão.

15. Projete uma máquina de Turing que inverta o padrão de 0s e 1s que ela encontrar entre a célula atual (que contém um asterisco) e o primeiro asterisco à esquerda.

16. Resuma a tese de Church-Turing.

17. O programa Bare Bones a seguir se autotermina? Explique sua resposta.

    ```
    copy X to Y;
    incr Y;
    incr Y;
    while X not 0 do;
      decr X;
      decr X;
      decr Y;
      decr Y;
    end;
    decr Y;
    while Y not 0 do;
      incr X;
      decr Y;
    end;
    while X not 0 do;
    end;
    ```

18. O programa Bare Bones a seguir se autotermina? Explique sua resposta.

    ```
    while X not 0 do;
    end;
    ```

19. O programa Bare Bones a seguir se autotermina? Explique sua resposta.

    ```
    while X not 0 do;
      decr X;
    end;
    ```

20. Analise a validade do seguinte par de sentenças:

    A próxima sentença é verdadeira.

    A sentença anterior é falsa.

21. Analise a validade da sentença "O cozinheiro em um navio cozinha para todos aqueles e para apenas aqueles que não cozinham para si mesmos." (Quem cozinha para o cozinheiro?)

22. Suponha que você estivesse em um país onde cada pessoa fosse um contador de verdades ou um mentiroso. (Um contador de verdades sempre diz a verdade, um mentiroso sempre mente.) Que questão única você poderia fazer a uma pessoa que permitiria que você detectasse que essa pessoa era um contador de verdades ou um mentiroso?

23. Resuma a importância das máquinas de Turing na área de ciência da computação teórica.

24. Resuma a importância do problema da parada na área de ciência da computação teórica.

25. Suponha que você precisasse descobrir se alguém em um grupo de pessoas faz aniversário em uma data específica. Uma abordagem seria perguntar aos membros um de cada vez. Se você usar essa abordagem, a ocorrência de qual evento diria a você que existe tal pessoa? Que evento diria a você que não existe tal pessoa? Agora suponha que você queira descobrir se ao menos um dos inteiros positivos tenha uma propriedade em particular, e tenha aplicado a mesma abordagem de testar sistematicamente os inteiros um de cada vez. Se, na verdade, algum inteiro tenha a propriedade, como você descobriria? Se, no entanto, nenhum inteiro tiver a propriedade, como você descobriria? A tarefa de testar para ver se uma conjectura é verdadeira é necessariamente simétrica com a tarefa de testar para ver se ela é falsa?

26. O problema de buscar em uma lista por um valor em particular é um problema polinomial? Justifique sua resposta.

27. Projete um algoritmo para decidir se um dado inteiro positivo é primo. Sua solução é eficiente? Sua solução é polinomial ou não polinomial?

28. Uma solução polinomial para um problema sempre é melhor que uma solução exponencial? Explique sua resposta.

29. O fato de um problema ter uma solução polinomial significa que ele pode sempre ser resolvido em uma quantidade de tempo praticável? Explique sua resposta.

30. O programador Charlie recebe o problema de dividir um grupo (de um número par de pessoas) em dois subgrupos disjuntos de igual tamanho, de forma que a diferença entre o total de idades de cada subgrupo seja tão grande quanto possível. Ele propõe formar todos os pares de subgrupos, computar a diferença entre o total de idade de cada par e selecionar o par com a maior diferença. A programadora Mary, por outro lado, propõe que o grupo original seja ordenado por idade e, então, dividido em dois subgrupos por meio da formação de um subgrupo a partir da metade mais jovem do grupo ordenado e a outra da metade mais antiga. Qual é a complexidade de cada uma dessas soluções? O problema por si só é polinomial, NP ou de complexidade não polinomial?

31. Por que a abordagem de gerar todas as organizações possíveis de uma lista e, então, pegar aquela com a organização desejada não é uma maneira satisfatória de ordenar uma lista?

32. Suponha que uma loteria seja baseada em pegar corretamente quatro valores inteiros, cada um deles na faixa de 1 a 50. Além disso, suponha que o prêmio principal cresça até um tamanho que torne vantajoso comprar um bilhete separado de loteria para cada combinação possível. Se levar um segundo para comprar um único bilhete, quanto tempo levaria para comprar um bilhete para cada combinação? Como o requisito de tempo seria modificado se a loteria requeresse pegar cinco números em vez de quatro? O que este problema tem a ver com o material deste capítulo?

33. O algoritmo a seguir é determinístico? Explique sua resposta.

procedimento mistério (Número)
se (Número > 5)
  então (responda "sim")
  senão (pegue um valor menor que 5 e forneça esse número como a resposta)

34. O algoritmo a seguir é determinístico? Explique sua resposta.

Dirija para frente em linha reta.
Na terceira interseção, pergunte à pessoa na esquina se você deve virar à direita ou à esquerda.
Dobre de acordo com as instruções da pessoa.
Dirija mais dois blocos e pare lá.

35. Identifique os pontos de não determinismo no seguinte algoritmo:

```
Selecione três números entre 1 e
   100.
se (a soma dos números selecionados
   for maior que 150)
   então (responda "sim")
   senão (selecione um dos números
      escolhidos e forneça esse
      número como a resposta)
```

36. O algoritmo a seguir tem uma complexidade de tempo polinomial ou não polinomial? Explique sua resposta.

```
procedimento mistério (ListaDeNúmeros)
Pegue uma coleção de números da
   ListaDeNúmeros
se (os números nessa coleção somados
   dão 25)
   então (responda "sim")
   senão (não dê uma resposta)
```

37. Quais dos seguintes problemas estão na classe P?
   a. Um problema com complexidade n^2
   b. Um problema com complexidade $3n$
   c. Um problema com complexidade $n^2 + 2n$
   d. Um problema com complexidade $n!$

38. Resuma a diferença entre dizer que um problema é polinomial e dizer que ele é um problema polinomial não determinístico.

39. Dê um exemplo de um problema que esteja tanto na classe P quanto na classe NP.

40. Suponha que sejam dados a você dois algoritmos para solucionar o mesmo problema. Um algoritmo possui uma complexidade de tempo de n^4 e o outro tem uma complexidade de tempo de $4n$. Para que tamanhos de entrada o primeiro é mais eficiente que o segundo?

41. Suponha que nos deparássemos com a tarefa de solucionar o problema do caixeiro viajante em um contexto envolvendo 15 cidades, no qual quaisquer duas cidades fossem conectadas por uma única estrada. Quantos caminhos diferentes ao longo das cidades existiriam? Quanto **tempo levaria para computar o tamanho** de todos esses caminhos, assumindo que o tamanho de um caminho possa ser computado em um microssegundo?

42. Quantas comparações entre nomes seriam feitas caso o algoritmo da ordenação por mescla (Figuras 12.9 e 12.8) fosse aplicado à lista Alice, Bob, Carol e David? Quantas são requeridas se a lista fosse Alice, Bob, Carol, David e Elaine?

43. Dê um exemplo de um problema em cada uma das categorias apresentadas na Figura 12.12.

44. Projete um algoritmo para encontrar soluções inteiras para equações na forma $x^2 + y^2 = n$, onde n é algum inteiro positivo informado. Determine a complexidade de tempo de seu algoritmo.

45. Outro problema que se encaixa na categoria dos NP completos é o **problema da mochila**, que é o problema de encontrar quais números de uma lista são aqueles cuja soma é um valor em particular. Por exemplo, os números 257, 388 e 782 são as entradas na lista

642 257 771 388 391 782 304

cuja soma é 1427. Encontre as entradas cuja soma é 1723. Que algoritmo você aplicou? Qual é a complexidade desse algoritmo?

46. Identifique similaridades entre o problema do caixeiro-viajante e o problema da mochila (veja o Problema 45).

47. O seguinte algoritmo para ordenar uma lista é chamado de bubble sort. Quantas comparações entre entradas de listas a ordenação por bolhas requer quando aplicada a uma lista de n entradas?

```
procedimento BubbleSort (Lista)
Contador ← 1;
enquanto (Contador < número de entradas na
      Lista) faça
   [N ← o número de entradas na Lista;
   enquanto (N > 1) faça
   (se (a N-ésima entrada da Lista é menor
      que a entrada que a precede)
   então (troque a N-ésima entrada
      com a entrada que a precede);
   N ← N - 1
   )
   ]
```

*48. Use a encriptação de chaves públicas RSA para encriptar a mensagem 110 usando as chaves públicas $n = 91$ e $e = 5$.

*49. Use a encriptação de chaves públicas RSA para decriptar a mensagem 111 usando as chaves privadas $n = 133$ e $d = 5$.

*50. Suponha que você soubesse que as chaves públicas de um sistema de criptografia de chaves públicas baseado no algoritmo RSA são $n = 77$ e $e = 7$. Quais são as chaves privadas? O que permite a você solucionar esse problema em uma quantidade de tempo razoável?

*51. Descubra os fatores de 107.531. Como este problema está relacionado com este capítulo?

*52. O que se pode concluir se o inteiro positivo n não possui fatores inteiros na faixa de 2 até a raiz quadrada de n? O que isso diz a você acerca da tarefa de descobrir os fatores de um inteiro positivo?

Questões sociais

As questões a seguir pretendem servir como um guia para os dilemas éticos, sociais e legais associados à área da computação. O objetivo não é meramente responder a estas questões. Você deve também considerar por que as respondeu de uma determinada forma e se suas justificativas mantêm a consistência de uma questão para outra.

1. Suponha que o melhor algoritmo para solucionar um problema requereria 100 anos para ser executado. Você consideraria esse problema como tratável? Por quê?

2. Os cidadãos deveriam ter o direito de encriptar mensagens para impedir o monitoramento por parte das agências governamentais? Sua resposta fornece um policiamento "apropriado"? Quem deveria decidir o que é um policiamento "apropriado"?

3. Se a mente humana é um dispositivo algorítmico, que consequências a tese de Turing teria em relação à humanidade? Até que ponto você acredita que as máquinas de Turing envolvem as habilidades computacionais da mente humana?

4. Temos visto que existem modelos computacionais diferentes (tabelas finitas, fórmulas algébricas, máquinas de Turing e assim por diante) com diferentes habilidades computacionais. Existem diferenças nas capacidades computacionais de diferentes organismos? Existem diferenças nas capacidades computacionais de diferentes humanos? Se esse for o caso, os humanos com capacidades mais altas deveriam ser capazes de usar essas habilidades para obterem estilos de vida melhores?

5. Atualmente, existem sites que fornecem mapas de estradas da maioria das cidades. Esses sites auxiliam a encontrar endereços e fornecem capacidades de zoom para visualizar o leiaute de pequenos povoados. Iniciando com essa realidade, considere a seguinte sequência fictícia. Suponha que esses sites de mapas fossem aprimorados com fotografias de satélite com capacidades de zoom similares. Suponha que essas capacidades de zoom fossem aumentadas para dar uma imagem mais detalhada de prédios individuais e dos terrenos a sua volta. Suponha que essas imagens fossem aprimoradas para incluir vídeo em tempo real. Suponha que essas imagens fossem aprimoradas com tecnologia de infravermelho. Nesse ponto, outras pessoas poderiam assistir você dentro de sua casa 24 horas por dia. Em que ponto nessa progressão seus direitos de privacidade foram violados? Em que ponto nessa progressão você acha que fomos além das capacidades das tecnologias atuais de satélites espiões? Em que grau esse cenário é fictício?

6. Suponha que uma companhia desenvolva e patenteie um sistema de encriptação. O governo nacional da companhia deveria ter o direito de usar o sistema como lhe for conveniente, em nome da segurança nacional? O governo nacional da companhia deveria ter o direito de restringir o uso comercial do sistema por parte da companhia, em nome da segurança nacional? E se a companhia fosse uma organização multinacional?

7. Suponha que você tenha comprado um produto cuja estrutura interna seja encriptada. Você tem o direito de decriptar a estrutura subjacente? Em caso positivo, você tem o direito de usar essa informação forma comercial? E em relação a uma maneira não comercial? E se a encriptação fosse feita usando um sistema de encriptação secreto, e você descobrisse o segredo? Você teria o direito de compartilhar esse segredo?

8. Alguns anos atrás, o filósofo John Dewey (1859 – 1952) introduziu o termo "responsabilidade tecnológica". Dê alguns exemplos do que você considera "responsabilidade tecnológica". Baseado em seus exemplos, formule sua própria definição de "responsabilidade tecnológica". A sociedade tem praticado "responsabilidade tecnológica" nos últimos 100 anos? Deveriam ser tomadas atitudes para garantir que ela pratique? Se sim, que atitudes seriam essas? Se não, por quê?

Leitura adicional

Garey, M. R. and D. S. Johnson. *Computers and Intractability.* New York: W. H. Freeman, 1979.

Hamburger, H. and D. Richards. *Logic and Language Models for Computer Science.* Englewood Cliffs, NJ: Prentice-Hall, 2002.

Hofstadter, D. R. *Gšdel, Escher, Bach: An Eternal Golden Braid.* St. Paul, MN: Vintage, 1980.

Hopcroft, J. E., R. Motwani, and J. D. Ullman. *Introduction to Automata Theory, Languages, and Computation,* 3rd ed. Boston, MA: Addison-Wesley, 2007.

Lewis, H. R. and C. H. Papadimitriou. *Elements of the Theory of Computation,* 2nd ed. Englewood Cliffs, NJ: Prentice-Hall, 1998.

Rich E. Automata. *Computability, and Complexity: Theory and Application.* Upper Saddle River, NJ: Prentice-Hall, 2008.

Sipser, M. *Introduction to the Theory of Computation.* Boston: PWS, 1996.

Smith, C. and E. Kinber. *Theory of Computing: A Gentle Introduction.* Englewood Cliffs, NJ: Prentice-Hall, 2001.

Sudkamp, T. A. *Languages and Machines: An Introduction to the Theory of Computer Science,* 3rd ed. Boston, MA: Addison-Wesley, 2006.

Apêndices

A ASCII

B Circuitos para manipular representações de complemento de dois

C Uma linguagem de máquina simples

D Linguagens de programação de alto nível

E A equivalência das estruturas iterativas e recursivas

F Respostas das questões e dos exercícios

Apéndices

APÊNDICE A

ASCII

A seguir está uma listagem parcial do código ASCII, no qual cada padrão de bits foi estendido com um 0 em sua esquerda para produzir o padrão de 8 bits comumente usado atualmente. O valor hexadecimal de cada padrão de 8 bits é dado na terceira coluna.

Símbolo	ASCII	Hex	Símbolo	ASCII	Hex	Símbolo	ASCII	Hex
alimenta linha	00001010	0A	>	00111110	3E	^	01011110	5E
retorno de carro	00001011	0D	?	00111111	3F	_	01011111	5F
espaço	00100000	20	@	01000000	40	`	01100000	60
!	00100001	21	A	01000001	41	a	01100001	61
"	00100010	22	B	01000010	42	b	01100010	62
#	00100011	23	C	01000011	43	c	01100011	63
$	00100100	24	D	01000100	44	d	01100100	64
%	00100101	25	E	01000101	45	e	01100101	65
&	00100110	26	F	01000110	46	f	01100110	66
'	00100111	27	G	01000111	47	g	01100111	67
(	00101000	28	H	01001000	48	h	01101000	68
)	00101001	29	I	01001001	49	i	01101001	69
*	00101010	2A	J	01001010	4A	j	01101010	6A
+	00101011	2B	K	01001011	4B	k	01101011	6B
,	00101100	2C	L	01001100	4C	l	01101100	6C
-	00101101	2D	M	01001101	4D	m	01101101	6D
.	00101110	2E	N	01001110	4E	n	01101110	6E
/	00101111	2F	O	01001111	4F	o	01101111	6F
0	00110000	30	P	01010000	50	p	01110000	70
1	00110001	31	Q	01010001	51	q	01110001	71
2	00110010	32	R	01010010	52	r	01110010	72
3	00110011	33	S	01010011	53	s	01110011	73
4	00110100	34	T	01010100	54	t	01110100	74
5	00110101	35	U	01010101	55	u	01110101	75
6	00110110	36	V	01010110	56	v	01110110	76
7	00110111	37	W	01010111	57	w	01110111	77
8	00111000	38	X	01011000	58	x	01111000	78
9	00111001	39	Y	01011001	59	y	01111001	79
:	00111010	3A	Z	01011010	5A	z	01111010	7A
;	00111011	3B	[	01011011	5B	{	01111011	7B
<	00111100	3C	\	01011100	5C			01111100	7C
=	00111101	3D	]	01011101	5D	}	01111101	7D

APÊNDICE B

Circuitos para manipular representações de complemento de dois

Este apêndice apresenta circuitos para negar e adicionar valores representados em notação de complemento de dois. Iniciamos com o circuito da Figura B.1, que converte uma representação de complemento de dois de quatro bits para a representação do negativo desse valor. Por exemplo, dada a representação de complemento de dois de 3, o circuito produz a representação para o -3. Ele faz isso seguindo o mesmo algoritmo apresentado no texto. Ou seja, ele copia o padrão da direita para a esquerda até que um 1 tenha sido copiado e, então, complementa cada bit remanescente à medida que ele é movido da entrada para a saída. Como uma entrada da porta XOR mais à direita é fixada como 0, essa porta simplesmente passará sua outra entrada para a saída. Entretanto, essa saída é também passada para a esquerda como uma das entradas da próxima porta XOR. Se essa saída for 1, a próxima porta XOR complementará seu bit de entrada à medida que ele passa para a saída. Além disso, esse 1 também será passado para a esquerda através da porta OR para afetar também a próxima porta. Dessa maneira, o primeiro 1 que é copiado para a saída também será passado para a esquerda, onde ele fará com que todos os bits remanescentes sejam complementados à medida que são movidos para a saída.

A seguir, vamos considerar o processo de adicionar dois valores representados em notação de complemento de dois. Em particular, quando solucionamos o problema

$$\begin{array}{r} +\ 0110 \\ +\ 1011 \\ \hline \end{array}$$

procedemos da direita para a esquerda de coluna para coluna, executando o mesmo algoritmo para cada coluna. Então, uma vez que tenhamos obtido um circuito para somar uma coluna de tal problema, podemos construir um circuito para somar muitas colunas meramente repetindo o circuito de uma única coluna.

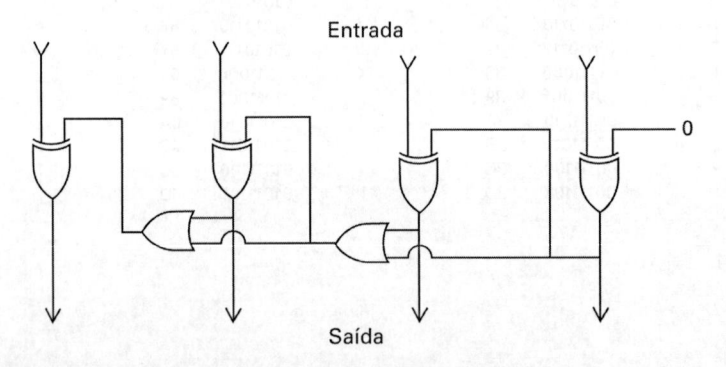

Figura B.1 Circuito que nega um padrão em complemento de dois.

Apêndices   **507**

O algoritmo para somar uma única coluna em um problema de adição de múltiplas colunas é somar os dois valores na coluna atual, adicionar essa soma a qualquer carregamento da coluna anterior, escrever o bit menos significativo dessa soma na resposta e transferir quaisquer carregamentos para a próxima coluna. O circuito na Figura B.2 segue esse mesmo algoritmo. A porta XOR superior determina a soma dos dois bits de entrada. A porta XOR inferior adiciona essa soma ao valor carregado da coluna anterior. E as duas portas AND, juntas com a porta OR, passam qualquer carregamento para a esquerda. Em particular, um carregamento de 1 será produzido se os dois bits de entrada originais nessa coluna forem 1 ou se a soma desses bits e o carregamento forem ambos 1.

A Figura B.3 mostra como cópias desse circuito de uma única coluna podem ser usadas para produzir um circuito que computa a soma de dois valores representados em um sistema de complemento de dois de quatro bits. Cada retângulo representa uma cópia do circuito de adição de coluna única. Note que o valor carregado dado ao retângulo mais à direita é sempre 0, pois não existe um carregamento de uma coluna anterior. De maneira similar, o carregamento produzido pelo retângulo mais à esquerda é ignorado.

O circuito na Figura B.3 é conhecido como um *somador por ondulação* (*ripple adder*), pois a informação de carregamento deve ser propagada, ou ondulada, da coluna mais à direita para a mais à esquerda. Apesar de simples em sua composição, tais circuitos são mais lentos para realizar suas funções que versões mais espertas, como o somador de carregamento com olhar a frente (*lookahead carry adder*), que minimiza essa propagação coluna a coluna. Então, o circuito na Figura B.3, apesar de suficiente para nossos propósitos, não é o circuito usado nas máquinas atuais.

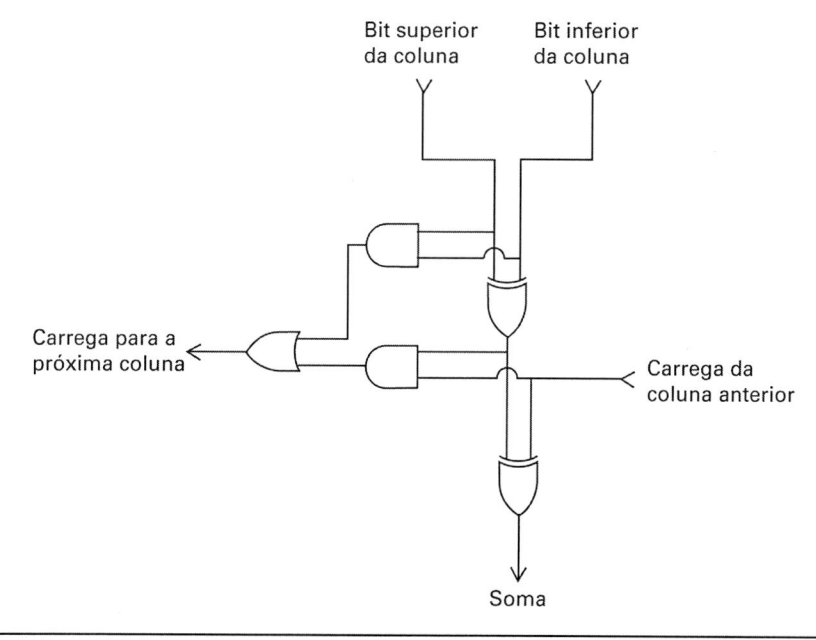

Figura B.2 Circuito para adicionar uma única coluna em um problema de adição de múltiplas colunas.

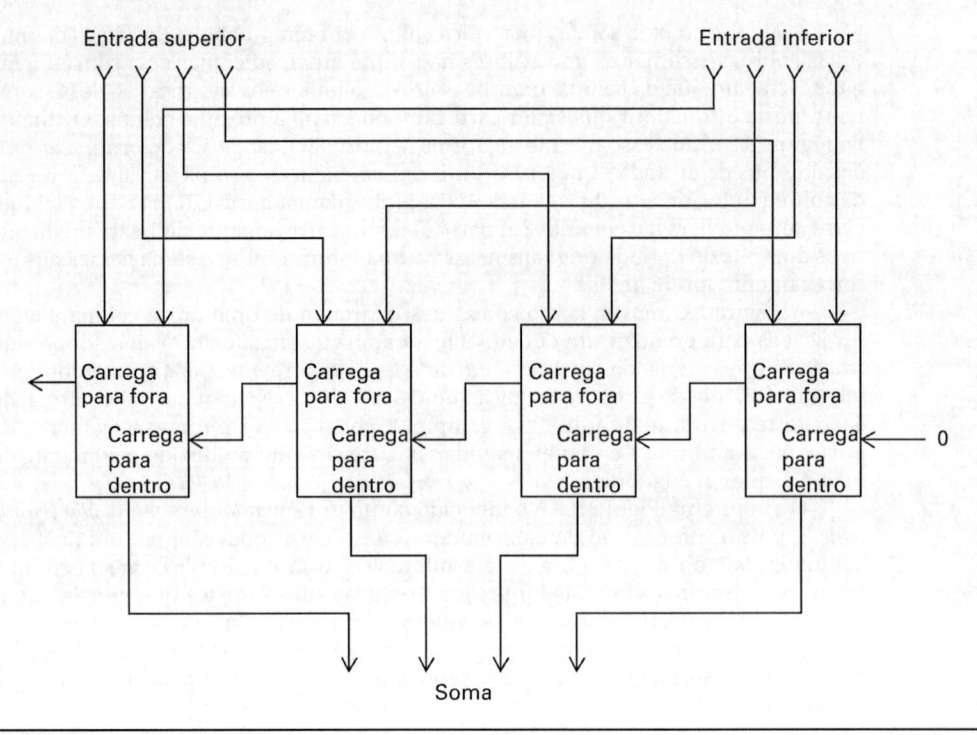

Figura B.3 Circuito para adicionar dois valores em notação de complemento de dois usando quatro cópias do circuito da Figura B.2.

APÊNDICE C

Uma linguagem de máquina simples

Neste apêndice, apresentamos uma linguagem de máquina simples e ainda assim representativa. Iniciamos explicando a arquitetura da máquina propriamente dita.

A arquitetura da máquina

A máquina tem 16 registradores de propósito geral numerados de 0 a F (em hexadecimal). Cada registrador tem um byte (oito bits) de tamanho. Para identificar registradores dentro de instruções, cada registrador recebe o padrão de quatro bits único, que representa seu número de registrador. Então, o registrador 0 é identificado por 0000 (hexadecimal 0) e o registrador 4 é identificado por 0100 (hexadecimal 4).

Existem 256 células na memória principal da máquina. Cada célula recebe um endereço único consistido em um inteiro na faixa de 0 a 255. Assim, um endereço pode ser representado por um padrão de oito bits que variam de 00000000 até 11111111 (ou um valor hexadecimal na faixa de 00 a FF).

Assume-se que valores de ponto flutuante são armazenados no formato de oito bits discutido na Seção 1.7, disponível no site do Grupo A, e resumido na Figura 1.26.

A linguagem de máquina

Cada instrução de máquina tem dois bytes de tamanho. Os primeiros 4 bits fornecem o op-code; os últimos 12 bits compõe o campo de operando. A tabela a seguir lista as instruções em notação hexadecimal e uma breve descrição de cada uma delas. As letras R, S e T são usadas no local de dígitos hexadecimais nos campos que representam um identificador de registrador que varia dependendo da aplicação específica da instrução. As letras X e Y são usadas, em vez dos dígitos hexadecimais, em campos variáveis que não representam um registrador.

Op-code	Operando	Descrição
1	RXY	Carrega (LOAD) o registrador R com o padrão de bits encontrado na célula de memória cujo endereço é XY. *Exemplo:* 14A3 faria com que o conteúdo da célula de memória localizada no endereço A3 fosse colocada no registrador 4.
2	RXY	Carrega (LOAD) o registrador R com o padrão de bits XY. *Exemplo:* 20A3 faria com que o valor A3 fosse colocado no registrador 0.
3	RXY	Armazena (STORE) o padrão de bits encontrado no registrador R na célula de memória cujo endereço é XY. *Exemplo:* 35B1 faria com que o conteúdo do registrador 5 fosse colocado na célula de memória cujo endereço é B1.
4	0RS	Move (MOVE) o padrão de bits encontrado no registrador R para o registrador S. *Exemplo:* 40A4 faz com que o conteúdo do registrador A seja copiado para o registrador 4.

Op-code	Operando	Descrição
5	RST	Adiciona (ADD) os padrões de bits nos registradores S e T como se eles fossem representações de complemento de dois e deixa o resultado no registrador R. *Exemplo:* 5726 faria com que os valores binários nos registradores 2 e 6 fossem somados, e a soma colocada no registrador 7.
6	RST	Adiciona (ADD) os padrões de bits nos registradores S e T como se eles fossem valores representados em notação de ponto flutuante e deixa o resultado em ponto flutuante no registrador R. *Exemplo:* 634E faria com que os valores nos registradores 4 e E fossem somados como valores de ponto flutuante e o resultado em ponto flutuante fosse deixado no registrador 3.
7	RST	Aplica o operador OR aos padrões de bits nos registradores S e T e coloca o resultado no registrador R *Exemplo:* 7CB4 aplica o operador OR no conteúdo dos registradores B e 4 e coloca o resultado no registrador C.
8	RST	Aplica o operador AND aos padrões de bits nos registradores S e T e coloca o resultado no registrador R *Exemplo:* 8045 aplica o operador AND ao conteúdo dos registradores 4 e 5 e coloca o resultado no registrador 0.
9	RST	Aplica o operador EXCLUSIVE OR aos padrões de bits nos registradores S e T e coloca o resultado no registrador R *Exemplo:* 95F3 aplica o operador EXCLUSIVE OR ao conteúdo dos registradores F e 3 e coloca o resultado no registrador 5.
A	R0X	Rotaciona (ROTATE) o padrão de bits no registrador R um bit para a direita X vezes. Cada vez coloca o bit que iniciava na extremidade de mais baixa ordem na extremidade de mais alta ordem. *Exemplo:* A403 faria com que o conteúdo do registrador 4 fosse rotacionado 3 bits para a direita de maneira circular.
B	RXY	Salta (JUMP) para a instrução localizada na célula de memória no endereço XY se o padrão de bits no registrador R for igual ao padrão de bits no registrador número 0. Caso contrário, continua com a sequência normal de execução. (O salto é implementado copiando XY para o contador de programa durante a fase de execução. *Exemplo:* B43C primeiro compararia o conteúdo do registrador 4 com o conteúdo do registrador 0. Se os dois fossem iguais, o padrão 3C seria colocado no contador de programa, de forma que a próxima instrução executada seria a localizada em tal endereço de memória. Caso contrário, nada seria feito e a execução do programa continuaria em sua sequência normal.
C	000	Execução da instrução de parada (HALT). *Exemplo:* C000 faria com que a execução do programa parasse.

APÊNDICE D

Linguagens de programação de alto nível

Este apêndice apresenta um breve histórico de cada uma das linguagens usadas como exemplo no Capítulo 6.

Ada

A linguagem Ada, nomeada em homenagem a Augusta Ada Byron (1815 – 1851) – uma defensora de Charles Babbage e a filha do poeta Lord Byron –, foi desenvolvida como uma iniciativa do Departamento de Defesa dos EUA para obter uma única linguagem de propósito geral para todas as suas necessidades de desenvolvimento de software. A ênfase principal do projeto de Ada era incorporar recursos para a programação de sistemas computacionais em tempo real, usados como uma parte de grandes máquinas, como sistemas de orientação de mísseis, sistemas de controle ambiental dentro de prédios e sistemas de controle em automóveis e pequenos eletrodomésticos. Ada então contém recursos para expressar atividades em ambientes de processamento paralelo, assim como técnicas convenientes para tratar de casos especiais (chamados de exceções) que podem aparecer no ambiente de aplicação. Apesar de originalmente projetada como uma linguagem imperativa, versões mais recentes de Ada adotaram o paradigma orientado a objetos.

O projeto da linguagem Ada tem enfatizado, consistentemente, recursos que levam ao desenvolvimento eficiente de software confiável, uma característica exemplificada pelo fato de que todo o sistema de software de controle interno na aeronave Boeing 777 foi escrito em Ada. Essa é também uma das principais razões pela qual Ada foi usada como um ponto de partida no desenvolvimento da linguagem SPARK, como indicado no Capítulo 5.

C

A linguagem C foi desenvolvida por Dennis Ritchie, nos Laboratórios da Bell, no início dos anos 1970. Apesar de originalmente projetada como uma linguagem para o desenvolvimento de software de sistema, C atingiu popularidade por meio da comunidade de programação e foi padronizada pelo Instituto de Padrões Nacional Americano (ANSI).

C foi originalmente concebida simplesmente como um passo à frente na linguagem de máquina. Consequentemente, sua sintaxe é concisa se comparada a outras linguagens de alto nível, que usam palavras completas da língua inglesa para expressar algumas primitivas que, em C, são representadas por símbolos especiais. Essa concisão permite representações eficientes de algoritmos complexos, uma das principais razões para a popularidade de C. (Frequentemente, uma representação concisa é mais legível que uma mais longa.)

C++

A linguagem C++ foi desenvolvida por Bjarne Stroustrup, nos Laboratórios da Bell, como uma versão aprimorada da linguagem C. O objetivo era produzir uma linguagem compatível com o paradigma orientado a objetos. Atualmente, C++ não é apenas uma linguagem orientada a objetos proeminente por si só, mas também serviu como um ponto de partida para o desenvolvimento de duas outras linguagens orientadas a objetos: Java e C#.

C#

A linguagem C# foi desenvolvida pela Microsoft para ser uma ferramenta no Framework .NET, que é um sistema abrangente para o desenvolvimento de software de aplicação para máquinas que rodam sistemas de software da Microsoft. A linguagem C# é bastante similar a C++ e a Java. Na verdade, a razão pela qual a Microsoft introduziu C# como uma linguagem diferente não foi porque ela fosse realmente nova no sentido de linguagem, mas porque, sendo uma linguagem diferente, a Microsoft poderia customizar recursos específicos da linguagem sem se preocupar com padrões já associados a outras linguagens ou com direitos de propriedade de outras corporações. Então, a inovação de C# está em seu papel como uma linguagem proeminente para desenvolver software utilizando o Framework .NET. Com o suporte da Microsoft, a linguagem C# e o Framework .NET prometem ser participantes proeminentes do mundo do desenvolvimento de software nos próximos anos.

Fortran

FORTRAN é um acrônimo para *FORmula TRANslator* (tradutor de fórmulas). Essa linguagem foi uma das primeiras de alto nível (ela foi anunciada em 1957) e uma das primeiras a ganhar ampla aceitação dentro da comunidade da computação. Ao longo dos anos, sua descrição oficial passou por diversas extensões, o que significa que a linguagem FORTRAN de hoje é muito diferente da original. Na verdade, ao estudar a evolução do FORTRAN, podem-se testemunhar os efeitos da pesquisa no projeto de linguagens de programação. Apesar de originalmente projetado como uma linguagem imperativa, o FORTRAN apresenta versões mais novas que adotam muitos recursos orientados a objetos. O FORTRAN continua sendo uma linguagem popular dentro da comunidade científica. Em particular, muitos pacotes de análise numérica e de estatística são, e provavelmente continuarão sendo, escritos em FORTRAN.

Java

Java é uma linguagem orientada a objetos desenvolvida pela Sun Microsystems no início dos anos 1990. Seus projetistas tomaram muitos recursos emprestados de C e C++. O entusiasmo em torno de Java se deve não à linguagem propriamente dita, mas à implementação universal da linguagem e ao vasto número de modelos pré-definidos que estão disponíveis no ambiente de programação de Java. A implementação universal faz com que um programa escrito em Java possa ser executado eficientemente em uma ampla gama de máquinas; e a disponibilidade de modelos faz com que software complexo possa ser desenvolvido com relativa facilidade. Por exemplo, modelos para a criação de *applets* e de *servlets* facilitam o desenvolvimento de software para a World Wide Web.

APÊNDICE E

A equivalência das estruturas iterativas e recursivas

Neste apêndice, usamos nossa linguagem Bare Bones do Capítulo 11 como ferramenta para responder à questão, colocada no Capítulo 4, relacionada ao poder relativo das estruturas de iteração e de recursão. Lembre-se de que Bare Bones contém apenas três sentenças de atribuição (clear, incr e decr) e uma estrutura de controle (construída a partir de um par de sentenças while-end). Esta linguagem simples possui o mesmo poder computacional que uma máquina de Turing; então, se aceitarmos a tese de Church-Turing, podemos concluir que qualquer problema com uma solução algorítmica tem uma solução que pode ser expressa em Bare Bones.

O primeiro passo na comparação de estruturas iterativas e recursivas é substituir a estrutura iterativa de Bare Bones por uma estrutura recursiva. Faremos isso removendo as sentenças while e end da linguagem e fornecendo, em seu lugar, as habilidades de dividir um programa Bare Bones em unidades e de chamar uma dessas unidades de outro lugar do programa. Mais precisamente, propomos que cada programa na linguagem modificada consista em um número de unidades de programa sintaticamente disjuntas. Suponhamos que cada programa deva conter exatamente uma unidade chamada MAIN com a seguinte estrutura sintática

```
MAIN: begin;
         .
         .
         .
      end;
```

(onde as reticências representam outras sentenças Bare Bones) e talvez outras unidades (semanticamente subordinadas a MAIN) que possuam a estrutura

```
unidade: begin;
            .
            .
            .
         return;
```

(onde *unidade* representa o nome da unidade que possui a mesma sintaxe dos nomes de variáveis). A semântica desta estrutura particionada é a de que o programa sempre inicia a execução no início da unidade MAIN e para quando a sentença final desta unidade é alcançada. Unidades de programa além da MAIN podem ser chamadas como procedimentos por meio da sentença condicional

```
if nome not 0 perform unidade;
```

(onde *nome* representa qualquer nome de variável e *unidade* representa qualquer um dos nomes de unidade do programa além de MAIN). Além disso, permitimos a unidades que não a MAIN chamarem a si mesmas recursivamente.

Com esses recursos adicionados, podemos simular a estrutura while-end encontrada no programa Bare Bones original. Por exemplo, um programa Bare Bones no formato

```
while X not 0 do;
S;
end;
```

(onde S representa qualquer sequência de sentenças Bare Bones) pode ser substituída pela estrutura de unidade

```
MAIN: begin;
        if X not 0 perform unitA;
      end;
unitA: begin;
         S;
         if X not 0 perform unitA;
       return;
```

Consequentemente, concluímos que a linguagem modificada possui as mesmas capacidades do programa original em Bare Bones.

Também se pode demonstrar que qualquer problema que pode ser solucionado usando a linguagem modificada, também pode ser solucionado por Bare Bones. Um método para fazer isso é mostrar como qualquer algoritmo expresso na linguagem modificada poderia ser escrito na Bare Bones original. Entretanto, isso envolve uma descrição explícita de como estruturas recursivas podem ser simuladas com a estrutura while-end de Bare Bones.

Para nosso propósito, é mais simples nos basearmos na tese de Church-Turing, como apresentado no Capítulo 11. Em particular, a tese de Church-Turing, combinada com o fato de Bare Bones possuir o mesmo poder das máquinas de Turing, dita que nenhuma linguagem pode ser mais poderosa que nossa linguagem Bare Bones original. Logo, qualquer problema solucionável em nossa linguagem modificada pode também ser solucionado usando Bare Bones.

Concluímos que o poder da linguagem modificada é o mesmo que o da Bare Bones original. A única distinção entre as duas linguagens é que uma fornece uma estrutura de controle iterativa e a outra fornece recursão. Então, as duas estruturas de controle são, na verdade, equivalentes em termos de poder computacional.

APÊNDICE F

Respostas das questões e dos exercícios

Capítulo 1

Seção 1.1
1. Uma, e apenas uma, das duas entradas superiores deve ser 1, e a entrada inferior deve ser 1.
2. O 1 na entrada inferior é negado para 0 pela porta NOT, fazendo com que a saída da porta AND torne-se 0. Então, ambas as entradas para a porta OR são 0 (lembre-se de que o limite superior para o flip-flop é mantido em 0) de forma que a saída da porta OR torna-se 0. Isso significa que a saída da porta AND permanecerá 0 após a entrada inferior do flip-flop retornar a 0.
3. A saída da porta OR superior se tornará 1, fazendo com que a porta NOT superior produza uma saída 0. Isso fará com que a porta OR inferior produza um 0, fazendo com que a porta NOT inferior produza 1. Esse 1 é visto como a saída do flip-flop, bem como sendo enviado à porta OR superior, onde ele mantém a saída dessa porta em 1, mesmo após a entrada do flip-flop ter retornado a 0.
4. a. O circuito inteiro é equivalente a uma única porta OR.
   b. O circuito inteiro é também equivalente a uma única porta XOR.
5. a. 6AF2   b. E85517   c. 48
6. a. 010111111110110010111
   b. 0110000100001010
   c. 1010101111001101
   d. 0000000100000000

Seção 1.2
1. No primeiro caso, a célula de memória número 6 termina contendo o valor 5. No segundo caso, ele termina com o valor 8.
2. O Passo 1 apaga o valor original na célula número 3 quando o novo valor é escrito lá. Consequentemente, o Passo 2 não coloca o valor original a partir da célula número 3 na célula número 2. O resultado é que ambas as células terminam com o valor que estava originalmente na célula de número 2. Um procedimento correto é:
   Passo 1. Mova o conteúdo da célula de número 2 para a célula de número 1.
   Passo 2. Mova o conteúdo da célula de número 3 para a célula de número 2.
   Passo 3. Mova o conteúdo da célula de número 1 para a célula de número 3.
3. 32768 bits

Seção 1.3
1. Obtenção de dados mais rápida e taxas de transferência mais altas.
2. O ponto a ser lembrado aqui é que a lentidão do movimento mecânico comparada com a velocidade do funcionamento interno do computador dita que minimizemos o número de vezes que devemos mover as cabeças de leitura/escrita. Se preenchermos uma superfície completa antes de iniciar a próxima,

devemos mover a cabeça de leitura/escrita cada vez que terminarmos com uma trilha. O número de movimentos, então, é aproximadamente o mesmo que o número total de trilhas nas duas superfícies. Se, entretanto, alternarmos entre superfícies ao eletronicamente alternarmos entre as cabeças de leitura/escrita, devemos mover as cabeças de leitura/escrita apenas após cada cilindro ter sido preenchido.

3. Nessa aplicação, a informação deve ser obtida do armazenamento em massa de forma aleatória, o que seria demorado no contexto do sistema espiral usado em CDs e DVDs. (Além disso, a tecnologia atual não permite que porções individuais de dados sejam atualizadas em um CD ou DVD.)
4. O armazenamento de espaço é alocado em unidades de setores físicos (na verdade, em unidades de grupos de setores, na maioria dos casos). Se o último setor físico não estiver cheio, texto adicional pode ser inserido sem aumentar o espaço de armazenamento alocado ao arquivo. Se o último setor físico estiver cheio, qualquer adição ao documento requererá que setores físicos sejam alocados.
5. Drives flash não requerem movimentos físicos, de forma que eles possuem tempos de resposta mais rápidos e não sofrem desgaste físico.
6. Um *buffer* é uma área de armazenamento de dados usada para manter dados de maneira temporária, normalmente como um meio de absorver inconsistências entre a fonte de dados e o destino final.

Seção 1.4

1. *Computer Science*
2. Os dois padrões são o mesmo, exceto que o sexto dígito da extremidade de mais baixa ordem é sempre 0 para letras maiúsculas e 1 para minúsculas.
3. a. 00100010 01010011 01110100 01101111
      01110000 00100001 00100010 00100000
      01000011 01101000 01100101 01110010
      01111001 01101100 00100000 01110011
      01101000 01101111 01110101 01110100
      01100101 01110100 00101110
   b. 01000100 01101111 01100101 01110011
      00100000 00110010 00100000 00101011
      00100000 00110011 00100000 00111101
      00100000 00110101 00111111

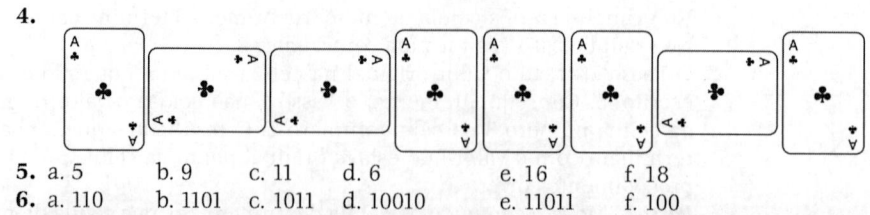

4.

5. a. 5   b. 9   c. 11   d. 6   e. 16   f. 18
6. a. 110   b. 1101   c. 1011   d. 10010   e. 11011   f. 100
7. Em 24 bits, podemos armazenar três símbolos usando ASCII. Então, podemos armazenar valores tão grandes quanto 999. Entretanto, se usarmos os bits como dígitos binários, podemos armazenar valores até 16.777.215.
8. a. 15.15   b. 51.0.128   c. 10.160
9. Representações geométricas contribuem mais às mudanças em escala que imagens codificadas como mapas de bits. Entretanto, as representações geométricas geralmente não fornecem a mesma qualidade fotográfica que os mapas de bits produzem. Na verdade, como discutido na Seção 1.8, parte do conteúdo opcional, as representações JPEG de mapas de bits são bastante populares na área de fotografia.

10. Com uma taxa de amostra de 44.100 amostras por segundo, uma hora de música estéreo requereria 635.040.000 bytes de armazenamento. Então, seria o suficiente para preencher a capacidade de um CD cuja capacidade é levemente superior a 600 MB.

Seção 1.5

1. a. 42   b. 33   c. 23   d. 6   e. 31
2. a. 100000   b. 1000000   c. 1100000   d. 1111   e. 11011
3. a. $3\frac{1}{4}$ b. $5\frac{7}{8}$ c. $2\frac{1}{2}$ d. $6\frac{3}{8}$ e. $\frac{5}{8}$
4. a. 100.1   b. 10.11   c. 1.001   d. 0.0101   e. 101.101
5. a. 100111   b. 1011.110   c. 100000   d. 1000.00

Seção 1.6

1. a. 3   b. 15   c. -4 d. -6 e. 0   f. -16
2. a. 00000110   b. 11111010   c. 11101111
   d. 00001101   e. 11111111   f. 00000000
3. a. 11111111   b. 10101011   c. 00000100
   d. 00000010   e. 00000000   f. 10000001
4. a. Com 4 bits, o maior valor é 7 e o menor é -8.
   b. Com 6 bits, o maior valor é 31 e o menor é -32.
   c. Com 8 bits, o maior valor é 127 e o menor é -128.
5. a. 0111 (5 + 2 = 7)   b. 0100 (3 + 1 = 4)   c. 1111 (5 + (−6) = −1)
   d. 0001 (−2 + 3 = 1)   e. 1000 (−6 + (2) = −8)
6. a. 0111   b. 1011 (transbordamento)   c. 0100 (transbordamento)
   d. 0001   e. 1000 (transbordamento)
7. a.   0110   b.   0011   c.   0100   d.   0010   e.   0001
       + 0001   + 1110   + 1010   + 0100   + 1011
         0111   0001   1110   0110   1100
8. Não. O transbordamento ocorre quando é feita uma tentativa de armazenar um número muito grande para o sistema que está sendo utilizado. Ao adicionar um valor positivo a um valor negativo, o resultado deve estar entre os valores que estão sendo adicionados. Logo, o resultado será pequeno o suficiente para ser armazenado sem erros.
9. a. 6 porque 1110 → 14 − 8
   b. − 1 porque 0111 → 7 − 8
   c. 0 porque 1000 → 8 − 8
   d. − 6 porque 0010 → 2 − 8
   e. − 8 porque 0000 → 0 − 8
   f. 1 porque 1001 → 9 − 8
10. a. 1101 porque 5 + 8 = 13 → 1101
    b. 0011 porque − 5 + 8 = 3 → 0011
    c. 1011 porque 3 + 8 = 11 → 1011
    d. 1000 porque 0 + 8 = 8 → 1000
    e. 1111 porque 7 + 8 = 15 → 1111
    f. 0000 porque − 8 + 8 = 0 → 0000
11. Não. O maior valor que pode ser armazenado em notação de excesso de oito é 7, representado por 1111. Para representar um valor maior, ao menos excesso de 16 (que usa padrões de 5 bits) deveria ser utilizado. De maneira similar, 6 não pode ser representado em notação de excesso de quatro. (O maior valor que pode ser representado em notação de excesso de quatro é 3.)

Seção 1.7

1. a. $5/8$ b. $3\frac{1}{4}$ c. $9/32$ d. $-1\frac{1}{2}$ e. $-(11/64)$
2. a. 01101011   b. 01111010 (erro de truncamento)
   c. 01001100   d. 11101110   e. 11111000 (erro de truncamento)
3. 01001001 ($9/16$) é maior que 00111101 ($13/32$). A seguir está uma maneira simples de determinar qual dos dois padrões representa o maior valor:
   Caso 1. Se os bits de sinal forem diferentes, o maior é aquele com um 0 como bit de sinal.
   Caso 2. Se os bits de sinal forem ambos 0, varra as porções remanescentes dos padrões da esquerda para a direita até que uma posição de bit seja encontrada onde os dois padrões diferem. O padrão contendo o 1 nessa posição representa o maior valor.
   Caso 3. Se os bits de sinal forem ambos 1, varra as porções remanescentes dos padrões da esquerda para a direita até que uma posição de bit seja encontrada onde os dois padrões diferem. O padrão contendo o 0 nessa posição representa o maior valor.
   A simplicidade desse processo de comparação é uma das razões para representar o expoente em um sistema de ponto flutuante como uma notação de excesso em vez de por meio de complemento de dois.
4. O maior valor seria $7\frac{1}{2}$, que é representado pelo padrão 01111111. Para o menor valor positivo, você poderia argumentar que existem duas respostas "corretas". Primeiro, se você utilizar o processo de codificação descrito no texto, que requer que o bit mais significativo da mantissa seja 1 (a chamada forma normalizada), a resposta seria $1/32$, que é representado pelo padrão 00001000. Entretanto, a maioria das máquinas não impõe essa restrição para valores próximos a zero. Para tal máquina, a resposta correta seria $1/256$ representado por 00000001.

Seção 1.8

1. RLE (*run-lenght encoding*), codificação dependente de frequência, codificação relativa e codificação por dicionário.
2. 121321112343535
3. Desenhos animados coloridos formados por blocos de cores sólidas com bordas afiadas. Além disso, o número de cores é limitado.
4. Não. Tanto GIF quanto JPEG são sistemas de compressão com perdas, o que significa que detalhes na imagem serão perdidos.
5. A *baseline* padrão de JPEG tira proveito do fato de o olho humano não ser tão sensível a mudanças de cores como ele o é para mudanças no brilho. Então, ela reduz o número de bits usado para representar informações de cores sem perda notável em qualidade de imagem.
6. Mascaramento temporal e mascaramento de frequência.
7. Ao codificar informações, são feitas aproximações. No caso de dados numéricos, essas aproximações são acumuladas quando computações são desempenhadas, o que pode levar a resultados errôneos. As aproximações não são tão críticas nos casos de imagens e de som porque os dados codificados são normalmente apenas armazenados, transferidos e reproduzidos. Se, entretanto, imagens ou sons forem repetidamente reproduzidas, regravadas e, então, recodificadas, essas aproximações poderiam se acumular e levar a dados inúteis.

Seção 1.9

1. b, c e e.
2. Sim. Se um número par de erros ocorresse em um byte, a técnica de paridade não os detectaria.

3. Neste caso, os erros permaneceriam nos bytes a e d da Questão 1. A resposta para a Questão 2 permanece a mesma.

4. a. 001010111   001101000   101100101
      101110010   101100101   000100000
      001100001   101110010   101100101
      000100000   001111001   101101111
      001110101   100111111
   b. 100100010   101001000   101101111
      101110111   100111111   100100010
      000100000   001000011   001101000
      101100101   101110010   001111001
      101101100   000100000   001100001
      001110011   001101011   101100101
      001100100   100101110
   c. 000110010   100101011   100110011
      000111101   100110101   100101110

5. a. BED   b. CAB   c. HEAD

6. Uma solução é o seguinte:
   A 0 0 0 0 0
   B 1 1 1 0 0
   C 0 1 1 1 1
   D 1 0 0 1 1

Capítulo 2

Seção 2.1

1. Em algumas máquinas, este é um processo de dois passos, consistindo em primeiro ler os conteúdos da primeira célula em um registrador e, então, escrevê-lo a partir do registrador na célula de destino. Na maioria das máquinas, isso é realizado como uma atividade sem usar um registrador intermediário.
2. O valor a ser escrito, o endereço da célula na qual escrever e o comando a escrever.
3. Registradores de propósito geral são usados para manter os dados imediatamente aplicáveis à mão; a memória principal é usada para manter os dados que serão necessários em um futuro próximo; e o armazenamento em massa é usado para manter dados que provavelmente não serão necessários em um futuro próximo.

Seção 2.2

1. O termo *mover* frequentemente carrega a conotação de remover de um local e colocar em outro, assim deixando um vazio para trás. Na maioria dos casos dentro de uma máquina, essa remoção não ocorre. Em vez disso, o objeto que está sendo movido é mais frequentemente copiado (ou clonado) para o próximo local.
2. Uma técnica comum, chamada de endereçamento relativo, é dar a distância em vez de onde saltar. Por exemplo, uma instrução poderia ser saltar para frente três instruções ou saltar para trás duas instruções. Você deve notar, no entanto, que tais sentenças devem ser alteradas se instruções adicionais forem posteriormente inseridas entre a origem e o destino do salto.
3. Isso poderia ser argumentado de ambas as formas. A instrução é expressa na forma de um salto condicional. Entretanto, como a condição de que 0 seja igual

a 0 é sempre satisfeita, o salto sempre será feito como se não existisse qualquer condição expressa. Você frequentemente encontrará máquinas com tais instruções em seu repertório, pois elas fornecem um projeto eficiente. Por exemplo, se uma máquina é projetada para executar uma instrução com uma estrutura como "Se ... saltar para ...", essa forma de instrução poderia ser usada para expressar tanto saltos condicionais quanto incondicionais.

4. 156C = 0001010101101100
   166D = 0001011001101101
   5056 = 0101000001010110
   306E = 0011000001101110
   C000 = 1100000000000000
5. a. Armazenar (STORE) os conteúdos do registrador 6 na célula de memória número 8A.
   b. Saltar (JUMP) para a posição DE se o conteúdo do registrador A for igual ao do registrador 0.
   c. Aplicar AND ao conteúdo dos registradores 3 e C, deixando o resultado no registrador 0.
   d. Mover (MOVE) o conteúdo do registrador F para o registrador 4.
6. A instrução 15AB requer que a CPU consulte os circuitos de memória para os conteúdos da célula de memória no endereço AB. Esse valor, quando obtido da memória, é então colocado no registrador 5. A instrução 25AB não requer tal requisição de memória. No lugar disso, o valor AB é colocado no registrador 5.
7. a. 2356   b. A503   c. 80A5

Seção 2.3

1. Hexadecimal 34
2. a. 0F
   b. C3
3. a. 00
   b. 01
   c. quatro vezes
4. Ele para. Este é um exemplo do que é frequentemente chamado de código automodificável. Ou seja, o programa se modifica. Note que as primeiras duas instruções colocam o hexadecimal C0 na posição de memória F8, então as duas próximas instruções colocam 00 na posição F9. Então, no momento que a máquina alcança a instrução em F8, a instrução de parada (C000) foi colocada lá.

Seção 2.4

1. a. 00001011   b. 10000000   c. 00101101
   d. 11101011   e. 11101111   f. 11111111
   g. 11100000   h. 01101111   i. 11010010
2. 00111100 com a operação AND.
3. 00111100 com a operação XOR.
4. a. O resultado final é 0 se a cadeia contivesse um número par de 1s. Caso contrário, ele é 1.
   b. O resultado é o valor do bit de paridade para paridade par.
5. A operação lógica XOR espelha a adição, exceto para o caso no qual ambos os operandos são 1. Neste caso, o operador XOR produz um 0, enquanto a soma é 10. (Então, a operação XOR pode ser considerada uma operação de adição sem carregamento.)
6. Use AND com a máscara 11011111 para modificar de caixa baixa para caixa alta. Use OR com 00100000 para modificar de caixa alta para caixa baixa.
7. a. 01001101   b. 11100001   c. 11101111

8. a. 57   b. B8   c. 6F   d. 6A
9. 5
10. 00110110 em complemento de dois; 01011110 em ponto flutuante. A questão aqui é que o procedimento usado para adicionar os valores é diferente, dependendo da interpretação dada aos padrões de bits.
11. Uma solução é a seguinte:
    12A7 (Carregar (LOAD) o registrador 2 com o conteúdo da célula de memória A7.)
    2380 (Carregar (LOAD) o registrador 3 com o valor 80.)
    7023 (Aplicar o operador OR aos registradores 2 e 3 deixando o resultado no registrador 0.)
    30A7 (Armazenar (STORE) o conteúdo do registrador 0 na célula de memória A7.)
    C000 (Parar (HALT)).
12. Uma solução é a seguinte:
    15E0 (Carregar (LOAD) o registrador 5 com o conteúdo da célula de memória E0.)
    A502 (Rotacionar (ROTATE) o conteúdo do registrador 5 dois bits para a esquerda.)
    260F (Carregar (LOAD) o registrador 6 com o valor 0F.)
    8056 (Aplicar o operador AND aos registradores 5 e 6, deixando o resultado no registrador 0.)
    30E1 (Armazenar (STORE) o conteúdo do registrador 0 na célula de memória E1.)
    C000 (Parar (HALT).)

Seção 2.5

1. a. 37B5.
   b. Um milhão de vezes.
   c. Não. Uma página típica de texto contém menos de 4000 caracteres. Então, a habilidade de imprimir cinco páginas em um minuto indica uma taxa de impressão de não mais de 20.000 caracteres por minuto, que é muito menos de um milhão de caracteres por segundo. (A questão é que um computador pode enviar caracteres para uma impressora muito mais rapidamente que uma impressora pode imprimi-los; então, a impressora precisa de uma maneira de dizer ao computador para esperar.)
2. O disco fará 50 revoluções em um segundo, o que significa que 800 setores passarão debaixo da cabeça de leitura/escrita em um segundo. Dado que cada setor contém 1024 bytes, os bits passarão debaixo da cabeça de leitura/escrita em aproximadamente 6,5 Mbps. Então, a comunicação entre o controlador e o *driver* de disco precisará ocorrer ao menos nessa velocidade se o controlador tiver de acompanhar os dados do disco a serem lidos.
3. Um romance de 300 páginas representado em Unicode consiste em cerca de 2 MB ou 16.000.000 bits. Então, aproximadamente 0,3 segundos seriam necessários para transferir o romance inteiro em 54 Mbps.

Seção 2.6

1. O cano conteria as instruções B1B0 (sendo executada), 5002 e talvez até mesmo B0AA. Se o valor no registrador 1 for igual ao valor no registrador 0, o salto para a posição B0 é executado, e o esforço já despendido nas instruções no cano é perdido. Por outro lado, nenhum tempo é perdido, pois o esforço despendido nessas instruções não requereu tempo extra.
2. Se nenhuma precaução for tomada, a informação nas posições de memória F8 e F9 são obtidas como uma instrução antes que a parte prévia do programa tenha a chance de modificar essas células.
3. a. A CPU que está tentando adicionar 1 à célula pode, primeiro, ler o valor na célula. A partir disso, a outra CPU lê o valor da célula. (Note que nesse ponto ambas as CPUs obtiveram o mesmo valor.) Se a primeira CPU agora

terminar sua adição e escrever seu resultado de volta na célula antes de a segunda terminar sua subtração e escrever seu resultado, o valor final na célula reflete apenas a atividade da segunda CPU.
b. As CPUs poderiam ler os dados da célula como antes, mas dessa vez a segunda CPU poderia escrever seu resultado antes da primeira. Então, apenas a atividade da primeira CPU é refletida no valor final da célula.

Capítulo 3

Seção 3.1
1. Um exemplo tradicional é uma fila de pessoas esperando para comprar ingressos em um evento. Neste caso, pode ter alguém que queira "furar a fila", o que violaria a estrutura FIFO.
2. Opções (b), (c) e (e).
3. Sistemas embarcados frequentemente focam em tarefas dedicadas, enquanto PCs são computadores de propósito geral. Sistemas embarcados frequentemente possuem recursos mais limitados que PCs de idade comparável, mas podem encarar limites de tempo mais estritos com interferência humana mínima.
4. Compartilhamento de tempo se refere a mais de um usuário acessando uma máquina ao mesmo tempo. Multitarefas se refere a um usuário desempenhar mais de uma tarefa ao mesmo tempo.

Seção 3.2
1. *Shell*: Se comunica com o ambiente da máquina
   Gerenciador de arquivos: Coordena o uso do armazenamento em massa da máquina.
   Drivers de dispositivos: Trata da comunicação com os dispositivos periféricos da máquina.
   Gerenciador de memória: Coordena o uso da memória principal da máquina.
   Escalonador: Coordena os processos no sistema.
   Despachante: Controla a atribuição de processos ao tempo da CPU.
2. A linha é vaga, e a distinção é frequentemente nos olhos do observador. Grosseiramente falando, software utilitário desempenha tarefas básicas, universais, enquanto software de aplicação desempenha tarefas únicas à aplicação da máquina.
3. Memória virtual é o espaço imaginário de memória cuja presença aparente é criada pelo processo de trocar dados e programas entre a memória principal e o armazenamento em massa (tanto dados de ida quanto de volta).
4. Quando uma máquina é ligada, a CPU começa a executar a inicialização, que reside em ROM. Essa inicialização guia a CPU através do processo de transferir o sistema operacional do armazenamento em massa para a área volátil de memória principal. Quando essa transferência estiver completa, a inicialização guia a CPU para saltar para o sistema operacional.

Seção 3.3
1. Um programa é um conjunto de direções. Um processo é a ação de seguir essas direções.
2. A CPU completa seu ciclo atual de máquina, grava o estado do processo atual e configura seu contador de programa para um valor predeterminado (que é a posição do tratador de interrupções). Então, a próxima instrução executada será a primeira instrução dentro do tratador de interrupções.

3. Poderiam ser dadas prioridades diferentes aos processos, de forma que eles receberiam preferência pelo despachante. Outra opção seria dar aos processos de prioridade mais alta fatias de tempo maiores.
4. Se cada processo consumiu sua fatia de tempo inteira, a máquina poderia fornecer uma fatia completa para praticamente 20 processos em um segundo. Se os processos não consumiram suas fatias de tempo inteiras, esse valor poderia ser muito maior, mas o tempo necessário para realizar uma troca de contexto poderia ser mais significativo (veja a Questão 5).
5. Um total de $^{5000}/_{5001}$ do tempo da máquina seria realmente gasto desempenhando os processos. Entretanto, quando um processo requer uma atividade de E/S, sua fatia de tempo é terminada enquanto o controlador desempenha a requisição. Então, se cada processo fez tal requisição após apenas um microssegundo de sua fatia de tempo, a eficiência da máquina cairia para $\frac{1}{2}$. Ou seja, a máquina gastaria tanto tempo realizando trocas de contexto quanto executando processos.

Seção 3.4

1. Esse sistema garante que o recurso não é usado por mais de um processo por vez; entretanto, ele dita que o recurso seja alocado de uma maneira estritamente de alternações. Uma vez que um processo tenha usado e liberado o recurso, ele deve esperar para que o outro processo use o recurso antes de o processo original poder acessá-lo. Isso é verdade mesmo que o primeiro processo precise do recurso na hora e o outro processo não precise dele por algum tempo.
2. Se dois carros entram em extremidades opostas do túnel ao mesmo tempo, eles não estarão cientes da presença um do outro. O processo de entrar e de ligar as luzes é outro exemplo de uma região crítica, o que nesse caso poderíamos chamar de um processo crítico. Nessa terminologia, poderíamos resumir a falha dizendo que os carros em extremidades opostas do túnel poderiam executar o processo crítico ao mesmo tempo.
3. a. Isso garante que o recurso não compartilhável não seja requerido e alocado de forma parcial; ou seja, a um carro é dada a ponte toda ou nada.
   b. Isso significa que o recurso não compartilhável pode ser obtido à força.
   c. Isso torna compartilhável o recurso não compartilhável, o que remove a competição.
4. Uma sequência de setas que formam um laço fechado no grafo dirigido. É sobre essa observação que têm sido desenvolvidas técnicas que permitem que alguns sistemas operacionais reconheçam a existência de impasses e, consequentemente, tomem ações corretivas apropriadas.

Seção 3.5

1. Nomes e datas são considerados candidatos inadequados, pois são escolhas comuns e, logo, são considerados alvos fáceis para adivinhadores de senhas. O uso de palavras completas também é considerado inadequado, pois adivinhadores de senhas podem facilmente escrever um programa que tente as palavras encontradas em um dicionário. Além disso, senhas contendo apenas caracteres são desencorajadas, pois são formadas por um conjunto de caracteres limitado.
2. Quatro é o número de diferentes padrões de bits que podem ser formados usando 2 bits. Se mais níveis de privilégio fossem necessários, os projetistas precisariam de ao menos 3 bits para representar os diferentes níveis e, então, provavelmente usariam um total de 8 níveis. Da mesma maneira, a escolha natural para menos de 4 níveis de privilégio seria 2, que é o número de padrões que podem ser representados por 1 bit.
3. O processo poderia alterar o programa do sistema operacional de forma que o despachante dê sempre fatias de tempo a esse processo.

Capítulo 4

Seção 4.1

1. Uma rede aberta é uma rede cujas especificações e protocolos são públicos, permitindo que diferentes fabricantes produzam produtos compatíveis.
2. Ambos conectam dois barramentos para formar um barramento de rede maior. Entretanto, uma ponte encaminha apenas as mensagens destinadas ao outro lado da ponte, enquanto um comutador possui múltiplas conexões no qual cada uma pode agir como uma ponte.
3. Um roteador é um dispositivo que direciona mensagens entre redes em uma internet.
4. Que tal um negócio de vendas pelo correio e seus clientes, um atendente bancário e os clientes do banco ou um atendente de farmácia e seus clientes?
5. Existem diversos protocolos envolvidos no fluxo de tráfego, comunicação de telefonia verbal e etiqueta.
6. A computação em cluster normalmente envolve computadores múltiplos, dedicados a fornecer alta habilidade ou computação distribuída com balanceamento de carga. A computação em grade é mais fracamente acoplada que a computação em cluster e poderia envolver máquinas que unem a computação distribuída quando elas de outra forma estejam ociosas.

Seção 4.2

1. ISPs da Camada 1 e Camada 2 fornecem o "núcleo" da comunicação da Internet, enquanto os ISPs de acesso fornecem acesso a esse núcleo para seus clientes.
2. O DNS (*Domain Name System*) é a coleção de servidores de nome para toda a Internet que permite a tradução de endereços mnemônicos para endereços IP (e vice-versa).
3. A expressão 3.6.9 representa o padrão de três bytes 000000110000011000001001. O padrão de bits 0001010100011100 seria representado como 21.28 na notação decimal por pontos.
4. Podem existir diversas respostas para isso. Uma é que ambos progridem do específico para o geral. Os endereços de internet em forma mnemônica iniciam com o nome de uma máquina específica e progridem para o nome do TLD. Os endereços postais iniciam com o nome de um indivíduo e progridem para regiões cada vez maiores, como cidade, estado e país. Esse pedido é convertido em endereços IP, que iniciam com o padrão de bits identificando o domínio.
5. Os servidores de nome ajudam a traduzir os endereços mnemônicos em endereços IP. Os servidores de email enviam, recebem e armazenam mensagens de email. Os servidores de FTP fornecem serviços de transferência de arquivos.
6. SSH fornece criptografia e autenticação.
7. Eles aliviam o servidor inicial da tarefa de enviar mensagens individuais para cada cliente. A abordagem P2P desloca essa tarefa para os clientes (peers) propriamente ditos, enquanto *multicast* desloca essa tarefa para os roteadores de Internet.
8. Critérios que devem ser considerados incluem custo, portabilidade, praticidade de usar seu computador como um telefone, necessidade de preservar quaisquer telefones analógicos existentes, serviços de emergência e a confiabilidade e áreas de serviços dos vários provedores de serviços envolvidos.

Seção 4.3

1. Uma URL é essencialmente o endereço de um documento na World Wide Web. Um navegador é um programa que auxilia um usuário no acesso ao hipertexto.

2. Uma linguagem de marcação é um sistema para inserir informações explicativas em um documento.
3. HTML é uma linguagem de marcação em particular. XML é um padrão para a produção de linguagens de marcação.
4. a. <html> marca o início de um documento HTML.
   b. <head> marca o início do cabeçalho de um documento.
   c. </p> marca o fim de um parágrafo.
   d. </a> marca o fim de um item que é ligado a outro documento.
5. *Lado cliente* e *lado servidor* são termos usados para identificar se uma atividade é desempenhada no computador cliente ou no computador servidor.

Seção 4.4

1. A camada de ligação recebe a mensagem e a repassa para a camada de rede. A camada de rede determina a direção na qual a mensagem deve ser encaminhada e devolve a mensagem para a camada de ligação para ser encaminhada. As camadas mais altas não são necessárias para roteamento, apesar de roteadores avançados poderem usar as camadas de transporte ou de aplicação para fornecer serviços adicionais, como filtragem seletiva ou qualidade de serviços em camadas.
2. Diferentemente de TCP, UDP é um protocolo sem conexão que não confirma que a mensagem foi recebida no destino.
3. A camada de transporte usa números de porta do protocolo de transporte para determinar qual unidade dentro da camada de aplicação deve receber uma mensagem.
4. Nada realmente. Um programador em qualquer servidor (*host*) poderia modificar o sistema de software no servidor para manter tais registros. É por isso que dados importantes devem ser encriptados.

Seção 4.5

1. Phishing é uma técnica para obter informação importante solicitando aos usuários suas senhas, números de cartão de crédito, etc., por meio de email mascarado como uma entidade legítima como o banco de um usuário ou o departamento de TI de um campus. Os computadores não estão seguros contra phishing; os usuários devem se basear em julgamentos sensatos ao revelarem dados importantes a outros sem verificação apropriada.
2. Uma porta de ligação de região é um roteador que simplesmente encaminha pacotes (partes de mensagens) à medida que elas passam através dela. Então, um firewall na porta de ligação não pode filtrar tráfego por meio do conteúdo, mas simplesmente por informações de endereço.
3. O uso de senhas protege os dados (e a informação também). O uso de encriptação protege a informação.
4. No caso de um sistema de criptografia de chaves públicas, conhecer como as mensagens são encriptadas não permite que as mensagens sejam decriptadas.
5. Os problemas são internacionais em sua natureza e, logo, não são sujeitos às leis de um único governo. Além disso, os recursos legais meramente fornecem recursos para entidades afetadas, no lugar de prevenir os danos.

Capítulo 5

Seção 5.1

1. Um processo é a atividade de executar um algoritmo. Um programa é uma representação de um algoritmo.

2. Na Introdução, citamos algoritmos para tocar música, operar máquinas de lavar, construir modelos e realizar truques de mágica, bem como o algoritmo Euclediano. Muitos dos "algoritmos" que você encontra no dia a dia não são algoritmos, de acordo com nossa definição formal. O exemplo do algoritmo da divisão longa foi citado no texto. Outro é o algoritmo executado por um relógio, que continua avançando seus ponteiros e dando suas badaladas dia após dia.
3. A definição informal falha em requerer que os passos sejam ordenados e não ambíguos. Ela meramente dá dicas aos requisitos para que os passos sejam executáveis e que levem a um objetivo.
4. Existem dois pontos a serem observados aqui. O primeiro é que as instruções definem um processo que não termina. Na realidade, entretanto, o processo alcançará um estado no qual não existam mais moedas em seu bolso. Na verdade, isso poderia ser o estado inicial. Neste ponto, o problema é o da ambiguidade. O algoritmo, como representado, não nos diz o que fazer nesta situação.

Seção 5.2

1. Um exemplo é encontrado na composição da matéria. Em um nível, as primitivas são consideradas moléculas, mesmo assim essas partículas são, na verdade, compostas de átomos, os quais por sua vez são compostos de elétrons, prótons e nêutrons. Atualmente, sabemos que mesmo essas "primitivas" são compostas.
2. Uma vez que um procedimento seja corretamente construído, ele pode ser usado como um bloco de construção para estruturas de programa maiores sem reconsiderar a composição interna do procedimento.
3. X ← a entrada maior;
   Y ← a entrada menor;
   enquanto (Y diferente de zero) faça
    (resto ← após dividir X por Y;
     X ← Y;
     Y ← resto);
   GCD ← X
4. Todas as outras cores da luz podem ser produzidas combinando as seguintes cores: vermelho, azul e verde. Então, um tubo de imagem de uma televisão é projetado para produzir essas três cores básicas.

Seção 5.3

1. a. se (n = 1 ou n = 2)
       então (a resposta é a lista contendo o valor único n)
       senão (Divida n por 3, obtendo um quociente q e um resto r
           se (r = 0)
               então (a resposta é a lista contendo q 3s)
           se (r = 1)
               então (a resposta é a lista contendo (q − 1) 3s
                     e dois 2s)
           se (r = 2)
               então (a resposta é a lista contendo q 3s e um 2)
)
   b. O resultado seria a lista contendo 667 três.
   c. Você provavelmente experimentou com valores de entrada pequenos até começar a ver um padrão.
2. a. Sim. *Dica*: coloque a primeira peça no centro de forma que ela evite que o quadrante que contenha o espaço vago cubra um quadrado de cada um dos

outros quadrantes. Cada quadrante representa uma versão menor do problema original.
b. O tabuleiro com um único espaço vago contém $2^{2n} - 1$ quadrados, e cada peça cobre exatamente três quadrados.
c. As partes (a) e (b) desta questão fornecem um excelente exemplo de como conhecer uma solução para um problema auxilia a solucionar outro. Veja a quarta frase de Polya.
3. Diz, "This is the correct answer".
4. Simplesmente tentar montar as peças seria uma abordagem ascendente. Entretanto, ver na caixa do quebra-cabeça com qual figura ele deveria se parecer adiciona um componente descendente em sua abordagem.

Seção 5.4

1. Modifique o teste na sentença while para ler "valor algo diferente da entrada atual e existem entradas remanescentes a serem consideradas".
2. Z ← 0;
   X ← 1;
   repita (Z ← Z + X;
           X ← X + 1)
   até (X = 6)
3. Isso tem provado ser um problema com a linguagem C. Quando as palavras chave *do* e *while* são separadas por diversas linhas, os leitores de um programa frequentemente tropeçam na interpretação apropriada de uma cláusula *while*. Em particular, o *while* no final de uma sentença *do* é frequentemente interpretado como sendo o início de uma sentença *while*. Então, a experiência diz que é melhor usar palavras-chave diferentes para estruturas de laço pré-teste e pós-teste.
4. Cheryl   Alice   Alice
   Gene   Cheryl   Brenda
   Alice   Gene   Cheryl
   Brenda   Brenda   Gene
5. É uma perda de tempo insistir em colocar o pivô acima como uma entrada idêntica na lista. Por exemplo, faça a mudança proposta e então tente o novo programa em uma lista na qual todas as entradas sejam iguais.
6. procedimento sort (List)
   N ← 1;
   enquanto (N é menor que o tamanho de List) faça
     (J ← N + 1;
      enquanto (J não é maior que o tamanho de List) faça
        (se (a entra da na posição J é menor que a entrada na
            posição N)
            então (troque as duas entradas);
      J ← J + 1)
   N ← N + 1)
7. A solução a seguir é ineficiente. Você pode torná-la mais eficiente?
   procedimento sort (List)
   N ← o tamanho de List;
   enquanto (N é maior que 1) faça
     (J ← o tamanho de List;
      enquanto (J é maior que 1) faça
        (se (a entrada na posição J é menor que a entrada na
            posição J − 1)
            então (troque as duas entradas);
      J ← J − 1)
   N ← N − 1)

Seção 5.5

1. O primeiro nome considerado seria Henry, depois seria Larry e o último seria Joe.
2. 8, 17
3. 1, 2, 3, 3, 2, 1
4. A condição de término é "N é maior que ou igual a 3" (ou "N não é menor que 3"). Essa é a condição na qual nenhuma ativação adicional é criada.

Seção 5.6

1. Se a máquina pode ordenar 100 nomes em um segundo, ela pode realizar ¼ (10.000 − 100) comparações em um segundo. Isso significa que cada comparação ocorre em aproximadamente 0,0004 segundos. Consequentemente, ordenar 1000 nomes [que requer uma média de ¼ (1.000.000 − 1000) comparações] requer aproximadamente 100 segundos ou 1 ⅔ minutos.
2. A busca binária pertence a $\Theta(\lg n)$, a busca sequencial pertence a $\Theta(n)$ e a ordenação por inserção pertence a $\Theta(n^2)$.
3. A classe $\Theta(\lg n)$ é mais eficiente, seguida por $\Theta(n)$, $\Theta(n^2)$ e $\Theta(n^3)$.
4. Não. A resposta não é correta, apesar de parecer. A verdade é que duas das três cartas são as mesmas em ambos os lados. Então, a probabilidade de pegar tal carta é de dois terços.
5. Não. Se o dividendo for menor que o divisor, como em ³/₇, a resposta dada é 1, apesar de que ela deve ser 0.
6. Não. Se o valor de X for zero e o valor de Y for diferente de zero, a resposta dada não será correta.
7. Cada vez que o teste de término é conduzido, a sentença "Sum = 1 + 2 + ... + K e K é menor ou igual a N" é verdadeira. Combinando isso com a condição de término "K é maior ou igual a N" produz a conclusão desejada "Sum = 1 + 2 + ... + N". Como K é inicializado em zero e incrementado em um cada vez ao longo do laço, seu valor deve por fim chegar ao de N.
8. Infelizmente, não. Problemas além do controle de projeto de hardware e de software, como problemas mecânicos ou elétricos, podem afetar as computações.

Capítulo 6

Seção 6.1

1. Um programa em uma linguagem de terceira geração é independente de máquina no sentido de que seus passos não são expressos em termos dos atributos de máquina como registradores e endereços de células de memória. Por outro lado, ele é dependente de máquina no sentido de que transbordamentos de aritmética e erros de truncamento ainda podem ocorrer.
2. A principal distinção é que um montador traduz cada instrução no programa fonte em uma única instrução de máquina, enquanto um compilador frequentemente produz muitas instruções em linguagem de máquina para obter o equivalente a uma única instrução em programa fonte.
3. O paradigma declarativo é baseado no desenvolvimento de uma descrição do problema a ser solucionado. O paradigma funcional força o programador a descrever a solução do problema em termos de soluções de problemas menores. O paradigma orientado a objetos dá ênfase a descrever os componentes no ambiente do problema.
4. As linguagens de terceira geração permitem que o programa seja expresso mais em termos do ambiente do problema e menos em termos do jargão computacional do que as linguagens de gerações passadas.

Seção 6.2
1. Usar uma constante descritiva pode aprimorar a acessibilidade do programa.
2. Uma sentença declarativa descreve terminologia; uma sentença imperativa descreve passos em um algoritmo.
3. Inteiro, real, caractere e booleano.
4. As estruturas se-então-senão e as estruturas de laço enquanto são bastante comuns.
5. Todos os componentes de uma matriz possuem o mesmo tipo.

Seção 6.3
1. O escopo de uma variável e a faixa do programa na qual essa variável está acessível.
2. Uma função é um procedimento que retorna um valor associado ao nome da função.
3. Porque é isso o que elas são. Operações de E/S são, na verdade, chamadas a rotinas dentro do sistema operacional da máquina.
4. Um parâmetro formal é um identificador dentro de um procedimento. Ele serve como um local de depósito para o valor, o parâmetro real, que é passado ao procedimento quando o procedimento é chamado.
5. Um procedimento é projetado para desempenhar uma ação, enquanto uma função é projetada para produzir um valor. Então, o programa é mais legível se o nome de um procedimento refletir a ação que ele realiza, e o nome de uma função refletir o valor que ela retorna.

Seção 6.4
1. *Análise léxica*: o processo de identificar *tokens*.
   Análise sintática: o processo de reconhecer a estrutura gramatical do programa.
   Geração de código: o processo de produzir as instruções no programa objeto.
2. Uma tabela de símbolos é o registro de informação que o analisador sintático obteve das sentenças declarativas de um programa.
3. Nos diagramas de sintaxe, os termos que aparecem em elipses são terminais. Termos que requerem descrições adicionais estão em retângulos e são chamados de "não terminais".
4.

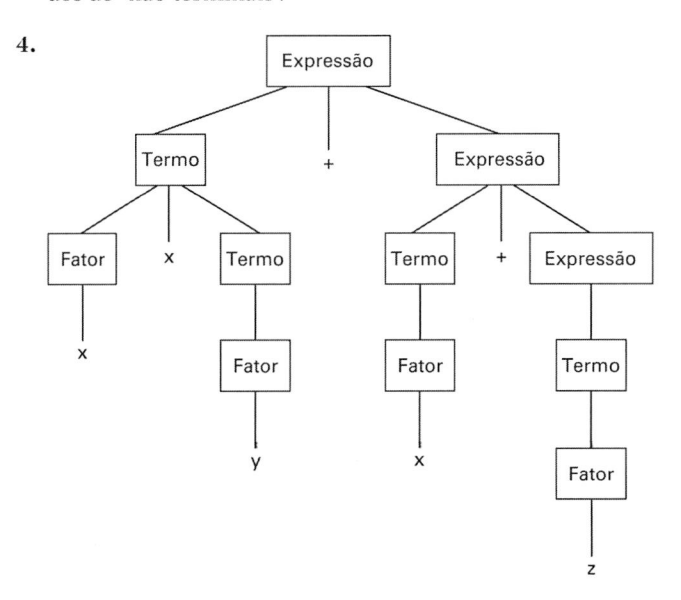

5. As cadeias que estão em conformidade com a estrutura Chacha consistem em uma ou mais das seguintes subcadeias:
paraFrente paraTrás cha cha cha
paraTrás paraFrente cha cha cha
balançar direita cha cha cha
balançar esquerda cha cha cha

Seção 6.5

1. Uma classe é a descrição de um objeto.
2. Uma provavelmente seria MeteorClass (classe do meteoro), a partir da qual vários meteoros seriam construídos. Dentro da classe LaserClass (classe do laser) alguém poderia encontrar uma variável de instância chamada AimDirection (direção da mira), que indica a direção na qual o laser é mirado. Essa variável seria provavelmente usada pelos métodos fire (disparar), turnRight (virar à direita) e turnLeft (virar à esquerda).
3. A classe Employee (empregado) poderia conter características relacionadas ao nome, endereço, anos de serviço, etc., de um funcionário. A classe FullTimeEmployee (empregado em tempo integral) poderia conter características relacionadas a benefícios de aposentadoria. A classe PartTimeEmployee (empregado em tempo parcial) poderia conter características relacionadas às horas trabalhadas por semana, salário por hora, etc.
4. Um construtor é um método especial em uma classe, executado quando uma instância da classe é criada.
5. Alguns itens em uma classe são projetados como privados para impedir que outras unidades de programa tenham acesso direto a esses itens. Se um item é privado, as repercussões de modificar esse item devem ser restritas ao interior da classe.

Seção 6.6

1. A lista incluiria técnicas para iniciar a execução de processos concorrentes e técnicas para implementar comunicação interprocessos.
2. Um é colocar o fardo nos processos, outro é colocar o fardo nos dados. A última possui a vantagem de concentrar a tarefa em um único ponto do programa.
3. Elas incluem previsão do tempo, controle de tráfego aéreo, simulação de sistemas complexos (de reações nucleares até tráfego de pedestres), redes de computadores e manutenção de bancos de dados.

Seção 6.7

1. R, T e V. Por exemplo, podemos mostrar que R é uma consequência de adicionarmos sua negação à coleção e mostrar que a resolução pode levar à sentença vazia, conforme mostrado aqui:

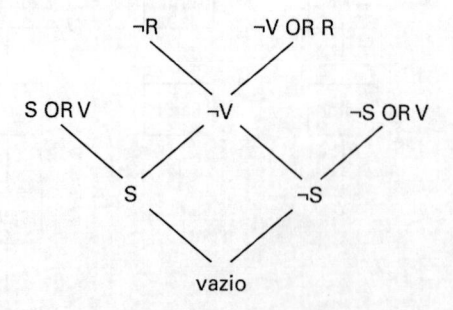

```
        ¬R      ¬V OR R
          \    /
  S OR V   ¬V    ¬S OR V
        \  /  \  /
         S    ¬S
          \  /
          vazio
```

2. Não. A coleção é inconsistente, pois a resolução pode levar à sentença vazia, como mostrado aqui:

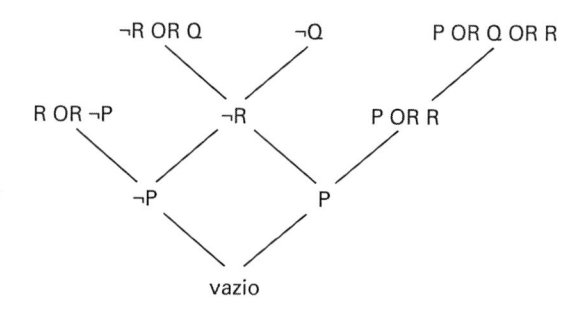

```
       ¬R OR Q        ¬Q      P OR Q OR R
           \         / \        /
            \       /   \      /
R OR ¬P      \     /     \    /    P OR R
     \        \   /       \  /      /
      \        ¬R           \/      /
       \       / \          /\     /
        \     /   \        /  \   /
         ¬P  /     \      /    \ /
          \ /       \    /      P
           X         \  /      /
          / \         \/      /
             \        /\     /
              \      /  \   /
               \    /    \ /
                \  /      X
                 \/      /
                vazio
```

3. ```
   mother (X, Y)  :- parent (X, Y),    female(X).
   father (X, Y)  :- parent (X, Y),    male(X).
   ```
4. O Prolog concluirá que carol é sua própria irmã. Para solucionar esse problema, a regra precisa incluir o fato de X não poder ser igual a Y, que em Prolog é escrito X \= Y. Então, uma versão aprimorada da regra seria

   ```
   sibling (X, Y) :- X \= Y, parent(Z, X), parent(Z, Y).
   ```

   que diz que X é irmão de Y somente se X e Y não forem iguais e se possuírem um pai comum. A seguinte versão insistiria que X e Y sejam irmãos apenas se ambos tiverem os dois pais em comum:

   ```
   sibling (X, Y) : - X \= Y, Z \= W
               parent (Z, X), parent (Z, Y),
               parent (W, X), parent (W, Y).
   ```

Capítulo 7

Seção 7.1

1. Uma longa sequência de sentenças de atribuição não é tão complexa no contexto de projeto de programas quanto algumas sentenças se aninhadas.
2. E em relação ao número de erros encontrados após um curto período de uso? Um problema aqui é que esse valor não pode ser medido de antemão.
3. A questão aqui é pensar acerca de como propriedades de software podem ser medidas. Uma abordagem para estimar o número de erros em uma unidade de software é adicionar intencionalmente alguns erros no sistema de software quando ele é projetado. Então, após o sistema de software ter supostamente sido depurado, verificar quantos dos erros originais ainda estão presentes. Por exemplo, se você colocou intencionalmente sete erros no sistema de software e descobriu que cinco foram removidos após a depuração, você poderia conjecturar que apenas 5/7 do total de erros no sistema de software foram removidos.
4. Possíveis respostas incluem a descoberta de métricas, o desenvolvimento de componentes pré-fabricados, o desenvolvimento de ferramentas CASE, o avanço em direção a padrões. Outra, que é coberta posteriormente na Seção 7.5, é o desenvolvimento de sistemas de modelagem e notacionais, como UML.
   ```

Seção 7.2

1. Pequenos esforços feitos durante o desenvolvimento podem resultar em dividendos durante a manutenção.
2. A fase de análise de requisitos se concentra no que o sistema proposto deve realizar. A fase de projeto se concentra em como o sistema atinge seus objetivos. A fase de implementação se concentra na construção real do sistema. A fase de testes se concentra em se certificar que o sistema faz o que se pretende que ele faça.
3. Uma especificação de requisitos de software é um acordo escrito entre um cliente e uma firma de engenharia de software que relata os requisitos e as especificações do sistema de software a ser desenvolvido.

Seção 7.3

1. A abordagem tradicional em cascata dita que as fases de análise de requisitos, de projeto, de implementação e de testes sejam desempenhadas de uma maneira linear. Os modelos mais recentes permitem uma abordagem mais livre de tentativa e erro.
2. Que tal o modelo incremental, o modelo iterativo e XP?
3. A prototipação evolucionária tradicional é desempenhada dentro da organização que desenvolve um sistema de software, enquanto o desenvolvimento de código aberto não é restrito a uma organização. No caso do desenvolvimento de código aberto, a pessoa que gerencia o desenvolvimento não determina necessariamente que melhorias serão relatadas, enquanto que no caso da prototipação evolucionária tradicional, a pessoa que gerencia o desenvolvimento de software atribui pessoas para tarefas de melhoria específicas.
4. Essa é uma questão para você pensar a respeito. Se você fosse um administrador em uma empresa de desenvolvimento de software, você seria capaz de adotar a metodologia de código aberto para o desenvolvimento de software que seria vendido pela sua empresa?

Seção 7.4

1. Os capítulos de um romance constroem-se uns sobre os outros, enquanto as seções em uma enciclopédia são bastante independentes entre si. Por isso, um romance possui um maior acoplamento entre seus capítulos que uma enciclopédia entre suas seções. Entretanto, as seções dentro de uma enciclopédia provavelmente teriam um nível mais alto de coesão que os capítulos de um romance.
2. A pontuação acumulada seria um exemplo de acoplamento de dados. Outro "acoplamento" que poderia existir incluiria fadiga, momento, conhecimento obtido acerca da estratégia de um oponente e talvez autoconfiança. Em muitos esportes, a coesão das unidades é aumentada ao se terminar a ação e se reiniciar a próxima unidade de um novo início. Por exemplo, no baseball, cada *inning* inicia sem quaisquer corredores de base, mesmo que a equipe tenha terminado o *inning* anterior com todas as bases cheias. Em outros casos, as unidades são pontuadas separadamente, como no tênis, no qual cada set é ganho ou perdido sem depender dos outros sets.
3. Essa é uma questão difícil. De um ponto de vista, poderíamos iniciar colocando tudo em um único módulo. Isso resultaria em pouca coesão e nenhum acoplamento. Se, então, começássemos a dividir esse único módulo em módulos menores, o resultado seria um aumento no acoplamento. Poderíamos concluir que aumentar a coesão tende a aumentar o acoplamento.
Por outro lado, suponha que o problema em mãos naturalmente se divida em três módulos bastante coesos, os quais nós chamaremos de A, B e C. Se nosso projeto original não observasse essa divisão natural (por exemplo, se metade da tarefa A

tivesse sido colocada com metade da tarefa B e assim por diante), esperaríamos que a coesão fosse baixa e o acoplamento, alto. Neste caso, reprojetar o sistema isolando as tarefas A, B e C em módulos separados provavelmente diminuiria o acoplamento entre módulos enquanto a coesão intramódulos aumentaria.

4. O acoplamento é a ligação entre módulos. A coesão é o grau de conexão dentro de um módulo. A ocultação de informação é a restrição no compartilhamento de informações.
5. Você deveria provavelmente adicionar uma seta indicando que ControlGame deve dizer a UpdateScore quem ganhou o voleio, e outra seta na outra direção indicando que UpdateScore relatará o estado atual (como "set terminado" ou "jogo terminado") quando ele retornar o controle para ControlGame.
6. Apague todas as setas horizontais na Figura 7.5, exceto a primeira e a última. Ou seja, o árbitro deve avaliar o saque de PlayerA e enviar diretamente a mensagem updateScore para Score. (Isso, é claro, ignora a possibilidade de um segundo saque. Como você poderia modificar o projeto do programa para permitir faltas duplas?)
7. Um programador tradicional escreve programas em termos de sentenças como as introduzidas no Capítulo 6. Um montador de componentes constrói programas por meio da ligação de blocos pré-fabricados, chamados de componentes.
8. Existem muitas respostas para essa questão. Uma combinação é fazer com que o calendário automaticamente configure um alarme em um relógio para notificar o usuário de um compromisso próximo. Além disso, a aplicação de calendário poderia usar os componentes de uma aplicação de mapas para fornecer as direções para o endereço do compromisso.

Seção 7.5

1. Certifique-se de que seu diagrama trata de fluxo de dados (não da movimentação de livros). O seguinte diagrama indica que identificações de livros (de usuários) e registros de usuários (dos arquivos da biblioteca) são combinados para formar registros de empréstimo armazenados nos arquivos da biblioteca.

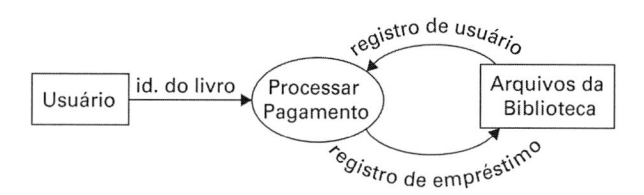

2.

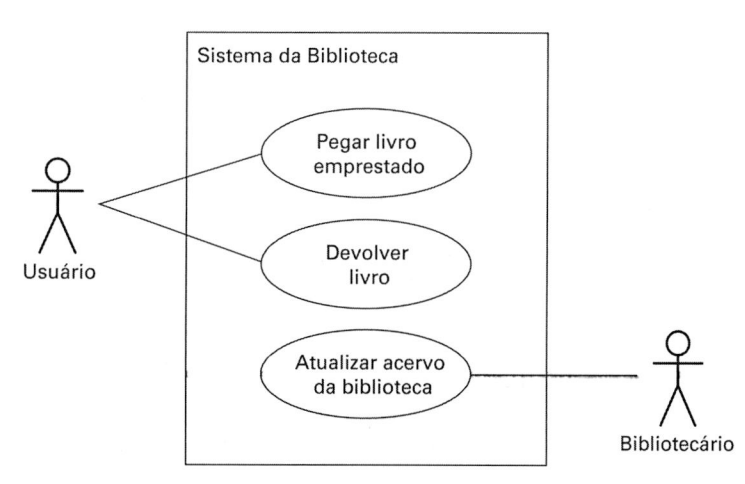

3.

```
Hóspede  * ──se hospeda em▶──  * Hotel
              ◀ hospeda
```

4.

Pessoa
nome
endereço

◁——

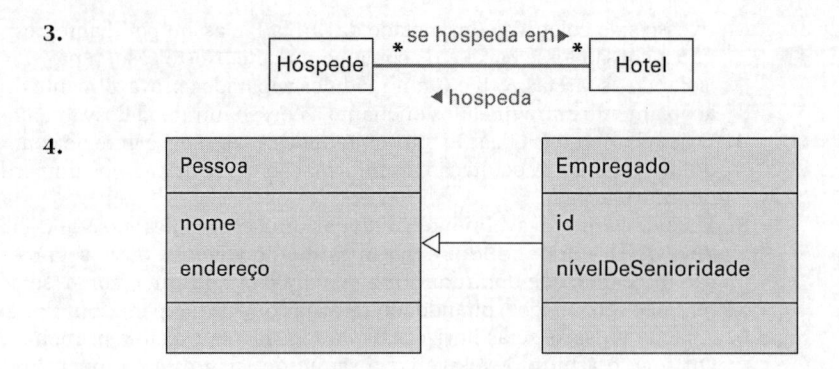

Empregado
id
nívelDeSenioridade

5. Simplesmente desenhe um retângulo ao redor da figura e adicione um rótulo "sd" no canto superior esquerdo, como na Figura 7.13.
6. Padrões de projeto fornecem abordagens padronizadas e bem desenvolvidas para implementar temas recorrentes de software.

Seção 7.6

1. O grupo de SQA (garantia de qualidade de software) supervisiona e impõe os sistemas de controle de qualidade adotados pela organização.
2. Os humanos têm uma tendência a não gravar os passos (decisões, ações, etc.) que dão durante um projeto. (Existem também questões de conflitos de personalidade, ciúmes e confrontos de egos.)
3. Manutenção e revisão de registros.
4. O propósito de testar software é encontrar erros. Em certo sentido, então, um teste que não revela um erro é uma falha.
5. Deve-se considerar a quantidade de ramificações nos módulos. Por exemplo, um módulo procedural contendo diversos laços e sentenças se-então-senão provavelmente seria mais propenso a erros que um módulo com lógica estrutural simples.
6. A análise de valores de fronteira sugeriria que você testasse o aplicativo de software em uma lista com 100 entradas, bem como em uma lista sem entradas. Você também poderia querer aplicar um teste a uma lista que já está na ordem correta.

Seção 7.7

1. A documentação toma a forma de documentação de usuário, documentação de sistema e documentação técnica. Ela pode aparecer em manuais que acompanham o produto, dentro de programa fonte na forma de comentários e código bem escrito, por meio de mensagens interativas que o programa propriamente dito escreve em um terminal, por meio de dicionários de dados e na forma de documentos de projeto como gráficos de estrutura, diagramas de classe, diagramas de fluxo de dados e diagramas de entidade-relacionamento.
2. Tanto na fase de desenvolvimento quanto na de modificação. A questão é que modificações devem ser documentadas tão detalhadamente quanto o programa original. (É também verdade que software é documentado enquanto está na fase de uso. Por exemplo, um usuário do sistema pode descobrir problemas, que, no lugar de serem consertados, são meramente relatados em futuras edições do manual do usuário do sistema. Além disso, livros "como fazer" são frequentemente produzidos após o sistema ter sido usado por um longo período de tempo.)
3. Pessoas diferentes terão opiniões diferentes sobre isso. Algumas argumentarão que o programa é o ponto principal do projeto inteiro e, logo, é naturalmente o mais importante. Outros argumentarão que um programa não vale nada se

não for documentado, porque se você não pode entender um programa, você não pode usá-lo ou modificá-lo. Além disso, com boa documentação, a tarefa de criar o programa pode ser "facilmente" recriada.

Seção 7.8
1. a. Que tal a habilidade de ajustar a inclinação da tela ou a forma de um mouse? Em smartphones, que tal o uso de telas sensíveis ao toque no lugar de um mouse ou inclinar o telefone para fornecer entrada?
   b. Que tal o leiaute de uma janela na tela incluindo o projeto de barras de ferramenta, barras de rolagem e menus *pull-down*? Em um smartphone, inclinar a câmera para apontar itens de interesse não de acordo com a maneira como os humanos pensam?
2. a. Seria impraticável e inconveniente usar um mouse (ou mesmo uma caneta) em um smartphone. Além disso, o tamanho reduzido da tela requereria que elementos que não fossem essenciais para visualização fossem restritos a um espaço limitado. Por essa razão, as barras de rolagem são frequentemente omitidas. Se presentes, elas são mostradas como linhas finas.
   b. Um toque deslizante na tela de visualização é um gesto natural com a maneira pela qual pensamos. Podemos mover papeis ou outros itens deslizando-os em uma mesa. Um argumento pode ser levantado dizendo que isso seria mais natural que o uso de barras de rolagem em uma tela de computador desktop. Ainda que, de fato, a barra de rolagem faça o movimento esperado, a área que está sendo rolada se move na direção oposta. Para um usuário que nunca usou um computador, esse comportamento pode ser contraintuitivo.
3. Você poderia responder "o papel das características humanas". Outra boa resposta seria que o projeto de interface foca nas características externas, ao invés de nas internas, de um sistema de software.
4. As três que são discutidas no texto são a formação de hábitos, a limitação da atenção e as capacidades limitadas de multiprocessamento. Você pode imaginar outras? Que tal a tendência de fazer suposições?

Seção 7.9
1. A nota de copyright mostra a propriedade do trabalho e identifica as pessoas autorizadas a usarem o trabalho. Todos os trabalhos, incluindo especificações de requisitos, documentos de projeto, código-fonte, bem como o produto final, normalmente envolvem um investimento considerável para ser desenvolvido. Um indivíduo ou corporação deve tomar as precauções para se certificar que seus direitos de propriedade sejam garantidos e que toda a propriedade intelectual não seja usada por entidades indesejadas.
2. As leis de copyright e de patentes beneficiam a sociedade porque elas encorajam os criadores de novos produtos a tornarem tais produtos disponíveis para o público. Sem tal proteção, as empresas hesitariam fazer grandes investimentos em novos produtos.
3. Uma renúncia não protege uma companhia contra negligência.

Capítulo 8

Seção 8.1
1. Lista: Uma lista de membros de uma equipe esportiva.
   Pilha: A pilha de bandejas em uma cafeteria.
   Fila: A fila em uma cafeteria.
   Árvore: O organograma de muitos governos.

2. Pilhas e filas podem ser pensadas como tipos especiais de listas. No caso de uma lista geral, as entradas podem ser inseridas e removidas em qualquer posição. No caso de uma pilha, as entradas podem ser inseridas e removidas apenas no topo. No caso da fila, as entradas podem ser inseridas no fim e removidas apenas no início.
3. As letras na pilha do topo para a base seriam E, D, B e A. Se uma letra fosse removida da pilha, seria a letra E.
4. As letras na fila do início para o fim seriam B, C, D e E. Se uma letra fosse removida da fila, seria a letra B.
5. Os nós folha (ou terminais) são D e C. B deve ser o nó raiz, pois todos os outros nós possuem pais.

Seção 8.2

1. Os dados dentro da memória de um computador são, na verdade, armazenados em células de memória individualmente endereçáveis. Estruturas como matrizes, listas e árvores são simuladas para tornar os dados mais acessíveis aos usuários desses dados.
2. Se você tivesse que escrever um programa para jogar damas, a estrutura de dados que representa o tabuleiro provavelmente seria uma estrutura estática, pois o tamanho do tabuleiro não muda durante o jogo. Entretanto, se você fosse escrever um programa para jogar dominó, a estrutura de dados representando o padrão dos dominós construídos na mesa provavelmente seria uma estrutura dinâmica, pois esse padrão varia em tamanho e não pode ser predeterminado.
3. Uma lista telefônica é essencialmente uma coleção de ponteiros (números de telefone) para pessoas. As pistas deixadas em uma cena do crime são ponteiros (talvez encriptados) para o perpetrador.

Seção 8.3

1. 5 3 7 4 2 8 1 9 6
2. Se R for o número de linhas na matriz, a fórmula é $R(J - 1) + (I - 1)$
3. $(c \times i) + j$
4. O ponteiro da cabeça contém o valor NIL
5.
```
Último ← o último nome a ser impresso
Terminado ← false
Ponteiro Atual ← o ponteiro para a cabeça
enquanto (Ponteiro Atual não for NIL e Terminado = false) faça
    (imprima a entrada apontada por Ponteiro Atual,
     se (o nome recém-impresso = Último)
         então (Terminado ← true)
     Ponteiro Atual ← o valor na célula do ponteiro
         na entrada apontada por Ponteiro Atual)
```

6. O ponteiro da pilha aponta para a célula imediatamente abaixo da base da pilha.
7. Represente a pilha como uma matriz unidimensional e o ponteiro da pilha como uma variável do tipo inteiro. Então, use esse ponteiro da pilha para manter um registro da posição do topo da pilha dentro da matriz, ao invés do endereço de memória exato.
8. Tanto as condições de vazia quanto de cheia são indicadas pelos ponteiros iguais de cabeça e cauda. Então, informações adicionais são requeridas para distinguir entre as duas condições.

9.

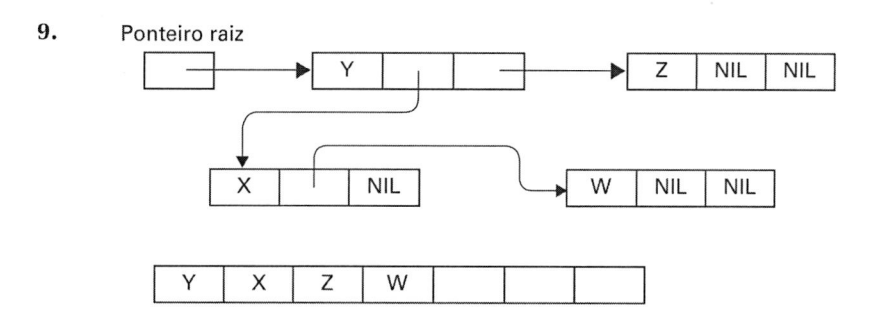

```
Ponteiro raiz → [Y| | ] → [Z|NIL|NIL]
                    ↓   ↓
              [X| |NIL]  → [W|NIL|NIL]

[Y|X|Z|W| | | ]
```

Seção 8.4

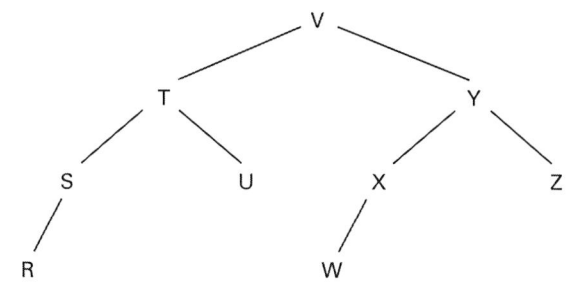

1.

```
            V
           / \
          T   Y
         / \ / \
        S  U X  Z
       /      \
      R        W
```

2. Quando buscando por J:

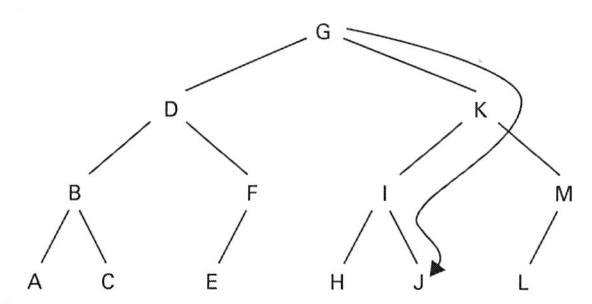

```
            G
           / \
          D   K
         / \ / \
        B  F I  M
       /\ / /\
      A C E H J L
```

Quando buscando por P:

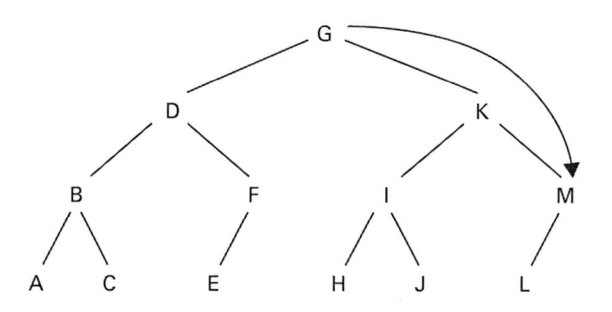

```
            G
           / \
          D   K
         / \ / \
        B  F I  M
       /\ / /\   \
      A C E H J   L
```

3.

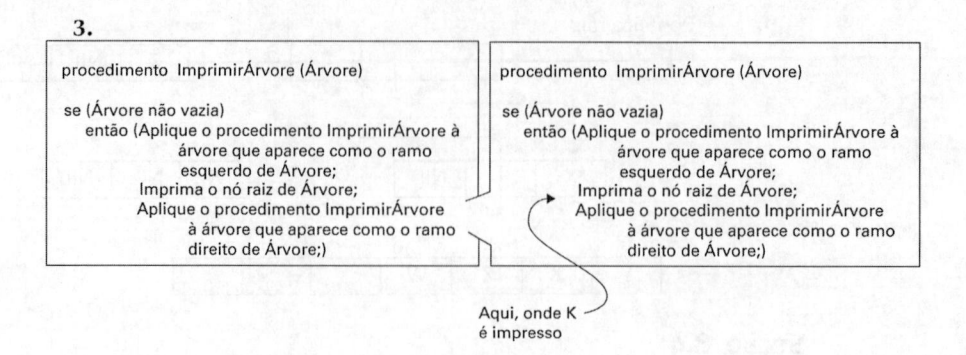

```
procedimento ImprimirÁrvore (Árvore)

se (Árvore não vazia)
  então (Aplique o procedimento ImprimirÁrvore à
         árvore que aparece como o ramo
         esquerdo de Árvore;
         Imprima o nó raiz de Árvore;
         Aplique o procedimento ImprimirÁrvore
         à árvore que aparece como o ramo
         direito de Árvore;)
```

```
procedimento ImprimirÁrvore (Árvore)

se (Árvore não vazia)
  então (Aplique o procedimento ImprimirÁrvore à
         árvore que aparece como o ramo
         esquerdo de Árvore;
         Imprima o nó raiz de Árvore;
         Aplique o procedimento ImprimirÁrvore
         à árvore que aparece como o ramo
         direito de Árvore;)
```

Aqui, onde K é impresso

4. Em cada nó, cada ponteiro para um filho poderia ser usado para representar uma única letra no alfabeto. Uma palavra poderia ser representada por um caminho para baixo na árvore ao longo da sequência de ponteiros representando a palavra sendo soletrada. Um nó poderia ser marcado de maneira especial se ele representasse o fim de uma palavra corretamente soletrada.

Seção 8.5

1. Um tipo é um modelo; uma instância desse tipo é uma entidade real construída a partir desse modelo. Como uma analogia, um cachorro é um tipo de animal, enquanto Lassie e Rex são instâncias desse tipo.
2. Um tipo de dados definido pelo usuário é uma descrição de organização de dados, enquanto um tipo abstrato de dados inclui operações para manipular os dados.
3. Um ponto a ser levantado aqui é que você tem uma escolha entre implementar a lista como uma lista contígua ou como uma lista encadeada. A escolha que você fizer afetará a estrutura dos procedimentos para inserir novas entradas, apagar entradas antigas e encontrar entradas de interesse. Entretanto, essa escolha não será visível para um usuário de uma instância do tipo abstrato de dados.
4. O tipo abstrato de dados ao menos conteria uma descrição da estrutura de dados para armazenar o saldo da conta e um procedimento para fazer um depósito e para fazer um saque via cheque.

Seção 8.6

1. Tanto tipos abstratos de dados quanto classes são modelos para construir instâncias de um tipo. As classes, entretanto, são mais gerais no sentido de que elas são associadas a herança e podem descrever uma coleção de procedimentos apenas.
2. Uma classe é um modelo a partir do qual são construídos objetos.
3. A classe pode conter uma fila circular, juntamente a procedimentos para adicionar entradas, remover entradas, testar para ver se a fila está cheia e testar para ver se a fila está vazia.

Seção 8.7

1. a. A5   b. A5   c. CA
2. D50F, 2EFF, 5FFE
3. 2EA0, 2FB0, 2101, 20B5, D50E, E50F, 5EE1, 5FF1, BF14, B008, C000
4. Ao percorrer uma lista encadeada na qual cada entrada consiste em duas células de memória (uma célula de dados seguida por um ponteiro para a próxima entrada), uma instrução no formato DR0S poderia ser usada para obter os dados, e DR1S poderia ser usada para obter o ponteiro para a próxima entrada.

Se a forma DRTS fosse usada, então a célula de memória exata que está sendo referenciada seria ajustada modificando-se o valor no registrador T.

Capítulo 9

Seção 9.1

1. O departamento de compras estaria interessado em registros de inventário para fazer pedidos por mais matéria-prima, enquanto o departamento de contabilidade precisaria da informação para fazer o balanço dos livros fiscais.
2. Um modelo de banco de dados fornece uma perspectiva organizacional de um banco de dados, que é mais compatível com aplicações que com a organização real. Então, definir um modelo de banco de dados é um primeiro passo em direção a permitir que o banco de dados seja usado como uma ferramenta abstrata.
3. O software de aplicação traduz as requisições de usuário da terminologia da aplicação para a terminologia compatível com o modelo de dados que possui suporte por parte do sistema de gerenciamento de bancos de dados. O sistema de gerenciamento de bancos de dados, por sua vez, converte essas requisições em ações no banco de dados real.

Seção 9.2

1. a. G. Jerry Smith   b. Cheryl H. Clark   c. S26Z
2. Uma solução é

```
TEMP ← SELECT from JOB
            where Dept = "PERSONNEL"
LIST ← PROJECT JobTitle from TEMP
```

Em alguns sistemas, isso resulta em uma lista com um título do cargo repetido, dependendo de quantas vezes ele ocorreu no departamento de pessoal. Ou seja, nossa lista poderia conter várias ocorrências do título secretária. É mais comum, no entanto, projetar a operação PROJECT de forma que ela remova tuplas duplicadas da relação resultante.

3. Uma solução é

```
TEMP1 ← JOIN JOB and ASSIGNMENT
            where JOB.JobId = ASSIGNMENT.JobId
TEMP2 ← SELECT from TEMP1
            where TermDate = "*"
TEMP3 ← JOIN EMPLOYEE and TEMP2
            where EMPLOYEE.EmplId = TEMP2.EmplId
RESULT ← PROJECT Name, Dept from TEMP3
```

4. ```
select JobTitle
  from JOB
  where Dept = "PERSONNEL"
select EMPLOYEE.Name, JOB.Dept
  from JOB, ASSIGNMENT, and EMPLOYEE
  where (Job.Job = ASSIGNMENT.JobId) and
        (ASSIGNMENT.EmplId = EMPLOYEE.EmplID)
        and (ASSIGNMENT.TermDate = "*")
```
```

5. O modelo, por si só, não fornece independência de dados. Essa é uma propriedade do sistema de gerenciamento de dados. A independência de dados é conquistada ao fornecer ao sistema de gerenciamento de dados a habilidade de apresentar uma organização relacional consistente com o software de aplicação, mesmo que a organização real possa mudar.
6. Por meio de atributos comuns. Por exemplo, a relação EMPLOYEE nessa seção é vinculada à relação ASSIGNMENT via atributo EmpId, e a relação ASSIGNMENT é vinculada à relação JOB pelo atributo JobId. Os atributos usados para conectar relações como essas são chamados de atributos de conexão.

Seção 9.3

1. Podem existir métodos para atribuir e obter a data inicial (StartDate), bem como a data de término (TermDate). Outro método poderia ser fornecido para relatar o tempo total em serviço.
2. Um objeto persistente é um objeto que é armazenado indefinidamente.
3. Uma abordagem é estabelecer um objeto para cada tipo de produto no estoque. Cada um desses objetos poderia manter a quantidade total de unidades desse produto, o custo do produto e ligações para os enormes pedidos do produto.
4. Como indicado no início da seção correspondente, os bancos de dados orientados a objetos aparentemente tratam dados compostos mais facilmente que os bancos de dados relacionais. Além disso, o fato de os objetos poderem conter métodos que desempenham um papel ativo em responder perguntas promete dar aos bancos de dados orientados a objetos uma vantagem sobre os bancos de dados relacionais cujas relações mantêm meramente os dados.

Seção 9.4

1. Uma vez que uma transação alcançou seu ponto de confirmação, o sistema de gerenciamento de bancos de dados aceita a responsabilidade de acompanhar se a transação completa foi realizada no banco de dados. Uma transação que não alcançou seu ponto de confirmação não tem tal garantia. Se surgirem problemas, ela pode precisar ser novamente submetida.
2. Uma abordagem seria parar de intercalar transações por um instante, de forma que todas as transações atuais pudessem ser completadas. Isso estabeleceria um ponto no qual reversões em cascata futuras terminariam.
3. Um saldo de $100 resultaria se as transações fossem executadas uma de cada vez. Um saldo de $200 resultaria se a primeira transação fosse executada após a segunda transação ter obtido o saldo original e antes de a segunda transação ter armazenado seu novo saldo. Um saldo de $300 resultaria se a segunda transação fosse executada antes que a primeira obtivesse o saldo original e antes de a primeira transação ter armazenado seu novo saldo.
4. a. Se nenhuma outra transação tiver acesso exclusivo, o acesso compartilhado será concedido.
   b. Se nenhuma outra transação já tiver alguma forma de acesso, o sistema de gerenciamento de bancos de dados normalmente fará com que a nova transação espere, ou poderia reverter as outras transações e dar acesso à nova transação.
5. Um impasse ocorreria se cada uma das duas transações adquirisse acesso exclusivo a itens diferentes e, então, demandasse o acesso ao outro item correspondente.
6. O impasse anterior poderia ser removido revertendo-se uma das transações (usando o log) e dando à outra transação acesso ao item de dados previamente mantido pela primeira.

Seção 9.5

1. Você deveria ser conduzido pelos seguintes estágios iniciais:

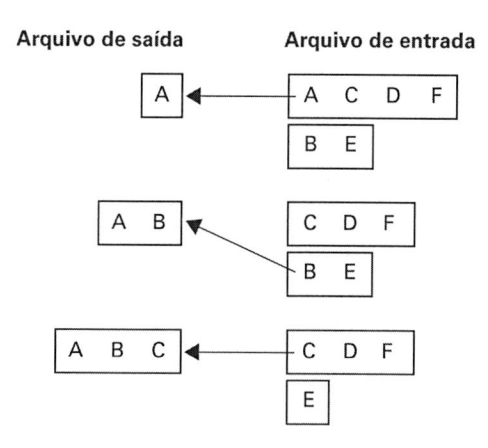

```
        Arquivo de saída      Arquivo de entrada

            [ A ]  ◄──────  [ A  C  D  F ]
                            [ B  E ]

            [ A  B ]  ◄──── [ C  D  F ]
                            [ B  E ]

            [ A  B  C ] ◄── [ C  D  F ]
                            [ E ]
```

2. A ideia é primeiro dividir o arquivo a ser armazenado em diversos arquivos separados contendo um registro cada. A seguir, agrupar os arquivos de um registro em pares e aplicar o algoritmo de mescla a cada par. Isso resulta na metade do número de arquivos, cada um contendo dois registros. Além disso, cada um desses arquivos de dois registros está ordenado. Podemos agrupá-los em pares e, novamente, aplicar o algoritmo de mescla para os pares. Novamente nos encontramos com menos arquivos, porém maiores, e cada um deles ordenado. Continuando dessa maneira, por fim nos resta apenas um arquivo que consiste em todos os registros originais, mas ordenados. (Se um número ímpar de registros ocorresse em qualquer estágio desse processo, precisaríamos apenas deixar o arquivo ímpar de lado e fazer par dele com um dos arquivos maiores no próximo estágio).

3. Se o arquivo fosse armazenado em fita ou em CD, sua organização física mais provavelmente seria sequencial. Entretanto, se o arquivo fosse armazenado em disco magnético, então ele provavelmente estaria espalhado em vários setores do disco, e a natureza sequencial do arquivo seria uma propriedade conceitual que tem suporte através de um sistema de ponteiros ou de alguma forma de uma lista na qual os setores nos quais o arquivo está armazenado são gravados.

4. Primeiro, encontre a chave alvo no índice do arquivo. A partir disso, obtenha a localização do registro alvo. Então, obtenha o registro nessa posição.

5. Um algoritmo de dispersão pobremente escolhido resulta em mais agrupamento que o normal e, então, em mais transbordamento. Como o transbordamento de cada seção de armazenamento em massa é organizado como uma lista encadeada, buscar através dos registros de transbordamento é essencialmente buscar em um arquivo sequencial.

6. As atribuições das seções são as seguintes:
a. 0   b. 0   c. 3   d. 0   e. 3
f. 3   g. 3   h. 3   i. 3   j. 0

Então, todos os registros geram uma dispersão de 0 e 3, deixando os baldes 1, 2, 4 e 5 vazios. O problema aqui é que o número de baldes que está sendo usado (6) e os valores-chave contém o fator comum 3. (Você poderia tentar gerar uma nova dispersão desses valores-chave usando 7 baldes e ver que melhorias encontraria.)

7. A questão aqui é que essencialmente aplicamos um algoritmo de dispersão para colocar as pessoas no grupo em uma das 365 categorias. O algoritmo de dispersão, é claro, é o cálculo do aniversário de alguém. O interessante é que apenas vinte e três pessoas são necessárias antes que a probabilidade em favor de ao menos dois dos aniversários serem as mesmas. Em termos de um arquivo de dispersão, isso indica que, ao dispersar registros em 365 baldes disponíveis de armazenamento em massa, o agrupamento provavelmente estaria presente após apenas vinte e três registros terem sido inseridos.

Seção 9.6

1. A busca por padrões em dados dinâmicos é problemática.
2. Descrição de classe – Identifica características de assinantes de certa revista.
   Discriminação de classe – Identifica características que distinguem entre assinantes de duas revistas.
   Análise de agrupamentos – Identifica revistas que tendem a atrair assinantes similares.
   Análise de associações – Identifica ligações entre assinantes a várias revistas e diferentes hábitos de compra.
   Análise de elementos isolados – Identifica assinantes de uma revista que não estão em conformidade com o perfil dos assinantes normais.
   Análise de padrões sequenciais – Identifica tendências na assinatura de revistas.
3. O cubo de dados pode permitir que as vendas sejam vistas como vendas por mês, vendas por região geográfica, vendas por classe de produto, etc.
4. Buscas tradicionais em bancos de dados obtêm fatos armazenados no banco de dados. A mineração de dados busca por padrões entre os fatos.

Seção 9.7

1. A questão aqui é comparar sua resposta a essa questão com a da próxima. As duas levantam, essencialmente, a mesma questão, mas em diferentes contextos.
2. Veja o problema anterior.
3. Você poderia receber anúncios ou propagandas para oportunidades que você não teria recebido de outra forma, mas você também pode se tornar alvo de solicitações ou de crimes.
4. A questão aqui é que uma imprensa livre pode alertar o público acerca de abusos ou abusos em potencial e, então, incentivar a opinião pública. Na maioria dos casos citados no texto, foi uma imprensa livre que iniciou a ação corretiva, alertando o público.

Capítulo 10

Seção 10.1

1. O processamento de imagens trata de analisar imagens bidimensionais, a computação gráfica 2D converte formas bidimensionais em imagens e a computação gráfica 3D trata de converter cenas tridimensionais em imagens.
2. A fotografia tradicional produz imagens de cenas reais, enquanto a computação gráfica 3D produz imagens de cenas virtuais.
3. A primeira é "construir" a cena virtual. A segunda é capturar a imagem.

Seção 10.2

1. Os passos são a modelagem (construir a cena), a renderização (produzir uma imagem) e visualização (mostrar a imagem).

Apêndices **543**

2. A janela de visualização é a porção do plano de projeção que constitui a imagem.
3. Um buffer de quadro é uma área de memória que contém uma versão codificada de uma imagem.

Seção 10.3

1. É um losango (um quadrado achatado).
2. Um modelo procedural é um segmento de programa que guia a construção de um objeto.
3. A lista poderia incluir o chão coberto de grama, uma calçada de pedras, um mirante, árvores, arbustos, nuvens, sol e atores. A questão, aqui, é enfatizar o escopo de um grafo de cena – ele pode conter muitos detalhes.
4. Representar todos os objetos por meio de malhas poligonais fornece uma abordagem uniforme para o processo de renderização. (Na maioria dos casos, a renderização é abordada como a tarefa de renderizar retalhos planares em vez de renderizar objetos.)
5. O mapeamento de texturas é uma maneira de associar uma imagem bidimensional à superfície de um objeto.

Seção 10.4

1. A luz especular é a luz "diretamente" refletida em uma superfície. A luz difusa é a luz "espalhada" em uma superfície. A luz ambiente é a luz que não possui uma fonte precisa.
2. Recorte é o processo de descartar os objetos (e partes de objetos) que não estão dentro do volume de visualização.
3. Suponha que um destaque deveria aparecer no meio de um retalho. Esse destaque é causado por uma orientação de superfície específica nesse ponto do retalho. Como o sombreamento de Gouraud considera apenas as orientações de superfície juntamente com as fronteiras do retalho, ele perderá o destaque. No entanto, como o sombreamento de Phong tenta determinar as orientações de superfície dentro do retalho interior, ele pode detectar o destaque.
4. O pipeline de renderização fornece uma abordagem padronizada para renderização, a qual, por fim, leva a sistemas de renderização mais eficientes. Em particular, o pipeline de renderização pode ser implementado em firmware, o que significa que o processo de renderização pode ser realizado mais rapidamente do que se a tarefa fosse implementada via software tradicional.
5. O propósito desta questão é fazer você pensar acerca das distinções entre os modelos de iluminação local e global, em vez de produzir uma resposta específica, predeterminada. Soluções que você poderia propor incluem colocar cópias de objetos, modificadas de maneira apropriada a serem refletidas atrás do espelho enquanto considera o espelho transparente, ou tentar manipular as imagens no espelho como uma forma de sombras.

Seção 10.5

1. Estamos interessados apenas nos raios que alcançam a janela de visualização. Se iniciássemos na fonte de luz, não saberíamos que raios seguir.
2. O traçado de raios distribuído tenta evitar a aparência brilhosa inerente produzida pelo traçado de raios tradicional traçando múltiplos raios.
3. A radiosidade é demorada e falha em capturar os efeitos especulares.
4. Tanto o traçado de raios quanto a radiosidade implementam um modelo de iluminação global, e ambas são técnicas computacionalmente intensas. Entretanto, o traçado de raios tende a produzir superfícies de aparência brilhosa, enquanto a radiosidade leva a superfícies de aparência apagada.

Seção 10.6

1. Não existe uma resposta exata. Se uma imagem permanece por 200 milissegundos e projetássemos cinco quadros por segundo, cada quadro teria simplesmente se apagado no momento que o próximo quadro fosse projetado. Isso provavelmente resultaria em uma imagem pulsante, que seria desconfortável de se ver por muito tempo, mas ainda assim produziria um efeito animado. (Na verdade, taxas mais lentas podem produzir animações grosseiras.) Note que a taxa de cinco quadros por segundo é bem abaixo do padrão de filmes de vinte e quatro quadros por segundo.
2. Um storyboard é um "resumo", feito com imagens, da sequência de animação desejada.
3. A criação de quadros intermediários é o processo de criar quadros que preencham as lacunas entre quadros-chave.
4. A dinâmica é o ramo da mecânica que analisa o movimento como a consequência de forças. A cinemática é o ramo da mecânica que analisa o movimento sem se preocupar com as forças que causam o movimento.

Capítulo 11

Seção 11.1

1. Aquelas introduzidas no capítulo incluem ações de reflexo, ações baseadas no conhecimento do mundo real, ações de busca de objetivos, aprendizado e percepção.
2. Nosso propósito aqui não é dar uma resposta decisiva a esse tema, mas usá-lo para mostrar o quão delicado é o argumento acerca da existência da inteligência.
3. Apesar de a maioria de nós provavelmente dizer que não, provavelmente afirmaríamos que se um humano dispensasse os mesmos produtos em uma atmosfera similar, a consciência seria preservada, mesmo que talvez não fôssemos capazes de explicar a distinção.
4. Não existe uma resposta certa ou errada. A maioria concordaria que a máquina ao menos parece inteligente.
5. Não existe uma resposta certa ou errada. Deve-se notar que os robôs de conversa, programas projetados para emular uma pessoa conversando, têm dificuldade de conduzir uma conversação com significado até mesmo por um breve período de tempo. Tais robôs são facilmente identificados como máquinas.

Seção 11.2

1. No caso do controle remoto, o sistema apenas precisa se basear na figura; já para usar a figura para manobras, o robô deve ser capaz de "entender" o significado da figura.
2. As interpretações possíveis para uma seção do desenho não casam com quaisquer uma das outras seções. Para embarcar essa percepção em um programa, você poderia isolar as interpretações permitidas para várias linhas de junção e, então, escrever um programa que tente encontrar um conjunto de interpretações compatíveis (uma para cada junção). Na verdade, se você parar e pensar sobre isso, isso é provavelmente o que seus próprios sentidos fariam ao tentar avaliar o desenho. Você detectou seus olhos varrendo ao longo das duas extremidades do desenho à medida que seus sentidos tentaram casar as possíveis interpretações juntas? (Se esse assunto lhe interessa, você pode ler mais sobre o trabalho de pessoas como D. A. Huffman, M. B. Clowes e D. Waltz.)

3. Existem quatro blocos na pilha, mas apenas três estão visíveis. A questão é que entender esse conceito aparentemente simples requer uma quantidade significativa de "inteligência".
4. Interessante, não? Tais distinções, sutis no significado, apresentam problemas significativos na área de entendimento de linguagem natural.
5. A sentença está descrevendo que tipo de cavalos eles são, ou está dizendo o que algumas pessoas estão fazendo?
6. O processo de análise sintática produz estruturas idênticas, mas a análise semântica reconhece que a frase preposicional na primeira sentença diz onde a cerca foi construída, enquanto a frase na segunda sentença diz quando a cerca foi construída.
7. Eles são irmão e irmã.

Seção 11.3

1. Os sistemas de produção fornecem uma abordagem uniforme para uma variedade de problemas. Ou seja, apesar de aparentemente diferentes em sua forma original, todos os problemas reformulados em termos de sistemas de produção transformam-se no problema de encontrar um caminho através de um grafo de estados.

2.

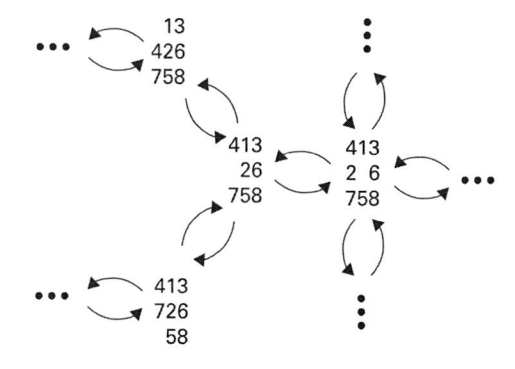

```
         13
        426
        758

    413         413
     26         2 6
    758         758

        413
        726
         58
```

3. A árvore possui uma profundidade de quatro movimentos. A porção superior apareceria como segue:

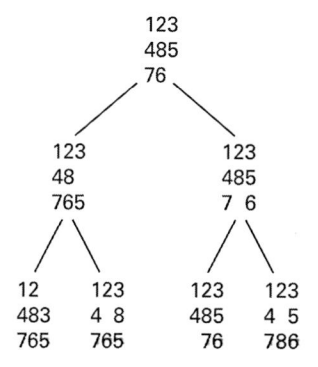

```
              123
              485
               76
             /    \
          123      123
           48      485
          765      7 6
         /  \      /  \
        12  123  123  123
       483  4 8  485  4 5
       765  765   76  786
```

4. A tarefa requer muito papel e muito tempo.
5. Nosso sistema de heurísticas para solucionar o jogo dos oito é baseado em uma análise da situação imediata, assim como o do alpinista. Essa visão limitada é o que permitiu que nosso algoritmo procedesse, inicialmente, ao longo do caminho errado no exemplo da seção, assim como um alpinista poderia estar em risco ao sempre pensar em um caminho baseado apenas no terreno local. (Essa analogia frequentemente faz com que os sistemas de heurística baseados em informação local ou imediata sejam chamados sistemas de alpinismo.)
6. O sistema rotaciona as peças 5, 6 e 8 ou em sentido horário ou anti-horário até que o estado objetivo seja alcançado.
7. O problema aqui é que nosso esquema heurístico ignora o valor de manter o vazio adjacente às peças que estão fora de lugar. Se o espaço vago estiver cercado por peças em suas posições corretas, algumas dessas peças precisam ser movidas antes das peças que ainda buscam seu espaço correto. Então, é incorreto considerar que todas as peças cercando o espaço vago são de fato corretas. Para corrigir essa falha, devemos primeiro observar que uma peça que está em sua posição correta, mas que bloqueia o espaço vago das peças incorretamente posicionadas, deve ser movida para longe de sua posição correta e, posteriormente, trazida de volta. Então, cada peça corretamente posicionada em um caminho entre o espaço vago e a peça incorretamente posicionada mais próxima conta por, ao menos, dois movimentos na solução remanescente. Podemos, então, modificar nosso cálculo de custo como segue:

Primeiro, calcule o custo projetado como antes. Entretanto, se o espaço vago estiver totalmente isolado das peças incorretamente posicionadas, encontre um caminho mais curto entre o espaço vago e uma peça incorretamente posicionada, multiplique o número de peças nesse caminho por dois e adicione o valor resultante ao valor anterior de custo projetado.

Com esse sistema, os nós folha da Figura 11.10 teriam custos projetados de 6, 6 e 4 (da esquerda para a direita), então o ramo correto é perseguido inicialmente.

Nosso novo sistema não é à prova de falhas. Por exemplo, considere a seguinte configuração. A solução é deslizar a peça 5 para baixo, rotacionar as duas linhas do topo em sentido horário até que essas peças estejam corretas, mover a peça 5 de volta para cima e, por fim, mover a peça 8, pois o estado obtido por esse movimento inicial tem um custo projetado de apenas 6 comparado às outras opções, que possuem custo 8.

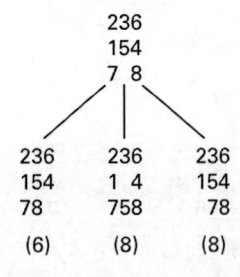

```
          236
          154
          7 8
         / | \
        /  |  \
      236 236 236
      154 1 4 154
       78 758  78
       (6) (8) (8)
```

8. A solução encontrada pelo algoritmo de melhor casamento é o caminho de Leesburg para Dayton e, então, para Bedford. Esse caminho não é a rota mais curta.

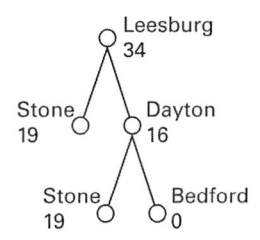

```
         Leesburg
            34
       /     \
   Stone    Dayton
    19       16
            /    \
         Stone   Bedford
          19       0
```

9. A solução encontrada é o caminho de Leesburg para Stone e, então, para Bedford. Esse caminho é a rota mais curta.

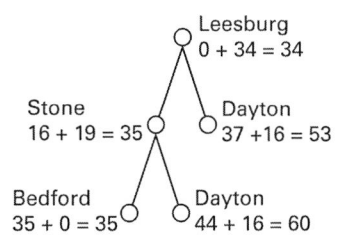

```
              Leesburg
             0 + 34 = 34
            /          \
      Stone           Dayton
   16 + 19 = 35     37 + 16 = 53
     /      \
 Bedford   Dayton
35 + 0 = 35  44 + 16 = 60
```

Seção 11.4

1. O conhecimento do mundo real é a informação acerca do ambiente que um humano usa para entender e raciocinar. Desenvolver métodos para representar, armazenar e lembrar essas informações é um dos principais objetivos de pesquisa em inteligência artificial.
2. Ele usa a premissa de mundo fechado.
3. O problema do quadro é o problema de atualizar corretamente o conhecimento armazenado de uma máquina quando ocorre um evento. A tarefa é complicada pelo fato de que muitos eventos possuem consequências indiretas.
4. Imitação, treinamento supervisionado e reforço. O reforço não envolve intervenção humana direta.
5. Técnicas tradicionais derivam um único sistema computacional. Técnicas evolucionárias envolvem múltiplas gerações de sistemas de tentativas a partir dos quais um "bom" sistema pode ser descoberto.

Seção 11.5

1. Todos os padrões produzem uma saída 0, exceto para o padrão 1, 0, que produz uma saída 1.
2. Atribuir um peso de 1 para cada entrada e atribuir à unidade um valor de limiar de 1.5.
3. Um grande problema identificado no texto é que o processo de treinamento pode oscilar, repetindo os mesmos ajustes para sempre.
4. A rede vagará para a configuração na qual o neurônio do centro está excitado e todos os outros estarão inibidos.

Seção 11.6
1. Em vez de desenvolver um plano completo de ação, a abordagem reativa consiste em esperar e tomar decisões à medida que surgirem opções.
2. A questão, aqui, é para que você pense sobre quão ampla é a área da robótica. Ela envolve o escopo inteiro da inteligência artificial, bem como numerosos tópicos em outros campos. O objetivo é desenvolver máquinas realmente autônomas que possam se mover e reagir inteligentemente com seus ambientes.
3. Controle interno e estrutura física.

Seção 11.7
1. Não existe uma resposta certa ou errada.
2. Não existe uma resposta certa ou errada.
3. Não existe uma resposta certa ou errada.

Capítulo 12

Seção 12.1
1. Que tal as operações booleanas AND, OR e XOR? Na verdade, usamos as tabelas no Capítulo 1 quando apresentamos essas funções.
2. O cálculo de um pagamento de empréstimo, a área de um círculo ou a quilometragem de um carro.
3. Os matemáticos chamam tais funções de funções transcendentais. Exemplos incluem as funções logarítmicas e trigonométricas. Esses exemplos, em particular, ainda podem ser computados, mas não por meios algébricos. Por exemplo, as funções trigonométricas podem ser calculadas ao de fato desenharmos o triângulo envolvido, medirmos seus lados e apenas então usarmos a operação algébrica de divisão.
4. Um problema é o problema de trisseccionar um ângulo. Ou seja, eles não eram capazes de construir um ângulo que fosse um terço do tamanho de um ângulo dado. A questão é que o sistema computacional de escalímetro e compasso dos gregos é outro exemplo de um sistema com limitações.

Seção 12.2
1. O resultado é o seguinte diagrama:

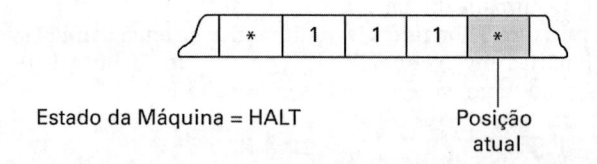

| * | 1 | 1 | 1 | * |

Estado da Máquina = HALT   Posição atual

2.

Estado atual	Conteúdo da célula atual	Valor a escrever	Direção a mover	Novo estado a entrar
START	*	*	esquerda	STATE 1
STATE 1	0	0	esquerda	STATE 2
STATE 1	1	0	esquerda	STATE 2
STATE 1	*	0	esquerda	STATE 2
STATE 2	0	*	direita	STATE 3
STATE 2	1	*	direita	STATE 3
STATE 2	*	*	direita	STATE 3
STATE 3	0	0	direita	HALT
STATE 3	1	0	direita	HALT

3.

Estado atual	Conteúdo da célula atual	Valor a escrever	Direção a mover	Novo estado a entrar
START	*	*	esquerda	SUBTRACT
SUBTRACT	0	1	esquerda	BORROW
SUBTRACT	1	0	esquerda	NO BORROW
BORROW	0	1	esquerda	BORROW
BORROW	1	0	esquerda	NO BORROW
BORROW	*	*	direita	ZERO
NO BORROW	0	0	esquerda	NO BORROW
NO BORROW	1	1	esquerda	NO BORROW
NO BORROW	*	*	direita	RETURN
ZERO	0	0	direita	ZERO
ZERO	1	0	direita	ZERO
ZERO	*	*	não se mova	HALT
RETURN	0	0	direita	RETURN
RETURN	1	1	direita	RETURN
RETURN	*	*	não se mova	HALT

4. A questão, aqui, é que o conceito de uma máquina de Turing deve englobar o significado de "computar". Ou seja, a qualquer momento que uma situação na qual uma computação esteja acontecendo ocorrer, os componentes e as atividades de uma máquina de Turing devem estar presentes. Por exemplo, uma pessoa fazendo sua declaração de imposto de renda está fazendo certo grau de computação. A máquina computacional é a pessoa, e a fita é representada pelo papel no qual os valores são gravados.

5. A máquina descrita pela seguinte tabela para se inicializada com uma entrada par, mas nunca para se inicializada com uma entrada ímpar.

Estado atual	Conteúdo da célula atual	Valor a escrever	Direção a mover	Novo estado a entrar
START	*	*	esquerda	STATE 1
STATE 1	0	0	direita	HALT
STATE 1	1	1	não se mova	STATE 1
STATE 1	*	*	não se mova	STATE 1

Seção 12.3

1. ```
clear AUX;
incr AUX;
while X not 0 do;
  clear X;
  clear AUX;
end;
while AUX not 0 do;
  incr X;
  clear AUX;
end;
```
2. ```
while X not 0 do;
  decr X;
end;
```
3. ```
copy X to AUX;
while AUX not 0 do;
  S1
  clear AUX;
end;
copy X to AUX;
invert AUX; (Veja Questão #1)
while AUX not 0 do;
  S2
  clear AUX;
end;
while X not 0 do;
  clear AUX;
  clear X;
end;
```
4. Se assumirmos que X refere-se à célula de memória no endereço 40 e que cada segmento de programa inicia na posição 00, temos a seguinte tabela de conversão:

| | Endereço | Conteúdo |
|---|---|---|
| clear X; | 00 | 20 |
| | 01 | 00 |
| | 02 | 30 |
| | 03 | 40 |
```

	Endereço	Conteúdo
incr X;	00	11
	01	40
	02	20
	03	01
	04	50
	05	01
	06	30
	07	40

	Endereço	Conteúdo
decr X;	00	20
	01	00
	02	23
	03	00
	04	11
	05	40
	06	22
	07	01
	08	B1
	09	10
	0A	40
	0B	03
	0C	50
	0D	02
	0E	B1
	0F	06
	10	33
	11	40

	Endereço	Conteúdo
while X not 0	00	20
do;	01	00
.	02	11
.	03	40
.	04	B1
end;	05	WZ
	.	.
	.	.
	.	.
	WX	B0
	WY	00

5. Assim como em uma máquina real, números negativos poderiam ser tratados via sistema de codificação. Por exemplo, o bit mais à direita em cada cadeia poderia ser usado como um sinal, mas com os bits restantes usados para representar a magnitude do valor.
6. A função é a multiplicação por 2.

Seção 12.4

1. Sim. Na verdade, esse programa para independentemente dos valores iniciais de suas variáveis e, logo, ele deve parar se suas variáveis são inicializadas para a representação codificada do programa.
2. O programa para apenas se o valor inicial de X terminar com um 1. Como a representação ASCII de um ponto e vírgula é 00111011, a versão codificada do programa deve terminar com um 1. Logo, o programa é autoterminável.

3. A questão aqui é que a lógica é a mesma que em nosso argumento de que o problema da parada não possui uma solução algorítmica. Se o pintor da casa pinta sua própria casa, então ele não o faz e vice-versa.

Seção 12.5

1. Podemos concluir apenas que o problema possui complexidade $\Theta(2^n)$. Se pudéssemos mostrar que o "melhor algoritmo" para solucionar o problema pertence a $\Theta(2^n)$, poderíamos concluir que o problema pertence a $\Theta(2^n)$.
2. Não. Como uma regra geral, o algoritmo em $\Theta(n^2)$ superaria aquele em $\Theta(2^n)$, mas para valores de entrada pequenos um algoritmo exponencial frequentemente supera um algoritmo polinomial. Na verdade, é verdadeiro que os algoritmos exponenciais são algumas vezes preferíveis aos polinomiais quando a aplicação envolve apenas entradas pequenas.
3. A questão é que o número de subcomitês está crescendo exponencialmente e, a partir desse ponto, listar todas as possibilidades torna-se uma tarefa trabalhosa.
4. Dentro da classe de problemas polinomiais está o problema de ordenação, o qual pode ser solucionado por algoritmos polinomiais como a ordenação por inserção.
   Dentro da classe dos problemas não polinomiais está a tarefa de listar todos os subcomitês que poderiam ser formados a partir de um comitê pai dado.
   Qualquer problema polinomial é um problema NP. O problema do caixeiro-viajante é um exemplo de um problema NP que não foi mostrado como sendo um problema polinomial.
5. Não. Nosso emprego do termo *complexidade* se refere ao tempo requerido para executar um algoritmo – não a quão difícil deve ser entender o algoritmo.

Seção 12.6

1. $211 \times 313 = 66043$.
2. A mensagem 101 é a representação binária para 5. $5^e = 5^5 = 15625$. $15625 \pmod{91} = 64$, que é 10000000 em notação binária. Então, 10000000 é a versão encriptada da mensagem.
3. A mensagem 10 é a representação binária para 2. $2^d = 2^{29} = 536870912$. $536870912 \pmod{91} = 32$, que é 1000000 em notação binária. Então, 1000000 é a versão decriptada da mensagem.
4. $n = p \times q = 7 \times 19 = 133$. Para encontrar d, precisamos de um valor inteiro positivo k tal que $k(p-1)(q-1) + 1 = k(6 \times 18) + 1 = 108k + 1$ seja igualmente dividido por $e = 5$. Os valores $k = 1$ e $k = 2$ não são satisfatórios, mas $k = 3$ produz $108k + 1 = 325$, que é divisível por 5. O quociente 65 é o valor de d.

Índice

* (asterisco), 225-226
/* (comentário), 229-230
** (exponenciação), 225-226
// (comentário), 229-230
+ (concatenação), 225-226
:= (operador de atribuição), 225-226
/ (barra), 225-226
− (subtração), 225-226

Ábaco, 4-5
Abstração, 11-14, 25-26, 279-280, 312-313
Access, sistema de bancos de dados da Microsoft, 355-356
Acesso Múltiplo com Verificação de Portador e Detecção de Colisão (CSMA/CD), 107-109
Acesso Múltiplo com Verificação de Portador e Prevenção de Colisão (CSMA/CA), 108-110
Acoplamento de controle, 275-276
Acoplamento de dados, 275-277
Acoplamento entre módulos, 275-277
Active Server Pages (ASP), 135-136
Adaptador de telefone analógico, 124-125
Adaptador gráfico, 402-403
Adleman, Leonard, 142-143
Administrador, 96-97
Administrador de sistema, 82-83
Advanced RISK Machine (ARM), 56-58
   incorporações, 56-58, 77
Agentes, 414-417
Agentes inteligentes, 414-417
Aiken, Howard, 6-7
Alexander, Christopher, 289-290
Algoritmo da divisão longa, 2, 4
Algoritmo do pintor, 397-399
Algoritmo Euclidiano, 2-4
Algoritmos, 5-7
   A*, 436-438
   ciência dos, 10-12
   complexidade de, 486-496
   conceito de, 153-157
   de busca binária, 181-188, 192-194
   de busca sequencial, 170-172
   definição formal de, 153-155

   determinísticos, 495-496
   eficiência, 189-194, 486-487
   estruturas iterativas, 170-180
   genéticos, 443-446
   não determinísticos, 493-496
   natureza abstrata de, 155-156
   ordenação por inserção, 175-179, 190-193
   ordenação por mescla, 487-490
   papel dos, 2, 4-5
   processo de descoberta, 164-170
   projeto de, 159-160
   representação, 156-164
   verificação de, 193-198
ALVINN (*Autonomous Land Vehicle in a Neural Net*), 442, 447-450
Amazon, 348-349
Ambientes de desenvolvimento integrados (IDEs), 265-266
America Online, 368-369
Analisador léxico, 239-240, 246-247
Analisador sintático, 239-240, 245-246
Análise contextual, 422-424
Análise de agrupamentos, 365-367
Análise de algoritmos, 190-194
Análise de associação, 366-367
Análise de caso médio, 190-191
Análise de imagens, 420-421
Análise de pior caso, 190-194
Análise de requisitos, 267-268
Análise de valor de fronteira, 293-294
Análise semântica, 422-424
Análise sequencial de padrões, 366-367
Análise sintática, 422-424
Analista de sistema, 269
Analista de software, 269-271
AND, 21-24
Ângulo de incidência 392-393
Animação, 404-408
Animação 3D, 405-406
ANSI. *Veja* Instituto Nacional Americano de Padrões (ANSI)
Apple Computer Inc., 8-9
Aprendizado, 440-443
Apto, processo, 93-94
Aristóteles, 16-17

Armazém de dados, 365-366
Armazenamento
   de árvores binárias, 323-328
   de bits, 25-26
   de listas, 319-323, 329-335
   de pilhas e filas, 322-325
Armazenamento em massa, 30-38
Arquitetura
   da Internet, 116-119
   de componente, 280-282
   de computador, 53-56
   sistema operacional, 83-92
Arquivo de texto, 39-40
Arquivo plano, 348-349
Arquivos, 35-36
   armazenamento e obtenção, 35-38
   versus bancos de dados, 349-350
Árvore, 310-312
   binária, 310-311, 323-328, 332-335
   de busca, 429-433
Árvore de análise sintática, 241-244
Asserções, 195-197
Assinaturas digitais, 143-144
Associações, 283-286
Association for Computing Machinery (ACM), 264-266, 291
AT&T, 197-198
Atanasoff, John, 6-7
Ataques de negação de serviço (DoS), 139
Atividades do lado cliente, 134-136
Atividades do lado servidor, 134-136
Ato contra Fraudes e Abusos Computacionais, 143-145
Ato de Assistência a Comunicações para a Aplicação da Lei (CALEA), 145-146
Ato de Privacidade, 368-369
Ato de Privacidade nas Comunicações Eletrônicas (ECPA), 144-145
Ato de Proteção ao Consumidor contra a Ciberocupação, 145-146
Atores, 283-285
Atraso de rotação, 31-33

Atributos, 353-354
Atualização de firmware, 91-92
Áudio via fluxos, 125-126
Auditoria de software, 96-97
Autenticação, 143-144
Autoridades certificadoras (CAs), 143-144
Autorreferência, 481-482
Autotérmino, 482-485
Avanço tecnológico, 456-457
Avars, 406-407
Axioma, 195-197

Babbage, Charles, 4-9
Balanceamento de carga, 82-83, 115-116
Balde, dispersão, 372
Bancos de dados
   camadas conceituais, 350-351
   definição de, 351-352
   distribuídos, 351-352
   esquemas, 349-351
   fundamentos, 348-354
   impacto social das tecnologias de, 367-370
   projeto relacional, 353-358
   versus arquivos, 349-350
Bardeen, John, 7-8
Barramento, 54-55
Base da pilha, 309-310
BDs (Discos Blu-ray), 35-36
Benchmarking, 64-65
Berkeley's Open Infrastructure for Network Computing (BOINC), 115-116
Berners-Lee, Tim, 8-9, 127
Berry, Clifford, 6-7
Biblioteca de Classes do Framework .NET, 280-281
Biblioteca Padrão de Modelos de C++, 279-281
Bioinformática, 366-367
BIOS (Sistema de Entrada/Saída Básica), 89-90
Bit mais significativo, 28-29
Bit menos significativo, 28-29
Bits, 21, 25-26
   representação de informações como, 38
Boole, George, 21
Bourne shell, 87-88
Brattain, Walter, 7-8
Buffer, 36-38, 309-311
Buffer de quadro, 381-382
Busca de DNS, 121-122
Busca primeiro por amplitude, 432-433
Busca primeiro por profundidade, 432-433

Byron, Augusta Ada (Ada Lovelace), 5-9, 511
Byte, 27-29
Bytecode, 242-243

C shell, 87-88
Cabeça da lista, 308-309
Cabeçalho de um procedimento, 230-232
Cabeças de leitura/escrita, 30-33
CAD. *Veja* Projeto auxiliado por computador (CAD)
Caixa preta, 279-280
Camada de Sockets Seguros (SSL), 141-142
Câmeras digitais, 378-379
Caminhamentos estruturados, 288-289
Caminho de diretório, 88-89
Campo de operando, 59-62
Campo-chave, 36-37
Campos, 36-37, 223-224
Capitalização de camelo, 192-193
Capitalização do Pascal, 192-193
Captura de movimentos, 406-408
Carnívoro, 144-145
Carregador de boot, 90-92
Cartões CRC (classe-responsabilidade-colaboração), 288-289
Cartões de Memória SD (*Secure Digital*), 35-36
Cartões de Memória SDHC (*High Capacity*), 35-36
Cartões de Memória SDXC (*Extended Capacity*), 35-36
Cartões perfurados, 5-7
CASE. *Veja* Engenharia de software auxiliada por computador (CASE)
Caso base, 186-189
Caso degenerativo, 186-189
Casos de uso, 283-285
Cauda da lista, 308-309
Cavalo de Troia, 137-138
CD-DA (disco compacto-áudio digital), 34-35
Células de memória, 27-30
Cena, 382-383
Centro da projeção, 380-381
CERN, 129-131
CERT. *Veja* Equipe de Resposta a Emergências Computacionais (CERT)
Certificado, 143-144
CFE (Ambiente Comum de Firmware), 89-90
CGI (*Common Gateway Interface*), 135-136

Chamada, procedimento, 230-231
Chave, 36-37
Chaves privadas, 141-142
Chaves públicas, 141-142
Chips, 7-8, 25-26
Church, Alonzo, 473-474
Ciberocupação, 145-146
Ciclo de máquina, 62-68
Ciclo de vida do software, 265-271
   análise de requisitos, 267-268
   implementação, 269-271
   projeto, 267-270
   testando, 270-271
Ciência da computação, 2, 4, 10-12
   repercussões sociais da, 14-17
Cilindro, 31-33
Cinema de mão, 404-405
Cinemática, 404-405
Circuitos
   atualização de, 29-30
   flip-flop, 23-26
Circuitos eletrônicos, 33-34
Circuitos integrados, 7-8
CISC. *Veja* Computador com conjunto complexo de instruções (CISC)
Classe, 216-218, 248-252
   associações entre, 283-285
   com construtor, 252-253
Classe de equivalência, 293-294
Cliente, 112-113
COBOL, 209-210
Codificação de áudio, 43-44
Codificação RGB, 40-42
Código Padrão Americano para Intercâmbio de Informações (ASCII), 38-40
Coerção, 28-29
Coesão, 276-278
Coesão funcional, 278
Coesão lógica, 278
Cognição, 296-299
Coleção de dados, 367-369
Coleta de lixo, 331-333
Colossus, 6-8
Comentários, 218-219, 229-231
Comissão Internacional Eletrotécnica (IEC), 291
Commodore, 7-8
Compartilhamento de tempo, 81-82
Compilação *just-in-time*, 242-243
Compiladores, 210-211
Complexidade de espaço, 491-492
Complexidade de problemas, 486-496
Complexidade de tempo, 487-488

Componente de brilho, 42-43
Componentes, 279-282, 308-309
Computação de funções, 468-471
Computação, história da, 4-11
Computação em grade, 115-116
Computação em nuvem, 116-117
Computação gráfica, 377-412
   2D, 378-379
   3D, 378-383
   animação, 404-408
   escopo da, 378-381
   modelagem, 382-392
   paradigma, 381-382
   renderização, 392-393
   visão geral, 380-383
Computador com conjunto complexo de instruções (CISC), 56-58
Computador com conjunto reduzido de instruções (RISC), 56-58
Computador Pessoal (PC), 8-9, 355-356
Computadores de mesa, 7-9
Comunicação
   entre processos, 112-116
Comunicação interprocessos, 112-116
Comutador, 110-112
Conceito de programa armazenado, 54-57
Conceitos de programação, 217-231
   comentários, 229-231
   constantes, 223-225
   estrutura de dados, 222-224
   literais, 223-225
   sentenças de atribuição, 224-227
   sentenças de controle, 226-230
   tipos de dados, 218-222
   variáveis, 218-222
Concentrador, 45
Condição de término, 172-175, 179
Conhecimento
   declarativo, 414-415
   do mundo real, 438-440
   procedural, 414-416
   representando e manipulando, 438-441
Conjunto de treinamento, 440-441
Constantes, 223-225
Construtores, 251-253
Contador de programa, 62-63
Contratos de licença, 299-301
Conversão de tipo, 245-246
Conversão por varredura, 396-399
Copyright, 300-301

Corpo de um laço, 171-172
Corporação para Atribuição de Nomes e Números na Internet (ICANN), 119-121
Correio na Web, 135-136
Corte Internacional de Justiça, 143-144
CPU. *Veja* Unidade central de processamento
Criação de quadros intermediários, 405-406
Crominância, 42-43
Cromossomo, 443
CSMA/CA. *Veja* Acesso Múltiplo com Verificação de Portador e Prevenção de Colisão
CSMA/CD. *Veja* Acesso Múltiplo com Verificação de Portador e Detecção de Colisão
Cubos de dados, 366-367
Curvas de Bézier, 383-385

Dados
   globais, 276-277
   versus programas, 67-68
Darwin, Charles, 456-457
Decomposição sem perdas, 357-358
Depuração, 208-209
Desafio Urbano, 453-454
Descompressão sem perdas, 357-358
Descrição de classe, 365-366
Desenvolvimento de código aberto, 271-273
Desfocar, 405-406
Despachante, 89-90, 93-95
Diagrama de casos de uso, 283-285
Diagrama de classes, 283-287
Diagrama de fluxo de dados, 282-283
Diagrama de sequência, 286-289
Diagramas de interação, 286-289
Diagramas de sintaxe, 240-241
Dial-up, 118-119
Dicionário de dados, 282-285
Digitalização, 384-385
Dijkstra, E. W., 102-103
Dinâmica, 405-408
Direct3D, 402-403
Direitos de privacidade, 144-145
Diretório, 88-89
Disco, formatação, 31-33
Disco compacto (CD), 33-35
Disco magnético, 30-31
Discos Blu-ray, 35-36
Dispositivos Móveis de Internet (MID), 53-54

DNS. *Veja* Sistema de nomes de domínio (DNS)
DOCTOR, 418-419
Documentação, 294-296
Documentação de sistema, 294-295
Documentação de usuário, 294-296
Documentação técnica, 294-296
Domínio, 119-121
Domínios de mais alto nível (TLDs), 119-121
DRAM, 29-30
Driver de dispositivo, 88-89
Drives flash, 35-36
DSL (*Digital Subscriber Line*), 118-119
DVDs (*Digital Versatile Disks*), 34-36

eBay, 348-349
Eckert, J., Presper, 7-8, 56-57
Edison, Thomas, 56-57, 269-270
Editor de textos, 39-40
EFI (Interface de Firmware Extensível), 89-90
Eliminação de faces traseiras, 397-399
ELIZA, 418-419
Email (correio eletrônico), 122-124
Encapsulamento, 254-255
Encontrar região, 421-422
Encriptação, 141-144
Encriptação de chaves públicas, 141-144
Endereço de célula de memória, 28-29
Endereço IP, 119-121
Endereço polinomial, 317
Engenharia de software, 262-266
   auxiliada por computador (CASE), 264-265
   documentação, 294-296
   ferramentas, 281-290
   garantia de qualidade, 289-294
   metodologias, 270-273
   modularidade e, 272-282
   mundo real, 280-281
   padrões, 280-281
ENIAC, 7-8
Entrada efetiva de um neurônio, 444-446
Entrada/Saída (E/S), 58-59
Envolvidos, 267-268
Equipe de Resposta a Emergências Computacionais (CERT), 137-138
Ergonomia, 296-299

Escala, 82-83
Escalonador, 89-90
Escopo de uma variável, 231-232
Espaço do problema, 427-428
Especificação de requisitos de software, 267-268
Esperando, processo, 93-94
Esquema, 349-351
Estado, 426-427
Estado de processo, 93-94
Estado inicial, 426-427
Estado objetivo, 426-427
Estágio de implementação do ciclo de vida do software, 269-271
Estágio de projeto do ciclo de vida de software, 267-270
Estágio de testes do ciclo de vida de software, 270-271
Estrutura, 222-224
Estrutura de laço para, 228-229
Estruturas de dados, 222-224
    árvores, 310-312
    estáticas versus dinâmicas, 312-313
    implementação de, 314-329
    listas, pilhas e filas, 308-311
    manipulação de, 327-329
    matrizes, 308-309
Estruturas iterativas, 170-180
Estruturas recursivas, 181-190
Ethernet, 106-111
Ética, 15-17
Euclides, 2, 4
Execução de programa, 62-63
Expressão booleana, 240-241
Extensões de Correio para Internet de Múltiplo Propósito (MIME), 122-123
Extração da informação, 422-425
Extremidade de alta ordem, 28-29
Extremidade de baixa ordem, 28-29

Fase de desenvolvimento tradicional do ciclo de vida de software, 266-271
Fatia de tempo, 94-95
Ferramenta abstrata, 11-12, 25-26, 279-280
Ferramentas CASE, 264-266
Fila, 80-81, 309-310, 322-325
Fila circular, 323-325
Fila de processos, 80-81
Filhos em uma árvore, 310-311
Filtros de spam, 140-141
Firewall, 138-141
Firmware, 89-90

First-in, first out (FIFO), 80-81, 309-310
Fita magnética, 33-34
FlashROM, 89-90
Flip-flop, 23-26
Floco de neve de von Koch, 386-387
Flowers, Tommy, 6-8
Flutuante, 219-220
Fluxo, 25-26
Fluxogramas, 159-160, 174-176
Forma, modelos, 383-389
Formatação, 31-33
FORTRAN, 209-210, 218-219
Fórum de riscos, 291
Fractais, 386-387
Fragmentos de interação, 288-289
Framework .NET, 289-290
FTP. *Veja* Protocolo de transferência de arquivos (FTP)
FTP anônimo, 123-124
FTPS, 141-142
Funções, 235-239, 468-471
    computáveis, 469-471
    não computáveis, 481-486

Gandhi, Mahatma, 456-457
Garantia de qualidade, 289-294
GB (gigabyte), 29-30
Gene, 443
Generalização, 285-287
Geração de código, 246-247
Gerações de linguagens de programação, 208-211
Gerador de código, 239-240
Gerenciador de arquivos, 87-89
Gerenciador de janelas, 87-88
Gerente de memória, 88-90
Gödel, Kurt, 4-5, 10-11
Google, 8-10, 348-349
Google Goggles, 424-426
Gráfico de estrutura, 273-274
Gráficos. *Veja* Computação gráfica
Grafo de cena, 390-392, 395-396, 402-403
Grafo de estados, 427-428
Grafo dirigido, 427-428
Gramática, 240-241
Gramática ambígua, 243-246
Gravação de bits por região, 31-33
Grupos de garantia de qualidade de software (SQA), 291
GUI. *Veja* Interface gráfica com o usuário (GUI)

Hardware, 2, 4
Heathkit, 7-8
Herança, 253-255, 286-287

Heurísticas, 432-438
Hipermídia, 127
Hipertexto, 127
Hollerith, Herman, 5-7
Hopper, Grace, 210-211, 421-422
Hot spots, 118-119
HTML. *Veja* Linguagem de Marcação de Hipertexto (HTML)
HTTP. *Veja* Protocolo de Transferência de Hipertexto (HTTP)
HTTPS, 141-142
Hyperlinks, 127

IBM, 5-9
Identação, 240-241
Identificadores, 209-210
IDEs. *Veja* Ambientes de desenvolvimento integrados (IDEs)
IEEE. *Veja* Instituto de Engenheiros Eletricistas e Eletrônicos (IEEE)
IEEE 802, 110-111
Imagens
    em páginas Web, 131-133
    reconhecimento de, 419-422
    representação de, 40-43
IMAP (Protocolo de Acesso a Correio pela Internet), 122-123
Imitação, 440-441
Implementação de linguagem, 239-248
Independência de dados, 352-353
Independência de máquina, 209-210
Índices, 222
Informação errônea, 368-370
Inicialização, 90-92
Instância de um tipo de dados, 336-337
Instância de uma classe, 217-218, 250-251
Instituto Americano de Engenheiros Eletricistas, 269-270
Instituto de Engenheiros de Rádio, 269-270
Instituto de Engenheiros Eletricistas e Eletrônicos (IEEE), 265-266, 269-270, 291
Instituto Nacional Americano de Padrões (ANSI), 38, 40-41, 211-212
Instrução de máquina, 56-60
Instrução LOAD, 56-59, 61-62
Instrução privilegiada, 98-99
Instruções ADD, 61-62
Instruções de entrada/saída (E/S), 58-59

Instruções de tamanho variável, 56-58
Instruções JUMP, 58-60, 63-65
Integração em escala muito grande (VLSI), 25-26
Inteiros, 219-220
Intel, 56-58
Inteligência artificial, 413-466
　agentes inteligentes, 414-417
　baseada em comportamento, 433-434
　consequências da, 456-458
　em smartphones, 424-426
　forte versus fraca, 420-421
　metodologias de pesquisa, 416-418
　origem da, 417-418
　percepção, 419-427
　pesquisa em, 438-445
　processamento de linguagem, 421-425
　raciocínio, 426-439
　redes neurais, 444-453
　robótica, 453-457
　teste de Turing, 417-419
Interação humano-computador, 295-300
Interação luz-superfície, 392-396
Interface com o usuário, 85-88, 295-300
Interface de Programação de Aplicações Java (API), 280-281
Interface Digital para Instrumentos Musicais (MIDI), 43-44
Interface gráfica com o usuário (GUI), 85-88, 298-299
Internet, a, 8-9, 106-107, 111-112, 116-127
　aplicações, 121-127
　arquitetura, 116-119
　endereçamento, 119-122
Internet, termo genérico, 111-112
Internet2, 118-119
Interpretador, 210-211
Interrupções, 94-96
Intranet, 117-118
Irmãos, 310-311
ISO. *Veja* Organização Internacional para Padronização (ISO)
ISO Série 9000, 291
ISO/IEC 15504, 291
ISP. *Veja* Provedor de Serviços de Internet (ISP), 116-118
ISP de acesso, 117-118
ISPs da Camada 1, 117-118
ISPs da Camada 2, 117-118

Jacquard, Joseph, 5-7
Janela de imagem, 380-382
Java, 217-219, 225-229, 280-281
　implementação de, 242-243
　ponteiros em, 321-322
JavaServer Pages (JSP), 135-136
JCL. *Veja* Linguagem de Controle de Processos (JCL)
Jobs, Steve, 7-8
Jogo dos oito, 415-417, 419-421, 426-435

KB (quilobyte), 29-30
Kilby, Jack, 7-8
Korn shell, 87-88

Laço, 171-176
Laço com pós-teste, 174-176
Laço com pré-teste, 174-176
Laço enquanto, 174-176, 196-197
Laço repita, 174-176
Last-in, first-out (LIFO), 309-310
Leibniz, Gottfried Wilhelm, 4-5
Leitor óptico de caracteres, 419-420
Leonardo da Vinci, 56-57
Licença de software, 299-301
LIFO. *Veja Last-in, first-out* (LIFO)
Linguagem Ada, 197-198, 226-227
Linguagem C, 217-218, 225-229, 232-235, 237-239
Linguagem C#, 217-219, 225-229, 242-243
Linguagem C++, 217-219, 225-229, 279-281
Linguagem de Consulta Estruturada (SQL), 362-365
Linguagem de Controle de Processos (JCL), 80-81
Linguagem de máquina, 56-63
　universal, 242-243
Linguagem de marcação, 133-134
Linguagem de Marcação de Hipertexto (HTML), 129-133
Linguagem de Marcação Extensível (XML), 131-135
Linguagem de Modelagem Unificada (UML), 283-289
Linguagem de montagem, 209-210
Linguagem Formal, 210-211
Linguagem Intermediária Comum do .NET, 242-243
Linguagens de formato fixo, 239-240
Linguagens de formato livre, 239-241
Linguagens de máquina universais, 242-243

Linguagens de programação, 157-159
　culturas, 227-228
　de scripting, 219-220
　história das, 208-218
　implementação, 239-248
　primeiras gerações de, 208-211
　sintaxe, 240-242
　universais, 474-481
Linguagens de programação de terceira geração, 209-213
Linguagens fortemente tipadas, 245-246
Linguagens naturais, 210-211
Linguagens orientadas a objetos, 230-231
Linguística, 416-418
Linha de vida, 287-288
Linha normal, 392-393
Linux, 79-80, 85-86, 271-272
Lista, 308-310
　armazenamento, 319-323, 329-335
　busca, 181-188
　contígua 317, 319-321
　encadeada, 320-323, 328-329
　ordenação, 175-179
Literal, 223-225
Localizador de Recursos Uniforme (URL), 128-131
Lógica formal, 214-215
Luminância, 42-43
Luz
　ambiente, 393-394
　difusa, 393-394
　especular, 393-394
　refletida, 394-395
　refratada, 394-396

Mac OS, 79-80
Malha poligonal, 383-389
Malware, 137-138
MAN. *Veja* Redes de Área Metropolitana
Mapa de bits, 40-43
Mapeamento de perturbação, 400-401
Mapeamento de textura, 388-389
Máquina Analítica, 4-9
Máquina de Atanasoff-Berry, 6-7
Máquina Diferencial, 4-7
Máquina eletromecânica, 5-7
Máquinas de Turing, 470-475
Mark I, 5-8, 195-197
Matrizes, 222-224, 308-309
　armazenamento de, 314-320
　heterogêneas, 222-224, 308-309, 318-320
　homogêneas, 308-309, 314-317

Mauchly, John, 7-8
MB (megabyte), 29-30
Melhoria de bordas, 421-422
Memória, 54-55
　associativa, 449-453
　cache, 54-56
　capacidade, 29-30
　dinâmica, 29-30
　divisão de valores armazenados em, 58-59
　DRAM, 29-30
　flash, 35-36
　organização, 27-29
　principal, 27-31
　RAM, 29-30
　ROM, 90-92
　SDRAM, 29-30
　virtual, 89-90
Memória apenas de leitura (ROM), 90-92
Memória de Acesso Aleatório (RAM), 29-30
Metarraciocínio, 439-440
Metodologia ascendente, 168-169
Metodologia descendente, 168-169
Métodos, 216-217, 249-250
Métodos ágeis, 272-273
Microprocessador Pentium, 195-197
Microprocessadores, 53-54
Microsoft, 8-9, 79-80, 83-86, 236-237, 242-243
Microsoft Access, 355-356
Microsoft Windows, 79-80, 83-85, 87-88, 236-237
MIDI. *Veja* Interface Digital para Instrumentos Musicais (MIDI)
Miller, George A., 298-299
MIME (Extensões de Correio para Internet de Múltiplo Propósito), 122-123
Mineração de dados, 365-368
Miniaturização, 9-10
Modelagem, 382-392
Modelagem de superfícies, 388-389
Modelo (*template*), 279-281, 289-290
Modelo cliente/servidor, 112-114
Modelo de banco de dados relacional, 353-365
Modelo de iluminação global, 402-403
Modelo de iluminação local, 402-403
Modelo em cascata, 270-271
Modelo GOMS, 298-299

Modelo incremental, 271-272
Modelo iterativo, 271-272
Modelo peer-to-peer (P2P), 113-116
Modelo procedural, 384-389
Modelos de bancos de dados, 352-353
　relacional, 353-365
Modelos de iluminação, 402-403
Modem, 118-119
Modularidade, 272-282
　acoplamento, 275-277
　coesão, 276-278
　componentes, 279-282
　ocultação de informação, 279-280
Módulo, 273-274
Mondrian, Piet, 185-188
Montadores, 209-210
Motores de busca, 8-9, 134-135
Movimento em gráficos 3D, 405-408
MS-DOS, 87-88
Multicast, 125-126
Multiprogramação, 81-82, 94-96
Multitarefas, 81-82

Não terminal, 241-242
Navegador, 128-129
Neurônio, 433-434, 444-447, 449-453
Níveis de privilégio, 98-99
Nó, 310-311, 427-428
Nó folha, 310-311
Nó raiz, 310-311
Nó terminal, 310-311
Nome de domínio, 119-122
NOT, 22-24
Notação binária, 40-42
Notação de complemento de dois, 40-42
Notação de grande O, 487-488
Notação de grande theta, 193-194
Notação de ponto flutuante, 40-42
Notação decimal por pontos, 119-121
Notação entre parênteses, 233-235
Notação hexadecimal, 25-28
Novell Inc., 106-107
NPT Inc., 300-301
Núcleo, 87-88
N-unicast, 125-126

Objeto, 216-218, 248-252
　modelo, 382-391
　renderização de, 392-393

Ocultação da informação, 279-280
Off-line, 30-31
On-line, 30-31
Op-code, 59-62
Open Firmware, 89-90
OpenGL (Biblioteca Gráfica Aberta), 402-403
Operação JOIN, 358-365
Operação PROJECT, 358-360, 364-365
Operação SELECT, 357-359, 364-365
Operações aritméticas, 225-226
Operações booleanas, 21-22
Operações relacionais, 357-363
OR, 21-25
Oracle, 218-219, 289-290
Ordem maior de coluna, 315-316
Ordem principal de linha, 315-316
Organização Internacional para Padronização (ISO), 39-42, 211-212, 265-266, 291
Otimização de código, 246-247

Pacotes de desenvolvimento de software, 247-248
Padrão Adaptador, 288-289
Padrão Decorador, 288-289
Padrão IEEE para Revisões de Software (IEEE 1028), 292-293
Padrões de projeto, 288-290
Página, memória, 89-90
Paginação, 89-90
Páginas Web, 127, 129-133
Paint, Microsoft, 378-379
Palavra-chave, 240-241
Palavras reservadas, 240-241
Palm OS, 83-84
Paradigma declarativo, 214-215
Paradigma funcional, 214-217
Paradigma imperativo, 212-213, 215-217, 282-283
Paradigma orientado a objetos, 216-217, 274-275
Paradigma procedural, 212-213
Paradigmas de programação, 212-218
Parâmetros, 161-162, 232-238
　formais, 232-235
　passados por referência, 235-237
　passados por valor, 233-236
　reais, 232-235
Parênteses, 225-226
Pareto, Vilfredo, 292-293
Pascal, Blaise, 4-5

Patentes, 300-301
Percepção, 419-427
Perl, 219-220
Peso em um neurônio artificial, 444-446
Phishing, 138-139
PHP, 135-136, 219-220
Pilha, 309-310, 322-325
Pipeline de renderização, 395-398, 402-403
Pixel, 40-42
Placa gráfica, 402-403
Placa-mãe, 53-54
Plano de projeção, 380-381
Platão, 16-17
Pocket PC, 83-84
Poder computacional, 64-65
Polimorfismo, 254-255
Polya, G., 164
Ponte, 110-111
Ponteiro, 312-314, 321-322, 326-327
Ponteiro da cabeça, 320-321, 323-324
Ponteiro da cauda, 323-324
Ponteiro da pilha, 322-324
Ponteiro de instrução, 313-314
Ponteiro do filho da direita, 324-326
Ponteiro do filho da esquerda, 324-326
Ponteiro NIL, 320-321
Ponteiro NULL, 320-321
Ponteiro raiz, 324-326
Ponto de acesso (AP), 107-108
Ponto de vista, 380-381
Pontos de controle, 384-385, 404-405
POO. *Veja* Programação orientada a objetos (POO)
Pop, operação de pilha, 309-310
POP3 (Protocolo de Correio versão 3), 122-123
Porta de ligação, 112-113
Portas, 22-26
Pós-condições, 196-197
Post, Emil, 471-472
Postscript, 42-43
Precedência de operadores, 225-226
Precondições na prova de correção, 195-197
Premissa do mundo fechado, 439-441
Pretty Good Privacy, 142-143
Primitivas, 156-159
Princípio de Pareto, 292-293
Problema da mochila, 498-499

Problema da parada, 481-486
Problema do caixeiro-viajante, 493-495
Problema do quadro, 440-441
Problema do terminal oculto, 108-110
Problema polinomial, 491-493
Problema polinomial não determinístico (NP), 493-495
Problemas insolúveis, 485-486
Problemas intratáveis, 492-493
Problemas não polinomiais, 491-493
Procedimento de login, 96-97
Procedimentos, 230-232, 282-283
Processador de textos, 39-40
Processadores baseados em ARM, 56-58, 64-65, 77
Processadores Intel, 56-58, 64-65
Processamento de imagens, 378-379, 420-422
Processamento de linguagem, 421-425
Processamento de linguagem natural, 416-418
Processamento em lote, 80-81
Processamento em tempo real, 81-82
Processamento interativo, 81-82
Processo, 79-80, 93-94
Processo de busca, 181-188
Processo de tradução, 239-247
Processo Unificado, 271-272
Processos, 93-94
 iniciar/parar, 94-96
Produção, 426-427
Profundidade de uma árvore, 310-311
Programa, 2, 4
Programa fonte, 239-240
Programa objeto, 239-240
Programação estruturada, 226-227
Programação evolucionária, 443
Programação extrema (XP), 272-273
Programação lógica, 214-215, 442
Programação orientada a objetos (POO), 216-218, 248-249
 classes, 248-252
 construtores, 251-253
 encapsulamento, 254-255
 estrutura de programa, 251-252
 herança, 253-255, 286-287
 objetos, 248-252
 polimorfismo, 254-255
Programador, 269-270
Programando, 2, 4

Programas, 155-156
 verificação de, 193-198
 versus dados, 67-68
Projeção em perspectiva, 380-381
Projeção paralela, 380-381
Projeto auxiliado por computador (CAD), 42-43
Projeto de interface, 295-300
Projeto relacional, 353-358
Projetoras, 380-381
Promoção de tipo, 245-246
Propriedade intelectual, 14-16, 299-300
Protocolo de Acesso a Correio pela Internet (IMAP), 122-123
Protocolo de transferência de arquivos (FTP), 123-124
Protocolo de Transferência de Hipertexto (HTTP), 128-129
Protocolo TCP/IP, 106-107
Protocolos, 107-110
Protocolos para evitar colisões, 108-110
Prototipação, 271-272
Prototipação descartável, 271-272
Prototipação evolucionária, 271-272
Prototipação rápida, 271-272
Provedor de Serviços de Internet (ISP), 116-118
Pseudocódigo, 157-193
Push, operação de pilha, 309-310
Python, 240-241

Quadro, 287-288
Quadro-chave, 404-406
Quadros, 404-405, 424-425
Quilobyte, 29-30

Raciocínio, 426-439
Rádio na Internet, 125-126
Radio Schack, 7-8
RAM. *Veja* Memória de Acesso Aleatório (RAM)
Ramificação, 310-311
Rasterização, 396-397
Rational Unified Process (RUP), 271-272
Realismo, 388-391
Receita Federal, 368-369
Reconhecimento de caracteres, 419-421
Recorte, 396-397
Recuperação de informação, 422-424
Recursão, 186-189
Recursos legais
 para coleção de dados, 368-369

para segurança de redes, 143-146
Rede aberta, 106-107
Rede de Ampla Área (WAN), 106-107
Rede de área local (LAN), 106-107
Rede de telefonia 3G, 124-125
Rede de telefonia 4G, 124-125
Rede proprietária, 106-107
Rede semântica, 424-425
Redes, 82-84, 105
  classificações, 106-108
  combinando, 109-113
  comunicação, 112-116
  fundamento, 106-117
  protocolos, 107-110
  segurança, 145-146
  topologia, 106-108
Redes de Área Metropolitana (MAN), 106-107
Redes de computadores, 82-84
Redes neurais, 444-453
Redes neurais artificiais, 444-453
Refinamento passo a passo, 168-169
Reflexão, 392-395
Reforço, 442
Refração, 394-396
Registrador de domínio, 119-121
Registrador de instrução, 62-63
Registradores, 53-55
Registradores de propósito especial, 53-55
Registradores de propósito geral, 53-55
Registro, 222-224
Registro físico, 36-37
Registro lógico, 36-37
Registros de números de identidade, 368-369
Regras de inferência, 428-430
Relacionamentos muitos para muitos, 285-286
Relacionamentos um para muitos, 284-286
Relacionamentos um para um, 284-286
Relações, 353-354
Relógio, 64-65
Remoção de superfícies ocultas, 397-399
Renderização, 380-381, 392-393
Renúncia, 300-301
Repetidor, 110-111
Representação da informação, 38
Requisições de E/S, 95-96
Research in Motion (RIM), 300-301
Resolução de problemas, 164-170
Responsabilidade, 300-301

Retalho planar, 383-384
Retroceder, 309-310
Revisões em desenvolvimento de software, 291-293
RISC. *Veja* Computador com conjunto reduzido de instruções (RISC)
Ritchie, Dennis, 511
Rivest, Ron, 142-143
Robocup, 453-454
Robótica, 453-457
Robótica evolucionária, 455-456
ROM (memória somente de leitura), 90-92
Rossum, Guido von, 240-241
Roteador, 111-113
Rovers de Marte da NASA, 453-454
Rovers de exploração em Marte, 83-84
RUP. *Veja Rational Unified Process* (RUP)

Saltos condicionais, 58-60
Saltos incondicionais, 58-60
Script, 219-220
SDRAM, 29-30
Segurança
  de redes, 145-146
  sistema operacional, 96-99
Semântica, 157-159
Senha, 97-98
Sentença caso, 227-229
Sentença de definição de tipo, 337-338
Sentença enquanto, 172-175, 179, 226-228
Sentença se-então-senão, 226-228, 240-242
Sentença switch, 227-229
Sentenças de atribuição, 158-159, 224-227, 250-251
Sentenças de controle, 226-230
Sentenças declarativas, 218-219, 245-246, 250-251
Sentenças goto, 226-227, 321-322
Sentenças imperativas, 218-219, 245-246
Serrilhamento, 396-397
Servidor, 112-113
Servidor de arquivos, 113-114
Servidor de correio, 122-123
Servidor de impressão, 112-113
Servidor proxy, 140-141
Servidor Web, 128-129, 135-136
Servidores, 117-118
Servidores de nomes, 119-121
Setor, 31-33

SGBD. *Veja* Sistema de gerenciamento de bancos de dados (SGBD)
Shamir, Adi, 142-143
Shell de comandos, 87-88
Shell Seguro (SSH), 123-124
Shells, 85-88
Shockley, William, 7-8
Sintaxe, 157-159, 240-242
Sistema de armazenamento em disco, 30-34
Sistema de controle, 426-427
Sistema de gerenciamento de bancos de dados (SGBD), 350-353, 362-363
Sistema de nomes de domínio (DNS), 121-122
Sistema de partículas, 386-387
Sistema de Posicionamento Global (GPS), 9-10
Sistema de produção, 426-430
Sistema de produção de Post, 471-472
Sistema operacional, 78-104
  arquitetura, 83-92
  componentes de um, 85-90
  coordenação pelo, 93-96
  definição de um, 79-80
  história, 79-84
  iniciando, 89-92
  segurança, 96-99
Sistemas de alta disponibilidade, 115-116
Sistemas de bancos de dados, 348-350, 355-356
Sistemas de software guiados por eventos, 235-238
Sistemas distribuídos, 115-117
Sistemas embarcados, 83-84
Sistemas especialistas, 429-430
Sistemas ópticos, 33-36
Sistemas terminais, 117-118
Sites, 127
Smartphone, 9-10, 82-83, 124-126, 265-266, 295-296, 424-426
SMTP (Protocolo Simples de Transferência de Correio), 122-123
Sobrecarregando, 225-227
Softphones, 124-125
Software, 2, 4
  classificação de, 83-85
  de aplicação, 84-86, 351-353
  de múltiplas plataformas, 211-212
  de sistema, 84-85
  guiados por eventos, 235-238
  testes de, 27-28, 293-294
  utilitário, 84-86
  verificação de, 193-198

Software antivírus, 140-142
Software de desenho, 42-43, 384-385
Software de escuta de rede, 96-98, 137-139
Software de múltiplas plataformas, 211-212
Software de prateleira (COTS), 267-268
Som, representação do, 43-44
Sombras, 403
Sombreamento, 397-401
Sombreamento de Gouraud, 399-401
Sombreamento de Phong, 399-401
Sombreamento plano, 399-400
Spam, 138-139
SPARK, 197-198
Spoofing, 140-141
Spyware, 137-139
SQL, 362-365
SSH. *Veja* Shell Seguro (SSH)
SSL. *Veja* Camada de Sockets Seguros (SSL)
Stibitz, George, 5-7
Storyboard, 404-406
Suavização, 421-422
Subárvores, 310-311
Subdomínio, 121-122
Subesquema, 350-351
Subprograma, 160-161
Sub-rotina, 160-161
Sun Microsystems, 218-219, 242-243
Superfície ansiotrópica, 394-395
Superfície isotrópica, 394-395
Superfícies de Bézier, 384-385
Superusuário, 96-97

Tabela de encaminhamento, 112-113
Tabela de processos, 93-94
Tabela de símbolos, 245-246
Tag em uma linguagem de marcação, 129-131
Taxa de transferência, 31-33
TB (terabyte), 29-30
Tear, 5-7
Tear Jacquard, 5-7
Telefone sem fio, 124-125
Televisão 3D, 391-392
Telnet, 123-124
Tempo de acesso, 31-33
Tempo de busca, 31-33
Tempo de latência, 31-33
Teorema da incompletude, 4-5, 10-11

Teoria de funções recursivas, 468-469
Terminal em um diagrama de sintaxe, 241-242
Tese de Church-Turing, 473-474, 479-481
Testando software, 292-294
Teste caixa preta, 293-294
Teste de caminho básico, 292-293
Teste de Turing, 417-419
Testes alpha, 293-294
Testes beta, 293-294
Testes de caixa branca, 292-294
Testes de QI, 456-458
Texto, representação de, 38-40
Therac-25, 291
Tipo de dados booleano, 220-221
Tipo de dados caractere, 220-221
Tipo de dados real, 219-220
Tipos agregados, 222-224
Tipos de dados, 218-222
  abstratos, 337-339
  customizados, 335-339
  definidos pelo usuário, 336-338
Tipos de dados primitivos, 220-221
TLDs de códigos de país, 119-121
Token, 239-240
Topo da pilha, 309-310
Topologia em Barramento, 106-111
Topologia estrela, 107-108
Torvalds, Linus, 85-86, 271-272
Tradutor, 210-211
Transferência de dados, 56-59
Transformação, 404-405
Transistor, 7-8
Tratador de interrupção, 94-95
Treinamento supervisionado, 440-441
Trilha, 30-31
Troca de contexto, 94-95
Troca de processos, 94-95
TrueType, 42-43
Tubo de vácuo, 6-7
Tupla em uma relação, 353-354
Turing, Alan, 417-418, 471-474
Turing computável, 473-474

UML. *Veja* Linguagem de Modelagem Unificada (UML)
Unicode, 39-40
Unidade central de processamento (CPU), 53-55, 63-65, 90-92
Unidade de controle, 53-54, 58-60
Unidade de lógica e aritmética, 53-54, 58-59, 66-67
Unidade registradora, 53-54

Unidades procedurais, 230-239
UNIX, 79-80, 87-88
URL. *Veja* Localizador de Recursos Uniforme (URL)
USA PATRIOT Act, 144-145
Utilitarismo, 15-17

Valor de limiar, 444-446
Valores numéricos, 39-42
Variável
  atribuição de, 250-251
  de instância, 249-250
  escopo de, 231-232
  global, 231-232
  local, 231-232
Vazamento de memória, 331-333
VBScript, 219-220
Veículos aéreos não tripulados (UAVs), 453-454
Velocidades de relógio, 64-65
Verificação de software, 193-198
Versão fonte de página web, 129-131
Vetor normal, 399-400
Video games, 381-383, 402-403, 405-406
Vírus, 137-138
Visual Basic, 219-220, 236-237
VoIP (Voz sobre o Protocolo Internet), 123-126
Volume de visualização, 395-396
Von Neumann, John, 7-8
VxWORKS, 83-84

WAN. *Veja* Rede de Ampla Área (WAN)
Web semântica, 134-135
Weizenbaum, Joseph, 457-458
WiFi, 108-110
Windows, 79-80, 83-85, 87-88, 236-237
Windows CE, 83-84
World Wide Web, 8-9, 127
World Wide Web *Consortium* (W3C), 129-131
Worm, 137-138
Wozniak, Stephen, 7-8

X11, 87-88
XML. *Veja* Linguagem de Marcação Extensível
XOR (ou exclusivo), 21-24
XP. *Veja* Programação extrema (XP)

Yahoo!, 8-9

Z-buffer, 397-399